教育随讲录

Jiaoyu Suijianglu

陈宝生◎著

一

中国教育出版传媒集团
人民教育出版社
·北京·

丛书责任编辑：马曙慧　邓寒峰
责 任 编 辑：姚　玲　田文芳　左浚茹

图书在版编目（CIP）数据

教育随讲录：一、二、三 / 陈宝生著 . — 北京：人民教育出版社，2023.6（2024.7 重印）
ISBN 978-7-107-37096-0

Ⅰ. ①教…　Ⅱ. ①陈…　Ⅲ. ①教育事业—发展—中国—文集　Ⅳ. ① G521-53

中国国家版本馆 CIP 数据核字（2023）第 104893 号

教育随讲录
（一、二、三）
陈宝生　著

出版发行　人民教育出版社
（北京市海淀区中关村南大街 17 号院 1 号楼　邮编：100081）
网　　址　http://www.pep.com.cn
经　　销　全国新华书店
印　　刷　北京中科印刷有限公司
版　　次　2023 年 6 月第 1 版
印　　次　2024 年 7 月第 2 次印刷
开　　本　787 毫米 ×1 092 毫米　1/16
印　　张　70.5
字　　数　935 千字
定　　价　196.00 元（全三卷）

序

教育是国之大计、党之大计。党的十八大以来，在以习近平同志为核心的党中央坚强领导下，我国教育事业取得历史性成就、发生历史性变革，教育事业的中国特色更加鲜明，教育的面貌正在发生格局性变化。我和我的同事们亲历其中，深知不易，更倍感荣光！本书的内容就是我几年来在这个历史进程中所思、所感、所干的一些记录。

离开教育部工作岗位不久，有同事把我5年来的一些文稿送我留念，并建议整理出书，之后又多次有人提及此事，我却没有产生过要出书的念头。去年有一天，工作人员将文稿整理打印出来，又再次建议结集出版。他们提到，文稿记录下来的思路、举措以及政策建议背后的思考，有可能给教育工作者提供一些参考。之后几日，我看了全部篇章，也觉得把5年中的一些所思所悟与大家交流分享，既可作为一个阶段我国教育工作的侧写，又能满足一些方面的参考需求，也算乐事一件，于是便有了成书的动因。

本书收录各篇，是我2016年至2021年在教育部工作期间各类讲话和文稿的一部分，个别篇目是同一或相似主题不同时间、不同空间所讲内容的整合，综合考虑讲话场合与内容主题，删繁就简，辑录为三卷。

书名叫作“随讲录”，倒也大致体现了本书的特点：“随”是

"随想"的"随"，不是"随便"的"随"，大部分内容都是调研、部署工作、接受采访时思考的结果，我对严肃性负责；"讲"是"讲述"的"讲"，除了少量在主流媒体发表的文稿，其余都是具体情境中针对具体问题即席讲的意见，我对真实性负责；"录"是"记录"的"录"，也是"赶路"的"路"，主体内容是我的同事们记录和整理的，纸面上的字词句章，都是征途中的星辰大海、雨雪风霜。概括来说，本书于我，是场回忆之旅，关于我热爱的教育事业；于读者诸君，希望能够留下一些可供参考的材料，关于我们格外关注的中国教育。

在编辑出版过程中，人民教育出版社主题出版研究开发中心编辑团队做了大量细致入微的工作，特以致谢。

作者
2023年3月

目 录

在党的旗帜下办好人民满意的教育*

党的十九大是在全面建成小康社会决胜阶段、中国特色社会主义进入新时代的关键时期召开的一次十分重要的大会，是党团结带领全国各族人民奋力夺取新时代中国特色社会主义伟大胜利、实现中华民族伟大复兴的重大时代标志，在党的历史上、新中国发展史上和中华民族发展史上，都具有开创性、划时代意义。大会把习近平新时代中国特色社会主义思想确立为我们党必须长期坚持的指导思想，从理论和实践结合上系统回答了新时代坚持和发展什么样的中国特色社会主义、怎样坚持和发展中国特色社会主义这个重大时代课题。大会作出了中国特色社会主义进入了新时代、我国社会主要矛盾已经转化为人民日益增长的美好生活需要和不平衡不充分的发展之间的矛盾等重大政治论断，清晰地指出了党和国家事业所处的时代坐标。大会明确了在全面建成小康社会的基础上分两个阶段全面建设社会主义现代化国家的新目标，为我们标注出夺取新时代中国特色社会主义伟大胜利的行动纲领。大会提出了新时代党的建设总要求，作出了推进新的伟大工程的战略部署，为推动全面从严治党向纵深发展提供了基本遵循。教育系统要把学习宣传贯彻党的十九大精神作为当前和今后一个时期的首要政治任务，学起来、教起来、传起来、研起来、干起来、实起来，把广大党员干部和师生员工的思想和行动统一到党的十九大精神上来，把智慧和力量凝聚到落实党的十九大确定的各项任务上来。

---

* 2017年10月27日，北京。

党的十九大开启了加快教育现代化、建设教育强国的历史新征程。教育战线要认真学习宣传贯彻党的十九大精神，把握教育历史定位、明确教育根本任务、理解教育本质要求、突出教育中国特色，优先发展教育事业，在党的旗帜下办好人民满意的教育，为决胜全面建成小康社会，夺取新时代中国特色社会主义伟大胜利，实现中华民族伟大复兴的中国梦提供有力支撑。要以奋进之笔、得意之作贯彻落实好党的十九大精神，学懂弄通做实，重点在七个字上下功夫、做文章。

一是“新”。全面学习、深入研究习近平新时代中国特色社会主义思想特别是习近平关于教育工作的重要论述，用新思想武装全体教育工作者，指导今后教育改革发展。对照新思想找到目前工作中存在的差距、问题和薄弱环节，提高契合度，用新奋斗、新措施、新成效书写新时代中国特色社会主义教育史。

二是“变”。全面梳理教育事业发展新变化，提炼进入新时代的主要标志，特别是对照“全方位、开创性”和“深层次、根本性”的标准，找准突出问题。深入研究社会主要矛盾的历史性变化在教育工作中的表现形态，从供给侧、需求侧和思想认识三个层面进行分析，找到解决措施。准确把握决胜全面建成小康社会、全面建成社会主义现代化强国对教育提出的新要求，统筹建设教育强国的方向和任务。认真分析教育本身历史使命发生的新变化，以此确定今后工作的重点领域和关键环节。

三是“正”。坚持中国特色社会主义办学方向，全面贯彻党的教育方针，落实立德树人根本任务，为人民服务，为中国共产党治国理政服务，为巩固和发展中国特色社会主义制度服务，为改革开放和社会主义现代化建设服务。在党的旗帜下，按党的主张、意志和使命，办好中国特色社会主义教育，办好人民满意的教育，办好中国特色世界一流的现代教育。

四是“公”。坚持以人民为中心的发展思想，以更大的力度、更实的举措，在新的层次上、更高水平上，把教育公平推上新台阶，不断增强人民群众的获得感、幸福感。

五是“好”。全面提高教育质量，实现内涵式发展。尽全战线之力，为决胜全面建成小康社会、全面建成社会主义现代化强国培养更多人才，积累更多人力资本，提供更强人力支撑。

六是“强”。按照党的十九大提出的“两个阶段”奋斗目标，超前规划、超前实现由教育大国迈向教育强国。重点是根据党的十九大新部署新要求修改完善《中国教育现代化2030》，做好顶层设计。全面加强教师队伍建设，使“工作母机”强起来。

七是“严”。教育战线要全面加强党的领导，加强党的全面领导，坚持党要管党、全面从严治党。把政治建设摆在首位，把思想建设作为根基，加强基层党组织建设，不断提高教育战线党的建设质量，为加快教育现代化、建设教育强国提供根本保证。

切实加强党对教育系统意识形态工作的领导*

意识形态工作，是党的一项极端重要的工作。就教育战线来说，意识形态工作是我们加强党对教育工作领导的核心工作。加强党对教育工作的领导，核心内容是加强党对教育战线意识形态工作的领导。

在教育战线做好意识形态工作，要结合教育战线的实际，围绕教育战线、教育工作的特点，把握意识形态工作规律，解决意识形态领域出现的问题。

第一，要从全局上把握。党的十八大以来，习近平总书记从治国理政的高度全面论述了意识形态工作。治国理政是什么？治国理政是我们党的执政实践。习近平总书记从意识形态工作对国家治理体系和治理能力现代化所具有的重要作用这个高度，对意识形态工作作了全面的、系统的、科学的论述。教育系统抓意识形态工作，一定要站在这样的高度，从全局来把握。如何具体来理解？

教育系统是我们党意识形态工作的重要基础。教育系统有两个生产过程：一个是思想的生产过程，即理论知识的生产过程；另一个是人的生产过程。两个生产过程交织在教育战线。第一个生产过程是影响现在、塑造未来；第二个生产过程是直接培养未来的主人，我们叫接班人、建设者。这二者的结合，就是着眼于未来的接班人，也就是我们党和国家的未来。所以，教育战线是我们党意识形态工作的重要基础。我们意识形态工作的主要力量也是在教育系统。全国哲学社会科学领域的

* 2016年10月8日，北京。

知识分子大多在教育系统，社会上从事意识形态工作的人，无论持什么观点，属于什么流派，基本上都是从教育战线走出去的。

教育系统是我们党意识形态工作的前沿阵地。社会上不同的思想、不同的观点，总是首先在教育系统交锋、交汇、交融。前沿阵地，就是社会一有什么思想出现，有什么风气，生活方式发生微小的变化，总是要首先传导到校园，传递到学生。敌对势力对我们的渗透首先选定的是教育系统，是校园。总书记讲，赢得青年就赢得未来。为了守住前沿阵地，我们要梳理、要学习、要借鉴、要重建。

教育系统是我们党意识形态工作的独特战线。这个独特战线在意识形态工作中的地位和作用是其他方面替代不了的。可以说，关系党和国家兴衰最直接的是教育系统。教育是一个独特的战线。独特之处在于它既生产思想又消费思想，既生产舆论又消费舆论，既生产理论又消费理论，既生产文化又消费文化。有时候，这种生产和消费是同时的，各种情况交织在一起，非常复杂。所以谁也代替不了它。教育战线之所以具有这样的独特性、不可替代性，就意识形态工作来说，是因为它一旦出现了问题，就是全局性的，就是致命的。所以就教育战线的意识形态工作来说，不容许发生颠覆性问题。但这个地方发生颠覆性问题的可能性最大。因为意识形态方面出现的问题，在教育系统具有累积性，它是点点滴滴累积下来的、潜移默化的。积累到一定程度，量变造成质变，就会发生颠覆性错误，像是“温水煮青蛙”。

第二，要从政治上把握。从一定意义上讲，教育就是政治，是政治的独特表现形式。教育既事关当下的政治，更塑造未来的政治。我们把握教育战线意识形态工作，要学会从政治上把握，主要是把握政治方向、政治原则、教育宗旨。政治方向就是我们坚定不移地走中国特色社会主义教育发展道路，坚持社会主义的办学方向。政治原则，最主要的就是坚持中国共产党的领导。教育宗旨事关教育的目标，我们教育的宗旨和目标是培养和造就全面发展的社会主义合格建设者和可靠接班人。

党的教育方针就是讲“二为”，坚持教育为社会主义现代化建设服务，为人民服务。教育战线意识形态工作关系到我们教育的性质，关系到我们教育的兴衰成败。因此，做好教育战线的意识形态工作，要从政治上把握。

第三，要从能力上把握。既然教育系统是重要基础、前沿阵地、独特战线，我们就要考虑怎么样发挥独特作用。作用是能力的外化，所以能力建设非常重要。这里讲的能力是指意识形态工作的能力，不是指教育教学的能力、学习的能力。意识形态工作的能力有硬件方面的，这是支撑性的，但更重要的是软件方面的。能力是要解决靠谁战斗的问题。从软能力角度讲，除师资、教材之外，还有方法，甚至还包括语言体系，我们都需要考虑。要以我们正在做的事情为中心，着眼于马克思主义理论的运用，着眼于实际问题的理论思考，着眼于新的实践和新的发展。话语仅仅是个“术”，核心是话语后面的“道”。

从能力上把握还包括队伍问题。队伍就是力量。我们高校意识形态工作的前线指挥部建立起来了没有？前线指挥部指挥意识形态战斗的人有没有斗争意识和必胜信念？要看他们的信念是不是坚定的，有没有政治定力、政治鉴别力、政治洞察力，能不能在蛛丝马迹中发现意识形态新动向。如果没有这种警惕性、鉴别力，就意味着我们前线指挥部的指挥员们对意识形态工作缺乏主动性、坚定性、自觉性，缺乏把握意识形态工作的能力。

第四，要从变化上把握。意识形态是变化的、动态的。从宏观上、整体上看，意识形态变化是缓慢的，是滞后于经济基础变化的。但是在微观上、在局部上，它的变化是剧烈的，有时是瞬息万变的，时不时地会在局部时段、局部地区掀起波澜。这就是它的特点。总之，变化、动态、隐匿、隐秘，这是新时期意识形态的基本特点，是有规律可察的。要从变化上把握教育系统意识形态工作，核心是要看到人心的变化，看到学生思想动态的变化，看到教师育人行为的变化。变化具有动态性，动态中会出现蛛丝马迹。习近平总书记提出的“风向标”等比喻非常贴切。所以，教育战线把握意识形态关键看变化，看变化就是看形势，看理论的影响力和生命力，看不同思想交锋的具体情势，看力量对比的变化、布局的变化，最终是看主要矛盾和矛盾主要方面的变化。而这一切都要在围绕中心、服务大局的原则下行动。

我们的学习总是要以虚带实、虚实结合，目的是解决面临的突出问题。有几个问题需要抓紧抓好。

第一，舆论环境问题。为党的十九大胜利召开创造良好环境，核心是抓好阵地，守土有责、守土尽责，不允许失守，不允许出现杂音噪音。

第二，工作责任制问题。就是相关文件的贯彻落实，主体责任、一岗双责、具体责任、岗位责任四个“责任”并举，按照文件要求具体抓好执行。

第三，落实全国高校思想政治工作会议精神。一是将全国高校思想政治工作会议的部署要求贯彻下去；二是把全国高校思想政治工作会议作为教育系统贯彻党的十八届六中全会精神的举措；三是早做预案，要趁全国高校思想政治工作会议精神传达这股东风，把思政课建设、思政工作往前推进一步。

第四，教材建设问题。三科统编教材［中小学道德与法治（思想政治）、语文、历史］要在三年内完成；马克思主义理论研究和建设工程教材，要如期完成，提高普及率和覆盖面；还有其他教材的清理、进口教材的管理，防止出现混乱和波动，要尽早做好应对预案。

第五，宣传工作。这是意识形态工作的重要方面。要好好抓一抓，按照既定方案抓好落实，从机制和力量上进一步理顺。

第六，巡视工作。要强化政治巡视。对巡视整改措施要有重点地进行一次“回头看”，包括意识形态问题，目的是整改不松劲，逐项逐件落实整改措施，交出满意答卷。

自觉运用马克思主义哲学指导教育改革发展*

党的十八大以来，以习近平同志为核心的党中央高度重视发扬学哲学、用哲学的优良传统，要求领导干部系统全面学习和掌握马克思主义哲学。习近平总书记在“7·26”重要讲话中强调指出，在新的时代条件下，我们要进行伟大斗争、建设伟大工程、推进伟大事业、实现伟大梦想，仍然需要保持和发扬马克思主义政党与时俱进的理论品格，勇于推进实践基础上的理论创新。今年适逢毛泽东同志《实践论》《矛盾论》发表80周年，习近平总书记对广大党员干部学习研究经典著作，发扬我们党学哲学、用哲学的优良传统作出重要批示。今天以此为主题开展学习，对于我们不断深化对习近平总书记系列重要讲话精神和党中央治国理政新理念新思想新战略的学习贯彻，更好地掌握贯穿其中的马克思主义立场、观点、方法具有重大意义。

我们现在办着世界上最大规模的教育。面对当今世界历史性的大变局，教育面临着巨大的考验。在这种形势下，我们教育战线的全体同志，特别是党员领导干部需要认真思考，怎么样在进行伟大斗争、建设伟大工程、推进伟大事业、实现伟大梦想的历史进程中肩负起教育的历史使命，作出我们应有的贡献。学习和运用马克思主义哲学，对于我们完成这个历史使命、应对历史性变局具有非常重要的作用。围绕学哲学、用哲学，结合教育工作实际，我谈三个问题。

---

* 2017年10月10日，北京。

一、为什么学的问题

学哲学、用哲学是我们党的一大优良传统。历史和实践都证明，马克思主义哲学是科学的世界观和方法论。中国共产党是马克思主义哲学滋养出来的政党，是靠马克思主义哲学武装和指导成长壮大起来的政党。我们党把马克思主义哲学作为理论基础、思想基础，对哲学的重视程度是历史上和现实中的所有政党都无法比拟的。学哲学、用哲学既是我们党的优良传统，也是我们党的一个政治优势。

在我们党的历史上，学习和运用马克思主义哲学是有过几次大的高潮的。

第一个高潮是从建党到20世纪30年代。这个时期，我们党面临的主要任务是救亡图存。我们学习和运用马克思主义哲学，主要是为了解决中国社会的性质问题。一批马克思主义哲学家、历史学家用马克思主义的方法来研究当时的社会问题，得出一个结论，就是我们当时处于半殖民地半封建社会。这是我们当时学哲学、用哲学的收获。

第二个高潮是延安整风时期。这个时期，学哲学、用哲学主要是解决思想方法问题。我们在全党范围内发起了一场普遍的马克思主义教育运动，反对主观主义以整顿学风，反对宗派主义以整顿党风，反对党八股以整顿文风。教条主义是主观主义的特殊形式。由于我们教条主义地对待马克思主义，主观主义地对待中国革命的实际，经验主义地指导当时的革命进程，我们遭到了挫折。延安整风的重点是反对主观主义，特别是教条主义。正是在这一次高潮中，毛泽东同志写了《实践论》《矛盾论》。《实践论》是矛盾论的实践论，《矛盾论》是实践论的矛盾论。也正是在这样一个过程中，实事求是这一马克思主义的灵魂、精髓，作为思想路线，在我们党真正确立起来了。

第三个高潮是新中国成立初期。新中国成立后，我们党面临如何在经济文化落后的基础上建设社会主义这一崭新的课题。我们学哲学、用哲学，运用马克思主义，主要是为了解决社会主要矛盾问题，即人民群众日益增长的物质文化需要同落后的社会生产之间的矛盾；也是为了解决工作重心转移问题，即转向经济建设，从而实现现代化的奋斗目标。这一时期，我们党在探索符合中国国情的社会主义建设道路问题上逐步形成了一系列十分重要的认识，丰富和发展了马克思主义哲学。

第四个高潮是“文化大革命”期间。那个时候，反修防修，毛主席提倡全党都要学哲学，学马克思主义，以防止上一些假马克思主义者的当。他号召哲学要从哲学家的课堂上和书本中解放出来，成为群众手里的尖锐武器。这期间，全民学哲学，哲学得到很大的普及。但由于从根本上违背了实事求是的思想路线，阶级斗争扩大化，给我们党造成了极大的损伤。

第五个高潮是改革开放以后。中国的改革开放，就是从澄清思想路线的重大认识是非开始的。这个时期，学哲学实际上是和总结十年内乱的教训密切结合在一起的。我们党围绕“实践是检验真理的唯一标准”展开了大讨论，最重要的成果就是恢复了实事求是的思想路线，实践标准深入人心。陈云同志在这个时期有个著名的学哲学“十五字诀”——“不唯上、不唯书、只唯实，交换、比较、反复”。20世纪90年代，我们党学哲学、用哲学，重点用在解决怎么样坚持马克思主义、发展马克思主义的问题。针对一段时期以来，党内和国内不少人在改革开放问题上迈不开步子，不敢闯，以及理论界对改革开放性质的争论，邓小平同志在视察南方的谈话中，提出了“三个有利于”的标准。这时候我们得出的结论就是，坚持和发展马克思主义，要自觉地把思想认识从那些不合时宜的观念、做法和体制的束缚中解放出来，从对马克思主义错误的和教条式的理解中解放出来，从主观主义和形而上学的桎梏中解放出来。还要坚持“三个着眼于”，即要着眼于马克思主义理论的运用，着眼于对实际问题的理论思考，着眼于新的实践和新的发展。

当前，我们要进行伟大斗争、建设伟大工程、推进伟大事业、实现伟大梦想，我们党对马克思主义哲学学习和运用的需求比以往任何时候都紧迫。恩格斯指出，“我们党有个很大的优点，就是有一个新的科学的世界观作为理论的基础”。学习和运用马克思主义哲学是我们党的一个优良传统，同时又是我们的政治优势。我们要切实增强学习马克思主义哲学、运用马克思主义哲学的自觉性，用马克思主义哲学来指导教育改革和发展，解决教育在百年变局中面临的各种问题。

二、学什么的问题

我们要从以下几个方面来把握马克思主义哲学的学习内涵。

第一，要把哲学作为“本质之学”来学习。作为本质之学，就是说我们面临的一切问题，都要从本质去认识。这里面的核心，是从物质第一性的观点出发。世界的本质是物质的，要从物质第一性的观点出发来观察现实世界，来把握现实世界的各种矛盾，以及矛盾发展变化的规律。从这个角度来讲信仰讲信念，本质就是一种追求和选择，在不确定性中的一种确定，在不确定性中选择一个方向，作为确定的东西，让它在自己的思想上、理念上坚定起来，这个就叫本质。把马克思主义哲学作为本质之学来学习，目的是要增强我们对马克思主义的信仰，坚定我们对社会主义和共产主义的信念，坚定“四个自信”。在教育工作中，我们要把立德树人作为根本任务来贯彻落实。

第二，要把哲学作为“规律之学”来学习。学哲学、用哲学的目的，就是要学习、发现、运用规律，用规律来指导实践，按规律来办事。规律只能发现不能发明，只能运用不能改造。但是，规律发挥作用的条件是可以改造的。条件变了，规律发挥作用的形式就会发生变化。我们学习马克思主义哲学，要以此来指导我们的教育改革和发展，按教育规律办事，按人才成长规律办事。

第三，要把哲学作为“方法之学”来学习。全部哲学，都是关于自然、社会和思维的发展规律的学问。自然是怎么发展的，社会是怎么发展的，思维是怎么发展的，它教给我们的首先是方法论。学习运用马克思主义哲学，最主要的是学习运用贯穿其中的立场、观点和方法。教育就是授人以渔，教给人以方法，方法是最重要的知识。所以我们学哲学、用哲学，推动教育事业发展，就要把哲学作为“方法之学”来学习。

第四，要把哲学作为“明白之学”来学习。哲学是“明白之学”，或者叫“聪明之学”，就是要使人明白世界、明白事理。我们要自觉学习运用马克思主义哲学，来分析教育改革和发展面临的形势，教育改革和发展的现实格局，发现教育改革和发展在当今时代主要矛盾和矛盾的主要方面，寻找我们推进工作的突破口。如何用马克思主义哲学来分析教育面临的形势？一要看区间。就是看我们的教育事业发展，是不是在合理区间，只要是在合理区间，我们就要有定力。二要看趋势。看我们面临的这些问题的发展趋势是什么，这是和规律结合在一起的。三要看过程。要用发展的、变化的、运动的观点来看教育各方面的工作。四要看异常。看看在这个发展变化过程中，有什么异常点，有没有苗头性、倾向性的东西。如果有，那就去找它的因果链。总之，就是要掌握一套分析形势、把握大局的本领，只有这样我们才能围绕中心、服务大局，做好教育战线的各项工作。

第五，要把哲学作为“修身之学”来学习。哲学一个很重要的功能，就是世界观功能，教我们怎样看这个世界，树立正确的世界观、人生观、价值观。所以从某种意义上讲，它是修身之学。我们要通过学习马克思主义哲学，达到自己管理自己、自己教育自己的目的。我们进行教育工作，就是要让我们每一个老师、每一个教育工作者成为自己的老师，教会我们的学生成为自己的管理者。要把改造客观世界和改造主观世界，统一于我们修身修养的全过程。

三、怎么学的问题

要深刻认识到，我们所看到的这个世界、所进行的一切活动都是有规律的。这个规律，要从三个方面来把握：一是要深刻认识它是建立在物质基础上的精神活动；二是要深刻认识它是建立在物质资料生产基础上的社会活动；三是要深刻认识它是建立在人民群众实践基础上的政治活动。我们要学习和运用马克思主义哲学来深刻理解和把握这三句话。

学哲学、用哲学是有境界的，是分层次的。我们要追求逐步由低层次的境界进入高层次的境界。第一层次叫作“听哲理、用哲理”。随听随用，类似于“心灵鸡汤”。第二层次叫作“学哲学、用哲学”。比听哲理、用哲理进一层，掌握了起码的方法论和概念体系。第三层次叫作“研哲学、行哲学”。学而信、信而行，知行合一。第四层次叫作“不觉有哲学，所行皆哲学”。这是最高境界，即如孔子所言“随心所欲而不逾矩”。

我们怎么样做到四个境界的逐层递进？要做到以下几点。

第一，要做到历史和现实的统一。现实就是历史的合规律的延伸。所谓一脉相承，从思想史的角度讲就是历史和现实的统一。历史和现实的统一是我们把握历史规律的第一原理。

第二，要做到理论和实践的统一。这是我们党的优良学风。这个统一就是“三个结合”：理论和实践结合，和中华优秀传统文化结合，和时代特征结合。

第三，要做到主观和客观的统一。把主观和客观统一起来是我们学哲学、用哲学需要解决的关键问题，否则就是教条主义、经验主义。

第四，要做到观点和方法的统一。我们经常讲的观点、方法，就是指唯物的观点、辩证的方法。观点和方法的统一，讲的不是一般意义上的观点和方法，而是唯物的观点和辩证的方法的统一。我们学哲学、用哲学，这是核心。

第五，要做到立场和价值观的统一。马克思主义哲学和其他一切哲学在社会历史领域最根本的区别就是，历史活动的主体是人民群众，是人民群众创造历史。我们党的宗旨是全心全意为人民服务。这里的立场就是指人民群众的立场，也就是习近平总书记强调的以人民为中心的发展思想。这里讲的价值观就是对人民群众的态度问题。我们讲的价值观从根本上讲就是解决好对人民群众的态度问题。党的群众路线的依据就在这里。共产党人必须做到立场和价值观的统一。

学习马克思主义哲学不是在书本里、书斋里的学习，而应该是紧密联系实际的，以问题为导向的，用于指导工作的。只要我们做到这“五个统一”，就一定能更好地掌握马克思主义哲学的精髓。做教育既要仰望星空，又要脚踏实地；既要探索阴阳，又要把握人心。我们要在教育系统大兴学哲学、用哲学之风，只有这样才能真正把握教育发展的规律，才能履行好我们肩负的历史使命，为实现“两个一百年”奋斗目标作出新的贡献。

把学习成效转化为办好教育的强大力量*

习近平总书记在新进中央委员会的委员、候补委员和省部级主要领导干部学习贯彻习近平新时代中国特色社会主义思想和党的十九大精神研讨班上的重要讲话，从历史和现实相贯通、国际和国内相关联、理论和实际相结合的宽广视角，就“三个一以贯之”等重大问题进行了全面系统深入的阐述。讲话高屋建瓴、视野宏大、思想深邃、内涵丰富，具有很强的思想性、理论性、战略性、指导性，是一篇马克思主义的光辉文献，对我们深入理解和贯彻落实党的十九大精神，深入理解和把握习近平新时代中国特色社会主义思想，深入理解和贯彻党中央推进全面从严治党的决策部署，进一步增强新时代坚持和发展中国特色社会主义、实现中华民族伟大复兴中国梦的信心和定力，具有重大而深远的指导意义。教育系统一定要认真学习、深刻领会、切实贯彻。

要牢牢把握习近平新时代中国特色社会主义思想这个灵魂，提高政治站位、树立历史眼光、强化理论思维、增强大局观念、丰富知识素养、坚持问题导向，深入领会新时代、新思想、新矛盾、新目标对教育改革发展提出的新要求，把学习成效转化为办好新时代中国特色社会主义教育的强大力量。

一是深刻认识坚持和发展中国特色社会主义要一以贯之。从党和国家事业取得的历史性成就、发生的历史性变革中，从党的奋斗史、中华民族发展史和世界社会主义演进、人类社会发展的历史长河中，加深对

---

* 2018年1月12日，北京。

习近平新时代中国特色社会主义思想的理解，做到学思用贯通、知信行统一。要继续推进社会革命，自觉在大局下思考、大局下行动，以时不我待、只争朝夕的精神投入工作，不折不扣贯彻落实党的十九大关于教育改革发展的决策部署。

二是深刻认识推进党的建设新的伟大工程要一以贯之。要增强“四个意识”，坚定“四个自信”，坚决维护习近平总书记党中央的核心、全党的核心地位，维护党中央权威和集中统一领导，在政治立场、政治方向、政治原则、政治道路上坚定同以习近平同志为核心的党中央保持高度一致。要勇于进行自我革命，把教育系统各级党组织建设得更加坚强有力。“关键少数”必须做到信念过硬、政治过硬、责任过硬、能力过硬、作风过硬。

三是深刻认识增强忧患意识、防范风险挑战要一以贯之。要增强底线思维，了解和把握外部风险、内部风险、一般风险、重大风险，切实做好各项风险防范工作，在真抓实干、破解难题中开拓新时代中国特色社会主义教育事业发展新局面。

从三个方面抓好青年工作*

学习贯彻习近平总书记在纪念五四运动100周年大会上的重要讲话精神，要结合青年特点加以创新。

第一，要体现教育系统的特点。把学习贯彻总书记这一重要讲话精神，与学习贯彻总书记在全国教育大会、全国高校思想政治工作会议、学校思想政治理论课教师座谈会上的重要讲话精神结合起来，与学习贯彻总书记关于“四有”好老师、关于青年学生成长成才的要求结合起来。

第二，要紧紧围绕落实立德树人根本任务来进行。培养德智体美劳全面发展的社会主义建设者和接班人，培养担当民族复兴大任的时代新人，进一步回答好教育的根本问题。

第三，要突出学习贯彻的主体是青年。既包括青年学生，也包括青年教师。学习方法上，要面向青年设计一些载体，让他们走上讲台、走到一线，讲学习总书记重要讲话的体会。要突出时代特点。“90后”“00后”与过去不一样，他们是网络“原住民”，要更多运用信息化手段来教育引导。这就是总书记说的，“既要加强‘面对面’的工作，更要加强‘键对键’的工作”。要突出问题导向。对这一代青年的薄弱环节、弱项，要用适当的、易于被青年接受的方式加以引导。总之，不能总是用过去的老办法，不能都是传统套路。

---

* 2019年5月5日，北京。

抓住深度，盯住高度，选好角度，准确把握习近平总书记关于教育的重要论述的精髓要义*

习近平总书记关于教育的重要论述，境界宏阔、内涵丰富、思想深邃、意蕴深远，是习近平新时代中国特色社会主义思想的重要组成部分。学习习近平总书记关于教育的重要论述，我们要深刻理解其重要的理论价值和现实意义。我概括为“三个度”。

第一个是“深度”，要从马克思主义教育思想中国化重大理论创新的深度来理解。习近平总书记关于教育的重要论述既牢牢坚持了马克思主义教育思想的基本立场、观点和方法，又充分汲取了马克思主义教育思想中国化的理论创新成果，既根植于中华民族崇文重教的优良传统，又体现了中国特色社会主义新时代的鲜明特征，科学总结了我国社会主义教育事业发展历史经验，形成了一系列新理念新思想新观点。这些新理念新思想新观点聚焦方向、道路、方针、原则等根本性问题，作出了一系列有关教育改革发展的重要论述，推进了中国共产党教育理论的重大创新。

第二个是“高度”，要从党领导教育事业实践经验系统概括和总结的高度来体会。习近平总书记关于教育的重要论述，继承发展了党的教育理论成果，系统总结了党领导我国教育事业的丰富实践经验，创造性地回答了“办什么样的教育、为谁办教育、怎样办教育”等根本问题。这些重要论述，集中体现了中国共产党人的教育理想、教育理念和教育

---

* 2020年7月17日，北京。

追求，充分彰显了对教育发展规律的深刻把握和对民族复兴的教育担当，标志着我们党对教育规律的认识达到了新高度。

第三个是“角度”，要从建设教育强国行动指南的角度来把握。习近平总书记关于教育的重要论述为新时代中国教育改革发展明确了战略目标和任务，指明了方向和道路，规划了实现路径和行动方略，勾勒了路线图，蕴含着丰富的教育思想方法和工作方法。习近平总书记关于教育的重要论述不仅有方向、道路等根本问题的指引，也有方法的指导，是加快推进教育现代化、建设教育强国、办好人民满意的教育的根本遵循和行动指南。

习近平总书记关于教育的重要论述，立足实践之基，回答时代之问，满足人民之需，形成了“九个坚持”的理论结晶，是一个科学、系统的理论体系，贯穿着马克思主义的立场、观点和方法。我们抓住深度，盯住高度，选好角度，目的是要深刻领会其本质特征，准确把握其精髓要义。

一是政治性。习近平总书记关于教育的重要论述，具有鲜明的政治性。教育工作最大的政治，就是坚持党的全面领导。总书记强调，做好教育工作，加强党的领导是根本保证。对此，我们要深刻领会。坚持党的领导是历史的必然，是人民的选择，是中国特色社会主义最本质的特征，是中国特色社会主义制度的最大优势。具体到教育领域，只有坚持党对教育事业的全面领导，才能在更高水平上实现教育系统思想上的统一、政治上的团结、行动上的一致，才能确保教育事业发展的正确方向，才能坚定走好中国特色社会主义教育发展道路。坚持党的全面领导要落实在教育改革发展的方方面面。总的要求就是要增强“四个意识”、坚定“四个自信”、做到“两个维护”。要履行好把方向、管大局、作决策、抓班子、带队伍、保落实的领导职责，健全党对教育事业全面领导的体制机制，全面加强学校的思想政治工作，全面加强和改进教育系统党的建设。

二是人民性。习近平总书记关于教育的重要论述，彰显了鲜明的人民立场。这集中体现在“三个始终”：始终坚持以人民为中心发展教育；始终坚持办人民满意的教育，教育办得好不好，人民是最终的评判者；始终坚定维护人民的利益，不断促进教育发展成果更多更公平惠及全体人民，以教育公平促进社会公平正义。习近平总书记关于教育的重要论述，着眼社会主义本质要求，充分体现了我们党全心全意为人民服务的根本宗旨，饱含着深厚的人民情怀，明确了办教育的基本价值取向。

三是方向性。习近平总书记关于教育的重要论述，指明了教育必须坚持社会主义办学方向。这是我国教育最鲜亮的底色，直接关系教育事业兴衰成败和社会主义现代化建设全局。总书记旗帜鲜明地提出，教育事关国家发展，事关民族未来，是国之大计、党之大计，必须坚持以马克思主义为指导，为人民服务，为中国共产党治国理政服务，为巩固和发展中国特色社会主义制度服务，为改革开放和社会主义现代化建设服务。这些重要论述深刻回答了新时代办好中国特色社会主义教育的根本性、全局性、方向性问题，为新时代中国教育改革发展指明了正确的政治方向。

四是系统性。习近平总书记关于教育的重要论述，是一个系统、完整的理论体系。这一理论体系立足世界发展大势和国家发展大局，着眼于民族复兴伟大梦想，体现了大气魄、大视野、大格局；这一理论体系深刻阐述了“培养什么人、怎样培养人、为谁培养人”这一根本问题；这一理论体系回答了中国特色社会主义教育改革发展的一系列方向性、全局性、战略性的重大问题。这些新理念新思想新观点是一个相互联系、不可分割、内在统一的有机整体。

五是实践性。习近平总书记关于教育的重要论述，体现出突出的实践指向。这种实践指向，体现在形成于伟大实践，是中国特色社会主义教育改革发展实践经验的概括和总结；体现在指导伟大实践，是指引新时代中国特色社会主义教育事业改革发展的根本遵循和行动指南；体现在丰富发展于伟大实践，必将随着中国特色社会主义教育事业的发展而不断发展、不断完善，在推动中国教育改革发展中日益彰显更加强大的实践伟力。

六是科学性。习近平总书记关于教育的重要论述，充分体现了实事求是的科学精神和马克思主义科学方法论。习近平总书记关于教育的重要论述，立足于社会主义初级阶段这个最大国情和最大实际，准确把握世情和国情，深刻揭示了新时代中国特色社会主义教育改革发展的客观规律，深化了中国共产党扎根中国大地办教育，发展中国特色、世界水平的现代教育的科学认识，体现了马克思主义追求真理的科学精神和中国共产党人实事求是的科学态度。既讲辩证思维、系统思维、战略思维、历史思维、法治思维、底线思维、精准思维等思维方法，又讲钉钉子、抓关键少数、问题导向、统筹兼顾等具体工作方法，既部署“过河”任务，又指导解决“桥”和“船”的问题。习近平总书记关于教育的重要论述的这些立场、观点和方法，体现着辩证唯物主义的世界观和方法论。

我们要进一步掀起学习贯彻习近平总书记关于教育的重要论述新的热潮，以科学理论武装头脑、指导实践、推动工作，推进新时代教育改革发展伟大实践。

抓好学习贯彻落实党的十九届四中全会精神这件大事*

学习宣传贯彻党的十九届四中全会精神，要提高政治站位，增强政治自觉，迅速掀起热潮，要把这件大事抓好。

一

一是学习。三年多来，每一次学习中央重大部署和中央重要会议精神，我们都有所创新，这里讲的创新是指围绕更好地理解和把握中央精神核心要义的需要来安排学习形式。这次全会全面回答了在我国国家制度和国家治理体系上应该坚持和巩固什么、完善和发展什么这个重大政治问题，我们的学习形式要更加突出适宜性。这次学习，一定要紧密结合实际，结合已经部署的各项改革任务落实情况，结合加快推进教育现代化、建设教育强国、办好人民满意的教育急需解决的重大问题，结合推进教育治理体系和治理能力现代化需要做的事情，增强针对性和实效性。要重点抓“三学”，即自学、联学、研学。

自学就是领导干部带头，组织全体党员自学，在自学的质量和水平上争取有大的提高。要从内在规律、实践效果、总体设计、改革突破口以及自身认识短板上来自学，突破过去单纯看、单纯读、单纯记概念、单纯理要点的状况。自学最容易走过场，看过就完了，这是不行的。其实，自学是更重要的学习，一定要学到底。只有把自学这个环节抓好了，才能深入研究。

---

* 2019年11月，北京。

联学就是部门之间开展联学，领导干部导学，释疑解惑。这一方面，我们已经有了成熟经验，要在以往做法的基础上进行微调，围绕治理体系和治理能力现代化，围绕习近平总书记部署的任务、提出的要求来学习。

研学就是开展研究型学习，用研究的办法来学习。研学不是简单地研讨，对研学的实现形式要琢磨一下。总体来说，先自学，再联学，然后研学，对自学的成果要有评估办法，自学比较充分了再联学，联学成果出来了再研学。这次全会审议通过的《中共中央关于坚持和完善中国特色社会主义制度、推进国家治理体系和治理能力现代化若干重大问题的决定》，是一篇马克思主义的纲领性文献，也是一篇马克思主义的政治宣言书。我们要下功夫把全会精神真正学深悟透。

二是梳理。总书记对排查梳理之前各项改革任务的完成情况提出了明确要求。我们要认真梳理，对党的十八届三中全会以来在推进教育治理体系和治理能力现代化方面所做的事、存在的问题、下一步怎么办，都做到心中有数。这是一次全面诊断，要找病理表现，找病因病根，研究提出治病的处方。

三是建设。总书记强调，要在党中央统一领导下，紧密结合本地区本部门本单位实际，推进制度创新和治理能力建设，抓紧就党中央明确的国家治理急需的制度、满足人民对美好生活新期待必备的制度进行研究和部署。我们要确定推进制度创新和治理能力建设的方案。比如，“构建服务全民终身学习的教育体系”“把制度自信教育贯穿国民教育全过程，把制度自信的种子撒播进青少年心灵”如何落实。这需要我们理出重点、制定清单，做好顶层设计。要根据轻重缓急来确定什么时候出台，哪些现在办、哪些明年办、哪些需要更长时间，把目标任务落到实处。从任务分类角度看，有的是各领域各部门各地区共同的，有的是教育部门专责的，有的是别的部门牵头、需要教育部门配合的，有的是需要我们服务的，有的是需要我们探索的，要按照这五个方面的任务来抓落实。比如，我们把大学章程作为现代大学制度的重要实现形式，花了很大气力来抓，作用发挥得怎么样？党的十九大精神、国家治理体系和治理能力现代化怎么体现？这些都要研究。

二

要结合、落实、升华，将学习宣传贯彻党的十九届四中全会精神引向深入。

做“结合”的文章，就是要与教育实际、与我们的工作紧密结合起来，深刻领会全会精神的核心要义。

做“落实”的文章，就是要“吃透两头”。一头是吃透全会精神，另一头是吃透我们要做的事情，找准落实的突破口、结合点、着力点，全力以赴抓落实。

做“升华”的文章，就是要在结合、落实的基础上总结提高，形成我们的特色，形成规律性认识。学习贯彻工作要进一步聚焦，把注意力聚焦到推进教育治理体系和治理能力现代化上来，分析每一类改革任务的聚焦问题是什么、中央要求是什么、我们采取什么措施，确保各项任务全面落实到位。

三

教育系统要着眼于“四个深刻理解”，自觉把思想和行动统一到习近平总书记重要讲话精神和全会决策部署上来，全力以赴推进教育改革发展稳定各项工作。

一是从两个重大判断出发，着眼于全会《中共中央关于坚持和完善中国特色社会主义制度、推进国家治理体系和治理能力现代化若干重大问题的决定》这篇马克思主义的纲领性文献、马克思主义的政治宣言书，深刻理解全会的历史地位、历史意义、历史作用。

二是从两个逻辑入手，着眼于我们党在推进马克思主义基本原理与中国实践相结合的历史进程中，始终坚持制度的自我完善和自我发展的历史逻辑，始终坚持社会主义制度的自我完善和自我发展的理论逻辑，深刻理解坚持和巩固什么的重大问题。

三是从历史过程和实践逻辑出发，对标全会提出的13个“坚持和完善”，做好紧密联系教育工作实际的结合工作、教育治理体系和治理能力现代化各个方面任务的分解工作，深刻理解发展和完善什么。

四是聚焦意识和制度两个关键，着眼于治理体系建设的制度密集型、创新密集型特点，培育制度文化、树立制度意识、增强制度自信，深刻理解治理体系和治理能力现代化对民族复兴、事业发展的重大作用，形成具有强大生命力、能转化为执政效能的制度体系。

不折不扣落实到位，抓好贯彻落实两会精神*

今年《政府工作报告》仅一万多字，代表委员在审议讨论时给予了很高评价，各方面反应都很好。报告对教育工作作了全面部署。接下来，要抓好两会精神的贯彻落实。重点要办好五件事。

一是把《政府工作报告》对教育工作作出的部署与年初确定的工作重点结合起来，尽快分解下去。时间紧迫，必须抓紧时间推进。要尽快根据上半年工作进展情况，对报告确定的目标任务和工作重点作出具体部署安排，狠抓政策和工作落实。

二是有序组织中高考工作。报告关于教育部署的第一句话就讲了中高考组织工作。今年高考、中考都延期了，都面临疫情后考验，延期是因为疫情，考验是因为“疫后综合征”。从这个意义上讲，虽然恢复高考后有20多年高考均安排在7月进行，但今年的情况与往年不同，今年中考、高考与以往哪一年都不一样。这件事非常重要，一定要办好，确保中考、高考平稳顺利进行。

三是加快教育立法。目前，教育法、民办教育促进法实施条例正在按程序加快推进，学前教育法、学位条例有了比较大的进展。特别是今年全国人大常委会工作报告将修改职业教育法列入加强立法的重点领域，这很不容易，一定要加快进度。现在教育立法工作到了发生转折的阶段，无论是立法数量还是立法质量，都要有深刻变革，要把握好质量和效率的关系，抓紧推进。我们面临的主要问题和主要困难是部门立法过程中涉及的利益冲突，要想办法突破，把这件事办好。

---

* 2020年6月2日，北京。

四是稳定教育投入和优化投入结构。总的思路是“一稳四调”。“一稳”就是千方百计稳住“4%”。要尽早与国家发展改革委、财政部联系，紧盯各省份教育投入运行情况。“四调”就是：一要围绕收官指标来调，包括中长期教育规划纲要、教育“十三五”规划确定的今年要完成的指标，要把每一笔钱都用在刀刃上、紧要处；二要围绕决胜全面小康的目标来调，决胜全面小康也包括决战决胜脱贫攻坚涉及教育的指标必须完成；三要围绕解决“卡脖子”问题来调，中美战略博弈对“双一流”建设、对高校科研都作了一次压力测试，教育投入要切实保障涉及国家重大战略需求、“卡脖子”关键核心技术攻关的项目；四要围绕这次疫情防控反映出的短板和缺项来调，最突出的有两条，一条涉及教育信息化、线上教学，另一条涉及公共卫生领域，要进行调整。要坚持“一稳四调”这个总思路，把这件事办好，特别是要紧紧盯住“一稳”。

五是深入开展爱国卫生运动。我们要先在教育系统把新时代爱国卫生运动开展起来。可以考虑做一个倡议或者方案，而且要全系统动员，与常态化疫情防控相结合，确定几个重点，突出关键、不求全，广泛动员师生参与。

统一思想，凝聚共识，着力构建高质量教育体系*

党的十九届五中全会是在我国将进入新发展阶段、实现中华民族伟大复兴正处在关键时期召开的一次具有全局性、历史性意义的重要会议，学习领会好、宣传贯彻好习近平总书记重要讲话精神和全会精神，是当前和今后一个时期教育战线的首要任务，要切实把学习宣传贯彻工作作为统一思想、凝聚共识的重要政治任务来抓实抓细抓好。

一、心中要有“地理图”

也就是要弄清我们现在所处的坐标位置，从思想深处深刻认识构建高质量教育体系的重大意义。

（一）要放在落实习近平总书记重要指示批示的大局来看

党的十八大以来，总书记多次深入大中小学和幼儿园考察并同师生座谈，多次主持会议研究部署教育工作，就教育改革发展作出一系列重要讲话、指示批示和贺信回信，足见总书记心中教育位置之重。这是总书记关注教育治理的充分体现。党的十九届四中全会明确提出构建服务全民终身学习的教育体系，这次总书记又提出新的命题，就是为了加快推进教育治理体系和治理能力现代化，服务社会主义现代化强国建设，足见总书记心中对教育期望之高。所以，构建这一体系具有重大政治意义。

（二）要放在应对世界百年未有之大变局来看

疫情终会过去，世界已不一样；美国还是美国，形象已不一样；中国还是中国，趋势已不一样；教育还是教育，格局已不一样。在“四个

---

* 2020年、2021年，北京。

不一样”的大变局背景下，我们要思考教育本身能做什么、怎么做。总书记在亚洲文明对话大会上说，今日之中国，不仅是中国之中国，而且是亚洲之中国、世界之中国。在人类命运共同体的背景下，我们要思考中国教育能为世界做什么、怎么做。所以，构建这一体系具有重大世界意义。

（三）要放在推动党和国家事业发展全局来看

教育是国之大计、党之大计。站在这个高度，我们要跳出教育看教育，要站在办好人民满意的教育，培养德智体美劳全面发展的社会主义建设者和接班人，巩固红色江山，确保中国共产党长期执政和中华民族千秋伟业的战略层面，来思考中国教育。所以，构建这一体系具有重大战略意义。

（四）要放在科学谋划“十四五”发展和第二个百年开局来看

今年是“两个一百年”的历史交汇点。实现十年教育规划纲要、“十三五”规划和第一个百年奋斗目标圆满收官，谋划“十四五”规划、为第二个百年奋斗目标开好局，是今年的重中之重。要把构建这一体系作为开好局的重要抓手，同时深入研究在迈向社会主义现代化强国的过程中，未来2021—2035年和2036—2049年两个阶段将面临的机遇和挑战，蹄疾步稳地推动我国教育由大变强。所以，构建这一体系具有重大开创意义。

（五）要放在有效应对“疫后综合征”的战局来看

要树立疫后意识，准确把握疫情后国际国内形势新变化新需求，准确摸排“疫后综合征”表现并加以治理，抓住历史契机调整布局、完善体系、深化改革，下好先手棋、打好主动仗，推动国际教育治理格局重新洗牌。所以，构建这一体系具有重大历史意义。

二、脑里要有“效果图”

也就是要清楚我们的愿景，在脑海深处勾画出这一体系应有的效果。

（一）结构上是“中国馆”

这个体系在结构上要融合中华智慧和现代理念，既汲取传统文化营养，又开拓创新，就像上海世博园里的中国馆，四梁八柱雄浑有力，表现出中国人的精气神，展现出中华优秀传统文化之美、中国特色社会主义制度之优、中国特色社会主义教育发展道路之宽，彰显出“四个自信”的磅礴力量，成为社会主义现代化强国建设的强大助推器。

（二）规格上是“中国尊”

这个体系在规格上要视野宏大、格局宽广、现代化水平高，就像北京东三环的中国尊，世界一流，顶天立地，即使在世界教育强国的摩天楼群中也能独树一帜。同时，这个体系更要扎根中国大地，有深厚的中国根基，具备强大的抗风险能力、抗打压能力。

（三）装修上是“中国结”

这个体系在装修上要有高超的系统思维，始终遵循教育规律、办学规律和人才成长规律，像中国结那样环环相扣，实现人心、人格、人力、人才、人民“五人”联动，德、智、体、美、劳“五育”并举，生、师、家、校、社“五方”协同，人、财、物、时、空“五源”盘活。

（四）色调上是“中国心”

这个体系在色调上必须是黄皮肤、黑眼睛、红心脏，全面贯彻新时代党的教育方针，自觉用习近平新时代中国特色社会主义思想铸魂育人，培养出来的人是“中国心”，是爱国者而不是恨国党，是国家存续、制度运行所要求的人而不是精致的利己主义者和“慕洋犬”，是接班人而不是掘墓者和反对派。

（五）标牌上是“中国造”

这个体系在标牌上必须是“中国造”。中国教育日益走近世界舞台中央，但绝不自居于舞台中央。我们要用中国教育方案引领世界教育标准，让世界更加认同中国教育治理成就、治理模式和治理经验。

三、手上要有“施工图”

总书记给我们立了课题，我们也提交了初步研究报告。关键是采取什么技术路线去落实去施工。我认为至少应抓好五个方面。

（一）抓基建

要确保教育优先发展战略不动摇，压紧压实各级党委政府主体责任，完善教育现代化投入机制，全力推动教育基础设施、教育信息化等各项基本建设，保证构建这个体系所需的人财物，夯实新时代建设教育强国的根基。特别是教师队伍建设，这是建设人力资本的资本，要吸引全社会优秀人才加入教育行列，重振师道尊严。要彰显大国办教育的社会主义体制优势，加强与中央各部门、地方党委政府和社会力量合作，调动一切可以调动的资源。

（二）抓改建

要深化新时代教育评价改革，包括办学体制、教育评价、人才培养模式、科研治理模式、政府管理模式、中高考改革、“双一流”建设等，坚决克服“五唯”顽瘴痼疾，增强教育高质量发展的内生动力。要找差距、补短板、强弱项，做好教育重点规划，加快城乡义务教育一体化发展，打赢教育脱贫攻坚战，以教育公平促进社会公平。要把立德树人作为教育改革发展的根本任务，突出“三全”育人，下大力气加强和改进爱国主义教育、中华优秀传统文化教育、劳动教育、体育美育教育、科学精神教育、法治精神教育和人文素养教育等，培养“大写”的人。

（三）抓扩建

要将过去我们没有考虑到，或者考虑不够长远的事情纳入进来。比如说学习型社会、技能型社会建设问题，我们到底应该扮演什么样的角色。要抓住疫情防控常态化机遇加快发展、引领创新，比如说在线教育、教育信息化、“卡脖子”技术攻关，医学人才、公共卫生人才、应急管理人才、涉外法律人才、国际组织人才培养等，这些方面要体现加速度。要着眼经济社会长远发展，加强谋划和政策储备。比如说，义务教育向学前教育和高中阶段教育两头延伸的问题。再比如说，高等教育普及化之后人民群众的新期待如何满足，特别是怎么解决高质量发展与大学生就业之间的平衡。

信息化工作要做好四个转变。第一个转变，从服务向服务和支撑并重转变。第二个转变，从硬件建设为主向软件硬件并重转变。第三个转变，从融入向融入和牵引并重转变。第四个转变，从抓信息安全向信息安全和政治安全并重、以政治安全为主转变。

（四）抓共建

今后中国教育发展要更加自觉地做到国际国内双线作战、一体推动。既要抓好国内教育各方面的共建、合建工作，也要在共建“一带一路”和构建人类命运共同体的全球视野下，扩大教育开放，加快新一轮中国教育开放进程，提升中国教育世界影响力。同时，按照量力而行原则，做好欠发达国家和地区教育援助工作，树立起负责任大国的良好形象，提升我国文化软实力。

（五）抓党建

办好中国教育，关键在党。要坚持马克思主义在意识形态领域指导地位的根本制度，坚持不懈推进党的创新理论“三进”工作，确保党对教育工作思想领航、方向引领。要健全党对教育工作全面领导、绝对领导的体制机制，坚持政治家办教育，加强党的各项建设特别是政治建设，强化“三化”“三清”，不断提高领导能力和治理水平。

四、身边要有“包龙图”

工程开建了，监理不能缺。我们要以铁面无私的包公为典范，加强纪律作风建设，确保工程质量安全。在这方面尤其要防止五种行为。

（一）防止“砸锅”行为

要建立“不忘初心、牢记使命”的制度，不断增强对习近平新时代中国特色社会主义思想的政治认同、思想认同、情感认同，做政治上的明白人，坚决做到在党言党爱党忧党、在教言教爱教忧教，确保教育为党育人、为国育才，决不允许搞体制内推墙，坚决防止吃着共产党的饭砸共产党的锅的行为。

（二）防止“背锅”行为

办人民满意的教育，必须以人民为中心，践行一线规则，持续筑牢克服形式主义、官僚主义的思想政治根基，树立正确政绩观，坚持实事求是的思想路线，走好新时代的群众路线，切实把对上负责与对下负责统一起来，决不做自以为领导满意却让群众失望的蠢事，坚决防止要老百姓“背锅”的行为。

（三）防止“捂锅”行为

要强化斗争精神，积极防范和化解风险，坚决抵制过分爱惜自己的羽毛，醉心于当好人的风气。如果这种风气盛行，面对丑恶现象不敢说不，遇到矛盾问题更是绕道走，必将小事捂成大事，最终损害的是党的事业、老百姓的信心，要坚决防止这种“捂锅”行为。

（四）防止“甩锅”行为

疫情是面照妖镜，一些西方政客已成为“甩锅”行为的极致代表。要强化担当精神，既守土有责，又守土尽责，加强协同、互相补台，同唱一台大戏，而不能总是粉饰自己、指责他人，像手电筒那样只照他人、不照自己，坚决防止遇事就“甩锅”的行为。

（五）防止“涮锅”行为

现在有一种现象，就像吃涮锅，自己不动手，等着吃现成，信奉的是“办法总比困难多，最好的办法就是拖”“只做样子刷存在，撸起袖子不干活”“决策推给上级，责任推给下级”。像这样只挂帅不出征、只吹号不冲锋的现象必须杜绝，坚决防止庸政懒政这种“涮锅”行为。

今天给大家送了“四张图”，希望大家挂图作战，齐心协力，共同推动构建现代化强国建设需要的教育体系，做到战必胜、攻必克。

强化使命意识、宗旨意识、协同意识、担当意识、风险意识，推动建设高质量教育体系*

2020年，教育系统经受住了新冠疫情等重大事件考验，教育脱贫攻坚任务出色完成，教育“十三五”规划和教育规划纲要圆满收官，教育事业持续健康发展，为党和国家工作大局作出了重要贡献，也进一步增强了教育自信。这一年，教育系统确实很不容易，团结抗疫，守住一方净土；脱贫攻坚，控辍保学，每个“动态清零”的学生背后都有可歌可泣的故事。大家一起走来，渡过激流险滩，挑战前所未有，斗争艰苦卓绝，成果好于预期。2021年我们要继续弘扬奋进文化，迎难而上、开拓进取，推动建设高质量教育体系开好局、起好步。

一、认真学习、深刻把握党的十九届五中全会精神，强化使命意识

学习贯彻党的十九届五中全会精神是当前和今后一个时期教育系统的首要政治任务。全会闭幕后，教育系统组织了一系列报告、座谈、调研、讲课导学等活动，地方和学校结合实际开展了各具特色的学习宣传，迅速掀起了学习全会精神的热潮，总的进展是好的。再强调三点。

（一）把握大势，深刻认识全面建设社会主义现代化国家的历史必然性

这里面包含着建设教育强国、实现教育现代化。现代化是我们党始终如一的目标。党的十八大以来，我国现代化建设取得历史性重大进展。去年，面对疫情严重冲击，我国成功经受住压力测试，显示了强大

---

* 2021年1月8日，北京。

修复能力和旺盛生机活力，也让世界见证了中国发展的韧性。“十三五”以来，经过持续努力，全面建成小康社会胜利在望，中华民族伟大复兴向前迈出了新的一大步。“十四五”时期，我国将进入新发展阶段，即全面建设社会主义现代化国家、向第二个百年奋斗目标进军，这是中华民族伟大复兴历史进程的大跨越。我们所推进的现代化是中国特色的现代化，将会不断为人类作出新的更大贡献。不论是从历史对比看，还是从国际比较看，都凸显了“中国之治”的巨大优势。“中国之治”的成功密码，就在于坚持马克思主义根本指导地位，坚持中国共产党领导和中国特色社会主义制度，坚持党中央权威和集中统一领导，这是当代中国的优势，更是历史大势，对这一点，一定要有清醒的认识。

正是基于这一点，习近平总书记指出，党中央的政治判断力、决策力、行动力具有决定性作用，对各级干部提出提高政治判断力、政治领悟力、政治执行力的要求。在各种困难面前，我们进一步深刻认识到党中央的领导是定海神针。教育系统各级干部必须增强政治判断力、政治领悟力、政治执行力，推进教育现代化、建设教育强国，这是我们不断要回答的重大考题，是必答题、应用题，不是选择题，一定要做好。政治判断力属于战略层面，关键是看立场，就是要判断形势，看全局的把握、看力量的对比、看趋势的变化，解决立场问题。政治领悟力，关键是看观点，看深刻领会中央的决策意图，看把握中央精神的实质、要义，看创新、看结合，解决观点问题。政治执行力属于实际效果层面，关键是看方法，看工具组合、实际措施，看推进环节是否精准、实际步骤是否符合规律，解决方法问题。

对党的十九届五中全会通过的《中共中央关于制定国民经济和社会发展第十四个五年规划和二〇三五年远景目标的建议》要逐字逐句、原原本本通读，准确理解，学深悟透，对全会精神特别是全会关于今后5年乃至2035年教育事业发展的部署要求，要努力做到了然于胸、运用自如。要与学习习近平新时代中国特色社会主义思想特别是总书记关于教育的重要论述结合起来，与迎接建党一百周年“学习·诊断·建设”行动等结合起来，坚持正确的历史观、大局观、发展观，增强“四个意识”、坚定“四个自信”、做到“两个维护”。要将学习成果转化为全面建设社会主义现代化国家、实现中华民族伟大复兴的坚定信念和切实行动，体现在工作谋划、履行职能、自身建设各个方面。“四个意识”“四个自信”“两个维护”，要年年、月月、天天琢磨、领悟。“四个意识”，从根本上讲是思想形态、理论形态，是有实践基础的，是我们党全部经验和创造的集中概括。“四个自信”，是信念、信仰，体现了中华民族5 000多年文明史，体现了我们党的奋斗史，体现了党的十八大以来的实践，经过了历史的选择、历史的检验，历史经验集中到一点，就是坚定“四个自信”。“两个维护”，是党的十八大以来的实践证明，是推进民族复兴伟大斗争、伟大工程、伟大事业、伟大梦想的现实需要。“四个意识”是实践生成的，“四个自信”是历史造就的，“两个维护”是人民选择的，这是最根本的。

（二）胸怀大局，自觉服从服务于构建新发展格局

构建新发展格局是适应我国发展新阶段要求、塑造国际合作和竞争新优势的必然选择。育先机、开新局，教育要发挥基础性作用。全会部署2035年要率先建成教育强国。我们要有创造历史的使命意识和责任担当，着眼于建设教育强国这一宏伟目标、着眼于服务社会主义现代化强国建设这一光荣使命来看待事业、审视工作，把教育看作新发展格局中的优先要素和内生变量，加快建设高质量教育体系。

教育高质量发展，从根本上说，就是从“有没有”到“好不好”的发展，就是要着力解决发展不平衡不充分问题。经过改革开放的40多年，特别是党的十八大以来的8年、“十三五”规划的5年，以及过去一年的努力，教育已经积累了丰厚的家底。比如，国家财政性教育经费占国内生产总值比例连续8年超过4%，拥有一支1 700多万人的教师队伍，乡村教师队伍具有本科以上学历的人数超过了一半，20万建档立

卡辍学学生实现“动态清零”，高等教育进入普及化阶段，这都是非常了不起的成绩。特别是我们有习近平新时代中国特色社会主义思想这一科学指引，有党对教育工作的全面领导这一坚强保证，有人民群众日益增长的教育需求这一发展动力和潜力。教育事业发展到今天形成的气势、优势、态势，给了我们实现高质量发展的信心和底气。

“十四五”时期是承前启后、继往开来的5年。既要巩固全面建成小康社会成果，确保实现第一个百年奋斗目标的各项成就经得起历史检验，又要开启全面建设社会主义现代化国家新征程，为实现2035年远景目标奠定坚实基础。两方面交汇交融，必须做好衔接：既要巩固深化，又要创新拓展。巩固深化是就工作的连续性和稳定性而言的。比如控辍保学，失学辍学学生目前虽已“全部清零”，但还不稳定，是动态的，到全面建成小康社会之前，教育脱贫攻坚工作还处在收官阶段，巩固成果的工作丝毫不能放松，要在“留得住、学得好”上下功夫，确保“颗粒归仓”。创新拓展是就工作的前瞻性和引领性而言的。比如，我们设计实施中国教育发展八大体系，是通过系统性谋划、战略性布局来落实党的十九届五中全会精神，构建起支撑教育高质量发展的“四梁八柱”，推动教育发展实现质量、结构、规模、速度、效益、安全相统一，推动教育系统从理念到行动都进入新发展阶段。要在实践中逐步加深对八大体系的理解。

（三）结合实际，让学习产生“化学反应”

好的学习是一个建构新认识体系的过程，要“得道”，要“参悟”，不能水是水、油是油。要达到这样的效果，必须往下落、往下走，将学习与具体工作结合起来，不能一般化地谈体会，要避免讲那些脱离实际的空话、大话。只有对照中央要求，满足群众期待，兼顾国外发展，锚定未来目标，紧盯时间倒排，才能为教育“十四五”开好局、起好步。总结我们党的历史，革命、建设、改革走过的历程，我们有一个基本的体悟，就是任何时候领会中央精神，都要眼睛向下、脚踩大地，到实践中去、到群众中去、到基层去，否则就会飘浮在空中，领会不了精神实质，得不到实际效果。“化学反应”是反映在基层中、反映在群众中的，有没有“化学反应”，要看基层面貌变了没有、问题解决了没有、群众脸上笑容多了没有。

二、坚持人民至上的价值取向，强化宗旨意识

人民至上是作出正确抉择的根本前提。《中共中央关于制定国民经济和社会发展第十四个五年规划和二〇三五年远景目标的建议》在2035年远景目标中提出“人民生活更加美好，人的全面发展、全体人民共同富裕取得更为明显的实质性进展”，在改善人民生活品质部分突出强调“扎实推动共同富裕”。新发展理念从创新开始，落到共享上，体现了中国特色社会主义的本质要求。我们要从全体人民的根本利益出发，自觉站在人民立场上想问题、作决策，推动解决群众“急难愁盼”突出问题。全党要开展“我为人民办实事”活动，我们教育系统就是“一个整顿、五个管理”，即整顿校外培训机构，管理中小学生作业、睡眠、手机、读物、体质，把这些问题解决好，就是为人民办实事。

治理整顿校外培训机构要有新举措。不能因为校外培训机构造成学生负担过重，抵消了人民群众的获得感幸福感。还要规范民办义务教育发展，相关文件已经由中央全面深化改革委员会审议通过。这两件事有一个共同点：都是针对市场行为的，是难事，更是大事，因为关乎每个家庭的切身利益。不能让家长陷在焦虑之中，不能让孩子的负担越来越重，不能让功利的、异化的学习影响了孩子的全面发展。面向充满不确定性的未来，创新能力、沟通协作能力、复杂问题解决能力等将成为人的必备能力。这次疫情让我们前所未有地认识到，对孩子进行责任教育、生命教育，教他们如何应对危机、面对苦难，让他们学会自主学习，有多重要多紧迫！校外培训机构不整顿，就不可能有教育发展的健康秩序和生态。我们必须创造良好的生态环境，其中龙头就是校外培训机构治理。在这个基础上，我们建立学校、家庭、社会协同管理的机制，这一步一定要迈好。中央考虑的是党和国家工作大局，考虑的是全体人民的长远利益和根本利益，我们对“国之大者”要做到心中有数，坚决贯彻落实中央决策部署，为孩子的健康成长营造良好生态。各地要坚持全国一盘棋，听指挥齐步走，绝不能搞变通打折扣，形成“破窗效应”，影响整体改革效果。公办民办学校同步招生政策平稳落地，取得预期效果，要认真总结在细化政策、部门协同、精细部署等方面的做法和经验，为做好工作提供启发和借鉴。

另外，中办、国办关于体育美育的文件对体育评价改革作了新的规定。落实好两个文件，善始还需慎始，要坚决把“歪嘴和尚”的奇葩行径打下去。要从源头上找原因找差距，对症下药，综合施策，确保改革沿着正确的方向前进。比如，要合理确定测试分值、测试内容，探索个性化选择测试项目，提高学校体育教学质量，调动家长与孩子一起进行体育锻炼等。新评价方式和传统考试是有区别的，这点我们一定要把握好。所谓慎始，就是说我们改革措施想好了、想透了，就起步干，一干就保持定力。改革的目的是培养孩子进行体育锻炼的兴趣和习惯、增强体质体能，而不是借考试“指挥棒”走到应试教育的路上去。美育也要注意这个问题。评价改革总体方案已经明确，要改进结果评价、强化过程评价、探索增值评价、健全综合评价。德智体美劳在四种评价方式中如何真正落实，四种评价方式如何在不同主体和不同学段、不同教育类型各有侧重，这是一篇大文章。评价文件出台了，重在建设、靶向落实，该破的要破，该建的、该立的要尽快跟上去，抓住重点，对准靶子开枪。

三、推进改革成果系统集成，强化协同意识

党的十九大以来，习近平总书记在中央全面深化改革委员会会议、地方考察调研等重要场合多次强调加强改革“系统集成”。《中共中央关于制定国民经济和社会发展第十四个五年规划和二〇三五年远景目标的建议》将“坚持系统观念”作为必须遵循的原则之一。增强改革的系统性、整体性、协同性，形成合力，才能推动各项制度更加成熟、更加定型，才能真正落实。我们去年出台了一些文件，要推动集成式落实，加强部门联动，更好发挥各地教育工作领导小组的作用，建立专班来推动。相反，若各项改革举措互相打架、互相掣肘、互相制约，效果会大打折扣，此消彼长，长久不了，很难作为制度成果固定下来。我们要善于从整体上看待和理解问题，善于从系统的观点和结构的角度去解决问题。

去年上半年新冠疫情期间，我们进行了有史以来最大规模的在线教育，实现了“停课不停学”，这次在线教育也是前所未有的信息化教学社会实践。现在，教育教学秩序已全面恢复，我们要思考这些探索、尝试、创新能留下多少，目前的在线教育离未来教育还有多远，还应往哪个方向努力。基础设施方面，近百分百的中小学（含教学点）接入了互联网，学校网络宽带达到100兆以上；教学资源方面，基础教育免费开放10 000多门优质课，高等学校上线慕课数量居世界第一；信息技术方面，“数字中国”正在大力推进，我国5G技术处于领跑地位，目前全国5G基站近70万个，实现地级市室外连续覆盖、县城及乡镇有重点覆盖、重点场景室内覆盖。可以说，推进线上线下教育融合发展，设施、资源、技术都已不是问题，面临的瓶颈集中在政策和制度上，包括教材建设、课程方案、考试评价、学习成果质量保障及认定、社会机构参与等多个方面。教育数字化、智能化进程加速推进，我国在线教育用户规模已达3.81亿，占网民整体的40.5%，许多国家在谋划发展在线教育，国内各行业各领域也都在利用数字技术推进融合应用创新。时不我待，我们要在研究了解在线教育发展趋势和规律的基础上，只争朝夕，整体推进发展在线教育急需的制度，供给能容纳先进生产力的好制度，绝不能让制度成为新技术进入教育领域的障碍，不能让疫情期间的应急之举就停留在一次试验上，不能让在线教育落在其他行业和领域的后面、落在其他国家的后面。

要以更宽广的视野来深化协同。这些年，我们所进行的改革，包括管理体制、办学体制、投入体制、现代学校制度以及教育教学等方面的改革，一直都在努力完善与社会的沟通机制，解决封闭式办教育、围墙内办学的问题，校企合作、科教协同、家校社共育、大中小幼协同、医教协同、教体协同等，都是有针对性的举措。当前，外部环境发生了深刻变化，我们必须进一步加强教育与社会、与市场、与国外，以及各级各类教育之间的互动和联动，为每个孩子创造更多更好的成长成才的机会和条件，为经济社会发展提供急需的知识和人才支撑。比如，在线教育方面，信息化代际更新快，只靠政府的钱解决不了所有问题，我们要多从社会上找资源。但要严格遵守规矩和纪律，不能搞利益输送。再比如，我看了一份俄罗斯天才儿童培养的材料，为应对后疫情时代更加激烈的科技人才竞争，俄罗斯将“建立有效的天才儿童和青年的识别、支持、发展体系”再次纳入俄罗斯的国家发展优先事项，通过建立管理专门机构、协调机制，调动俄罗斯科学院、高校以及企业资源，形成辐射全联邦的天才儿童支持体系。习近平总书记在科学家座谈会上强调指出，“好奇心是人的天性，对科学兴趣的引导和培养要从娃娃抓起”。邓小平同志讲信息化、校园足球的时候，都讲从娃娃抓起。我们对有利于长远发展的事情，有从娃娃抓起的传统。创新人才培养要前移到基础教育学段。这方面我们要好好研究，尽快找到适合国情的做法。

四、切实推进实际问题的解决，强化担当意识

中华文化向来有经世致用的传统，强调发挥所学、关注现实、解决问题。这种传统宽泛地说是通过教育系统推向社会的，所以也可以说是中国教育的传统。我们党更是具有唯实求真的精神，把发现问题、解决问题作为打开工作局面的突破口，在一个一个问题的解决中推动各项事

业不断前行、不断发展。

找到真正的问题至关重要。找准问题的关键是看清事物发展的实质，从而确定真正的痛点、堵点，明确工作的靶向。否则，如果为表面现象、舆论风向或既有概念所迷惑，问题找不准、找偏了，方向不对，花的功夫越多，离问题解决就越远。这时候只要“往后转、齐步走”就是进步，这就是方法问题、思路问题。比如，在启动编制教育“十四五”规划的时候，我们就提出，建设适应高质量发展的教育体系，要做那些稳住基本盘、支撑双循环、解决烦心事、克服“卡脖子”、抢占制高点的工作，这就是“十四五”时期推动教育高质量发展的工作重点。这就是在分析形势、对接需求后作出的适应性调整。再比如，疫情之后留学的内生动力有了怎样的变化、留学生的结构和布局会不会变化，要早作研判：既从西方的角度研判，也从我们的角度研判，还要从其他发展中国家的角度研判。一份材料表明，美国的某数字学习平台以全球化战略为重心，致力于提供“全球最好的数字课程”，吸引了全球众多学生注册学习数字课程。疫情期间，注册学生以两位数增幅高速增长。值得关注的是，多数美国公立大学承认这一平台的数字课程学分。疫情期间，该课程还提供了首个西班牙语硕士学位。我们现在有30 000多门慕课课程，要好好分析研究国外的做法，推动在线教育发展。

要创造性应对问题。环境在变，形势在变，这必然要求我们解放思想、勇于创新，打破过去的思维定式和工作套路。比如，为了解决制约自主创新的关键问题，我们主动出击、主动作为，加强基础学科人才培养，布局未来技术学院，设置一批交叉学科中心，推动顶尖学科建设，鼓励科研组织模式创新，创造条件让科研工作者心无旁骛地潜心研究，推进高校科技成果转化和技术转移，“长江学者奖励计划”优先支持“卡脖子”领域，鼓励高校积极融入全球创新网络等，突破了很多过去的做法。再比如，在对美战略博弈上，虽然“东升西降”不断推进，但国际格局“西强东弱”的总体态势还没有根本改变。在这一大背景下，我们要保持战略定力，着手深化国家公派留学体制机制改革，深化国际中文教育体制机制改革，实施国际中文教育开拓工程，开辟新途径，扩大回旋空间。

五、牢牢守住安全发展这条底线，强化风险意识

当前，我国发展进入一个风险易发多发期。教育涉及政治安全、文化安全、社会安全，甚至科技安全、经济安全，必须绷紧安全发展这根弦，筑牢防范化解各类风险的“铜墙铁壁”。

要树立底线思维。“安而不忘危，存而不忘亡，治而不忘乱”，统筹发展和安全，增强忧患意识，做到居安思危，是我们党治国理政的一个重大原则。随着事业向前发展，我们遇到的新问题新矛盾越来越多、越来越复杂，就越需要有如履薄冰的谨慎和居安思危的忧患意识。周恩来同志曾说：“我们这样一个人口多、经济落后的国家要在经济上翻身，这是一个艰巨的任务。我们应该有临事而惧的精神。这不是后退，不是泄气，而是戒慎恐惧。”坚持底线思维，就是要有临事而惧的精神，要时刻想到最坏的可能性，没有把最坏的结果考虑进去的决策不可能是一个好决策，没有把敌人、对手的困难考虑进去的决策也不是一个好决策。1945年毛泽东同志在党的七大上作结论报告时，在讲“准备吃亏”“准备困难”时一口气列举了17条困难。2018年，习近平总书记在新进中央委员会的委员、候补委员和省部级主要领导干部研讨班上发表重要讲话，从8个方面列举了16个需要高度重视的风险。凡事从最困难、最坏处准备，努力去争取最好的结果，这样的方法要始终坚持。要把防风险摆在突出位置，多一些忧患意识，少一些盲目乐观；多一些未雨绸缪，少一些临阵磨枪；多一些严谨细致，少一些粗枝大叶；多一些科学理性，少一些急躁冒进。

要掌握战略主动。“备豫不虞，为国常道”。防范是最经济、最有效的控制风险的办法。疫情防控的“四早”要求就是通过预防发挥重要作用，从而避免了疫情大规模集中暴发给社会秩序带来的严重冲击，这是我们疫情应对得出的重要经验。2019年底，我们专门开展了教育领域可能发生的“灰犀牛”或“黑天鹅”事件征集式调研，收到了很好的成效。希望大家养成定期梳理排查潜在风险点的意识和习惯，做到心中有数。总的看，以下几类工作往往隐藏着重大风险：涉及民族宗教等重大敏感问题的，属于创新型改革的，进行利益分配特别是对既得利益进行调整的，涉及师生人身安全的，涉及公权力行使特别是重要部门和岗位的，还有疫情防控、中美战略博弈，以及我们工作中存在的短板漏洞弱项，这都是属于风险易发多发的领域。在推进这几类工作的时候，一定要下好先手棋，尽量采取针对性举措防止风险发生。平时大家要有一张“婆婆嘴”，要经常提醒、“咬咬耳朵”，对安全问题不厌其烦地讲。要善于把握风险走势，在“桅杆刚刚露出的时候”就能“见叶知秋”，做到准备充分、临危不乱。

要提高应急处突能力。对突发事件，要以最快的速度第一时间处置，这是政治执行力的体现。决不能出现一有人说困难就往后退的情况。一旦错过时间窗口，就等于拱手相让了对事态发展的主导权、主动权，就有可能发生各种各样的“蝴蝶效应”，让局部风险演化为系统性风险。要有斗争精神，对于我们自己可以做也必须做的，要毫不客气，加大工作力度。

疫情防控是一项重要政治任务，决不能有丝毫的松懈和侥幸。当前，境外疫情仍在扩散蔓延，我国局部地区也时有散发病例，抗击新冠疫情，是一件大事，是我们面临的又一次重大考验。总的来讲，要坚持大道理管小道理，站位全局，慎终如始，抓紧抓细抓实各项常态化防控举措。教育系统一方面要坚决巩固来之不易的防控成果，另一方面要把疫情防控工作做得更加精准、更加细致、更加周到，毫不放松抓好“外防输入、内防反弹”工作，严防出现聚集性疫情，严防散发病例传播扩散。

循脉而行，抓住机遇，善开新局*

根据《教育部直属机关开展党史学习教育工作方案》，今天，教育部党组与中国人民大学党委理论学习中心组举行党史学习教育联学活动。联学的主题是认真学习贯彻习近平总书记关于党的历史、关于教育的重要论述和党中央关于教育的决策部署，围绕“循脉而行，守立德树人初心”专题，聚焦“党史资政育人”开展深入研讨，坚守立德树人初心，勇担为党育人、为国育才使命，努力培养担当民族复兴大任的时代新人，培养德智体美劳全面发展的社会主义建设者和接班人。

联学是教育部党组理论学习中心组的特色品牌活动。2017年以来，围绕深入学习贯彻习近平总书记在全国教育大会、全国高校思想政治工作会议、考察中国政法大学时的重要讲话精神等，教育部党组先后与北京市委教工委和市教委、清华大学党委、中国政法大学党委开展了多次主题联学，有力推动了习近平总书记重要讲话精神的贯彻落实。在制定直属机关党史学习教育工作方案时，我们就明确部党组要在5月份与中国人民大学党委开展一次主题联学。这一安排的考虑主要有两个方面。一是中国人民大学有着与生俱来的红色基因。习近平总书记在给中国人民大学80周年校庆的贺信中指出，中国人民大学是我们党创办的第一所新型正规大学。学校红色基因代代相传、印记鲜明。二是中国人民大学有着党史学科的显著优势。中国人民大学在我国人文社会科学领域独树一帜，是国内党史党建教育研究人才培养、学术交流的重镇，是引领

---

* 2021年5月26日，北京。

高校党史党建学科专业发展的一面旗帜。今天，在中国人民大学校园，部党组与学校党委开展党史学习教育联学，就党史学科、专业、课程建设和人才培养、如何运用丰厚党史资源推进思政育人等进行深入研讨，对于进一步学习贯彻习近平总书记关于党的历史、关于教育的重要论述，把教育系统党史学习教育不断引向深入，具有特殊重要的意义。

1939年，毛泽东同志到陕北公学，也就是两岁时的中国人民大学，在延安在职干部教育动员大会上发表了一篇著名讲话。毛主席引用韩愈的诗句“人不通古今，马牛而襟裾”，告诫全党“人不知道古今，等于牛马穿了衣裳一样”，要求共产党员“要知道更多的古今”，就是要学习、研究、用好历史。习近平总书记多次强调，学习党的历史，这门功课不仅必修，而且必须修好。在党史学习教育动员大会上，总书记指出，“全党深入学习党史，是增强党的意识、党员意识的重要途径。党员、干部不管处在哪个层次和岗位，都要全身心投入，静下心来，认真学习、深入思考，做到学有所思、学有所悟、学有所得”。我们要铭记领袖的教导，用心用情用力学好党史，真正做到学史明理、学史增信、学史崇德、学史力行。今天我们参观了胡华百年诞辰生平与书信展，观摩了中国人民大学、湘潭大学“同上一堂党史课”，几位同志先后作了重点发言，听了很受启发。我也交流一下学习党史的收获，主要谈谈体会、思路和愿景。

一、谈谈体会，概括起来就是循脉而行，不断深化对教育初心使命的领悟

今天联学的内容横跨百年，激活了很多记忆，可以说是“吹皱一池春水”。一百年的时间让党的事业成长为参天大树。我们党从诞生之初就高度重视教育，百年来教育始终坚守培根铸魂的职责使命，这是我们教育工作者的骄傲，也是我们继续守好立德树人初心的动力和信心所在。

第一，从党史之脉把握教育的根本任务。百年来，我们党的教育，其根本任务是随着党在不同历史时期的主要任务而不断发展变化的。我们参观展览，通过陕北公学的发展史又一次看到，抗战时期毛泽东同志提出造就“革命的先锋队”。1956年，中央强调“使受教育者在德育、智育、体育几方面都得到发展，成为有社会主义觉悟的有文化的劳动者”，这就是我们党最初提出的教育方针。1999年中央对“培养什么人”提出一系列新要求，纳入了有理想、有道德、有文化、有纪律的“四有”范畴，新增了“美育”要求。党的十七大报告首次出现“立德树人”这个概念，党的十八大报告进一步提出把立德树人作为教育的根本任务、培养德智体美全面发展的社会主义建设者和接班人。2018年全国教育大会上，习近平总书记明确提出将“劳育”纳入党的教育方针，形成德智体美劳五育并举的教育方针。总书记前不久在清华大学考察时再次强调，“要坚持把立德树人作为根本任务，要不忘初心、牢记使命，为党育人、为国育才”。在党的不同历史时期，立德树人的内涵外延随着百年党史的发展经历了一个自我展开、自我完善的过程，从而构成了教育的根本任务。从百年来教育自身的发展历史来看，教育服务于党的中心工作和国家发展大局的自觉性是一以贯之的，把党的领导与人民满意统一于办学实践的自觉性也是一以贯之的。这是我们的两条基本经验，“为党育人、为国育才”就是教育根本任务的体现。

第二，从大历史观把握教育的战略定位。习近平总书记要求全党胸怀中华民族伟大复兴战略全局和世界百年未有之大变局，树立大历史观，从历史长河、时代大潮、全球风云中分析演变机理、探究历史规律。教育是慢变量、长周期的事业，更需要用大历史观，在长时段、多维度、宽视野中加以审视和研究。把教育放在大历史观的坐标系中，便会有“复行数十步，豁然开朗”之感，这是我们今天听完课的突出感受。从5 000多年中华文明史看教育，我们在绝大多数时间里都是领先世界的大国、强国，为人类文明作出了重大贡献，这在很大程度上得益于我们的祖先非常重视教育、倡导“德治教化天下”、秉持尊师重教的传统。我们党吸吮中华民族博大精深的文化养分，把立党初心深深扎根于民族复兴的梦想，办教育的初心就是为造福中国人民、实现民族复兴而立德树人。从500年社会主义发展史看教育，我们在学习党史的语境下讲百年未有之大变局，不能停留于简单堆砌的现象描述，而要从“两个必然”的历史规律、从中国特色社会主义理论和实践新发展，认识到这个大变局是历史自身辩证法的展开、是历史自己对自己的推动。我们要正视“西强东弱”的现实、坚定“东升西降”的信心，为“一夜东风起，万山春色归”提供坚实的人才支撑。从180多年中国近现代史看教育，从1840年到我们党成立，中华民族经历了80多年的磨难，终于找到了能够领导人民走向光明的政治力量。我们党从成立之日起，就矢志践行初心使命，现在即将胜利实现第一个百年奋斗目标。今天我们讲“四个意识”“四个自信”“两个维护”，“四个意识”是实践形成的，“四个自信”是历史证明的，“两个维护”是历史选择的，都有深刻的历史支撑。180多年中国近现代教育史，我们在自己的文明谱系中嵌入外来的科学体系、教育体系，并加以民族化、本土化的运用和改造，最终确立了党对教育的领导。百年来教育始终与人民共命运、与国家共奋进，成为世界教育史上一道令人刮目相看、令我们引以为傲的风景线。从新时代看教育，当前我们党已开启全面建设社会主义现代化国家新征程，国家越是向前发展、现代化越是推进，教育的基础性、先导性、全局性地位作用越是凸显。习近平总书记指出，教育是国之大计、党之大计，对提高人民综合素质、促进人的全面发展、增强中华民族创新创造活力、实现中华民族伟大复兴具有决定性意义。这就是教育在新时代的历史方位。

第三，从百年奋斗把握教育的历史贡献。习近平总书记指出，在百年接续奋斗中，党团结带领人民创造了中华民族发展史、人类社会进步史上令人刮目相看的奇迹。这份奇迹中包含着教育不可磨灭的贡献。我们党从诞生之日起就高度重视教育工作，陈独秀、李大钊、毛泽东、邓中夏、瞿秋白、蔡和森、张太雷、恽代英等我们党的早期领导人，都把教育战线作为重要的革命阵地，引导数十万知识青年走上了革命道路，培养了大批革命需要的人才。当前，我国各级教育普及程度都达到或者超过中高收入国家平均水平。从第七次全国人口普查数据来看，16至59岁劳动年龄人口平均受教育年限提高至10.75年，新增劳动力平均受教育年限已达13.8年，具有大学文化程度的人口超过2.18亿；教育脱贫攻坚实现20万建档立卡辍学学生“动态清零”、历史性地解决了“控辍保学”难题，职业教育确立为类型教育、与普通教育地位平等，高等学校连续32年保持稳定、成为我们国家社会稳定的“压舱石”。这些都生动彰显了教育的历史贡献，充分印证了总书记在中央全面深化改革委员会第十六次会议上作出的重要论断——教育面貌正发生格局性变化。在新发展阶段，我们要更加坚定办中国特色、世界一流教育的信心和追求，为奋力推进强国大业作出新的更大贡献。

二、谈谈思路，概括起来就是紧抓机遇、顺历史大势推动教育高质量发展

党的十九届五中全会确定了进入新发展阶段、贯彻新发展理念、构建新发展格局的历史任务。这一历史任务在教育领域的具体化，就是要实现教育高质量发展，为此部党组部署建设八大体系，把未来5年教育事业发展的总基调、总盘子、总框架定下来。党史学习教育开展以来，通过原原本本的学习和学思践悟相结合，我们对历史中变与不变的辩证法感受很深。当前我国教育整体进入世界中上水平，实力位次变了，发展环境变了，但决定教育发展方向的最本质问题、决定教育发展质量的最能动因素并没有变，我们要善于拜历史为师，汲取丰厚滋养，做到“执古之道，以御今之有”。

第一，党史学习教育为夯实思想根基提供了历史机遇。总书记指出，教育就是要培养中国特色社会主义事业的建设者和接班人，而不是旁观者和反对派。教育的成功是具有决定性意义的成功，教育的失败则是一种根本性失败。其他领域如果犯下颠覆性错误，还有可能在付出巨大代价之后扭转过来，而教育的颠覆性错误无法挽救，所以教育不能犯颠覆性错误。在这个大是大非问题上，我们必须旗帜鲜明、责无旁贷，只能成功，不能失败。衡量教育办得成功与否，首先要看亿万师生人心所向，我们的任务就是要为党赢得民心、滋养民心、经营民心、守住民心，关键要用好思政课主渠道和日常思政教育主阵地，多措并举打牢师生听党话、跟党走的思想根基。

办好思政课、做好思政工作，重点在解决“合力”问题。党的十八大以来，思政教师和专业教师同向同行的合力不断增强，协同效应初步显现。与此同时，我们还要解决好教育系统与社会其他系统之间的育人合力问题。党中央部署在全党开展党史学习教育，同时在全社会开展以党史为重点的“四史”宣传教育，这是一次纵到底、横到边、全覆盖、全进入的政治教育。明年我们党要召开二十大，今年党史学习教育是一次重要的思想准备，必将推动全党全国各族人民在思想上政治上行动上达到新的更高的团结统一，这就为学校立德树人创造了良好外部环境。我们一定要牢牢把握历史机遇，扎实做好教育自己的事，学党史、悟思想，更好地用习近平新时代中国特色社会主义思想铸魂育人。

第二，党史学习教育为破解沉疴痼疾提供了历史智慧。总书记强调，我们党历来重视党史学习教育，注重用党的实践创造和历史经验启迪智慧、砥砺品格。当我们作为“历史的剧中人”共同写完党史学习教育这篇最新的历史，再回首时，我们一定能感受到党史学习教育穿透历史的厚重与力量。尤为重要的是，在今天这样一个高度开放的时空环境中，在两种社会制度、两种意识形态正面较量的斗争形势下，通过党史学习教育重温那些生死攸关的战略抉择、荡气回肠的英雄壮举，能够帮助我们在错综复杂的国际形势中保持清醒，面对艰巨繁重的改革发展稳定任务时保持定力，坚持实事求是，理论联系实际，密切联系群众，努力办好人民满意的教育。

治疗教育领域“慢性病”，重点在解决“担当”问题。现在比较突出的中小学生负担太重、教育短视化功利化、校外培训机构无序发展、职业教育适应性不够强、高等教育人才培养质量不够高等深层次问题，都要求教育系统党员干部奔着矛盾斗争去，直面风险挑战上，“困难再大，想想红军长征，想想湘江血战”。湘江战役，中央红军从8万多人减少到3万多人，当地百姓说，“十年不饮湘江水、十年不食湘江鱼”，这是何等的悲壮，又是何等的英豪！我们一定要以对党和人民的无限忠诚、对历史的高度负责，“明知山有虎，偏向虎山行”，敢于动真碰硬、强势出击，把开展党史学习教育同解决人民群众反映强烈的突出问题结合起来，学党史、办实事，务必在教育公平和质量上取得突破性进展，有效化解家长和社会的焦虑。

第三，党史学习教育为开辟发展新局提供了历史借鉴。总书记指出，我们党一步步走过来，很重要的一条就是不断总结经验、提高本领，不断提高应对风险、迎接挑战、化险为夷的能力水平。党领导革命、建设、改革的经验反复证明，一旦找到顺应历史潮流的正确方向、合乎历史规律的正确道路，就要坚定不移走下去，积小胜为大胜，不断开辟事业发展新局面。

党史学习教育开展以来，我们量身打造了教育系统“一三五”总体框架，确保学习教育的各项要求落到实处。“一”是指“迎接建党一百周年行动”，突出高校和青少年群体，深入实施“学习、诊断、建设”三大行动，发挥课程教材主渠道、思政工作主阵地、网络空间主平台，研学实践大课堂，学科建设和研究队伍、科研项目和研究平台支撑保障的“三主一大两支撑”作用。“三”是指党员述学、述职、述廉“三述”，通过“述学”深化理论武装，通过“述职”强化党员作用，通过“述廉”优化党风政风，取得了教育与自我教育、批评与自我批评的显著成效。“五”是指推动直属机关谋大事、解难事、办实事、创新事、长本事这“五件事”。部党组抓好中小学生作业、睡眠、手机、读物、体质“五项管理”、加强党史学科建设等若干项重点任务；直属机关各单位承诺解决多项突出问题；广大党员积极参与“学党史见行动”活动。我们要立足教育实际抓好党史学习教育，在规定动作中体现教育特色，做到学党史、开新局，为“十四五”时期教育高质量发展注入强大动力。

三、谈谈愿景，概括起来就是善开新局、用好党史教育资源培养时代新人

列宁曾说：“没有革命的理论，就没有革命的行动。”我们党百年伟业的成功，首先要归功于马克思主义中国化时代化的理论成果。习近平新时代中国特色社会主义思想，作为引领中国、影响世界的当代中国马克思主义、21世纪马克思主义，是我们党最为鲜活的理论结晶，我们一定要倍加珍视、学深悟透，用好党史资源，做好六项工作，不断开辟立德树人、铸魂育人新境界。

第一，树立大目标。我们有2.8亿在校学生，他们是承担民族复兴历史使命的一代。全国50多万所学校、1 700多万名教师的核心目标，就是教育引导学生“立大志、明大德、成大才、担大任”。要把党史教育全面融入各级各类学校的课程专业建设，引导学生在为党和人民不懈奋斗中实现更有高度、更有境界、更有品位的人生，努力成长为堪当民族复兴重任的时代新人。

第二，塑造“大先生”。习近平总书记要求教师成为学生为学、为事、为人的“大先生”，促进学生全面发展。我们在展览中看到，胡华教授与党史研究相伴近50年，为党史学科的创设、建设与发展作出了巨大贡献。我记得上学时候的学习参考书中就有胡华教授编写的《中国革命史》，它帮助我们这一代打下了关于党史知识的基础。胡华教授不仅是中国人民大学的“红色教授”，更是整个教育系统的“大先生”。我们要结合党史育人的要求，以党史专业人才为核心骨干，发挥好思政课教师主力军作用，将“党史育人”要求覆盖所有教师，努力塑造一支像胡华教授那样的“大先生”队伍。

第三，善用大课堂。习近平总书记要求“大思政课”不仅要在课堂上讲，也应该在社会生活中讲，这一重要指示为我们贯通党史学习教育和思政课建设搭建了桥梁。讲好党史“大思政课”，就要持续推动党史学习教育与思政课充分融合，统筹思政课程、课程思政和日常思想政治教育的育人合力，将思政小课堂与社会大课堂有机结合，引导学生做到知史爱党、知史爱国，增强做中国人的志气、骨气、底气，矢志不渝听党话、初心不改感党恩、坚定不移跟党走。

第四，建设大学科。党史党建学科是一门扎根中国本土的“特色之学”，是一门了解中国成功之道的“密码之学”，是一门兼具资政育人功能的“自信之学”。建设一个中国特色、世界一流的党史党建学科，是推进党的建设新的伟大工程的固本强基之举，也是教育系统的应尽职责和独特贡献。我们要加快论证设置党史党建一级学科，作为我们党史学习教育“办大事”的标志性成果。

第五，构建大格局。党史育人既要强内功也要借外力，要善于通过“党史+”整合吸纳校内外各类教育、教师、实践、宣传资源。“党史+红色”，要深入挖掘革命博物馆、纪念馆、党史馆、烈士陵园等红色基因库，引导学生传承红色基因、赓续红色血脉，把红色江山世世代代传下去。“党史+宣讲”，要鼓励“大先生”们走出书斋、走入群众、讲好党史，用党的伟大成就激励人、成功经验启迪人、优良传统教育人、历史教训警示人。“党史+研究”，毛主席讲生产劳动、阶级斗争、科学研究是三大实践，党史研究要从生产劳动和社会实践中找真问题、做真学问，将党史育人的“论文”写在新时代的祖国大地上、写进亿万人民的心坎里，更好发挥以史鉴今、资政育人的作用。

第六，实现大作为。在建党一百周年的特殊年份，党史学习教育给予我们特殊的智慧和力量。我们要全面贯彻党的教育方针，努力培养德智体美劳全面发展的社会主义建设者和接班人；坚持和完善党组织领导下的校长负责制，保证社会主义办学方向，提高党员领导干部办学治校的能力和水平；牢牢把握意识形态工作领导权、主动权、话语权，坚决守好思想政治工作这条学校各项工作的生命线，确保把党史学习教育成效转化为用习近平新时代中国特色社会主义思想统领教育工作、全面加强党对教育工作的领导、落实立德树人根本任务、建设教育强国的生动实践。

把握历史方位、历史大势、历史规律、历史担当*

习近平总书记在庆祝中国共产党成立一百周年大会上的重要讲话，立足我们党百年华诞的重大时刻和“两个一百年”历史交汇的关键节点，深情回顾党成立一百年来取得的伟大成就，庄严宣告实现了第一个百年奋斗目标、全面建成了小康社会，郑重宣示坚持和发展新时代中国特色社会主义、向全面建成社会主义现代化强国的第二个百年奋斗目标迈进的坚定决心，深刻阐述以史为鉴、开创未来的根本要求，向全体党员发出了争取更大光荣的伟大号召。总书记的重要讲话，高屋建瓴、思想深邃、内涵丰富，体现了深远的战略思维、强烈的历史担当、真挚的为民情怀，是一篇马克思主义纲领性文献，是党在新时代不忘初心、牢记使命的政治宣言，是党团结带领人民以史为鉴、开创未来的行动纲领。

总书记的重要讲话，从深远宏阔的历史视野出发，将历史中国、当代中国和未来中国联系起来，阐明历史方位，把握发展大势，探寻复兴之道，体现了总书记检视党和人民事业、思考中华民族前途命运时一贯秉持的大历史观。在党史学习教育动员大会上，总书记强调，“要教育引导全党胸怀中华民族伟大复兴战略全局和世界百年未有之大变局，树立大历史观，从历史长河、时代大潮、全球风云中分析演变机理、探究历史规律，提出因应的战略策略，增强工作的系统性、预见性、创造性”。下面，我尝试从大历史观的角度，谈谈对这篇重要讲话的学习体会。

---

* 2021年7月21日，北京。

一、把握历史方位

习近平总书记庄严宣告，我们实现了第一个百年奋斗目标，在中华大地上全面建成了小康社会，历史性地解决了绝对贫困问题，正在意气风发地向着全面建成社会主义现代化强国的第二个百年奋斗目标迈进。这一庄严宣告，标志着党和人民事业进入了新的历史方位，也就是党的十九届五中全会提出的新发展阶段。从中华民族大历史维度看，“两个一百年”奋斗目标是中华民族伟大复兴进程中的两个决定性环节。

全面建成小康社会是中华民族发展史上的重要里程碑。总书记重要讲话中强调的“在中华大地上”令人印象深刻，传递了深深的历史厚重感和民族自豪感。“小康”最早出现在我国最早的诗歌总集《诗经》，“民亦劳止，汔可小康。惠此中国，以绥四方”，描写平民百姓的困苦状态，劝告统治者要爱惜民力，体恤百姓。建立一个安定富足的小康社会是中华民族数千年的希冀和追求，是亿万中华儿女的梦想和期盼。我们党用“小康”这个概念来确立我们的发展目标，易于得到最广大人民的理解和支持。改革开放之初，邓小平同志首先用小康来诠释中国式现代化，明确提出到20世纪末“在中国建立一个小康社会”的奋斗目标。党的十六大提出“全面建设小康社会”，党的十八大进一步提出“全面建成小康社会”。习近平总书记反复强调，全面小康，覆盖的领域要全面，是“五位一体”全面进步的小康；覆盖的人口要全面，是惠及全体人民的小康；覆盖的区域要全面，是城乡区域共同的小康。千年梦想，百年梦圆，我们党带领人民书写了人类发展史上的伟大奇迹，铸就了中华民族伟大复兴的不朽丰碑，使中华民族伟大复兴向前迈出了新的一大步。在这气壮山河、震古烁今的凯歌里，教育是其中的华彩乐章。20多万建档立卡辍学学生实现“动态清零”，长期存在的辍学问题得到历史性解决，义务教育有保障目标全面实现，创造了世界教育史上的奇迹。充分发挥教育扶贫扶志扶智重要作用，积极推进发展教育脱贫一批，数千万贫困家庭学生通过知识改变了命运、通过教育迎来了美好生活，探索了阻断贫困代际传递的有效途径。

全面建成社会主义现代化强国目标展现了中华民族伟大复兴的光明前景。只有创造过辉煌历史的民族，才会对复兴有强烈的共鸣；只有经历过深重苦难的民族，才会对复兴抱有深切的渴望。近代以来，中国人民为了摆脱被压迫被奴役的命运，开始了现代化的历史征程，进行了艰难的探索和长期不懈的努力。到21世纪中叶把我国建设成社会主义现代化强国，是中国特色社会主义发展的必然结果，“到那时，我国物质文明、政治文明、精神文明、社会文明、生态文明将全面提升，实现国家治理体系和治理能力现代化，成为综合国力和国家影响力领先的国家，全体人民共同富裕基本实现，我国人民将享有更加幸福安康的生活，中华民族将以更加昂扬的姿态屹立于世界民族之林。”总书记重要讲话中强调的“意气风发”，彰显了百年大党蓬勃向上的朝气，我们党立志于中华民族千秋伟业，百年恰是风华正茂；彰显了百年大党永不懈怠的精神状态和一往无前的奋斗姿态，为了民族复兴、为了全人类进步事业，始终保持“逢山开路、遇水架桥”的闯劲、“知难而进、迎难而上”的拼劲、“敢教日月换新天”的大无畏气概；彰显了百年大党再创辉煌的决心，一往无前地向着理想而奋斗，带领人民万众一心、众志成城，在新时代创造实现第二个百年奋斗目标的更大奇迹。

“两个一百年”奋斗目标，体现了阶段性和连续性的统一。全面小康是实现中华民族伟大复兴的重要基础，没有全面小康，民族复兴无从谈起。全面小康又是新起点，要乘势而上向第二个百年奋斗目标进军。从全面小康到建成社会主义现代化强国，是一个从量变到质变的过程，要实现质的突破，必然会对发展和改革提出新的更高要求，资源配置、发展方式、治理体系和治理能力等都要进行提质升级，这将是我们党团结带领全体人民在中华大地上进行的又一场深刻变革。

二、把握历史大势

总书记的重要讲话，立足5 000多年中华文明史，中国人民近代以来180多年斗争史、中华人民共和国70多年发展史、改革开放40多年实践史，回顾了一百年来我们党走过的波澜壮阔的伟大历程、书写的中华民族几千年历史上最恢宏的史诗，阐述了党团结带领中国人民在实现民族复兴的历史征程上创造的“四个伟大成就”，向世界作出“四个庄严宣告”。总书记的重要讲话，就是一部极简而又最权威的党史，大气磅礴、震撼人心。

四个历史时期是整体、连续的历史过程。总书记重要讲话，将党的百年历史明确划分为四个历史时期。不同历史时期面对不同的社会主要矛盾，面临不同的历史任务，要解决不同的时代课题。新民主主义革命时期，解决的是民族独立、人民解放问题，为实现中华民族伟大复兴创造了根本社会条件。社会主义革命和建设时期，解决的是消灭封建剥削压迫制度问题，为实现中华民族伟大复兴奠定了根本政治前提和制度基础。改革开放和社会主义现代化建设新时期，解决的是人民日益增长的物质文化需要同落后的社会生产之间的矛盾，为实现中华民族伟大复兴提供了充满新的活力的体制保证和快速发展的物质条件。中国特色社会主义进入新时代，解决的是人民日益增长的美好生活需要和不平衡不充分的发展之间的矛盾，为实现中华民族伟大复兴提供了更为完善的制度保证、更为坚实的物质基础、更为主动的精神力量，中华民族迎来了从站起来、富起来到强起来的伟大飞跃，中华民族伟大复兴进入了不可逆转的历史进程。

马克思认为：“人们自己创造自己的历史，但是他们并不是随心所欲地创造，并不是在他们自己选定的条件下创造，而是在直接碰到的、既定的、从过去承继下来的条件下创造。”四个历史时期既相互区别又紧密联系，层层递进、螺旋上升，完整展现了我们党为实现中华民族伟大复兴接续奋斗，领导革命、建设、改革，实现救国、兴国、强国的壮丽画卷，是坚定“四个自信”的强大历史依据。

四个历史时期一脉相承、一以贯之。四个历史时期具有各自的阶段性特征，因而为实现中华民族伟大复兴作出了独特贡献，这是它们的不同之处。同时，从百年的长时段考察，它们都包含着一些共同之处，这就是已经内在地成为我们党的基因的东西，百年来一以贯之、历久弥新。初心使命一以贯之。中国共产党一经诞生，就把为中国人民谋幸福、为中华民族谋复兴确立为自己的初心使命。奋斗主题一以贯之。一百年来，中国共产党团结带领中国人民进行的一切奋斗、一切牺牲、一切创造，归结起来就是一个主题：实现中华民族伟大复兴。性质宗旨一以贯之。中国共产党是中国工人阶级的先锋队，同时是中国人民和中华民族的先锋队，是中国特色社会主义事业的领导核心，代表中国先进生产力的发展要求，代表中国先进文化的前进方向，代表中国最广大人民的根本利益。党的最高理想和最终目标是实现共产主义。建党精神一以贯之。一百年前，中国共产党的先驱们创建了中国共产党，形成了坚持真理、坚守理想，践行初心、担当使命，不怕牺牲、英勇斗争，对党忠诚、不负人民的伟大建党精神，这是中国共产党的精神之源。我们要继续弘扬光荣传统、赓续红色血脉，永远把伟大建党精神继承下去、发扬光大！

要旗帜鲜明反对历史虚无主义。历史有其严肃性和庄重性。总书记指出，历史就是历史，历史不能任意选择，一个民族的历史是一个民族安身立命的基础。历史虚无主义打着“反思历史”“还原真相”的旗号，歪曲历史人物和历史过程，其要害是从根本上否定马克思主义指导地位和中国走向社会主义的历史必然性，否定中国共产党的领导，试图通过“乱史”来实现“改道”。“灭人之国，必先去其史”。苏共为什么垮台？一个重要原因就是搞历史虚无主义，把思想搞乱了，党组织几乎没有任何作用了，军队都不在党的领导之下了。评价一段历史，要坚持正确的历史观，分清主流、支流，无论是对过去的失误、曲折，还是对现在的矛盾和问题，都不能脱离具体的历史环境和条件来机械、抽象地理解，更不能求全责备、以偏概全。我们要高度关注历史虚无主义的新动向、新表现、新方式，特别是要研究对手新的伎俩、新的战法，严防“低级红”，警惕“高级黑”，坚决打赢这场争夺人心、争夺阵地、争夺青少年的“没有硝烟的战争”。

三、把握历史规律

“欲知大道，必先为史。”总书记多次强调历史的作用，认为历史是最好的老师，历史是现实的根源，历史、现实、未来是相通的，以史为鉴，可以知兴替。总书记在重要讲话中，深刻揭示过去一百年我们党成功的历史经验，集中概括为“九个必须”。“九个必须”，从领导核心、价值追求、理论指导、战略支撑、外部环境、精神力量等方面，科学总结了我们党对革命、建设和改革的规律性认识，回答了如何实现中华民族伟大复兴的一系列重大问题。“九个必须”，传递出历史启示，揭示出历史规律，标志着我们党对共产党执政规律、社会主义建设规律、人类社会发展规律的认识达到了一个全新的高度。“九个必须”，既总结过往，又指向未来，是指导实现第二个百年奋斗目标、建成社会主义现代化强国的普遍原则，是国之大者，是复兴之道。

深刻领会“中国共产党为什么能”，坚定不移加强党的全面领导。中国产生了共产党，这是开天辟地的大事变，深刻改变了近代以后中华民族发展的方向和进程，深刻改变了中国人民和中华民族的前途和命运，深刻改变了世界发展的趋势和格局。历史充分证明，没有中国共产党，就没有新中国，就没有中华民族伟大复兴。人民立场是我们党的根本政治立场。总书记指出，江山就是人民、人民就是江山，中国共产党始终代表最广大人民的根本利益，从来不代表任何利益集团、任何权势团体、任何特权阶层的利益。这昭示出我们党百年来的初心使命坚如磐石。不谋私利才能谋根本、谋大利，才能担负起领导人民实现民族独立、人民解放和国家富强、人民幸福的历史重任，才能凝聚起同心共筑中国梦的磅礴伟力。总书记强调，“中国共产党领导是中国特色社会主义最本质的特征，是中国特色社会主义制度的最大优势，是党和国家的根本所在、命脉所在，是全国各族人民的利益所系、命运所系”。“最本质”“根本”“命脉”“命运”，这些用语，分量很重，充分说明党的领导直接关系中国特色社会主义的性质、方向和命运，充分说明党的领导在中国特色社会主义大厦的四梁八柱中是总的骨架，是中国特色社会主义这艘巨轮自始至终破浪前进的领航力量，是实现中华民族伟大复兴的“定海神针”。在坚持党的领导这个重大原则问题上，绝不能有任何含糊和迟疑，必须长期坚持、毫不动摇。我们要始终做到用“四个意识”导航，用“四个自信”强基，用“两个维护”铸魂，把忠诚于党融进血脉中，刻进基因和骨子里。

深刻领会“马克思主义为什么行”，坚定不移用习近平新时代中国特色社会主义思想凝心铸魂。总书记强调，中国共产党为什么能，中国特色社会主义为什么好，归根结底是因为马克思主义行。马克思主义是我们立党立国的根本指导思想，是我们党的灵魂和旗帜。总书记在十八届中央政治局第四十三次集体学习时指出：“时代在变化，社会在发展，但马克思主义基本原理依然是科学真理。尽管我们所处的时代同马克思所处的时代相比发生了巨大而深刻的变化，但从世界社会主义500年的大视野来看，我们依然处在马克思主义所指明的历史时代。”这是我们对马克思主义保持坚定信心、对社会主义保持必胜信念的科学根据。在坚持以马克思主义为指导这一根本问题上，必须坚定不移，任何时候任何情况下都不能有丝毫动摇。一百年来，我们党不断推进马克思主义中国化时代化，创立了毛泽东思想、邓小平理论，形成了“三个代表”重要思想、科学发展观等重大理论创新成果，指引党的事业取得一个又一个胜利。党的十八大以来，以习近平同志为主要代表的中国共产党人，创立了习近平新时代中国特色社会主义思想。这一伟大思想，是从新时代中国特色社会主义实践中产生的理论结晶，深刻揭示了新时代中国特色社会主义的本质特征、发展规律和建设路径，奋力开辟了通向中国特色社会主义现代化强国的真理道路。这一伟大思想，是当代中国马克思主义、21世纪马克思主义，是带领中国人民“强起来”的伟大理论。无论风云如何变幻、时代如何变革，我们都要认真学习践行习近平新时代中国特色社会主义思想，增进对这一科学理论的政治认同、思想认同、情感认同、价值认同，把这一科学理论作为根本指针。要始终坚持把马克思主义基本原理同中国具体实际相结合、同中华优秀传统文化相结合，用马克思主义观察时代、把握时代、引领时代。唯有如此，我们前进才有方向，奋进才有力量。

深刻领会“中国特色社会主义为什么好”，坚定不移走中国特色社会主义道路。总书记指出，走自己的路，是党的全部理论和实践立足点，更是党百年奋斗得出的历史结论。中国特色社会主义是党和人民历经千辛万苦、付出巨大代价取得的根本成就，是实现中华民族伟大复兴的正确道路。我们坚持和发展中国特色社会主义，创造了中国式现代化新道路，创造了人类文明新形态。中国特色社会主义是科学社会主义的理论逻辑同中国历史逻辑相统一的产物，它是“社会主义”，而不是别的什么主义，因为它坚持了科学社会主义基本原则。中国特色社会主义，还是有着深刻历史文化积淀的社会主义。总书记强调：“古今中外的历史都告诉我们，世界上没有一个民族能够亦步亦趋走别人的道路实现自己的发展振兴。”中国特色社会主义道路是由本国的历史传统、文化积淀、基本国情决定的，它宣告了各国最终都要以西方制度模式为归宿的单线式历史观的破产。中国特色社会主义这条道路，我们看准了、认定了，就要坚定不移、昂首阔步地走下去，把命运牢牢掌握在自己手中。

“九个必须”是一个宏大的理论体系，内涵丰富、博大精深，逻辑严密、环环相扣，涵盖经济、政治、文化、社会、党和军队建设等各方面，充分体现了“五位一体”总体布局、“四个全面”战略布局的部署

新发展格局，奋力建设高质量教育体系，加快教育现代化、建设教育强国、办好人民满意的教育，为全面建成社会主义现代化强国、实现中华民族伟大复兴作出新的更大贡献。

把握思想内涵，吃透基本精神，领悟核心要义*

全国高校思想政治工作会议，是一次事关全局、事关长远的重要会议，是一次明确方向、凝聚共识的重要会议，是一次注重强基固本、弘扬改革创新精神的重要会议，在高校思想政治工作和党的建设历史上具有开创性、里程碑意义。习近平总书记的重要讲话立意高远、思想深邃，从全局和战略高度，充分肯定了高等教育改革发展和高校思想政治工作取得的成绩，精辟阐述了加强和改进高校思想政治工作的重大意义、根本方向、目标任务和基本要求，深刻回答了事关高等教育事业发展和高校思想政治工作的一系列重大问题。讲话始终贯穿马克思主义的立场、观点和方法，具有很强的战略性、政治性、思想性和针对性，是中国特色社会主义教育理论的又一重大创新成果，是指导做好新形势下高校思想政治工作的纲领性文献，对于加强党对高校的领导、办好中国特色社会主义大学和世界一流大学，对于加强党的建设和意识形态工作、推进党和国家事业发展，都具有重大而深远的意义。教育系统一定要深入学习领会、统一思想认识，把学习贯彻落实好会议精神特别是习近平总书记重要讲话精神，与学习贯彻党的十八大和十八届三中、四中、五中、六中全会精神结合起来，与学习贯彻习近平总书记系列重要讲话精神和治国理政新理念新思想新战略结合起来，始终坚持社会主义办学方向，加强和改善党的领导，把思想政治工作贯穿教育教学全过程，不断提高工作能力和水平，努力开创中国特色社会主义高校建设新

---

* 2016年12月8日，北京。

局面。

学习贯彻落实会议精神，是当前和今后一段时期教育系统的首要政治任务，各地各高校要准确把握学习贯彻落实工作重点。

一是坚持一面旗帜管总。始终坚持社会主义办学方向这面旗帜管总，坚持不懈传播马克思主义科学理论，坚持不懈培育和弘扬社会主义核心价值观，坚持不懈促进高校和谐稳定，坚持不懈培育优良校风和学风。

二是坚持两个责任保证。坚持和完善普通高校党委领导下的校长负责制，高校党委承担管党治党、办学治校主体责任，党委书记履行思想政治工作和党的建设第一责任人的职责，领导班子其他成员履行“一岗双责”，纪委履行监督责任。

三是坚持两大群体并进。坚持围绕学生、关照学生、服务学生，坚持传道者自己首先要明道、信道，不断提高学生思想水平、政治觉悟、道德品质、文化素养，引导广大教师以德立身、以德立学、以德施教。

四是坚持两个培养整体推进。加强高校党的基层组织建设，探索和推进把有条件的党务工作者培养成学术带头人，把行政系统主要负责人、学科带头人培养成基层党组织负责人，提高党的基层组织做思想政治工作的能力。

五是坚持三级联动。牢牢掌握党对高校工作的领导权，高校党委、院（系）党组织、基层党支部都要积极行动起来，把全面从严治党的体系建立健全起来、责任延伸落实下去，确保高校成为坚持党的领导的坚强阵地。

六是坚持教师、教材两个关键重点把关。把好教师入口关、培训关、考核关，进一步办好高校思想政治理论课，对哲学社会科学教材选用进行政治把关，统一使用马克思主义理论研究和建设工程重点教材。

要把工作基点放在学习贯彻落实会议精神上，向习近平总书记学理论、学国情、学方法、学语言，把握思想内涵、吃透基本精神、领悟核心要义，把加强和改进高校思想政治工作的各项举措落到实处。

一是扎实开展体系式学习。把中央加强和改进高校思想政治工作的精神作为一个系统，联系习近平总书记系列重要讲话精神，联系高校发展历史、以往工作部署、形势变化要求，进行体系式学习。

二是广泛开展融合式讨论。发扬理论联系实际的学风，切实开展有质量的、能够促进主观世界和客观世界改造的，能够武装头脑、推动实际工作的融合式讨论。

三是生动开展案例式教学。把会议精神作为教师干部队伍培训和学生骨干队伍培训的重要内容，形成贯彻落实会议精神的工作案例，推进“存在的问题、解决问题的方案、解决之后的效果”进课堂。

四是深入抓好项目式研究。开展理论与实践结合的项目式研究，为加强和改进高校思想政治工作提供学理支撑和经验集成，形成一批拿得出手、有深度、有分量、有影响、能够发挥作用的高质量学术研究成果。

五是系统抓好针对性解读。针对师生的思想困惑，形成新的话语体系，做好解疑释惑工作，同时采用师生喜闻乐见的形式，宣传好各地各高校思想政治工作的做法经验。

六是全面抓好操作性指导。抓紧研究制定切实可行、操作性强的配套制度和实施办法，科学制定时间表和任务书，保障会议精神落地生根。

七是统筹抓好责任化落实。把高校思想政治工作摆在更加突出位置，完善工作机制，加强日常指导，定期开展督导，按照岗位分解责任，把工作落细落小落实。

解决好怎么看、怎么学、怎么干、怎么评的问题*

学习宣传贯彻落实习近平总书记在全国高校思想政治工作会议上的重要讲话精神，是当前和今后一个时期教育系统的首要政治任务。会议召开后，各地教育部门和高校按照教育部党组的要求迅速行动起来，认认真真画蓝图、扎扎实实谋举措，目前已经形成了浓厚的氛围，展现了十足的劲头，开局良好。下一步，就是要把学习贯彻落实习近平总书记重要讲话精神进一步引向深入，重点是解决好怎么看、怎么学、怎么干、怎么评的问题。

一、解决好怎么看的问题

这次全国高校思想政治工作会议是一个里程碑式的会议，习近平总书记的重要讲话是一篇纲领性文献，必将对加强和改进高校思想政治工作起到巨大推动作用。

一是要看根本方向。总书记的重要讲话对高校思想政治工作作出了充分肯定，指出这些年高校思想政治工作更加积极主动，呈现出持续加强改进、不断向上向好的态势，高校思想政治工作功不可没。总书记强调要坚持社会主义办学方向，指出我们的高校是党领导下的高校，是中国特色社会主义高校，要始终坚持不懈传播马克思主义科学理论，坚持不懈培育和弘扬社会主义核心价值观，坚持不懈促进高校和谐稳定，坚持不懈培育优良校风和学风，这是我们办高等教育的根本方向。根本方向是不能动摇的，这是中国特色社会主义高校的命脉所系。我们要在这

* 2017年1月5日，北京。

方面进一步统一思想，增强坚持正确办学方向的坚定性、自觉性和历史责任感。

二是要看根本任务。立德树人是高等教育的根本任务。总书记重要讲话明确指出，我们对高等教育的需要比以往任何时候都更加迫切，对科学知识和卓越人才的渴求比以往任何时候都更加强烈；提出我国高等教育要为人民服务，为中国共产党治国理政服务，为巩固和发展中国特色社会主义制度服务，为改革开放和社会主义现代化建设服务。这“四个服务”是党的教育方针在高等教育领域的具体化。坚持立德树人，完成好“四个服务”，培养德才兼备、全面发展的中国特色社会主义合格建设者和可靠接班人，这就是我们的根本任务。我们要把这些根本任务体现到高校工作的方方面面。

三是要看根本保证。加强党对高校的领导是这次全国高校思想政治工作会议的“魂”。总书记的重要讲话，深刻阐明了坚持党对高校的领导，加强和改进高校党的建设，是办好中国特色社会主义高校的根本保证。总书记指出，办好我国高等教育，必须坚持党的领导，牢牢掌握党对高校工作的领导权，使高校成为坚持党的领导的坚强阵地。加强党对高校的领导，就是要保持政治定力，坚持质量建党，不断提高高校党建工作科学化水平；就是要抓好政治领导和思想领导，保证高校始终成为培养德智体美全面发展的社会主义事业建设者和接班人的坚强阵地。

四是要看根本动力。总书记在讲话中深刻阐明了改革创新是办好中国特色社会主义高校、加强和改进高校思想政治工作的根本动力。改革创新是加强和改进高校思想政治工作的根本动力，也是我们高等教育事业发展的根本动力，要在根本动力上深化认识。总书记指出要遵循思想政治工作规律，遵循教书育人规律，遵循学生成长规律，不断提高工作能力和水平。特别是着眼环境条件的发展变化，把握高校育人的关键环节，对推进高校思想政治工作改革创新提出了明确要求。高校要紧紧围绕用好课堂这个主渠道，加快构建中国特色哲学社会科学学科体系和教材体系，更加注重以文化人以文育人，运用新媒体新技术使工作活起来，不断推动高校思想政治工作理念创新、手段创新、基层工作创新。

二、解决好怎么学的问题

要改进学习的方式方法，也就是在学风上要有改进。既不要把学习形式化，念念文件、讨论讨论，用一些大词谈谈体会，用一些口号装点门面，也不能庸俗化，不要把一切问题都装到思想政治工作这个筐子里面来，不要在载体上、抓手上搞一些娱乐化、虚高化的东西。要把精力放在领会核心要义和精神实质上。学习习近平总书记重要讲话，不能一篇一篇孤立地学，而是要把习近平总书记系列重要讲话特别是关于教育的系列重要讲话结合起来学，作为一个系统学习。

一是要学理论。总书记的重要讲话从全局和战略高度，深刻回答了事关高等教育事业长远发展的一系列方向性重大问题，深刻阐明了高校思想政治工作的一系列重大理论和实践问题。从教育系统来看，这是加强和改进新形势下高校思想政治工作、办好中国特色社会主义高校的纲领性文献，是中国特色社会主义教育理论的又一重大创新成果。从党的理论创新角度看，总书记的重要讲话也是中国特色社会主义理论体系的最新成果，是马克思主义中国化时代化的最新成果。讲话蕴含着系统深刻的教育理论、思想政治工作理论和党建理论，集中体现了以习近平同志为核心的党中央对高等教育和高校思想政治工作的深刻理论思考和理论提炼。

二是要学立场。总书记的重要讲话充分体现了以人民为中心的发展思想，把增进人民福祉、促进人的全面发展作为发展的出发点和落脚点，反映了坚持人民主体地位的内在要求，彰显了人民至上的价值取向。总书记专门指出，思想政治工作从根本上是做人的工作，必须围绕学生、关照学生、服务学生。要多做得人心、暖人心、稳人心的工作，在关心人、帮助人中教育人、引导人。我们要始终坚持全心全意为人民服务的根本宗旨，坚持人民立场，深入了解人民群众对高等教育的愿望，全力满足人民群众对高等教育的需求。

三是要学国情。总书记重要讲话给我们上了一堂生动的国情课。改革开放以来，从基本国情和时代要求出发，我国坚持走适合自己的发展道路，走出了一条中国特色社会主义道路。总书记指出，我国有独特的历史、独特的文化、独特的国情，决定了我国必须走自己的高等教育发展道路，扎根中国大地办好中国特色社会主义高校。这是总书记在深谙国情、洞悉教情的基础上作出的重要结论。我们要学习总书记如何了解国情，特别是要在深入了解教情、校情上下更大功夫。

四是要学方法。总书记的重要讲话自觉运用辩证唯物主义、历史唯物主义的世界观和方法论，自觉运用实事求是、群众路线等思想方法和工作方法，自觉坚持问题导向、理论联系实际的学风，为我们分析问题、解决问题提供了有效的方法"钥匙"。无论是教师要做到四个"相统一"，还是学生要做到四个"正确认识"，等等，都体现着战略思维、历史思维、辩证思维、创新思维和底线思维。学习总书记重要讲话精神，既要深入理解讲话提出的新思想新观点新论断，又要着力把握讲话所体现的科学思想方法和工作方法。

五是要学语言。总书记重要讲话深入浅出，非常接地气，富有感染力吸引力。比如，总书记讲"用中国梦激扬青春梦，为学生点亮理想的灯、照亮前行的路""其他各门课程都要守好一段渠、种好责任田，使各类课程与思想政治理论课同向同行，形成协同效应"，等等，娓娓道来，使人如沐春风。总书记重要讲话简洁明了，富有哲理。比如总书记讲"做好高校思想政治工作，要因事而化、因时而进、因势而新"等，给人启迪，耐人寻味。我们要学习总书记的语言风格，自觉转变文风，提升语言的魅力和力量。

三、解决好怎么干的问题

干就是要坚持问题导向、目标导向。我们要重点打好三个战役。

一是要发挥好高校党委的领导作用。要坚持和完善高校党委领导下的校长负责制，高校党委要对本校工作实行全面领导，对本校党的建设全面负责，履行管党治党、办学治校的主体责任，严格执行和维护政治纪律、政治规矩，落实党建工作责任制。党委领导下的校长负责制是我国高校的根本领导制度和工作制度，是现代大学制度的核心，不能与现代大学制度搞成两个体系。要进一步发挥院（系）党委（党总支）的政治核心作用，履行政治责任，保证监督党的路线方针政策及上级党组织决定的贯彻执行，把握好教学科研管理等重大事项中的政治原则、政治立场、政治方向。

二是要发挥好高校基层党支部的战斗堡垒作用。“基础不牢，地动山摇”，高校基层党组织建设主要看学生党支部、研究生党支部和教师党支部。其中，教师党支部最为关键，这个支部的战斗堡垒作用发挥不好，将严重影响高校思想政治工作成效。要优化党支部设置，在按院（系）内教学科研机构设置教师党支部、按年级或院（系）设置学生党支部的基础上，积极探索依托重大项目组、课题组和学生公寓、社区、社团组织等建立党组织。要选优配强教师、学生党支部书记，实施好教师党支部书记“双带头人”培育工程，努力探索把有条件的党务工作者培养成学术带头人，把行政系统主要负责人、学科带头人培养成基层党组织负责人，逐步实现基层党组织负责人是懂政治的业务工作者、基层行政系统负责人是懂党建的行政领导者，做融合的文章，不做分割的文章。

三是要办好思想政治理论课。思想政治理论课是思想政治教育的主渠道。要深入实施高校思政课建设体系创新计划，推进思政课建设的综合改革创新。要重点抓思政课教学人才体系建设，建立思政课专职教师任职资格制度，推行思政课特聘教授制度，推动领导干部上讲台讲思政课。要重点抓思想政治理论教育课程体系建设，重视发挥所有课堂的育人功能，精心打造由思政课、人文素质课、专业课、社会实践等构成的思想政治理论教育课程体系，使各类课程都守好一段渠、种好责任田，与思政课同向同行，形成协同效应。

四、解决好怎么评的问题

我们要研究制定内容全面、指标合理、方法科学的评价体系，坚持定性分析和定量分析相结合、工作评价和效果评估相结合，推动高校思想政治工作制度化。高校思想政治工作的评估，要评政治生态，评全面加强的成果和水平，不评花瓶、不评盆景，逐项对应好全国高校思想政治工作会议提出的各项任务落实情况。

一是要做好高校思想政治工作供给侧的评估。在内容方面，要重点评估加强理想信念教育，培育和践行社会主义核心价值观，弘扬中华优秀传统文化和革命文化、社会主义先进文化等情况。在教材方面，要重点评估高校哲学社会科学教材编审和选用情况，评估马克思主义理论研究和建设工程重点教材使用情况。在方法创新方面，要重点评估发挥课堂教学主渠道作用情况，评估中国特色哲学社会科学建设情况，评估以文化人、以文育人情况，评估运用新媒体新技术开展工作情况。

二是要做好高校思想政治工作需求侧的评估。在学生方面，要重点评估广大学生正确认识世界和中国发展大势、正确认识中国特色和国际比较、正确认识时代责任和历史使命、正确认识远大抱负和脚踏实地情况，以及重点评估学生就业情况、心理健康状况、家庭经济困难学生资助情况。在教师方面，要重点评估教师坚持教书和育人相统一、坚持言传和身教相统一、坚持潜心问道和关注社会相统一、坚持学术自由和学术规范相统一的情况，重点评估教师在住房、社会保障、子女教育等方面需要帮助解决问题的情况。

三是要做好高校思想政治工作管理层的评估。在落实责任方面，要重点评估高校党委主体责任和纪委监督责任履行情况，重点评估党委书记履行第一责任人职责的情况和领导班子成员履行“一岗双责”的情况。在完善制度方面，要重点评估制定实施意见，特别是加强对课堂教学和各类思想文化阵地的建设管理，完善教师评聘和考核机制，配齐建强思想政治工作队伍和党务工作队伍，加强高校基层党建工作等方面制度建设情况。

奋发有为，踏上教育现代化新征程*

在中国特色社会主义进入新时代、全面建成小康社会进入决胜阶段的大背景下，党中央召开第一次全国教育大会，充分体现了以习近平同志为核心的党中央对教育工作的高度重视。习近平总书记发表的重要讲话，站在新时代党和国家事业发展全局的高度，深刻总结了党的十八大以来我国教育事业改革发展取得的显著成就，深入分析了教育工作面临的新形势新任务，科学回答了关系我国教育现代化的重大问题，对当前和今后一个时期教育工作作出了重大部署，为加快推进教育现代化、建设教育强国、办好人民满意的教育指明了前进方向、提供了根本遵循。

这次大会顺应历史潮流、体现历史规律，要解决的问题回应群众期盼，作出的部署顺应民心；这次大会进一步丰富了党的教育理论，提出了一系列新理念新思想新观点新战略，总结形成了习近平总书记关于教育的重要论述；这次大会肯定了工作成绩，明确了顶层设计，作出了重要指导，提供了长线保障，得到了有力支持，整个教育战线高度关注、高度拥护；这次大会标志着中国教育进入了现代化建设新阶段，开启了加快教育现代化的新征程，必将深刻改变教育事业的面貌，是一次能够写入历史、进入人心、改变生活、开启未来的大会，对中国教育事业发展具有历史性、划时代的里程碑意义。

我们要切实提高政治站位，牢固树立“四个意识”，坚定“四个自信”，做到“两个维护”，把深刻学习领会、坚决贯彻落实习近平总书记

---

* 2018年9月12日，北京。

重要讲话和大会精神作为当前和今后一个时期首要任务，切实把思想和行动统一到党中央的决策部署上来，实现新时代教育改革发展的新作为。

一是把握工作要求。贯彻落实工作要“新”，学习宣传贯彻水平要“高”，落实践行要“实”，学理阐释要“深”。

二是把握工作方法。要“转时态”“转语态”“转状态”“转心态”，踏上教育现代化新征程，想问题、抓工作要转到党的十九大之后的时间频道，进入全国教育大会之后的工作节奏，要用党言党语讲理论、民言民语讲精神、学言学语讲思想、外言外语讲故事，激励干部奋进创业，鼓励教师潜心育人，推动总书记重要讲话和大会精神入脑入心。

三是做好“四个结合”。要把学习总书记重要讲话和大会精神与学习党的十八大以来总书记关于教育的重要讲话结合起来，与学习总书记给教育系统的系列回信、贺信结合起来，与学习十八大以来党中央、国务院关于教育改革发展的重要文件结合起来，与学习总书记关于教育工作的重要批示结合起来。

四是开展“四个行动”。要发挥教育系统的优势，开展好总书记重要讲话和大会精神的宣讲行动、培训行动、研讨行动和调查行动，完善宣讲机制，实现培训全覆盖，推动理论升华，解决实际问题。

五是明确衡量标准。要将“精神吃透了没有、思想触动了没有、措施到位了没有、问题解决了没有”，作为衡量学习宣传贯彻落实工作的标准，把自己摆进去，对标对表。

六是健全“五个清单”。围绕中央关心、百姓关切、社会关注的教育问题，建立问题清单、政策清单、课题清单、任务清单、责任清单，找准切入点和突破口。

做教育系统党的创新理论研究排头兵、领头雁、桥头堡*

党的十九大召开后，教育部党组把学习贯彻习近平新时代中国特色社会主义思想和党的十九大精神作为教育系统首要的重大政治任务，切实把广大党员干部和师生员工的思想和行动统一到党的十九大精神上来。

中央批准成立10家习近平新时代中国特色社会主义思想研究中心（院），这是中央为深入推进习近平新时代中国特色社会主义思想研究阐释作出的又一重大举措。教育系统有4家，即教育部和北京大学、清华大学、中国人民大学的"一中心、三研究院"。这是中央对教育战线的充分信任，更是对我们的鼓舞和鞭策，责任重大，使命光荣。深入研究阐释习近平新时代中国特色社会主义思想是新时代党的思想理论建设的核心内容，更是新时代教育系统理论工作者的使命担当。研究中心（院）要成为高水平的习近平新时代中国特色社会主义思想研究的国家队、思想理论研究机构排头兵、高校思政工作领头雁和意识形态工作桥头堡。

一、深入研究阐释习近平新时代中国特色社会主义思想

作为教育系统研究阐释习近平新时代中国特色社会主义思想重大任务的重要组成部分，研究中心（院）的成立为教育系统干部师生切实提高政治站位、全面准确把握习近平新时代中国特色社会主义思想的深刻内涵提供了平台。我们要重点从五个方面深入开展研究阐释工作。

---

* 2018年1月29日，北京。

一是经验的总结。中国特色社会主义是在改革开放40年的伟大实践中、中华人民共和国成立近70年的持续探索中、我们党领导人民97年的实践中、近代以来中华民族由衰到盛170多年的历史进程中、对中华文明5 000多年的传承发展中得来的。习近平新时代中国特色社会主义思想来源于中国特色社会主义伟大事业，特别是党的十八大以来中国特色社会主义进入新时代的实践经验。毛泽东同志说过："理论的基础是实践。"我们的研究工作要建立在对实践的充分把握上，从对实践经验的总结中去把握规律，这是我们认识规律的正确道路。我们要坚持问题导向，把工作落到研究新时代中国特色社会主义重大理论和实践问题上来，落到提出解决问题的正确思路和有效办法上来，落到深刻总结历史经验包括党的十八大以来我国教育改革发展的历史经验上来。

二是理性的思考。理性的思考就是要在党的十九大精神指引下，把马克思主义普遍原理同中国改革发展的具体实践相结合，同中国特色社会主义新时代的特点相结合，同党的十八大以来我们正在干和将要干的事相结合，不断把握和深化对共产党执政规律、社会主义建设规律、人类社会发展规律的认识。要把我们对历史经验的总结上升到理论高度，进行理性的思考，作出理性的概括、提炼和升华。要深化理论研究，运用辩证思维，从事物的本质与内在联系出发，在理论与实践结合、矛盾对立统一中洞察事物发展的规律。

三是学理的梳理。教育系统研究阐释习近平新时代中国特色社会主义思想既有综合性的，又有专业性的，但都要进行学理的梳理，使之系统化。我们既要充分发挥习近平新时代中国特色社会主义思想对不同学科的指导作用，又要在各学科学理的融会贯通中积极宣传阐释党的理论创新成果。加强学理的梳理，需要在有机融合和系统提高上下功夫。一方面，对习近平新时代中国特色社会主义思想所蕴含的一般规律、普遍规律和各学科特殊规律的结合进行学理梳理；另一方面，各学科特殊规律在一般规律的指导下如何加以提升、发展、应用，需要我们在学理上条分缕析。做到这两点，研究阐释习近平新时代中国特色社会主义思想将为学科建设和发展开辟广阔前景。

四是理论的说明。在中国特色社会主义理论体系框架下，对习近平新时代中国特色社会主义思想作出科学、系统、理论的说明。理论的说明首先要形成概念体系，按照理论阐述的要求加强研究。既要坚持读原著、学原文、悟原理，做到学深悟透，又要深入开展专题理论研究，推动理论不断升华。在理论说明的基础上，切实做好习近平新时代中国特色社会主义思想进学术、进学科、进课程、进培训、进读本，为马克思主义哲学、政治经济学、科学社会主义等学科建设和发展提供方法论指导。

五是方法论的提炼。习近平总书记以辩证唯物主义和历史唯物主义为根本方法论，把对当代中国、当代世界的认识提升到一个新的高度，同时运用马克思主义方法论深入探索和系统回答了坚持和发展什么样的中国特色社会主义、怎样坚持和发展中国特色社会主义的问题。我们要深入研究习近平新时代中国特色社会主义思想所蕴含的方法论的核心和特色，形成教育系统研究中心（院）独特的研究方法，丰富党的理论创新宝库。

习近平新时代中国特色社会主义思想内涵丰富，我们在研究中要注意把握好三个层次。第一个层次，要深入理解习近平新时代中国特色社会主义思想的“八个明确”“十四个坚持”，并研究如何将其转化为通俗化的学科语言，以便于不同的对象学习领会。第二个层次，要深入思考习近平总书记系列重要讲话的文本理念、深厚学理，并研究如何对其进行理论化的梳理。第三个层次，要深入挖掘习近平总书记系列重要讲话中鲜活的、富有时代气息和生活气息的语言所蕴含的深厚道理和学理，并研究如何更好地体现其学术性、理论性、科学性。总之，我们要深入研究习近平新时代中国特色社会主义思想，把教育系统研究机构的旗帜亮出来，风采打出来。

二、准确把握习近平新时代中国特色社会主义思想的理论特色

习近平新时代中国特色社会主义思想是马克思主义中国化时代化最新成果，是当代中国马克思主义、21世纪马克思主义，是党和国家必须长期坚持的指导思想。我们的研究工作要在充分把握这一思想一脉相承方面的基础上，对其与时俱进的方面多下功夫，从而全面准确把握其理论特征。

一是人民性。在习近平新时代中国特色社会主义思想中，人民利益至高无上。在马克思主义理论宝库中，地位最高的概念是人民。从“人的自由而全面的发展”到“人的解放”，到“全心全意为人民服务”，再到“以人民为中心的发展思想”，无不充分说明人民利益至高无上，马克思主义是人民的主义，习近平新时代中国特色社会主义思想是人民的思想。习近平总书记对以人民为中心的发展思想作了多角度、多层面的阐述，其中对教育事业的期望就是办好人民满意的教育。我们在研究工作中要充分体现人民性，把实现好、维护好、发展好最广大人民根本利益作为出发点和落脚点。

二是革命性。中国共产党是马克思主义执政党，同时也是马克思主义革命党。党的十八大以来，习近平总书记系列重要讲话充满了坚定的革命精神，我们要深刻领会把握。习近平总书记指出：“新民主主义革命的胜利成果决不能丢失，社会主义革命和建设的成就决不能否定，改革开放和社会主义现代化建设的方向决不能动摇。”这充分体现了革命性的要求，也是我们必须坚持的政治底线。习近平总书记指出，“要把新时代坚持和发展中国特色社会主义这场伟大社会革命进行好，我们党必须勇于进行自我革命”，并强调“全党同志必须保持革命精神、革命斗志”。我们要深入研究“社会革命”和“自我革命”两个概念所体现的政治理念和彻底的革命性。

三是斗争性。习近平同志在主持起草党的十八大报告时主张写入“必须准备进行具有许多新的历史特点的伟大斗争”，党的十九大又进

一步提出“实现伟大梦想，必须进行伟大斗争”。我们要深入研究阐释习近平总书记关于斗争思想的丰富内涵，深刻认识“具有许多新的历史特点的伟大斗争”关乎长期执政、政治安全、国家安全，关乎中国特色社会主义的方方面面，既有长期问题，也有中短期问题。这些问题都是习近平总书记讲的“百年不遇的大变局”的展开和体现。我们要深入研究“具有新的历史特点的伟大斗争”所蕴含的建设性内涵，辩证地、历史地、科学地理解斗争性的思想内涵。

四是政治性。旗帜鲜明讲政治是我们党作为马克思主义政党的根本要求。党的十八大以来，以习近平同志为核心的党中央坚定不移走中国特色社会主义政治发展道路，坚持党的领导、人民当家作主、依法治国有机统一，积极稳妥推进政治体制改革，不断发展社会主义民主政治，社会主义政治文明建设取得新的重大成就。党的十九大报告把政治建设摆在党的建设的首位，进一步强调“党的政治建设是党的根本性建设，决定党的建设方向和效果”。习近平总书记对教育系统思想政治建设也十分重视，并作出一系列重要指示和批示，为我们做好思想政治工作提供了根本遵循。我们要深刻认识政治建设在党的建设中的重要地位，从政治建设的高度推动教育系统思想政治建设。

五是时代性。习近平新时代中国特色社会主义思想具有鲜明的时代性。讲时代性绝对不是割裂历史。只有回看走过的路、比较别人的路、远眺前行的路，我们才能坚定道路自信、走好我们自己的路。从某种意义上来说，时代性问题是最高的问题。《共产党宣言》对科学社会主义的阐释，是一次重大选择，具有根本性的强大生命力；巴黎公社同样是一次重大选择，说明社会主义革命必须打破旧的国家机器；十月革命也是一次重大选择，产生了列宁主义，说明社会主义革命可以在一国首先获得胜利；中国新民主主义革命和社会主义革命与建设也是一次重大选择，产生了毛泽东思想，说明革命道路探索和社会主义建设必须适合本国国情；中国特色社会主义更是一次重大选择，产生了中国特色社会主义理论体系，产生了习近平新时代中国特色社会主义思想，说明科学社会主义在当代中国焕发出勃勃生机。科学社会主义从空想到科学，从理论到实践，从一国到多国，从曲折到复兴，体现了问题的时代性。习近平新时代中国特色社会主义思想具有当代中国马克思主义、21世纪马克思主义的时代特征，并着力解决当代中国所面临的时代问题。我们要深刻把握习近平新时代中国特色社会主义思想的时代特征，研究时代课题，回答时代问题。

六是民族性。马克思说，每个民族应按自身所处的“历史环境”选择发展道路。习近平总书记指出：“在5 000多年文明发展中孕育的中华优秀传统文化，在党和人民伟大斗争中孕育的革命文化和社会主义先进文化，积淀着中华民族最深层的精神追求，代表着中华民族独特的精神标识。”习近平新时代中国特色社会主义思想将马克思列宁主义同中华民族传统的文化要素、文化特性、价值标准、行为准则、言语表达等密切结合在一起。我们要深入研究这一思想从形式到内容所具有的中国气派和中国风格。

七是世界性。民族性与世界性是统一的，越是民族的越是世界的。习近平新时代中国特色社会主义思想坚持为世界人民谋进步、为世界各国谋和平，是为民族立魂、为人民立命的思想，为往圣继绝学、为发展开太平的思想。既让科学社会主义在中国焕发勃勃生机，又让中国特色社会主义作出世界贡献。正如党的十九大报告所指出的，中国特色社会主义道路、理论、制度、文化不断发展，“拓展了发展中国家走向现代化的途径，给世界上那些既希望加快发展又希望保持自身独立性的国家和民族提供了全新选择，为解决人类问题贡献了中国智慧和中国方案”。我们要在开放的视野中与时俱进推进理论创新，为解决世界性问题提供思路和办法。

八是系统性。习近平新时代中国特色社会主义思想从理论和实践结合上系统回答新时代坚持和发展什么样的中国特色社会主义、怎样坚持和发展中国特色社会主义，包括“八个明确”的基本内涵、“十四个坚持”的基本方略等丰富内容。“八个明确”强调的是总任务、总目标、社会主要矛盾、总体布局、战略布局、最本质特征、最大优势等，是对坚持和发展中国特色社会主义一些根本性、原则性、方向性重大问题认识的深化和升华。“十四个坚持”是贯彻习近平新时代中国特色社会主义思想的实践要求，是对党的治国理政重大方针、原则的最新概括。我们要系统研究“八个明确”的基本内涵和“十四个坚持”的基本方略等丰富内容，深入阐释实现“两个一百年”奋斗目标、实现中华民族伟大复兴中国梦的路线图和方法论。

三、努力成为教育系统研究阐释习近平新时代中国特色社会主义思想的排头兵、领头雁和桥头堡

教育系统是研究阐释习近平新时代中国特色社会主义思想的重要力量。研究中心（院）拥有较高的研究起点，要充分发挥教育系统特别是高校人才荟萃、学科齐全、智力密集等优势，努力工作、联系专家、培养人才、深入研究、展示成果，以高质量的研究成果筑牢研究基础，成为名副其实的国家级研究中心。

要成为排头兵。习近平新时代中国特色社会主义思想是一个内涵丰富、逻辑严密的科学理论体系，需要从马克思主义哲学、政治经济学、法学、社会学等哲学社会科学各学科深入研究阐释。研究中心（院）要充分发挥高校学科优势，组织动员高校哲学社会科学各学科精干力量，把研究宣传习近平新时代中国特色社会主义思想与加快构建中国特色、中国风格、中国气派的高校哲学社会科学体系结合起来，培养造就一批有深厚马克思主义理论素养、学贯中西的思想家和理论家，一批理论功底扎实、勇于开拓创新的学科带头人，一批年富力强、锐意进取的中青年学术骨干，特别是要着力建设一支既懂学术又懂政治，学科完备、梯次衔接的高素质理论人才队伍，为研究宣传工作提

供强有力的人才支撑。研究中心（院）要争先创优，在拥有的研究人员、产出的学术成果、研究机构管理、服务国家重大战略等方面都能走在前列。

要成为领头雁。高校是知识分子会聚之地，也是意识形态建设的前沿阵地。研究中心（院）要充分发挥党的思想政治工作优势，依托专项课题设置，组织一批专家学者开展重大课题研究；依托高校各类智库建设，紧紧抓住高校师生关注的热点焦点问题，加强理论研究、提供决策参考、引领舆论导向，为贯彻落实立德树人根本要求提供智力支撑；依托高校研究基地和报刊，组织形式多样的学术活动，为贯彻党的十九大精神和推进教育事业发展搭建工作平台，引领高校学术研究的正确方向；依托高校专家学者撰写高水平理论文章，在中央主要报刊发表署名文章，充分发挥思想引领作用。研究中心（院）以及高校马克思主义学院要成为教育系统特别是高校思想政治工作的领头雁，为思想政治工作源源不断地提供供给，推动思想政治工作不断改进。

要成为桥头堡。意识形态工作是党的一项极端重要的工作。党的十八大以来，我们加强党对意识形态工作的领导，巩固了全党全社会思想上的团结统一。教育系统是我们党意识形态工作的重要基础、前沿阵地和独特战线。在教育战线做好意识形态工作，就要结合教育战线的实际，围绕教育战线、教育工作的特点和规律，解决意识形态领域出现的问题。我们在意识形态工作中要有政治意识和斗争精神，把握教育战线意识形态工作的政治方向、政治原则，敢于冲向第一线，敢于亮剑发声，捍卫马克思主义的指导地位，捍卫意识形态的政治地位。

总之，深入研究阐释习近平新时代中国特色社会主义思想，责任重大、使命光荣。研究中心（院）要以强烈的政治责任感、昂扬向上的精神状态和良好的作风，在学深悟透的基础上加强研究阐释，切实做到体现国家一流水准、发挥前排效应、展现斗争精神，多出人才、多出成果，为写好教育“奋进之笔”作出积极的贡献！

书写铸魂育人奋进篇章，开辟铸魂育人新境界*

“十四五”时期中国教育的根本任务，说到底就是要建设高质量教育体系。高质量地育人、育高素质的人，这两个方面根本上都取决于用党的理论创新最新成果武装教育亿万学生、用习近平新时代中国特色社会主义思想铸魂育人。

一、在“3·18”重要讲话精神指引下，铸魂育人书写了奋进篇章

2019年3月18日，习近平总书记主持召开学校思想政治理论课教师座谈会并发表重要讲话，为办好新时代学校思政课指明了前进方向、提供了根本遵循。“3·18”座谈会是一次具有历史意义的重要会议，是一个里程碑、分水岭，也是一道动员令、军令状，充分体现了党中央对教育工作的高度重视，体现了学校思政课在党和国家事业发展中的战略地位。两年来，在习近平总书记的亲自谋划、亲身指导、亲切关怀下，思政课建设取得前所未有的巨大进步，坚持不懈用习近平新时代中国特色社会主义思想铸魂育人，成为全党全社会的广泛共识和教育战线的自觉追求。

（一）工作格局发生历史性变化，用习近平新时代中国特色社会主义思想铸魂育人成为教育工作的主题主线

从思想认识上看，“3·18”座谈会以来，全党全社会对思政课的认识发生了深刻变化，思政课受重视程度获得了能级意义上的提升。党对

* 在用习近平新时代中国特色社会主义思想铸魂育人座谈会上的讲话，2021年3月22日，北京。

思政课建设的领导全面加强。中央和地方主流媒体对思政课的采访报道明显增多，在《新闻联播》《平“语”近人》等中央媒体重要栏目、节目出镜的思政课教师多了，各大内参反映思政课建设成效的篇章多了，网络新媒体上刷屏的“现象级”思政课也多了。这折射出教育热点的时代变迁，小事情含着大道理，看似偶然实则必然。

从政策举措上看，两年来，教育部会同有关部门，为思政课量身定制了全套倾斜支持政策，概括地说就是“给人才、给钱财、给平台、给奖台”。一是“勒紧裤腰带”拿出博士指标、硕士指标，专门招收马克思主义理论专业研究生，为思政课教师队伍培养后备人才，力度之大历史罕见，各类国家级人才项目对思政课教师倾斜指标、选育领军将才；二是在去年受疫情冲击、全国“过紧日子”的形势下，新设立“高校思政课研究专项”资助，这也是前所未有；三是强力推动思政课教师职称评审单列计划、单开赛道，这是对准战线反映最强烈的问题；四是大力表彰宣传优秀马克思主义学院和优秀思政课教师，激发高昂情绪。总之一句话，思政课建设需要什么支持，就倾其所能提供这些支持。这是从千秋伟业后继有人的高度，从政治上算大账、算长远账，坚定支持并不断加大对思政课的投入。

从评价导向上看，党中央、国务院印发了《深化新时代教育评价改革总体方案》，通过评价体系改革办好思政课是其中一项重要任务。我们把思政课建设标准整体嵌入“双一流”评价指标体系，将立德树人要求贯穿本科教育教学审核评估全过程，把高校党委书记、校长抓思政课情况纳入教育督导和政治巡视，推动解决高校政治和业务“两张皮”问题。

（二）工作体系发生结构性变革，大中小幼一体化思想政治工作体系在八大体系中率先成形、示范引领

以新目标催生新格局。党的十九届五中全会提出建设高质量教育体系的目标，教育“十四五”规划必须对标对表，核心是构建八大体系。

这八大体系横到边、纵到底，涵盖教育所有领域，打破了以往工作条块之间的“隐形壁垒”，这就要求我们增强大局意识、强化协同配合，主动打通堵点、清除藩篱，破除“一亩三分田”的“领地意识”，以目标配置资源，形成整体作战优势，坚决啃下制约教育高质量发展的“硬骨头”。在八大体系中，大中小幼一体化思想政治工作体系是居于首位的，也是最有基础的。八大体系是“目”，用习近平新时代中国特色社会主义思想铸魂育人是“纲”，纲举目张，思政课的摆位和作用就更加突出。

以先手棋带动一盘棋。教育部成立大中小学思政课一体化建设指导委员会，教育部等八部门出台《关于加快构建高校思想政治工作体系的意见》，大中小幼一体化思想政治工作体系率先完成了夯基垒台、立柱架梁的任务。评判八大体系建得好不好、教育发展质量高不高，首先要看思政课办得怎么样。思政课办得越来越好，就意味着铸魂育人工作越来越扎实，就意味着思政工作越来越成为办学治校的“生命线”，我们的教育就能够扛起底色鲜亮的旗帜、充满自信地走近世界舞台的中央。

（三）改革创新取得实质性突破，学校思政课的内涵品质日益深厚

课程建设取得突破。我们分三步推动习近平新时代中国特色社会主义思想“三进”，即进教材进课堂进头脑。第一步是“开局落子”，在全国大中小学部署建设1万个示范课堂。第二步是“定式做眼”，指导37所全国重点马克思主义学院所在高校率先全面开设“习近平新时代中国特色社会主义思想概论”课。第三步是“中盘扩面”，安排北京、上海、黑龙江承担这门概论课先行试点任务，已有91所公办本科院校的18.3万名大学生参加了课程学习。

队伍建设取得突破。“3·18”座谈会之前，全国高校思政课教师是6.6万人，现在是11万人；专职教师之前是4.6万人，现在是7.5万人。这样的增速是前所未有的。

教学效果取得突破。根据教育部的滚动调查数据，“3·18”座谈

会以来，大学生对思政课的满意度连创新高，2020年的数据结果超过90%，比2015年提高18个百分点。第三方问卷调查显示，92.9%的学生高度认同习近平新时代中国特色社会主义思想是我们党和国家必须长期坚持的指导思想，91.9%的学生对我国能够建成社会主义现代化强国抱有信心。

二、编好用好系列学生读本，推动新发展阶段铸魂育人走深走实

（一）编写系列学生读本是铸魂育人的关键一招

“三进”是中央的重大政治要求，也是教育战线的重大政治责任。“三进”工作的首要任务是进教材。党的十九大后，习近平新时代中国特色社会主义思想及时融入大中小学思政课统编教材，很好地发挥了铸魂育人的作用。我们作了很多探索，出版使用《习近平总书记教育重要论述讲义》，组织编写《道路何以自信》《理论何以自信》《制度何以自信》《文化何以自信》等“四个自信”系列读本，《中国共产党为什么“能”》《马克思主义为什么“行”》《中国特色社会主义为什么“好”》等系列读本，中国共产党历史、中华人民共和国史、改革开放史、社会主义发展史等“四史”大学生读本，特别是组织编写大中小学“习近平新时代中国特色社会主义思想学生读本”。这一系列读本，选题重大、有机衔接，体量庞大、读者众多，贴近实际、贴近学生，循序渐进、螺旋上升，比较准确地体现了党的创新理论最新成果和总书记的重要指示要求，是新发展阶段推进铸魂育人的标志性成果。

（二）学生读本的组织编写闯出新路子

系列学生读本借鉴了中央实施重大工程的方式，尽锐出战、联合攻关，编审协同、试教试用，用“大兵团”作战，实现了教材编写机制的协同创新。编写团队横跨多个学科、纵跨各个学段，既有理论工作者的深度参与，又有不同学科背景教师的广泛支持，实现政治性、思想性、可读性相结合，将理论阐释、情感体验、价值引导融为一体。读本

在分众上突出“细”、内容上突出“活”、问题上突出“准”，紧跟时代步伐，用“Z世代”学生、互联网原住民喜欢的方式、关注的焦点、熟悉的语言来解读和阐释党的创新理论，能够解答不同学段学生的思想疑问，满足他们的需要和期待，更好发挥培根铸魂、启智润心的作用。

（三）用好读本打造“金课”群

教育部下定决心、下大力气编写了系列学生读本，接下来要用好讲好这些读本，持续加强以习近平新时代中国特色社会主义思想为核心内容的思政课课程群建设。不同学段学生的认知特点、成长规律不同，但总的原则是系列学生读本所适用的课程要应开尽开。习近平新时代中国特色社会主义思想必须开必修课、用读本教。推动习近平总书记各领域各方面重要论述融入相关专业课程，实现党的创新理论学科化、学理化、专业化，实现思政课程与课程思政同向同行、合力铸魂育人。

三、在以党史为重点的“四史”教育中开辟铸魂育人新境界

在党史教育动员大会上，习近平总书记要求全党做到学史明理、学史增信、学史崇德、学史力行，要在全社会广泛开展“四史”宣传教育，抓好青少年学习教育。

（一）在史论结合上讲透理论之道

思政课要带领学生走进历史深处，从党的非凡历程中，深刻感悟马克思主义的真理力量和实践力量，深刻认识习近平新时代中国特色社会主义思想体现出来的，坚持马克思主义立场观点方法、坚持科学社会主义基本原则、与马克思列宁主义既一脉相承又与时俱进的理论品格，是从新时代中国特色社会主义的全部实践中产生的理论结晶，是当代中国马克思主义、21世纪马克思主义。特别要教育引导学生从十八大以来党和国家事业的历史性成就和历史性变革中，深刻领会习近平新时代中国特色社会主义思想的原创性贡献和实践伟力，不断增强政治认同、思想认同、情感认同。

（二）在纵横比较中讲深自信之基

习近平总书记深刻指出，“70后”“80后”“90后”“00后”，他们走出去看世界之前，中国已经可以平视这个世界了。思政课要善于运用历史变焦镜，在今昔对比中让学生深刻领悟“没有共产党就没有新中国”“只有社会主义才能救中国，只有改革开放才能发展中国、发展社会主义、发展马克思主义”这个真理。要善于运用思想透视镜，顺应年轻一代在心态、思想上的改变，引导学生以世界的眼光看中国、以中国的眼光看世界，在纵横比较中坚定“四个自信”。要善于运用时代反光镜，在疫情全球大流行的背景下，讲清楚“中国之治”所蕴含的道理、学理、哲理，让学生真心认同只有共产党有能力、有资格担负起领导中华民族伟大复兴的历史使命，坚信有习近平同志作为党中央的核心、全党的核心领航掌舵，有全党全国各族人民团结一心、顽强奋斗，我们一定能够在新时代把中国特色社会主义更加有力地推向前进。

（三）在赓续传统中讲活精神之源

重视传承党的优良传统和革命精神，是习近平总书记治国理政的重要战略考量，是习近平新时代中国特色社会主义思想的鲜亮底色。思政课要带领学生走进中国共产党人的精神世界，从精神谱系的传承中感受“革命理想高于天”的信仰力量，自觉传承红色基因。习近平总书记指出，“英雄是民族最闪亮的坐标”。思政课既要善于固本培元，用润物细无声的方式，讲好讲活英雄人物故事，让学生感受先辈英烈崇高人格境界和道德力量，让他们在学习英雄中成长，自觉担当英雄形象的守护者、革命精神的传承者，又要敢于正本清源，引导学生树立正确的党史观，旗帜鲜明地抵制历史虚无主义。

（四）在生动实践中讲出未来之问

我们要按照总书记“大思政课”的要求，从历史和现实、理论和实践的结合上，从国内和国际对比的维度上，不仅在课堂上讲好思政课，也要在社会生活中讲好疫情防控、脱贫攻坚等思政大课。通过思政课告诉学生，我们党在接续奋斗中，带领全国人民实现了国家的开天辟地、改天换地、翻天覆地，同样也要依靠奋斗在新时代创造幸福、创造奇迹、创造未来，深刻感悟中国之治，慧眼明辨西方之乱，切实增强“四个自信”。要结合“四史”教育，把学校小课堂和社会大课堂结合起来。一方面，开好“四史”类课程。全国重点马克思主义学院至少开一门选择性必修课，具有马克思主义理论学科点的高校可面向本专业学生开设“四史”类必修课，其他高校可将“四史”类课程与人文素质类课程讲座融合开设。另一方面，组织青少年学生瞻仰革命遗址，参观博物馆、纪念馆，走进田间地头、工厂社区、研究机构，清楚知道党因何而生、红色政权从哪里来、新中国怎样建立、社会主义如何发展，引导学生关注世情、国情、党情、社情的变化，亲身感受党和国家事业取得的历史性成就、发生的历史性变革，始终做习近平新时代中国特色社会主义思想的坚定信仰者、积极传播者、模范实践者，努力成长为担当民族复兴大任的时代新人，在继往开来的伟大实践中放飞青春理想，为实现中华民族的强国梦、复兴梦贡献青春力量。要把这几年推动高校思政课“六攻坚”的好经验好做法向中小学延伸，抓好中小学思政课的思路、师资、教材、教法、机制、环境等方面的攻坚行动，加快补齐政策、队伍、教学、评价等突出短板，努力实现大中小学思政课教材贯通、教学融通、队伍打通、资源互通，做出亮点，做出实效。

加强直属机关党的政治建设*

6月29日中央政治局就党的政治建设进行集体学习，7月12日中央和国家机关召开党的政治建设推进会，习近平总书记先后发表重要讲话、作出重要指示。为深入学习贯彻习近平总书记的重要讲话和重要批示精神，我就加强直属机关党的政治建设强调几点意见。

一、抓好深化学习

由于我们党开创的事业是全新的事业，是在“无人区”向前推进的，所以我们党在部署每一项工作时首先强调学习。加强党的政治建设，是党的十九大提出的一个重大命题。我们以前讲领导班子的思想政治建设，现在把政治建设摆在党的建设的首位，作为统领来看待，这在我们党的历史上是第一次。这也是一个全新的命题，是一个创新，创新的理论、创新的事业。我们对人类社会发展的很多东西了解得还不够，甚至还存在一些不知道的知识，所以学习是第一位的。要深刻领会加强党的政治建设的重大意义、精神内涵、实践要求。怎么学？以前从模式上、方法上都做过全面部署安排，一定要认真按照这些要求去做。这里主要强调，加强党的政治建设，直属机关各级党组织和全体党员要努力树立“五个意识”。

一是维护意识。所谓维护意识，就是我们作为党的一员，要维护党的团结统一，维护党的集中统一领导，维护党的核心。要坚持“两个维

---

* 2018年7月24日，北京。

护”，维护习近平总书记党中央的核心、全党的核心地位，维护党中央权威和集中统一领导。为什么要坚持“两个维护”？一个大国的政治、一个大党的治理，和小国小党是不一样的，必须强调集中统一。战争年代我们有两个重要的口号。一个叫作“保护党组织”。那时候的共产党员为了保护党的组织，甚至可以牺牲自己的生命。另一个叫作“保卫党中央”。同志们看一些党史方面的材料就知道这个口号是很响亮的。保护党组织和保卫党中央是我们每个党员的神圣使命和职责。加入共产党，就要承担起这个使命和责任。在新时代背景下，“两个维护”是政治建设的首要任务。

二是忠诚意识。政治是讲诚信的事业。我们共产党的政治是人民的政治，我们的事业是为人民服务的事业，忠诚十分重要。我们要忠诚于党的事业，在组织上入党要讲忠诚，在思想上入党更要讲忠诚。写入党申请书、填入党志愿书、对着党旗宣誓，就必须落实在实际行动上。每一个党员都应当成为党的坚强卫士，每一个党组织都要为党的事业站岗放哨、尽职尽责。

三是规矩意识。所谓规矩意识，就是我们一定要把党的政治纪律、政治规矩放在重要位置，放在共产党人生死攸关的位置，做到在党言党、在党爱党、在党护党。在党的标志就是按党的规矩办事。党的十八大以来查处的案件，很多是不讲规矩造成的。党建工作出现了许多薄弱环节，很大的原因是不讲规矩。党的十八大以来全面从严治党，从某种意义上讲，就是要恢复党的规矩，恢复党的纪律。现在不讲规矩、不讲纪律，实际上就是做假党员、“名义党员”。讲加强政治建设，规矩和纪律非常重要。

四是依据意识。作为中央国家机关，党的建设、业务建设和具体工作都要讲依据。第一个方面的依据是党中央的精神。要吃透中央精神，中央的要求就是依据，是摆在第一位的依据。今天我们传达了总书记的重要讲话和重要批示，这就是党中央的精神。中央精神我们要结合实际及时传达，认真领会，并用来指导工作。所谓指导，就是给我们提供依据，我们要真真正正按中央精神办。第二个方面的依据是法律法规。我们要依法行政、依规治党。我们做任何工作要依据法律法规、党规党纪。第三个方面的依据是实践的依据。实践的依据主要表现为来自基层的经验、来自工作中的问题。问题导向也是一种依据，是推动工作的一种依据。第四个方面的依据是创新的依据。创新依据是在前三个依据找不到的情况下，实践提出了新问题，我们要推进创新。没有规定的，创造规定，即为创新。我们要有依据意识，没有依据就没有政治。

五是责任意识。责任意识就是敢担当，担当意识是责任意识的核心。我们履职尽责就是在推进政治建设，推进政治建设就要敢于担当。党的十八大以来强调得最多的就是担当。

抓好深化学习，就是要通过深入领会，在政治建设方面树立“五个意识”。树立意识要紧密结合实际，把它变成实实在在的事。树立意识就是改造主观世界的过程。改造主观世界，要结合思想实际，触及灵魂。

二、抓好对标排查

中央和国家机关工委党的政治建设推进会就加强机关党的政治建设提出了六项重点任务，即带头做到“两个维护”、深化习近平新时代中国特色社会主义思想的学习贯彻、严守党的政治纪律和政治规矩、严肃党内政治生活、着力防范和化解政治风险、不折不扣贯彻落实党中央决策部署，并就怎么抓提出了办法步骤。各单位要围绕六项重点任务，按照党组部署，结合实际，检查摸排，列出任务清单。要对症摸排，不能参照摸排。对症摸排就是自己检查自己的病，不要参照别人的。单位和单位、人与人、党员与党员之间，“症状”是不一样的。通过细致摸排，看看在政治建设方面我们还存在哪些问题，有什么表现，然后对症下药、靶向治疗。简言之，就是要摸清问题，抓好整改。

需要提醒的是，自接受上一轮巡视以来，大家都进行了整改，但要自查还有什么问题。我们要坚决杜绝重部署、轻行动的行为。巡视后反馈的问题，如果我们整改了，抓好落实，政治建设会有很大的加强。否则，就是在一定程度上搞了假整改、形式主义的整改。最近，党的十九大后首轮中央巡视已经开始反馈意见。在摸排的过程中，大家要仔细看看中央巡视组反馈的这些问题，认真做好对照检查，这也是很重要的政治建设。对标、摸排、检查，进行一次“体检”，进行一次自我治疗，要认真抓一抓。

三、抓好积累转化养成

党的政治建设要抓经常、经常抓，常抓不懈。我们要把教育部直属机关真正当作政治机关来建设，这对我们加强党的政治建设具有决定性的意义。和党的政治建设相关的工作要注意“积累、转化、养成”这三阶段、三件事。抓政治建设，这三阶段三件事很重要。第一阶段是积累，要把政治建设的相关要求，老老实实地，一件事一件事地往前推进，取得的成果、经验要积累下来，并且提升为有生命力的制度。第二阶段是转化，就是把政治建设的成果转化为业务建设的推动力和成果，就是要把制度执行起来，特别是对于触犯相关规定的，要“带电”问责。第三阶段是养成，就是改造主观世界，养成思想自觉和行动自觉。从党员个人来讲，对党的规矩和纪律所要求的，特别是党章和入党誓词的要求，要自觉养成习惯，成为我们人格的核心组成部分。从单位来讲，就是要形成风清气正的政治生态，形成干事创业的良好氛围。问题摸排出来之后要逐项治理，一定要让政治建设取得实实在在的进展。

四、抓好创建活动

要按照“三个表率，一个模范”的要求，即“在深入学习贯彻习近平新时代中国特色社会主义思想上作表率，在始终同党中央保持高度一致上作表率，在坚决贯彻落实党中央各项决策部署上作表率，建设让党中央放心、让人民群众满意的模范机关”，开展争当“三个表率”、建设满意机关的创建活动。直属机关党委正在研究工作方案，提出了“三过硬、两优良”，即政治过硬、能力过硬、作风过硬、效能优良、文化优良。要把创建活动作为即将开展的“不忘初心、牢记使命”主题教育的重要载体，作为加强机关政治建设的重要载体。用“三个表率”来衡量我们的工作，按照“模范”的标准来衡量我们的工作。不要雷同，要各打各的优势仗，各设计各自有特色的载体，不管什么样的载体都要体现“三个表率，一个模范”，要有特色、管用、有效果。

五、抓好党情党性定期研判分析

党组织要建立符合自身实际的党性党情分析研判制度。每年分析研判一两次，包括基层组织建设情况、党员思想政治情况、本单位作风情况、党的纪律规矩贯彻落实情况，特别是在“七一”党的生日的时候集中做些分析研判。每次分析研判都要力求推动党的建设特别是政治建设。要把这个制度建立起来，逐步做到对于直属机关每个党组织和每名党员的基本情况都能了如指掌。每次党性党情的分析研判都是一次重要的集中的诊断。要注意发挥广大党员的积极性，把重点研判和党员集体研判结合起来，找准我们工作中存在的问题。

在前不久开展的党日活动中，我谈到了“五问”。一问我们党正面临怎样的形势，二问我们党处于怎样的历史方位，三问我们能给党交上怎样的答卷，四问对照党章、党纪、党规做得怎样，五问人民需要我们做什么。我们每年“七一”的时候，认真分析一下我们党的情况、我们党组织的情况、我们每个党员个人的情况，以此向党的生日献礼。

六、抓好责任落实

以落实“两个责任”为重点，各级党组织及其负责人、每名党员都要落实好对党的政治建设应该承担的责任。集体有集体的责任，领导有领导的责任，党员有党员的责任。主体责任和监督责任这“两个责任”，是党的十八大以后全面从严治党的一个重大创新。党的十八大之后不仅提出了主体责任和监督责任，而且建立了履行主体责任和监督责任的体制机制，把它变成了管党治党的利器，最终党中央把它概括为依法依规管党治党。每个党组织的书记和委员，都要把责任担负起来，当好“守门人”，种好“责任田”，为加强党的政治建设尽心尽力，既以政治上的加强推动全面从严治党向纵深发展，也以党的建设成效深化政治建设。

抓政治建设，要做“治病”和“治未病”工作*

把政治建设摆在党的建设首位，这不仅是对党的建设提出的根本性要求，也是对机关建设、对政权建设提出的根本性要求。机关建设本质上就是政治建设。要按照抓落实的思路来考虑新时代直属机关和直属高校政治建设。

一要强化在责任上。强化管党治党的主体责任、监督责任和第一责任、“一岗双责”，强化意识形态责任制等方面的责任。现在责任空悬的现象仍然是存在的，不敢用权、不会尽责、不愿尽责的现象还不少。要抓住落实责任这个“牛鼻子”，推进新时代政治建设。

二要强化在行动上。这个行动是党的行动，既是党的一级组织的行动，也是党员的行动。行动才有力量。党的力量来自人民，党员的力量来自组织，事业发展的力量来自行动。这就是“一打纲领”与“一个行动”的关系，是“不干，半点马克思主义也没有”的道理。“两个维护”、保持高度一致都要体现在行动上。要坚决维护习近平总书记的核心地位，坚决维护党中央权威和集中统一领导，在思想上政治上行动上同以习近平同志为核心的党中央保持高度一致。

三要强化在组织上。2018年是教育系统党建质量年。对各级组织特别是基层党支部，对党的建设工作，我们要心中有数。要贯彻落实新时代党的建设总要求，推动基层党组织全面进步、全面过硬，有创造力、凝聚力、战斗力，有亲和力、公信力、执行力。

---

* 2018年8月20日，北京。

四要强化在防范上。当前和今后相当长一段时期内，抓政治建设就是在做“治病”和“治未病”的工作，因为我们是在执政条件下抓新时代政治建设，是在业务工作中具体推进政治建设，要充分考虑各方面的风险挑战，占领阵地、修筑堤坝、构筑防线。

增强推进教育系统党的政治建设自觉性坚定性*

旗帜鲜明讲政治是我们党作为马克思主义政党的根本要求，是我们党不断发展壮大、从胜利走向胜利的重要保证。我们党自成立以来始终高度重视党的政治建设，形成了讲政治的优良传统和丰硕成果。党的十八大以来，以习近平同志为核心的党中央把党的政治建设摆在更加突出的位置，推动党的政治建设取得重大历史性成就。历史和现实、理论和实践充分证明，党的政治建设是党的根本性建设，加强党的政治建设具有极端重要性。教育是国之大计、党之大计，承担着培养德智体美劳全面发展的社会主义建设者和接班人的重要使命。教育部首先是政治机关，旗帜鲜明讲政治是应尽之责。要深刻领会《关于深化教育体制机制改革的意见》的精神实质、准确把握其核心要义，确保各项任务落到实处，在彰显国家机关政治属性中争做标杆，在推动教育系统全面加强党的政治建设中取得实效。

学习贯彻《关于深化教育体制机制改革的意见》，是每一个党组织、每一名党员应肩负的最重要任务、应承担的最重要职责。要在“理想”“思想”“联想”“我想”“感想”上下功夫。

一是“理想”。“理想”和立场有关。党的政治理想是最高纲领和最低纲领的统一。要坚定政治信仰，牢固树立共产主义远大理想和中国特色社会主义共同理想，坚决站稳党性立场和人民立场，加快推进教育现代化，建设教育强国，办好人民满意的教育。

---

* 2019年3月25日，北京。

二是“思想”。“思想”和观点有关。我们党是有思想、能生产思想的党，是能把思想转化为行动的党。要坚持马克思主义指导地位，坚持用习近平新时代中国特色社会主义思想武装头脑、指导实践、推动工作。

三是“联想”。“联想”和方法有关。要坚持民主集中制这一根本领导制度、群众路线这一基本领导方法、依法执政这一基本领导方式，不断改进教育系统党的领导。

四是“我想”。“我想”和信心有关。要时时想、经常想，改造主观世界，加强政治能力训练和政治实践历练，凝聚精神力量，营造风清气正的教育政治生态。

五是“感想”。“感想”和途径有关。要主动联系自身思想和工作实际，始终把自己摆进去，关键时刻能够豁得出来、冲得上去，努力实现“学思用”贯通和“知信行”统一。

把教育系统党的政治建设引向深入*

党的十八大以来，以习近平同志为核心的党中央把党的政治建设摆在更加突出位置，作出全面部署，提出明确要求。教育部党组高度重视教育系统党的政治建设，出台了系列举措，积累了一定经验。现阶段要在历史进程和现实土壤中进一步完善、落实“施工图”，把加强教育系统党的政治建设、创建“让党中央放心、让人民群众满意”的模范机关引向深入。

一是“点”要钻进去。要抓好根本点，持续推进学习贯彻习近平新时代中国特色社会主义思想往深里走、往心里走、往实里走，在学懂中深化、弄通中消化、做实中转化。要抓好关键点，不断增强践行“两个维护”的行动和效果。要抓好着力点，认真做好每个发展阶段的重点工作。要抓好结合点，实现政治与业务、理论与实践、贯彻中央精神与党员思想实际的紧密结合。

二是“线”要连起来。要把握好生命线，落实立德树人根本任务，不断加强和改进学校思想政治工作，努力培养担当民族复兴大任的时代新人。要守好安全线，有效防范化解风险隐患，确保教育领域政治安全与校园和谐稳定。要打造好风景线，发挥独特优势，努力形成教育系统加强党的政治建设的亮丽风景。

三是“面”要全覆盖。要直面问题，善于发现问题、研究问题、解决问题，特别要持续纠治形式主义问题，务求取得实效。要以点带面，

---

* 2020年7月24日，北京。

以重点工作的突破带动政治建设各项任务全面落实落地。要优化局面，努力形成上下互动、左右配合、整体联动的工作局面。

四是“体”要立起来。要注重总体部署，对阶段性重点工作进行谋划布局。要注重具体落实，把各项工作任务分解到每个部门、每个岗位、每名干部，夯实责任链条。要注重全体行动，教育系统全体党员人人有责、人人负责、人人尽责，汇聚工作合力。要注重整体提高，通过阶段性评估，推动政治建设方方面面特别是重点环节、关键环节工作质量提高。

及时将思想政治工作的重心转移到提质提效上来*

2016年底召开全国高校思想政治工作会议以来，经过四年多的努力，教育系统的思想政治工作、学校的思想政治工作、高校的思想政治工作发生了历史性变化，这个变化的重大作用将在第二个百年的历史进程中逐步显现出来，这是我们共同努力和奋斗的结果。现在，我们要及时把加强和改进思想政治工作的重心转移到提质提效上来，也就是要提高质量、提高成效。

思想政治工作在普遍得到加强和改进的情况下，有一些事情和问题需要在提质提效的过程中认真研究并加以解决，不要总是停留在宏观研究层面，更多是要在结构和微观研究上下功夫。比如，教和学是一对矛盾。一方面，学生对教师而言，学生是不确定的，要学什么是不确定的，但教师是确定的，要给学生教什么是确定的；另一方面，教师对学生而言，教师是不确定的，教师不知道学生想学什么，但学生是确定的，学生对自己知道什么、喜欢学什么是清楚的。在这样的矛盾中，要研究如何减少不确定性，让教师在教学过程中真正能够把握学生的需求，这里面更多的是要在微观层面的教法和课堂提问上好好研究、多想办法，让学生爱听、喜欢听，使双方形成一个均衡。再比如，要好好研究意识形态工作加强之后带来的新问题。我们要加强教师的思想政治工作，就可能会让一些教师产生新的思想问题，甚至是认识上的偏差，这对实现第二个百年奋斗目标具有非常大的影响，我们一定要高度关注。

---

* 2021年4月8日，北京。

我们需要吸取历史经验教训，在处理意识形态领域问题的时候，一定要把思想问题、政治问题和学术问题、认识问题区分开来，妥善解决。我们要在提质提效过程中认真研究解决这些新的问题。

深入理解立德树人的内涵和重大意义，切实落实立德树人根本任务*

落实立德树人根本任务，是我们教育人要回答的时代课题，也是党中央交给我们的光荣任务，是习近平总书记的殷切嘱托。我们必须深入理解立德树人的内涵和重大意义，总结经验，认真研究，切实落实好立德树人根本任务。

一、怎样理解立德树人

我们党从成立之初就是一个高度重视学习的党、高度重视教育的党、高度重视青年的党，这三点归结到一点，就是高度重视人的培养，这是我们党的显著特点。今天我们讲立德树人的根本任务，如果从我们党90多年走过的历程来看，可以说这样一个规律性的认识，是随着革命、建设、改革和复兴的历史进程，经过长期探索，不断抽象，不断提炼，不断凝聚全党的智慧而形成的。

形成立德树人这个认识，大体经过了四次抽象。第一次抽象，是把培养人的目标确定为先锋队。1937年，毛主席为陕北公学题词，他说，要造就一大批人，这些人是革命的先锋队。第一次抽象和当时党的任务，和抗日战争烽火连天的历史背景紧紧结合在一起。第二次抽象，是1957年毛主席提出了我们党的教育方针，要使受教育者在德育、智育、体育几方面都得到发展，成为有社会主义觉悟的、有文化的劳动者。这

* 2018年7月24日。

次抽象的关键词是劳动者。新中国成立了，劳动人民当家作主，我们的教育培养的是劳动者，是有社会主义觉悟的、有文化的劳动者。“德”的内容出现了，培养人的目标出现了，内容出现了德智体三要素。这个教育方针我们一直讲到改革开放之后。在1978年全国教育工作会议上，邓小平同志讲，要把毛泽东同志提出的培养德智体全面发展，有社会主义觉悟的、有文化的劳动者的方针贯彻到底，贯彻到社会的各个方面。这次增加了“各个方面”，还是劳动者导向。1981年，《关于建国以来党的若干历史问题的决议》对这个教育方针作出发展，提出坚持德智体全面发展、又红又专、知识分子和工人农民相结合、脑力劳动和体力劳动相结合。这是清华大学的经验，还是劳动者导向。第三次抽象，是1999年，总结改革开放20多年的经验，借鉴世界各国的有益经验，继承我们国家优秀的教育思想，江泽民同志在当年召开的教育工作会议上提出了一个新的概括，即以提高国民素质为根本宗旨，以培养学生的创新精神和实践能力为重点，造就“有理想、有道德、有文化、有纪律”的，德育、智育、体育、美育等全面发展的社会主义事业建设者和接班人。这一次抽象非常关键，完成了一次历史转变。把有理想有道德有文化有纪律写入党的教育方针，这是“德”的要求，并提出要造就一大批社会主义建设者和接班人。这次抽象还有一个显著特点，即从正面阐述了我们教育的两大痛点——创新精神和实践能力的培养，并提出了一个很重要的目标——以提高国民素质为根本宗旨。第四次抽象，是在2007年的全国优秀教师代表座谈会上，胡锦涛同志提出了要坚持育人为本，德育为先，把立德树人作为教育的根本任务。这一次对教育方针的表述延续了1999年的表述，就是培养德智体美全面发展的社会主义建设者和接班人。以上就是立德树人这个根本任务的四次抽象逐步形成的过程。

党的十八大报告是习近平总书记主持起草的，进一步强调把立德树人作为教育的根本任务。十八大后，总书记对立德树人这个根本任务从多角度、多层次、多方面进行了系统阐述。从这样一个过程可以看到，我们党形成立德树人规律性的认识是经过了长期历史进程的探索的，是几代共产党人不断总结不断探索产生的结果。回顾这个过程，可以看到立德树人这个根本认识的形成有几个特点。第一个特点，它是与青年紧密结合在一起的。马克思说，一个时代的精神，是青年代表的精神；一个时代的性格，是青年代表的性格。列宁说，真正建立共产主义社会的任务正是由青年来担负。毛主席1957年在莫斯科会见留学生代表的时候讲了那段著名的话："世界是你们的，也是我们的，但是归根结底是你们的。你们青年人朝气蓬勃，正在兴旺时期，好像早晨八九点钟的太阳。希望寄托在你们身上。"这里面有几对关系。第一对关系，说世界虽然现在还是我们的，但归根结底世界是你们的，是说我们的世界是由青年来接班的。第二对关系，他说你们好像八九点钟的太阳，也就是说我们也是太阳，不过是夕阳无限好，只是近黄昏，希望还是在你们身上。总书记讲，青年一代有理想、有本领、有担当，国家就有前途，民族就有希望。所以立德树人这个根本任务的形成是与青年紧密结合在一起的。第二个特点，它是与我们党每个历史阶段的历史任务紧密结合在一起的，经历了从先锋队到劳动者，再到建设者、接班人的过程。第三个特点，它是与党和国家事业发展紧密结合在一起的。随着革命、建设、改革和复兴历史任务的不断深化，最后形成了立德树人这一根本性任务。

就性质定位来说，第一，它是一个创新的理论，继承了优秀的传统教育思想，借鉴了人类优秀教育思想的精华，总结了我们国家发展教育事业取得的经验。四次抽象，使得立德树人达到一般规律的高度，很了不起。它与现在我们所接触的其他教育理论有联系但都不同，有鲜明的中华传统文化特点。第二，它是一个历史使命，和我们党的事业紧密联系在一起。立德树人作为根本任务，实际上就是确保党的事业发展的理论，对我们这一代教育工作者来说是要认真回答的时代问题。第三，它是一个政治要求。从先锋队、劳动者，到建设者、接班人，体现了鲜明的政治特点，是为政治服务的。毛主席当年讲了“两个服务”，习近平总书记讲了“四个服务”，这都是鲜明的政治要求。我们所进行的教育，我们所说的立德树人，就是为党的事业培养建设者和接班人，在这个问题上来不得半点含糊。对我们党的事业来说，没有比培养建设者和接班人更重要的事了，教育方面不能发生任何颠覆性错误。教育是慢变量、长周期性的，一旦发生颠覆性错误无法恢复。第四，它是一个政治目标。每个阶段、每个时期有不同的要求、具体的任务，但立德树人是我们的总目标，教育就是为党和国家事业培养建设者和接班人。第五，它是一种教育模式。把立德和树人结合起来、统一起来，把立德作为育人的灵魂，把树人作为教育的本质，把德智体美完整地结合起来，体现育人教育的全过程，这是一个全新的教育模式。我们探讨了多少年，实践了多少年，这个模式还在成长过程中，我们要从这样一个高度看待，它是一个教育模式，中国特色社会主义教育的模式。第六，它是一种职业追求、价值追求。立德树人实际上是教育工作的职业追求、价值追求。

二、立德树人的重大意义

落实立德树人根本任务，首先要正确认识立德树人，讲清楚立德树人的重大意义和历史作用。这需要结合我们党和国家的事业来分析，因为这是由党的事业特殊性质决定的，是由现在所走的中国特色社会主义道路决定的。可以从以下几个方面来看。

第一，全新的事业。我们所进行的事业是全新的事业。所谓全新的事业，就是说前无古人的。马克思研究共产主义的时候，有两条路径可以参考。一条路径是在以往社会发展的基础上寻找共产主义成长因素，就是找教育。马克思研究的结果，就是社会主义生产关系在旧社会的胎胞里是无法形成的，只能提供条件。还有一条路径是从未来社会的目标入手，反向探讨人类社会发展历史进程，这是空想社会主义的所思所为，把理论的重点放在分配上，把理论的目标放在未来、放在抽象上。这两条路都是无法走通的。马克思的伟大之处在于将两者结合起来，在现实的斗争中、现实的实践中、现实的运动中来阐释未来社会。社会主义之路经过几次大考，由空想到科学，由理论到运动，由运动到哲理，由曲折到复兴。这个历史过程最显著的特点就是新社会在旧社会的胎胞里无法自然生长，必须是一个自我建设的过程，靠自身发展的自然历史过程。这一切说明一点，我们所从事的事业是前无古人的，是全新的。社会主义事业经过这么几次转变，发展到中国特色社会主义，确定了中国特色社会主义道路。在我们的前面已经是“无人区”，从某种意义上讲中国社会主义，特别是中国特色社会主义是在“无人区”前进的。新中国成立的时候，我们还可以有苏联模式借鉴、参照，改革开放以来我们没有参照系了。这样一个全新的事业要一代一代进行下去，最重要的就是培养建设者和接班人，培养一代又一代建设者和接班人。从这个角度讲，立德树人对中国特色社会主义事业具有非常重要的作用，我们肩上担负的担子很重。

第二，全面的事业。我们所进行的中国特色社会主义是一个全面发展的事业。从《1844年手稿》到《共产党宣言》《德意志意识形态》《哥达纲领批判》，对共产主义的科学推断，在马克思这里有两点非常重要。一点是联合体社会，是一个自由人全面发展的社会的问题；另一点是人的自由全面发展问题。一个是讲社会，社会的形态，自由人的联合体；一个是讲人，自由而全面发展的人。改革开放以后，我们的事业不断发展，我们对社会主义建设规律的认识不断深化，我们党对这两点越来越高度重视。党的十九大报告专门讲人的全面发展，今天，我们比历史上任何时期都更加重视人的全面发展。从某种意义上讲，我们党的教育方针最原生态的理论基础就是人的全面发展。1999年，江泽民同志在讲话中提出德智体美等全面发展的社会主义建设者和接班人。最近，习近平总书记作出批示，教育应是德智体美劳全面培养的体系，劳动教育应采取适应当前环境条件的措施开展起来。总书记讲，劳动崇高，劳动伟大，劳动光荣，劳动幸福。总之，我们的世界是全面发展的世界，我们的教育是为全面发展服务的教育，我们教育的成果是全面发展的建设者和接班人，从这个角度讲，没有教育的全面发展就没有事业的全面发展。

第三，全民的事业。我们的事业是全民的事业。十月革命一声炮响，给中国送来了马克思列宁主义。我们以前只是从“为我们指明解放的道路，提供指导思想，提供科学理论”的角度来理解这一历史性事件。其中还有一点很重要，我们党所作出的贡献：我们党开启了马克思主义与中国实际相结合的道路，为世界共产主义提供了马克思主义民族化、中国化的东方样本。“民族化”这一命题是列宁在世时提出来的，马克思主义和东方各国不能民族化、不能和各国实际结合是不能发挥作用的。除了开启这样一个历史进程外，在马克思在世时，我们讲的更多的是无产阶级，从阶级层面来讲我们的事业。马克思主义进入中国以后，我们也这样讲过，但更多的是讲人民的事业，把共产主义事业视作人民的事业。所以，我们党所领导的事业是一个全民的事业。我国是工人阶级领导的、以工农联盟为基础的人民民主专政的社会主义国家。我们的教育是一个全民的教育，是人民的教育，以人民为中心，这是和过去旧式教育完全不同的。正因为是这样的教育，我们的教育方针才有劳动者和建设者这样的目标导向。从这个角度讲，立德树人就是要提高国民素质，通过现在的老师培养未来的老师，通过现在的知识分子培养未来的知识分子，通过服务于现在的人民来影响服务于未来的人民，从这个角度讲立德树人意义十分重大，是全民的事业。

第四，全程的事业。我们的事业是要经过一代又一代人的接力团结，接续奋斗，向着既定目标前进。西方讲罗马不是一天建成的，我们讲共产主义要经过十几代、几十代、上百代人的努力奋斗才能实现。接续努力是我们事业的显著特征，在每一个发展过程中，每一个发展阶段，我们都将面临特殊的问题、特殊的挑战、特殊的矛盾、特殊的历史任务，需要我们培养与之相适应的、为之奋斗的建设者和接班人。这是一个自然历史过程，需要接续奋斗下去，指导接续奋斗过程的就是立德树人这个规律。全过程，分阶段，接续奋斗，为这个历史进程服务，就是我们教育人的根本任务。

第五，全历史的事业。我们进行的事业是一个全历史的事业。所谓全历史的事业，就是说以马克思主义为指导，走中国特色社会主义道路，把继承人类的、本民族的、各个历史阶段的优秀文化作为己任，把创造新的文化以及发展民族的文化作为自己的本职任务，把借鉴世界上一切民族、一切国家的先进经验，一切历史过程中积累下来的经验作为自己的本职工作，这是很重要的。我们尊重一切历史过程，同时对一切历史过程作出马克思主义的判断，以此来推动历史进程。这就是说，人类有史以来文明发展的成果都是我们教育的优秀资源，是全部的历史，不是部分的历史。这一点，对立德树人具有根本性的支撑作用。

第六，全党的事业。我们所进行的事业是全党的事业。中国特色社会主义是全党努力探索的结果，不是哪个人的发明创造，是全党的事业。作为执政党，现在执政、持续执政和长期执政，是我们的基本目标。为此我们重视探讨人类进步问题，特别强调把握正确的办学方向，把握教育的社会主义方向，就是因为我们从事的事业是全党的事业。培养建设者和接班人对事业具有决定性，只有接续不断地培养建设者和接班人，我们才能当下执政、持续执政、长期执政，这就是建设者和接班人重要议题——立德树人。

围绕我们的事业，围绕立德树人，从六个角度来把握它，整合起来就可以知道立德树人是一个创新的事业，具有非常重要的意义，肩负着光荣使命。

三、落实立德树人要把握好几个方面

总结我们这些年的经验教训，落实立德树人根本任务要把握好以下几个方面。

第一，把握规律。有三个层次的规律要把握。鉴于我们的教育事业不同于当今世界其他国家的教育，不同于中国历史上曾经出现过的多种形态的教育，具有极大的探索性的特征、实践性的品格和不确定性的内容，把握规律非常重要。第一个层次的规律，就是要把握人类社会发展的规律、社会主义建设的规律、共产党执政的规律。要持续不断地进行三大规律的探索，这是由我们事业的特殊性决定的。第二个层次的规律，就是和育人相关的规律，就是我们通常讲的教育发展规律、人才成长规律。这两个规律属于一般规律。第三个层次的规律，就是和学生成长关系密切的规律，尤其是那些能够体现学生心理、智力成长和发育的规律。我们对这个层次的规律探索得比较少，要好好探讨。每个历史阶段，学生身体、心理发育的规律是不一样的。每个特殊阶段都要探索规律的阶段性的实现形式。立德树人要把握好这三个层次的规律。我们一定要有规律意识，要加强研究。作为社会主义政治家，要对三大规律了然于胸。作为社会主义教育家，对第二和第三层次的规律要熟练运用。

第二，把握方向。方向是根本性的，主要是指教育的社会主义性质，是教育的政治要求。要牢牢把握好我们教育的社会主义本质、办学的政治方向、育人的正确方向。我们今天讲的不能犯颠覆性的错误，主要讲的是政治方向。教育不能犯颠覆性的错误，否则会给党和国家事业带来不可挽回的损失。熟悉历史，对把握正确的政治方向非常重要。从某种意义上讲，社会主义大学的管理，方向管理位列第一。手握方向盘，一脚踩油门，一脚踩刹车，协调动作，开着学校“那辆车”稳步前进。所以，把方向非常重要。总书记5月2日在北京大学的重要讲话，提的第一个要求就是把方向。

第三，把握立场。落实以人民为中心的发展思想，也就是人民立场。今天我们理解人民立场，要更多地从历史辩证的角度去把握。要了解人民群众的教育需求、各种诉求、各种愿望。我们一定要忠于人民，从人民最关心最关注最关切的问题做起，从人民的长远利益根本利益来考虑。要尊重民意，绝不民粹。我们需要进行马克思主义人民观的教育，深刻理解马克思主义人民观的本质内涵，不要错把民粹当民意，不要错把局部当整体。我们办的是人民教育，人民立场非常重要。社会主要矛盾变化之后，怎么解决不平衡不充分的问题，满足人民群众日益增长的教育需求，是我们的主要课题。在满足这个需求的历史进程中，我们经常会承受各种压力，并随时受到各种干扰。人民立场是中国教育的本色，我们一定要努力。

第四，把握主体。要从主体的角度看立德树人。落实立德树人，主体是什么？就是教师。教育事业的主体是教师，中心是学生。落实立德树人根本任务，根本的根本就是要加强教师队伍建设。要培养可靠的建设者和合格的接班人，首先要培养合格可靠的教师队伍。这样一支教师队伍对落实立德树人根本任务具有决定性意义。总书记指出，一个人遇到好老师是人生的幸运。一个人在学校里学习，将来走向社会，在某一岗位上承担某一方面的工作，当他作出决策，特别是开创性的决策的时候，实际上他常常受到学生时代某一个特定时点上所形成的一些想法的影响。这就是说，学生时代的一个老师，某一次成功的授课，或者不成功的授课，像蝴蝶效应一样，可能决定或影响学生在今后岁月里某个时段的选择和决策。教师的作用真的非常重要。

第五，把握体系。从体系的角度讲，落实立德树人，必须建立科学的人才培养体系。这也是总书记5月2日在北大的重要讲话中提出的。总书记提出，人才培养体系涉及学科体系、教学体系、教材体系、管理体系等，而贯穿其中的是思想政治工作体系。不管是什么体系，都是围绕人来进行的。第一类人，是现在的知识分子；第二类人，是未来的知识分子。教育，就是用现在的知识分子培养未来的知识分子。所以，新时代的知识分子工作十分重要。这个体系，就是培养知识分子，培养人才。进一步概括，所有的教育，都是“人学”，是“人”的教育，和人有关。一是教育和“人口”有关。人人都有受教育的权利，它关乎公平。二是教育和“人手”有关。受教育后得动手，得学习技能。实践能力非常重要。三是教育和“人心”有关。人心，是一个伦理范畴。教育要引导人心向善。四是教育和“人体”有关。要让学生健康，必须加强体育。五是教育和“人脑”有关。智力发育，特别是3—6岁小孩大脑的发育，决定他的一生。在其他条件不变的情况下，教育一个人，从人脑的角度，就是把他的大脑开发出来。开发人脑，这就是智力。六是教育和“人生”有关。学生是社会的人，要教会学生正确处理各种关系。七是教育和“人人”有关。要处理人和人的关系。在学校里面他得处理同学和同学之间的关系，和老师的关系，和家长的关系，尤其要处理好和邻桌的关系。

第六，把握生态。教育秩序、教育生态非常重要。一个尊师重教的民族，发展到今天，教师们如果感到不受尊重了，是可悲的。教育质量是尊重出来的，不是谁创造出来的。全社会尊师重教，一定有高质量的教育。没有好的教育生态、教育秩序，就不会有好的教育。教育生态的作用，就是给教师创造舒心的教书育人环境，这就是尊师重教的要义所在。教书育人是受人尊敬的工作，是阳光下最光荣的事业，千万不要让教书育人变成良心活，那是没有希望的。我们不要小看教育生态的维护和治理，它关系民族的兴衰成败。我们都需要多做维护、改善教育生态的事情。解决好了，教育生态会有很大的改善。

四、落实立德树人根本任务需要关注解决几个问题

第一，教育秩序有点乱。改革开放以来我们的教育是在新旧体制的转换过程中走过来的，其间我们曾经出现过一些失误，走过一些弯路。教育方面的失误、弯路给我们留下很深的印象，需要很长时间才能修

复。今天我们面临的教育秩序方面的痛点，很多都和这些失误、弯路有关，具有新旧体制转换的显著特征。比如说，全社会关注的减负问题。大量的培训机构在逐利动机的推动下，超纲教学、超前教育，基础教育的秩序由此被打乱了，而且形成了压力转换、负担转换的链条。各个学段都受到了影响，包括高等教育阶段。现在我们从高考制度改革，从指挥棒开始解决这个问题。

第二，教育模式有点杂。今天中国的学生，从基础教育到高等教育，各种模式都在极力地表现自己。在这些众多的模式中，符合立德树人要求的究竟有多少？这个需要很好地解决。目前，我们的教育模式有很多，包括国际化办学带来的模式、民办教育带来的模式、体制内这样那样的模式、并校之后带来的模式等。我们有的学校现在有八九个校区，书记、校长管得过来吗？在国外，分校是独立法人，就是一个独立的实体，而我们的校区不具有这样的性质。这又是一个现在比较普遍的模式。各个学段都有这样的模式。我们允许试点、允许探索，但是根本的东西不能忘了，要立德树人。各种模式的探讨、探索都要服从于、服务于立德树人根本任务。

第三，思维有点偏。所谓思维有点偏，形象地说就两句话：向西看齐、向后看齐。我想至少这两点思维是有点偏的。现在评论、分析中国的教育问题，在一些地方要么就是西方标准，要么就是传统标准，这都是不对的，都是需要我们高度重视的。尤其是在高校，我们现在的人员结构发生了极大变化。今天我们的教师结构，和以前比不可同日而语。古今中外、上下左右这个关系我们现在都是有偏差的。

第四，方法有点旧。信息化时代、人工智能时代，教育的条件发生了很大的变化，学科专业的分化、重组，生命周期越来越短。而我们“一本书主义”“一堂课主义”还在实行。方法有点旧，也包括思想政治工作方法。陈旧的思想方法会造成许多思想波动，刺激许多不应该发生的事情发生，尤其在敏感时期。有这样一个观点，认为科学技术发展到今天，人是起决定性作用的，而不是工具。西方科技的发展、经济的发展是工具决定论，这种观点有些偏颇。但是今天如果把工具当方法来看，人家的工具在不断地更新，我们却在守旧，这个差距就大了。我们应该同时关注人和工具的变更。马克思实际上也有这样的思想，特别重视工具的作用，但是更重视人本身的作用。在教育中，我们要重视人本身的作用，但是方法的作用也需要高度重视。现在方法有点陈旧，直接影响教育教学质量，这样不行。

第五，能力有点弱。立德树人能力有点弱，这既体现在我们的师资队伍体系建设上，也体现在我们的教材体系建设上，还体现在我们的管理体系建设上。特别是在事关国家长远发展的战略问题上，我们的理论还很薄弱。这一次中美贸易摩擦给了我们深刻的教训，要警醒！这就是“灰犀牛”。有些关键技术我们解决不了。我最关心的还是育人能力。育人的能力薄弱，怎么育得出人来？

第六，标准有点低。现在教育战线虽然推出了“双一流”建设的目标，但是总的感觉，我们给自己定的目标趋同的多，大体差不多的多，精准的目标较少。从目标的角度来讲，标准比较低。

落实立德树人根本任务，这六个问题需要深思并解决好。秩序有点乱，这关系到我们怎样生活、学习、教学，是我们育人的客观环境。模式有点杂，让我们看得眼花缭乱，无所适从，影响我们的选择，以至于有些人患上了选择强迫症。思维有点偏，这关系到我们的方向，关系到我们教育的政治建设问题。方法有点旧，关系到我们的质量，关系到我们的核心竞争力。能力有点弱，这也与核心竞争力有关。标准有点低，需要高度重视，需要高标准地要求自己。落实立德树人根本任务，不能差不多，也不能过得去就行，必须精准，必须高标准严要求。这是我们教育人要回答的时代课题，也是党中央交给我们的光荣任务、总书记的殷切嘱托。

怎样理解教育现代化，如何加快推进教育现代化*

教育现代化是我们要实现的奋斗目标。深入学习贯彻习近平总书记系列重要讲话精神，切实加快推进教育现代化，需要我们深入理解教育现代化，了解我们国家教育现代化的进展情况，知道我们怎样走到这一步，思考我们应该怎么走好这一步。

一

讲教育现代化，可以先从现代化说起。现代化是一个西方概念，是工业革命以后逐步形成的，是在工业化、城市化、市场化向全球扩展过程中产生的。52年前，全国人大第一次提出现代化是“工业、农业、国防”三个现代化。42年前，又产生了经典的“四个现代化”提法，即“工业、农业、国防、科学技术现代化”。我们可以看到，从“三个现代化”到“四个现代化”，都没有教育现代化。教育现代化的提出实际上体现了我们党对现代化发展规律认识上的深化。改革开放以后，1983年，邓小平同志对我国教育发展提出“三个面向”，即教育要面向现代化、面向世界、面向未来。此时还不是一个准确的定义。1993年颁布的《中国教育改革发展纲要》第一次提出“经过几十年的努力，基本实现教育现代化”。2010年颁布的《国家中长期教育改革和发展规划纲要（2010—2020年）》明确提出“到2020年基本实现教育现代化”。党的十八大也是这样的提法。大家可以看到，教育现代化与我国现代化

* 在哲学社会科学教学科研骨干研修班上的报告，2016年9月2日，北京。

建设的历史进程是一致的，同中国特色社会主义完善和发展的历史进程是一致的，也同我们党治国理政不断深化的历史进程是一致的。这就是教育现代化历史发展的一个大致过程。

二

党的十八大确认的“到2020年基本实现教育现代化”目标，我们是可以实现的。主要判断标准有以下几个方面。

第一，要看人民受教育的权利能不能得到基本保障。现在全国有50.2万所各类教育机构。学前教育22.37万所；义务教育24.29万所，其中，小学19.05万所，初中5.24万所；高中阶段教育共有学校2.49万所（包括普通高中、成人高中和职业中学）；高等教育院校2 852所，其中，普通高等学校2 560所，成人高校292所，普通高校中本科院校和高职（专科）院校大体上是1∶1的比例。从总量上讲，在校学生总规模达到2.7亿人，其中义务教育阶段在校生1.4亿人，各类高等教育在学总规模达到3 647万人。普及程度是衡量教育现代化的最基本的标准。从普及程度来看，2015年，我国学前教育毛入园率是75%，达到了中高收入国家的水平；小学学龄儿童净入学率是99.88%，九年义务教育巩固率是93%，超过高收入国家的平均水平；高中教育毛入学率是87%，超过了中高收入国家的平均水平；高等教育毛入学率是40%，超过了中高收入国家的平均水平；截至2015年底，我们有千万家庭有了第一代大学生；硕士研究生教育覆盖了56个民族。

第二，要看现代教育体系是不是基本建成。经过多年努力，我们总体上是在借鉴国外的基础上基本建成了现代教育体系。回顾历史，中国有自己的教育思想资源和教育发展历程。大体上说，在孔子之前，我国教育主要是官办精英教育。孔子开创了民间教育的先河，由他开始，中国有了平民教育。汉朝对学科、课程、教材进行了统一。而魏晋南北朝时期，大贵族重新垄断了教育。唐朝以后，在汉代办学的体制上，平民教育有所恢复和发展。从宋朝开始，书院传统得以兴起。过去我们的职业教育方面，例如孔子时期六艺里的“御”“射”等，都是学徒制，并且在一定框架下发展。回顾历史，我国没有现代教育的传统。在这之后我们的现代教育之路也是很曲折的。总体来看，中国的现代教育发展主要有四个阶段：一是洋务运动，一批留学欧美的学生带回来许多自然科学知识；二是甲午中日战争之后，大量留日学生从日本带回来许多知识；三是新中国成立后学苏联；四是改革开放之后，我们开始探索一条独特的教育发展之路，一直到今天。现代教育进一步发展，我们已经建成了学前教育、初等教育、中等教育、高等教育、成人教育等配套的教育体系。各种教育的比例关系体现了教育发展的规律、体现了教育供给和教育需求相适应的关系。从横向来看，我们的职前教育、职后教育、普通教育、职业教育、公办教育、民办教育、出国留学、成人教育、特殊教育、民族教育等相互衔接，覆盖了方方面面，现代教育体系基本形成。目前来看，在世界范围内，我们是学科和门类最全面的国家之一。

第三，要看投入能不能支撑基本实现教育现代化。在教育投入方面，1993年中共中央、国务院发布的《中国教育改革和发展纲要》提出，国家财政性教育经费支出占国内生产总值的比例要达到4%。但这个指标，很长时间没有达到，长期在2%徘徊；2012年第一次达到了4%。从那以后，我们的教育投入有三个特点：一是在经济下行压力持续加大的情况下，党中央、国务院下最大的决心，表示用于教育的投入只能增加，不能减少，这就为教育投入的稳定增长提供了坚强保证；二是稳定地站在了4%以上；三是每年以2 000亿元的幅度增长。这样的投入在历史上是从来没有过的，在世界上也是居于前列的。

第四，要看教育系统的产出能力。教育系统的产出能力主要包括人才培养能力、科研能力、成果产出和自我发展的能力。从职业教育来说，改革开放之后我们有了很大发展。今天新发展的产业，如高铁、电商等，70%以上的新兴劳动力是职业院校提供的。从普通高等教育来讲，改革开放以来，2.7亿人接受了高等教育和职业教育，这是一个庞大的知识大军。我们每年有700万左右的大学毕业生。这仅仅是指高校，如果再加上高职、中职，每年有1 200万毕业生，硕士研究生每年毕业50多万。成果产出方面，我说两个数据。一是重大科研项目和国家科技三大奖的获得情况。高校承接了80%的国家自然科学基金项目和70%的“973”“863”重大项目，其中100多所高校独立完成的重大项目占据了53%以上。2015年国家科技三大奖获奖数，高校占75%。二是专利获得情况。高校申请的专利以每年20%的速率递增，增长幅度是非常大的。另外，大部分的人文学科知识分子、教师、科研人员和自然科学教学科研工作者在高校任职。

第五，要看教育系统的国际影响力。一是发展速度。这方面影响力很大，例如，高等教育毛入学率在过去的十年时间里，由20%增长到了40%，十年时间翻了一番，放在世界教育史上是没有过的。基础教育的毛入学率从80%到全部普及也用了十几年的时间，这在世界教育史上也是没有过的。许多国家对中国教育的飞速发展钦佩不已。二是国际合作。现在有来自200多个国家和地区的约40万留学生在我国学习。我们现在每年和国外合作的教育谈判，对方就提三条要求：增加留学生，扩大在华留学规模；提供中国奖学金；提供汉语教师。在国际合作方面，我们现在建立了几个人文交流机制。我们国家对外人文交流由教育部统筹，人文交流办公室就设在教育部，联合国教科文组织在中国的办事机构也设在教育部。另外，我们现在在国外建设了500多所孔子学院，1 000多个孔子课堂。在这些方面，国际合作大有作为。三是多边合作。比如与东盟、欧盟，我们每年都有很多教育方面的合作会议，每年推进一些特定工作。这几年包括职业教育大会、语言大会、教育信息化大会等，都在中国举办。这在以前是没有的。四是办学质量。国际经济合作与发展组织测验学生能力的一个比赛，叫国际学生评估项目，上海学生连续两年获得第一。在四大世界大学排行榜上，中国大学由原来的榜上无名到榜上有名，这几年实现了数量增多，名次提升，整体前移。

第六，要看是否找到了一条适合我国国情的教育发展道路。经过这些年的努力，应当说，我们现在已经找到了中国特色的教育发展之路。从党的教育方针，到教育的根本任务，到推动教育的载体平台、主要政策措施、事关教育发展的体制机制，我们已经形成了一套有中国特色的教育体系。而且，这条道路在国际上已经产生了影响力。到党的十八大，我们总结过去，借鉴别国经验，形成了一个完整的体系，就是教育要为社会主义现代化建设服务，为人民服务，把立德树人作为教育的根本任务，全面实施素质教育，培养德智体美全面发展的社会主义建设者和接班人，办好人民满意的教育。党的十八大以后，习近平总书记在多种场合对教育发表了非常生动的重要讲话。比如，对学生培养，他提出要加强社会主义核心价值观教育，推动学生社会主义核心价值观养成；对教师提出要做“有理想信念、有道德情操、有扎实学识、有仁爱之心”的“四有”教师；对学校提出要“坚持立德树人，坚持服务国家，坚持改革创新，坚持正确方向”，办中国特色社会主义大学，要扎根中国大地办大学。到现在，我们已经形成了一套系统的适合中国国情的办教育的路子，它已经成为中国特色社会主义理论体系的组成部分，成为中国特色社会主义道路的重要组成部分。所以今天讲教育，已经不同于十几年前，我们已经有一套属于自己的东西，这里就有一个自信的问题。习近平总书记曾经讲过“教育自信”这个概念，教育自信实际上是包含在文化自信中的。文化自信更基础、更广泛、更深厚，我觉得这几点完全适用于教育自信。更基础，因为它关系到人的现代化、人的全面发展；更广泛，因为它能覆盖方方面面、各个环节；更深厚，因为它能深入人的灵魂，关系到一个国家的综合国力、国际竞争力，关系到文明的传承，关系到一个民族血脉的延伸。

所以，从这些角度讲，我们评估，到2020年，《国家中长期教育改革和发展规划纲要（2010—2020年）》确定的、党的十八大确认的“基本实现教育现代化”的目标完全能够达到。

三

推动实现教育现代化这一目标，我们该怎么走？怎样走好这一步？教育部最近在研究制定的《中国教育发展“十三五”规划纲要》，概括起来说，就是一个“基本实现教育现代化，决战决胜”的规划。我们设定了三项基本目标。第一，确保如期基本实现教育现代化。第二，教育公共资源体系建设，公共资源均等化水平显著提高。教育现代化基本实现是一个全面反映教育状态的指标，是一个综合指标、状态指标。教育资源体系基本建成、教育资源服务均等化显著提高是涉及公平、涉及体制的。第三，保障劳动年龄人口的受教育权。规划中设定，劳动年龄人口平均受教育年限由2015年的10.23年提高到2020年的10.8年。这个指标非常过硬，是国际通用的指标，提高零点几都是非常难的。和这三个基本指标配套的，我们还设定了一些约束指标。第一，学前儿童入园率。规划提出，学前三年儿童毛入园率由现在的75%提高到85%。为了提高学前儿童入园率，国务院曾经发过一个文件。2010年，教育部根据国务院要求，制订实施了两个三年行动计划。现在我们的毛入园率达到了75%，就是这两个行动计划强力推进的结果。教育部正在制订第三个行动计划，就是要确保毛入园率由75%提高到85%。第二，义务教育巩固率。因为现在义务教育普及了，所以我们讲巩固率要由93%提高到95%，形象的说法就是义务教育阶段几乎没有辍学者。第三，高中阶段和高等教育阶段毛入学率。高中阶段毛入学率由现在的87%提高到90%以上。这个指标提高到90%以上，意味着中国劳动力的大部分能接受高中以上教育。这里面还内含着另一个子系统，就是普通高中和职业高中的比例关系怎么处理。我们设立一个指标，叫作“普职比”。大体比例按1∶1来设立，现在普通高中略高一点，未来要严格遵循1∶1这个底线，不能下降。高等教育毛入学率由现在的40%提高到50%，远远超过高收入国家的水平。50%的指标意味着适龄青年（18—22岁）中，有一半以上可以接受高等教育。这就是我们确保基本实现教育现代化的核心指标，也是我们“十三五”时期要为之奋斗的目标。

当然，要达到这几个指标，如期基本实现教育现代化，难度非常大。这是因为我国教育发展的形势和格局已经发生了历史性变化。过去，教育资源严重供不应求。现在我们的教育已经跨过了数量型发展阶段，进入“以促进公平，优化结构，提高质量”为核心的发展阶段。人民群众对教育需求的重点变了，内容变了。过去只要有学上就行。这种需求和我们20世纪80年代解决温饱的需求相一致。现在老百姓对教育的需求是质量需求。解决了有学上的需求之后，还要上好学。由有学上到上好学，这是一个历史性跨越。今天老百姓的教育需求集中起来是两点：公平需求和质量需求。其中，公平需求更多集中在基础教育，质量需求更多集中在高中阶段和高等教育。供求关系变了，矛盾随之发生了很大变化。国家对教育在产业发展方面、结构发展方面的要求也非常高。教育的特点是相对稳定。我们教的内容叫知识，不叫智慧，知识只有相对稳定才能形成体系，才能传授。知识如果经常变化，就没法传授。智慧体现在知识中、体现在方法中，这是不一样的。教育从内容上来讲就是要相对稳定。现在课程的生命周期缩短了，科技日新月异，课程的更新率也提高了。但总的来说，它是相对稳定的。教学方式、教学体制、课程设计、学科建设也都相对稳定。但是在网络时代、信息化时代，经济和社会发展变化很快，在结构上给教育提出了新要求，所以产生了适应性问题。公平性问题、质量性问题、适应性问题，是当前教育面临的三大问题。破解这三大问题，要求必须全面深化教育综合改革。只有在体制上、理念上解决问题，我们才能确保教育持续健康发展。现在供求关系、竞争环境发生了很大改变，实现这一目标的难度很大。

今天中国的教育和中国的科技文化、经济一样，正大踏步地走向世界。在这种情况下，对我国教育的国际竞争力、对加强教育国际交流合作的要求非常高。而在这方面，我们尚缺乏人才、缺乏办法，有待进一步适应。就中国教育的竞争格局来说，我们已经是一个国际坐标了，但是我们的工作、水平还有差距。现在的竞争相当激烈，我们做什么，别人也在跟着做什么。面对激烈的国际竞争，我们应当有所为有所不为，我们“有所为”的一定是要超越别人，而且别人代替不了的，以此提高我们的国际竞争力。

四

习近平总书记讲社会主义核心价值观、“四有”教师和“四个坚持”，已经把教育的评价标准讲得很清楚了。我今天重点说说老百姓的评价标准。第一，差异化。过去大家生活水平都差不多，社会地位都差不多，大家就特定事物容易达成共识。那时教育的社会舆论是块状结构。随着社会的发展，特别是随着城市化的推进，人民群众对教育的评价标准发生了变化，差异化很明显，可以叫碎片化结构。一人一个模式，一人一个说法，谁都可以评论教育。第二，家庭结构。今天的中国家庭，由上过学的、正在上学的和将要上学的三种人组成。这样一种结构，导致评价标准差异很大，这已经成为今天的一个很大命题。人民群众对教育有这样那样的评论，对教育事业的发展来说是好事。一方面，我认为这是教育发展的结果。过去他们不会说，但今天他会从维护受教育者的权利说起，从教育质量说起，从师德师风说起，从孩子的安全说起。这是我们教育发展的成果，是我们教会他说了，我们为此感到自豪。另一方面，这种评说是教育发展的动力，不是阻力。这是人民群众对教育发展的新期待，只是这种新期待多样化，是我们进一步发展的动力。第三，人民群众的信任。因为信任，群众希望我们能发展得好一些，所以人民群众对教育的议论很多。这意味着，民主制在教育系统充分体现出来了。所以需要依靠人民，发展中国教育。

总之，我们面临的形势还是很严峻的。要实现教育现代化，任务非常艰巨，是有困难的。这种困难，从源头上去看，主要是教育服务的对象发生了很大变化：一是人类有史以来最大的独生子女群。独生子女的教育和多生子女的教育模式是不一样的，所需要的条件也是不一样的。今天教育发生的许多问题，都有独特的历史背景关系。二是人类历史上至少是中国历史上最大的留守儿童群。随着城镇化的推进，当前义务教育阶段在校生中，进城务工人员随迁子女1 367.10万人，其中1 013.56万在小学，353.54万在初中。还有2 000多万留守儿童，1 383.66万在小学，635.57万在初中。这两部分，一部分随着父母进了城。经过这些年的努力，我们现在实现了让这些孩子在当地参加高考。还有一部分，留守儿童的教育也是一个新问题。人口结构发生变化，家庭结构发生变化，家长和孩子的关系也在发生变化。家长和孩子情感传递的方式变了，行为影响的方式变了，信息传播的方式变了，最终影响了孩子的发育和成长。三是几亿农民进城，这是人类历史上最大规模的新迁移人口。这与改革开放以来规模最大、速度最快的工业化、城镇化相一致。过去我们教育不发达，他们没受过基础教育。20世纪80年代扫盲的时候，他们就是扫盲的对象。这给我们教育系统提出了很多问题，提出了严峻挑战。我觉得他们是我们发展教育特别是职业教育要高度关注的一个群体。四是当今世界上规模最大的网民群体。网民主力军有两个：一个是现在的在校学生和即将上学的孩子。今天的孩子，超越他们的家长，率先进入信息化社会、网络时代。还有一个就是各种漂泊的人们，白天打拼，晚上上网。这也是我们教育面对的主要群体。五是当今世界规模最大、年龄各异的留学生群体。这个对教育的影响主要是一个示范作用问题，是一个特殊历史现象，再进一步发展热度会降下来，回归到教育交流的正常状态。所以从本源上分析，我们面临的特殊群体以及可能产生的问题就是这些。

五

面对以上情况，我就“十三五”时期重点要做的工作简要谈一下想法。

第一项工作，社会主义核心价值观教育。坚持正确的办学方向，深入开展社会主义核心价值观教育。这是一个塑造灵魂的工程，要从教学抓起。教师抓示范，学生抓养成。所以，教师抓示范，讲求“身教”；学生抓养成，核心价值观关键在“养成”。加起来是一项塑魂工程。同时，贯彻落实好总书记系列重要讲话精神，办好人民满意的教育，贯彻落实好党的教育方针。

第二项工作，学前儿童入园率。学前儿童毛入园率要达到85%。要组织好第三个三年行动计划，重点抓好中西部地区、民族地区、边远山区、城市的新建社区（很多新建社区没有幼儿园）。从结构上看，主要抓普惠性幼儿园。我们实施了两个三年行动计划，现在入园率达到了75%，但是普惠性幼儿园的占比还比较低。普惠性幼儿园属于教育公共资源均等化范畴，我们要求至少一个镇要办一所以上公立幼儿园。现在民办教育发展很快，民办学校大体上有16.27万所，其中14.64万所是幼儿园，可见民办教育主要集中在幼儿园。因此，在充分发挥社会力量办幼儿园的同时，要加大公共投入，提高普惠性幼儿园所占比例，促进教育资源、教育公共服务均等化。城市新建社区幼儿园比较少，我们将在增加公共投入的基础上，逐步规范改善幼儿园管理、收费、办学标准、体制等问题。

第三项工作，基础教育。基础教育突出抓质量，重点仍然是在中西部地区、贫困地区、农村地区。留守儿童的重点问题在大班额；择校热，各方面的反应都非常强烈。大班额和城镇化密切相关，随着城镇化推进，逐步会得到解决。择校热和教育资源均衡配置关系密切。缓解这些重点问题，需要在城镇化过程中筹划好。所以“十三五”期间我们要加大探索力量，加大改革力度。我们用的词是“缓解”，因为这个需求是多样化的。高中阶段的教育，主要抓好质量，抓好“指挥棒”，“系好第一粒扣子”。所谓抓好“指挥棒”，就是抓好考试这个龙头。考试招生制度改革目前在上海市、浙江省进行试点。高校综合改革在北京大学、清华大学进行试点。综合改革主要是高中阶段，这个问题的解决有赖于招生制度改革。还要增大学生选择空间，让学生们能够“系好第一粒扣子”。“第一粒扣子”在高中系好了，以后就好办了。职业教育面临着一手抓发展、一手抓提高的双重任务。职业教育面临着两个障碍：一是随着我国进入老龄化社会，人口结构调整，生源出现了下降趋势；二是传统教育理念有障碍，中国的家长大多希望自己的孩子做劳心者，不要做劳力者。在这样一种教学和教育理念下，中国家长希望自己的子女上普通高中、普通高校，看不起职业教育。当然，职业教育质量确实存在有待提高的问题，所以现在倡导工匠精神。“十三五”时期，我们对职业教育（包括高职和中职）要下很大功夫。现在中职和高职已在高中和高校阶段各占半壁江山，一是抓发展，二是抓提高。提高包括两个方面：一方面是结构优化；另一方面是教学质量提高，教学质量提高主要是适应经济社会发展需要。以需求为导向，根据“出口”调节“进口”，用需求来矫正供给。有人说，我们的职业教育就是要培养“爱迪生”，我们的普通高等教育就是要培养“爱因斯坦”。我认为不尽然。搞科研的同志都知道，我们有基础研究和应用基础研究。爱因斯坦从事的是基础研究，我们目前的基础研究和世界先进水平差距还是比较大的；爱迪生从事的是应用基础研究。应用研究，我们还得再找一个代表人物——鲁班。我们既要培养“爱因斯坦”，又要培养“爱迪生”，还要培养“鲁班”。所以，在这方面我们要下大功夫。

第四项工作，高等教育。一是要促使普通高校向应用型转型。目前，地方高校都想发展成为综合性大学，患上了“大学综合征”。我们主张地方高校要适应当地经济社会发展的需要，为当地经济社会发展培养人才。这是一个战略转移。发展应用型大学，现在有部分学校正在进行试点，进展情况良好。我们要在政策方面给予指导，在投入方面给予扶持，帮它们发展成为应用型大学。二是大家普遍关心的“双一流”建设。国务院已经发布了实施方案，教育部正在制定“双一流”工作方案。我们制定了“三步跳”的规划。根据评估结果，到2020年，有部分学校或学科可以进入世界一流行列。进入世界前列的路还很长，是一个新的征程。总的来说是要建设中国特色一流大学，特色的才是世界的。这一套东西现在各方面积极性很高，争议也比较大，我们要平稳过渡，把这件事引向正确的轨道。

第五项工作，切实加强党对教育事业的领导。要全面贯彻落实党的教育方针。在教育方针这个问题上，我们任何时候都不能出现偏颇，要全面贯彻。在教育目标方面，办好人民满意的教育，为社会主义现代化建设服务，为人民服务。“两个服务”一个都不能少。在教育的根本任务方面，要全面发展素质教育，培养德智体美全面发展的社会主义事业接班人和建设者。要全面贯彻，单独强调某一个方面都会出现偏颇。要学习贯彻习近平总书记系列重要讲话精神，将此作为我们长期的政治任务。要抓好学校党组织建设和领导班子建设。要抓好意识形态工作，意识形态工作最重要的是导向和政治责任。教育具有上层建筑的性质，是意识形态的重要阵地。

凝心聚力推动教育现代化*

今天这个会议叫咨询会，需要表态，需要答疑，借这个机会就教育系统的一些重要工作谈几点意见，希望给大家提供一些咨询。

一、学习贯彻党的十九大精神要往深里做

党的十九大闭幕之后，教育部就学习贯彻落实党的十九大精神，以“奋进之笔”行动为主题作了全面部署。这一段时间全战线学习贯彻党的十九大精神的热潮一浪高过一浪，在社会上引起了巨大的反响，各方面都给予了好评。下一步要往深处走，就是说在前一段工作的基础上，把这项首要的政治任务做得更实在一些，效果更好一些。

要大剂量灌输，形成规模效应。这是往深里走的一个量的要求。规模要大，剂量要大，这是我们占领阵地、武装头脑、教育学生、推动工作的重要方面。

要往精准里做。所谓精准，就是要全面、准确、科学地学习、理解习近平新时代中国特色社会主义思想的核心要义、本质特征、历史地位。在全面科学中做到精准，无论是教学、研究、阐释都要按这个标准来做。前面大剂量灌输是量的要求，这是质的要求。

要融合式贯彻。融合式贯彻就是说各个学科都有深刻学习领会党的十九大精神，学习领会习近平新时代中国特色社会主义思想，学习领会习近平关于教育工作的重要论述的任务。要融合进去，不是面包上面抹

* 在直属高校第27次咨询会上的讲话，2017年12月23日，北京。

一层蜂蜜，不是包包子，要融合到一起。融合式，主体是思政课，要有系统的考虑，其他学科要从专业的角度，缺什么学什么，和学科结合起来，用于指导工作。

要深层次结合。我们要把党的十九大精神，要把习近平总书记关于教育的重要论述和我们正在做的事、我们将要做的事、巡视整改工作深层次结合起来。深层次结合是我们经常要做的事，应该成为高校领导干部的基本功，成为高校领导班子的基本任务。

二、高质量发展要有所突破

党的十八大以来，我国高等教育事业发展提出一个战略任务——推进内涵式发展，党的十九大提出要实现内涵式发展。一个叫“推进”，一个叫“实现”，这是同我们国家经济发展方式的转变相适应的。中央经济工作会议提出，我们国家的经济实现由高速增长向高质量发展的转变，这是一个根本的战略转变。这意味着我们的教育，特别是高等教育也要由大规模扩张、高速度增长转向高质量发展。高质量发展是我们推进教育现代化、建设教育强国的纲，高等教育发展要牢牢把握住高质量发展这个纲。抓住这个纲，明年要集中精力在三个方面下功夫，争取有所突破。我不能说当年我们都能突破，因为教育是慢变量，要多讲成长少讲突破，但是成长到一定阶段，突破是存在的，是可以的。所以明年要做以下三件事。

一是规则清理。要清理截至目前高等教育发展和理念、思路有关的规则体系，形成能够体现中央精神、能够体现各个学校特色的高质量发展的规则体系。这是一次思想解放。清理规则就是思想解放。新的规则怎么定？可以按照“四个回归”，即回归常识、回归本分、回归初心、回归梦想的要求去办。

二是流程再造。要按照党的十九大精神，按照高质量发展的要求、内涵式发展的要求，确定各方面工作的基本流程。没有流程的保证，质量是不可能提高的。规则解决理念问题，流程解决操作问题。

三是标准建设。没有标准就没有质量。高质量发展是一次革命，是一项艰苦的事业，是一个历史过程，要按照一定的标准去办、去推进。要从中国实际出发，借鉴世界各国发展高等教育成功的做法，形成我们自己的有中国特色的标准体系。高等教育发展的各个要素、各个层面，都要有标准。将来高质量发展中国教育，高等教育对世界要有所贡献，我们不仅要贡献理念，贡献技术流程、技术路线，还要贡献中国标准。

三、发展路径要走向“好不好”“强不强”

教育发展是一个慢变量，和经济工作不一样，经济工作要讲增长、讲发展，教育要讲发育、讲成长。现在各方面对教育的议论比较多，我觉得总的成长路径就是要沿着这两个方面来做文章——从“有没有”到“好不好”，从“大不大”到“强不强”。高质量发展、内涵式发展，要着力解决“好不好”的问题；推进教育现代化、建设教育强国，要着力解决“强不强”的问题。“好不好”“强不强”，构成了今后高等教育发展的主题，这就是路径。要从“有没有”走向“好不好”，由“大不大”走向“强不强”。“好不好”“强不强”作为我们高校工作的核心概念，在具体推进过程中要把握好度，尽力而为、量力而行，重点看效果。

四、准确科学判断教育发展形势

怎么看教育发展的形势？现在三个方面的信息一直在影响我们对形势的判断。一个是来自国际的。这些年，中国教育发展变化很大，国际地位快速提高。一个是来自我们内部的。经过这些年发展，特别是党的十八大以来，我们的教育确实取得了很大成绩。可以说是取得了历史性成就，发生了历史性变化。还有一个是来自微观层面的。微观层面主要是来自社会这个维度的，对于教育的各种指责、责难在逐步降温、减少，但是时不时还会形成舆论旋涡，各个学段都有。所以从三个方面看，我们有一个如何正确认识教育形势的问题。

最近参加中央经济工作会议，学习总书记的重要讲话，在方法论上受到很大的启发。看形势要把握住三点，我们教育也一样。

短期看机遇。机遇和挑战并存，困难和希望同在。这两句话我们讲了很多年，但是我们都习惯于从长期角度讲起，以为机遇是长期的。机遇稍纵即逝，所以才有抢抓机遇之说。我们分析形势，要从短期各种因素、各种问题中去寻找机遇，寻找化解危机的突破口，这叫短期看机遇。看形势的时候，我们往往习惯于从短期讲好多困难，这个思想方法要改变。

中期看挑战。挑战是中期的，三五年的。这也就是说，机遇都是挑战约束下的机遇，不是反过来的，只有找出挑战、抓住机遇，事业才能前进。

长期看趋势。看形势一定要把握趋势，趋势是长期的，要在机遇和挑战的权衡中来看这个趋势，但是仅有机遇和挑战的考量还不足以把握趋势。有两点对把握趋势至关重要。一个是国内看变化。要看发生了一些什么样的变化，是量的变化还是质的变化，是暂时性的变化还是历史性的变化，是局部性的变化还是全局性的变化。我们大家有一个共同的感受，党的十八大以来的发展，成就是历史性的，变化也是历史性的。这样认识，才能把握发展的有利条件，才能增强信心、鼓舞士气。另一个是国际看格局。看一看我们达到的发展水平拿到国际上去拼，处于什么方位、什么地位，能产生什么影响力。格局是实力博弈的结果，没有实力就没有格局。

要按照这样的思路认真地分析教育发展的形势。我们一定要对教育发展形势有一个准确的科学的判断，不要人云亦云。这样我们的决策才能正确，我们才能凝聚人心，凝心聚力推动教育现代化、建设教育强国。

五、着力解决好热点难点问题

过去一年，我们一切工作都围绕迎接学习宣传贯彻党的十九大精神这条主线进行。大家经过艰苦努力，为党的十九大营造了良好的氛围，达到了预期的目的，取得了较好的成效。党的十九大之后，我们绝不能掉以轻心，要继续把各方面的弦绷得紧而又紧，解决好热点难点问题。要结合社会主要矛盾新变化来研究解决热点难点问题的思路和措施。

热点难点问题燃点比较低，一点就着，容易形成爆发点，容易形成舆论旋涡，容易干扰大局。我们一定要高度关注。各地各高校都要关注这个事。我想就这些事给大家提醒几点：一要拆弹。把热点难点问题这个弹找出来拆除，不要让它爆破。二要排雷。有一些热点难点问题有苗头，有一些连苗头都没有，我们要善于排除。三要放气。要学会有组织有计划有应对措施和保障地放气，拧阀门，调节龙头。不能没有征兆就觉得平安无事，这样不行。四要聚焦。始终要在排查的基础上，抓住易燃易爆的问题作为兴奋点。要多投精力，超前应对。五要有定力。无论出现什么样的问题，存在什么样的问题，无论上下左右怎么样说，我们自己一定要有定力，始终保持清醒的头脑。保持定力特别重要，不要慌乱，有的时候没有定力，在慌乱的匆匆忙忙应对中，问题制造问题，问题推动问题，结果形成了更大的问题，最后造成的次生灾害大于原生灾害，我们得注意这个事。

六、注意工作方法

我们学习总书记一系列重要讲话，特别是最近这一段时间的重要讲话，会发现总书记在手把手地给我们教方法论。我们学习贯彻党的十九大精神，有一个重要的内容，就是学习立场、观点、方法。对于教育战线来说，有这么几点。

一是把讲政治放在首位。这既是首要的政治任务，也是一个重要的工作方法。我们在任何时候都要讲政治，每一位教育工作者从本质上讲都是政治工作者，这是由中国特色社会主义教育的本质特征决定的。所以，领导要讲政治，教育工作者也要讲政治，这是一个重要的工作方法。我们在政治上千万不要糊涂，不要干糊涂事。

二是坚持稳中求进的工作总基调。这一点要牢牢地把握，要辩证地处理好稳和进的关系，这也是我们治国理政的重要原则、重要方法。

三是注意统筹兼顾。一定要善于统筹。党的十九大之后我们要办的事千头万绪，一定要围绕主线主题、主要奋斗目标，统筹安排好各方面的工作，不要顾此失彼。

四是狠抓落实。总书记最近对作风问题作了重要批示，部党组已经作了安排，要从七个方面自查。大家要按照部党组的安排认真地查起来，进一步转变作风。转变作风的核心是狠抓落实。不善于抓落实，不善于抓细节，不善于抓效果，是我们工作的老毛病，所以要把狠抓落实这件事作为我们的基本工作方法。

五是注意信息化、大数据的应用。信息化、大数据在教育系统事业发展中和领导决策中，都具有广阔的应用前景。同时，要注意群众路线的根本方法。走群众路线要广泛听取意见。大数据为群众路线的贯彻提供了广阔的前景和可能性。一定要走好群众路线。

六是高度关注干部问题。工作方法一管方向，二管战略，三管干部，四管效果，这是所有工作方法的共同点。不抓干部，不把干部队伍建设好，任何事都做不好。一是重用开拓者。前提是建立容错纠错机制。在这个问题上，一定不能有丝毫的偏离。二是整治懒惰者。在教育系统不干事，应该成为最大的错失。对于懒惰者、怠政者要惩治。三是惩治腐败者。我们教育部门的领导同志要以上率下，捍卫斯文。不仅要重视原则问题，也要重视生活小节和具体问题。这个不是口号，而是给大家提的一个要求。

发展抓公平，改革抓体制，安全抓责任，整体抓质量，保证抓党建*

就总体布局来说，下半年和今后相当长的时期内，我们要唱好“三台戏”，抓好“五件事”。

第一，要深入学习贯彻习近平总书记系列重要讲话精神和党中央治国理政新理念新思想新战略。这是我们一项长期的政治任务，教育系统就是要比别人学得更深一些，理解得更全面一些，阐释得更新一些，要走在全国前列。这是我们的历史使命，是我们战线的性质决定的，是党中央赋予我们的重大职责。

第二，要紧紧围绕为党的十九大召开创造良好环境开展工作。完成好既定任务，总结好工作经验，就是为党的十九大创造良好环境。对党的十八大，以及十八届历次全会提出的教育战线的任务要作一次梳理，看看哪些完成了，哪些还没部署，存在哪些不足。确保到十九大召开的时候，能够向党中央交上一份满意的答卷。要紧紧围绕开好十九大，谋划好今后教育改革发展各项工作。要总结出几条规律性的认识，理出几项战略性的任务，拿出几条过硬的改革举措。总之，从现在起，今后相当长一段时间，我们一切工作都要围绕这个主题展开。

第三，要全面深化教育综合改革。中国的教育事业，无论从哪个角度看，都进入了不深入改革就寸步难行的发展阶段。十八届三中全会后中央部署的各项改革任务，已经完成的要巩固成果、扩大战果，继续深

---

* 2016年7月22日，北京。

化；还没有完成、没有动手的，要抓紧推进。

我们要抓好五项工作。

第一，发展抓公平。当前，我们面临的问题是需求过度、供给不适，人民群众有各种评论、期盼和要求，办人民满意的教育，公平变成一个很大的问题。对公平我们要有一个辩证的、客观的、历史的认识。辩证地看，教育公平不是绝对公平，是一定历史阶段发展水平所决定的、为大多数人服务的公平。历史地看，教育公平是社会主义初级阶段的公平，是发展中国家的公平。这两点要认清。这段时间，网上对我们提的希望很多，对公平的呼声最高。我分析了一下，这里面有些是客观发展进程提出的历史性任务，是需要我们解决的问题。比如区域之间、群体之间的公平等。还有一些就不是这样，是拿西方标准剪裁中国教育，是臆想的公平，是恶意炒作的伪公平，是绝对的平均主义。群众是真正的英雄，我们党植根于群众之中。我们要服务群众、依靠群众，但不能搞民粹主义那一套，那不是我们党的群众路线。抓公平要具体化，具体到每一个发展阶段的重点环节上，具体到人民群众反映最强烈的问题上；要增量、存量、结构并举，内生变量、外生变量相互配套。

第二，改革抓体制。不改革就前进不了。改革要聚焦于使我们的教育体制更加成熟、更加完善，要加强顶层设计，在教育体制“四梁八柱”上下功夫，促进中国特色社会主义教育体制更加成熟、定型。针对教育发展面临的新问题、人民群众反映强烈的问题，要多做扫除障碍、消除困难的改革。综合改革要稳步推进，专项改革要重点突破，营造浓厚的改革氛围。要靠改革推动教育事业发展，使中国特色社会主义教育发展道路越走越宽。

第三，安全抓责任。从历史上看，教育事业大发展往往与科技革命、体制变革、人民群众收入增长紧密相连。科技革命呼唤知识体系更新，体制变革提供先进发展模式，人民群众收入大幅提高往往带来教育需求井喷式增长。当前，教育事业到了难得的历史机遇期和重要的历史关口，要全面总结多年来维稳工作的规律，按照以人为本的理念，做好防恐、处突、灭火、排险、保密等工作，妥善处置各种问题，营造安全的改革发展环境。中国教育和巴西足球一样，全国上下谁都能说两句。这是好事，是我们发展的潜力所在、动力所在、希望所在。我们要适应这种现状，切实加强引导。如果时不时出现重大舆情，时不时出现突破道德底线的事件，就没有更多的精力去改革、去发展。安全抓责任，最重要的不是分配、分解责任，而在于追究责任。大家都要有责任追究的意识。

第四，整体抓质量。分析当前的形势，我们可以发现，许多社会需求和舆论，不是指向公平就是指向质量。促进公平的同时，要提高质量，所有工作都要以质量为纲。要从责任、标准、评估、激励四个方面抓质量。责任就是权力，要给办学主体、办事主体更大的自主权，由他们配置资源、使用资源，让他们把责任扛在肩上。质量是按一定标准定义出来的。很多人做事就是橡皮筋，不是“基本”就是“左右”，没有标准。没有标准就没有质量。我们要制定合理的、现实可行的标准来指导我们的事业发展。从“双一流”到党建，机关所有工作都要按标准办。可以考虑将质量体系标准认证思维模式引入党建工作，设立党建标准，使党建工作有标可评。要建立按标准抓工作的激励机制，不断提高教育事业发展质量。

第五，保证抓党建。在复杂的发展形势和繁重的历史任务面前，推动各方面工作，根本保证在党建。我们的巡视整改任务中，最严重的一条就是党的建设弱化。要下大气力把党建抓好，在思想上高度重视起来，在制度上健全起来，在组织体系上完善起来，用思想建党、制度治党，落实好主体责任和监督责任，落实好“一岗双责”。直属高校党委书记和校长党建责任要明晰起来，党委书记和校长要各担责任，各尽本分。将党建工作融入业务工作之中，主要责任在党委书记；业务工作主动接受党的领导，主要责任在校长。将来，这些要用制度明确规定。要高度重视直属单位的党建工作，直属单位负责人要深入思考如何加强自己单位党的建设。同时，要按照“从严治党要合格，贯彻落实党中央治国理政的新理念新思想新战略要合格，共产党员行为和作风要合格，本单位改革发展稳定的各项工作要合格”这“四个合格”的要求，继续深化教育系统“两学一做”学习教育。以前，我们的“两学一做”规定动作做得不错，现在“四个合格”就是教育系统抓“两学一做”的自选动作，要组织研究如何将其细化、传达到战线每一位党员。

围绕这些工作，我提几点要求。

第一，保持定力。在面对各种争议的时候，要“任凭风浪起，稳坐钓鱼船”，保持政治定力、战略定力。绝不能为各种言论所惑，绝不能为各种议论所扰，绝不能为各种评论所困。

第二，担负职责。党组成员、司局长要放胆、放心地担负职责，有职有权地推动工作。大家要来点英雄气概，让自己肩膀硬起来，放心大胆地工作。

第三，营造良好生态。要站在整体的、全局的角度考虑人事工作，严格按照《党政领导干部选拔任用工作条例》选人用人，以营造良好的政治生态。干部选任工作要不以人划线、不感情用事、不惧怕挑战。干部考察要高度重视信访，选任程序进入公示阶段，实名举报要逐条查清，匿名举报只作为线索。领导干部要光明磊落，不做嫉妒者、算计者、告密者。我们要保护诚实者、拒绝告密者、启迪疑惑者、帮助困难者、惩治捣蛋者。

把教育改革深化到肌肤下、深化到骨髓里*

党的十八大以来，在以习近平同志为核心的党中央坚强领导下，教育战线坚决贯彻落实中央全面深化改革决策部署，结合教育实际推进各项改革，全面深化改革的进展是好的，各项举措符合中央总体部署、符合教育实际，取得了重要阶段性成果。

一是教育改革跟上了全国改革的步伐。“四梁八柱”的教育改革措施基本上都已出台，改革推进相互配套，尤其是高度关注改革中出现的新问题，不断扩大改革受益面、增强人民群众获得感。教育改革的各项措施获得社会点赞，一些重要改革从某种意义上成为全面深化改革在某一方面的风向标。人民群众对教育工作的意见和舆论逐渐好转，各种评论逐步温和。

二是实现了由“社会推着改”向“引领社会改”的转变。由社会给教育部门设置改革议题的被动局面已经基本扭转，现在是教育部门为社会设立改革议题，教育部门把握改革形势、驾驭改革局面、运用改革规律的能力有了提高和增强。

三是实现了由“领导推着改”向“结合实际主动改”的转变。各单位推进改革的自觉性主动性明显增强。2017年中央深改组确定的教育改革重点任务分解后，各单位行动迅速、创新推进、狠抓落实，大部分达到了预定时间进度。

四是已经从“立柱架梁”阶段进入“内部装修”阶段。教育改革主体

---

* 2017年1月、4月，北京。

框架搭建完成后，现在已进入全面施工、精准装修、深入落实、具体推进的阶段，各单位围绕“桌椅板凳”“锅碗瓢盆”怎么配置提出了意见，以具体化抓落实、抓深化，把教育改革深化到肌肤下、深化到骨髓里。

今年是全面深化教育改革的关键一年，要全力以赴抓好教育改革重点任务。

一要抓进度。按年初制定的分工时间表有序推进，按期施工、略有超前但不能超前太多，保证施工质量。

二要抓质量。从吃透中央精神、吃透群众期待、吃透问题本质三个方面着手，把每个文件的内在逻辑打通，把关键措施立起来，并按相应层次的文件等级对语言表述进行打磨，体现精准要求，体现新的文风，努力把每个改革方案和文件的质量搞上去。

三要抓协同。很多教育改革措施涉及四面八方，加强同有关部门的沟通协调，努力把改革方案和文件做成管用的“工具箱”“操作包”，做成“软件中的硬件、硬件中的软件”，而不是口号和理念的集锦，努力争取资源配置效益最大化、改革措施效益最大化。

四要抓难点。重点是要“梳辫子”，对每个改革方案和文件要调节的对象和解决的问题是什么、历史脉络和现实状况是什么、可能的解决路径有哪些，都要认真梳理、从中选优，不能有盲点、留空白；要“打七寸”，找准影响问题解决和工作推进的瓶颈，抓控制性工程、控制性节点、控制性内容，对着难点去制定改革方案和文件；要“回头看”，对党的十八大特别是十八届三中全会以来出台的教育改革措施，回头看、看效果、看问题，把正在制定的改革方案和文件放到这个格局中去对接，既要进度上对好“表”，也要质量上对好“标”，更要效果上对好“焦”，有问题的要进行改革、加以补救。对事关教育未来长期发展的重大问题，要有意识地研究风险、防范风险，有针对性地解决问题，努力让每个改革方案和文件都不留下历史遗憾，不给今后制造障碍。

要把握教育改革发展特点，深化对教育规律的认识。

一是教育公平。要深化对教育改革发展新阶段新形势的认识，明确从“要上学”到“上好学”的转变中，教育公平含义发生的深刻变化，将发展抓公平作为今后相当长一段时期教育发展的核心工作思路。

二是教育质量。在人类历史上最大规模的工业化、城镇化进程中，要清醒地认识到教育公平是主要矛盾，教育质量是矛盾的主要方面，在优质教育资源稀缺的情况下，满足人民群众对优质教育资源的需求需要长期探索实践。

三是职业教育。要认识到受传统观念制约，仍存在不重视职业教育的理念问题，现阶段职业教育的发展结构、模式仍不适应市场需求，需要加强职业教育，不断提升其在现代化建设中的地位和作用。

四是教育改革。稳中求进、狠抓落实是新一年教育工作的两个基点，要变改革的单项突破为系统性、全面性变革，重心下沉、形成系统、抓好落实。

五是教育规律。要切实增强主动性、自觉性，将符合教育规律的教育发展战略与国家发展总体战略相匹配，推动解决阶段性教育改革发展难题，着力提高教育服务国家战略的能力。

全力推进教育改革目标任务落地落实*

科学谋划、扎实推进下半年特别是党的十九大后教育改革发展各项工作，需要注意以下几个方面。

一是念好“改字经”。要抓好巡视整改，在重点问题、关键环节上取得突破性进展，全面提高教育系统党建工作质量水平。要深化教育综合改革，重点抓好方案落实，推进改革措施落地。涉及“四梁八柱”的改革不许“偷梁换柱”，涉及高校思政建设的改革不许“偷天换日”，涉及师生利益的改革不许“偷工减料”，涉及体制机制的改革不许借故拖延，涉及“放管服”的改革不许“空挡运转”。要改造我们的学习，用科学的态度、机制、办法深入学习习近平总书记系列重要讲话精神，学习党的理论创新最新成果，牢固树立“四个意识”，坚定“四个自信”。要改进工作方法，善于用行政方法抓协调，用经济方法抓配置，用法治方法抓治理，用思政方法抓疏导，用服务方法抓作风，用辩证方法抓研判。

二是用好“一指禅”。部机关、直属单位的主要负责同志要集中精气神，切实承担起党和人民赋予的责任，敢于担当、敢于负责，亲力亲为，确保教育改革发展各项任务落实到每一个岗位、每一个环节、每一个人。

三是画好“施工图”。在确保下半年工作主线不偏、主题不改、主旋律不乱、主基调不变的基础上，提前谋划党的十九大后及明年的重点

* 2017年7月31日，北京。

工作，努力选好奋进之笔，完成得意之作。

四是答好“考试卷”。要站在“两个一百年”奋斗目标的交汇点上审视教育改革发展之路，要精准分析，抓紧推进，向党和人民交上一份满意的答卷。

总结40年宝贵经验，谋划未来教育改革*

庆祝改革开放40周年大会的召开意义非凡、影响深远，是一次庆祝大会、总结大会、动员大会、誓师大会，庆祝我国改革开放40年取得的伟大成就，总结40年来探索创新形成的宝贵经验，动员全党全国各族人民在以习近平同志为核心的党中央领导下重整行装再出发。教育系统广大党员干部和师生员工要深刻领会习近平总书记重要讲话精神实质、核心要义，准确把握改革开放的历史地位，在新时代继续把教育改革开放推向前进。

一是深刻理解改革开放是党和人民大踏步赶上时代的重要法宝，是坚持和发展中国特色社会主义的必由之路。总书记的重要讲话是一部改革开放史，全面总结了改革开放历程，系统梳理了改革开放的历史前提、决策部署、不同阶段逐步推进及取得的伟大成就。我们要看到改革开放对教育事业发展到今天所发挥的历史性作用。

二是深刻理解改革开放是我们党的一次伟大觉醒，孕育了党从理论到实践的伟大创造。总书记的讲话是一部中国特色社会主义发展史，阐释了中国特色社会主义道路从创立、发展到完善的伟大历程，深刻回答了中国特色社会主义不同发展阶段面临的重大理论和实践问题，回应了人民的呼唤。

三是准确把握改革开放“十个始终坚持”取得的伟大成就，深刻理解改革开放是中华民族发展史上的一次伟大革命，实现了中国特色社会

---

* 2018年12月21日，北京。

主义事业的伟大飞跃。总书记的讲话是一份改革开放的成绩单，在向人民、世界“交账”。

四是准确把握改革开放“九个必须坚持”的宝贵经验，深刻理解改革开放是决定当代中国命运的关键一招，也是决定实现“两个一百年”奋斗目标、实现中华民族伟大复兴中国梦的关键一招。总书记的讲话是继续深化改革开放的决心书，在向世界昭示，中国将顺应历史潮流，积极应变、主动求变，推动新时代改革开放走得更稳、走得更远。

教育是国之大计、党之大计，是改革开放的先行者、受益者、助力者。教育系统要以习近平总书记重要讲话精神为引领，坚持思想再解放、改革再深入、工作再抓实，在新的历史起点上推进教育改革开放再出发，实现教育工作新作为。要结合实际抓落实，把教育改革40年尤其是党的十八大以来走过的历程总结好，把未来教育改革的设计谋划好，确保改革的稳定性、连续性。各地各校要坚持以“四个意识”导航、“四个自信”强基、“两个维护”铸魂，以凝聚人心、完善人格、开发人力、培育人才、造福人民为工作目标，坚定不移深化教育改革、扩大教育开放，加快推进教育现代化、建设教育强国、办好人民满意的教育，为决胜全面建成小康社会、实现中华民族伟大复兴的中国梦作出新的更大贡献。

深化改革再出发，贯彻稳中求进工作总基调*

我国教育体制改革的“四梁八柱”基本建立，教育改革进入“全面施工、内部装修”阶段。扎扎实实把深化教育改革推向深入，要抓紧做好三件事。

一是对党的十八大以来出台的改革方案和改革措施要有综合判断，从中看一看有没有继续深化的空间和可能。要逐项进行评估，评判一下做到了什么程度，“施工”和“装修”到了什么程度，还需要在哪些方面深化。同时，对党的十九大新部署改革任务的贯彻落实情况也要有一个基本判断。

二是狠抓改革落实。尤其是要改革我们指导工作、推动落实的方法，重视改革的改革、落实的落实。要激发制度活力，在优化资源配置上下功夫，用制度来盘活资源、提高效能；激活基层经验，注意眼睛向下、脚步向下，条件成熟的及时推广；激励干部作为，让改革者想干事、能干事、干成事。能不能有效果就看这一点。

三是对党的十九大以来提出的改革任务要加快节奏、进一步加大落实力度。之所以讲“深化改革再出发”，就是要统一思想、保持定力，绝不能打乱仗。

深化教育体制机制改革，要实事求是，一切从实际出发。中央多次强调，要坚持扎根中国大地办教育，坚持中国特色社会主义教育发展道路，发展具有中国特色、世界水平的现代教育。我们讲的中国特

* 2018年9月、2019年2月，北京。

色，实质上就是中国改革的根本规律，从根本观点、根本方法的角度归结为一句话，就是实事求是，一切从实际出发。回想40年走过的路，无不是这样；新征程上深化教育体制机制改革，仍然必须这样。深化教育体制机制改革，必须从根本上解决教育评价指挥棒问题。教育评价改革还没有从体制机制层面破题，这也是各方面反映最强烈的问题。现在看来，在教育评价方面，不下大决心，不从根本上动，教育改革胶着状态就打破不了。要按照“必须更加注重教育改革的系统性、整体性、协同性”的要求，在既定改革的基础上，从教育评价改革入手，扎扎实实把全面深化教育改革推向深入。考试招生制度改革与教育评价改革是什么关系？考试招生制度改革按现在这个路子走下去，能不能扭转不科学的评价导向？在考试招生制度改革基础上，评价体系改革如何深化、如何加大力度？这些问题都要深入研究。要加快重点领域和关键环节的改革，坚决破除制约教育事业发展的体制机制障碍。

推进教育改革发展各项工作，要贯彻稳中求进工作总基调。教育要办的事情很多，既要反对消极应付、不思进取，又要反对冲动蛮干、急于求成。

一要把握教育特点。教育的特点是“成长”而不是“增长”，成长是有周期、有过程的，也就是生命周期、成长过程，千万不能揠苗助长。

二要保持战略定力。教育需求多元、多样、多变、多攀比，危言耸听易于大行其道。要科学研判和应对，不能让一些似是而非的观点误导社会。我们把促进公平作为国家基本教育政策，这里讲的公平是代表最广大人民根本利益，不断促进教育事业发展成果更多、更公平惠及全体人民。一定要保持战略定力，正确认识和处理。

三要尽可能减少失误。减少失误，要改变问题交织叠加的局面。减少失误，要特别注意防止操作和细节上的失误。失误是怎么发生的？从总根源上讲，无非是主观与客观、主体与客体相脱离。这句话说起来简洁明了，但要真正把握失误发生的规律就不那么容易了。归结起来，做好新时代教育工作，一定要贯彻稳中求进的工作总基调，这样我们的决策质量才会更高一些，工作成效才会更好一些。

持续抓好《中国教育现代化2035》及五年实施方案的落实*

未来几年是“两个一百年”奋斗目标的历史交汇期，是教育规划纲要和教育“十三五”规划的收官期、“十四五”规划的起步期，也是贯彻落实党的十九大精神、为建设教育强国奠定基础的关键时期。

一

修改完善好2035年远景规划，研究制订指导未来五年教育改革发展的具体实施方案，要聚焦未来五年教育发展的重大战略问题、当前教育改革发展最紧迫的问题、人民群众最关心的问题。

一要注意开宗明义。2035年是一个时间节点，但关键还是近五年做什么。五年实施方案是2035年远景规划的施工图，旨在规划和指导未来五年加快教育现代化的具体实施工作。

二要高度凝练目标。对照“三衔接、两确保”的要求来确定目标，即与教育规划纲要相衔接，与教育“十三五”规划相衔接，与决胜全面建成小康社会、开启全面建设社会主义现代化国家新征程相衔接，确保党的十九大确定的优先发展教育事业的各项任务顺利完成，确保本届政府确定的教育改革发展目标任务顺利完成。目标要高度概括，能记住、能叫响、能引起共鸣。

三要优化空间布局。“四点一线一面”是未来五年推进教育现代化的战略支点，对教育现代化全局具有重要的引领带动作用。要高起点规

* 2018年、2019年，北京。

划雄安新区教育，使之成为新时代教育改革发展新路子新模式的孵化地、孵化器；深化粤港澳大湾区教育交流合作，推动大湾区成为中国教育引领亚太、走向世界的桥头堡和试验田；深化长三角教育协作，打造教育现代化先行区；建设海南教育创新岛，打造新时代教育全面深化改革开放的新标杆；推进共建“一带一路”教育行动，全面提升教育对外开放水平；加快中西部教育发展，在夯实基础、提高水平上下功夫。

四要聚焦工作任务。在抓好“五件事”的基础上，向“六大任务”聚焦。首要任务是深入学习贯彻习近平新时代中国特色社会主义思想，以习近平新时代中国特色社会主义思想统领教育工作；历史使命是落实立德树人根本任务，培养社会主义建设者和接班人；主题主线是围绕促进公平和提高质量，加快教育现代化，建设教育强国；重点难点是全面加强师资队伍建设、教育信息化建设，不断优化教育结构；基础依托是加大投入、净化教育生态和健全体制机制；根本保证是坚持和加强党对教育工作的全面领导。

五要关注重大问题。加快建设高水平本科教育，从标准突破来完善职业教育和培训体系，建立健全教育评价制度，确保未来五年教育改革发展各项任务落到实处。

二

《中国教育现代化2035》及五年实施方案已经正式发布，整体转入实施阶段，要做好三件事情。

一是进一步解读。解读的目的是要让大家知道这两个文件是加快推进教育现代化、建设教育强国的纲领性文件，今后五年教育改革发展就是要按照这两个文件来办。

二是抓紧分解。进一步完善分工方案，把主要任务分解下去。一个是“小分解”，分解到部内有关司局；另一个是“大分解”，分解到中央和国家机关有关部门。这两个层面都要抓好，要抓紧。

三是抓好落实。第一个层面，贯穿式落实。按照分工方案，把抓落实贯穿体现在今后各项工作中，特别是主要工作不能偏离《中国教育现代化2035》及五年实施方案。第二个层面，抓当年。也就是2019年落实《中国教育现代化2035》及五年实施方案要抓的重点工作，其中有些是带有部署性的，有些是要落地的。一些重要文件，要同《中国教育现代化2035》及五年实施方案紧密衔接起来推进。第三个层面，推动地方落实。抓落实很重要的一个层面，就是指导各地把研究制定本地教育改革发展政策举措同《中国教育现代化2035》及五年实施方案结合起来。

总之，不能冷下来、松下来，要紧紧抓在手上，持续抓好落实。

把握好落实和完善两个方向，教育秩序和教育生态一定会好起来*

一年多来，我们干了一件很重要的事，就是综合治理教育秩序和教育生态，校外培训机构专项治理、中小学生“减负”、教师职业行为三个“十项准则”、城镇小区配套幼儿园治理等实际上都属于这件事。这篇文章要沿着两个方向进一步深化。

第一个方向是落实。要抓好已出台政策措施的落实，打持久战，“演连续剧”。这段时间工作效果是好的，社会上接受了这种战术、这种打法，已经产生了预期，这是一个很好的变化。我们干任何工作，都要善于经营预期、培育预期、引导预期，这样才能把工作干好。这些工作，要沿着落实的方向继续抓下去，严抓执行。

第二个方向是完善。要研判和解决落实过程中出现的新情况、新问题。比如，校外培训机构专项治理已经到了现在这一步，要按照“放管服”改革要求，依法依规进行审批登记，促进校外培训机构规范有序发展。比如，城镇小区配套幼儿园治理，按照相关法律、标准，规划建设城镇小区必须配套建设小区幼儿园，且应当提供普惠性服务。我们的工作不能上下一般粗，要指导省级人民政府用好统筹权，依法依规把这件事处理好。比如，为教师减负等文件要抓紧制定、尽快报审。这属于拓展性完善。

以上综合起来，就成了一套专项“组合拳”，连续干两年，教育秩

* 2019年4月8日，北京。

序和教育生态一定会好起来。工作中，也要注意不能把这件事当作一个筐，什么都往里装。

抓改革，建体系，提质量，进中心*

关于编制教育“十四五”规划，除了党的十九届五中全会提出的建设高质量教育体系这个主题外，还要想一想教育走过的路，好好研究一下我们在站起来、富起来到强起来的历程中干了些什么。

在站起来阶段，干了“变、改、学、建”四件事。“变”就是翻天覆地的大变化，新中国教育改天换地；“改”就是改造，对旧中国的教育制度实行了“坚决改造”；“学”就是学苏联，有的方面直到今天还在起作用；“建”就是在摸索中建立社会主义教育制度，建设社会主义教育事业。

在富起来阶段，干了“改、开、扫、普、控、公”六件事。“改”就是改革，改革教育体制，不断为教育发展注入强大动力；“开”就是扩大开放，从原来的“一边倒”，到改革开放之初作出派遣大批留学生的重大决策，这是极为重要的一步；“扫”就是扫盲，在20世纪末如期实现了基本普及九年义务教育、基本扫除青壮年文盲的“两基”目标；“普”就是普及，普及九年义务教育，普及高中阶段教育，高等教育进入世界公认的普及化阶段；“控”就是控辍保学，长期存在的辍学问题得到历史性解决，教育在打赢脱贫攻坚战中发挥了特殊作用；“公”就是教育公平，采取全面改“薄”、城乡义务教育一体化等一系列政策措施，不断促进教育事业发展成果更多更公平惠及全体人民。

现在中国教育要强起来，在强起来阶段，要干“改、建、提、进”

---

* 2021年2月18日，北京。

四件事。“改”就是抓改革，全面深化教育领域综合改革；“建”就是建体系，建设高质量教育体系；“提”就是提质量，把教育质量提上去；“进”就是进中心，中国教育要日益走近世界教育的舞台中央。这些事都是历史性的，要认真研究，高水平编制教育“十四五”规划。

用“六有”概念办好教育*

关于“六有”概念，就是要把新形势、新矛盾、新情况、新任务融合起来办好六件事，每一个“有”里面实际上是把矛盾融合到一起，整体考虑，系统思维。

一是有体系的构建。从现在开始，无论是发展还是改革，都不是零敲碎打，而是有体系的构建。所谓“有体系的构建”，就是要建设八大体系，推动教育高质量发展，这八大体系就是教育高质量发展体系、优质均衡的基本公共服务体系、服务全民终身学习的教育体系、适应技能型社会建设需要的职业技术教育体系、中国特色世界水平的教育评价体系、大中小幼一体化的思政工作体系、学校家庭社会协同育人体系、高质量教育支撑体系。要按照八大体系来构建今后中国教育的整体结构和框架。

二是有质量的公平。我们过去追求公平，注重数量上、规模上的公平，现在把质量和公平融合到一起，在改革开放、“十三五”发展的基础上突出质量，用公平支撑质量，用质量牵引公平，来落实共同富裕的目标，让共同富裕在教育领域取得实质性的进展就是要抓有质量的公平这件事。

三是有差异的均衡。党的十九届五中全会提出了城乡一体化、城乡均衡发展的要求，但是中国这么大，不可能一个标准、一个水平，必须是有差异的均衡。第一，要做到市级优质均衡，现在县级均衡基本完成

---

* 2021年3月1日，北京。

了。第二，有条件的地方可以往省一级均衡发展甚至较大区域均衡发展。第三，东部支援西部。

四是有特色的标准。这个标准是“两个一百年”奋斗过程中有中国特色的标准，不是西方的标准。

五是有重点的改革。当前我们已经进入全面深化教育改革的新阶段，党中央对深化教育领域综合改革作出一系列战略部署，要把握重点领域和关键环节，着力破除制约教育发展的体制机制障碍。

六是有竞争的合作。中国教育已经整体上进入世界中上水平，这个“整体上”既包括规模，也包括质量和水平。其中，基础教育居于世界第一方阵，高等教育有一部分高校跻身世界一流，职业教育中国特色日益彰显。下一步，就是要和各国开展有竞争的合作，开辟新的战场，巩固原有阵地，经过一段时间的努力，要在教育治理方面，确立中国的话语权，进入世界教育体系的中心。

办好学前教育，更好满足亿万家庭“幼有所育”需求*

《中共中央　国务院关于学前教育深化改革规范发展的若干意见》充分体现了党中央、国务院对办好学前教育的高度重视和坚强决心，对新时代学前教育改革发展作出了系统的顶层设计和全面部署，要认真抓好学习宣传贯彻。

一是抓好发布。既要实事求是，又要全面深刻，把文件精神讲深讲透，把这些年来学前教育改革发展取得的成绩、存在的问题和人民群众的热切期盼讲深讲透，把中央的亲切关怀讲深讲透，使文件发布成为一次全社会发展学前教育的再动员。

二是贯彻落实的行动要快。一方面，对应办、要办、可办的事，要尽快取得初步效果；另一方面，各省（自治区、直辖市）贯彻落实工作，要迅速响应。

三是进一步创新督促机制。要抽调一些人，对各省（自治区、直辖市）贯彻落实工作进行点对点的督办，落实效果分阶段向社会及时公布。

在贯彻落实工作过程中，教育部要始终处于指导地位、主动地位，打主动仗。

一

要注重科学规划、坚持公益普惠、强化机制建设，精心设计和组织实施学前教育行动计划，到2020年，基本建成广覆盖、保基本、有质

---

* 2016年、2018年，北京。

量的学前教育公共服务体系。

一要明确学前教育的性质。学前教育是影响教育事业长期发展的重大问题，但学前教育不属于义务教育。要坚持依法治教，研究和纠正所谓12年、15年免费教育问题，防止搞脱离实际的盲目攀比，防止搞变相的形象工程、变味的政绩追求。

二要鼓励普惠性幼儿园发展。认真学习贯彻新修订的民办教育促进法，把普惠性的内涵及其与非营利性、营利性的关系搞清楚，把普惠性幼儿园的扶持对象、成本核算、收费管理及政府补贴等政策方面的操作性问题搞清楚，引导和支持民办幼儿园提供普惠性服务。

三要理顺学前教育管理体制。坚持以资金换体制、以责任换效果，加强省级、地市级政府统筹，落实县级政府主体责任，充分发挥乡镇政府作用，解决好学前教育多头管理问题，确保学前教育持续健康发展。

二

要深入贯彻落实党的十九大精神，以习近平新时代中国特色社会主义思想为指导，进一步完善学前教育公共服务体系，办好学前教育，更好满足亿万家庭“幼有所育”需求，让广大幼儿健康快乐、父母安心放心。

一要认真贯彻习近平总书记重要批示精神。习近平总书记明确要求对我国幼教实际情况全面摸底，制定符合实际的幼教规划，这充分体现了对学前教育发展的高度重视，对学龄前儿童的亲切关怀。要准确领会和把握总书记重要批示的深刻内涵，促进学前教育健康可持续发展。

二要注重坚持目标导向和问题导向相结合。牢牢把握公益普惠基本方向，科学确定发展目标，多渠道增加学前教育资源供给，健全经费投入机制，建设一支高素质专业化的教师队伍，依法加强准入、安全等监管，引导社会力量按照规范要求举办普惠性幼儿园，防止和纠正学前教育“小学化”倾向。

三要着力健全政策保障体系。学前教育改革发展是在“麻袋片上绣花”，底子薄、欠账多，存在的问题主要是发展中的问题。已经出台的政策措施不能丢了，要继续抓好落实。新制定的突破性的政策措施，要按照可操作的标准进一步完善。

努力办好人民群众满意的基础教育*

这次全国基础教育工作会议是一次具有标志性意义的会议。从2001年国务院召开第一次全国基础教育工作会议至今，基础教育无论是面临的形势还是承担的任务都发生了深刻变化，会议对新时代基础教育的历史方位、发展阶段作出了新的判断，对基础教育的工作重心、工作重点进行了新的部署，必将开启基础教育改革发展的新征程。我们要强化使命担当，以奋进的姿态、务实的作风切实抓好贯彻落实工作。

一、切实把思想和行动统一到中央决策部署上来

习近平总书记指出，基础教育在国民教育体系中处于基础性、先导性地位，必须从多方面采取措施，努力把我国基础教育越办越好。我们要深入学习贯彻习近平总书记关于教育工作特别是基础教育工作的重要论述，全面贯彻落实中央印发的关于基础教育的重要文件，统一思想、统一行动，推动新时代基础教育工作健康发展。

（一）准确把握精神实质

中央关于基础教育的三个重要文件，是落实全国教育大会精神的重大举措。三个文件目标一致、精神一致，就是要全面贯彻党的教育方针，落实立德树人根本任务，构建德智体美劳全面培养的教育体系，发展素质教育，培养担当民族复兴大任的时代新人。我们要理解到位、领会到位、把握到位。

* 在全国基础教育工作会议上的总结讲话，2019年7月29日，北京。

（二）准确把握发展方向

现在，受传统观念、社会环境、发展阶段等各种因素的影响，片面的不科学的教育政绩观、质量观、发展观在全社会甚至教育系统还不同程度地存在，唯分数、唯升学现象尚未根本扭转。基础教育要始终坚持社会主义属性、坚持促进教育公平、坚持基础教育优先发展、坚持全面培养全面发展。

（三）准确把握时代要求

中央三个文件的出台，标志着我国基础教育迈入全面提高育人质量的新阶段。要统筹提高基础教育普及水平和提升育人质量，推进学前教育普及普惠安全优质发展、义务教育优质均衡发展、普通高中多样化有特色发展，实现更加公平、更高质量的发展。基础教育在国民教育体系中具有基础性、先导性作用，是整体提升教育质量的关键。对基础教育面临的新的时代要求，我们的头脑要清醒，思路要清晰，举措要跟上。

（四）准确把握共同责任

习近平总书记强调，“基础教育是全社会的事业”，“办好教育事业，家庭、学校、政府、社会都有责任，谁都不是旁观者，谁都不能置身事外。”要引导全社会关心支持基础教育，共同托起未来的希望。基础教育的三个文件，对各级党委政府和各相关部门提出了明确要求，目的就是要动员全党全社会力量共同办好基础教育。我们要善于汇集各方资源，调动各方积极性，推动落实各方责任，不断推进基础教育创新发展。

二、正确处理好基础教育改革发展的几个关系

基础教育点多线长、量大面广，复杂程度高，社会关注度高。深化基础教育改革发展，需要树立正确的理念和方法，提升工作的科学性、创造性、针对性和实效性，正确把握和处理好几个关系。

（一）正确把握和处理好素质教育与考试升学的关系

习近平总书记强调，素质教育是教育的核心。搞素质教育不是不要考试，也不是不要升学率，但不能简单、片面地以考试成绩、升学率来评价学校、老师和学生，特别是不能以牺牲学生的身心健康、禀赋特长、长远发展为代价，追求所谓的“教育政绩”。

素质教育是德智体美劳全面发展的教育，素质教育搞得好，学生的学科知识成绩必然也是好的，思想品质、身体素质、艺术素养和劳动观念也是好的。要着眼于学生综合素质、持续发展，坚决克服和纠正应试教育倾向，绝不能太短视太功利，不能沿着这条路越陷越深、越深越陷。要保持战略定力，遵循教育规律，追求在学生全面培养、全面发展基础上的“绿色升学率”。评价方式改革是扭转应试教育的关键，要深化考试招生制度和评价机制改革，建立以发展素质教育为导向的考试评价体系。教育部正在组织研制基础教育质量评价标准，稳妥推进中高考改革特别是命题改革，着力从根本上解决“指挥棒”问题。

（二）正确把握和处理好提高教学质量与减轻学生负担的关系

现在社会上对提高教学质量、减轻学生负担议论比较多。总的来看，对提高质量，大家的希望和要求是共同的，但对减轻负担，认识还不完全一致。有的认为应当加大力度持续推进减负，有的呼吁不要再减负，还有的甚至把提高质量与减轻负担对立起来，片面认为提高质量就得增加学生负担，减轻负担就会降低质量。

这里我要重申，我们要减的是强化应试、超前超标教学等不合理的负担，对于必要的学习任务，该坚持的还是要坚持。现在造成学生负担过重的原因是多方面的，其中一个重要原因是学校教育质量有待进一步提高，精准地教、精准地学、精准地布置作业不够，机械刷题，搞题海战术。下一步，我们要实施好政策“组合拳”，通过提高质量减负，通过优化课程减负，通过规范校外培训减负，通过科学评价减负，通过社会协同减负。

（三）正确把握和处理好规范管理与激发活力的关系

习近平总书记在全国教育大会上强调，现在对学校管得还是多、还是细，活力出不来。一方面，要加大向学校放权力度，落实学校的办学自主权，严格控制面向义务教育学校的各类审批、检查验收、创建评比等活动，按照中央规定，未经当地教育部门同意，任何单位不得到学校开展有关活动，切实为学校、为教师减负。要加快研究制定激发学校办学活力的意见，深化学校内部管理机制改革与创新，保障学校依法依规自主设置内设机构、实施教育教学活动、聘用教职工、管理使用经费，充分调动学校和广大教师的积极性创造性。针对学校反映强烈的“校闹”问题，要依法依规管起来，抓紧健全学校安全事故应急处理机制，切实解除学校师生后顾之忧。另一方面，要加强现代学校制度建设，完善学校内部治理结构。严格学校管理和课堂教学基本规范，明确学生日常行为规范，研究制定教师教育惩戒权实施细则，促进对学生的关心爱护和严格管理相统一。

（四）正确把握和处理好公办教育与民办教育的关系

长期以来，民办教育作为教育事业的重要组成部分，对补充公办教育资源、深化教育改革、满足群众多样化教育需求发挥了积极作用。但在快速发展的过程中，一些民办学校出现违规办学行为，一些地方政府责任不到位，导致民办在校生比例偏高，这些损害了教育的公益属性，影响了教育生态，人民群众反映强烈。

要正确处理好公办教育和民办教育之间的关系，特别是义务教育必须坚持以国家办学为主体。目前民办学校在校生比例偏高的地方，要制定专门工作方案，积极稳妥加以整改，切实维护适龄儿童少年享受免费义务教育的权利。对学前教育，也要按照国家提出的目标，切实提高公益普惠水平。现在一些民办学校“掐尖”招生、跨区招生，形成恶性竞争，影响了正常的教育秩序。中央文件明确提出要实行公办民办同步招生，落实义务教育免试就近入学全覆盖的政策规定，目的是要落实公办民办一视同仁、公平发展、互不享有招生特权的原则，促进义务教育持续健康发展。各省要抓紧研究制定公办民办中小学招生入学的具体实施办法，确保在明年招生入学工作中全部落实到位。要强化对民办学校教育教学工作的规范管理，加强民办学校党建工作，认真落实国家规定课程，规范使用教材，确保党的教育方针在民办学校得到贯彻落实。

三、确保各项改革任务要求落到实处

基础教育工作的大政方针、目标任务已经明确，关键在于抓好落实。

（一）深入学习传达

做好学习传达工作。教育部门要主动作为，把中央精神汇报给地方各级党委政府，传达到教育及相关部门、中小学校、校长教师，切实将思想统一到中央决策部署上来。教育部门要进行全员专题培训，学深悟透习近平总书记关于教育的重要论述，深刻理解中央关于基础教育三个文件的核心要义。通过学习，进一步领会新时代基础教育工作的方向定位、目标任务、政策措施，增强基础教育改革发展的思想自觉和行动自觉，将中央要求转化为工作思路和政策举措。

（二）加强宣传解读

采取多种宣传方式，点面结合，深入宣传党中央、国务院关于基础教育工作的新部署新要求，深度报道各地教育教学改革经验做法，让会议精神深入人心。教育部将于适当时候举办基础教育改革发展专题培训班，对贯彻三个文件进行专门培训和研讨。各地也要通过专题报道、专家访谈、专题培训、学术研讨等方式，开展深度解读，引导各方面全面准确把握中央精神。要引导全社会理解、尊重教育规律，促进学校教育与家庭教育、社会教育密切互动，努力营造全社会关心支持基础教育改革发展的良好氛围。

（三）完善配套政策

各地要结合实际，制定贯彻落实中央关于基础教育三个文件的实施方案，明确具体措施，部署到位。要把中央确定的目标任务和政策要求细化、具体化，在组织领导、资金投入、教育改革等方面拿出有力举措，推出叫得响、立得住、群众认可的硬招实招，把改革方案的含金量充分展示出来，让中央的要求在中小学、幼儿园落细落实，转化为学校和教师的实际行动，让人民群众有更多获得感。

（四）健全工作机制

中央有关部门要按照职能分工完善配套政策，制定落实措施，扎实做好责任范围内的工作。各地区要充分发挥党委和政府领导作用，把基础教育改革发展摆在重要议事日程，健全领导体制和工作机制，明确责任要求和工作进度，协调解决重大问题。各级教育部门要主动作为、勇于担当，积极同有关部门进行沟通，争取更大支持，整合资源，形成合力，切实解决好基础教育面临的财政投入、建设用地、布局规划、教职工编制、教师待遇等难题。

（五）狠抓督导评价

要探索完善教育督导机制，通过通报情况、跟踪检查、绩效评估、行政问责等手段，督促各地落实好中央决策部署。要将贯彻情况纳入对省级政府履行教育职责评价的重要内容，将有关要求细化到教育督导指标之中。强化督导结果应用，作为干部选任、表彰奖励的重要依据，作为评价政府履职行为、学校办学水平、实施绩效奖励的重要依据。对工作不力的地方，按照中央要求强化责任追究。

深化基础教育综合改革，全面提高基础教育质量*

经过多年努力，我国基础教育实现全面普及，即将完成历史性的收官交账任务，人民群众“有学上”问题基本解决，“上好学”的需求日益强烈，提升质量成为基础教育面临的最紧迫最核心的任务。下一步，要在深化综合改革、加强教学工作上下功夫，推动基础教育高质量发展。

一、深刻把握基础教育综合改革的意义所在

实现高质量发展，基础教育综合改革的任务更重、难度更大。

巩固深化需要综合改革。全国教育大会以后，基础教育领域政策密集出台、多点齐发，覆盖从学前到高中各个学段，涉及课程教材、质量评价、公办民办关系、教师队伍等重点内容，基础教育综合改革的“四梁八柱”已经构建起来。从这几年实践来看，我们啃了不少硬骨头，做了一些以前想干没干成的事儿，积累了宝贵经验，奠定了坚实基础，但客观地说，有的工作刚刚启动，效果还没有充分显现出来，有的虽首战告捷，但成果还有待深化，有的取得了阶段性进展，有可能面临反弹。我们讲万事开头难，现在很多工作第一步已经迈出，第一关已经攻克，越往后走，水更深了、坡更陡了、骨头更硬了。要进一步加大攻坚克难的力度，增强改革的整体性、系统性、协同性，抓紧把政策落下去、把成果巩固住。

---

* 在全国基础教育综合改革暨教学工作会议上的讲话，2020年10月22日，长治。

破旧立新需要综合改革。当前，基础教育进入全面提高质量的新阶段，从扩规模到提内涵，从传统教学到教技融合，从行政管理到现代治理，我们的理念、视野、方法、能力、作风等都要有相应转变，都要提前做好准备。要清醒看到，一些地方和学校教育观念方法陈旧、办学活力不足、评价导向不科学、教师队伍素质有待提高等，制约了基础教育的质量提升。这些问题，有的是长期存在的老问题，有的是新旧叠加凸显出的新情况，有的是观念问题，有的是利益格局的调整。客观讲，理念的转变、能力的提升，不是一朝一夕的，体制的转变、格局的调整，也不能只靠一招一式。如何通过综合改革破解这些难题，是对我们又一次极大的考验。

内外同频需要综合改革。基础教育是全社会共同的事业。从这几年实践看，社会、家长对基础教育的影响最直接、最深入。育人理念得不到社会和家长的认同，不可能真正落地；教育改革得不到社会和家长的支持，不可能顺利实施。当前，我们面临着经济社会发展差距的客观限制，城乡、区域、校际教育发展不均衡，优质资源供给不足，人民群众期盼更加公平、优质和多样化的教育。我们面临着教育理念与社会现实的激烈碰撞，唯分数、唯升学，重智育、轻全面，校内减负、校外增负，就是这些碰撞的具体表现。我们还面临着社会环境变迁对教育的冲击渗透。功利化的价值观念、不良信息，对中小学生健康成长造成了不可忽视、不可小觑的影响。要认真分析基础教育内外因素以及相互关系，眼睛向内也要向外，努力形成学校、家庭和社会协同育人合力，营造良好育人环境。

二、准确把握基础教育综合改革的关键所在

围绕全面提高育人质量这个中心任务，重点从以下五个方面着力增强改革的针对性实效性。

一是方向要把牢。要坚持正确的政治方向。正确的政治方向就是社

会主义办学方向，就是要全面贯彻党的教育方针，落实立德树人根本任务，切实解决好“培养什么人、怎样培养人、为谁培养人”这一根本问题。要完善德育工作体系，认真组织实施好统编三科教材，充分发挥学科育人功能，高度重视加强德育骨干队伍和思政课教师队伍建设，确保上好思政课，开展好德育活动。要坚持正确教育观念。正确、科学的教育观念，就是严格按照“德育为先、全面发展、面向全体、知行合一”原则要求。这16个字非常重要，“德育为先”关系育人方向，“全面发展”关系学生综合素质，“面向全体”关系教育公平，“知行合一”关系育人方式。在这一点上，不能因为众说纷纭而迷糊、而摇摆，要有定力、有情怀，自觉坚守，牢牢做到以发展素质教育为核心，促进学生德智体美劳全面发展。坚持正确办学原则。我们办的是社会主义教育，必须坚持以人民为中心，始终坚持基础教育的普惠性和公益性原则，强化政府办学责任，积极扩大公办教育资源，规范民办教育发展，让每个孩子都能享有公平的教育机会。

二是部门要联动。对学校管得还是多、细，活力出不来。基础教育综合改革的一项重要任务，就是要处理好这些问题，理顺政府和学校的关系，充分激发中小学的办学活力。教育部等八部门联合出台了《关于进一步激发中小学办学活力的若干意见》，推出了一系列政策含金量高的举措。文件来之不易，要抓住这个难得的机遇，抓紧制订方案，精心组织实施，切实解决多年来管得太多、缺乏动力、保障不够、管理不善等制约学校办学活力的突出问题。教育部门要带头，坚持刀刃向内，勇于自我革命，率先破除部门利益固化藩篱。积极主动地加强与有关部门的协调配合，推动有关部门把该放的事权、人权、财权放给学校，为最大限度激发办学活力创造有利条件。“放”的同时，要处理好“放”与“管”的关系，注重加强分类管理，实施精准定向赋权，构建差异化监管方式，避免“一刀切”式的盲目放权，防止出现“一管就死”“一放就乱”等问题。

三是环节要衔接。课程、教学、考试、评价是学校育人工作的关键环节，必须系统推进，切实增强改革的衔接性。

要加强课程建设。课程是学校教育教学活动的基本依据，是学校人才培养的“施工图”。教育部颁布了新修订的普通高中课程标准，正在组织修订义务教育课程标准。各地各校要高度重视做好课程实施工作，确保开齐开足开好国家规定的各类课程，特别是综合实践活动、劳动、技术、艺术、体育与健康等课程，地方和学校还要积极开发丰富多彩的选修课程，满足学生多样化学习需要。对普通高中新课程新教材，目前已有部分省份全面实施，其他省份要争取明年启动实施。在教材使用上，各地要认真落实有关规定。

要优化课堂教学。课堂教学是学校育人的主阵地，必须练好这项基本功。要鼓励学校和教师积极探索基于情境、问题导向的探究式、综合化教学模式，促进学生自主、合作、探究学习。要建立推广应用示范区，加大国家级优秀教学成果奖推广应用力度。要巩固好疫情防控期间“停课不停学”成果，积极推进线上线下教学融合发展，教育部已系统开发了丰富的专题教育资源和精品课程资源，并通过国家中小学网络云平台和中国教育电视台专用频道免费提供使用，希望各地用好这些资源，服务学生自主学习，服务教师改进教学，服务薄弱地区共享优质教育资源。

要严格教学管理。要坚持向管理要质量。省级教育部门要抓紧研制分学科课堂教学基本要求，指导学校健全教学管理规程。学校要建立精准分析学情和学习困难学生的帮扶制度，重视差异化教学和个别化指导。普通高中学校要构建规范有序、科学高效的选课走班运行机制，加强学生发展指导，有序推进选课走班。幼儿园要注重科学保教，积极探索幼小科学衔接的有效途径，切实扭转“小学化”倾向。对特殊教育学生，要给予特别关心爱护。

要强化实践育人。教育与实践相结合，这是党的教育方针所规定的，也是基本经验总结。综合实践活动和劳动教育是实践育人的重要途径。各地要积极打造社会实践大课堂，深入开展劳动教育、志愿服务、研学实践和社会考察，让学生走进自然、了解社会，通过亲身体验和实践锻炼，开阔视野、增长才干、激发情怀。要让学生直接动手、出力流汗，不能纸上谈兵，也不能以手工制作完全代替劳动教育。

要完善质量评价。有什么样的评价指挥棒，就有什么样的办学导向。党中央、国务院印发了《深化新时代教育评价改革总体方案》，各地要认真学习领会，深入贯彻落实。在质量评价上，要完善义务教育、普通高中和幼儿园质量评价体系。教育部已经制定《义务教育质量评价指南》，旨在加快完善以发展素质教育为导向的义务教育质量评价体系，推动各地各校树立科学的教育质量观和正确的政绩观，扭转中小学“唯分数、唯升学”倾向。在考试评价上，要坚持依据国家课程标准命题，加快取消中高考考试大纲，引导教师依标教学，促进教考有效衔接，扭转“考什么教什么，怎么考就怎么教”的倾向。没有实行中考省级统一命题的省份要积极创造条件，加快推进省级统一命题，并切实提高命题质量。在综合素质评价上，要着力在真实性和简洁性上下功夫，切实增强操作性和便捷性，防止形式主义。

四是力量要统筹。校长、教师和教研员三支队伍对提高基础教育质量至关重要，对这三支队伍，建设要统筹、改革要贯通。当前，要特别突出把教师队伍建设作为基础工作，充分发挥教研队伍的专业支撑与引领作用。

要解决好教师配备问题。配齐配足教师是提高质量的基本前提。各地要加大编制统筹使用力度，按照中央有关文件要求，既要注重教育系统自身挖潜统筹，也要注重行业间、地区间的统筹，进一步完善中小学教职工编制核定，依照编制标准和配备要求，切实做好教师补充工作，严禁有编不补，建立健全教师正常补充机制。校长是一个学校的灵魂，有一个好校长，才有一所好学校，要下大力气选优配强校长。

要解决好教师能力问题。强化师范院校为基础教育服务的办学方向，深化师范教育教学改革，强化教师专业精神和教育教学基本能力培养。要加大教师培训力度，创新培训方式，突出新课程、新教材、新方法、新技术培训，着力提高教师育德、课堂教学、作业与考试命题设计、实验操作和家庭教育指导等能力，使教师更好地胜任新时代教书育人使命。

要解决好教师动力问题。充分调动和发挥教师积极性创造性是提高基础教育质量的动力源泉。各地要依法依规落实中小学教师待遇，切实保障教师应有的收入水平。要结合实际抓紧出台教师优待办法，完善教师激励体系，注重精神荣誉激励、强化专业发展激励、完善岗位晋升激励、健全绩效工资激励、突出关心爱护激励，切实提高教师的职业荣誉感和幸福感，充分激发广大教师的教育情怀和工作热情。

要解决好教研支撑问题。重视教研工作是我国基础教育的传统优势，对促进教师专业发展、提高教育质量具有重要支撑作用。要把教研网络织起来，进一步完善国家、省、市、县和学校五级教研体系，特别是要重点加强市、县两级教研机构建设和校本教研工作，着力强腰壮骨、固本培基。要让教研队伍强起来。教研机构应配齐所有学科专职教研员，并完善教研员准入、退出、考核激励和专业发展机制，同时加强兼职教研员队伍建设。要使教研指导实起来。教研员要坚持一线规则，主动深入学校、走进课堂，围绕一线教学认真开展研究，切实帮助教师解决教学中遇到的实际问题。要进一步加强德育、体育、美育、劳动教育和家庭教育研究，指导学校落实好全面育人要求。

五是内外要协同。办好教育事业，家庭、学校、政府、社会都有责任，谁都不是旁观者，谁都不能置身事外。这里重点强调几件事。

要深化招生入学改革。招生入学工作是学校和人民群众都非常关注的事项，是影响学校公平发展和维护教育良好生态的重要因素。这些年来，公办义务教育学校免试就近入学改革取得了显著成绩。今年，我们认真贯彻落实中央部署，按照“全部齐步稳步”的要求，首次全面实现了公办民办义务教育学校同步招生，有效解决了民办学校“掐尖”招生、考试招生、跨区域招生，甚至与培训机构勾连招生等恶性问题，构建了一视同仁、互不享有特权的招生入学机制，为形成公办民办学校公平发展良好教育生态注入了强大动力。这是一次重大改革，取得了预期效果，受到了社会各方面认可。各地要认真总结经验，进一步完善实施细则，巩固好来之不易的成果。同时，还要进一步落实公办、民办普通高中同步招生工作，高度重视一些地方“县中塌陷”现象，切实解决好“超级中学”、民办高中跨区域“掐尖”招生破坏区域教育生态问题。

要促进家校协同育人。习近平总书记高度重视家庭、家教、家风建设。今年新冠疫情期间，学生们长时间居家学习，使家长、学校和教师都受到了一次深刻的教育，家长对学校工作有了更多的理解，同时学校、教师和社会也更加认识到家庭教育的重要性。各地各校要高度重视做好家庭教育指导工作，建立常态化的指导机制，引导家长依法履行监护责任，在孩子成长过程中扮演更重要的角色，发挥好“第一任老师”的作用。要指导帮助家长树立科学育儿观念，把更多精力放在培养孩子的良好学习和生活习惯上，放在关注孩子身心健康和融洽亲子沟通上，理性帮助孩子确定成长目标，与学校教育教学工作形成合力。

要净化社会育人环境。社会文化环境是青少年健康成长的空气雨露。现在社会上一些网络媒体传播不良网络社交行为，市场上屡有出现有害网络游戏、非法出版物和黄赌毒信息等，严重毒化了中小学生的成长环境。对此，中央领导高度重视，社会各界也非常关注。最近，教育部等六部门共同部署开展了专项治理行动，各地要与公安、工商、市场监管和网信等部门密切配合，突出净化重点，切实做到全面清理、坚决遏阻、彻底打扫、除恶务尽，全面净化社会育人环境，为中小学生健康成长创造良好氛围。

校外培训机构治理工作已初步取得积极成效。各地要巩固好治理成果，进一步健全多部门联合执法检查机制，加强日常监督检查，及时查处违规培训行为，用好“黑白名单”，加大《中小学生校外培训服务合同（示范文本）》推广使用，把校外培训机构支持学校教育的正向作用发挥出来。同时，各地要健全中小学弹性离校制度，完善经费筹措机制，积极为学生提供丰富多彩的课后服务，进一步解决好家长的“三点半”后顾之忧。

三、牢牢把握基础教育综合改革的职责所在

把难关攻克，把要害突破，把文件中的一句句话转化为具体制度与行动，把会议部署的一件件事从纸面落到地面，这是落实的真正要义，是我们的基本职责所在，也是我们基本能力的检验。这一点，我们还要下很大的功夫。

要在加强组织领导上下功夫。深化基础教育综合改革、加强教学工作是一项涉及面广、要求高、难度大、任务重的系统工程。各地要将其纳入重要议事日程，切实加强党的领导，充分发挥党委教育工作领导小组统筹协调作用，精心组织实施。要健全部门协调机制，细化各项改革举措，压实工作责任，明确阶段性工作目标，有序推进。对改革过程中出现的一些新情况新问题，要及时研究提出对策。要高度重视防范和化解改革风险，切实处理好改革发展稳定的关系。要进一步调整优化经费使用结构，切实加大基础教育综合改革和教学工作的投入力度。“软件”建设周期长、见效慢，必须坚持久久为功，持续加大投入，为全面提高基础教育质量提供足够的经费保障。今年是谋划“十四五”规划的重要之年，要抓住这一契机，在认真总结、深入调研和广泛听取意见的基础上，将深化基础教育综合改革、加强教学工作重点任务纳入未来五年教育发展规划重要内容。

教育部基础教育教学指导委员会已经宣布成立，这是国家层面进一步加强基础教育教学指导工作的重大举措，有利于加强组织领导，也有

利于加强有针对性的指导。希望基础教育教学指导委员会积极作为，在推动教学改革、提高基础教育质量上发挥重要作用。

要在督导落实上下功夫。中央办公厅、国务院办公厅印发了《关于深化新时代教育督导体制机制改革的意见》，对教育督导“长牙齿”“上水平”作出了系列制度安排，这是督促检查基础教育综合改革和教学工作成效的重要抓手。各级教育督导机构要全面加强督政、督学和监测评价工作，把基础教育综合改革和教学工作的推进落实情况纳入政府履行教育职责评价体系当中，围绕学校落实国家课程方案和课程标准、规范使用教材、遵循学科教学基本要求、落实学校办学自主权、加强教师队伍建设、规范办学行为、改进教育评价方式等重点环节，强化督导问责，确保各项工作要求不折不扣落实到位。

要在宣传解读上下功夫。这些年，我们围绕一些社会关注、群众关切的基础教育热点难点问题推出了力度比较大的改革举措，比如公办民办义务教育学校同招、规范民办义务教育过度发展、普惠性幼儿园覆盖率达到80%、城镇小区配套园治理、校外培训机构治理、教育相关应用程序备案管理等。从现实情况看，改革的效果是好的，受到了群众的欢迎。对这些社会接受、家长接受的改革，一定要宣传好、解读好，澄清一些认识上的误区和分歧。要加强相关政策措施的宣传解读，认真总结典型经验和有效做法，通过主流媒体报道、召开现场经验交流会等方式，切实加大宣传推广力度，广泛凝聚改革共识，努力争取各方理解支持，为改革营造良好氛围。

加快构建现代职业教育体系*

从整体上看，我国的职业教育体系建立起来了，职业教育法制定以来的20多年，职业教育取得了长足的发展，但是职业教育在总体、结构、功能、相互关联、体制机制上，还有一些需要完善的地方。党的十九大报告提出要建立现代职业教育体系的总目标。这是职业教育发展的统领。发展职业教育，建立现代职业教育体系，我们要下一盘大棋。这盘大棋怎么下，我谈几点看法。

一、确立加快构建现代职业教育体系这个总体目标

服务于教育现代化，服务于建设教育强国，服务于办人民满意的职业教育，用“三个服务”，建立一个现代职业教育体系。这是一个总体目标。什么是现代职业教育体系？“现代”在什么地方？我们需要把这个概念讲清楚。

现代职业教育体系，首先是它的内容是现代的，包括专业课程、教材等。现在我们看职业教育，不是炒菜的，就是做衣服的，或是修车的、美容的，基本都是这些东西，这样不行，内容必须是现代的。结构必须是现代的，结构决定功能。现在的结构适应不了教育现代化的需要。标准必须是现代的，就是我们以什么标准去衡量它。更重要的是，教师队伍必须是现代的。中国职业教育从产生到现在，教师队伍还没有真正完成现代转型，“双师型”教师占比太低。我们的主体队伍，不是

---

* 2018年5月10日，北京。

大学转过来的就是高中转过来的，真正的职业教育的师资队伍还没有实现现代转型。

有一个问题要理清楚，什么是职业教育？有的认为是就业教育，以就业为主导的教育；有的认为是培训职业的教育，为职业生涯服务的教育；有的认为是技能教育，培训技能的教育。它究竟是什么？现在各方面对职业教育的要求，有的是从技能角度讲的，有的是从就业角度讲的。它的核心内容究竟是什么？所以，要好好研究怎么定义。我们今天讲的职业教育，是在教育体系里面比较特殊但很重要的组成部分，是以培养技能、提升能力为主要内容的，服务于学生职业生涯的这样一种教育。技能是操作范畴的东西，能力比技能要高一个层次。在人口结构中，不管是哪个国家，教育所覆盖的人口应该大量是这个部分。我们现在讲的普职比1∶1，很多地方都做不到，所以我们要研究这件事。

二、找准标准化建设这个重要突破口

下一盘大棋，要把标准化建设作为一个重要突破口。这里说的标准化建设，是服务于职业教育内涵式发展的标准。没有标准就没有质量，内涵式发展就是质量型发展，下一盘大棋就是下一盘提高质量的大棋。不是简单地为标准而标准，而是要通过标准体系的建设统领职业教育。中国各级各类各方面职业教育，都得按照标准来办。

我们要对现有的标准进行普查。许多职业学校建过自己的标准，但往往是把产业标准简单搬过来。普查的目的是把标准的家底调查清楚，将比较好的标准先选拔出来，在这个基础上逐步形成国家标准。专业标准和产业标准是有区别的，要进一步研究，专业设置上，其教学标准和产业标准的重合度有多大，将来我们要形成自己的东西。先选一些各方面比较关注的新兴产业，制定一批新标准，可以把产业协会用起来，跟行业职业指导委员会联合制定。这个标准不只是产业的标准，而且是这个产业的职业培训标准，是职业教育学生的培养标准。这个标准一旦发布，所有职业教育学校都要按这个来办，全社会都要服从标准。

将来这些标准发展到一定程度之后，我们就要建立教育部的质量体系认证标准，这就是我们提供给世界的标准。从中国标准到世界标准，这是我们要做的事。先从重点起步，比如护理、家政、老年服务，还有机器人、幼教等，一项一项来，把这项工作抓起来。

三、守住办学资质这个门槛

职业教育不抓资质是不行的。这些年教师队伍素质有所提高，就是因为我们始终坚持抓资质——前期是抓学历，后来抓教师资格证书。职业教育也要抓资质，比如建立学历证书加资历证书制度，也就是1+X，在某一个方面拿了技能合格证，就是有了这方面的资质。

也可以考国外的资质证书。我们的标准资质和国外怎么对接，要打通一个互认的渠道。

四、抓网络这个手段和阵地

在职业教育方面，我们要抓网络教育。我们缺乏“双师型”教师队伍，要依托实训基地，依托企业来发展职业网络教育，而不仅仅是靠课堂。新型的职业教育网络系统，正从“互联网+”向“人工智能+”转变，即从“互联网+职业教育”向“人工智能+职业教育”的方向走。这对我们来说是新的挑战，因为我们在这方面还有短板。

五、抓基地这个依托

职业教育，可以建一些基地推动发展。这里说的基地就是支撑这盘大棋的试验区。试验区建设和一些产业基地建设，还可有一些组织创新，如我们原来做的联盟。联盟可以创新升级、功能升级，把基地支撑好。没有基地就没法下棋。下过围棋的都知道“金角银边草肚皮”，不要往“草肚皮”上去下。抓好基地建设，为这盘大棋提供空间布局和支撑。

六、抓师资这个根本

师资是职业教育重要的基础性工作。抓师资要做好两件事，一件是培养，另一件是培训。培训是为了提高现有师资队伍素质，特别是促进转型，促进职业教育适应产业发展的需要。职业教育的师资是一个终身教育、终身学习的队伍，学习的方向是随着产业和市场发展，不断充电、不断提高的。普通教育有师范学院，职业教育没有，要不要建立职业教育师范学院，这需要研究。可以考虑依托一些行业协会和国有大企业来培训，把它算作校企合作的重要内容。这样的培训，以短训为主，同时开辟外训渠道，可以募集一些资金，也可以找一些支撑单位。可以选一些重点行业、产业的教师，每年组织几批出去，到德国、瑞士去培训，一次半个月，去学习、开眼界，开辟国际培训的渠道。留学基金委可以提供一些支持，为职业教育在培训方面创造一些条件。这项工作最重要的是职业师范的发展和普通师范是不一样的，挑战更大一些，因为除少数原理课之外，培训更多的是和产业、市场需求联系在一起，所以要研究职业师范发展的规律和特点，把职业师范体系建起来。还要建立空间布局，要按大区做，可以布学校，也可以布中心。这件事很难办，但不办不行。

七、抓评价这个龙头

职业教育的评价体系和普通教育要区分开来。总的思路叫德同业异，技能为先。德育是相同的，“业”是内容，和普通教育不一样，技能优先，是一种以就业为主导的技能培养。在古代，技能都是在一个自然生产单位传授的，有一些家庭积累了一些特殊的技艺，这些特殊的技艺还代代传承。那时候的评价，就是看技能水平，这是资质问题。这些有技艺的家庭，赚的钱多了，渐渐当木匠、理发师等，就专业化了，这就是最初的职业教育。这时候靠家庭传承不行了，是专业经营了，就得带学徒。学徒期，学徒得好好干活，学徒学了技艺，但赚的钱不归自己。学徒可以独立出去，但节日的时候得孝敬师傅，这就是师傅带徒弟的收入。社会化大生产，这种作坊式的职业教育不能适应社会发展，就有了专门的技工学校，在技工学校基础上，逐步有了学理支撑，这就产生了现代职业教育。现代职业教育，最初是瞄准发明的，促进了各种发明和专利，跟产业紧密结合在一起，形成了职业教育的评价体系。所以，把职业教育的评价体系建立好，这关系到指挥棒，是大事。

八、抓教材这个基础

职业教育的教材，既要“一统天下”，又要“百花齐放”。“一统天下”是说主导性、基础性教材，是以国家的名义，还是以省为单位，还是以行业为单位，做统编教材；“百花齐放”，就是要给地方教材和校本教材一定的比例、空间，但是，校本教材要大力压缩。现在职业教育方面的教材良莠不齐，主要是校本教材问题比较多。要有严格的审读机制，要有门槛，不然会影响职业教育的质量。要更多地考虑“双师型”教师在教材建设中的作用，考虑行业和企业的作用。

九、抓渠道等机制建设

渠道就是我们讲的“立交桥”，这里有个辩证关系要处理，就是体系和层次的关系。凡是体系都有层次。两个体系，一个是职业教育在教育体系中的地位，它是教育体系的一个重要组成部分；另一个是组成职业教育的要素在现代职业教育体系中的地位。职业教育在教育大体系中是平等的，是一个类型，而在职业教育体系里面，其组成要素是有层次的。把这个体系和层次的关系讲清楚，我们才有所谓的“立交桥”。建“立交桥”的目的是给那些沿着职业教育的渠道走到自己选择的终端的学生提供一个变道超车的机遇。它不是弯道，是变道，若他选择学到一定层次，不想继续，可以选择进入普通教育。这个通道怎么开？另外，在职业教育体系中学到顶，比如说高职毕业了，想继续深造，怎么办？

职业教育有没有研究生？职业教育要不要设研究生？如果转向普通教育，按什么标准转？在这些年工作的基础上，要进一步把渠道打通。打通后能不能走通，还需要在实践中探索。我们要从学前教育开始，让孩子都知道普通教育、职业教育这个选择是他们要面对的，要干什么就要面对什么。这也叫渠道，畅通渠道是一次疏浚。我们热衷于普通教育，基本上还是传统的教育观、成才观。在社会上升渠道方面，如职业晋升、学业提升等，怎么平等对待职业教育？有没有门槛？有没有歧视？这都属于渠道的问题。

十、抓环境这个要素

环境营造的问题包括待遇和社会评价，也包括典型的树立，还包括职业教育方面的宣传。营造良好氛围，在环境方面需要做大量的工作。

这十点就是职业教育要下一盘大棋需要做好的重点工作。中国职业教育的发展，特别是现代职业教育体系的建设，是一个长期的历史过程，要稳妥推进，不能急于求成。当前职业教育领域面临的问题，也要历史地看，历史遗留的问题是要通过一定的历史进程解决的。职业教育的春天一定会来，等社会发展到一定程度，特别是个人收入、公共服务、个人价值的实现程度达到一定的均衡点的时候，学职业教育的人会多起来，我们对此要充满信心。

职业教育改革发展要走内涵式发展道路*

经过这两年的努力，职业教育这盘大棋大的布局摆出来了，已经有了一些气势。人们最容易在“棋局”摆开的时候头脑发热，也有人在棋局摆开的时候凑热闹，“起哄架秧子”。我们千万不能因为职业教育呈现大发展的态势，就“到处点火”“四处开花”，在外延上下功夫、在规模上做文章。质量是第一位的，从根本上讲，职业教育的地位要靠质量来保障。从现在起，要不失时机地把职业教育改革发展的工作重心坚决转到提高质量上来，走内涵式发展道路。各项工作要稳妥推进，绝不能滥，给以后的发展留下遗憾。我们要围绕提高质量，进行职业教育领域的质量革命。

“职教20条”即《国家职业教育改革实施方案》发布之后，职教战线的反响是好的，宣传解读工作要继续抓下去，更重要的是抓好贯彻执行。

一要把创新点梳理出来，分项制定落实方案。比如1+X证书制度试点工作如何启动、“双高”建设如何遴选、教育教学相关标准如何完善、国家资历框架如何制定、本科层次职业教育试点如何开展、产教融合型企业认证制度如何建立、高水平专业化产教融合实训基地如何建设，还有职业教育作为与普通教育不同的教育类型如何发展等。要把这些重要创新点梳理出来，尽快分项地制定政策措施和操作方案。

二要组织培训。每一个创新点都要组织研究，然后对地方分管领

---

* 2019年，北京。

导、教育行政部门和职业院校负责同志及具体操作人员等进行培训。三要用新机制抓落实。逐省逐市去谈，“单兵教练”，“把脉诊断”，明确每项工作地方怎么做、我们怎么做，签署备忘录，然后依据备忘录来抓落实，压实地方政府办好新时代职业教育的职责。

把《国家职业教育改革实施方案》解读好，要注意三个方面。

一是解读成职业教育的一次大改革。实施高职扩招百万，有通过提高职业技能来实现充分就业的考虑，但不仅仅是为了促进扩大就业。对我们来说，这是职业教育的一次大改革，要通过高职扩招百万，冲破制约职业教育改革发展的禁区，突破一些关口。

二是解读好政策亮点。“职教20条”没有讲高职扩招百万，但高职扩招百万是落实“职教20条”的重要内容，要纳入“职教20条”，结合“职教20条”政策亮点来解读，不能搞成“两张皮”。

三是解读好特殊措施。对退役军人、下岗失业人员、农民工和新型职业农民的特殊措施，要不厌其烦地讲。

三个方面的解读汇聚起来，都归结到职业教育与普通教育是两种不同类型的教育，具有同等重要地位，要树立新的教育理念。

我们要尽快把关于职业教育定下来的几件事抓起来，扎扎实实往前推进。在山东调研时，我提出了整省推进职业教育的建议。整省推进是一个创举，具体来说就是要整省推进、提质培优、探索中国特色职业教育模式。职业教育具有“增值”“选择”“赋能”三大特征。增值是给学生、给教师、给企业、给社会增加价值，这是职业教育最本质的东西；选择是因为职业教育与市场紧密联系，要给学生提供更多选择机会；赋能是基于职业教育是技能教育，要培养能力，将来的中国要建设技能社会、职业社会、诚信社会。

“人人皆可成才”，努力推动技能型社会建设*

党的十九届五中全会审议通过的《中共中央关于制定国民经济和社会发展第十四个五年规划和二〇三五年远景目标的建议》对职业教育提出了新的更高要求。建设现代职业教育体系，要认真贯彻落实习近平总书记重要指示精神，按照进入新发展阶段、贯彻新发展理念、服务新发展格局的要求，加快推进。特别是要充分发挥省里的统筹权，结合各省实际，把各项具体要求落实到位。

技能型社会，大家觉得这个提法好，但是技能型社会究竟是什么，还没有真正讨论起来。我们始终要有一个清醒的认识，建设技能型社会不仅是教育的事，而且是全社会的事。怎么样让大家真正知道技能型社会的主要内涵、重大意义、基本要求，要想办法尽快讨论起来。要在教育领域、在职业教育战线讨论这件事，从而推动全社会也讨论起来。只有这样才能形成认识上的突破，真正把这个主张变成全社会的自觉行动。

全国职业院校技能大赛进行改革试点，要探索完善办赛机制、补齐短板。所谓改革试点赛，就是说对原来的职业技能大赛要进行改革，而这个改革，需要先试点摸索，看看哪些方面需要完善，哪些方面需要补短板，哪些方面需要进一步推进。希望通过今年的大赛和改革试点，全国职业院校技能大赛能实现这样几个目标。

第一，树旗。技能大赛要扛起国赛的大旗，扛起当今世界水平的职

---

* 2020年、2021年，潍坊、北京。

业技能大赛中国赛队的大旗，将来跻身世界著名大赛团队。我国是职业技能大国，是当今世界职业技术教育最大规模的国家，我们应当有信心举办这样一个世界级的大赛。要树旗，把旗帜扛起来，这是我们全体职业教育工作者共同的责任。

第二，导航。要通过职业技能大赛，对中国职业技能发展的未来进行定向，引导职业教育发展的方向，这才是大赛的目的。大赛不仅仅是展示技能，而且要展示方向，引导方向。所谓试点，就是要在导向方面建立机制，作出探索。

第三，对标。要通过技能大赛各项赛制的比拼，对我们职业技术教育、课程建设、人才培养，以及和产业的结合、和企业的合作等方方面面，立足于专业制定标准，促进职业教育标准的不断更新，不断升级。没有标准就没有职业教育。

第四，催化。技能大赛对职业教育来说，是催化剂。它不仅仅是一个赛场，更要起到催化的作用，既要促进成果的转化、技术的应用，还要培育好的技能苗子、孵化出好的成果。在这一方面，要作出安排，或者进行探索。

职业教育下一步重点做什么文章？概括起来讲，职业教育要在“五入”上下功夫。

第一，“长入”经济。在“十四五”期间，我们要让职业教育“长入”经济，就是长到经济里边去，成为经济活动的内生变量，成为构成产业链、产品链、供应链、资金链、信息链的“砖瓦”和基础要素。要向这个方向发展，这是我们职业教育要走的路。职业教育仅仅作为外生变量是走不远的，所以要“长入”经济。

第二，“汇入”生活。现代中国人的生活，离开技能不会有全面发展，不会是高质量的生活。要高度重视技能在我们中国人生活中的作用。全面建成小康社会之后，我们要进一步提高人民群众的生活水平，就是要增加技能的含量，就是要让技能“汇入”生活。我们经常讲几个公式。第一个公式，“思想+行动=实践”。没有思想，仅仅是一个行动，不叫实践。第二个公式，“技能+活动=生活”。没有技能，仅仅是活动，不是生活。第三个公式，“价值+知识或技能=成长”。这里讲的知识或技能，就是把普职两种不同类型的教育加起来。全社会要支持、重视职业教育，创造好的条件，营造浓厚的氛围。

第三，“融入”文化。我们的文化中，技能这方面是短板。技能常被视作奇技淫巧。在全面建设社会主义现代化国家新征程中，技能非常重要，所以我们要高度重视它，建设技能文化。学历只是一个证书，能力才是保证。从某种意义上讲，就是要增加我们文化中的技能含量。高度重视能力而不是学历。

第四，“渗入”人心。就是要渗透到人心里面去，整个社会要高度重视技能。我们每一个人都要重视技能，要认识到没有技能寸步难行。“社会主义核心价值观+一门技能”，要成为标配。国家重视技能，社会崇尚技能，人人学习技能，人人拥有技能，我们才能建成社会主义现代化强国。这一点要“渗入”人心。

第五，“进入”议程。就是要进入各级党委政府的决策议程。要体现在进入规划，进入体系，进入议事规则，进入预算。要经常讨论、研究，怎么样让职业教育在本地经济社会发展中发挥重要作用。

要在这“五入”上下功夫，推动职业教育发展，建设技能型社会，建设技能中国。很多东西，我们现在只能够设想出来、能够设计出来，但是制造不出来。有一些事就如一层窗户纸，职业教育要干的事就是要捅破这层窗户纸。我们现在能看到窗户纸，但是没有人捅破，就是因为我们缺乏“金刚钻”。“金刚钻”要靠职业教育。职业教育的发展使命光荣、任重道远。

高等教育要落实四项任务，着眼九个关键词*

高等教育必须全面落实四项重要任务。一是把加强党的领导落到实处。党的领导是中国特色社会主义教育的灵魂。要保持政治定力，加强党对高校的领导，抓好党建工作、思想政治工作和意识形态工作。要坚持思想建党和制度建党相结合，落实党委的主体责任和纪委的监督责任，坚持和完善党委领导下的校长负责制，加强基层党组织特别是教师党支部建设。提高党建科学化水平，做到质量建党。要通过推进教师、学生两大群体并进，推动思想政治工作改革创新。要牢牢把握意识形态工作的主动权和领导权，抓好教材特别是马克思主义理论研究和建设工程教材建设。二是始终坚持立德树人这一根本任务。要更加重视因材施教，突出学生的主体地位，把立德树人落实到学生健康成长上。要加强师德建设，重视提升教师教学能力，把立德树人落实到教师教书育人上。要舍得用力，下足功夫，优化资源配置，加强本科教育，把立德树人落实到提高本科教学水平上。要抓责任、抓标准、抓激励、抓评估，把立德树人落实到提高教育质量上。三是认真做好服务国家这篇大文章。要扎根中国大地，为人民服务，为中国共产党治国理政服务，为巩固和发展中国特色社会主义制度服务，为改革开放和社会主义现代化建设服务，增强服务国家意识，主动与国家战略对接。优化办学结构，培养大批优秀的学科带头人、学术领军人物，构建协作体系及安全评价机制，不断提高服务能力。拓展服务面向，在建设社会主义先进文化，建

---

* 2016年12月9日，北京。

设中国特色新型智库、经济建设主战场，构建中国特色哲学社会科学方面发挥作用。四是着力推进高等教育改革创新。改革是办好中国特色社会主义大学、建设高等教育强国的关键所在和动力所在。要用好高校办学自主权，加强以章程为核心的制度建设体系，进一步提升管理水平，提高领导干部依法治校能力。要形成充满活力的科技管理和运行机制，更好激发广大科研人员积极性。要以改革精神推进“双一流”建设，真正实现内涵式发展。

当前和今后一段时间，高等教育改革发展各项工作都要围绕迎接党的十九大来谋划，要遵照中央要求，按照学校制定的规划、计划，谋深谋细，对表对账，着眼学习、稳定、改革、公平、质量、就业、教材、党建、落实等关键词，聚焦聚力，抓紧抓实，为党的十九大胜利召开营造良好氛围。

第一，学习。一是需要进一步学习、领会党的十八大和十八届三中、四中、五中、六中全会精神，这是我们学习的一个中心。二是学习习近平总书记系列重要讲话，特别是党的十八大以来党中央形成的治国理政新理念新思想新战略，这是要为党的十九大做好思想和理论上的准备。三是学习全国高校思想政治工作会议精神。四是学习党的十九大精神。

第二，稳定。为党的十九大的顺利召开营造良好的氛围和环境，这是各高校和高等教育战线、全教育战线肩负的首要政治责任。和谐稳定是总基调。

第三，改革。无论是综合改革，还是专项改革，都要充分考虑承受能力。一是在扩大改革受益面上下功夫。二是聚焦改革突破口。三是梳理一些改革的举措。

第四，公平。现在整个教育战线都面临着如何促进公平的重大挑战，相对来说，基础教育对公平的呼声高一些，高等教育对质量的呼声高一些。要保持清醒的头脑，已经部署的有利于公平的事情、改革，要稳步推进。

第五，质量。质量问题是教育战线形成的最大共识，提高质量是共同的要求。在提高质量这个问题上，尽可能地多一点措施、大一点力度。

第六，就业。要发挥我们的制度优势，高校要抓就业工作，这是我们的中国特色，也是高校为党和国家承担的重大责任使命。

第七，教材。国家要成立教材委员会，教育部设立教材局，这是一个重大调整。基础教育的步子要迈得大一点，高等教育也要起步。基础教育要注重新编教材的推广工作，三年达标，今年是第一年。高等教育明年先抓三件事：一是马克思主义理论研究和建设工程教材的推广应用；二是进口教材的使用、清理和把关；三是抓好思政课教材的建设。

第八，党建。这是根本保证，要根据全国高校思想政治工作会议精神，不断加强党的建设。一是关于党委领导下的校长负责制问题。这是中国大学根本的领导体制，要从这样的高度去认识它，不要简单地把它降格为现代大学制度的组成部分。二是党委领导下的校长负责制下，无论是书记还是校长、各位成员，都要按照民主集中制去做。民主集中制，核心是民主，关键是集中。高校党委班子按照民主集中制做，具体运作说得形象一些，重点是几个“手”：一是“举手”，同意就是同意，不同意就是不同意，希望少一些“没意见”。二是“拍手”，鼓掌通过，一把手拍板就是拍手，这是一个决策行为。三是“拉手”，赞成不赞成，形成决定之后要携手奋斗，手拉手、心连心。要致力于提高领导班子的集体智商和集体情商。

第九，落实。教育战线要狠抓落实，对自己的工作按照问题导向做好摸排，看看在落实方面有什么问题，把问题弄清楚。

办中国特色世界一流的高水平本科教育*

本科教育是高校最基础、最根本的工作，本科教育对实现高等教育内涵式发展、建设高等教育强国具有纲举目张的战略意义。没有高水平的本科教育，就办不好我国高校，建不成世界一流大学。要深入贯彻习近平新时代中国特色社会主义思想和党的十九大精神，牢牢抓住全面提高人才培养能力这个核心点，加快建设高水平本科教育，形成高水平人才培养体系，培养德智体美全面发展的社会主义建设者和接班人。要以“回归常识、回归本分、回归初心、回归梦想”为基本遵循，牢固树立以人才培养为本、以本科教育为根的鲜明导向，释放“不抓本科的高校是不合格的高校，不重视本科教育的校长是不合格的校长，不参与本科教学的教授是不合格的教授”的强烈信号。要把本科教育放在高校教育教学的基础地位上，放在人才培养体系的核心地位上，放在新时代高等教育改革发展的前沿地位上，舍得用力抓、下足功夫抓，办出中国特色世界一流的高水平本科教育。

“振兴本科”面临的历史惯性很大、需求变化很大、社会环境很复杂，要坚持问题导向，全面梳理影响本科教育改革发展、影响“以本为本”和“四个回归”的主要问题，逐项研究部署。为此，要抓好三件事。

一是依法依规从严治校从本科开始，要用雷霆手段、铁的纪律、坚强意志来治理整顿本科教学秩序，各高校都要普遍开展起来、抓起来。

* 2018年6月，北京。

二是总结推广抓本科教育的好经验，积极加以引导。

三是抓紧落实面向2018级本科生的具体工作计划和工作方案，持续抓四年、全程管到位，由各高校负责人盯住。同时要面向本科二、三年级和毕业班学生，分类指导、加强教学，对毕业班学生要确定“严出”的要求。我们有体制优势，只要认准了，坚持不懈抓下去，本科教育发展就一定会有效果，会有大的效果。

立足新发展阶段，加快构建高质量高等教育体系*

党的十八大以来，习近平总书记高度重视高等教育工作，亲自谋划、亲自部署，多次深入高校视察，给高校师生致信复信，给高校校庆活动发出贺信，特别是4月19日习近平总书记到清华大学考察并发表重要讲话，深刻揭示新时代高等教育的历史使命，科学概括建设世界一流大学的任务要求，对青年大学生和高校教师提出殷切期望。

总书记关于高等教育的重要论述，是习近平新时代中国特色社会主义思想的重要组成部分，是推动高等教育改革发展的根本遵循和行动指南，我们要深入学习领会，全面准确把握其中的科学内涵和精神实质，更好地武装头脑，指导实践，推动工作。要把握好以下五个方面。

一是把加强党的建设作为坚强保证，坚持和加强党对高校的全面领导，坚持马克思主义的指导地位，全面贯彻党的教育方针，坚持社会主义办学方向，坚持和完善党委领导下的校长负责制，把党的领导贯穿办学治校、教书育人全过程，不断提高全体党员干部师生的政治判断力、政治领悟力、政治执行力。

二是把立德树人作为根本任务，牢记教育为党育人、为国育才的初心使命，引导广大青年学生肩负历史使命、坚定前进信心，立大志、明大德、成大才、担大任，让青春在为祖国、为民族、为人民、为人类的不懈奋斗中绽放绚丽之花。

三是把服务国家作为最高追求，立足“两个大局”，心怀“国之大

* 在教育部直属高校工作咨询委员会第三十次全体会议上的讲话，2021年5月11日，北京。

者”，把握大势，敢于担当，善于作为，为服务构建新发展格局，服务国家富强、民族复兴、人民幸福贡献力量。

四是把学科建设作为发展根基，充分发挥基础研究、学科交叉融合的天然优势，增强学科设置的针对性，加大自主创新力度，助力国家科技自立自强。

五是把深化改革作为强大动力，增强教育改革的系统性、整体性、协同性，以教育评价改革为牵引，统筹推进育人方式、办学模式、管理体制、保障机制改革，努力构建德智体美劳全面培养的教育体系，加快建设高质量教育体系。

在习近平总书记的亲切关心、亲自指导下，在总书记关于教育的重要论述科学指引下，经过党的十八大以来8年多的努力，我国高等教育事业发展取得了历史性成就，发生了历史性变革。

办学规模更大了。高等教育在学总规模目前达4 183万人，毛入学率从2013年的34.5%跃升至54.4%，实现从大众化到普及化的历史性跨越。每年为经济社会发展输送七八百万名高校毕业生，新增劳动力中有53.3%的人接受过高等教育。

党的领导更强了。各高校全面贯彻党的教育方针，落实立德树人根本任务，广大师生思想主流积极健康向上，对党的领导衷心拥护，对习近平新时代中国特色社会主义思想高度认同，对习近平总书记党中央的核心、全党的核心地位坚决维护，对中国特色社会主义和中华民族伟大复兴充满信心。面对各种噪音杂音、风吹草动，高校保持总体稳定，成为坚持党的领导的坚强阵地。

服务水平更高了。“以本为本”即把本科教育放在人才培养的核心地位、放在教育教学的基础地位、放在新时代教育发展的前沿地位，“四个回归”即“回归常识、回归本分、回归初心、回归梦想”，“五个决定”即“教学决定生存、科研决定水平、质量决定兴衰、服务决定地位、制度决定成败”深入人心，人才培养中心地位和本科教育基础地位不断巩固。主动应对新科技革命和产业变革的挑战，加大学科专业调整力度，启动建设卓越研究生教育，人才培养质量不断提高。“双一流”首轮建设成果令人振奋，推动形成支撑国家长远发展的硬实力。“十三五”期间，高校获得70%以上的国家自然科学奖和国家技术发明奖，牵头完成50%的“中国科学十大进展”，基础研究的主力军、重大科技突破的策源地地位更加突出，成为国家创新体系的重要组成部分。

影响力更大了。我国已成为全球最大留学生源国、亚洲最大留学目的地国和世界一流大学的重要合作方，高等教育学历学位互认覆盖54个国家和地区，工程教育、医学教育加入国际认证体系，主导成立世界慕课联盟，我国高等教育开始成为世界高等教育发展的重要引擎。高等教育取得的辉煌成就，为今后发展奠定了坚实基础。

习近平总书记指出，新中国成立以来，我国高等教育办学规模、培养质量、服务能力实现历史性跃升，特别是党的十八大以来，我国高等教育与祖国共进、与时代同行，创造了举世瞩目的发展成就。总书记的充分肯定，既是对我们的鼓舞，更是对我们的鞭策。

党的十九届五中全会作出了“建设高质量教育体系”的重大决策部署，我们要深刻领会党中央的战略意图，抢抓历史机遇，紧扣时代脉搏，立足新发展阶段、贯彻新发展理念、服务构建新发展格局，坚持为党育人、为国育才，加快构建高质量高等教育体系。

一、党建思政工作要高质量

中国共产党的领导是中国特色社会主义最本质的特征，是中国特色社会主义制度的最大优势。要毫不动摇坚持和加强党对高校的全面领导，以政治建设为统领构建高质量高校党建工作体系，为高等教育发展提供坚强保证。

党建工作要在抓基层打基础上下功夫。要落实党委领导下的校长负责制，把党管办学方向、管改革发展、管干部、管人才、管意识形态落实落地，把党的集中统一领导落实到办学治校全过程各方面。现在高校党建工作和党组织的作用存在层层递减的问题，越到基层越薄弱，要树立大抓基层的鲜明导向，全面落实新修订的《中国共产党普通高等学校基层组织工作条例》，实施好基层党建质量提升攻坚行动，实施“对标争先”各类计划，强化院系级单位党组织和师生党支部政治功能，把基层党组织建设得更扎实、更有力。这些年，高校意识形态工作发生格局性的变化，要将其上升为坚持马克思主义在意识形态领域指导地位的根本制度。要健全责任链条，层层压实责任，确保每一块阵地、每一个环节都有人盯、有人管，牢牢掌握工作主导权，坚定不移地用马克思主义占领高校阵地。

思政工作要在完善体系上下功夫。要抓好《关于加快构建高校思想政治工作体系的意见》落实，加快构建全员全程全方位育人制度，推动形成目标明确、内容完善、标准健全、运行科学、保障有力的思想政治工作体系。充分发挥思政课关键课程作用，落实党委书记、校长带头抓思政课机制，实施深化新时代思政课改革创新质量提升专项行动，持续推动课程思政与思政课程同向同行。要加强高校教材工作管理，把教材作为加强高校思政工作的重要载体，作为全面推进课程思政建设的重要抓手，加快做好党的创新理论进教材进课堂进头脑工作，积极推进专业教育与思政教育相融合，加强教材管理，拓宽教材形态，打造高质量精品教材，发挥教材培根铸魂、启智增慧重要作用。

教师队伍建设要在提升思想政治素质上下功夫。要把师德师风建设摆在首要位置，引导广大教师继承发扬老一辈教育工作者的精神，以赤诚之心、奉献之心、仁爱之心投身教育事业。加强师德师风建设，不抓好教师思想政治工作不行。从根本上说，教师思想政治工作就是教师队伍的政治建设。要提高政治站位，把教师思政工作摆到维护政治安全、政治稳定的高度来抓，构建教师思想政治建设、师德师风建设、业务能力建设的大格局。要坚持德法并举，强化政治意识和品质修养，打造德才兼备的高素质教师队伍。系统检视新时代高校教师职业行为准则的落地情况，严把入口关、考核关、监督关、惩处关，发现一起、查处一起、通报一起、警示一片。要持续改善教师地位待遇，尊重教师主体地位，激发教师的积极性和创造性，鼓励争做“大先生”。

二、人才培养要高质量

高质量的高等教育体系，核心点是人才培养的高质量。从2018年全国教育大会、新时代全国本科教育工作会议到2020年的全国研究生教育会议，高等教育人才培养“连续剧”全面展开、重点任务持续深化。

要以结构调整为先手棋。在学科专业结构上，要跟着市场调，盯着未来走，面向经济社会发展需求、面向国家重大战略特别是“卡脖子”领域，建立紧缺人才预警机制、专业重点建设机制，及时修订学科专业目录。研制国家重点支持的学科专业清单，积极布局支撑国家原始创新能力和可持续发展能力的基础学科专业，扶持冷门学科专业，加强应用学科专业，调整国家关键领域急需高层次人才培养计划，加大理工农医紧缺人才供给。要研制交叉学科设置与管理办法，探索建立交叉学科发展特区，加快交叉学科专业建设，建成创新“增长极”。高校要坚持有所为、有所不为，聚焦主干优势学科和办学定位，全面推进一流学科培优行动，厚植学校发展后劲。在空间结构布局上，要围绕“四点一线一面”，全方位深度融入国家区域发展战略。支持海南建设国际教育创新岛，面向粤港澳大湾区发展需求建设国际教育示范区。以长三角为龙头建设长江教育创新带，促进京津冀三地教育协同，高起点高标准推动雄安新区教育发展，推动海峡两岸高等教育提质创新，推进东北地区教育发展新突破，加快振兴中西部高等教育，不断激发中西部高等教育内生动力和发展活力。

要以培养模式为主抓手。坚持“以本为本”，落实“四个回归”，强化使命驱动、注重大师引领、创新学习方式、促进科教融合、引领培养模式改革。精心实施“六卓越一拔尖”计划2.0和“双万计划”，建设一批一流专业、一流课程、一流基地，选拔培养一批基础学科拔尖人才，着力打赢高质量本科教育攻坚战，让本科人才培养质量实实在在高起来、强起来。深入推进“四新”建设。新工科要全面深化，布局建设未来技术学院、现代产业学院、特色化示范性软件学院等，以组织模式创新带动工程教育全方位深层次变革。新医科要加快融合发展，将医学发展理念拓展为预防、诊疗和康养，服务生命全周期、健康全过程。新农科要高位推进，深入贯彻落实习近平总书记给全国涉农高校的书记校长和专家代表的重要回信精神，用现代科学技术改造升级涉农专业，助力乡村振兴。新文科要加快未来布局，开好政法实务、新闻传播、经济、艺术四个中国系列大讲堂，推动培养具有自信心、自豪感、自主性的新时代文科人才。深入实施“双一流”建设。在完成首轮建设成效评价基础上，遴选确定新一轮建设范围。坚持“非均衡、非固化、非全面、非常规”的原则，保持战略定力，常抓不懈，久久为功，持续加强高层次人才本土化培养，增强研究生创新能力、实践能力，打造创新发展的新锐力量。

要以信息技术为催化剂。应对疫情开展的史无前例、世无前例、规模最大的在线教学实践，极大地改变了教师的教、学生的学、学校的管，“学习革命”已经实实在在进入了大学校园。现在大学生的主体是“90后”和“00后”，他们是互联网的原住民。我们要更新教育理念、变革教育模式，推进教育信息化、数字化、智能化，建设“人人皆学、处处能学、时时可学”的智慧型学习环境。要实施教育新基建工程，将教育信息化基础设施建设作为重要内容，加快推进5G网络进校园和无线校园网络建设，推动大数据、人工智能、物联网、云计算、虚拟现实等技术在教育领域的规模化应用。要推进新技术与教育教学深度融合。推进校园基础设施智能化改造，普及智能教室、虚拟实验实训室、智能图书馆等智能学习空间和各类符合标准的学习终端，鼓励开展人工智能、大数据等技术支持的教育教学方法创新。要加大慕课与在线教育资源建设。鼓励更多高校和教师建设慕课等教育资源，扩大优质教育资源的可持续供给，扩大在线平台开放力度，让优质教育资源助力更多欠发达地区的大学提高教育质量。要提供贯穿学习过程的学习指导和支持服务，提高慕课学习的有效性。

三、科研服务要高质量

高校创新资源集聚、创新活动深入、国际交流活跃，是国家创新体系的重要方面军、生力军。要充分挖掘潜力、发挥优势，构建高质量科技创新体系，打造服务科技自立自强的战略科技力量。

要提升原始创新能力。持续落实“珠峰计划”和《关于共同推进高校加强“从0到1”基础研究行动方案》，开展前瞻性、战略性、前沿性基础研究。积极做好基础学科拔尖学生培养计划基地建设，深入实施“强基计划”，重点向数学、物理、古文字学等基础学科专业倾斜。加快推进前沿科学中心、集成攻关大平台建设布局，集中力量支持原创性成果重大突破，解决缺少“从0到1”的原创性成果问题，打造一批国家重大科技基础设施等“国之重器”，努力构筑我国在相关基础前沿领域最具代表性的学术高峰。

要奋力破解“卡脖子”问题。进一步落实“关键领域自主创新五五行动”，打通从原始创新到产业化的全链条设计，提升高校集成攻关能力。加快实施顶尖学科领域建设计划，发挥新型举国体制优势，围绕国家安全和经济社会发展的若干关键领域，攻克“卡脖子”的关键核心技术，加强产学研深度融合，促进科技成果转化，补齐当前“卡脖子”问题的基础理论和技术创新短板。

要繁荣发展高校哲学社会科学。突出文化引领，加强习近平新时代中国特色社会主义思想研究中心（院）建设，持续推进中国特色新型高校智库建设，形成一批主体性原创性研究成果，讲清楚“中国奇迹”背后的道理、学理、哲理。要打造中国特色的高等教育话语体系，讲好中国高等教育故事，探索提供中国理论、中国范式、中国方案，彰显中国高等教育制度优势和治理效能，提升我们在世界高等教育领域的影响力、感召力、塑造力。

要塑造良好学风。优良的学风是科学研究的生命线，是科研服务质量提升的重要环境和土壤。要着眼激发人才创新创造活力，赋予高端人才更大的队伍建设、经费支配、技术路线自主权，引导科研人员专心致志、卧薪尝胆、扎实进取。要给年轻人压担子，使青年人才脱颖而出、发挥才干，形成人才辈出、人尽其才的良好局面。

四、治理体系要高质量

高水平的治理，是高质量教育体系的重要支撑和保障。要通过持续深化改革，加大依法治教力度，加快治理体系和治理能力现代化步伐。

要进一步理顺政府与高校的关系。以"放管服"改革为总闸门，进一步厘清政府、学校、社会的权责边界与权利义务关系，落实和扩大高校在学科专业、编制岗位、进人用人、科研管理、经费使用等方面的自主权，减轻基层负担，让学校静心安心办学。高校自身也要不断深化改革，把下放的权力切实接好用好，避免一放就乱。

要打好评价改革落地"最硬的一仗"。教育评价是"指挥棒"，牵一发而动全身。党中央、国务院印发《深化新时代教育评价改革总体方案》，实现了关键突破，但这只是走完了评价改革万里长征的第一步，贯彻落实将是"更硬的一仗"。高校要从党中央关心、群众关切、社会关注的问题入手，紧扣破除"唯分数、唯升学、唯文凭、唯论文、唯帽子"的顽瘴痼疾，破立结合，破除不科学、不合理的教育评价做法和导向，建立科学的、符合时代要求的教育评价制度和机制。清华大学认真排查论文相关指标使用情况，梳理检查文件，修订相关标准制度文件，学校所有学科已经不再把公开发表文章的数量作为学位论文答辩前置条件，并从完善教师评聘学术标准、研究生学位创新成果评价、学生荣誉奖励体系等方面推进学术评价导向的全面转变。各高校要对标对表《深化新时代教育评价改革总体方案》任务要求，特别是“十不得、一严禁”等事项，按照本校“工作清单”，强化台账管理和过程跟踪，持续开展文件、规章、制度的清理规范，加强常态化纠治，坚决把与方案精神不一致的各种做法、规定一律改过来，切实做到令行禁止。破“五唯”这件事推进一段时间后，还要评估实际效果，把环节闭合起来。

要完善内部治理体系。要坚定不移地把习近平法治思想贯穿办学治校全过程，注重运用法治思维和法治方式，提升依法治校水平。教育部针对高等学校法治工作专门发文，明确学校党政主要负责人推进法治工作第一责任人责任。要抓好落实，做好各项规章制度的立改废释，发挥制度管根本、管长远作用。教育管理专业性很强，要加强民主管理，虚心听取专家学者、教师学生的意见建议。围绕提高治理水平，结合正在开展的党史学习教育，干实事、解难事、谋大事、创新事、长本事，为师生群众办几件实实在在的好事，提高师生的获得感、满意度。

五、对外开放要高质量

坚持对外开放，既是重要经验，也是基本规律。要清醒看到，面对百年未有之大变局，面对“东升西降”的大趋势，对外开放面临的风险和挑战更加严峻复杂。美国等对我国的挑衅、围堵、设限、遏制、打压，只会越来越升级。孔子学院、出国留学、来华留学、合作办学、科技合作等各项工作将面临很大的不确定性不稳定性，有的甚至会带来很大的风险。高校参与全球人文治理、推进构建人类命运共同体也将面临更多的阻力和困难。对此要有清醒的认识，要看到时和势在我们这一边，机遇大于挑战，既保持战略定力，坚持对外开放不动摇，又坚持以国家主权安全发展利益为重，开展有利有理有节的斗争，在斗争中腾挪空间、培育新机、化危为机，不断开创更全方位、更宽领域、更多层次、更加主动的高等教育对外开放合作新局面。

要构筑人才高地。硬实力、软实力，归根结底要靠人才实力。一流的大学，必然是一流的人才队伍在支撑。要加强与世界一流大学和学术机构的全方位实质性合作，给师生搭建更多与世界一流学术带头人交流合作的平台，培养具有国际竞争力的人才。加快构建涉外法治人才、国际组织人才培养体系，加强非通用语种专业建设，加大“一带一路”建设所需各类专业技术和管理人才培养力度，让人才更有“国际范”，为参与国际事务提供人才支持。要引育并举，千方百计延揽吸引世界各地具有全球竞争力的国际化人才。

要擦亮自主品牌。《关于加快和扩大新时代教育对外开放的意见》突出“加快”和“扩大”，强调“提质”和“增效”。要继续全面推进教育开放提质增效，优化出国留学工作布局，推动出国留学目的地多元化发展，加大中外合作办学改革力度，加强急需紧缺人才培养。全面规范来华留学生工作，完善质量保障体系，推进中外学生管理和服务趋同化。用好中国政府奖学金，大力培养多领域知华友华优秀人才。优化来华留学结构，提升学历层次，提高教学、管理服务质量，做强“留学中国”品牌，打造更具国际竞争力的留学教育，将我国建成全球主要留学中心和世界杰出青年向往的留学目的地。

要组建联合阵线。进入21世纪，全球科技创新进入空前密集活跃的时期，新一轮科技革命和产业变革正在重构全球创新版图、重塑全球经济结构。自主创新是开放环境下的创新，绝不能关起门来搞，要聚四海之气、借八方之力。要坚持以全球视野谋划和推动高校科技创新，积极主动融入全球科技创新网络。要发挥好高校在基础研究、学科交叉两方面的天然优势，积极参与并牵头组织国际大科学计划和大科学工程，建设一批国际合作研究与创新示范基地、国际合作联合实验室。要深化创新创业教育国际合作交流，持续办好中国国际“互联网+”大学生创新创业大赛，提升大赛的国际影响力。

要扩大国际话语权。全面参与全球和地区教育公约的制定实施，持续增强我国在全球教育发展议题议程设置、规则标准制定中的话语权，促进中国教育标准、规则、经验和做法的国际交流。加强世界慕课联盟、世界大学气候变化联盟等由我国主导的国际高等教育组织建设。要推动教育“走出去”办学，与更多国家实现教育标准互通、学历学位互认。打造一批教育援外培训品牌和示范基地。推动国际中文教育创新发展，提升中文在国际组织官方语言和工作语言中的地位。高校要主动搭建中外教育文化友好交往的合作平台，共同应对全球性挑战，促进人类共同福祉。

发挥教学指导委员会作用，加强思政课建设*

教育部高等学校思想政治理论课教学指导委员会（本篇下文简称“教指委”）是教育部和教育系统非常重要的一个专家组织，在我们整个战线的地位和作用是由思政课的重要地位和作用决定的，所以教指委的使命光荣、责任重大。我对新一届教指委的工作谈几点建议，讲一讲我心目中教指委的工作应该是个什么样子的。

第一，发挥咨询的作用。教指委首先是一个咨询组织，是教育部思政课建设的思想库。思政课的效果和水平，与我们对思政课相关决策的正确程度成正比。决策怎么样才能保证正确？部党组、高校党委除了发挥自己内脑的作用外，要更多地发挥专家的外脑作用，教指委就承担着这样一个职能。从某种意义上讲，教指委对我们这些年部党组思政课相关重要文件的研制、重要决策的制定，发挥了重要的作用。教指委的同志们要经常调查研究，多给部党组及委员们所在的高校党委出点子、指路子、拿方案，为我们能够作出正确决策提供优质的智力支撑。

第二，发挥研判的作用。“研”是要研究思政课建设的理论和实践问题，把握思政课自身的建设规律。“判”是要判断形势，这是一个实践课题，要准确判断思政课面临的新问题、新情况，思政课对象的新要求、新特点。思政课的质量和水平，与我们对形势的研判准确度、与我们对思政课规律的把握程度成正比。教指委的同志们要多研究新的历史时期思政课的发展规律，把握思政课面临的新形势新特点新情况，这样

---

* 在2016—2020年教育部高等学校思想政治理论课教学指导委员会成立大会上的讲话，2016年7月20日，北京。

我们才能对症下药，有针对性地加强教材建设、师资队伍建设、教学方法的改革和建设。

第三，发挥督查的作用。这些年来，特别是方案颁布以来，思政课的相关文件、目标、评价标准、工作要求等，已经基本上成体系了。党的十八大以来，习近平总书记对思政课作了非常重要的讲话，强调思政课是落实立德树人根本任务的关键课程。它的地位是非常高的，现在相关教材的编写已经纳入马克思主义理论研究和建设工程，对各方面的工作都作出了部署。一分部署，九分落实，我们的软肋就在落实上。落实不够，其中也包括责任落实不够。我们对党委的责任，对行政领导干部一岗双责都有明确的要求。从教育工作者的天职来说，书记和校长都是天然的思想政治工作者，我觉得这应该成为我们中国特色社会主义教育的一个重大命题。思政课的质量和效果，与落实工作的水平和质量成正比。所以督查非常重要，责任追究非常重要。教指委的同志们要从特殊的岗位和特殊的角度出发，对中央和教育部关于思政课的一些重大部署和重大措施进行督查。督查可以是部里有组织的安排，也可以是教指委自己安排，帮助部里抓好落实，抓好责任追究。

第四，发挥评估的作用。就是评估教学质量、评估教学方法、总结教学经验。思政课应该是最讲究教学方法的课程，思政课就其本质来说，是给学生教方法论的，教做人的方法的，所以在方法、经验以及质量方面的评估非常重要。我们经常说细节决定成败，而对思政课来说是方法决定质量，方法对头，卯和榫的作用才能够发挥出来，钉对钉、卯对卯，针锋相对，一把钥匙才能解一把锁，我们现在是用一把钥匙去解很多锁。因此，思政课的质量和水平同思政课的方法论和教学方法的改革成正比，方法是体现理念的，教指委要在思政课教学方法的改革方面、教学经验的总结方面、教学质量的评估方面，多下功夫。

第五，发挥培训的作用。就是在思政课教师的培训方面多发挥作用。党的十八大以来，在思政课教师的培训方面，教育部下了很大功夫，采取了多种方式，现在部里、省一级、基层三级培训体系已基本建立起来了，教指委要利用好这个体系，加强对思政课教师的培训。这项工作意义十分重大，思政课实际上教材是基础，教师是主体，方法是关键，所以对主体的培训非常重要，教指委应该成为思政课教师培训的一个主渠道，成为思政课教师的“加油站”和“美容院”。思政课的质量和水平同师资队伍建设的质量和水平成正比。

第六，发挥示范的作用。教指委委员大部分都是思政课一线的教师、一线的带头人，既是这方面的专家，又是践行者，要在思政课的建设方面，多做改革的文章，多下创新的功夫，能够为思政课的建设作出示范，带好头，树立标杆。思政课的方法和经验更多地要出自各位教指委委员，所以我们要在示范方面，充分发挥好作用。思政课的质量和水平同我们思政课品牌课的建设和示范带动作用的发挥成正比。

第七，发挥指导的作用。教指委要指导教学，教指委的委员是指导教学的委员。首要是政治指导，思政课的最大特点是意识形态的重要组成部分，根本是要把好政治关，然后才是业务指导。所以，指导是教指委非常重要的方面，不仅要在自己所在的高校指导，而且要在总结其他教师的经验、借鉴其他方面经验的基础上，在更大的空间里面起指导作用。就我们国家的教育事业发展来说，思政课的质量和水平同我们对思政课的具体指导成正比，指导及时、精准，思政课的质量和水平就能提高。

第八，发挥引领的作用。就是要充分发挥教指委委员的学识，运用他们的研究成果，用他们的专业知识，在意识形态领域里敢于发声，做到守土有责，引领舆论。从大的方面来讲，引领社会舆论，发挥出我们自己的作用，这也是思政课，是对社会的思政课。这方面的作用发挥好了，我们在课堂上的思政课效果就会更好，学生就会信服，就会引领更多的人参与到意识形态领域的斗争中去。

以上就是我心目中的教指委应该发挥的作用。思政课需要进一步加强，形式和内容脱节、方法和教学不匹配、责任和岗位不配套，等等，还存在不少问题。我们需要好好研究，需要总结思政课建设取得的成绩，对我们这些年走过的路程感到自豪，但也要看到问题，看到挑战。所以，我们要充分发挥教指委的作用，落实党的十八大以来党中央提出的治国理政的新理念新思想新战略，加强思政课建设，提高思政课建设的质量和水平。

切实解决高校思想政治工作“六有六没有”问题*

全国高校思想政治工作会议期间，习近平总书记对高校思想政治工作给予了高度评价，其中有三句话：“巨大贡献”“功不可没”“持续向上向好”。这是党中央、总书记对我们高校思想政治工作的总体肯定。高校思想政治工作十分重要，我们要贯彻落实全国高校思想政治工作会议精神，不断加强和改进。这次研讨班大家收获很多，借这个机会，我对思想政治工作目前存在的问题和如何解决再谈几点意见。

一、当前高校思想政治工作存在的问题

作为高校领导者，我们对自己的情况应该有一个完整的辩证的全面的认识，要科学地把握，这才叫问题导向。要抓住主要矛盾，抓住矛盾的主要方面，找准突出问题。当前，我们的问题有这样几个表现。

第一，有“工事”没“阵地”。我们思想政治工作的“工事”修了，可是“阵地”不牢固。有一些地方“工事”还是摆设。

第二，有“岗亭”没“哨兵”。“岗亭”已经有了，没有“哨兵”去站岗、去监控，更没有人去分析研判，或者“哨兵”比较少，晚上会睡觉。

第三，有“枪支”没“弹药”。做思想政治工作，我们的硬件建设了不少，这就是我们的“枪支”，但没有“弹药”，有的甚至还把“弹药”装错了，就是“臭弹”，影响思想政治工作的开展。

第四，有“战场”没“战斗”。我们是意识形态斗争的前沿阵地，

---

* 在加强和改进新形势下高校思想政治工作专题研讨班结业式上的讲话，2017年1月20日，北京。

“战场”摆开了却没有“战斗”。对手畅通无阻，想什么时候开枪就什么时候开枪，我们在很多时候就是虚晃一枪，“战斗”打不起来，更缺乏战斗精神。

第五，有“战斗”没“战果”。有的同志确实打了几仗，那是领导督查了、批示了，不办不行了，可是没“战果”。

第六，有“战术”没“战略”。“战术”工作有一些，口号有一些，但是缺乏“战略”角度的思考，缺乏深邃的战略眼光，缺乏战略谋划。

二、解决问题的方式方法

第一，按照总书记讲的“四个挑战”，认真分析本单位思政工作面临的形势和挑战。要向总书记学立场、学观点、学方法，把突出问题找出来，做到知己知彼、知远知近、知内知外、知暗知明。要结合自己的实际去查找，找问题。

第二，按照总书记讲的“四个服务”，制定好思政工作长远战略。“四个服务”，每个服务都要有具体的措施。我们不能仅仅从党的教育方针在高校领域的具体化这个角度来理解“四个服务”，必须从战略角度思考。办什么样的大学？培养什么样的人？为谁培养人？怎样培养人？这些都是战略问题，要围绕“四个服务”来思考这些问题。

第三，按照总书记讲的“四个坚持不懈”，制定好具体工作方案。“四个坚持不懈”指导思想是马克思主义科学理论，方法路径是培育和弘扬社会主义核心价值观，还有两个重要的目标，一是坚持不懈促进高校和谐稳定，二是坚持不懈培育优良校风和学风。要让学校风清气朗，不要弄得满校园铜臭气。要按照“四个坚持不懈”，把加强和改善思想政治工作的具体工作方案制定好。如何落实，也要在总书记的报告中找，找办法、学办法。

第四，按照总书记讲的“四个正确认识”，改进思想政治工作方法。分析世界和中国发展大势、中国特色和国际比较、时代责任和历史使命、远大抱负和脚踏实地，都是思想政治工作的方法。改善思政课的方法，可能是一个需要较长时间的事，但是这个问题不解决，这一关不过，思政课的效果就不会满足建设中国特色社会主义大学的需要，就不能满足培养合格建设者和可靠接班人的需要。这件事，我们要好好研究。

第五，按照总书记讲的“四个相统一”，组建好思政课教师队伍。这“四个相统一”，实际上是对我们思政课队伍的总体要求。教书、育人，言教、身教，潜心问道、关注社会，学术自由、学术规范，这些关系都是辩证的。老师要给学生做出样子来，育人先自育，欲自由先规范，欲问道先入世，欲言教先身教，这都是教育规律。要按照这“四个相统一”来建设好我们的思政课教师队伍。

第六，按照总书记讲的“四个自信”，构建好思政课的教材体系。把“四个自信”讲透了、讲通了，思政课的教材体系就真正立起来了，这是一个历史任务。教材体系的建设，要按照“四个自信”来做，没有其他的要求。结合历史和现实、理论和实践、中国和外国，把它讲通，学科就立起来了。有了非常丰富的内容，历史感、现实感、理论感就都有了。

第七，按照总书记讲的“四个制度”，建设好思政工作的战斗指挥部。把党委领导下的校长负责制、院系党的核心作用制度、基层党支部党组织建设的各项制度和思想政治工作的具体制度，还有地方党委书记、有关部门党组书记亲自上战场的制度等制度建设好，我们组织战斗的前线指挥部就建立起来了。党委领导下的校长负责制是中国特色现代大学制度的核心，是我们大学的根本领导制度和工作制度。核心是按照民主集中制的要求，实行集体领导，党委书记是第一责任人，党政同责，分工负责，这和行政负责制不是矛盾的，而是统一的。其他的各项制度，大家都要抓好落实。

解决我们现在存在的问题，就要做到这“七个四”。把这些做好了，我们就把全国高校思想政治工作会议精神落实好了，把这次专题研讨班的精神落实好了。

汇聚网络正能量，唱响育人主旋律*

建设全国高校思想政治工作网是教育战线学习宣传贯彻落实党的十九大精神的重要行动，是深入贯彻全国高校思想政治工作会议精神、全面落实加强和改进高校思想政治工作座谈会要求的重要任务，也是将制度创新的方法引入高校思政工作体系的有益尝试。

办好全国高校思想政治工作网，切实发挥其在提升高校思政工作质量、构建一体化育人体系方面的重要作用，需要在六个方面下功夫。

一是立好办网之魂。要以习近平新时代中国特色社会主义思想为指导思想，以习近平总书记关于网络工作的系列重要论述为根本遵循和办网灵魂，积极应对意识形态工作新挑战，发展壮大网络思政力量。

二是强化能力建设。关键是要提高运用网络落实立德树人根本任务的能力，把握好"能力＋技术＝网络实力"的内涵要求，切实增强服务师生能力、信息传播能力、接地气能力和把握节奏能力，不断提升网站的影响力和战斗力。

三是巩固壮大阵地。要把网站建设成全国高校思政工作的新阵地、主阵地，基于网络特点，线上线下结合，统筹规划布局。

四是有效利用资源。要充分调动各方积极性，统筹运用各类资源，创新手段方式，把高校思政网建设成为新时代思政工作的优质资源，增强网站核心竞争力，以优质资源吸引资源、配置资源、创造新的资源。

五是改进传播方法。要及时研究总结高校思政网的呈现方式、表达

---

* 在全国高校思想政治工作网上线开通启动会上的讲话要点，2018年1月4日，北京。

方式、语言特点，学会用网络的、校园的、青年的传播方法，做好网站建设的各项工作，形成独具特色的方法体系，不断增强高校思政网的吸引力和凝聚力。

六是敢于担当责任。既要担当起办好网站的责任，也要担当起确保网络安全的责任，更要担当起开创思政工作新局面、守好意识形态阵地的重要责任。

希望高等教育出版社把握良好发展态势，在更好完成教材、教辅出版任务的同时，积极主动肩负起宣传阐释党的十九大精神和习近平新时代中国特色社会主义思想的重要任务，统筹规划、综合施策，把大学生在线、全国高校思想政治工作网办成精品，在深化改革中继续推进各项事业进一步发展。

全面推进高等学校课程思政建设工作*

全面推进高校课程思政建设，事关全面贯彻党的教育方针、培养德智体美劳全面发展的社会主义建设者和接班人，我们要始终坚持以习近平新时代中国特色社会主义思想为指导，深入贯彻落实习近平总书记关于教育的重要论述，以高度的使命感、责任感，提高政治站位，深化思想认识，狠抓工作落实，推动课程思政建设不断取得新进展新成效。

一、提高站位，深刻认识全面推进高校课程思政建设的战略意义

习近平总书记强调，思想政治理论课要坚持在改进中加强，提升思想政治教育的亲和力与针对性，其他各门课都要守好一段渠、种好责任田，使各类课程与思想政治理论课同向同行，形成协同效应。要坚持显性教育和隐性教育相统一，挖掘其他课程和教学方式中蕴含的思想政治教育资源，实现全员全程全方位育人。总书记的重要论述，为解决好培养什么人、怎样培养人、为谁培养人的根本问题指明了方向，为加强高校思想政治教育、全面推进课程思政建设提供了根本遵循。

总书记强调，广大青年人人都是一块玉，要时常用真善美来雕琢。可以说，课程思政就是专业课和弘扬真善美的结合。专业课和“美”结合，就具有了感性因素，包含了情感意志，形成了美丑之辨；和“善”结合，就具有了伦理色彩，产生了价值判断；和“真”结合，就具有了是非之分，激发了对真理的追求，强化了理性思维，升华为理想信念。

---

* 2020年6月8日，北京。

推进课程思政建设，就是要通过专业教育与思想政治教育的紧密融合，挖掘专业课中包含的真善美的育人资源，在学生的心中埋下真善美的种子，让社会主义核心价值观真正入耳入脑入心，提高学生运用马克思主义立场、观点和方法分析问题、解决问题的能力。

推动高等教育内涵式发展，必须向课程建设特别是课程思政要质量。要将思想政治工作体系贯通到学科体系、教学体系、教材体系、管理体系等方面，构建更高水平的人才培养体系。要整体推进高校课程思政建设，发挥所有课程的育人功能，充分发挥专业课教师“主力军”、专业课教学“主战场”、专业课课堂“主渠道”的作用，实现专业课与思政课同向同行，引导学生坚定理想信念、厚植爱国主义情怀、加强品德修养、增长知识见识、培养奋斗精神、增强综合素质，成长为全面发展的参天大树。

新冠疫情暴发以来，党中央迅速决策，总书记亲自指挥、亲自部署，全国上下万众一心、众志成城，全国抗疫斗争取得重大战略成果。广大高校师生积极投身疫情防控，体现了责任与担当。“90后”“00后”大学生听党指挥、顾全大局、积极作为，展现出良好的精神风貌，体现了高校思想政治工作的丰硕成果。疫情防控所取得的成效，再次彰显了中国共产党领导和中国特色社会主义制度的显著优势，展现了中国力量、中国精神、中国效率。这是我们开展课程思政建设的一个“富矿”，我们要挖掘好、提炼好、运用好这一“富矿”中蕴含的丰富资源，作为讲好复学第一课、开展大学生思想政治教育的鲜活素材。要组织发动每一位教师参与课程思政建设，共同做好学生的思想引导、心理疏导和人文关怀，引导学生坚定“四个自信”，将爱国之情、强国之志、报国之行融入中国特色社会主义事业、实现中华民族伟大复兴的奋斗之中。

二、系统梳理，准确把握当前高校课程思政建设的形势特点

近年来，教育部党组认真贯彻落实党中央、国务院决策部署，对高校课程思政建设作出一系列顶层设计和工作安排，在思政教育、学科专业建设、教师培训、教学评估等工作中进行重点部署、持续推进。各地各高校积极行动，深入探索，推出了一批典型做法，积累了一些宝贵经验。一是注重整体推进。大部分省份已经印发专门文件、召开工作会议、选树了一批示范典型，初步探索了课程思政的建设路径，推动了思想政治教育的改革实践。二是注重协同联动。不同类型高校健全组织机构、修订人才培养方案、改革教学方式方法、促进多部门多院系合作，强化组织保障，形成了有效合力。三是注重教师参与。很多高校组织开展了教师培训、观摩交流、集体教研等活动，有效调动了教师参与课程思政建设的积极性、主动性。四是注重以研促教。近两年关于课程思政的教研文章呈快速增长趋势，涌现出一批针对性较强的研究成果，深化了对课程思政理论和实践的认识。

总体上看，课程思政建设取得了初步成效，但要推动这项工作形成习惯，更大范围、更深程度推广开来，还需要着力解决好几个突出问题。一是重视程度不够、统筹推进不到位的问题。二是理解把握不准、探索实践有误区的问题。三是育人意识不强、教学能力有短板的问题。

三、抓准抓实，全面推进高校课程思政建设取得实效

《高等学校课程思政建设指导纲要》明确了课程思政建设的目标任务、主要内容和具体要求。落实好这个文件，要把握好“干什么”“怎么干”“谁来干”这三个重点。

（一）弄清“干什么”，确保“抓准”

要立足于教学工作，进行全局考虑，建立起一整套符合专业育人特点、符合认知科学要求、使思政工作落地见效的课程思政教学体系，推动每个教师都担负起育人责任，每门课程都充分发挥育人功能，真正解

决思政工作针对性实效性不强的问题。专业课是“一碗汤”，课程思政是“一把盐”，好的厨子就靠这“一把盐”，把“盐”放好了，“汤”就是有味道，否则会太咸或太淡。

具体而言，每位教师、每门课程，都要结合各自学科专业的特点，围绕坚定学生理想信念，以爱党、爱国、爱社会主义、爱人民、爱集体为主线，来优化课程思政内容供给，重点从政治认同、家国情怀、文化素养、宪法法治意识、道德修养等进行整体把握。要围绕这些重点，从大力推进习近平新时代中国特色社会主义思想进教材进课堂进头脑、引导学生培育和践行社会主义核心价值观、加强中华优秀传统文化教育、深入开展宪法法治教育、深化职业理想和职业道德教育等方面，系统开展好课程思政建设。

（二）找准“怎么干”，确保“抓实”

课程思政建设要取得实效，关键是做好专业课与真善美的结合。要如盐化水那样，“日用而不觉”，防止出现“两张皮”和“贴标签”，首先是要把“结合”的工艺流程设计好、实施好。“结合”就是一个勘探、采掘、冶炼、加工的过程。一是勘探，就是要把专业课里蕴含的育人元素探出来，要分析成矿过程、找准“矿脉”，锁定关键靶区、发掘“富矿”，探准各门课程中的真善美、思政教育元素。二是采掘，就是要结合各专业特点，从融入思政元素的专业课、加强专业支撑的思政课两个角度，科学钻探、深度挖掘有效的育人元素，不离专业讲思政，渗透思政讲专业，实现真正意义的课程思政。三是冶炼，就是提升融合的过程，要将采掘出的“矿产资源”反复锤炼提纯，去伪存真、去次取优，与专业的基本原理、科学规律、前沿知识等有机融合，锻造课程思政的“真金”。四是加工，冶炼出的金属还要加工成材，成为各种产品。要通过创新技术、把握火候、改进工艺，把课堂变成思政教育与专业教育无缝衔接、高度融合的“金课”，达到润物无声、春风化雨的效果，真正体现以人为本，促进学生全面发展。

不同课程要在“结合”方面找准切入点。高校要把课程思政建设作为重要内容，科学设计教学体系，统筹规划公共基础课、专业教育课、实践类课程，切实落实不同类型课程的建设要求。要把专业课作为课程思政建设的重点，深入研究课程特点，找准育人角度，分类做好与真善美的结合，使各个专业教学院系、各位专业课教师都能在课程思政建设工作中找到自己的角色、干出自己的特色。“结合”要体现到教学的全过程各方面。同时，还要综合运用第一课堂和第二课堂，将“读万卷书”与“行万里路”相结合，深入开展多种形式的社会实践、志愿服务、实习实训活动，不断拓展课程思政建设方法和途径。

（三）做实“谁来干”，确保“见效”

课程思政建设的落地落实，需要教育主管部门、高校、教师各个层面在思想上同心、在目标上同向、在行动上同行。教师是课程思政建设的实践者、推动者。教师应该是“经师”和“人师”的统一，既要精于“授业”“解惑”，更要以“传道”为责任和使命，努力提升育人意识和育人能力。教育主管部门和高校是课程思政建设的组织者、领导者。

课程思政建设的成效，要可评价、进考核、常督查。教育部将把课程思政建设成效作为“双一流”建设监测与成效评价、学科评估、本科教学评估、一流专业和一流课程建设、职业教育“双高计划”评价等各类考核评估工作的重要内容，从高校、课程、教师等层面，选树一批示范典型，并在教学成果奖、教材奖等各类表彰奖励工作中，更加突出课程思政的要求。各地各高校要把课程思政建设成效作为高校、院系、教师考核评价的重要内容，构建常态化、长效化的考核评价体系和激励机制，引导广大教师把主要精力投入育人中来，形成“校校有精品、门门有思政、课课有特色、人人重育人”的良好局面。对于做得好的，要立标杆、做示范，进行宣传推广；对于还不到位的，要找问题、补短板，抓紧改进落实。

全面开启高校科技工作高质量发展新征程*

党中央、国务院高度重视高校科技工作。习近平总书记多次强调高校科技工作的重要性，作出了一系列重要指示和批示，这是我们做好各项工作的根本遵循和行动指南。教育部党组认真贯彻落实习近平总书记的重要指示批示精神，全面落实党中央、国务院的各项决策部署，坚持在大局下谋划和推进高校科技工作，紧密围绕创新驱动发展战略，把科技工作作为推进高等教育内涵发展的核心内容和重点任务，着力提升高校科技创新和服务能力，重点工作实现了新突破，各项工作上了一个大台阶，站在了新的起点上。

一、进入新阶段，必须进一步认清形势

当今世界正经历百年未有之大变局，我国发展的内部条件和外部环境都在发生深刻变化。面对科技创新的新趋势、国际局势的新动向、国家发展的新需求，高校科技创新工作在国家创新生态系统中的作用愈加关键。国家创新生态系统构建，一是坚持科技创新在我国社会主义现代化国家建设全局中的核心地位，二是把科技自立自强作为经济社会发展的战略支撑。这两点是很重要的，一个是核心地位，另一个是战略支撑。可以说，“十四五”乃至今后更长时间内，高校科技工作面临的复杂形势前所未有，高校科技发展面对的战略需求前所未有，高校科技创新遇到的风险挑战也前所未有。

---

* 2020年12月10日，北京。

（一）全球政治经济大环境呈现新变化

当前新一轮科技革命和产业变革深入发展，国际力量对比深刻调整，国际环境日趋复杂，不稳定性不确定性明显增加，新冠疫情影响广泛深远，经济全球化遭遇逆流，世界进入了动荡变革期。

（二）大国科技竞争带来新变局

21世纪以来，随着中国等新兴国家的迅速崛起，全球财富和战略资源加速向东转移，世界进入了新的大国政治时代，“西强东弱”和“东升西降”同时发生，国际权力结构发生深刻重组，大国之间科技竞争和人才争夺日趋激烈。历史地看，大国之间的竞争往往是重大技术变革的重要推动力。未来一段时期，大国竞争所带来的科技变革，迫切需要我国高校科技工作者高度关注。

（三）科技产业变革孕育新突破

21世纪以来，全球科技创新日趋活跃，重要的科学问题和关键核心技术发生革命性突破的先兆日益显现，基础前沿领域孕育重大突破，科学技术跨界融合、协同联合、包容聚合的特征越发明显。新产业新业态新模式不断涌现，科技创新影响人类生产生活方式的速度、广度、深度前所未有。打破组织和学科边界，以问题和解决方案为导向的科研组织模式日益受到重视，高校、企业和科研院所之间基于明确职责定位基础上的开放型、多元化的“协而不同”合作趋势日益显著。

（四）基础研究竞争面临新态势

基础研究是创新之源、强国之基，重大科学问题催生新的科学思想，重构科学理论体系，同时改变人们的思维模式和行为方式。从各国情况看，科学探索不断向宏观拓展、向微观深入，交叉融合的趋势不断加速，基础科学研究成为支撑新一轮中长期科技发展的基石，各国纷纷投入重资、优先布局、抢滩登陆。要清醒地看到，我国基础研究近年来虽然取得很大进展，但基础研究领域研发投入比例还是偏低，对创新支撑度还是不够。我们要对标国际趋势重构基础研究战略布局，更要想办法让科学家安心做研究，让从事基础研究的科学家沉下心来，十年磨一剑，把“冷板凳”坐热。基础研究这个基础打扎实了，行稳致远的底气就会更强、更足。一定要创造甘于坐“冷板凳”的环境，健全这样的政策支撑体系，让科学家通过学术贡献能够体面地、受人尊敬地从事学术活动。

（五）新冠疫情蔓延带来新变化

疫情的暴发及其在全球范围内的蔓延，一定程度上促进了医药研发的国际科技合作，同时引起许多国家和地区对全球布局创新链和产业链的反思。一些国家呼吁“供应链回流”，并力图作出相应的调整甚至收缩，从而有可能导致现有的创新链和产业链分工合作难以持续，全球产业链供应链竞争将进一步加剧。如何确保我国产业链供应链安全稳定，是今后相当长一个时期迫切需要解决的重大课题，对于一个大国来说尤为重要。产业链、供应链、创新链、资金链如果不能掌握主动权，没有核心竞争力，一个大国就无法实现复兴。

（六）我国进入新发展阶段提出新要求

党的十九届五中全会首次提出把科技自立自强作为国家发展的战略支撑。当前，西方国家尤其是美国对我国科技创新领域持续打压，我们面临关键核心技术受制于人、原始创新能力不足的严峻挑战，“卡脖子”、断供等风险凸显。我们比任何时候都更加需要科技创新解决方案，更加需要创新这个第一动力。与国家战略的强烈需求相比，现阶段高校科技水平还有较大差距，实现重大突破的基础研究和原始创新能力、突破关键核心技术和解决“卡脖子”问题的研究攻关能力仍显不足，支撑国家区域重大需求的创新研究能力仍然需要提高，顶尖学科和创新体系建设仍然需要发力，科技成果转移转化能力、产学研合作、科教协同育人能力仍然需要提升，科技体制机制改革和创新任重道远。高校要勇挑重担，为民族和国家作贡献，彰显价值与担当。

二、服务新格局，必须进一步理清思路、聚焦重点

从新发展格局这样一个逻辑起点出发，“十四五”时期，我国高校科技工作的总体思路是，坚持以习近平新时代中国特色社会主义思想为指导，加强党对高校科技工作的全面领导，深入贯彻新发展理念，以国家战略需求为牵引，以服务发展新格局和高质量发展为主攻方向，以提升原始创新能力为导向，以加快顶尖学科和国家战略科技力量建设为重点任务，以深化体制机制改革和制度创新为动力，深入实施科教兴国战略、人才强国战略、创新驱动发展战略，求突破、建高峰、强基础、重服务，坚持“四个面向”统领，“顶天立地”树人，支撑科技自立自强，坚持把追求高质量作为行动自觉和检验标准，全面构建与新发展格局相适应的高质量科技创新支撑体系，全面提升基础研究、关键核心技术供给和社会服务能力，全面增强科技创新支撑高质量教育体系建设能力，为建设世界教育强国、科技强国，为解决全球重大挑战和传承人类文明事业贡献中国力量。

这个指导思想的核心要义是要深入学习贯彻党的十九届五中全会精神，准确把握新一轮科技革命和产业变革，精准研判国内外高等教育发展态势，全面对接国家和教育部各项规划，高质量制定高校中长期科技发展规划和“十四五”规划，进一步细化实化各项决策部署。

（一）着力优化高校科技创新支撑体系

要充分发挥科技创新在学科建设和创新人才培养中的支撑引领作用，注重分类指导，加快构建覆盖各类高校的科技创新体系。持续推进“双一流”建设，打造具有全球影响力的一流高校和一流学科集群，着力推动高水平研究型大学建设。推动行业特色高校和地方高校聚焦国家和地方重大需求，开展相关领域科学研究与技术攻关，大力提升创新能力和服务水平。鼓励和推动高职院校开展科技创新，强化技术开发和成果转化能力，提升技能型人才培养质量。推动高校内部科研组织模式和结构优化，完善基础研究、应用研究、技术开发和成果转化体系建设，

加强学科交叉融合，促进协同创新。

（二）着力打造国家战略科技力量

要把“强化国家战略科技力量”作为科技创新的首要任务，抢抓机遇、主动布局，在优势特色学科领域打造国家战略科技力量。启动顶尖学科建设计划，以建设一批综合交叉的重大创新平台为抓手，发挥新型举国体制优势，构建创新体系。围绕国家安全和经济社会发展的若干关键领域，补齐短板，加强对“卡脖子”问题的基础理论研究和前沿技术攻关；着眼未来20—30年国家与产业发展需要，打造长板，以科技创新需求为牵引，以创新能力建设为支撑，前瞻布局，长期积累，形成制胜能力，保障科技安全，催生新产业发展。加快高水平研究型大学建设，全面推动以国家实验室、国家重点实验室、国家技术创新中心、国家工程研究中心、国家临床医学研究中心为核心的创新平台实体化建设做大做强，全面提升前沿科学中心、集成攻关大平台、协同创新中心等平台的创新能力。在人工智能、集成电路、脑科学、生物育种等重大领域培育一批具有前瞻性、战略性的重大科技项目。要加强高校重大科技基础设施和大科学装置建设，形成独有创新能力，并围绕设施和装置组建高水平的科学研究团队，成为支撑前沿科学探索的重要力量。

（三）着力发挥科技创新在人才培养中的支撑和引领作用

要研究制定《关键领域核心技术高层次人才培养行动总体方案》，启动专项行动，以前沿科学和技术突破为引领，注重优化学科专业结构，大力度推进交叉人才培养，加快理工农医类专业紧缺人才培养。在应对重大创新需求中推进学科交叉与融合创新，利用交叉原创性研究成果改造充实传统学科，以前沿问题研究牵引学科发展方向。支持博士生、硕士生和优秀的本科生参与重大项目攻关，发挥科研育人作用，加快关键领域创新人才培养。强化与行业领军企业、工业园区等合作办学，盘活校内外各领域人才培养资源，打造全链条、立体化的人才培养体系。要总结应对新冠疫情以来大规模在线教育的经验，促进线上、线下教育深度融合教学模式变革，推动大数据、人工智能、区块链、云计算等新兴技术在真实教育场景中的应用，推动“互联网+教育”。布局西北、西南、中部三个战略支点，推动中西部高校协同发展。以“四点一线一面”为重点，做好服务西部大开发、中部崛起、东北振兴等工作，推动高校融入区域创新体系，推进产业链、创新链和人才培养链融合发展。

（四）着力加强基础研究

要加强建设基础学科体系，协同发展数学、物理学、化学、力学、天文学、地球科学、生物学等领域。加强应用学科体系建设，推动农业、能源、海洋、制造、工程、信息、空间、资源、环境等学科发展，把握科学前沿发展趋势，及时调整优化学科布局。加强交叉学科建设，大力支持跨学科交叉研究，促进自然科学之间、自然科学与社会科学的交叉融合。深入推进“高等学校基础研究珠峰计划”，部署建设前沿科学中心，加强重大科技基础设施建设，加快国家重点实验室重组，优化整合教育部重点实验室体系。以前沿科学中心和重大科技基础设施等大平台为抓手，加强“学术特区”的资源政策保障，构筑全球领先的科技创新高地。瞄准人工智能、量子信息、集成电路、公共卫生、生命健康、生物育种、空天科技、深地深海等前沿领域，组织高水平研究团队，开展原创性研究。

（五）着力增强关键核心技术攻关和供给能力

要围绕交叉前沿领域和关键核心技术领域，坚持需求导向和前瞻引领，强化高校重点学科领域部署，鼓励跨领域、跨学科交叉研究，形成关键领域先发优势。提升高校关键领域自主创新能力，建设一批集成攻关大平台，围绕国家重大战略需求和关键领域自主创新，聚焦国家安全、智能科技、高端芯片与软件、新材料、先进制造等关键领域，组织集中攻关，实现更大突破。创新体制机制，深化校企合作，推动校企联合建设实验室、创新园区、技术转移中心等，精准破解产业“卡脖子”

重大技术难题。加强高校间科技合作和协同创新，整合优势学科资源构建创新链，健全合作和成果分享机制，全面提升关键领域技术攻关能力。

（六）着力推动科技成果转化和产业创新

要充分发挥高校多学科交叉集成优势，积极推动产学研深度协同，有效整合创新资源，构建校校、校企、校地协同创新新模式，形成支撑学科建设的内循环机制和服务经济社会发展的外循环机制。深入实施"高等学校创新能力提升计划"，推动高校在产学研协同创新基础上大胆探索，构建从基础研究到科技成果转化、高新技术产业化的学科链和创新链。深化"放管服"改革，支持高校自主制定有关鼓励技术发明、持有、使用、转让的规定，调动师生从事科技创新的积极性。鼓励高校建立市场化、专业化技术转移机构，加快培养技术经理人，创新技术转移管理和运营机制，引进一批高质量、高效率的中介机构为高校科技成果转化提供金融、法律服务，加快推动高校科技成果向现实生产力转化。

（七）着力加快建设高水平科技人才队伍

人才是支撑创新发展的第一资源。要加快构建创新人才培养和发展体系，全面提升创新人才培养、集聚和服务能力。围绕重要学科领域和创新方向培养造就一批素质优良、具有国际视野和先进水平的战略科技人才、科技领军人才、学科带头人、青年科技人才和梯队结构合理的高水平创新团队。加大对优秀青年人才的发现、培养和支持力度，稳定支持一批优秀青年人才和科研团队茁壮成长。以"双一流"高校优势学科群、国家级重大创新平台、国家重大科技计划、重大科技基础设施等为依托，以领军型科技创新人才为核心，加快打造高水平学科创新团队。全面提升研究生培养质量，推动实施工程类博士专业学位研究生培养模式改革。进一步加强博士后人才队伍建设，扩大后备科技人力资源的供给。

（八）着力提升科技对外开放水平

新冠疫情、中美博弈对中外科技合作和人才交流造成巨大影响，为高校重新思考和谋划新一轮科技对外开放提供了重要契机。越是面临封锁打压，越不能自我封闭、自我隔绝。要坚持引进来与走出去相结合，在重要学科领域和创新关键环节加快对内开放和对外协作，使高校成为联通内外、合作共赢的重要桥梁。鼓励高校以更加开阔的胸怀吸纳全球创新资源，更加主动的姿态引进全球创新人才，在更高层次上构建开放创新机制，围绕优势领域打造以我为主的全球科技创新共同体。深入实施“高校学科创新引智计划”和“国际合作联合实验室计划”，通过联合培养人才、共建实验室等方式开辟多元化合作渠道，围绕关键技术、前沿科技和重大基础研究领域打造国际合作平台，支持高校加快提升国际创新合作主导权。在当前形势下，要务实推进全球疫情防控和公共卫生领域国际科技合作，聚焦气候变化、人类健康等共性问题开展联合研究。

三、开拓新局面，必须进一步深化体制机制改革

体制机制改革，是高校科技工作高质量发展的重要动力源泉。新时代新阶段要激活高校科技工作，仍然要用好改革这个关键抓手。

（一）深化科研评价机制改革

全面贯彻落实《深化新时代教育评价改革总体方案》，坚决破除科技领域“唯论文”“唯职称”“唯学历”“唯奖项”，坚决建立以创新能力、质量、实效、贡献为导向的新评价体系。优化分类型、分阶段、长周期的评价方式，完善同行专家评议机制，注重个人评议与团队评价相结合，支持和鼓励高校按照自身实际和特点探索人才评聘制度改革。推进高水平学术头衔的荣誉性制度建设，切实精简人才“帽子”，优化整合涉教育各类人才计划。推进以真问题、真效益为核心的成果评价体系建设，突出重大理论创新成果、前沿技术突破、解决重大工程技术难题

等在经济社会事业发展中作出的贡献。

（二）创新科教融合和产教融合体制机制

深化科教融合和产教融合，就是要推动高校内部科研与教学紧密结合，人才培养、科技创新与产业发展紧密对接，把优质科研、产业资源转化为育人资源和优势，把科研设施转化为教学创新平台，把科研成果、产业需求转化为教学内容。深化专业学位研究生培养改革，完善从专科到专业学位研究生的分类发展、相互衔接的人才培养体系，不断完善行业指导的职业教育体系和行业企业深度参与的专业学位教育体系，建立产教融合型企业认证目录和激励机制，紧密对接产业链、创新链，打造一批行业产业急需、优势突出、特色鲜明的应用型专业。

（三）深入推进科研组织机制改革

加强有组织科研体系建设，针对关键领域核心技术组织大团队攻关，持续推进集成攻关大平台建设；聚焦世界科技前沿，继续推进前沿科学中心建设；贯通从基础研究到应用研究的创新链，持续推进协同创新中心建设。探索建立以长周期为主的科研资助制度，试行关键技术项目“揭榜挂帅”模式，创新大科学、大工程等集群攻关式研究的科研投入机制，完善以财政支持为引导、以市场化运作为基础、社会力量深度参与的校企合作运行机制。

（四）加快建设高水平科技期刊和科研数据平台

合理优化高水平科技期刊建设布局，加大在基础前沿、工程技术、科普等期刊领域的投入，重点支持顶尖中文期刊建设，提升中文期刊影响力与声誉。充分重视科研数据的重要作用，打造国家科研数据库，整合基础研究、应用研究、试验开发等各类数据资源，以及通过观测监测、考察调查、检验检测等方式取得的原始数据及其衍生数据，夯实我国科研数据根基。进一步加强和规范科学数据管理，运用云计算、区块链等智能化技术提高科研大数据服务支撑科技工作的效率，保障科学数据安全，更好支撑国家科技创新、经济社会发展和国家安全。

（五）大力推动创新文化建设

大力弘扬新时代科学家爱国、创新、求实、奉献、协同、育人精神，树立优秀科技工作者模范典型，在全社会形成尊重知识、崇尚创新、尊重人才、热爱科学、献身科学的浓厚氛围。激发高校科技人员从事科研活动的内生动力，树立正确的价值取向，回归科学研究的本质，营造尊崇人才、崇尚科学、尊重创新的学术生态。增进学界与公众的互动互信，加强科学普及教育，履行科普社会责任。推进高校学术治理体系建设，健全科研诚信工作机制，加大对学术不端行为的查处力度，明确学风建设和学术不端行为查处的责任主体、工作流程和处理标准，完善科研项目学术征信与惩戒机制，积极推动形成科研诚信和学风自律机制。加强高校学术共同体建设，自觉抵制不正之风对学术科研的干扰。

四、面向新要求，必须进一步提升科技委工作水平

高校科技高质量发展，必须有高水平科技智库支撑。教育部科技委是高校科技工作的高级智库，是会聚战略科技专家和管理专家、开展高水平战略研究和咨询的重要平台，是国家教育、科技领域的思想库和智囊团。新发展阶段对科技委的职责定位、使命任务、规模结构、工作机制，提出了新目标和新要求。

（一）目标定位要突出“一流”

面向未来，科技委要聚焦打造国内一流思想库和智囊团的总目标，凝心聚力，真抓实干。努力成为谋划科技未来发展的思想源，为党中央、国务院重大决策出台提供坚实的学术支撑。努力成为健康学术共同体的典范，在弘扬科学家精神、开展科学教育、普及科学知识、改善学风和科学道德建设等方面作出贡献。

（二）研究问题要突出“战略性”

要围绕党中央、国务院关于科技、教育、人才以及经济、社会等方面的重大部署、重大决定、重大政策等进行战略研究，围绕建成教育强国和高质量教育体系建设的目标任务等重大问题，在支撑中央和教育部党组决策方面“有声音、有作用、有贡献”。要面向世界科技前沿，开展前瞻性、储备性研究，精准研判发展方向、未来趋势，谋划学科前沿战略布局，提出重大工程和重大项目建议。

（三）咨政建言要突出“含金量”

要依托高校建设高端战略研究基地，集聚一大批战略科技人才、青年骨干人才和高水平创新团队，支撑开展高水平政策咨询研究。创新工作机制，调动各学部和专门委员会的力量，提出更多真知灼见。要支持帮助委员进一步提升战略研究能力，拿出更多富有含金量的咨政建言。

（四）研讨交流要突出“高水平”

要发挥高校专家学者的学术力量，把科技前沿与战略圆桌会议和系列高水平论坛办成高水平的科技战略研讨平台，形成具有广泛影响力的品牌。加强学部之间的协作，加强与国内科研机构、企业以及政府、学术组织的合作，联合组织研讨，努力打造跨学科、跨界别、跨国界的高水平智库交流平台。各位委员要积极参与，使之成为扩大视野、凝练方向、加快成长的重要舞台。要加强与其他科技智库的交流合作。

（五）作风学风要突出“表率性”

科技委委员要急国家之所急，忧国家之所忧，尊重科学事实，遵守学术规范，践行学术道德，立正气、树新风，充分发挥新时代科学家“坚定创新自信，勇于攀登科技高峰”的精神，在提携后辈、凝聚团队、营造环境中发挥模范带头作用，坚决剔除功利主义、名利意识。要敢于挑战“最难啃的骨头”，敢于走“无人区”、勇于拓展科技前沿，不断增高科学事业的宝塔之尖。要积极投身科普工作，传播科学知识，引导更多青少年投身科学事业。

推动学位与研究生教育高质量发展*

学科评议组、专业学位教指委是国务院学位委员会、教育部的高层次专家组织。学科评议组、专业学位教指委的各位专家学者，积极履职尽责，认真做好学位授权审核及其申请基本条件制定、学位授权点评估、学科设置论证、学科专业发展报告编写、研究生核心课程指南编制、学科建设与人才培养指导、相关政策咨询等工作，甘为人梯、默默奉献，为推动我国学位与研究生教育改革发展贡献了智慧、付出了汗水、作出了重要贡献。围绕学习贯彻党的十九届五中全会精神，落实全国研究生教育会议精神，我就学科评议组、专业学位教指委如何做好“十四五”期间的重点工作，服务高质量教育体系建设，推动学位与研究生教育高质量发展，谈几点意见。

一、深刻把握学位与研究生教育面临的新形势新任务

党中央、国务院高度重视学位与研究生教育工作。党的十九届五中全会对“十四五”期间经济社会发展和2035年远景目标提出了明确要求。这为学位与研究生教育工作指明了方向、提供了遵循。我们要全面认清研究生教育已有的发展基础，深刻分析面临的形势，系统研究梳理未来一段时期的重点任务，在全面建设社会主义现代化国家新征程中，在党和国家事业全局中，准确把握学位与研究生教育的历史方位。概括起来，有“三个新”。

---

* 在国务院学位委员会学科评议组、全国专业学位研究生教育指导委员会工作会议上的讲话，2021年1月25日，北京。

（一）经过数十年不懈奋斗，我国学位与研究生教育站上了新起点

一是高层次人才实现自主培养。目前全国在学研究生超过300万人，我国已成为世界研究生教育大国。改革开放以来，累计培养了1 000万名研究生，其中博士生90多万名。毕业研究生已成为各领域的骨干，为改革开放和现代化建设提供了有力的人才和智力支撑。

二是研究生教育体系基本完备。目前，研究生教育学科专业体系共有14个学科门类、113个一级学科、47种专业学位类别，覆盖了科学进步和经济社会发展的主要领域。国家主导、省级统筹、培养单位自主办学的三级体系全面构建，学位授予单位、教育行政部门、学术组织、行业部门和社会机构共同参与的“五位一体”研究生教育质量保障体系进一步形成和完善。

三是支撑引领国家科技创新能力明显增强。近年来，在高校近45万名研究生导师的拼搏和支撑下，我国高校获得国家科技三大奖的比例稳定在2/3以上，承担了超过80%的国家自然科学基金项目，研究生导师已经成为高校科技创新的重要骨干力量。在学研究生的作用和贡献日渐凸显，目前重点项目、面上项目人员中研究生超过50%。这些项目中，涌现出不少国际公认的原始创新成果，填补了部分关键领域空白。

四是国际影响力显著提升。2019年，英、法、德等主要发达国家在内的52个国家和地区与我国签署了相互承认学位学历的协议，来自全球203个国家和地区的9.1万名研究生在我国攻读硕士、博士学位，比2015年增长68.5%，我国已成为亚洲最大留学目的地国和亚太区域研究生教育中心。

（二）进入新发展阶段，我国学位与研究生教育肩负着新使命

从百年未有之大变局看。近年来，国际战略格局深刻调整，国际贸易争端不断扩大，国际科技和人才竞争日趋加剧，高校学术交流和留学生交往受到很大限制。可以说，教育特别是研究生教育已成为大国博弈的重要领域。关键核心技术“卡脖子”问题出现后，各方更加明显感觉

到我国教育、科技、创新产业发展与发达国家还有很大的差距，更加深刻意识到发展研究生教育的重要性和紧迫性。实践反复告诉我们，关键核心技术，要不来、买不来、讨不来。要在关键核心技术上有大的突破，归根结底要靠我国自主培养的大批高层次人才。研究生教育作为培养高层次人才的主要阵地，越来越成为大国竞争抢先布局的战略高地。从这样的竞争态势来看，我国研究生教育无论从规模结构还是质量水平，都还有很大提升空间，必须进一步做大做强。

从中华民族伟大复兴战略全局看。习近平总书记指出，研究生教育在培养创新人才、提高创新能力、服务经济社会发展、推进国家治理体系和治理能力现代化方面具有重要作用。当前，我国已转向高质量发展阶段，党中央提出，要构建以国内大循环为主体、国内国际双循环相互促进的新发展格局，并对航空航天、海洋装备、轨道交通装备、新能源汽车、电子信息等产业作出战略布局，加快实施制造强国、科教强国、质量强国、航天强国、网络强国、人才强国、文化强国、健康中国等多个强国战略，这对高层次人才培养提出了更为紧迫的要求。研究生教育是“科技是第一生产力，人才是第一资源，创新是第一动力”的最佳结合，要主动自觉承担起这份时代重任，不忘立德树人初心，牢记为党育人、为国育才使命，增强教育报国担当，为实现中华民族伟大复兴提供更好的人才支撑。

（三）围绕高质量发展主题，我国学位与研究生教育开启了新征程

党的十九届五中全会明确提出，要以高质量发展为主题。这意味着教育进入了整体抓质量的新阶段，是教育工作重心的历史性战略转移。这对研究生教育来说，同样进入了发展新阶段，需要进一步围绕高质量发展主题，研究新目标新任务，谋划新阶段新发展。2020年7月29日，全国研究生教育会议召开，这是学位与研究生教育事业改革发展进程中的一个重大里程碑，主要体现在三个方面：一是习近平总书记对研究生教育工作作出重要指示批示，这是历史上党的总书记第一次就研究生教

育工作专门作出指示，体现了党中央对研究生教育工作的高度重视；二是这次会议是新中国成立以来的首次全国研究生教育会议，勾画了研究生教育的发展蓝图，明确了研究生教育的重大任务，就是为党和国家事业发展培养大批德才兼备的高层次人才，具有标志性的历史意义；三是在实现第一个百年奋斗目标、即将开启第二个百年征程的特殊年份召开，对未来一段时期的工作进行系统部署，实质上就是贯彻落实新发展理念，打造学位与研究生教育新格局的一次重要实践。

为贯彻落实习近平总书记重要指示批示精神和全国研究生教育会议精神，深入落实《深化新时代教育评价改革总体方案》，教育部会同有关部门，聚焦调整学科专业结构，着眼研究生教育整体改革发展，严格导师队伍和培养质量管理，积极发展专业学位研究生教育，研究出台了一系列文件和改革举措，还启动实施了“加快高层次人才培养十大专项行动”，进一步把重点工作具体化、操作化。

可以说，学位与研究生教育工作一条鲜明的主线就是抓落实，要全方位、全过程、多渠道抓落实，创新方式方法、完善施工路线抓落实，不见成效不收兵，落实是当前和今后一段时期重中之重的任务。

二、充分发挥学科评议组、专业学位教指委的重要职能作用

研究生教育有一个不同于其他学段、类型教育的显著特点，就是突出“研”字，人才培养与科学研究高度融合，知识密集、专业性强。这就决定了专家学者的专业判断和学术共同体的广泛共识对研究生教育改革发展具有特殊而重要的意义。这是成立学科评议组、组建专业学位教指委的初衷所在、价值所在，也是职责所在、地位所在。尤其是在当前，研究生教育已全面转入高质量发展阶段，面临着新形势，肩负着新使命，学科评议组、专业学位教指委的职责定位要进一步明晰，职能作用必须进一步发挥好。具体来讲，是把握“一个定位”，发挥“三个作用”，实现“三个转变”。

（一）要正确把握职责定位

把握了职责定位，才能把握正确方向，才能行稳致远。第一届学科评议组成立于1981年，第一个专业学位教指委成立于1994年，目前学科评议组已经传承到第八届，成立最早的工商管理专业学位教指委已经传承到第六届。数十年来，两个专家组织深度参与我国学位与研究生教育体系的构建，包括四版学科目录论证、专业学位类别建设、12次学位授权审核、学位授予基本要求和研究生核心课程指南编写等，可以说，作用不可替代、贡献不可磨灭。正是在这些历史性贡献的基础上，学科评议组、专业学位教指委及其成员、委员在学界产生了重要影响，树立了自身的重要地位和权威性，成为个人、单位影响力的重要标志。各位成员、各位委员今天能有这样的学术地位和影响，是靠着几代人的职责坚守、担当作为，辛勤付出、默默奉献积淀而来的。我们一定要把这份职责担起来，把定位坚守好，把前辈的好精神、好作风、好传统坚定不移地传承下去，守好这一段渠，跑好我们这一棒。学科评议组、专业学位教指委是一个专家组织，评议组成员、教指委委员既不是帽子头衔，也不是表彰称号，而是一份沉甸甸的责任与担当。我们一定要对这份责任和担当有一个清醒、正确的认识，既要像爱护自己的眼睛一样，爱护这份历史形成的荣誉，更要自觉承担自身的历史使命，通过自身的扎实工作，推动学位与研究生教育持续健康发展。

（二）要发挥三个关键作用

学科评议组、专业学位教指委在整个学位与研究生教育工作体系中处于十分重要的位置。从国务院学位委员会、教育部角度看，两个专家组织是推动工作的重要依靠和智囊团；从培养单位角度看，两个专家组织体现了政府权威和政策水平；从学术共同体角度看，两个专家组织代表了专业水准和学术声望；从社会角度看，两个专家组织是参与学位与研究生教育工作的重要平台和正式渠道。从这样一个定位出发，工作中要注意发挥好三个方面的作用。

一是落实国家任务的战斗队。学科评议组、专业学位教指委承载着国家使命，首先要完成好党和国家部署的任务。实事求是地说，很多工作时间紧、任务重，但历届学科评议组、专业学位教指委都能克服困难，敢打敢拼，出色地完成了组织交付的任务。比如，2020年上半年，为应对新冠疫情，第七届公共管理学科评议组紧急推动设置了应急管理二级学科，医学专业学位教指委推动实施了高层次应用型公共卫生人才培养创新项目，产生了很好的社会效果。学科评议组、专业学位教指委要继承优良作风，成为敢打胜仗、能打胜仗的坚强战斗队。

二是深入培养单位的工作队。学位与研究生教育工作涵盖学科专业设置、学位授权、招生、培养、学位授予、导师、交流合作、评价等各个环节，链条长、头绪多，人才培养是慢工出细活，来不得半点急躁浮躁，一定要持续发力、久久为功。学科评议组、专业学位教指委要从学科专业建设的视角，把所有环节通盘考虑起来，发挥“接天线、接地气”的优势，深入本领域的培养单位了解情况，倾听师生诉求，研究解决问题，加强业务指导，提出政策建议，做好上情下达和下情上达，成为服务基层导师、研究生、管理工作者的工作队。

三是教育方针政策的宣传队。党中央、国务院关于学位与研究生教育的重大决策部署，按工作体系进行传达部署是规定动作，通过专家体系传达宣传效果更好、更直接。工作体系宣传有工作体系的优势，专家体系宣传有专家体系的长处。通过专家学者的宣传，可以在培养单位实现不同侧面、不同维度、目标精准的阐述解读，可以增进培养单位、导师、研究生对党和国家教育政策的深度了解与认识。要看到，研究生教育具有更加鲜明的科教融合、产教融合特点，各位专家学者在学界、在社会上有广泛影响，大家向社会公众宣传解读政策，更为专业、更加权威，能够争取到更为广泛的理解与支持，从而为学位与研究生教育发展营造良好的环境。现在我们的教育不断走近世界舞台中央，有条件的专家学者可以利用自己的影响力和各种学术交流机会，在海外宣传学位与研究生教育的中国理念、中国方案、中国标准，成为业务与宣传相结合、在岗不在编的宣传队。

（三）要积极实现角色转变

一是要实现从重选聘到重履职的转变。这是个老问题，也是个突出问题。由于学科评议组、专业学位教指委的权威性，历史地看，各单位、有关学者高度重视选聘环节，但部分专家获选聘后履职情况不尽如人意。要加强对各个学科评议组成员、专业学位教指委委员履职尽责情况的跟踪和管理，确实没有精力参与专家组织工作，该调整的就要调整，并且要对推荐单位提出批评，建立挂钩机制。各学科评议组的召集人、秘书长和各专业学位教指委的主任委员、秘书长要负起责任，主动提醒大家履职尽责。各位专家应该统筹好业务工作、管理工作与专家组织工作，合理安排时间，积极参与学科评议组、专业学位教指委的各项工作。

二是要实现从重审核到重建设的转变。学位授权审核工作是学科评议组、专业学位教指委的核心工作之一，最初设置学科评议组，主要就是为了开展学位授权审核。经过12次授权审核，研究生教育学位点已经具有相当规模。今后一段时期，学科评议组、专业学位教指委要聚焦围绕推动学位与研究生教育高质量发展，切实把工作重点转到学科专业的内涵建设上来，在质量标准、招生考试、课程建设、教材建设、导师队伍建设、培养模式改革、评价机制改革、师德师风学风建设等方面，积极组织集中交流、进校指导等多种形式的活动。就是做到在学科专业上有声、学位点上有影、导师学生有感、整体工作有效，真正把相关的学科专业建设工作抓起来。

三是要实现从自我管理为主到制度管理为主的转变。学科评议组章程、专业学位教指委规程，都是开展工作的重要依据。以前，两个专家组织建立以后，主要是依靠专家们的自律性、组织性开展工作。但也随之带来了不平衡，比如学科评议组之间、专业学位教指委之间的工作效率和工作质量不平衡，组内人员的工作量不平衡，教指委委员与秘书处之间关系的不平衡，等等。希望通过制度的不断完善，健全学科评议组、专业学位教指委的运行机制，进一步提升两个专家组织的效能。各学科评议组、专业学位教指委也要积极探索适合自身的工作机制和办法。学科评议组成员、专业学位教指委委员所在单位，也要积极支持他们开展工作，在经费保障、工作安排等方面为他们创造更好的条件。

三、全面提升学科评议组成员、专业学位教指委委员的工作质量和水平

学科评议组、专业学位教指委成员，不仅自身的科学研究、人才培养、学风师风要过硬，还要对学科专业发展规律、教育教学规律和人才培养规律有独到透彻的把握。

一是把方向，当好领航员。担任评议组成员、教指委委员，首先要记住的是，我们是受党和国家的委托从事工作，要坚持落实立德树人根本任务，突出思想引领和政治导向，将马克思主义的立场、观点、方法贯穿到育人育才各方面和全过程，指导推动培养单位培养德才兼备的高层次人才。

二是定标准，当好设计员。要按照高质量发展和建设卓越研究生教育的要求，坚持实事求是、统筹兼顾，科学制定学科目录、学位授权申请基本条件、学位授予基本要求、学位论文基本要求、人才培养方案等规范标准，为不同区域、不同类型的培养单位高质量发展提供依据。

三是抓质量，当好质检员。要积极参与学位授权审核、学位授权点合格评估、培养单位质量检查等工作，坚持质量是研究生教育生命线的理念，推动培养单位的质量保障体系建设，保证科学的质量评价导向。

四是促建设，当好指导员。要在学科专业建设、教育教学、科学研究、社会服务和评估评价等方面，积极参与对培养单位的培训和指导，提供建设性意见，推动培养单位实现内涵式发展。

五是敢担当，当好裁判员。要在学位授权审核等工作中恪守职责，敢于担当，提供客观、公正、专业的意见，要敢于亮红牌、黄牌，不怕得罪人。

六是守纪律，当好守门员。清正廉洁、公平公正是我们所有工作的底线，学位授权审核等工作，社会关注度极高，作为评审专家的学科评议组、专业学位教指委成员不可避免地成为有关方面关注的对象。我们一定要把握好工作的尺度，哪些行为是正常的学术交流，哪些行为可能会对后续的评审工作造成影响，哪些行为有可能触碰纪律法律的红线，这些都要在心里有杆秤，想清楚。一定要严于律已，严格落实中央八项规定精神，严守工作纪律，保守工作秘密，坚决抵制学术领域的不正之风，自觉在遵纪守法、维护良好作风学风中作出表率。

转变观念，激发动能，推进学校体育美育工作*

2018年是改革开放40周年，学校体育美育工作走过了40年不平凡的道路。在改革的推动下，我们用创新的精神推进学校体育美育工作实现了跨越式发展，取得了历史性成就。今天的学校体育美育工作所达到的水平、所发挥的作用是前所未有的。这些成绩是在党中央、国务院的坚强领导下，是在全体学校体育美育工作者的共同努力下取得的，弥足珍贵、来之不易。我们要贯彻落实习近平总书记关于教育的重要论述和全国教育大会精神，推进全国学校体育美育工作。

一、要理念先行，实现教育观念的大转变

我们要重新认识体育美育的价值、功能和作用。体育对于培养德智体美劳全面发展的社会主义建设者和接班人具有重要作用。学生在体育活动中可以增进团队精神、增强集体荣誉感、锤炼意志品质，这是育德；可以增长学识、深化见识，体会运动的节律和规律，深化对健康知识的理解和认识，体育本身就是育智；可以让学生的精神世界更加丰富，体育本身具有审美特征，运动就是美，体育又与美育紧密相关；体育可以培养艰苦奋斗的精神、坚韧不拔的品质，这又与劳动教育密切相关。同样，学生审美和人文素养的提升，对健康发展非常重要。美育对于丰富德育、增进智育、促进体育、改善劳育具有重要作用。

从根本上讲，教育工作者要来一场教育观念的大转变。完不成转变

---

* 2018年12月10日，北京。

就完成不好培养合格的社会主义建设者和可靠接班人、培养一批又一批堪当中华民族伟大复兴大任的时代新人的历史使命。

要在新时代学校体育美育工作目标体系中清醒认识肩负的新使命。完成好历史使命，首先要清醒认识学校体育美育的标准和目标。习近平总书记在全国教育大会上的重要讲话，深刻阐述了学校体育的新价值和新目标，就是帮助学生在体育锻炼中享受乐趣、增强体质、健全人格、锤炼意志的“四位一体”目标体系。“四位一体”目标服务于青少年健康成长。实现这些目标，必须教会学生健康知识、基本和专项运动技能，落实常规课余锻炼，开展全员参与的竞赛活动。习近平总书记还深刻阐述了学校美育“纯洁道德、丰富精神”“提高学生审美和人文素养”的新价值和新目标。这些新价值和新目标是学校体育美育工作的重点。

二、要勠力攻坚，促进学校体育美育办学条件的大改善

课程建设要有资源意识。体育美育教学要课程化，学习要生活化。课内课外、校内校外的资源要千方百计地用起来。要主动作为，深化教体融合，推动教育、体育双赢。其中一个重要思想是要把整个体育战线的资源当作教育资源来配置，包括有形资源、无形资源和人力资源、场地资源等，实现方式就是教体融合。学校体育教学改革要围绕“教、练、赛”来推进。“教”就是教会健康知识、基本运动技能和专项运动技能，“练”就是开展经常性课余训练，“赛”就是组织开展全员参与的体育竞赛活动，无赛不成体育。学校体育项目要因地制宜、因校制宜。根据培育特色和竞争力的原则选择足球、篮球、乒乓球、武术、田径等项目。学校美育教学改革同样要围绕课堂教学、课外活动、校园文化建设“三位一体”来推进，根据资源条件和特色原则选择项目。美育教学可以是音乐、美术、书法，也可以是舞蹈、戏剧、摄影。要培养审美意识和审美素质，让孩子们懂得美，这是最成功的教育。“美”不是狭义的，分享、动手、诚实都是美，心灵美、行为美都在这个范畴。

教师配备要有刚性意识。按照全国教育大会要求逐步配齐配足体育美育教师，是落实体育美育教学内容、实现学校体育美育目标的首要条件，必须制定刚性的近期和中长期教师队伍建设规划，下大力气认真解决。在执行时要体现一般和特殊相结合，不同区域分类指导。短期内可以采取专兼结合、政府购买服务等临时措施变通和过渡，长远要落实教师队伍建设规划，按编制来保障。实现德智体美劳五大要素全面发展，要做很多工作，要突破一个又一个障碍，不突破不行，要有刚性约束。

场地保障要用标准推动。实现学校体育美育全新的教学内容、教学目标，必须重新厘定场地场馆建设配备标准，按照标准配备设施。这是打破学校教育中体育美育弱的关键环节，要制定短期和中长期学校体育美育场地场馆建设规划，认真抓好落实。当然，场地场馆建设不能超越发展阶段，不能搞形象工程，要坚持功能第一、实用为上的原则，实现补短板、保基本、广覆盖，逐步落实体育美育场地建设规划。

运动习惯要用文化培育。文化是学校体育美育工作的氛围和导向，是一种无形的力量。要把体育美育作为校园文化建设的重点，搭建符合学生特点的载体和平台，加强宣传，为体育美育发展创造环境。要多组织同城、跨省区和国际交流，开展分学段学校体育美育教学和课程研究。要学会用氛围来引导人、感化人、吸引人，形成人人参与改革、校校积极改革、处处奋进改革的喜人局面。

三、要激发新动能，形成促进学校体育美育内涵提升的新局面

要用好政策来激励。保证贯彻落实，就要建立政策激励机制。要改革评价来引导。学校体育美育改革发展需要激发“师生家校社”五大主体的积极性，建立科学、规范的评价体系，分类创设评价标准。要搭建平台来深化。深化学校体育美育改革，关键要搭好平台，深挖和总结成功经验和做法，下大气力加以推广。校园足球特色学校、“传承的力

量——学校体育美育弘扬中华优秀传统文化成果展示”、中华优秀文化艺术传承学校和基地等都是好平台，要把这些卓有成效的好平台培育成“明星项目”，发挥更大示范引领作用，带动学校体育美育发展。要把竞赛开展起来，把比赛打起来，把运动会开起来，把学生特色体育项目俱乐部建起来，形成齐抓大抓体育美育的良好氛围和格局。

推进新时代学校美育观念大转变大升华*

今天是习近平总书记给中央美术学院老教授回信一周年的日子。习近平总书记给中央美术学院老教授的重要回信情真意切、立意高远、内涵丰富、催人奋进，充分体现了以习近平同志为核心的党中央对学校美育的高度重视和对青少年学生身心健康成长的亲切关怀，为推进新时代学校美育改革发展指明了前进方向。一年来，各地各校认真学习贯彻习近平总书记重要回信精神，制定了新政策、出台了新举措、探索了新路子、取得了新成效，学校美育呈现出良好的发展态势。

一、提高政治站位，认识要再深化

进入新时代以来，习近平总书记对全面贯彻党的教育方针、加强和改进学校美育作出一系列重要指示。总书记强调，文化文艺工作属于培根铸魂的工作，在党和国家全局工作中居于十分重要的地位，要用文艺振奋民族精神，没有文化的繁荣兴盛，就没有中华民族伟大复兴。总书记指出，美是纯洁道德、丰富精神的重要源泉，对塑造美好心灵具有重要作用。如果精神世界没有童话歌谣和大自然的云彩、花朵、鸟叫、虫鸣，如果心灵世界没有动人的音符和丰富的颜色，如果青少年没有艺术爱好和艺术修养，青少年就不可能全面发展。学校美育要坚持立德树人，扎根时代生活，遵循美育特点，弘扬中华美育精神。总书记强调，要全面加强和改进学校美育，配齐配好美育教师，以美育人、以文化

* 在教育部学习贯彻落实习近平总书记给中央美术学院老教授重要回信精神一周年座谈会上的讲话，2019年8月30日，北京。

人，提高学生的审美和人文素养。

总书记的这些重要指示和论述，为我们开启新时代学校美育提质增速发展的新征程，提供了根本遵循。我们要切实对标对表总书记的重要指示精神，提高政治站位，对新时代学校美育进行再认识、再谋划、再推进，准确把握新时代学校美育的新定位、新价值和新要求。

要深刻认识到美育是党的教育方针的重要组成部分，是提升学生综合素质的基础性工程，是推动德智体美劳全面培养的关键性工程，没有美育学生就不可能全面发展。要深刻认识到推进教育现代化、建设教育强国就必须加强学校美育，学校美育事关立德树人根本任务的落实，事关教育改革发展的方向，没有学校美育的发展就不可能实现真正意义上的教育现代化。要深刻认识到美育是培根铸魂、立德树人的重要工作，事关国民综合素质和人力资源质量的整体提升，事关中华民族创新创造活力的增强，事关中华民族伟大复兴。要从党和国家事业发展的全局高度，提高认识，准确定位，切实增强做好学校美育工作的紧迫感和责任感，来一场教育理念的大转变，来一场学校美育观念的大升华，确保总书记关于美育的重要论述在校园落实落地、开花结果。

二、破解发展难题，思路要再创新

党的十八大以来，我们以改革创新的精神，以真抓实干的作风，推进学校美育改革发展，各地各校探索了一些破解难题的新思路。比如，在统筹资源、协同推进上，北京市通过政府购买服务的方式，实施义务教育阶段课外活动计划，推动高校和社会力量参与小学美育发展，实现了社会学校家庭联动。在补充学校美育教师缺额上，福建、江西等省要求地方在每年公开招聘新任教师名额中划出15%以上比例用于招聘美育教师；甘肃、内蒙古等省（自治区）规定教师自然减员空出编制优先补充缺额美育教师。在提高农村地区学校美育教学水平上，东北师范大学、西北师范大学、苏州大学等高校先行先试开展美育浸润行动，组织师生为农村中小学校提供持续性美育志愿服务；中央音乐学院主动服务山西吕梁脱贫攻坚，在美育教师培训、音乐人才培养等方面开展了卓有成效的精准帮扶。在美育评价制度改革创新上，江苏、山东、云南等省探索将艺术纳入中考的相关改革。四川等地创新测评模式，依托国内最先进的语音图像识别技术，在对学生艺术素质评价中引入人机对话新模式，探索利用现代技术客观评价美育教学效果。这些创新举措行之有效，为破难题、补短板注入了新的动能与活力。

但是，从总体上看，当前学校美育改革发展与人民群众的期待相比仍有不小差距，还不能很好满足广大学生的发展需要，还不能很好适应加快实现教育现代化的要求。存在的主要问题表现在：形势变了，认识跟不上了；事业发展了，资源配置跟不上了；学生需求变了，教育教学及评价方式跟不上了。这就要求我们在实践探索中寻求破解难题的"锦囊"，开出对症下药的"良方"，获得实现突破的"钥匙"，切实补齐学校美育改革发展的这块短板。各地各校在推进学校美育改革发展的实践中，要善于借助基层智慧，众人寻路，集智破题，只要符合中央精神、符合地方实际、符合群众意愿，就可以大胆地试、放手地干、坚决地改。

三、抓实重点任务，力度要再加大

我国正处在由大国向强国迈进的关键阶段。站在实现"两个一百年"奋斗目标的历史交汇期，必须以更高远的历史站位、更宽广的国际视野、更深邃的战略眼光推动学校美育朝着更高质量、更有效率、更加公平、更可持续的方向前进。非常之事须有非常之为，这就要求我们把握时代大势、着眼持续发展、强势攻坚突破，狠抓重点任务落实，加大力度"补短板"，集中力量打好新时代美育改革发展三大攻坚战。

（一）集中力量打好深化学校美育教学改革攻坚战

第一大攻坚战的策略是美育课程建设、美育教学改革、美育实践活动“三聚焦”。

美育课程建设聚焦开齐开足上好。完善大中小学相衔接的美育课程体系，建立学校美育课程刚性管理机制。要在落实“开齐开足”这个底线的基础上逐步实现“上好”。高校美育课程要聚焦普及艺术教育、专业艺术教育和艺术师范教育三个重点领域，创新人才培养模式，提高人才培养质量。要加强美育教材建设，弘扬中华美育精神，推出更多温润人心、文质兼美的佳作，让学生感受美好、感触温暖、追求梦想。

美育教学改革聚焦以学生发展为中心。要构建“艺术基础知识+艺术基本素养+专项艺术特长”的教学模式，积极开展美育项目教学，确保学生形成一两项艺术特长。要遵循美育特点，倡导美育生活化、生活美育化，促进学校美育教学与学生生活相对接。

美育实践活动聚焦面向人人。美育实践活动既要做到全覆盖，也要给学生选择权，让每一个学生根据自身的兴趣去选择。要大力推广合唱、乐队、集体舞、校园剧、艺术实践工作坊、博物馆体验学习等群体性实践活动。高校特别是专业艺术院校要坚持弘扬主旋律，按照总书记在回信中强调的“扎根时代生活”的要求，大力开展主题性艺术创作实践活动，以真挚的情感、鲜活的形象、平实优美的语言诠释伟大时代。

（二）集中力量打好改善学校美育办学条件攻坚战

第二大攻坚战的策略是教师队伍建设、场地设施配备、教育脱贫攻坚“三强化”。

多措并举强化美育教师队伍。配齐配好美育教师队伍是当前亟待解决的难题，从各地的实践看，聘任兼职美育教师和政府购买服务已经成为当前破解师资不足问题的有效途径，各地还要再用改革创新的思路探索多种形式，加大美育教师补充力度，切实配齐配好美育教师。高校要主动支持基础教育，实施好“美育浸润行动计划”。特别是要深化高校美育教育专业人才培养模式改革，打好美育教师队伍建设的攻坚战。

明确标准强化场地设施配备。在按现有标准配备中小学美育设施设备的基础上，下一步要解决的是从有到好的问题。高等教育要解决好学校美育场馆设施从无到有的问题，同时还要研究从有到好的需求，逐步推动将高校艺术场馆纳入高校建设标准。

精准施策强化教育脱贫攻坚。建立城乡学校美育共享帮扶机制，总结好各地各校的经验和做法，发挥高校资源优势开展对口定点帮扶、支教扶贫等美育志愿服务，加强信息化美育资源建设，扩大优质教育资源覆盖面，切实提高薄弱学校教学水平，确保农村的孩子也能接受美的教育。

（三）集中力量打好完善学校美育评价机制攻坚战

第三大攻坚战的策略是学生评价、学校与教育行政部门评价、政府评价“三推进”。

通过完善科学规范的评价体系，解决全面加强和改进学校美育的动力机制问题，激发“师生家校社”五大主体的积极性、创造性。

学生评价推进艺术素质测评。全面实施中小学生艺术素质测评制度，将艺术素质测评结果纳入初、高中学生综合素质评价，强化结果应用。要认真总结地方将艺术科目纳入中考的经验做法，适时启动中考美育改革试点。

学校与教育行政部门评价推进“硬指标”考评。把学校美育改革发展纳入督导评估和考核体系，纳入“双一流”建设高校动态监测指标体系，健全美育工作问责机制，把美育评价的“软要求”变成“硬指标”。

政府评价推进问责制实施。推动各级政府把学校美育改革发展纳入区域发展战略规划和地方经济社会发展规划，对学校美育政策落实不到位的地区予以问责。

四、牢记初心使命，责任要再落实

学校美育是短板，美育工作存在的师资不够、场地不足、评价不硬等突出问题属于教育改革的难点问题，我们要以满足学生提升审美和人文素养的需求为出发点和落脚点，努力让每一个学生都能享有公平而有质量的美育教育，这是我们教育工作者的初心和使命。我们必须以更加务实的作风、奋进的状态狠抓落实，切实推进学校美育改革发展。

教育部已经印发了高校美育文件，这是指导和推动新时代高校美育改革发展的重要指南，各高校要结合实际，制定实施细则，抓好贯彻落实。目前，教育部正在研制全面加强和改进新时代学校体育、美育工作的意见，在抓认识、抓师资、抓教材、抓条件、抓评价等方面提出了进一步的改革举措。文件将进一步明确各级党委、政府、教育部门、学校推进美育工作的职责，力求美育有人管、有人抓，能落实、能问责，在制度建设上出实招、在资源配置上使真劲、在规范执行上下功夫、在推进落实上争实效。

各地各校要进一步把学习贯彻落实习近平总书记重要指示精神推向深入，狠抓落实落地。各地教育部门要结合实际，科学制定本地区学校美育改革发展的总体规划和政策措施，科学配置美育资源，指导和督促学校将全面贯彻党的教育方针落到实处。各级各类学校都要切实增强大局意识、责任意识、协作意识，既做好分内之事，又尽到全局之责，在推进学校美育改革发展的历史使命和时代进程中展现新作为。

让劳动教育的路子越走越宽广*

党的十八大以来，习近平总书记站在党和国家事业发展的高度，立足新时代的历史方位，着眼于为中国特色社会主义事业培养德智体美劳全面发展的建设者和接班人、培养担当民族复兴大任的时代新人，对加强劳动教育作出了一系列重要论述。总书记指出，尊重劳动、尊重知识、尊重人才、尊重创造，把尊重劳动放在“四个尊重”之首，更加突出了劳动教育的基础作用。教育系统要全面贯彻党的教育方针，抓紧做好顶层设计，深入推进劳动教育。

教育系统要深入贯彻落实好习近平总书记关于劳动教育的系列重要论述精神，从不同学段不同对象的实际出发，处理好劳动教育的观念、目标、过程、评价，保证劳动教育的正确方向，充分发挥劳动教育在立德树人中的重要作用。

一是摆准位子。要在德智体美劳五育并举的人才培养体系中，准确理解劳动的政治属性、教育属性、实践属性，准确把握新时代劳动教育的丰富内涵和重大意义。

二是立好柱子。要围绕劳动教育体系的关键点，加快建设完善，把“四梁八柱”立起来，目标树起来，课时定下来，内容选出来，评价硬起来。

三是搭实台子。要多措并举，充分利用综合实践基地、青少年校外活动场所、学校实习实训室等资源，打破体制壁垒，完善相关机制，多

---

* 2019年7月3日，北京。

途径扩大校外劳动实践基地，为学生搭建好劳动实践平台。

四是探索路子。要从实际出发，结合当地自然条件、经济状况和文化积淀，不断探索体现实效的劳动教育实施路径，在全社会大力营造劳动光荣、创造伟大的舆论氛围，让劳动教育的路子越走越宽广。

降温、规范、有序发展，治理校外培训机构*

校外培训机构是学校教育的补充，但近年来一些校外培训机构违背教育规律和青少年成长发展规律，开展以“应试”为导向的培训，造成中小学生课外负担重，社会反映强烈。中央领导同志对此高度重视，习近平总书记明确指示要着力解决中小学生课外负担重问题。教育部将减轻中小学生过重课外负担作为一项重中之重的任务，组织开展系统调研，明确解决这一问题的思路和举措，以校外治理规范、校内提质增效为重点，着力从以下几方面推动解决。

一是开展校外培训机构专项治理。针对群众反映强烈的校外培训机构存在安全隐患、证照不全、超前学超纲教等六类突出问题，开展专项治理，压实治理责任，对发现存在问题的校外培训机构，视不同情况，分别采取限期整改、停业整顿、直接取缔等措施，同时约谈部分校外培训机构负责人，对规范和整改工作进一步提出明确要求。

二是加快建立校外培训规范发展长效机制。促进校外培训机构规范有序发展是专项治理校外培训机构的姊妹篇。要以习近平新时代中国特色社会主义思想为指导，全面贯彻党的教育方针，落实立德树人根本任务，发展素质教育，以促进中小学生身心健康发展为落脚点，以开展校外培训机构专项治理为突破口，以建立健全校外培训机构监管机制为着力点，切实解决中小学生课外负担重问题，构建校外培训机构规范有序发展的长效机制，形成校内外协同育人的良好局面。要树立并用好“靶

* 2018年、2020年，北京。

向治疗”思维，研究解决新情况新问题，把准问题的关节点、要害处，使思路举措更加科学、更加严密、更加有效。校外培训机构是市场化的，但由于面向中小学生，所以更是特殊的。为从制度上解决校外培训机构无序发展问题，根据中央部署，教育部会同有关部门研究制定了《关于规范校外培训机构发展的意见》，在专项治理的基础上，确定了依法规范、分类管理、综合施策、协同治理的工作原则，从明确设置标准、依法审批登记、规范培训行为、加强监督管理等方面，提出构建长效机制政策举措。

三是完善课后服务政策措施。解决校外培训火爆问题，还需要加强中小学生课后服务，妥善利用好“三点半”后这段时间。教育部已印发指导意见，提出明确要求，将出台专门文件，进一步完善政策措施，确保课后服务能够高质量地开展起来。

四是大力提升中小学教育教学质量。为切实提高中小学教育教学质量，教育部正在研究起草相关意见，着力解决各种制约中小学教学质量提升的突出问题，不断深化课程改革、改进教学方法、提升教师教学能力等，切实提高学校育人能力和水平，更好地发展素质教育，让学生在学校能“吃饱吃好”。同时，深化考试评价制度改革，发挥好评价的指挥棒作用。

五是营造良好社会氛围。中小学生课外负担过重，与长期以来存在的“拔苗助长”等不当的教育理念有关。解决中小学生课业负担过重问题，要大力宣传科学的教育理念，宣传过度教育的危害，杜绝炒作“高考状元”等现象，减轻社会的教育焦虑，为“培训热”降温，帮助家庭作出正确的教育选择，让家长理性对待孩子的学业和发展。

要按照系统观念来设计，靠政策“组合拳”来实现，包括校内与校外、家庭与社区共同发力，进一步明确市场监管、民政、发展改革、财政、公安等有关部门的责任，综合运用经济的、法治的、行政的办法，等等。过去，我们主要从教育系统的角度抓超纲教学、提前教学等不良行为，现在看仅这样是不行的，要开出新路子。要把监督管理的体制建立起来，谁来监管、怎么监管、监管力量如何配备等都要予以明确。要给校外培训机构划定轨道，实行“刹车”制度，使其沿着正确方向运行。这是我们能够做到的。

校外培训机构专项治理自开展以来，取得了比较明显的阶段性成果。我们要防止“按下葫芦起来瓢”。我们的教育与西方不同，西方是分层基础上的教育，我们是大平台教育，所有人都在一个大平台上。我们既要为党育人、为国育才，还要为党和国家事业发展选才，“育”是一个建造平台的过程，“选”是一个建造宝塔的过程，二者是有区别的，要把这件事把握好。我们要拿出一鼓作气的劲头、滚石上山的勇气，坚决打赢这场攻坚战，不达目的绝不收兵。

实实在在解决人民群众对教育热切关注的问题*

要问当代中国人民群众最关心的是什么，孩子肯定是其中之一。我们要把人民群众关心的孩子教育相关问题解决好。

第一个问题，作业管理问题。

孩子的作业各方面反映强烈。正常的课业、学业是学生成长成才过程中必须付出的努力。作业不能不要，问题是作业怎么管理。我这里用“管理”这个词，传统的说法就是布置作业再批改。在信息化时代，又增加了一些新的内容，即通过手机向家长布置作业，布置方式有了新的通道。这个问题怎么处理，要好好研究。

能不能分段考虑？幼儿阶段就是游戏教育，游戏是幼儿教育的基本模式，留作业也是游戏；小学阶段作业不出校门；初中阶段改进家庭作业方式；等等。义务教育阶段9年，我们要认真探索研究。

第二个问题，睡眠问题。

现在孩子每天睡不够10个小时，甚至许多孩子连7个小时都睡不到。睡眠不够何谈健康成长？要从睡眠抓起，千方百计采取措施，确保孩子们能睡够，顺应自然规律抓教育。

第三个问题，身心管理问题。

孩子的体质怎么适应新时代的需要？我们能不能逐步把“小眼镜”“小胖墩”占的比例降下来？新时代能够承担复兴大任的一代新人，他们的身心必须是健康的。身心管理从幼教时期就要抓起。身心管理问

---

* 2020年11月12日。

题很具体，它是培养承担复兴大任一代新人的需要，具有基础性。

第四个问题，手机问题。

我们现在生活在信息化时代、人机高度耦合的时代，在这个时代我们成人都成了“手机控”。学校能不能对手机使用作出规定，包括手机入校，包括学校和家长的联系，包括孩子如何在学习中应用手机、发挥手机的积极作用。

我们对此要好好研究。当前急迫的事就是家长群。以手机为主要载体、以社交媒体为主要形式的家长群，在教育中到底发挥了什么样的作用？这件事情需要赶快研究。不然家长群就变成了转嫁负担的通道、产生焦虑的园地。要用好它的积极方面。现在出现了一些简单的负面的东西，要把问题破解了。这是大事情。

第五个问题，读物管理问题。

课外读物要管起来。为学生健康成长创造良好的环境，这是净化土地。千万不要种出“镉大米”，不良读物无异于“重金属”。

关于中小学课外读物管理，要做到以下四个方面。一要纳入教材教辅管理。在具体措施上可以有所区别，但必须纳入教材教辅管理这个体系。二要纳入教学管理。把课外读物作为教学管理的一个辅助环节来提出要求，重在把好政治关、质量关。把不好这个关，就会对教学效果和育人效果产生对冲作用，特别是青少年正处于世界观、人生观、价值观形成的关键期，更容易受到影响。三要纳入阵地管理。把课外读物作为学校思想政治、意识形态工作的重要阵地，对推荐引进的课外读物划出边界，厘清学校、教师和家长的责任。我们讲的课外读物不是学生读的一切读本，我们要管的是推荐引进的这部分。学校和教师允许读的课外读物有哪些、谁来推荐、怎么推荐、如何引进，都要有明确要求，同时要把家长的作用讲清楚。四要纳入课外活动管理。这方面不仅要提要求，更多的是要能操作。做好这些工作，要注意把握政策界限，有问题的课外读物，一律不得进校园。

解决紧迫问题，要做到直奔主题，抓人民群众关心的急难愁盼事，疏通教育健康发展的堵点。

小切口、大改革，加快推进“五项管理”*

作业管理、睡眠管理、手机管理、读物管理、体质管理，这“五项管理”，从方法论上讲，不是就改革讲改革，而是“反弹琵琶”抓教育综合改革，所以是小切口、大改革。要加快“五项管理”的推进进度，同时在推进的过程中要高度关注怎么样吸取社会能量，形成社会动力，营造良好的教育发展环境。其中，一方面要调动相关部门的积极性，另一方面要调动家长的积极性。中国教育健康发展，很重要的方面在于教育和引导家长。但是这个问题不是教育系统能够完成的，所以家庭教育法的出台就具有标志性意义。同样是在线教育，有的说在线教育不适合中小学基础教育，有的则担心疫情防控常态化后不再提供在线教育，两种观点截然相对，说明不同阶层、不同职业、不同年龄段的家长看法不一样。我们一定要打主动仗，认定的事情就要抓下去。关于手机管理的文件出台后，影响和反应是好的，现在的关键是抓落实。作业管理、睡眠管理、读物管理、体质管理方面的文件都要尽快出台，每一个文件出台后也要这样抓好落实。

“五项管理”是一项系统工程，一定要在系统性上下功夫，不能简单化，更不能形式化、空洞化。“五项管理”本身是一个系统，每一项管理又是一个小系统。比如，睡眠管理涉及面就很广，涉及学校、家长、社会等方方面面的协同，系统性极强，需要系统研究。读物管理也是这样，我们开了书单，学校开了书单，家长也在开书单。还有手机管

* 2021年7月，北京。

理，学校里现在基本管住了，但是学生回到家里面，进门第一件事就是拿手机，家长说管不住。所以，中国教育面临的一个严重问题在于如何教育和引导家长。家庭教育非常重要，要纳入决策视野、改革范畴和议事日程，要把家庭教育作为课题进行研究。要引导家长提高教育素养，树立正确的成才观、成功观。不教育引导好家长，“五项管理”就无法真正落实。这就是为什么讲治理要用系统观念，制定落实政策要在系统性上下功夫。“小切口、大改革”就是这个意思，要找到牵一发而动全身的“小切口”，带动全局的“大改革”。要在系统性上好好下功夫，用系统观念推进教育治理体系和治理能力现代化。

推进高考综合改革试点工作*

高考综合改革处于教育改革的枢纽位置，是教育领域“牵一发而动全身”的重大改革，其他方面的教育改革都要围绕这项改革来配套、来协同，要以此为突破口，带动整个教育体制、教学方式和育人模式改革。综合各方面情况看，这一轮高考改革目标明确、方向正确，总体进展符合预期，改革结果得到了社会各界的广泛支持和拥护，但在改革试点过程中也遇到了一些新情况新问题。要坚决贯彻落实党中央、国务院决策部署，按照《国务院关于深化考试招生制度改革的实施意见》精神，深刻认识高考综合改革的重要性、艰巨性、复杂性、紧迫性，保持战略定力，坚持正确方向，坚持稳中求进，注重综合施策，从有利于促进学生健康发展、科学选拔各类人才和维护社会公平出发，进一步完善高考综合改革试点，蹄疾步稳地拓展深化高考改革，着力增强改革的整体性、系统性、协同性，促进教育公平、提高人才选拔水平，更好地适应培养德智体美全面发展的社会主义建设者和接班人的要求。

第一，加强改革协同。抓紧健全部内协同、省内协同、部省协同、多方协同等四项协同推进机制。

第二，抓紧报审出台上海改革完善方案和第二批试点省份改革方案。在已指导浙江省发布深化高考综合改革完善方案的基础上，做好上海市完善方案和北京、天津、山东、海南第二批试点4省市方案的报审备案工作，并分类指导做好方案发布和宣传解读工作。指导6省市

* 2018年1月26日，北京。

制定最低保障机制和赋分优化机制的实施细则，结合改革实际择机出台。

第三，对原计划2018年启动改革的17省份组织开展高考综合改革基础条件评估工作。要评估省级层面推进改革的领导体制机制、教育系统推进改革的协同机制、省级考试机构能力建设、高校科学选才能力建设等；要评估高中课程改革进展及师资队伍建设、教学条件建设、学业水平考试组织、学生综合素质评价档案建设等。要坚持实事求是，尊重各地实际，允许有进有出，根据评估结果，遴选一批改革意愿强、组织保障有力、条件成熟的省份于2018年启动改革，其他省份待条件成熟后再申请进入改革。

第四，对有关省级教育行政部门负责同志组织开展培训。讲解方案、解剖案例、交流经验、研讨特殊问题，以指导推进考试招生制度改革为重点，指导啃下三个“硬骨头”。

第五，推进形成高考改革与高中课程改革、高校人才培养模式改革有机联动。高考改革推进到现在这个阶段，不仅要讲试点、讲推广，也要讲改革的量，不仅要扩大改革参与面，也要扩大改革内容，确保到2020年基本建立中国特色现代教育考试招生制度。考试招生制度改革就像一块手表，高考改革是表盘子，表带子一头连着高中，一头连着高校，只有表带子系住了才是一个完整的手表。高中要主动配套，把高中阶段的事加紧做起来；高校要增添推力，把高校要做的事明确和承接起来。要深化普通高中教育教学改革，加强对学生选课选考的指导。要指导和督促高校对高中学习科目要求较高的专业提出限定性选考要求，推动高校人才选拔和培养改革与高考改革相衔接。要充分考虑可能出现的新情况新问题，把工作做细做实。

对高考改革进行再认识、再设计、再深化、再推进*

高考改革牵一发而动全身，党中央、国务院高度重视。习近平总书记在全国教育大会上强调，要健全立德树人落实机制，扭转不科学的教育评价导向；考试招生制度的指挥棒要改，要确保高考改革这项备受关注的高风险改革平稳落地。要认真贯彻落实全国教育大会精神，按照习近平总书记重要指示批示要求，对高考改革进行再认识、再设计、再深化、再推进，确保高考改革积极稳妥推进。

进一步深化高考改革，要全面贯彻党的教育方针，落实构建德智体美劳全面培养的教育体系的要求，以立德树人为鲜明导向，重点突破考试内容改革，扎实推进高考综合改革，着力增强改革的系统性、整体性、协同性，建立健全科学的高校考试招生评价体系。

一要从更高层次上进行顶层设计。从教育是国之大计、党之大计的高度，从落实立德树人根本任务、培养德智体美劳全面发展的社会主义建设者和接班人的高度，对进一步深化高考改革作出制度设计和安排。要统筹全面发展的考试、综合考核的评价、优质公平的选拔，提高改革方案精准性，真正实现学生成长、国家选才、社会公平的有机统一。

二要从根本上解决教育评价指挥棒问题。教育评价体系改革是中央关心、社会各方面关注的最大热点，也是深化教育改革的难点所在。要突出高考改革的龙头地位，把高校考试招生制度作为教育评价体系的重要组成部分和教育评价体系改革的关键环节，更加有力地把考试招生制

---

* 2018年9月28日，北京。

度改革、教育评价体系改革、教育体制机制改革推向前进。要深入推进高考综合改革，稳步扩大高考综合改革省份。启动新一轮高考内容改革，完善全面考查内容体系，创新考试形式，丰富评价手段。积极探索高中学生综合素质的考核评价，大力推进高职院校分类考试，将自主招生政策逐步过渡到在少数高水平大学试点综合评价招生。

三要从历史和现实的结合上来认识和把握。我国走出了一条中国特色社会主义教育发展道路，建成了世界上最大规模的教育体系。从社会发展史看，教育基本制度在农业革命时期是“综合的”，在工业革命时期是“专业的”，在信息革命时期是“个性的”，将来会是“自由而全面的”。进一步深化高考改革要同我国教育体系、教育基本制度联系起来考虑，这样认识和把握问题才有纵深感，才能经得起实践和历史检验。

四要从方法上统筹考试与考核。从一定意义上讲，考试是“定价”，考核是“评价”；考试注重的是结果，结果是片面的，但却是刚性的，是“钢刀”；考核注重的是过程，过程是综合的，但却是柔性的，是“弹簧”。高考既要坚持以考试分数为硬杠杠，又要坚决改变简单以考试成绩评学生的导向和做法，引导学生德智体美劳全面发展。

全面深化新时代教师队伍建设改革*

《中共中央 国务院关于全面深化新时代教师队伍建设改革的意见》（本篇下文简称《意见》）是新中国成立以来党中央出台的第一个专门面向教师队伍建设的政策文件，是贯彻党的十九大精神开局之年党中央作出的重大战略决策，是新时代全面加强教师队伍建设的纲领性文件，充分体现了以习近平同志为核心的党中央对教育事业和对广大教师特别是教师队伍建设的高度重视、亲切关怀、殷切期望。《意见》在我国教育改革发展和教师队伍建设历史上具有里程碑意义，标志着教师队伍建设改革进入了新时代、开启了新征程。学习宣传好、贯彻落实好《意见》精神，坚持和加强党对教师队伍建设的全面领导，加强师德师风建设，造就党和人民满意的高素质专业化创新型教师队伍，形成优秀人才争相从教、教师人人尽展其才、好教师不断涌现的良好局面，对于加快教育现代化、建设教育强国、办好人民满意的教育，对于决胜全面建成小康社会、夺取新时代中国特色社会主义伟大胜利、实现中华民族伟大复兴的中国梦，具有重大政治意义、现实意义和历史意义。一定要从战略和全局高度充分认识教师工作的极端重要性，把全面加强教师队伍建设作为一项重大政治任务和根本性民生工程切实抓紧抓好。

一

学习宣传《意见》精神非常重要，但更重要的是贯彻落实。要把

* 2018年，北京。

《意见》转化为全面深化新时代教师队伍建设改革的施工方案，把重心放在具体施工上，围绕具体施工把各方面力量统筹好、组织好。

一是宣传解读的力量要接地气、入人心。要把宣传解读作为塑造教育文化、教育生态的重要工作来抓。要多兵种作战、多媒体配合，深入宣传《意见》的重要意义、总体考虑、主要内容、政策亮点，把党中央对教师队伍建设改革的关心重视传达到全体教师、传递给全社会。教育质量是尊敬出来的，没有对教师的尊敬就没有好的教育质量。要以此唤起广大教师的神圣感、使命感和荣誉感、责任感，以此重振师道尊严、营造尊师氛围。要创新宣传手法，把镜头和版面多给基层一线教师，探索公益广告、小视频、小短片等新的表现形式，运用“两微一端”和移动多媒体等新技术新手段，扩大有效覆盖。

二是教育系统组织协调与实施的力量要抓责任、抓推进。各级教育部门和各级各类学校都要研究和推动落实，各级领导干部都要积极行动起来，对重要任务要亲自上手，对矛盾焦点要心中有数，对实施过程要掌握实情。教育部层面，在部党组领导下，细化分工，建立调度机制，推动各地各有关部门和学校抓落实，形成强有力的组织指挥系统，协调推进落实。

三是省级党委和政府的力量要发挥主导作用。全面深化新时代教师队伍建设改革是一场攻坚战，“一个省份就是一个战区”。要采取组织推动和专项督查相结合的方式，协调各省级党委和政府从本地实际出发找准教师队伍建设的突破口和着力点，针对存在的主要问题和薄弱环节，抓紧研究制定政策措施，确定路线图、任务书、时间表和责任人，确保各项政策措施落地见效。

四是涉及部门的力量要解决突出问题。要全面梳理在教师培养培训、编制配备、职称评聘、职业发展、待遇保障等方面存在的实际困难和瓶颈问题，逐一走访有关部门，明确属于各自职责范围内的任务，主动争取支持和配套政策，把《意见》提出的有关任务一项一项地协同落实好。

就我国教育事业发展来说，教师队伍建设这一关过不了，就没有教育现代化、没有教育强国、没有人民满意的教育。要着眼于贯彻落实《意见》的质量和效果，在准确上下功夫抓宣传，在实效上下功夫抓贯彻。要坚持目标导向和问题导向相结合，围绕《意见》提出的任务和举措，把工作精力放在关键环节上、主攻目标上，突出重点、攻克难点，抓主要矛盾和矛盾的主要方面，不要节外生枝，防止搭便车，防止吊高胃口。要强化“工程意识”，按照施工图来做，抓关键问题，抓实质内容，抓管用举措，不搞花拳绣腿，不摆花架子，不做华而不实的表面文章。要当好“施工队长”，采取有效的办法、管用的招数，把全面深化新时代教师队伍建设改革落到实处。

二

要紧扣广大教师最关心、最直接、最现实的重大问题，找准教师队伍建设的突破口和着力点，突出重点、攻克难点，在破除体制机制弊端上下功夫，办好“提、改、育、用、保、尊”六件事，全力确保政策举措落地见效。

一是进一步细化贯彻落实《意见》的重点任务。在前期工作基础上，综合考虑中央要求、基层需求和教师队伍建设改革的迫切程度、难易程度、工作量大小等因素，对《意见》确定的任务进行再研判、再筹划，一项一项地排出时间表、路线图、优先序。按照先易后难、先急后缓、先短期后长期的策略，从事业发展急需、基层反映较强的事情抓起，着力提高贯彻落实的针对性和实效性。

二是进一步加大破除体制机制弊端的协调力度。要抓紧加大与中央有关部委的协调力度，争取落实效果最大化。在不折不扣落实文件内容的基础上，用一定的灵活性来保证贯彻落实的原则性。

三是进一步提升教师职业吸引力。加强教师队伍建设是一项重大政治任务，也是一项根本性民生工程，要办成几件能够见到效果的实事，以实际行动赢得广大教师的信任，表明贯彻落实《意见》的决心。要创新编制配备，先从学前教育做起，逐步向义务教育阶段延伸，并把突破性的政策点写入全国教育大会文件。要提高收入待遇，力争中小学教师平均收入水平不低于或高于当地公务员平均收入水平，完善能够反映教育规律、体现教师职业特点的教师收入分配激励机制和绩效工资制度。要深化职称改革，适当提高中小学中级、高级教师岗位比例，进一步完善职称评价标准。要加强生活保障，特别是关心乡村教师和青年教师生活，为广大教师创造良好的教书育人环境、干事创业环境。要突出师德建设，规范教师职业行为，严厉处罚教师师德失范行为，在全社会重振师道尊严。

四是进一步指导地方加快工作进度。坚持时间服从质量，指导和督促各省份尽快制定出台贯彻落实的实施意见。要支持各省份从实际出发做一些“自选动作”，但对《意见》规定的内容不能“缺斤短两”，允许各省份采取不同方式来实现目标任务，但对《意见》落实的内容要统一考核。要按照“捞干货”的原则，精心设计和组织开展好《意见》贯彻落实情况督察调研，督促各地啃下新时代教师队伍建设改革的“硬骨头”。

三

过去常说“上面千条线、下面一根针”，现在的状况是有两根针，一根针是基层行政单位，一根针是基础教育学校，天下万事都往这两根针上穿。老师们干了很多不该由老师干的事，学校承担了很多不该由学校承担的社会工作，再加上各种检查、评比等，正如有媒体反映的，“检查评比过多，中小学老师不堪重负：备课时间都不够”。必要的表要填，但现在的表太多了，基层把这个叫作“表叔”“表哥”，要拒绝这些表，把时间还给老师，让老师有足够的时间和精力来研究教学、备课充电、提高素质。我们要下一盘为教师“减负”的大棋，让教师静心从教、潜心育人。

为教师“减负”，目标是要让教师静心从教，心无旁骛地立德树人，营造良好的教书育人环境。我们要梳理出目前影响教师静心从教的主要因素，逐项制定政策。没有这条，教育要高质量发展、内涵式发展就实现不了。

开启全面建设高素质专业化创新型教师队伍新征程*

今年是全面建成小康社会和“十三五”规划的收官之年，也是迈向“十四五”的谋划之年，处于承上启下的关键时期。长期以来，广大教师教书育人、甘于奉献，为国家发展和民族振兴作出了重大贡献。特别是今年面对新冠疫情肆虐的严峻形势，在党中央、国务院坚强领导下，全国1 700余万大中小学教师经受住突如其来的考验，探索实践“线上主播”，开展了一场史无前例、世无前例、面向2.8亿学生的大规模在线教育实践，有效实现了“停课不停教、不停学”，为中国特色的复学复课、为打赢疫情防控阻击战作出了重要贡献。

党的十八大以来，习近平总书记多次对教师提出殷切期望，对做好教师工作作出重要指示批示。贯彻落实总书记的重要指示批示精神，在现有发展基础上，瞄准一些裉节儿问题和发展短板，深入研究下一步的发展思路和发展重点，这是摆在我们面前的重要任务。今天教师事业的发展已不是初创时期的状况，也不是在起步阶段，经过长期坚持不懈的努力，已经打下了坚实的基础，教师队伍建设取得了显著的成就。我们要站在现有基础上，认真盘点，厘清哪些需要升级换代、哪些需要填补空白、哪些需要完善机制；思考谋划教师队伍建设如何更好适应党和国家事业发展的要求、更好满足人民群众对教育的新需求新期盼；进一步准确把握教师发展面临的新形势新任务，找准制约发展的痛点和难点，加快补齐工作短板，推动教师队伍高质量发展。

---

* 在2020年全国教师发展大会上的讲话，2020年9月7日，北京。

一、教师队伍建设的突出成就

经过多年的努力，教师队伍建设已经具备了向高质量发展的良好条件和坚实基础。

（一）教师队伍基础地位更加坚实

地位是发展的根基。在习近平总书记阐述的“九个坚持”中，教师队伍建设居其一，总书记在全国教育大会重要讲话的五个部分中，教师队伍建设又居其一，可见其分量之重、要求之高。2018年1月，《中共中央　国务院关于全面深化新时代教师队伍建设改革的意见》印发，这是新中国成立以来第一次由党中央专门印发的关于教师工作的文件，明确提出把教师工作置于教育事业发展重点支持的战略领域，优先谋划教师工作，优先保障教师工作投入，优先满足教师队伍建设需要。2018年3月，教育部等五部门印发了《教师教育振兴行动计划（2018—2022年）》，部署实施教师教育的五项重点任务和十大行动，明确了当前和今后一段时期加强教师队伍建设、提升教育质量水平的战略性举措。2020年8月，教育部等六部门联合印发《关于加强新时代乡村教师队伍建设的意见》，聚焦短板弱项，提出创新举措，在脱贫攻坚与乡村振兴有效衔接的背景下，推动乡村教师可持续发展。

（二）教师队伍履行使命更显担当

使命是发展的动力。长期以来，广大教师贯彻党的教育方针，坚守教育报国初心，为党育人、为国育才，以德施教、立德树人，默默耕耘、无私奉献，培养了一代又一代社会主义建设者和接班人。近年来，涌现出于漪、高铭暄、卫兴华等“人民教育家”，李保国、黄大年等一批优秀教师典型，以及“时代楷模”钟扬、曲建武、张玉滚、陈立群、卢永根等杰出代表。新冠疫情发生以来，14 000多名高校附属医院医护人员驰援武汉及湖北省其他地区抗击疫情，他们是“最美逆行者”。2014年、2019年教师节，习近平总书记两次在人民大会堂亲切会见全国教育系统先进集体和先进个人代表，广大教师受到极大鼓舞。

（三）教师队伍制度举措更加完善

制度是发展的保障。坚持党对教育事业的全面领导，围绕重师德、兴师范、强素质、优结构、提待遇等关键环节建章立制，有力提供了教师队伍建设的制度保障。坚持师德为先。印发加强和改进新时代师德师风建设的意见，出台新时代高校、中小学、幼儿园教师职业行为“十项准则”等系列文件，画出师德师风红线，加大师德违规行为查处和公开通报力度。坚持能力为重。启动教师教育振兴行动计划。完善公费师范生政策，提高师范生生均拨款，建立师范类专业认证制度，对师范生教育政策予以改进和完善。“国培计划”实施10年来，中央财政投入超过170亿元，培训教师超过1 600万人次，全面提升了教师的素质能力。坚持管理为要。首次出台中小学校领导人员管理办法，完善选拔任用和管理监督机制。全面实施国家中小学教师资格统一考试，提高教师准入门槛。实行城乡统一的中小学教职工编制标准，启动“县管校聘”改革，县域教师交流轮岗常态化、制度化。印发《关于深化高校教师考核评价制度改革的指导意见》，严把选聘考核思想政治素质关，注重凭能力、实绩和贡献评价教师。坚持保障为基。开展专项督导，保障义务教育教师工资收入水平不低于当地公务员。实施乡村教师支持计划，全面实施集中连片特困地区乡村教师生活补助政策，地域越偏远、条件越艰苦，补助标准越高。中办、国办专门印发通知，为中小学老师减轻不合理负担。实施“特岗计划”，15年来中央财政累计投入资金710亿元，累计招聘95万特岗教师，覆盖中西部省份1 000多个县、3万多所农村学校。

目前，我国教育总体发展水平进入世界中上行列，各级教育普及程度均达到或超过中高收入国家平均水平，区域、城乡教育差距进一步缩小，人民群众教育获得感不断增强，是1 732万名专任教师支撑起了全球最大规模的教育体系，助力了我国教育的大踏步前进。广大教师积极响应总书记的号召，争做教育扶贫先行者，扎根边疆、扎根乡村，投身“三区三州”等深度贫困地区，将扶智与扶志相结合，在阻断贫困代际传递方面发挥了重要作用。教师队伍建设的突出成就为教育事业发展、为全社会进步作出了重要贡献，教师队伍是加快社会主义现代化建设不可或缺的重要力量。

二、推动教师队伍建设高质量发展

在加快教育现代化、建设教育强国的新征程中，我们要清醒地看到，虽然我国的教育整体大踏步前进，但实现高质量发展还要付出巨大努力，让人民满意还任重道远。教师是立教之本、兴教之源，有好的教师，才可能有好的教育。推动教育高质量发展，必须充分认识教师是教育第一资源作用，坚持把教师队伍建设作为基础工作来抓。面对新方位、新征程、新使命，教师队伍建设还不能完全适应，教师队伍治理体系和治理能力尚不足以支撑教师队伍高质量发展。有的地方对教育和教师工作重视不够，在教育事业发展中重硬件轻软件、重外延轻内涵的现象还比较突出，对教师队伍建设的支持力度亟须加大；师范生培养模式改革有待深化，教师教育师资队伍较为薄弱，教师教育体系建设有待加强；有的教师素质能力难以适应新时代人才培养需要，师德水平需要提升，专业化水平需要提高；教师特别是中小学教师职业吸引力不足，地位待遇有待提高；教师城乡结构、学科结构分布不尽合理，准入、招聘、交流、退出等机制还不够完善，管理体制机制亟须理顺。

面对中华民族伟大复兴的战略全局和当今世界百年未有之大变局，教育的基础环境、基础条件、外部形势正在发生和将会发生很大变化。加强教师队伍建设，要以高质量发展为主线，找准教师队伍建设的突破口和着力点，以全面深化教师队伍建设改革激发新发展活力，破除教师发展方面的深层次体制机制障碍，推动教师队伍从专项管理向现代治理转变，实现教师队伍从基本支撑向高质量支撑转型，开启全面建设高素质专业化创新型教师队伍的新征程。

（一）加强师德师风建设，让有信仰的人讲信仰

习近平总书记强调，评价教师队伍素质的第一标准应该是师德师

风。要把这个“第一标准”落实在师德师风建设的各项工作中。深入学习领会习近平新时代中国特色社会主义思想，将《习近平总书记教育重要论述讲义》作为广大教师和教育战线的必修课，加强“四史”教育，带头践行社会主义核心价值观，把党的教育方针贯彻到教育教学工作全过程。完善师德建设制度，实施师德师风建设工程，建立健全教育、宣传、考核、监督、奖励、惩处六大制度，坚持常抓不懈，有严格的制度规定，有日常的教育督导。打造一批师德师风建设基地，突出全方位全过程师德养成，推动教师成为先进思想文化的传播者、党执政的坚定支持者、学生健康成长的指导者和引路人。要把握好继承和发展、高线引领和底线要求、严管和厚爱的关系，坚持“四个相统一”，落实新时代教师职业行为“十项准则”，健全师德师风长效机制。保持高压态势，坚决查处师德师风违规行为，持续通报曝光违规典型案例，起到警示震慑作用。

（二）大力振兴教师教育，让优秀的人培养更优秀的人

教师教育是教育事业的工作母机，是教师队伍的源头活水。

要在加强体系上下功夫。健全以师范院校为主体、高水平综合大学参与、优质中小学幼儿园为实践基地的开放、协同、联动的中国特色教师教育体系。加大对师范院校支持力度，持续推动师范生生均拨款提升，重点建设一批师范教育基地，整体提升师范院校、师范专业办学水平。建设国家教师教育改革实验区，推动地方政府、高校和中小学协同育人。支持高水平综合大学举办教师教育，发挥专业优势，突出教师教育特色，重点培养教育硕士，适度培养教育博士。健全省、市、县三级教师发展机构，推动教师终身学习和专业自主发展。

要在提升层次上下功夫。提升培养层次，改革人才培养模式，稳步提升师范生综合素质、专业水平和创新能力。加强师范生公费教育，吸引更多优秀青年报师范当老师。建立符合教育行业特点的教师招聘办法，遴选乐教适教善教的优秀人才进入教师队伍。

要在质量保障上下功夫。落实院校分类评估，实施三级五类师范类专业认证，守好师范教育质量“生命线”，引导师范院校特色发展、追求卓越。建立师范生教育教学能力考核制度，印发教育类研究生和公费师范生免试认定中小学教师资格实施方案，提升教师来源质量。发布教师培训质量报告，健全教师专业发展质量保障体系。

要在创新融合上下功夫。激发教师应用信息技术的内生动力，引导教师主动适应信息化、人工智能等新技术变革，积极有效开展教育教学。营造教育家脱颖而出的制度环境，鼓励教师校长大胆探索，创新教育思想、教育模式、教育方法，形成百花齐放的育人特色和办学风格。

（三）深化教师管理综合改革，让好教师不断涌现

管理出效率，管理也是生产力。要围绕充分调动广大教师的积极性、主动性、创造性，加强顶层设计，下真功夫、啃硬骨头，深化编制、岗位、评价等人事制度综合改革。

教师资源配置要“更均衡”。深化“县管校聘”管理改革，切实发挥教育部门行业主管部门作用，统筹教师配置和管理。创新和规范中小学教师编制配备，加大教职工编制统筹配置和跨区域调整力度，向农村学校、薄弱学校、幼儿园倾斜。坚定不移地实施好农村教师特岗计划，优先满足老少边穷地区教师补充需要。继续实施银龄讲学计划，鼓励支持乐于奉献、身体健康的退休优秀教师到乡村和基层学校支教讲学。

教师职业发展要“更通畅”。深化中小学教师职称制度改革，提高中、高级教师岗位比例。健全职业院校教师管理制度，推动职业院校教师与企业工程技术人员、高技能人才双向流动。

教师考核评价要“破五唯”。切实改变唯论文、唯学历、唯职称、唯帽子、唯奖项等倾向，注重教师思想政治与师德考核，注重教育教学工作实绩和贡献，将教师评价指挥棒牢牢掌握在我们自己手里。

（四）不断提升教师地位待遇，让尊师重教蔚然成风

教育质量是尊重出来的。习近平总书记多次强调，要提高教师政治

地位、社会地位、职业地位，让教师成为受人尊重、令人羡慕的职业。

要重投入。把教师队伍建设作为教育投入重点予以优先保障，不断提高教师工资待遇。完善中小学教师待遇保障机制，确保教师平均工资收入水平不低于或高于当地公务员工资收入水平。提高参加1+X证书试点职业院校的绩效工资总额，支持高校建立健全有利于提高竞争力的内部分配机制。落实《关于加强新时代乡村教师队伍建设的意见》，大力提升乡村教师待遇，关心乡村教师生活，鼓励优秀人才扎根乡村，留得住、教得好、有发展。

要清负担。规范各类检查、考核、评比、填表及各类社会性事务，清理与教育教学无关的活动，切实减轻中小学教师不合理负担。

要给尊严。出台中小学教育惩戒规则，保障和规范教师依法履行教育教学和管理职责，解决对学生不敢管、不善管问题，促进学生全面发展、健康成长。

要强宣传。健全教师国家荣誉表彰体系，加大宣传力度，推出一批让人喜闻乐见、能够产生重大影响、展现教师新时代风貌的文学作品和影视作品，支持中国教师博物馆“教师摇篮——百年师范教育”专题馆等有关活动，构建新时代尊师文化，弘扬中华民族尊师重教、崇智尚学的优良传统。

（五）加强党对教师工作的领导，让惠师强师政策落地生根

党的十九大以来，中央成立了教育工作领导小组，在推动教育改革发展和教师队伍建设中发挥了关键作用。各地也相应成立了党委教育工作领导小组，加强了对教师工作的领导。各地教育部门要当好党委政府的参谋助手，把教师队伍建设摆在突出位置，着眼全局、主动谋划，将《中共中央　国务院关于全面深化新时代教师队伍建设改革的意见》关于“各省、自治区、直辖市党委常委会每年至少研究一次教师队伍建设工作”等要求落到实处。高等学校党委要履行好主体责任，抓全局、把方向，健全党委教师工作部门工作机制，切实加强对教师队伍建设的组

织领导。

重视教育就是重视未来，重视教师才能赢得未来。我们要坚持以习近平新时代中国特色社会主义思想为指导，真抓实干、埋头苦干，做起而行之的行动者、当攻坚克难的奋斗者，开启全面建设高素质专业化创新型教师队伍的新征程，为加快推进教育现代化、建设教育强国、办好人民满意的教育作出应有贡献。

强化思想引领和师德感召，锻造高素质教师队伍*

党的十八大以来，以习近平同志为核心的党中央坚持把教师队伍建设作为基础工作，高度重视教师思想政治工作和师德师风建设。习近平总书记多次看望慰问广大教师，与教师座谈，给教师回信，发表了一系列重要讲话，作出重要指示批示，对广大教师提出“四有”好老师、“四个引路人”、“四个相统一”的殷切希望，对广大思想政治理论课教师提出“六要”要求。习近平总书记强调，要把师德师风建设摆在首要位置，引导广大教师继承发扬老一辈教育工作者“捧着一颗心来，不带半根草去”的精神，以赤诚之心、奉献之心、仁爱之心投身教育事业。要坚定信念，“始终同党和人民站在一起，自觉做中国特色社会主义的坚定信仰者和忠实实践者”。这一系列重要论述和指示，为新时代教师思想政治工作和师德师风建设指明了前进方向，提供了根本遵循。近年来，教育系统认真贯彻中央决策部署，广大教师以崇高的师德和强烈的责任担当，默默奉献在教书育人第一线，特别是在疫情防控阻击战、全面复学复课、打赢教育脱贫攻坚战等多条战线上作出重大贡献，赢得了全社会广泛赞誉和尊重。

当前，我国正处于实现中华民族伟大复兴的关键时期，世界百年未有之大变局进入加速演变期。高质量发展，是经济社会发展的主题，是教育工作的主题，对教师队伍建设、对师德师风工作提出了新的更高要求。我们要深刻认识到，教师的思想政治素质和师德师风，直接影响教

---

* 2021年5月10日，北京。

师队伍的整体素质，关乎学生成长成才，关乎教育改革发展，关乎社会文明风尚，关乎国家长治久安。要始终从“国之大者”的高度，切实增强做好教师思想政治和师德师风建设工作的思想自觉和行动自觉。

一、把牢正确方向，狠抓教师队伍政治建设

当前人民群众评价教师已经确立了新的坐标系，我们不能停留在原来的方位上评价教师、看教师队伍建设、看教师的思想政治。

要把握重要性。从根本上说，教师思想政治工作就是教师队伍的政治建设，对学校党的政治建设具有决定性作用。过去讲思想政治工作，更多的是讲学生的思想政治，对教师的思想政治工作讲得较少。讲学校的政治建设，一直是从党的基层组织角度出发的，较少从队伍角度特别是从教师队伍的角度去思考。实际上，学校队伍建设除了班子建设、思想建设外，教师队伍思想政治建设具有决定性意义。教师身处“三尺讲台”，站在育人最前线，一言一行都给学生极大影响，直接决定了育人的“土壤”和政治生态。习近平总书记2019年3月18日在学校思想政治理论课教师座谈会上的重要讲话中强调了两个标准：一个是根本标准，是从立德树人角度说的；另一个是第一标准，是从教师队伍角度说的。师德师风是评价教师队伍素质的第一标准，也是评价教师素质的第一标准，是学校管理工作的第一责任。师德师风建设是学校覆盖一切、贯穿始终的“第一课程”。讲校本课程最根本的是师德师风，这是无字的课程、无形的课程，要用灵魂和行动来讲述，这门课程讲好才能坚定广大教师的信仰和思想，才能教育引导学生听党话跟党走，成长为堪当民族复兴重任的时代新人。“秉纲而目自张，执本而末自从”，落实立德树人根本任务，教师队伍是中坚力量，教师队伍思想政治工作就是基础中的基础、关键中的关键。要提高政治站位，把教师思想政治工作摆到维护政治安全、政治稳定的高度来抓，认真研究教师队伍建设的“政治含量”“思想道德含量”，教育引导广大教师增强“四个意识”、坚定

“四个自信”、做到“两个维护”，不忘立德树人初心，牢记为党育人、为国育才使命。

要迎接新挑战。近年来，我们加快壮大思政课教师队伍，通过多种方式加强队伍建设，教师思想政治建设取得阶段性成果，但也必须看到，教师思想政治仍然是落实立德树人根本任务的薄弱环节。这些问题原因有很多，但从实质上看，是一些地方和学校对教师思想政治和师德师风建设重视不够，工作体制机制不健全，青年教师思想政治工作不深入，学校党组织政治把关、政治引领和政治吸纳作用发挥不够。这些问题归根到底，还是思想认识不到位，在教师队伍建设工作中政治方面想得少、讲得少，偏重业务甚至只讲业务，容易犯“等而下之”的毛病，这个偏向一定要扭过来，要把教师思想政治工作紧紧抓在手上，这是大事。

要构建大格局。教师的思想政治建设、师德师风建设、业务能力建设有机统一，要加快构建三者相互促进的教师队伍建设新格局，抓学校、院系、党支部、年级组一体化贯通，将工作措施延伸到教师组织的最小单元和教师个体。要加强理论武装。深入学习贯彻习近平总书记关于师德师风的重要论述，引导广大教师学深悟透习近平总书记对广大教师的殷切嘱托，内化于心、外化于行。着力开展好以党史为重点的“四史”学习教育，推动“四史”学习教育在广大教师队伍中走深走实、入脑入心，确保取得实效。要推动思想政治建设与师德师风建设相融合。思想政治是师德师风建设的首要内容，师德规范的首要要求是政治要求。不抓教师思想政治工作，师德师风的各项举措就不可能真正落下来。要始终将党的领导贯穿教师队伍建设全过程，以正确的政治方向和价值导向带动师德师风全面提升。要推动思想政治建设与业务能力建设相融合。教师队伍政治建设是总开关、是把方向的，业务能力建设是具体实践载体。要把政治建设体现在实际业务工作中，同部署、同推进，推动广大教师积极探索新时代教育教学方法，增强育人本领。

二、聚焦重点人群，加强青年教师思想引领

青年教师是教师队伍的骨干力量，要不遗余力地教育青年教师、争取青年教师、赢得青年教师，源源不断地为党的事业注入新鲜血液。青年教师与学生年龄接近，对学生思想行为的影响更直接，他们的思想政治素质和道德情操对学生的健康成长具有重要的示范引导作用。当前，青年教师主体积极健康向上，拥护党的领导，对坚持和发展中国特色社会主义充满信心，热爱教书育人事业，关心关爱学生。但一些海外留学归国青年教师对国情了解不够全面，也有少数青年教师政治信仰迷茫、理想信念模糊，个别教师言行失范，加强青年教师思想政治工作是当务之急。

要增强教师党支部政治功能。抓好教师党支部建设和“双带头人”培育，充分发挥教师党支部团结凝聚青年教师的作用。加大在青年教师、海外归国教师和高层次人才中发展党员力度，在做好政治引领的同时加强对优秀青年教师的政治吸纳。要深刻理解“政治吸纳”这个概念，认真研究具体实现机制。

要从源头上把好“入口关”。强化高校引才政治把关，落实“政治上不能有问题、师德上不能有问题”两个根本要求，拓宽组织审核、专家评判、群众评价等渠道，完善把关机制，明确思想政治、师德师风、学术观点、廉洁自律、现实表现五个方面的重要内容，全方位把关政治素质。特别要加强海外引才前瞻谋划，进一步提高海外引才政治把关实效。

要在工作中做好“传帮带”。充分发挥老教师、离退休教师和教学名师的作用，以老带新青蓝相继、薪火相传。要建立青年教师思想政治和师德师风教育常态化培训机制，开展好海外归国青年教师国情教育，引导青年教师打牢思想根基，锤炼品德修为，明辨是非、恪守正道，从根本上深培思想沃土、厚植红色基因，达到“排毒”“挤脓”“壮骨”“健体”的效果。

要着力解决实际问题。青年教师承受着工作、学习、生活等多重压力，要充分了解青年教师的思想状况，帮助他们解决实际问题，搭建成长发展平台，让青年教师感觉到组织的关爱和集体的温暖。

三、坚持德法并举，健全落细落实体制机制

加强师德师风建设，总的工作方向是“德法并举”。“德”是指引导教师提升思想政治素质，提高师德涵养，以德立身、以德立学；“法”是指法则和规矩，明确师德规矩，以法为循、以法为据。

近年来，我们出台了新时代高校、中小学、幼儿园教师职业行为“十项准则”等一系列教师行为准则和指导意见，各地各校立足实际，制定实施细则办法，教师思想政治建设和师德管理在制度化、常态化、法治化轨道上坚实迈进。但也要清醒看到，这些工作落实得还不够好，师德师风问题仍时有发生。在对师德失范行为的处理上，没有严格按照“十项准则”、高校指导意见和中小学、幼儿园处理办法执行，处理尺度宽严不一。出台“十项准则”是立规矩，要狠抓落地见效。

一抓警示教育。要对违反“十项准则”典型案例继续曝光通报，组织各地各校开展警示教育，对出现违反师德问题的纳入反面教材，在警示教育大会上通报问题及处理结果，组织教师讨论、剖析原因、查摆自省，引导教师以案为鉴，提高警示教育的针对性和实效性。要结合违反师德问题对照“十项准则”，强调课堂教学、关爱学生、师生关系、学术研究、社会活动、公平诚信、廉洁自律等方面的正面规范和负面清单，引导教师以案明纪，做到警钟长鸣。

二抓学习宣传。要开展宣传解读，帮助广大教师全面理解和准确把握准则内容，做到全员全覆盖、应知应会、必做必查。同时，将学习准则作为必修内容，全面纳入教师聘用、教师资格认定、新教师入职培训和在职教师日常培训。在新教师招聘和年度考核时，要进行“十项准则”内容抽查，确保每位教师知准则、守底线。

三抓严格落实。把“十项准则”融入教师管理和教育教学管理各环节，在教师招聘、人才引进、职称评审、岗位聘用、评优奖励、人才计划、项目申报等方面，严格进行师德考核把关。对于“十项准则”明令禁止的行为，一经查实一律严肃处理，严惩“害群之马”。最近的调查显示，人民群众对教师队伍的满意率较高，这是难能可贵的，也是来之不易的。从另一方面看，剩下的较少的群众是有意见的，越往后的问题越有根本性，需要“啃硬骨头”。这一部分“病”治不好，人民群众对教育的满意度、幸福感、获得感就不可能提高。对“十项准则”落实不力、师德管理责任履行不到位、出现突出问题的单位和责任人，该约谈的约谈，该问责的问责，要压实工作责任。

四抓薄弱环节。高校二级学院院长、书记是教育引导、规范约束教师行为的关键力量。各地各高校要对照高校教师思想政治建设专项工作要点，强化工作落实，在高校内部巡察工作中加入教师思想政治和师德师风建设工作专项检查，督促二级学院院长、书记落实责任。

四、强化正面引领，增强教师荣誉感使命感

教师思想政治工作和师德师风建设需要唱响主旋律、弘扬正能量。要紧扣时代脉搏，紧密联系教师实际，强化日常教育浸润，强化思想引领和师德感召，锻造高素质教师队伍。一旦选择成为教师、从事教育工作，就必须落实党的教育方针，就必须在各种舆论旋涡中洁身自好、提高修养，做学生成长的引路人。

要选树师德典范。近年来我们表彰宣传了“人民教育家”“时代楷模”，推选出全国教书育人楷模和最美教师，集中表彰全国模范教师和优秀教师。要继续挖掘身边可学可做的优秀教师典型，以师德优秀典型引领见贤思齐，引导广大教师学做师德楷模，从“被感动”到“见行动”。要进一步加大教师表彰力度，满腔热情关心教师，改善教师待遇，维护教师职业尊严，使广大教师在岗位上有幸福感、事业上有成就感、社会上有荣誉感。

要创新形式载体。重点推出一批高水平的文艺作品，《黄大年》《李保国》《一生只为一事来》等一批影视剧作相继搬上荧幕，还要积极推出展现新时代风貌的教师题材作品。2020年以来我们组织广大教师学习收看纪录片《为了和平》、电视剧《跨过鸭绿江》等，这是教育引导方法的创新，要进一步突出时代特色，提升宣传感染力、引导力、影响力。

攻坚克难，狠抓落实，筑牢学校安全防线*

党中央、国务院高度重视学校安全工作，多次对教育系统安全稳定工作作出指示批示，对防范化解学校安全风险提出明确要求。教育系统以习近平新时代中国特色社会主义思想为指导，认真贯彻落实党中央、国务院关于学校安全工作的决策部署，与公安、综合治理、卫生健康、应急管理等部门密切合作，不断健全学校安全制度规范，强化各项管理措施，完善安全防控体系，学校安全工作扎实推进，学校安全意识进一步增强，为教育改革发展提供了有力保障。

安全稳定是干好一切工作的前提和基础。各地各校要对学校安全稳定工作中存在的诸多亟待解决的问题高度重视、保持警醒，即知即改、立行立改，以实而又实、细而又细的态度和作风，扎实做好学校安全稳定工作。

一是强化红线意识，狠抓安全责任落实。要提高政治站位，认真学习习近平总书记关于总体国家安全观的重要论述，从人民安全、国家安全的高度，深刻认识维护学校安全、学生安全的极端重要性，准确把握当前学校安全工作面临的风险和挑战，切实把学校安全稳定各项任务落到实处。

二是夯实防护基础，狠抓学校“三防”建设。要严格按照学校安全防范工作规范要求，加强人防、物防、技防，强化安全基础建设，提升安全防护能力。

---

* 2019年2月28日，北京。

三是完善长效机制，狠抓安全制度落地。要在构建校园安全防护体系上下功夫，完善学校及周边治安综合治理机制，形成多方协同合作机制，建立学校安全风险预警、事故统计分析机制，推动安全监管常态化、长效化。

四是提升应急能力，狠抓重点领域整治。要着力做好事故高发领域整治和恶性事件防范与处置，强化师德师风建设，着力做好高校维稳、网络安全与舆情应对工作。突出三项治理，有效减少安全事故发生。要进行防溺水事故专项治理，及时消除隐患，加强预防教育，确保学生溺水事故得到有效控制。要进行交通安全专项治理，指导中小学校制定详细的校车安全防范预案，加大对非法接送学生车辆的整治力度。要进行学生欺凌与暴力专项治理，系统治理、综合施策，依法依规处置学生欺凌和暴力事件，有效遏制此类事件发生。

五是提高防范意识，狠抓安全宣传教育。要推进安全教育课程化体系化建设，加强学生心理健康教育，加强安全应急演练，进一步提高师生的应急意识和能力。

六是加大监督力度，狠抓考核问责整改。要切实用好隐患排查这个“扫雷器”、监督检查这盏“探照灯”、考核评价这根“指挥棒”，牢牢牵住责任落实这个“牛鼻子”，及时发现问题，发现真问题，真督查、严问责，传导压力，压实责任。

把招录内地高校毕业生到新疆基层工作的事情办好*

从实现新疆特别是南疆长治久安的战略全局高度，招录内地高校毕业生到新疆基层工作具有重大意义，近几年这项举措已见到成效，对坚持不懈做下去提供了具体经验、明确了操作路径，我们要进一步做好这项重要工作。要认真贯彻落实习近平总书记重要批示精神，配合有关部门和地方，总结经验、健全机制，做实做细动员招录、教育培养、管理使用等工作，确保招得来、留得住、用得好，激励更多信念坚定、踏实肯干的优秀青年扎根边疆。

招录内地高校毕业生充实新疆基层工作力量，是图近功至恒远的一件大事，政治性、战略性和政策性、敏感性强。要深刻领会开展这项工作的精神实质，充分考虑这项工作主导、配合、承接实施的运行机制，结合近年来教育系统付出的努力，明确职责定位，厘清工作边界，找准切入点和着力点。要按照“四全两主一提高”的思路，积极主动作为，把教育系统该办的事情办好。

“四全”就是全链条着力，配合有关部门和地方做实做细各项工作，着力加强宣传教育、选拔推送、政策激励、持续服务四个环节；全过程跟踪，对招录到新疆基层工作的内地高校毕业生要逐人建立档案，持续跟踪思想动员、推荐报名、面试考察、招录到岗及成长发展，整合各方面资源、力量，有针对性地为他们提供服务；全战线参与，只要有关部门和地方提出招录需求，教育系统及所有高校都要无条件落实，自觉服

---

* 2018年5月28日，北京。

从服务于党和国家事业发展的需要、新疆社会稳定和长治久安的需要、新疆特别是南疆基层岗位的需要；全视角宣传，积极配合和大力宣传到新疆基层工作的内地高校毕业生的先进事迹以及他们愉快生活、健康成长的具体情景，激励更多优秀青年扎根边疆。

“两主”就是主动配合，做好事前沟通、事中协同、到岗后协商的工作；主动作为，从教育系统本职出发，为新疆社会稳定和长治久安作贡献。

“一提高”就是以健全机制为核心，从具体工作环节入手，进一步提高招录内地高校毕业生到新疆基层工作的质量和水平。工作过程中，要把握好分寸，把握好节奏，把握好时度效，做到不越位、不错位、不缺位。

积极扶持，抓好高校毕业生就业*

习近平总书记7月7日给中国石油大学（北京）克拉玛依校区毕业生回信，肯定他们到边疆基层工作的选择，对广大高校毕业生提出殷切期望。毕业生就业是一项重要工作，我们要学习贯彻习近平总书记重要回信精神，采取有效措施，千方百计帮助毕业生就业，热情支持毕业生在各自工作岗位上为党和人民建功立业。今年高校毕业生874万人，较上年增加40万人，增量、增幅均为近年之最，做好毕业生就业工作难度很大。难度最大的地方在于经济下行压力加大和新冠疫情影响。有利条件是我们有党的领导和中国特色社会主义制度优势，在世界主要经济体中我国率先实现复工复产、经济运行稳中向好、经济发展长期向好的基本面没有变。此外，毕业生就业心理、社会对毕业生就业的期望也都作了适应性微调。党和政府高度重视毕业生就业问题，出台了一系列超常规、超强度的政策措施，为我们做好工作创造了好的条件。要进一步做好毕业生就业工作，主攻方向是开发更多就业岗位，实现精准有质量的就业。

一是政策性就业要“吃干榨净”。今年开发的升学扩招、教师招录、大学生征兵、基层项目、事业单位和国企招聘、科研助理等政策性岗位有200多万个，要紧紧盯住、用足用好。

二是市场化就业要应开尽开。政府工作报告中强调，要促进市场化社会化就业。要提供不断线的就业服务，扩大基层服务项目招聘。

---

* 2020年7月13日，北京。

三是灵活就业要推动政策认定。要理解灵活就业的政策含义、经济含义，推动政策认定，为毕业生灵活就业搭建更广平台。

四是创新创业要给予更大扶持。这是毕业生的优势，要加大“双创”支持力度，帮助其更好地融入市场、实现发展。在抓“促就业”的同时，要抓“挤水分”，把毕业生就业数据中的水分挤掉，坚决杜绝虚假就业。

落实八项举措，加强和改进知识分子工作*

习近平总书记在3月5日政协联组会上就知识分子问题发表的重要讲话，站在党和国家事业发展的高度，对知识分子的地位、作用、特点作了高度概括，对广大知识分子提出了殷切希望，对做好知识分子工作提出了明确要求，内容非常丰富，内涵非常深刻，充分体现了总书记、党中央对知识分子工作的高度重视，对广大知识分子的厚爱和关怀。学习好、贯彻好总书记重要讲话精神应当注意以下几点。

第一，要把握核心要义。

一是要从知识分子在我国革命、建设、改革历史进程中所具有的地位和作用来把握。知识分子是社会的精英、国家的栋梁、人民的骄傲，也是国家的宝贵财富。教育战线要更加深刻地认识到教育肩负的历史使命，认清教育所具有的优先发展的战略定位。教育战线是知识分子之家、知识分子聚集之地，教育战线就是知识分子战线，我们的教师是现在的知识分子，我们的学生是未来的知识分子，我们的教师是我们广开聚贤之路吸引来的知识分子，我们的学生是将来要从我们的教育战线走出去、发散到社会各个方面的知识分子，所以我们的任务就是吸引知识分子、用好知识分子、培养更多的知识分子，为社会培养更多的精英，为国家打造更多的栋梁，为国家培养更多的财富，让人民更加骄傲，让教育战线的广大工作者更加自豪。

二是要从知识分子特点来把握。我们国家的知识分子历来具有浓厚

---

* 2017年3月10日，北京。

的家国情怀，强烈的社会责任感，重道义、勇担当，在革命、建设、改革过程中贡献了自己的智慧和力量，有的人甚至献出了自己的生命。浓厚的家国情怀，是爱国主义的核心内容，体现着民族特色，是中国文化的优秀传统，经过革命、建设和改革的进一步提炼、凝聚，成为社会主义核心价值观的灵魂所在。强烈的社会责任感，是知识分子的天然特点。一个人的生命是有限的，面对的社会和社会需求是复杂多样的，不可能穷尽一切，不可能在有限的生命中去记忆很多知识、总结很多经验，这就需要有人专门去做这件事，知识分子就承担了为社会积累知识的重任，要记忆、要总结、要传承，为社会服务，改造社会，推进社会进步。这就是社会责任感。重道义，更是中国知识分子的特点，因为道义是中国知识分子价值层面的特质、特征，涉及知识分子之所以成为知识分子的本质规定的东西。离开了道义，就没有批判精神，就不可能认识规律，就不可能成为、被称作知识分子。

敢担当是知识分子另一层次的特点，为了民族的发展、国家的发展、人民的福祉，知识分子走在时代前面，敢于担当，勇于探索。探索就是担当，探索是需要付出巨大成本的实验，这是知识分子敢担当最突出的表现。从历史角度看，知识分子敢担当的突出表现有三点：一是在历史发展的关键时刻敢于献身；二是走在时代前面，敢于探索、创新；三是在社会正常发展的时候，做一个啄木鸟，发现社会发展存在的问题，敢于批判。在革命、建设、改革中，在新中国各个历史阶段，知识分子都作出了突出贡献。

学习领会习近平总书记重要讲话核心要义，要从知识分子特点的角度加深理解，目的是要认清我们党知识分子政策的依据就是知识分子的特点，什么时候知识分子的特点把握得准，我们的政策适应性就强、针对性就强、操作性就强，就能得到知识分子的拥护，知识分子工作就会取得成绩。我们在很长一个历史时期，把知识分子当作外在力量，是团结、改造的对象。改革开放之后，邓小平同志讲知识分子是工人阶级的一部分，知识分子从外在的力量变成了内在的力量。习近平总书记关于知识分子的重要讲话，是我们党知识分子政策的集大成之作，只有这样把握知识分子的特点，才会有正确的知识分子政策。

三是要从对知识分子提出的殷切期望来把握。总书记对新时期广大知识分子提出殷切期望，可以概括为“一二三四”。一个“期望”——做践行社会主义核心价值观的模范，这是由知识分子的地位、作用决定的。两个“始终”——始终胸怀大局、心有大我，始终坚守正道、追求真理。三个“至上”——国家至上，民族至上，人民至上。四个“不断”——知识分子心系国家，急国家之所急、想国家之所想，面对经济竞争力的核心关键、社会发展的瓶颈制约、国家安全的重大挑战，不断积累知识，不断强化创新意识，不断提升创新能力，不断攀登创新高峰。我们要引导广大知识分子认识到自己肩负的历史使命，自觉地为党和国家事业服务、为人民服务，自觉地汇入中华民族伟大复兴的历史进程中去。

四是要从要求和方法上把握。总书记的重要讲话对整个社会提出了要求，对领导班子、领导干部提出了要求，对知识分子工作提出了要求。对整个社会的要求就是全社会都要尊重知识、尊重人才，尊重劳动、尊重创造。对领导干部提的要求就是“五才”。第一是识人才的“慧眼”，要先得认识人才。两种方法，一种是在芸芸众生中把拔尖人才发现出来，另一种是在“乐队”中把“南郭先生”找出来。第二是爱才的“诚意”，不是叶公好龙，也不是袁绍用人，爱才就要给他平台、给他机会、给他资源。第三是用才的“胆识”，领导班子、领导干部在用才问题上，要有所担当，这是执政成本的一部分。第四是容才的“雅量”，雅量是一种胸怀、一种修养、一种境界，听得进各种不同意见，像大地一样，什么都能接受。第五是用才的“良方”，在社会转型期、科技革命酝酿期，才的问题上竞争非常激烈，总书记对领导班子、领导干部如何用才教方法、提要求，要充分信任知识分子，和广大知识分子交朋友，热忱欢迎来自知识分子的各种意见和批评。这是考验，里面有着强烈的道路自信、理论自信、制度自信和文化自信，凡是不自信的领导干部，绝对听不得不同意见。毛主席也是这样说："让人说话，天塌不下来。"就阶级属性来说，知识分子既然是我们工人阶级的一部分，知识分子是一种内生的力量，知识分子所发表的意见和批评，就是对自己事业的意见和批评；就我们党自身来说，党外知识分子是工人阶级的一部分，发表意见和批评是对我们党的事业的一种意见表达。

我们任何时候都不要把知识分子当作异己的力量，任何时候都不要把知识分子逼到对立面去。要把知识分子当作我们内生的力量，这样，我们对知识分子的政策，做知识分子工作的方法、机制，都需要进行改革。总书记要求我们要和知识分子交朋友，做挚友、诤友，要给知识分子创造发挥作用的条件，让他们把主要精力集中在本职工作上，使他们的才华和能量充分地发挥出来，这是重要的方法论。学习总书记的讲话，把握其核心要义，一定要坚持问题导向，找准我们在知识分子工作方面，从政策、机制到方法存在的问题，把自己摆进去，认真整改。

第二，要强化理论武装。

新时期的知识分子工作，特别是我们教育战线的知识分子工作，出现了许多新的特点，最突出的特点是知识分子队伍结构发生了历史性的变化，总量大了，结构变了，来源复杂化了、多元化了，知识分子自身的经历简单化了，做知识分子工作的手段和知识分子发表意见的平台多样化了、渠道多样化了。在我们国家，经济、政治、社会改革不断深化，各种矛盾突显的大背景下，我们做好知识分子工作必须牢牢抓住强化理论武装这个龙头，引导知识分子学习马克思列宁主义、学习中国特色社会主义理论体系，这个任务非常艰巨。做好这项工作，最重要的是抓效果，抓重点人群——青年知识分子、青年学生，抓意见领袖，这是我们强化理论武装很重要的一件事。结合学习贯彻总书记的重要讲话精神，需要对我们的知识分子理论武装工作来一个自我诊断、检查，看一看我们形式主义的武装有多少，真正见效的武装有多少，我们现在理论武装的这些内容、形式，能不能说服知识分子，效果怎么样，好好查一查，以提高理论武装的效果为重点，抓好知识分子的教育引导工作。

第三，要创新工作方式。

结合我们的实际，着眼于信任，着眼于让知识分子充分发挥作用，着眼于给知识分子提供保障，创新我们的工作方法。在知识分子工作的组织形式、联系机制、沟通渠道、制度安排上进行一些改革，做一些创新型制度安排、制度建设，做些探索，创新工作方式。这项工作成功与否，关键是你对特点把握得怎么样，对知识分子现在的状况了解不了解，对他们想什么、要什么了解不了解。

第四，要注重政治吸纳。

在确保质量的前提下，加强对党外知识分子，特别是青年教师、青年学生的培养工作，把他们吸引到党内来，变成我们各方面工作的骨干，变成可依靠的力量，扩大我们的队伍，充分地信任他们，放手让他们工作。这个事有特殊重要的意义，尤其是在高校。政治吸纳，既是高校政治生态建设的重要任务，也是高校政治生态中争夺人才、争夺人心的一个急迫任务，我们要抓得紧而又紧。

第五，要畅通报国渠道。

要通过“万人计划”“长江学者奖励计划”，还有“国家杰出青年”科学基金项目等，以及各地、各高校的一些平台，给知识分子畅通报国渠道。在很长的一段时间之内，我们主要是着眼于给知识分子搭建事业的平台，现在看仅此是不够的。畅通报国渠道，还包括畅通知识分子政治参与的渠道，要跟知识分子密切沟通，听听他们怎么想，让他们的意见能够及时反映出来、反映上去，这是知识分子价值的一种社会承认。还要畅通听取知识分子意见的渠道，政治参与这个渠道是和政治权利联系在一起的，听取意见、沟通这个渠道，是和他们的工作联系在一起的，要日常化、常态化，要建立联系制度，经常听取意见。延安时期那么多知识分子奔赴延安，各种渠道都有，有很多创造性的经验，在我们党的历史上值得大书特书。要将畅通报国渠道提到重要议事日程。

第六，要密切感情联系。

一定要深刻认识改革开放以来我们知识分子理论的发展创新成果，我们与知识分子的感情联系是自己人之间的感情联系，必须有这样一种底气、有这样一种自信、有这样一个定位。领导班子、领导干部要学会和知识分子打交道，充分地信任他们，跟他们交朋友，要密切感情联系，通俗地说，就是能说上话、能跟他“对上频道”。

第七，要提供条件保障。

要为知识分子建功立业、发挥作用提供一些条件和保障。改革开放以来，我们在人才工作中更多的是在这方面下功夫。在条件保障方面，我们不要搞以物质为导向的人才大战，因为这实际上是透支我们高校未来发展的成本。要更多地考虑事业需求，要尽量为他们的事业发展搭建合适平台。在环境保障方面多下功夫，就是要给知识分子提供好的文化生态、政治生态，让他们少参加一些社会活动，能够静下心来做好本职工作，这就是总书记说的把主要精力集中在本职工作上。

第八，要树立典型标杆。

知识分子在政治上、学术上、事业上崇尚像李保国这样自然形成的典型和标杆，并自觉地将他们奉为楷模。我们各地、各高校要多做这方面的工作，注意发现和培养典型和标杆。要把典型和标杆树立起来，引导知识分子沿着中国特色社会主义道路，为实现“两个一百年”奋斗目标和中华民族伟大复兴的中国梦充分发挥自己的作用。

推动部省合建工作向更高水平迈进*

党的十九届四中全会指出，要推动国家治理体系和治理能力现代化建设，对教育工作提出了新要求。启动于2018年的部省合建工作，致力于中西部高等教育振兴，是对我国高等教育管理体制的一次重大改革创新，是推动教育治理体系和治理能力现代化建设的重大制度安排。每年召开部省合建工作年度会议，为已有工作“把脉问诊”，为问题短板“开方抓药”，为不断创新“出谋划策”，助推工作年年有进步、事事有着落、举措见实效。几年来，部省合建工作积累了经验，溢出效应突出，合建高校学科水平显著提升，平台建设取得重大突破，社会服务能力稳步提升，部省合建金字招牌获得广泛认可。

一、实事求是回头看，要把成绩与经验说清楚

近年来，教育部会同有关部门统筹谋划、稳步推进，地方政府高度重视、重点支持，合建高校深化改革、强化内涵，对口合作高校积极参与、群策群力，“四方联动”的合建机制初步形成，纵深推进部省合建工作的合力效应初步显现，增强了合建高校改革发展的活力和动力，提升了整体实力和服务经济社会发展的能力。总体上看，有三个方面的成效。

（一）从管理体制上看，建立了利于发展的高等教育管理新格局

合建以来，各方面准确把握合建工作的战略定位，着眼深化教育改革、推动内涵发展、提升服务地方经济社会发展能力、助力区域协调发

---

* 2020年，北京。

展的工作目标，探索出合建高校和直属高校协同发展的新格局。进一步巩固和发展这个新格局，是党的十九届四中全会精神在高等教育体制机制改革中的重要实践，是一种包含制度创新、管理创新的全面创新，也是一种包含教育链、产业链的全链创新，对于加强合建高校改革建设、促进区域协调发展、推动我国由高等教育大国向高等教育强国迈进具有重大意义。

（二）从运行模式上看，形成了较为科学的合建运行机制

一是形成了以合建协议为标志的工作布局。合建协议提出了合建思路、目标任务和基本路径，确立了“同等对待”“多方支持”的指导原则。

二是形成了以一校一策为标志的工作路径。我们深入了解各合建高校近年来改革发展的典型实绩、成功经验、特色优势以及存在的突出问题，面对面倾听大家的发展需求，一校一策为合建高校量身定制了合建工作手册，细化部、省、校各方责任及当前重点建设任务，确立了合建路线图，挂图作战、按图作战，为合建工作开好头、起好步和纵深推进提供了明确指引。

三是形成了以产业对接为标志的鲜明工作导向。着力于服务区域经济社会发展，和地方产业体系进行对接。有关方面与相关省区领导、学校负责人逐校沟通、达成共识，编制完成了优势学科对接地方主导特色产业建设方案，引导合建高校在服务地方经济社会发展过程中提升综合实力。

四是形成了以平台建设为标志的合作机制。我们组织直属高校与合建高校开展对口合作，按照“需求导向、错位发展、共建共享、协同创新”的原则，编制了优势特色学科大型系列研究设施（人文社科研究平台）建设方案，引导合建高校以平台建设为突破口凝聚高层次人才、开展高水平研究，固化部省合建制度和成果，为合建高校发展提供机遇和物质支撑。

（三）从建设成效上看，凸显了“六个先起来”合建新成效

近年来，教育部时刻把部省合建工作看在眼里、记在心上、落在实处，强化对合建高校的业务指导，积极推动各项支持举措落地生效。地方政府把部省合建当成本省教育事业发展的一件大事，放在重中之重的位置，陆续出台支持合建高校深化改革、加快发展的工作方案或政策措施，在原有基础上持续强化资金、政策和资源支持。地方政府的支持为合建高校的发展增添了强大动能，切实解决了学校发展过程中的突出困难，为学校创造了良好的发展环境，赢得了发展先机。对口合作高校把支持合建高校当成一项政治任务，给予“手拉手、心连心”的帮助支持，积极主动地进行实质性对接，因地制宜、因校制宜寻求合作切入点，探索合作新模式新路子。合建高校把部省合建当成优化办学体制、加快转型发展的关键机遇，用好用足这块“金字招牌”，统筹各方资源，深化对口合作，激发内在动力，补短板、强特色、提质量、促发展，在优化治理结构、提升学科水平、培养拔尖创新人才、打造高水平师资队伍、增强科学研究能力、扩大对外开放、服务地方经济社会发展等方面，纷纷交出了一份份漂亮的成绩单。

二、立足当前深入看，要把问题与短板理清楚

对于部省合建取得的成绩，要理直气壮，但是也要开开民主生活会、做做自我批评，用刀刃向内的勇气，检视问题，查找问题，分析不足。这两年来，我们每年组织部省合建工作专项调研，到各地各校去，尤其是到一线去、到基层去、到企业去，了解掌握了不少情况，总体感觉还存在着以下四个方面的问题。

（一）地方推动部省合建的工作机制仍需不断优化

我们了解到，有的地方还没有成立工作领导小组，缺乏专门的工作机制；有的地方虽然印发了方案，但是还没有具体分解下去，责任还没有充分传导；有的地方政策和资源的支持还只停留在纸上，没有拿出

“真金白银”“实招硬招”。既然是部省合建，教育部要积极行动，地方也要联动起来，在节奏上合拍，在政策上合成，在资源上合力，在工作上合作。尤其是地方教育主管部门不动起来，其他单位不可能主动配合。

（二）部省合建高校的内生动力尚未充分激发

部省合建，建的是谁，由谁主建，必须搞清楚。我们建的是中西部14所高校，无论是国家发展改革委、财政部、教育部、地方政府，还是对口合作高校，提供的都是外部条件，都是外因，都是搭台子的，关键还是14所高校要唱一出好戏。14所高校总体上是好的，是积极的，但是在观念和行动上步调还不一致。有的还没找到良好状态，没有意识到这个重大机遇的价值，更没有意识到它的挑战。从挑战上来讲，有的高校认识不够清醒，不是说下了文件，向社会宣布是部省合建高校，当成直属高校去对待，自己就真的是了。不能只是满足国家给的这个“帽子”，这是国家的支持，但关键是自己的腰板要硬、本领要强、招牌要亮，社会要认可，这一切都要通过建设去实现。有的还没有完全摸清门道。对这个事怎么干缺乏整体谋划，上级的政策如何落实，外部的资源如何用好，内部的资源如何盘活，没有清晰的思路，等着资源上门、靠着政府推动的惯性思维还不同程度地存在。有的还没有形成浓郁氛围。有的老师反映，总体感觉这个事情在学校是“上热、中温、下冷”，不知道自己该干什么，自己能干什么，需要自己干什么，结合自身工作参与部省合建工作的主动性、自觉性不够强。这么大的一个系统工程，只是靠校领导、靠学科带头人，是做不好的。

（三）对口合作高校的引领功能还未充分发挥

我们安排了37所直属高校与合建高校开展对口合作，这是社会主义制度集中力量办大事这个优势在高等教育领域的一个具体体现。我们也知道，大家自身发展的压力本来就很大，承接的国家任务也很多很重，有的高校感觉有点力不从心，有点不想办又不能不办的味道。但要知道，这件事是教育部的重大部署，是高等教育发展的重大布局，是建设高等教育强国的重大战略，直属高校不要仅仅局限于自己的一亩三分地，而是要有把事业干在祖国需要的地方的觉悟，提高站位，勇于担当，积极主动地帮助这些兄弟高校快速发展，这是教育报国的生动体现。

（四）各方推动工作的合力有待提质增效

部省合建是一部大戏，导演编剧、台前幕后、灯光音响，缺了谁、缺了哪个环节都不行。在这样一种格局下，各方都应准确把握自己的角色定位，部省谋划高位推动、合建学校具体建设、合作高校真诚帮扶。但在具体工作中，我们发现，仍然还存在各干各的、衔接不够顺畅的情况，工作的整体感还没有充分彰显。要进一步深入研究，把目标提得更具体一些，把督导考核机制建立起来，把各方面的积极性进一步调动起来，真正形成“十个指头弹钢琴”的良好局面，真正实现“四方联动、校为主体”。

三、着眼长远向前看，要把思路与举措搞清楚

部省合建是高等教育领域治理体系和治理能力建设的一次改革创新和实践探索。在新时代“双一流”建设和高等教育内涵发展的背景下，要进一步发挥好部、省、校等合建各方作用，完善合建机制，优化合建方式，放大合建效应，在深化高等教育综合改革整体框架下，积极探索我国高等教育管理体制的新架构，让部省合建这一带有鲜明国情特色的制度设计保持政策活力。

（一）抓合建，组织领导是前提

要进一步巩固统筹协调、上下联动的教育部、地方政府、合建高校合力推进部省合建工作的良好局面。

教育部将合建高校纳入国家高等教育发展整体规划统筹考虑，参照直属高校的标准和模式支持学校改革发展，组织专家对合建高校战略发展规划、综合改革方案、大学章程实施等重大事项进行具体指导，使之成为区域高等教育发展的“领头羊”、深化改革的“排头兵”。

各地方政府要落实合建主体责任，加强对合建高校的领导，突出合建高校在当地高等教育领域的领军地位和示范效应，重点支持、重点引领，与教育部协同推进合建高校加速发展，为提高地方高等教育整体水平奠定坚实基础。

各合建高校要牢牢把握合建历史机遇，做好“合建”这篇大文章，一级抓一级、层层抓落实，汇聚推进合建工作的强大合力。

合建各方要增强责任意识，明确合建目标，兑现合建承诺，有力有序地推进各项工作落地落实，防止合建走过场，避免将合建从责任变成荣誉。

（二）抓合建，支持举措是关键

要进一步加强与国家发展改革委、财政部的沟通，积极争取中央财政对合建高校加大支持，同时引导各地落实《关于深化高等教育领域简政放权放管结合优化服务改革的若干意见》，优化拨款结构，提高支付效率，给合建高校更大的财务管理自主权。

地方政府要认真按照合建协议的有关要求，在资金项目安排上优先向合建高校倾斜，推进合建目标的政策化、资金化、项目化。

要进一步支持合建高校开展协同创新中心、教育部重点实验室、高等学校学科创新引智基地、国际合作联合实验室等高水平基础研究和高技术平台建设，引导鼓励合建高校开展教育部工程研究中心和技术转移示范基地建设，不断提高科技创新能力，做大做强特色优势学科，服务区域发展战略。

要以启动实施中西部高等教育振兴计划升级版为抓手，统筹推进中西部高校提升综合实力工作、中西部高校基础能力建设工程，全面提升部省合建高校办学水平。

（三）抓合建，学科建设是基础

部省合建的思路总体上是清晰的，就是要聚焦到学科上，对接到产业上。学科是基础、是承载、是关键。14所高校的学科基础不错，但是总体上缺乏高峰。14所高校要高度清醒，要有危机感和强烈的发展意识。

一是要瞄准方向，谋划一个高地。要深入分析自己的学科基础，看看左邻右舍的发展态势，衡量自己的地位，判断自己的优势，进一步理清学科布局的思路，把那些能够在近期实现突破的学科真正摆出来，布局到首要位置上。

二是要“架起重炮”，“攻下一个山头”。办好大学，要有大院、有大楼，更要有大师、有大器。各合建高校要加强大型系列研究设施（研究平台）建设，努力建设一套高水平研究设施，突破一项关键技术，争创一个一流学科。

三是要支撑产业，“培育一个拿手戏”。习近平总书记指出，要把论文写在祖国的大地上。我们支持的学科群，基本上是和地方主导特色产业相联系的，学科要深入到产业中，从现实需求中找问题、找方向，着力解决制约产业发展的关键共性问题。

（四）抓合建，运行机制是载体

部省合建是个新事物，前期我们虽然作了周密部署，各地各高校也作了积极探索，但是要想真正固化下来、坚持下去，必须形成科学的运行机制。要重点建立健全几项工作机制。

一是合建高校领导班子建设沟通协调机制，教育部党组与地方党委组织部门就合建高校领导班子人选配备事宜加强沟通对接。

二是专项经费管理机制，加强部省合建专项经费的监督检查和绩效评价，强化激励约束，根据评价评估结果动态调整下一年度支持力度。

三是统筹协调、上下联动的部省定期会商机制，及时解决合建工作中的重大问题。

四是督导评估机制，对实施进度和工作效果开展常态化监测评估。

（五）抓合建，深化合作是重点

自2001年实施“对口支援西部地区高等学校计划”以来，支援高校在人才培养、教育教学、科学研究和社会服务等方面对受援高校给予了大力支持。对口合作相对于对口支援最大的政策变化就是主导思想要从扶需向扶特、扶强转变，以帮助合建高校培育发展优势特色学科群、加强大型系列研究设施建设、推进产学研协同创新为重点，以服务地方、建设地方为导向深化对口合作。合作双方要根据自身优势和合建高校发展需求，按照“一校一案”的原则进行总体设计，共同遴选合建高校急需优先发展的优势特色学科，落实合作项目，拟订合作方案，签订合作协议，瞄准当地经济社会发展尤其是主导特色产业发展的瓶颈问题合作开展科研攻关，探索人才互聘、利益共享、责任共担的大型系列研究设施（研究平台）管理机制，进一步提升合建高校优势特色学科群的综合实力和辐射带动效应，进一步增强合建高校服务地方经济社会发展和产业转型升级的能力。

推进部省合建工作是贯彻落实习近平新时代中国特色社会主义思想和党的十九大精神的重要举措，是推进高等教育治理体系和治理能力现代化建设的积极探索，是引领带动中西部高等教育加快发展、服务区域发展需求和支撑国家战略的内在要求。新的平台赋予学校新的发展机遇，新的机遇赋予我们新的责任使命，我们要把思想和行动统一到以习近平同志为核心的党中央决策部署上来，统一到教育部党组和各地党委政府工作要求上来，时不我待，只争朝夕，撸起袖子加油干、落实落实再落实，不断激发合建高校的改革红利和发展活力，全面提升我国高等教育内涵质量。

“十四五”时期，部省合建工作要树立大视野、构建大格局、推动大发展、实现大作为，努力向更高水平迈进。

一是进一步“深”起来。深不深，看系统。要深入学习习近平新时代中国特色社会主义思想、习近平总书记关于教育的重要论述和党的十九届五中全会精神，深化合建思路推动制度创新，深刻剖析发展短板，做好案例式诊断，着力配置好资源。

二是进一步“实”起来。实不实，看效果。要领会教育发展战略筹划部署实质、务求工作措施实效，遵循教育发展规律、高校成长规律、人才培养规律，让立得住、可持续的发展实惠由合建高校、地方、人民群众共享。

三是进一步“融”起来。融没融，看资源。合建高校要主动融入教育部日常工作，跟地方经济社会发展需求融合起来，融入中国高等教育第一方阵，把合建机制融入高质量教育体系建设，做好跟合作高校融入工作，接受传导示范，从而带动工作。

四是进一步“联”起来。联没联，看渠道。要立足学科优势、专业特点找准发展方向，多做开局、拓展、巩固工作，上联国家战略，中联区域需要，下联服务对象，内联做好各项措施跟配套工作重点安排，外联合作对象，搭建合建网状多点关系。

五是进一步“特”起来。特不特，看专业。专业和市场联系、与人才培养关系最直接，是高校的核心竞争力。部省合建不能求全，只有做好“特”的文章，高校才能在大系统中找准自己的位置。

六是进一步“改”起来。改没改，看机制。深化教育改革是中国教育服务全面振兴、走向世界教育中心的关键举措。合建高校要在进一步深化教育改革上面下功夫，特别是要抓好内部改革，完善高等教育管理体制，建立健全学校治理体制。

全面规范“三评一赛”管理*

制定教育部“三评一赛”（评审、评比、评估和竞赛）事项管理办法，是落实中央专项巡视整改的政治任务，是转变政府职能、落实“放管服”改革的重要任务。要从政治高度认识，严肃审视差距，抓紧补上欠账，全面规范“三评一赛”事项的设置、实施、专家管理、监管。要以敢于刀刃向内的勇气、敢于“割肉瘦身”的自觉进行自我革命。

第一，从严从紧清理事项。要坚持刚性要求，做到“五个一律”：凡是没有法律法规依据的，一律取消；凡是没有部党组文件规定的，一律取消；凡是属于其他部委牵头且已清理的，一律取消；凡是涉及已下放的权力特别是属于高校办学自主权和省级政府教育统筹权的，一律取消，与“放管服”改革的要求相衔接，与已经印发的深化教育体制机制改革的意见相配套；凡是有依据但立项时间过长、现实情况已发生变化的，一律取消。要准确定义“三评一赛”，排除一些、合并一些，依法依规地保留必须保留的事项。

第二，严格规范事项。原则上，直属单位没有组织“三评一赛”事项的权力，要立足本职搞好服务。对因业务发展需要一时清理不了的，可以暂时保留，但要明确取消的时限。对承接和代行行政管理职能的，要保留，并按照“放管服”改革的要求来办。

第三，积极探索新时代“放管服”条件下新的管理方式和工作机制。必要的“三评一赛”当然需要，但仅靠这种办法是不行的，抱住这

---

* 2018年1月26日，北京。

种办法不放、不会探索新的领导方式的领导干部是不合格的。事项取消后，各单位要在不得变相保留的前提下，积极研究相对应的替代办法。要坚持“依法依规”这个总原则，注重运用抓典型、抓督促检查、抓经验交流等方法，转变行政管理职能和管理方式。要尽可能减少制度漏洞，尽可能减少寻租机会，主动有效地防范一些岗位和领域成为“围猎”的对象。

扩大教育对外开放，提升贡献力和影响力*

党的十八大以来，党中央、国务院高度重视教育对外开放工作，习近平总书记对教育外事工作作出了一系列重要指示批示。我们要认真学习领会，坚决贯彻落实。

站在新的历史起点上做好教育外事工作，必须以党的十九大精神和习近平新时代中国特色社会主义思想为指引，深刻领会、准确把握中国特色社会主义事业的历史性成就、历史性机遇、历史性难题、历史性变局和历史性任务，进一步增强信心、研究规律、找准方位、抓好落实，努力构建新时代教育对外开放新格局。

把握历史性成就，就是要从党和国家事业发展的层面，从统筹推进“五位一体”总体布局和协调推进“四个全面”战略布局的层面，从十八大以来教育所发生深刻变化和取得成就的层面，把握教育外事工作走进新时代的基础和起点。

把握历史性机遇，就是要在中国因素对世界影响越来越大的情况下善于谋势，对发展机遇时刻保持敏锐头脑，抓住机遇、乘势而上，推动中国教育快步走向世界中心。

把握历史性难题，就是要高度重视对教育形成挑战的全球性问题，通过进一步深化教育综合改革，拿出破解难题、影响世界的中国智慧和方案。

把握历史性变局，就是要清醒认识中国推进现代化、实现民族复兴形成的崭新格局和发生重大变化的世界格局，认真研究变局内在机理的

* 2017年、2018年、2019年，北京。

发生、发展、变化、转化规律。

把握历史性任务，就是要紧紧围绕加快推进教育现代化、建设教育强国的目标，抓住关键环节推动工作，确保各项举措落实到位。

一、教育对外开放工作坚持服务教育改革发展全局和外交工作大局，为党和国家事业作出了重要贡献

新中国成立以来，教育外事工作始终与祖国同命运、与时代同进步，发生了翻天覆地的变化。党的十八大以来，在党中央、国务院坚强领导下，教育外事领域取得了全方位的、开创性的成就，发生了深层次的、根本性的变革，中国教育日益走近世界舞台中央。

一是蓝图更清晰。制定印发了一系列重要文件，明确了新时代教育对外开放的指导思想、基本原则、重点任务和改革举措，是当前和今后一个时期教育对外开放的顶层设计，管长远、管根本、管大局。

二是布局更宽广。坚持把推进共建“一带一路”教育行动作为重点任务，持续夯实全方位、多层次、宽领域的教育对外开放总体格局。

三是助力更显著。为国育才数量多、质量高。我国许多高水平高校校长、两院院士、长江学者都具有留学背景。高等教育领域，充分发挥高校创新资源集聚和国际交流活跃优势。职业教育领域，着力探索与企业“走出去”相适应的办学模式，创建“鲁班工坊”，有力支持了“一带一路”建设、国际产能合作、全球脱贫减贫。基础教育领域，深入开展国际理解教育，引导学生更好理解世界的多元性，增强跨文化交流能力。

四是品牌更鲜明。双向留学规模不断扩大，我国已经是世界最大的留学生生源国、亚洲最大留学目的国。中外合作办学蓬勃发展。

五是影响更深远。积极宣介习近平总书记关于人类命运共同体、文明交流互鉴的重要思想，关于教科文发展的重要理念，为推动全球人文治理变革提供了强大的思想引领。在《教育2030：行动框架》《亚洲太平洋经济合作组织教育战略》《全球高等教育学历互认公约》等国际文件制定中积极发挥建设性作用。

港澳台工作，会同相关部门出台了招生和培养、奖学金等方面政策，为港澳台同胞在内地（大陆）就学、就业和生活提供便利，促进内地与港澳教育融合发展。

二、着眼国内外环境和条件变化，深刻认识和准确把握教育对外开放工作面临的新形势

（一）更清醒地看清大局

建设教育强国是中华民族伟大复兴的基础工程，党中央、国务院作出实施“中国教育现代化2035”的部署，就是要在国家整体实现现代化之前，率先实现教育现代化。要在这样的格局中、背景下来看待新时代教育对外开放，对内是中华民族伟大复兴中的教育对外开放，对外是百年未有之大变局中的教育对外开放，二者是相互联系、相辅相成的。我们的基本国策是不寻求霸权，基本思想是构建人类命运共同体，只有秉承这样的理念，才能做好新时代教育对外开放工作。

（二）更清醒地看清自己

站在新的历史起点上，既要看到成绩，更要看到工作中的短板。目前的短板，概括起来，主要是“六个不适应”。一是人才培养还不适应国际竞争的激烈态势。我国在国际组织中的“发声”有些不足。比如，在教科文组织，我们的国际职员还很少。二是防范和应对风险的能力还不适应日益复杂的斗争形势。面对以美国为首的西方渗透面广、手段越来越隐蔽、分辨难度加大的现状，普遍存在政治敏锐性不高、风险辨识能力不够、舆情应对不足问题。三是发展方式还不适应提质增效的要求。比如合作办学领域，经贸类、管理类项目遍地开花，而国家急需的学科和专业远远不够。一些合作办学机构和项目在落实思政课要求、把握意识形态主导权方面，与中央的要求相比还有不少差距。四是政策制

度还不适应依法治教的需要。教育外事工作政策制度体系不够健全，一些领域立法进程缓慢。比如，在很多全球治理议题上还拿不出原创性、前瞻性的理念和方案。五是管理方式还不适应政府职能转变的深入推进。六是教育服务还不适应人民群众对高质量多样化的需求。比如，海外中国国际学校严重不足。对这“六个不适应”，要立即着手研究，抢时间把短板补上。

（三）更清醒地看清对手

主要是要看到“两个风向标”。

第一个风向标：中美两个大国综合国力和世界影响力的消长。回望大国兴衰历史，新兴国家在崛起的关键性阶段，往往会与守成国家发生激烈碰撞，会受到刻意打压，这是发展历程中绕不开的“坎”。美国不愿被我国赶上和超越，主动挑起贸易摩擦。中美关系消极面持续上升不可避免地波及两国教育交流合作。一段时间以来，美国右翼反华势力与敌对势力沆瀣一气、颠倒黑白，收紧对我国留学生、科研人员签证政策，限制敏感领域的项目合作和数据库对我国的开放。同时，也可能加大在国际组织中的阻挠力度，控制甚至压缩我方话语权。

第二个风向标：“一带一路”建设既开启了教育对外开放新境界，又提出了新挑战。沿线国家普遍希望加强同我国的交流合作，希望我们走出去办学。但这是美西方不愿看到的。美西方不愿世界各地的青年人到中国学习，借来华留学问题抹黑“一带一路”建设和我国教育。这是教育对外开放进入新阶段的反映，我们一定要看清本质、更好应对。

（四）更清醒地看清朋友

建设人类命运共同体、推动“一带一路”建设需要越来越多的朋友。为对冲美国对我国发起的贸易摩擦和全方位遏制，我们亟须做好反制措施储备。一要另辟蹊径，加大向美国以外国家一流院校选派留学生的力度。加速培养我国战略急需的顶尖人才和团队，这不仅具有战略意义，而且是现实可行的。二要对接需求，加强品牌项目合作。比如，鉴于我国学生在国际学生评估项目（PISA）测试成绩优异，日本驻华使馆迅即表示了与我国进一步交流此项目的意愿。我们要抓住这个契机，在更大范围、更深层次推进中日教育交流合作。三要巧妙突围，有力拓展“卡脖子”关键领域的合作。比如国际产学研用合作会议搭建了一个国际合作交流平台，从战略上对接了越来越多的国家与我国加强合作的意愿，对接了我国发展急需和外方全球领先的科学技术资源，对接了外方发展急需和我国具有广阔前景的研发实力及产业转化能力。

三、牢牢把握提质增效总要求，进一步提升教育对外开放的贡献力和影响力

做好新时代教育对外开放工作，要以习近平新时代中国特色社会主义思想为指导，坚持教育对外开放不动摇，主动加强同世界各国的互鉴、互容、互通，坚持稳中求进工作总基调，形成更全方位、更宽领域、更多层次、更加主动的教育对外开放局面，坚持内外统筹、坚持提质增效、坚持主动引领、坚持有序开放，不断提升中国教育国际影响力。

（一）系统优化教育对外开放整体布局

在国内层面，要构建“四点一线一面”教育对外开放新格局。

要通过“四点”，打造教育对外开放新高地。“四点”，是指海南自由贸易试验区（港）、粤港澳大湾区、长三角地区、雄安新区。支持海南建设国际教育创新岛，支持国内外高水平理工科院校在海南独立办学或设立分校。支持粤港澳大湾区建设国际教育示范区，引进世界知名大学和特色学院，鼓励粤港澳高校、国外高校和内地高校在大湾区合作办学。下一步，还要释放港澳一流高校的内地办学活力。支持长三角地区先行先试，引领带动长江经济带教育开放联动发展。支持雄安大学建设，打造雄安新区教育开放新标杆。

要通过“一带一路”这根“线”，打造“一带一路”教育行动升级

要改革海外人才引进方式。要重点引进能突破关键核心技术、破解“卡脖子”困境、带动新兴学科的领军人才和科研团队。加强部门协同，解决好海外人才永久居留身份、就医、子女就学等保障措施，同时确保引才安全。

要推进学校外事审批政策改革。目前，教育部所属“双一流”建设高校被授予了一定外事审批权。各地要加大工作力度，推动更多地方所属“双一流”建设高校获得外事审批权。

要加快海外中国国际学校建设。要按照“一国一策”的思路，围绕海外下一代成长需求，选择试点国家开展幼儿园和小学教育，并面向所在国主流人群开展中式教育，培养更多了解中国语言文化、认同中国发展理念的各国青少年。要抓紧制定义务教育阶段课程实施方案，确保语文、历史、道德与法治等课程开齐开足，研究与国内中小学的衔接办法。

要办好孔子学院、孔子课堂。突出民间属性，加强内部改革，加快基金会建设。要调整办学模式，将原来由总部与外方合作设立孔子学院的模式，改为基金会制定标准、中外大学签署协议，充分发挥中方高校办学主体作用。要强化内涵建设，抓紧制定国际中文教育标准，实施精品教材等品牌工程，推动孔子学院建设和国际中文教育转型升级，实现可持续高质量发展。

（四）深入参与全球教育治理

教育外事工作既要努力营造有利于我国发展的良好外部条件，又要发挥我国教育日益增长的影响力贡献国际社会，引领世界发展方向和人类文明进步走向。

要提升我国在教科文组织的影响力。在全球教育发展议程设置、规则和标准制定上提出中国主张、中国倡议、中国方案。深化与联合国教科文组织合作，推动实施联合国《2030年可持续发展议程》的教育目标，积极参与《承认高等教育资历全球公约》的制定与实施。吸引更多的国际教育组织总部及专业机构落驻中国。继续办好国际人工智能与教育大会、中国“慕课”大会等品牌项目。

要系统开发推广中国特色国际课程。支持各级各类学校和机构开发具有中国特色和国际竞争优势的专业课程、教学管理模式和评价工具。优化汉语国际传播新形态，支持更多国家将汉语纳入国民教育体系。用好“中国教育云”平台，加强中国精品教材外译和推广。

要精准实施教育对外援助。积极开展“鲁班工坊”建设，打造一批教育援外基地和培训中心。探索与国际组织在教育、培训等领域开展三方合作。实施教学方案、师资培训、教学仪器一体化援助，定期开展项目评估和绩效评价。

（五）有效防范化解风险

要增强政治敏感性，确保教育对外开放总体平稳、有序、可控，哪些先开、哪些后开，哪些能开、哪些慎开或者不开，心中要有底。要系统梳理教育对外开放中的风险点、重点人，做到未雨绸缪。对风险点，既要有防范的先手，也要有应对和化解的高招；既要打好防范和抵御风险的有准备之战，也要打好化险为夷、转危为机的战略主动战。要加强对外籍教师和来华交流、留学人员的安全审查和规范管理，出台《外籍教师聘任和管理办法》，加强对出国人员的安全教育。各级各类学校在教材选用、教学管理、学术交流、教师聘用、社团活动、来华留学生招生和培养等工作中，要始终把防范美西方国家渗透、宗教势力以及各股敌对势力的影响摆在突出位置。

关于港澳台教育工作，要深入贯彻落实党中央对港澳工作部署，持续完善各项政策制度，发挥好学校和广大师生作用，稳中求进、精耕细作、久久为功，通过多种方式和渠道加强爱国主义教育，不断提升港澳青少年的国家意识和爱国情怀。要加快出台《关于新形势下做好香港教育工作的计划》，促进香港教育事业更好融入国家发展大局。

一分部署，九分落实。新时代教育对外开放蓝图的实现，归根结底取决于我们抓落实的态度和力度。要对标对表抓落实。对照习近平总书记的重要指示批示精神，对照各类文件要求，进行再盘点、再总结，确保工作有头有尾，落地见效。要深入一线抓落实。让干部在一线中熟悉情况，在一线中找到解题“钥匙”，在一线中磨砺成长。要开展评估促落实。建立健全评估机制，特别是要重视让第三方来评估，通过评估反馈落实成果、反映落实成效、反思落实举措，推动工作螺旋式上升、良性发展。

发挥课程标准统领作用，落实立德树人根本任务*

在教育改革和发展中，课程建设处于基础性、先导性、全局性的战略位置，教育改革和发展的许多任务和方案，最终都要通过课程改革落实到学校中，落实到课堂中，落实到教师和学生的行为上。没有这“三个落实”，教育改革的各项措施是不可能真正取得效果的，教育改革的受益面就无法扩大，这一点非常关键。所以，课程改革、课标修订的意义十分重大。由教学大纲改为课程标准这一重大变化就体现了两种不同的教育理念，两种不同的课程管理体制。就这一问题，我们实验了十几年时间。在这次改革实验的十几年中，我们积累了丰富的经验，现在到了提高课程标准质量水平的阶段，需要在课标修订的基础上，逐步确立以学习者为中心的教育体制，确立以学生的全面发展、健康成长为出发点和归宿的教育体制。课程标准修订的重大意义正在于此。今天的会议是修订专家和审议专家两支大军会师，做的是一项立足现实、远望未来的事业。

一、课标修订工作取得重要成果

这次普通高中课程标准的修订工作，从调研起历时五年，正式启动已两年时间，取得了重要的阶段性成果。

一是顶层设计站位高。这次修订工作面向现代化、面向世界、面向未来，坚持以立德树人为根本任务，坚持正确方向，坚持遵循规律，坚持问题导向，坚持科学论证。这样的高站位使课标修订真正成了普通高

---

* 在普通高中课程标准审议会上的讲话，2017年3月18日，北京。

中教育改革的一次顶层设计，政治要求和业务要求结合得比较好。

二是整体推进效率高。修订专家和审议专家两支大军实际上是一支大军，两道工序相互配合，干同一件崇高而又神圣的事业。教育部相关部门从各自的职能出发为课标修订出力献策，整个工作具有一种系统思维，且全面统筹，整体向前推进。多个学科同步取得修订工作的阶段性成果，工作的效率非常高。

三是系统修订水平高。这次修订我们吸取以往课改的经验教训，更加突出了系统性，特别是在各学段之间相互打通，学科之间也注重横向的相互联系，使高中阶段的教学形成有自身特色的系统工程，这具有重要的方法论意义。比如语文和思想政治课程标准的修订，就体现了这点。此外，凝练核心素养也是一个重要成果，可以把立德树人要求通过核心素养的凝练，落实到各个学科中去，这是一个创造。

四是各方参与预期好。修订工作除两支大军的主力参与外，在启动之前广泛开展调查研究，听取了各方的意见，特别是听取了一线教师的意见。在工作中遇到难题，及时向专家咨询委员会咨询，听取专家们的意见，注重学科组内部的集体研讨。整个修订工作进展平稳，各方面的反映是好的，预期比较好。

通过这次修订高中课程标准，我们在中国特色社会主义教育的大旗之下，集合起了一支高水平的、特别能战斗的队伍。在凝练高中阶段学科核心素养的同时，凝练了我们自身的一种崇高精神。参与这次修订工作的诸位同志肩负领导重任、管理重任、教学重任，大家放弃休息积极参加修订工作，这是一种献身精神，是一种对我们国家未来的担当精神，非常可贵。

二、进一步提高对课标修订重要意义的认识

一是从课标修订和人的关系看。这里的“人”就是学习者，就是高中生。高中课标为高中阶段学生的全面健康成长制定规范，制定质量标

准，所以它对高中阶段学生的成长意义非常重大。此次成果之一就是明确了高中阶段教育的定位——它仍然是基础教育，与义务教育相衔接，同时又是基础教育的高级阶段，还要与高等教育做好衔接。在高中阶段，学生要为未来的社会选择做准备，要和进入社会衔接起来。所以这一阶段，学生学什么、怎么学、学到什么程度，这些问题极为重要。课标就是解决学什么、怎么学、学到什么程度这些问题，与人的成长关系十分密切。

二是从课标修订和国家的关系看。中央去年已经明确成立国家教材委员会，教育部设立教材局，并明确了一个重要理念——教材是国家事权。课标是教材编写的依据，它的修订是国家事权，直接体现国家意志，解决培养什么人、怎样培养人、为谁培养人的根本问题，为我们国家未来发展培养建设者和接班人设计蓝图。所以我们说，课标修订是全面贯彻党的教育方针、全面落实立德树人根本任务、全面提高高中阶段学生素质的重要途径和手段。

三是从课标修订和世界的关系看。我们国家的教育现在正由跟跑者发展到并跑者，将来还要走向领跑者，这体现了中国教育和教育人的一种雄心壮志。在21世纪，教育已经成为国家综合实力的重要组成部分，我们应该树立这样的意识。课标实际上是我们培养人才、参与国际竞争的路线图，它是整体体现我们国家教育科学发展水平、教育实践成熟程度、教育能力建设成果的标准，而不仅仅是教学标准。

四是从课标修订和社会的关系看。我们的教育经过这十几年的高速发展，现在这个阶段，是中国教育言论最为繁杂的阶段，它必将催生出一个教育思想十分丰富的时代。各种各样的教育评论都体现一种对教育的期待，体现一种教育理念。经过一个历史时期的激荡、碰撞、融合，会产生不同的教育思想。课标修订就是在这样一个言论繁杂的阶段进行的。课标修订体现了国家意志，体现主流意识形态的指导，它对各种各样的言论、对纷繁复杂的教育现象具有正本清源的作用。将课标修订好、实施好，它就能发挥神针定海的作用，对我们进行教育综合改革、做好新时期的教育工作意义十分重大。修订的过程，既是研究提高的过程，也是统一思想的过程，更是引领社会的过程。

五是从课标修订和家庭的关系看。在课标修订过程中还需要关注和家庭的关系。我们传统的教育思想非常重视家庭，所以在课程修订过程中，要给家庭教育留有一席之地。中国的家庭这三十年极速地演变为“四二一”结构的核心家庭，这样一个核心家庭自身极速演变着，又经历了教育事业超高速发展的催化，因此，其对教育的多样化需求，对教育的高质量需求越来越强烈，家庭的教育功能发生了巨大变化，家长的教育理念也发生了巨大变化。我们需要思考如何适应这一变化，所以，在课标的修订中要把家庭纳入考虑，利用好家庭资源。

六是从课标修订和教育的关系看。课标修订是龙头，教材、教学、考试、评价等相关因素，是龙身、龙尾。龙头舞起来，龙身动起来，龙尾摆起来，才能充分地发挥综合育人的作用。所以，课标修订的作用非常关键。要发挥课程标准的龙头作用，明确它的龙头地位，以这个为龙头，在各个方面的关键点上多下功夫，打通流程，落小落细。

三、进一步明确课程标准修订的思路

课程标准修订的思路就是全面贯彻党的教育方针，全面落实立德树人根本任务，全面提高学生综合素质，做到“德育为魂，能力为重，基础为先，创新为上”。以上可概括为“三全”“四为”，是我们修订课程标准的纲。

“德育为魂”，就是要以德立人，将坚定理想信念、培养健全人格放在首位，将社会主义核心价值观全面落实到各学科课程标准中，引导学生扣好人生的第一粒扣子。“能力为重”就是注重培养学生发现问题、分析问题和解决问题的能力。“基础为先”的意思是，高中阶段仍然是基础教育，无论是走向高等学校还是走向社会，都要打基础，要优先考

虑为学生全面发展打下必要基础。“创新为上”则要求高中阶段的教育要把创新教育当成重要任务，各个学科都要注意培养学生的创新意识，为学生进入高等学校和社会做准备，最重要的是创新教育的准备，形成创新思维方式。

四、进一步明确课标修订和实施的要求

修订和实施课程标准，推进课程改革，落实立德树人根本任务，是一项系统工程，也是一项艰巨任务，为此，必须解决好改革的动能问题。

一是定力。课标修订得有政治定力。我们的教育既不同于传统教育，也不同于西方教育，我们有自己独特的历史、独特的文化、独特的实践、独特的制度。所以，课标的修订一定要保持定力，特别是政治定力、战略定力。

二是魄力。凡是要确定标准的事情，都和利益的调解、关系的调解、矛盾的调解结合在一起。从某种意义上讲，标准就是一个均衡点、均衡态。实现均衡态，中间的困难、冲突是非常多的，很可能还有一定的分歧，所以这项工作需要高度负责、敢于担当，要有魄力。

三是动力。就我们这两支队伍来说，要为祖国的未来负责，为学生的未来负责，非常光荣、神圣。同时，课标的落实，还要调动广大教师的积极性，引导其把理论转化为课堂实践，转化为教育成果。广大教师既是课标修订的参与者，也是课标实施的推动者，没有他们，再好的课标也没有用。所以，我们要把动力机制建立好，它本质上是一个激励机制。

四是能力。参与这项工作的同志要不断学习、充电，提高自己的能力。课标修订工作是以能力培养为目标的工作，课标本身就是一种能力的集合，我们要以自身的能力修订它，形成新的能力集合，然后用这个能力集合再去推动课程改革，推动教学实践，培养学生。要注意提高教

师的能力，把对教师的培训纳入修订工作范畴，统一安排部署。课标修订的时候教师是参与者，实施的时候他们是推动者。

五是合力。各方面都要继续从各自的职能出发，参与支持课标修订工作，确保这次修订工作取得圆满成功，为未来教育发展打好基础。

我还想请大家在研究过程中思考课标修订的体制制约问题。不同体制基础上的课标体现不同的教育理念、不同的教育需求，所以课标修订也是对教育体制改革的推动过程。

到目前为止，有三种教育体制。第一种是建立在农耕经济基础上的教育体制，我们传统的教育体制就是这种体制。过去是自然经济，社会化程度不高，社会分工体系不发达，所以几乎没有学科的分工。如果说有学科的话，也以人文学科为主，按照现在的理论来讲是综合的。这种教学体制对课程的需求完全不同于今天。第二种是工业革命下产生的教育体制。工业革命促进了社会分工的极大发展，对科学技术的巨大需求带来了教育学科分化，综合的学科越来越少，专业性学科越来越多，这就是专业化。这一时期的教育体制就是建立在工业革命基础上、社会化大生产基础上的分工型的教育体制。第三种是信息化条件下的教育体制。新的学科层出不穷，专业继续细分，同时横断学科不断产生，综合学科不断出现。学生获取知识的途径越来越多，学习知识已经没有多大问题，但是养成智慧的难度越来越大，养成健全人格的挑战越来越严峻。在这种情形下我们的教育体制怎么改，我们怎么培养人，怎么立德树人，是课标修订工作一定要考虑的问题。

加快构建中国特色哲学社会科学学科体系和教材体系*

高校是我国哲学社会科学事业的重要力量和生力军，高校哲学社会科学具有重要的育人功能。习近平总书记从战略和全局高度，明确提出加快构建中国特色哲学社会科学体系。对学校来说，学科体系和教材体系的构建尤为重要和紧迫，我们要进行深入调研分析，从整体上作出安排，从源头抓起。我们的社会科学必须坚持以马克思主义为指导，必须充分体现习近平新时代中国特色社会主义思想。总书记重要讲话和批示不仅仅是针对已经反映了很久的个别教育问题，而是涉及整个社会科学教育，分量极重，具有很强的政治性、战略性和针对性、指导性，对于加快构建中国特色哲学社会科学学科体系和教材体系，实施以育人育才为中心的哲学社会科学整体发展战略，将产生重大而深远的影响。

要按照习近平总书记的重要讲话和批示要求，通盘考虑、稳妥推进这项工作，第一步先把调研工作做起来。

一要深入调研、辩证研判。

用学科建设的精神，从加快构建中国特色哲学社会科学学科体系和教材体系的角度，把具体情况摸清楚，核心是改革开放以来特别是党的十八大和哲学社会科学工作座谈会以来的发展情况、建设成就、发展中的困难、建设中的问题，客观准确、科学全面地加以评估。要站得高、想得深、看得透、把得准，防止出现颠覆性问题。

调研是点上的，也是“全息”的，关键是要把问题搞清楚。要聚焦

* 2018年3月14日，北京。

重点、抓纲带目，坚持问题导向，注重定性分析与定量分析相结合，把过程评价与结果评价统一起来，分头进行、相互配合，开展全面自查、交叉抽样、重点调研、访谈调研四个层次的调研。

二要重点突破、逐步扭转。

加强马克思主义学习研究宣传是高校的重要职责。对教育系统特别是高校来说，不仅要以社会主义核心价值观为引领，落实立德树人根本任务，更要固本培元，在摸清底数的基础上，腰杆硬、底气足地抓好马克思主义理论教育，加快构建中国特色哲学社会科学学科体系和教材体系。

整体上要从学科体系、教材体系、课程体系、人才体系、评价体系等方面来突破，方式上可以选择一两个学科先推进，逐步改变一些学科和课程西方理论占主导地位的问题，有分析、有批判地了解国外的学科理论。工作中要把握好时、度、效，慢不得、急不得。

三要综合治理、全面建设。

我们的社会科学要以中国的教材为主导，核心是学科，基础是教材，关键是队伍，根本在领导。要按照“两个必须”来建设，按照规律来建设，按照现实需求来建设，从加强对课堂教学的建设管理抓起，从统一使用马克思主义理论研究和建设工程重点教材抓起，构建全方位、全领域、全要素的哲学社会科学体系。我们不能做西方理论的“搬运工”，而要做中国学术的创造者、世界学术的贡献者。

充分运用我们党在意识形态建设方面的深厚积累和成功经验。马克思主义是社会主义意识形态的旗帜和灵魂。马克思主义进入中国，既引发了中华文明深刻变革，也走过了一个逐步中国化的过程，我国高校哲学社会科学就是在这一过程中逐步建设和发展起来的，并历经各种思想观念的激烈交锋。意识形态领域的斗争是没有硝烟的暗战，有时十分尖锐。哲学社会科学绝大部分学科都具有鲜明的意识形态属性，必须推进马克思主义中国化、时代化，运用马克思主义立场、观点、方法来分析问题、辨明方向、找准路径，既不走老路，也不走邪路。要深入研究“教什么”“教给谁”“怎么教”的问题，实现理论育人、道德育人、知识育人三位一体。

四要顶层设计、有序推进。

坚持稳中求进的工作总基调，在深入调研论证的基础上提出具体建议，讲究策略，注意方法，迈稳步子，久久为功，积小胜为大胜。

修订好马克思主义理论研究和建设工程重点教材，做到“笑谈真理”*

马克思主义理论研究和建设工程（本篇下文简称“马工程”）重点教材在我们党意识形态工作中具有的基础性、战略性、根本性的地位和作用，大家都很清楚，这一次修订的主要任务就是要把习近平新时代中国特色社会主义思想和党的十九大精神写进去、融合进去，修订完善马工程重点教材。

随着我们党理论创新的历史进程，马工程重点教材要不断地进行修订、完善和提高，我们这一次就是做这件事。应该从以下五个方面着力。

一、作为政治任务办

我们要深刻地认识到，学习宣传贯彻党的十九大精神，学习宣传贯彻习近平新时代中国特色社会主义思想，是我们全党一项重大的政治任务，更是我们马工程重点教材建设的一项重大的政治任务。作为政治任务办，就是首先要把马工程重点教材建设当作党的思想政治建设的一项基础性工程，把这一次修订作为完成这一重大政治任务的重要组成部分。基本要求就是完整地、准确地、科学地把党理论创新的最新成果、把习近平新时代中国特色社会主义思想写进马工程重点教材。作为政治任务办，就是坚持正确的政治方向，解决好立场、观点、方法问题，概括起来就是要作为一项重大政治任务来完成，作为政治

* 在马工程重点教材修订暨《习近平总书记教育重要论述讲义》编写工作推进会上的讲话，2018年1月30日，北京。

建设来对待。

二、按教材规律办

必须明确，修订工作的对象是教材，不是著作，不是论文，不是文件，所以要用教材的编写规律来指导这项工作。这里面既有教材编写的一般规律，如教材所承载的内容都是相对成熟、相对稳定、相对系统的；又有一些特殊规律，如马工程重点教材的特殊要求，即它要服务于、服从于马克思主义在意识形态领域占主导地位这个任务；还有各个学科自身教材编写的规律。所以我们一定要记住，习近平新时代中国特色社会主义思想进教材，是说用它来指导修订，它的成果要融入教材。融入教材，不是要把所有的教材写成新思想的解说，而是一定是教材，这就叫作按教材规律办。如果最后编出来的不是教材，不适合教学需要，是一种宣传读物，那就走偏了。

三、依据修订规范办

2004年启动马工程的时候，中央对马工程重点教材的编写有一些规范性的要求，包括怎样组织、怎样编写、怎样审定、怎样出版。这些年来不断地加以修改完善，可以说已经形成了马工程重点教材从编写到出版到使用相互衔接的规范体系，修订工作也积累了丰富的经验，形成了一些规范。这一次修订工作要依据这些规范来办，比如新思想和教材、各个学科怎么融合，技术要求是不一样的，理论上结合的方式也是各不相同的，这就需要我们认真地研究，按规范来办。我们每一次修订的时候都有一个基本的要求，就是做好结合的文章，实际上马工程重点教材修订过程中，最难处理的矛盾也是结合的矛盾。很多教材和党的理论创新成果，是板块式地结合在一起，不是有机地融合。所谓板块式结合，就是搭积木，就是做比萨饼，上面抹了一层料，以为就修订了，有的是中间加了一片肉的三明治。马工程重点教材修订要做到有机融合。结合的文章、结合的规范，需要我们好好研究。表述语言也是需要好好研究的。总之，要依据修订的规范来办这件事。

四、树立使命意识办

马工程重点教材建设是一项光荣的历史使命，我们要树立使命意识，办好马工程重点教材修订这件事。党的十九大把习近平新时代中国特色社会主义思想确立为我们党必须长期坚持的指导思想并写入了党章，这是一个历史性的贡献。我们从事教材编写的同志，需要按照党的十九大精神，按照新时代的要求，牢牢树立使命意识，编写、修订教材实际上是为我们党长期执政，为中华民族伟大复兴，干了一件基础性的大事。要有这样的使命意识。这件大事，可以说四句话。第一句话，为民族立魂。我们编写的马工程重点教材是用来教育武装青年一代的，这实际上是在为我们这个民族立魂，熔铸灵魂。第二句话，为人民立命。编写教材，培养合格的建设者和接班人，培养能够担当民族复兴大任的时代新人，这是办好人民满意教育的根本需求、根本所在，这就是为人民立命。第三句话，为万世树绝学。马工程重点教材建设只有在我们这个体制制度下、在我们党的领导下才能办成。我们这是为万世树绝学，是非常光荣的任务。第四句话，为国家开太平。我们一定要有这样的使命感，完成教材的编订工作、修订工作。有了使命意识，我们就会有一种强烈的责任感。

五、顺应时代特征办

马工程重点教材修订的根本任务、主要内容就是我们经常讲的三句话，把我们党理论创新的最新成果、我们事业发展的最新成就、我们学科发展的最新进展写入教材。这次修订是要把我们党理论创新的最新成果——习近平新时代中国特色社会主义思想，我们事业发展取得的最新成就——党的十八大以来的历史性成就、历史性变革，还有我们各个学科取得的新进展写入教材。把党理论创新的最新成果写进教材，是世界观、方法论、价值论的要求，是政治任务；把事业发展的新成就写入教材，是为理论提供实践支撑，也就是要求我们在理论和实践的结合上来修订；把各学科最新的进展写入教材，是一般和特殊的结合，是我们党理论创新的最新成果和学科发展的最新进展的结合。

这次修订的关键词是“新时代”。要深刻理解党的十九大作出的“新时代”这个重大政治判断，这是新时代的一次修订，所以要有时代特征，适应时代特征。当然，这里面也包括要考虑教材的服务对象。体系、结构、语言、编排、印刷等都得考虑到学生的特点，要让学生能够喜闻乐见。马工程重点教材可以“笑谈真理”，不一定非要干巴巴的。比如刚才讲到的语言，我们面临着文件的语言、文本的语言、讲话的语言，还有反映在这些文本讲话材料中的民间语言，这些语言怎样和学科语言结合，怎样实现一种创造性转换，需要我们认真研究。此外，还有信息化技术在教材中的应用。总之，时代特征应该成为我们马工程重点教材修订工作的一个重要方面。

大讲特讲，巩固马克思主义政治经济学主导地位*

8月16日出版的《求是》杂志发表了习近平总书记2015年11月23日在十八届中央政治局第二十八次集体学习时的重要讲话《不断开拓当代中国马克思主义政治经济学新境界》。这篇讲话非常重要。我们以经济学、新闻学、法学等三个学科为重点开展了高校哲学社会科学专项调研，召开专题会议就中国经济学教材建设进行了研究，这些都是根据总书记这篇重要讲话来做的。要组织高校特别是经济学院系认真学习贯彻总书记重要讲话精神，不断加强经济学教学和研究。新闻学、法学等人文社科类院系也要学习领会总书记重要讲话的精神实质，结合自身特点推进教学和研究。就经济学学科来说，要解决好总书记在讲话中提出的四个问题。

一是大讲特讲。总书记强调："在我们的经济学教学中，不能食洋不化，还是要讲马克思主义政治经济学，当代中国社会主义政治经济学要大讲特讲，不能被边缘化。"现实情况是大讲特讲还没有充分做到，有的停留于"小讲""一般地讲"，要把这个问题解决好。

二是不能被边缘化。这几年，边缘化的问题得到了较好解决，但还没有根本扭转，要不断加强学科体系、学术体系、话语体系和教材体系、教学体系、评价体系建设，在经济学教学和研究领域改变"西强我弱"的状况。

三是巩固主导地位。总书记强调："现在，各种经济学理论五花八

---

* 2020年8月17日，北京。

门，但我们政治经济学的根本只能是马克思主义政治经济学，而不能是别的什么经济理论。”经济学是意识形态属性强的学科，必须牢牢把握正确的政治方向、价值取向、研究导向，巩固马克思主义政治经济学主导地位。

四是研究社会经济发展规律。总书记强调：“要立足我国国情和我国发展实践，揭示新特点新规律，提炼和总结我国经济发展实践的规律性成果，把实践经验上升为系统化的经济学说，不断开拓当代中国马克思主义政治经济学新境界。”总结“十三五”，规划“十四五”，如何把握大变局、加快形成“双循环”、实现高质量发展、推动创新发展等，这些都是需要研究的。

把教材的文章做好，统筹推进大中小学思政课一体化建设*

习近平总书记在学校思想政治理论课教师座谈会上指出："要把统筹推进大中小学思政课一体化建设作为一项重要工程，坚持问题导向和目标导向相结合，坚持守正和创新相统一，推动思政课建设内涵式发展。"

统筹推进大中小学思政课一体化建设的核心是要在教材上做文章。教材内容在空间上应该是并存的，在时间上应该是继起的。所谓并存，就是中小学道德与法治、思想政治教材的内容到大学都是存在的；所谓继起，就是这些内容从小学开始逐步深化到大学。现在的问题在于，并存做到了，但继起解决得不好。推动习近平新时代中国特色社会主义思想"三进"是重大政治任务，要好好抓。高校方面，我们抓了读本、抓了讲义。要抓好工作部署、集中学习、宣讲培训、进入课程、加强研究、宣传报道等各项工作。基础教育阶段，现有教材解决不了这个问题，要组织专门力量，仿照马克思主义理论研究和建设工程的做法，先从读本起步，编写基础教育阶段"三进"读本。可以考虑分高中阶段、初中阶段、小学阶段，编写一套适用于不同学段、不同年龄段学生特点的读本，把习近平新时代中国特色社会主义思想用系列读本的方式融入教学过程、育人过程。与此相关的还有，这几年我们一直强调要以"四个自信"为主要内容来改进思政课教材。这件事有难度，难度在于，现

* 2020年6月8日，北京。

行的思政课教材体系要大改，掰开了再往一起揉。但是，我们以“四个自信”为主要内容开展思政工作、加强思政课教材体系建设，也可以编写读本，编写“四个自信”系列读本。比如，中国共产党为什么能、马克思主义为什么行、中国特色社会主义为什么好，这三个带有根本性的重大问题就蕴含了道路自信、理论自信、制度自信，可以分别对应一个自信。读本还可以结合中华优秀文化，主要讲文化自信。这样组合起来，就是“四个自信”系列读本。这是一项重大政治任务，要赶快动起来，从抓基础教育阶段“三进”读本和“四个自信”系列读本做起，进而完善思政课教材体系。

加强新时代教材建设，开创教材建设新局面*

教材体现国家意志，教材工作是国家事权。教材建设事关党对教育工作的领导，事关中国特色社会主义事业兴旺发达、后继有人，事关党和国家长治久安。要充分认识新时代加强教材建设的重要性紧迫性，将教材建设作为一项战略工作、基础工作抓紧抓实抓好。

国家教材委员会专家委员会的设立，是贯彻落实中央决策部署、加强和改进大中小学教材建设的重大举措。专家委员会要切实担负起为国家教材建设保驾护航的重要职责，在站位上体现一个“高”字，在角色上体现一个“准”字，在把关上体现一个“严”字，在运行上体现一个“顺”字。要深刻认识自身的重要地位和重大使命，当好课程建设的“设计师”、教材质量的“质检员”、教材政策制定的“智囊团”，严把思想政治关、专业学术关、改革方向关，以好的工作机制、高的审查标准、好的决策规则推动专家委员会各项工作有序运行。

本次会议是国家教材委员会成立以来召开的首届全国教材工作会，也是新中国成立以来第一次覆盖大中小学教材的工作会，在我国教育和教材发展史上具有里程碑意义。

一、把思想认识统一到习近平总书记关于教材建设的重要论述上来

教材是文化传承、以文化人、教书育人的重要载体。我们党历来高度重视教材建设。毛泽东同志指出，“教材必须切合实际”。邓小平同

---

* 在首届全国教材工作会议上的讲话，2020年9月22日，北京。

志强调，“编好教材是提高教学的关键”。党的十八大以来，习近平总书记非常关心教材建设，多次发表重要讲话，作出重要指示批示，为加强新时代教材建设提供了思想武器和行动指南。我理解，要重点把握好以下五个方面。

一是加强党的领导。习近平总书记指出，加强党对教育工作的全面领导，是办好教育的根本保证。建设什么样的教材体系，核心教材传授什么内容、倡导什么价值，体现国家意志，是国家事权。成立中央教育工作领导小组和国家教材委员会，是中央层面强化国家事权、加强统一领导的重大制度安排。这些重要论述和部署，强调了党是教育事业发展的核心领导力量，必须牢牢把握党对教材工作的领导权。

二是坚持正确方向。总书记强调，教材是传播知识的主要载体，体现着一个国家、一个民族的价值观念体系，是教师教学、学生学习的重要工具。教材要坚持马克思主义指导地位，体现马克思主义中国化时代化要求，体现中国和中华民族风格，体现党和国家对教育的基本要求，体现国家和民族基本价值观，体现人类文化知识积累和创新成果。这些重要论述和要求，明确了新时代教材建设的根本方向，这一点必须旗帜鲜明、坚定不移。

三是加强政治把关。总书记强调，教材是铸魂工程，统编教材是基础，教材建设必须围绕立德树人这一根本任务来做文章、下功夫。马克思主义在有的领域被边缘化、空泛化、标签化，在一些学科中“失语”、教材中“失踪”、论坛上“失声”，必须引起高度重视。政治上把握不对、不到位的教材，要一票否决。水平不高、导向有问题的教材不能使用。这些重要论述和要求，深化了我们对教材重要战略地位的认识，凸显了教材在育人中的核心作用。

四是健全教材体系。总书记指出，学科体系同教材体系密不可分。学科体系建设上不去，教材体系就上不去；反过来，教材体系上不去，学科体系就没有后劲。培养出好的哲学社会科学有用之才，就要有好的教材。要抓好教材体系建设，形成适应中国特色社会主义发展要求、立足国际学术前沿、门类齐全的哲学社会科学教材体系。这些重要论述和要求，阐明了教材体系与学科体系、人才培养的关系，提出了新时代教材建设的目标任务。

五是注重改革创新。总书记指出，教育要发展，关键在改革。改革是教育事业发展的根本动力。要在教材编写、推广、使用上注重体制机制创新，调动学者、学校、出版机构等方面的积极性，大家共同来做好这项工作。这些重要论述和要求，明确了改革是教材建设的重要动力，要通过改革创新形成合力、激发活力。

总书记的重要论述内涵丰富、思想深刻，回答了事关教材建设的一系列方向性、根本性问题，为做好新时代教材工作提供了根本遵循。我们要深入学习领会，坚决贯彻落实。

二、深刻认识新时代教材建设面临的新形势新任务

党的十八大以来，我国教材建设进入全新的历史阶段。推动习近平新时代中国特色社会主义思想进课程教材取得重大进展。义务教育道德与法治、语文、历史三科统编教材实现全覆盖，高中思想政治、语文、历史三科统编教材统一使用有序铺开。大中小学思政课程教材一体化建设不断推进。多种高校马克思主义理论研究和建设工程重点教材出版使用。统筹推进劳动教育、民族团结、国家安全、中华优秀传统文化、爱国主义教育等重大主题教育进课程教材。统筹为主、统分结合的管理体系基本形成。印发全国大中小学教材建设规划和四个教材管理办法，加强教材规划、编写、审核、出版、选用等各环节管理，完成新时代教材建设的顶层设计。课程教材改革深入推进。高中课程方案与课程标准修订已经完成，新一轮义务教育阶段课程方案与课程标准修订加快进行。中小学国家课程教材修订审核工作全面完成。基础教育、职业教育、高等教育以及民族教育、特殊教育等领域推出一大批优秀教材。讲政治懂

专业、又红又专的专家队伍不断壮大。一大批政治立场好、专业水平高、熟悉教材工作的编审专家不断涌现，发挥了重要的示范引领作用。站在新的历史起点上，教材工作要再接再厉、创新发展，必须准确把握新的时代方位，深刻认识面临的新形势新任务。

培养社会主义建设者和接班人，迫切需要教材发挥铸魂育人功能。百年大计，教育为本；教育大计，教材为基。实施什么课程、使用什么教材，决定了下一代学什么、信什么，集中体现着教育发展的根本方向，直接关系到党和国家事业发展。当前，我们正在进行具有许多新的历史特点的伟大斗争，马克思主义指导地位面临着多样化社会思潮的挑战，社会主义核心价值观面临市场逐利性的挑战，西方价值观和敌对势力对我们进行渗透布局。尤其是新冠疫情暴发以来，美西方敌对势力对我国的遏制、围堵、打压力度明显加大，意识形态较量更趋激烈。教材作为维护国家意识形态安全、抵御敌对势力西化分化渗透的重要载体，是意识形态斗争的前沿阵地，是赢得青少年学生、赢得国家未来的重要战场。教材建设必须防止各种错误思潮的渗透，要坚持马克思主义指导地位，传承弘扬社会主义核心价值观、传承红色基因，培养学生对伟大祖国、对中国共产党、对中国特色社会主义的认同。

加快推进教育现代化、建设教育强国，迫切需要教材提供关键支撑。教材建设是育人育才的重要依托，是教育事业发展的战略性工程，直接关系到亿万青少年学生的成长成才，教育思想、教育内容、教育方式最后都要依靠教材来传递和呈现。当前，一些教材质量参差不齐，思想性科学性时代性不强，吸引力感染力不足，高水平原创性教材偏少，与新时代教育改革发展的要求还不适应，还不能满足人民群众对优质教育的渴盼。进一步加强教材建设，要切实以服务学生成长成才为主线，以提升教材的思想性、科学性、民族性、时代性、系统性为重点，充分发挥一流教材支撑一流教育的核心功能，为推进“五位一体”总体布局和“四个全面”战略布局提供知识储备、理论支持、学理支撑。

厚植文化自信，迫切需要教材发挥固本培元作用。文化传承关系到一个国家和民族发展的根基。我国有独特的历史、独特的文化、独特的国情，必须坚定不移地走自己的路。教材是传承中华优秀传统文化和人类文明的重要载体。我们必须扎根中国大地，从中华民族5 000多年文明传承中汲取养分，充分体现中国特色、中国风格、中国气派，构建具有中国和中华民族风格的教材体系。要引导青少年正确认识中国历史传统、文化积淀、基本国情，弘扬中华优秀传统文化、革命文化和社会主义先进文化，铸牢中华民族共同体意识，增强民族自信。要立足当代中国改革发展实际，瞄准世界学术前沿，总结中国实践经验，推进前瞻性基础研究，鼓励引领性原始创新，形成独具特色的中国学派。

增强国家软实力，迫切需要提升中国教材的国际影响力。当前，世界百年未有之大变局加速演进，全球教育变革方兴未艾，迫切需要我们未雨绸缪，擘画教育教材发展大计。中国教育要坚持扩大开放、交流互鉴，走近世界舞台中央，增强国家软实力。中国教材要加强国际交流，通过合作办学、教育援助、专项资助等多种方式，推动优秀教材走出去，把中国思想理论、传统文化、学术观点和教育理念推向世界。要顺应线上教育快速发展的趋势，推动信息技术与课程教材的深度融合，努力在数字教材、新形态教材等领域实现“弯道超车”。

三、开创让党放心让人民满意的教材建设新局面

做好新时代教材工作，要坚持正确方向，加强统筹指导，提高治理水平，凝心聚力、砥砺奋进，全面提升教材建设的科学化水平。

一是把方向。坚持马克思主义基本原理，坚持马克思主义中国化时代化理论成果，坚持习近平新时代中国特色社会主义思想，坚持习近平总书记关于教育和教材建设的重要论述，这是教材建设必须坚持的根本指导思想。要把推进马克思主义，特别是习近平新时代中国特色社会主义思想进课程教材作为首要政治任务常抓不懈，有机融入大中小学各学

段各学科，充分发挥核心引领作用。要着力加强对习近平新时代中国特色社会主义思想的课程教材建设和研究阐释，全面推进学科化、学理化，增强说服力、感召力，充分展现科学理论的魅力。各地教育部门和高校党委要进一步提高政治站位，高度重视教材建设，切实加强政治领导和工作指导，坚持用“四个服务”定盘导航，确保党的教育方针落实到教材建设的各方面各环节。

二是守阵地。要强化把关意识，不断增强风险意识和底线思维，明确教材建设关键环节、重点内容、薄弱领域的政治把关要求，仔细排查各类风险源，做好应对重大风险、驾驭复杂局面的准备。要建好把关机制，各地各高校要严格落实意识形态工作责任制，健全教材编写、审核、出版、选用、管理等各环节体制机制，做到深入研判、准确定性、及时处置，管好自己的人、看好自己的门。要完善教材审查标准和审查程序，坚持“凡编必审、凡选必审、凡用必审”，进一步明确教材审查把关的边界和责任，坚持“政治把关靠组织、学术把关靠专家、使用把关靠单位、效果把关靠集体”。要增强把关能力，提高政治敏锐性和政治鉴别力，善于从政治上观察和分析问题，坚决反对和抵制各种错误思潮的渗透。严格教材政治审查，把好教材中原则性、根本性和方向性问题，确保关口不丢、阵地不失。教材的政治把关有很强的专业性，既要熟悉意识形态工作，也要熟悉教育教学规律，不能走偏，坚决杜绝“高级黑”“低级红”，确保政治性要求有机融入专业内容。要抓实抓细高校必须统一使用马克思主义理论研究和建设工程重点教材，切实解决学校选用境外教材在管理体制、政治把关、思想观念以及国内部分教材编写跟不上等方面存在的问题。

三是出精品。教材是科学文化知识的精华，编写难度远超一般的学术著作，从极端重要性和特殊性来讲，应该是最优秀的专家学者编教材。目前，高质量教材、精品教材还不够多，其中一个重要的原因，就是重量级专家、高层次人才不愿意编写教材尤其是高校教材。这种状况必须尽快扭转。要牢固树立精品意识，想方设法吸引优秀人才编写教材，制定切实有效的激励措施，吸引院士、资深教授、名师大家领衔组建团队，吸纳一线优秀专家，编写经得起历史和实践检验的精品教材。要提高教材编写门槛。门槛不高是造成教材鱼龙混杂、参差不齐的重要原因。中小学教材要严格落实编写资质要求，职业院校教材、普通高校教材要探索建立编写资质认定制度，把标准立起来、严起来，按照政治立场坚定、专业造诣深厚、教学经验丰富、熟悉教材建设规律的要求组建编写团队，让教材编写成为神圣的事业。要建立健全退出机制。对标新的管理规定，对现行各类教材进行全面排查，需要修订的抓紧修订，问题严重的坚决退出，对编写人员等也要进行排查，坚决防止政治、学术、道德等方面有问题的人参与教材编写。

四是强队伍。总体上，我们的教材队伍还不够强，政治素质、专业化水平还不够高。要认真落实国家关于教材队伍建设的各项政策规定，制定有效激励措施，在工作待遇、职称评定、绩效考核、表彰奖励、重大人才项目评选等方面向教材编审人员倾斜。要明确优秀教材编审在工作量计算、科研成果统计、职务评聘等方面的认定办法，将优秀教材作为参评“长江学者奖励计划”“万人计划”等国家重大人才工程的重要成果，充分调动优秀人才参与教材建设的积极性。要高度重视教材编、审、用、管、研几支队伍建设，坚持培养和培训并举，健全国家、地方、学校三级培训体系，全面提升政治素质和业务水平。鼓励有条件的高等学校、科研院所开展教材建设方向的人才培养，加快形成一支高素质、专业化教材工作队伍。

五是抓保障。要加强统筹安排，将教材建设纳入教育事业“十四五”规划，制定配套政策，做好协调衔接，充分调动各方面积极性，形成教材建设的合力。省级教育行政部门要明确专门机构，配强工作人员，加强统筹指导。要加大经费投入，严格按规定将教材建设经费纳入预算，高校、出版机构要加大支持力度，采取多种方式推进教材建设。要构筑研究高地，以课程教材研究基地建设为龙头，打造一批高水平、专业化的研究机构和平台，开展教材重大理论和现实问题研究，为教材建设提供理论支撑。要加强督促检查，将教材工作纳入教育督导范围，强化监督问责，确保各项政策措施落实落地。要建立健全教材奖励制度，树立鲜明导向，严格评选标准，推出一大批精品教材和先进典型，激发创造活力，营造良好氛围。

以《习近平新时代中国特色社会主义思想学生读本》使用为契机，开启铸魂育人新局面*

2020年7月，为进一步推动习近平新时代中国特色社会主义思想进教材、进课堂、进学生头脑，教育部启动《习近平新时代中国特色社会主义思想学生读本》（本篇下文简称《读本》）编写工作，今年秋季学期将正式投入使用。这是推动党的创新理论成果进课程教材的一次重要实践，是我国思想政治教育史上具有开创性意义的一件大事。

一、《读本》是新时代推进铸魂育人的标志性成果

教材建设是最基础、最广泛、最有效的铸魂工程。建设什么样的教材体系，核心教材传授什么内容、倡导什么价值，体现国家意志，是国家事权。这要求教材建设必须要坚守为党育人、为国育才的初心和立场，围绕铸魂育人这个核心命题来展开，用党的创新理论最新成果为学生引航定向。

第一，推动党的创新理论成果进课程教材是宝贵的历史经验。一部党的百年奋斗史，是一部理论创新史，也是一部铸魂育人史。一百年来，我们党始终坚持运用最新理论成果武装全党、教育人民、培育人才。新中国成立前，陕甘宁边区把党的思想和主张，通过《三字经》的韵文形式编成册，供小学和平民识字班学习，在华北、东北等地广泛使用。新中国成立后，在中学、高校开设政治理论课，陆续把毛泽东思

* 2021年7月9日，北京。

想、邓小平理论、“三个代表”重要思想、科学发展观等党的创新理论成果编入教材，为培养一代又一代社会主义建设者和接班人提供理论武装和思想启迪。可以说，党的创新理论成果进课程教材，是我们党始终坚守、历久弥新的政治传统，是我们党治国理政、铸魂育人的实践智慧。我们要汲取这一宝贵历史经验，推动习近平新时代中国特色社会主义思想全面系统进课程教材，用以体现国家意志、赓续红色基因。这是中国特色社会主义事业后继有人、兴旺发达的长远之策、固本之举。

第二，推动习近平新时代中国特色社会主义思想进课程教材是培育时代新人的头等大事。培养什么人，是教育的首要问题。我国是中国共产党领导的社会主义国家，我们的教育必须要培养一代又一代拥护中国共产党领导和我国社会主义制度、立志为中国特色社会主义事业奋斗终身的有用人才。习近平总书记强调：“我们的教育绝不能培养社会主义破坏者和掘墓人，绝不能培养出‘长着中国脸，不是中国心，没有中国情，缺少中国味’的人！那将是教育的失败。教育的失败是一种根本性失败。”当今世界正经历百年未有之大变局，两条道路、两种制度的斗争日益尖锐激烈，美西方与我们争夺主阵地、争夺话语权、争夺青少年的斗争日益复杂。在这个背景下，巩固马克思主义在意识形态领域指导地位的根本制度，培养堪当民族复兴大任的时代新人，最紧要的就是用习近平新时代中国特色社会主义思想铸魂育人。少年儿童是祖国的未来、民族的希望。用习近平新时代中国特色社会主义思想铸魂育人，必须要从娃娃开始，系统贯穿大中小学教育各个阶段，引导学生坚定不移听党话、跟党走。

第三，《读本》是推动大中小学思政课一体化建设的又一次历史性跨越。习近平总书记强调，“在大中小学循序渐进、螺旋上升地开设思想政治理论课非常必要”，“要把统筹推进大中小学思政课一体化建设作为一项重要工程”。近年来，中央办公厅、国务院办公厅先后印发《关于加强和改进新形势下大中小学教材建设的意见》《关于深化新时代学校思想政治理论课改革创新的若干意见》等文件，教育部组织编写中小学道德与法治（思想政治）、语文、历史三科统编教材并投入使用，取得了明显成效。教育部组织编写这套大中小学专门读本，围绕学习习近平新时代中国特色社会主义思想这条主线，一体化设计学习目标、内在逻辑，通过由易到难、由浅入深的内容安排，较好实现了不同学段间的有机衔接，有利于学生循序渐进、螺旋上升地学习。《读本》编写团队横跨多个学科、纵连各个学段，既有理论工作者的深度参与，又有不同学科背景教师的广泛支持。编写工作采用了中央实施重大工程的方式，尽锐出战、联合攻关，编审研用一体化作战，实现了编写机制的协同创新，打了一场漂亮的攻坚战。《读本》与统编思政课教材相互补充，构建起更为坚实的新时代铸魂育人教材体系。

二、以《读本》使用为契机开启铸魂育人新局面

编写使用学生读本，是加强学校思政课教学的一个新开端。总体来看，这套《读本》准确地体现了党的创新理论最新成果，同时又贴近学生、贴近实际，符合课堂教学的规律和特点，是一套可以作为教材使用的读本。接下来要在教育教学中使用好，让习近平新时代中国特色社会主义思想更加深入生动进课堂、刻骨铭心进头脑。

一要感悟思想伟力。习近平新时代中国特色社会主义思想是全党全国人民实现中华民族伟大复兴的行动指南，是指引当代中国一切发展进步的强大思想武器。青少年肩负着为社会主义现代化事业接续奋斗的历史重任，是国家建设的后备梯队，只有在政治方向上、建设目标上与前序部队保持一致，才能继往开来、开拓创新，实现中华民族伟大复兴的中国梦。当先生先要当学生，教他人者先要教自己。要给学生讲得好，教育者必须自己先学懂弄通，切实掌握这一看家本领。在深入学习贯彻习近平新时代中国特色社会主义思想、学习“四史”的过程中，教育战线要增强用党的创新理论武装头脑的政治自觉，扎扎实实读原著学原文

悟原理，放在历史大纵深、时代大变局、国际大视野中，深刻感悟思想的真理力量和实践伟力，紧跟理论的新发展，做学习贯彻的排头兵。要进一步巩固扩大学习的热潮，在教育系统形成领导干部、教师、学生学习习近平新时代中国特色社会主义思想的大布局、一盘棋，领导干部带头学，广大教师主动学，切实承担好铸魂育人的光荣使命。

二要提升教学吸引力。《读本》用亲和的语言、鲜活的案例、精彩的金句，搭建了师生学习对话的桥梁。要深入体会《读本》的设计用意，以《读本》为基础，做好向教学的转化，切实把《读本》用活、用好。铸魂育人，重在润心。广大教师要做学生的解惑人、贴心人、引路人，把党和国家事业发展的“大道理”与学生个人成长成才的“小道理”贯通起来，用信念、情感、事实、道理去感染学生、打动学生，激活学生内心的力量。教无定法，学生为本。要坚持灌输与启发、显性与隐性相统一，探索多样化教学模式，善于创设合理的教学情境，增强代入感、体验感、真实感，让课堂充满真诚的对话、切身的感悟、理性的思辨，千方百计吸引学生主动学、融入学，把课堂建设成为思想政治教育最有效的阵地，收获“拔节孕穗”的丰富成果。

三要形成育人合力。铸魂育人是系统工程，必须全学段贯通、全链条连通、全领域打通。要加强《读本》与学科教材使用的统筹，达到综合育人的效果。《读本》与学科教材共同构成了思想政治教育的大教材体系，两者既有区别又有联系。要树立大教学观，准确把握《读本》与学科教材的差异性与关联性，注重相互对照，实现学习的纵向衔接、横向配合。要善于运用多种类型的教学资源，让《读本》教学内容丰厚起来、立体起来。《读本》是一个版本，但各地的教学资源各有特色、取之不尽。要在用好国家配套教学资源的同时，重视结合地方实际，从学生身边人、身边事入手，寻找挖掘特色资源，促进学生的学习理解。要综合用好学校“小课堂”和社会“大课堂”，上好大思政课。实践是最有说服力的教材。要创造各种机会让学生走进现场、接触一线，用实践的范本，讲好世界百年未有之大变局下“中国之治”的故事，让学生真切感受到中国特色社会主义伟大实践的成果，增强对党的领导和社会主义制度的信念信心。

四要增强育人效力。使用《读本》，效果为要。要通过学习《读本》，让学生全面理解习近平新时代中国特色社会主义思想，做到学思用贯通、知信行合一。要坚定学生奋勇前进的方向，让他们深刻理解中国共产党为什么能、马克思主义为什么行、中国特色社会主义为什么好，坚定理想信念，筑牢思想根基，自觉树立和践行社会主义核心价值观，努力实现德智体美劳全面发展。要涵养学生奋勇前进的力量，引导他们坚定中国特色社会主义道路自信、理论自信、制度自信、文化自信，树立远大理想，锤炼坚毅品格，增强做中国人的志气、骨气和底气。要锻造学生奋勇前进的本领，引导他们学习掌握习近平新时代中国特色社会主义思想所蕴含的立场观点方法，深化思想认识，理论联系实际，练就真才实学，脚踏实地为国家和人民、为社会主义和共产主义事业而不懈奋斗。

三、抓好工作部署，确保《读本》使用平稳落地

《读本》马上就要投入使用，接下来还有很多工作要做，涉及多个方面和环节，需要统筹协调，确保落到实处。

第一，组织到位。教育行政部门、出版单位、大中小学校要把《读本》使用作为一项重大政治任务，一把手负总责，领导班子要定期研究调度，切实把责任压紧压实。要结合深入学习贯彻习近平新时代中国特色社会主义思想和广泛开展“四史”宣传教育，统筹做好《读本》出版、发行和使用工作，纳入全盘部署、建立专门台账，确保各个环节万无一失。

第二，保障到位。要落实经费，义务教育阶段《读本》经费安排方式由各省级教育行政部门商财政部门结合本省实际确定，不得向学生收

取；其他阶段《读本》由学生自行购买，有条件的地方可由学校或财政统筹安排经费。要配好资源，《读本》出版单位要发挥各自优势，不断丰富基础性、示范性的课例、案例和各类拓展资源，把好质量关，做好推广，为一线教学提供更多有效支撑。

第三，指导到位。要做好教师培训，国家抓示范、省级抓骨干、地市抓全员，确保教师先培训、后上课。小学《读本》的国家级培训已于今年3月份完成，各地要抓好后续全员培训。其他册次《读本》的使用培训工作，也要加快部署启动。《读本》使用过程中，要加强跟踪和交流，及时发现问题、总结经验，注重相互借鉴和启发，切实提高《读本》的教学效果。

写好百姓期待的教育“奋进之笔”*

“奋进之笔”是现在教育战线的一个高频词，在全战线形成了广泛共识，形成了覆盖方方面面的行动。实施“奋进之笔”的基本想法就是两个字：搅动！一池水不搅不动、不搅不活，我们就是要用“奋进之笔”这个总抓手把全战线搅动起来。通过实施“奋进之笔”，教育战线各方面工作都搅动起来了，现在可以说是一池活水，效果是明显的。年初叫“奋进之笔”，年底叫“得意之作”，是要交账的。年初叫“奋进之笔”，就是要形成一种机制，“不用扬鞭自奋蹄”。年底叫“得意之作”，就是要收获“踏花归去马蹄香”的效果。现在，“万马奔腾”“战马嘶鸣”，全战线都在奋进之中，各部门横向比各有高招，纵向比各有特色。这说明“奋进之笔”的决策是正确的，要坚持下去。

实施“奋进之笔”，要注意十个“度”。

一是制度。要把“奋进之笔”作为重要的工作制度确定下来。也就是说，这不是今年一年的事情，今后几年，每年都要实施“奋进之笔”，只是实施的内容有所不同、各有侧重，在保持连续性的前提下，体现年度特色。我们要总结经验，听取各方面意见，将“奋进之笔”从今年的工作抓手转化为今后推动工作的有效制度，这样的“奋进之笔”才能真正形成工作创新。将成功、有效的经验制度化是我们推进工作的有效做法。

二是态度。从确定“奋进之笔”的目标、内容，到研究“奋进之

* 2018年7月27日，北京。

笔”的措施，再到具体实施“奋进之笔”，都有一个态度问题。所谓态度，其中蕴含一种精神状态，即一种拼命的精神、拼搏的精神、不服输的精神，一种不怕艰难困苦的精神。这既是一种政治态度，也是一种科学态度。所谓政治态度，就是更好地完成党中央交给我们的任务，更好地满足人民群众的期待；所谓科学态度，就是工作不是蛮干，不是冒进，是奋进。“奋”就是一种精神状态，是“奋进”，不是奋而不进。要将其作为带队伍、培养干部、推进工作的手段，刀要到磨刀石上去磨炼，队伍要在战斗中去磨炼，干部要在具体事项中去磨炼。这就是实施“奋进之笔”的态度，我们要将这种态度贯穿教育全战线。

三是难度。“奋进之笔”的任务是有难度的，目标的实现是有难度的，是“跳起来摘苹果”，不是“坐下来吃手抓肉”。所谓难度，就是制约事业发展的关键点，就是短板、薄弱环节，就是中央关心、社会关注、百姓关切的问题。“奋进之笔”必须是有难度的，不是轻轻松松就能实现的，不下功夫、不用力气甚至不智勇双全，是难以取得效果的。智是前提，勇是支撑。大家在研究工作、推进工作的时候，一定要注意到“是有难度的，不是轻轻松松的”。今年是第一年，我们先摸索摸索，下半年再确定明年“奋进之笔”时就要充分考虑到难度问题。要主动加压，自己给自己压担子、加码，只有这样，我们的工作才能越干越有劲，才能突破制约工作发展的关键点和难点。

四是坡度。坡度就是对工作难度的一种计量，就是工作难度和正常工作所形成的夹角，这个夹角越大，坡度越大，难度也就越大。各单位之间进行比较，就看“奋进之笔”坡度大不大。坡度大的，费的劲大；坡度小的，费的劲小。开车上坡，坡度大小，耗油量是不一样的。我们提倡要选择那些力所能及的坡度，不赞成选择那些坡度超过60度甚至接近90度的攀岩，要起码能把车开上去；45度、50度，加把劲儿，一步一步往上爬，这就叫作“奋进之笔”。希望大家主动去选瓶颈、选短板、选薄弱环节。

五是强度。强度指的是目标选定后，精力的集中程度、资源的配置程度。一旦选定，领导同志主要精力就要集中在“奋进之笔”上，骨干力量就要配置在“奋进之笔”上，服务部门要服务到位、资源配置到位。同时要注意，强度是在事业发展所需要的时段内集中发力，不是时间过了再发力。庄稼需要雨的时候就下雨，不能需要雨的时候干旱，要收获了使劲下雨。这就叫作强度，是对资源配置的要求、对工作精力的要求。

六是力度。既然选定的是有难度的事项、任务，我们的工作措施就要有力度。刀要磨利一点，弹药要准备充足一点，在工作措施方面要充分发挥各部门负责同志的积极性，调动干部的创造性，各出奇招，加大工作力度。这是一个方法问题，凡是适用的方法都是有力度的方法。不提倡大炮打蚊子、牛刀杀鸡，能用一根针杀死一头牛，就是有本事。就工作推动来说，要有点响动，不要静默无语，要做出点动静来，电闪雷鸣后面有雨，别干打雷，要有雨跟着。

七是精度。“奋进之笔”不能大呼隆，要精准奋进。从目标的确定、资源的配置、措施和政策的研制，乃至督查考核都要体现精度。没有精准就没有规律，没有精准就没有标准。要体现精准度或者叫纯度，要在精度上多下功夫。

八是大度。要眼观六路、耳听八方，了解事业发展所需要的各种信息。信息应是所需要的信息，不是越多越好。要吃透中央的精神，吃透基层的情况，把握“奋进之笔”实施的进度和环境。更重要的是，要和地方、高校及相关部门密切协同配合，共同推进“奋进之笔”。“大度”是要能装得下事、装得下人，这一点特别重要。

九是热度。“奋进之笔”要始终保持一种势头，保持一种向上的趋势，这就是热度。遇到再大的困难，精神也不滑坡。“奋进之笔”要笔直奋进，但不是说我们的道路是笔直的，道路是曲折的，奋进是笔直的。要保持这样一种热情，不要发烧，也不要随意降温，要保持热度。

十是效度。效度，就是对“奋进之笔”效果和效率的测度。“奋进之笔”要不断取得阶段性成果，年底交账，看看总体进程。有一些任务是跨年度的，要设定跨年度的目标，每年按年度目标进行考核，分年度完成总目标。

这就是十个“度”。要经过几年努力，把“奋进之笔”打造成教育部的著名品牌，把教育部打造成“奋进之部”。这样才能加快推进教育现代化，建设教育强国，办好人民满意的教育。

深入调研、狠抓落实，实施教育“奋进之笔”*

习近平总书记多次强调全党要大兴调查研究之风，抓铁有痕、踏石留印抓落实。要全面贯彻党的十九大精神，以习近平新时代中国特色社会主义思想为指导，把深入调研、狠抓落实贯穿于实施教育“奋进之笔”的全过程各方面，推动各项工作做实做好、做出成效。

一要深入开展调查研究。调查研究是谋事之基、成事之道，是做好各项工作的基本功。要进一步梳理调研主题，在中央领导同志关心的重点上找、在人民群众关切点上找、在教育事业发展关键点上找、在矛盾交织点上找，围绕贯彻落实党的十九大精神需要解决的问题，围绕人民群众最关心、最直接、最现实的利益问题，围绕制约教育科学发展的瓶颈短板和漏洞弱项，围绕牵一发而动全身且叠加出现的各种矛盾和问题，真正把功夫下到察实情、出实招、办实事、求实效上。拟定调研方案、组织调研活动、撰写调研报告、转化和运用调研成果，都要把解决问题作为目的。注意把调查研究与建议提案办理工作结合起来，有些调研可吸收党代表、人大代表和政协委员参与。

二要健全狠抓落实的工作机制。抓落实就是抓执行，抓落实的最高境界是落实工作日常化、规范化、机制化。要健全落实责任分工机制、统筹协调机制、法治保障机制、督查督导机制、评估监测机制、奖惩机制，抓住一把手这个关键，以真抓的实劲、敢抓的狠劲、善抓的巧劲、常抓的韧劲，解决好有部署没落实、抓而不实的问题。

---

* 2018年2月9日，北京。

三要坚决克服形式主义和官僚主义。抓调研、抓落实是党性修养、思想作风、精神状态和能力素质的重要体现。教育系统各级干部特别是领导干部要真正动起来、深下去，做到善始善终、善作善成。工作过程中来不得花拳绣腿，要坚决防止一哄而起、一阵风，防止摆花架子、走过场，防止大而化之、一刀切。

狠抓落实要做到“四个坚持”，学会“弹钢琴”*

习近平总书记高度重视抓落实，多次讲过“抓落实来不得花拳绣腿”，要“抓铁有痕、踏石留印”。在狠抓落实方面，我们下了功夫，但差距还很大。我们讲的狠抓落实，是要落实党的方针政策和各项决策部署，不是要搞那些花里胡哨的形式，不是要轰轰烈烈地摆花架子。对已经出台的改革方案和改革举措，对工作的“奋进之笔”，要逐项抓好落实。

一

一要坚持问题导向。从辩证法的角度看，办法存在于问题之中。来自问题的办法，才是有针对性的办法，才是解决问题的办法；凡是与问题无关的办法，都是锦上添花，专往“肥肉上贴膘”。我们必须明确一条，不以问题为靶向的政策，今后绝不出；凡是出政策、作工作安排，都要针对问题。

二要坚持目标导向。我们讲的目标，既不是“大炮打蚊子”的目标，也不是“坐下来吃手抓肉”的目标，而是“跳起来摘苹果”的目标。坚持目标导向的核心是规律存在于目标之中。目标一旦确定，就确定了规律发挥作用的区间。当然，目标要有一个合理的区间，在规划目标时也可以留有一定的余地。但现在的问题是目标不精准、模糊，多流于口号和大话。这个问题要研究解决。

---

* 2018年8月、11月，北京。

三要坚持责任导向。对事业、对工作满足于一般化，满足于得过且过，推一推，动一动，大呼隆抓，这实际上是责任意识不强的表现。坚持责任意识的核心是事业存在于责任之中。责任是一种定位，通俗地讲就是你是干什么的，你想干什么。现在的问题是，有的人站不好自己的那一班岗，总想着自己的这一班岗由别人来代，盼望别人在交界处站岗，两头都照看。责任意识不强，抓落实就不可能好。

四要坚持效果导向。现在有一种现象，文件发下去了，也开了会、讲了话，只要传达了，简报信息上反映了，就认为落实了，最终有没有效果不知道。这就好比做饭，从米袋里面把米拿出来了就以为饭做好了，不知道是不是进了锅里，不知道水合适不合适、水烧开了没有，不知道火候怎么样，更不知道最终饭熟了没有。坚持效果导向的核心是信任存在于效果之中。信任就是形象，没有效果就没有形象。要真正把问题解决到老百姓心里，让他们脸上有笑容。对效果问题要认真研究。

概括起来，办法存在于问题之中，规律存在于目标之中，事业存在于责任之中，信任存在于效果之中。狠抓工作落实，要记住并用好这四句话，这是很管用的方法论，运用之妙，存乎于心。

二

当前，教育改革发展的内外环境发生了重要而深刻的变化，特别是随着社会阶层日趋多元、更加多样，不同阶层教育诉求的重点、焦点各不相同，很大程度上形成了相互矛盾的教育需求信息，形成了热点。此外，对同一个问题有不同的表达，而这些问题又来自不同的阶层，体现了某一方面的需求，有些还是全社会共同关心的。

有些反映的是教育现象，客观上体现为阶段性特征。对这类信息，要着眼源头，前移监测关口，增强预见性，应对和处置要力争快半拍。

有些反映的是教育问题。这类信息多为对个体需求或阶层需求的反映，容易引起领导或媒体关注。要在大局下分析，依据中央有关精神来衡量，根据教育改革发展主流来把握，以此确定贯彻落实批示精神的措施。

有些反映的是常年发生、多点发生的问题。这类信息一般覆盖面比较宽，影响面比较大，发酵的时间比较长。要从我们的工作上找原因，在“政策工具箱”里储备好措施，要加强主动性，积极应对，切实加以解决。这类事情就某一工作领域来说属于小概率的“黑天鹅”，但近两年多来不断发生，一旦发生就惊天动地，而发生这类事情的原因几乎都一样。对此要认真研究，在提高工作质量上下功夫。

有些反映的是过去发生、已经解决了的，但又容易引起社会共鸣、能够吸引注意力的问题。这些问题就是“炒剩饭”，把过去的“剩饭”和今天的“葱蒜”重新加以搅拌，有的甚至用2005年、2009年的“剩饭”来炒今年的“葱蒜”。对此，我们要保持定力，吃透情况，适时加以处理。

干工作、抓落实要防止“按下葫芦起了瓢”，我们的方法就是把“葫芦”和“瓢”当作钢琴来弹。毛泽东同志指出，弹钢琴要十个指头都动作，不能有的动，有的不动。但是，十个指头同时都按下去，那也不成调子。我们要学会“弹钢琴”。

把“抓落实”落实下来*

教育政策要狠抓落实。总的来说是要用爬坡过坎的勇气来抓落实，按节点来抓政策措施的落实。不是全面抓，而是重点抓，用抓重点落实的办法来带动全面落实。教育系统抓落实是“软处打墙”，与其他部门抓落实有不同之处，要采取一些不同于其他部门的办法。要更多地调动地方教育行政部门的积极性，发挥人民群众在抓落实中的作用，从需求和监督这两个方面发力，同时借助新闻媒体支持。要让整个教育战线的同志们认识到，“落实之战”太重要了，政策很好但如果落实不下去，输掉的不仅仅是形象。狠抓落实是整治形式主义的重要措施。

一

调度是抓落实的具体办法。我们以“奋进之笔”为总抓手，在抓落实上形成了一套初见成效的办法，包括周调度、年中调度、年底总结和专题调度、重点督导。这些办法长中短期结合，相互配合、相互促进，各有各的职能，各有各的重点与内容，各有各的形式与载体，结合起来就是一套抓落实的整体框架。也就是说，我们在抓落实上形成了一套机制，这套机制既是工作方法，也是指导工作的方式。

从抓落实的具体要求来说，要注意突出短板和薄弱环节。一要由传达了多少向执行了多少转变。过去我们比较注重传达，“传达了”就以为“落实了”，对执行环节的关注比较少，今后抓落实要集中抓执行。

---

* 2019年2月、8月，北京。

这个转变的核心是说了就要做。每传达一份中央精神和部党组部署相关文件，首先想的应该是执行，是怎么做而不是怎么看，是严格执行而不是反复强调、高度重视，要在做的过程中提高认识。二要由研究了多少向决策了多少转变。研究和决策是前后两道工序的统一体，要科学决策就必须认真研究，研究了就要向决策转化。要履职尽责，总结正反两方面经验教训，抓好从生成研究题目、推进研究过程、评判研究成果到转化为部党组决策的全过程，这样抓落实才能有科学依据，才能提高抓落实的质量。三要由部署了多少向操作了多少转变。我们部署了很多，但不少部署就像溪流，小溪未到田地，水流已经不见了。抓落实，要解决好从部署到操作的“时滞”问题，要尽可能地短一些、再短一些。四要由督导了多少向追究了多少转变。这里讲的督导包括督促检查。现在的问题是我们督导了不少，但责任追究很少，即便督导了也是“局部带电的，而且电量还不足”。如何让督导带电作业？要认真研究，注意抓责任追究。

回过头来看，无论是在教育改革发展稳定、党建思政意识形态方面，还是在各级各类教育方面，都制定了相应的政策措施；针对人民群众反映强烈的突出问题，也有了政策方案。究竟如何把“抓落实”落实下来？我反复考虑，认为要抓执行、决策、操作、追究这四个环节。这几年有个高频词叫“清单管理”，从根本上讲，清单管理就是“问题导向+目标导向”，就是发现问题然后解决问题、达到目标。往前追溯，有过“计划管理”，计划管理实际上是行政式管理，其中既有问题，又有目标，还有资源配置方式与考核方式。后来计划管理僵化了，开始实行“目标管理”，目标管理实际上是混合式管理，其中有计划的手段，也有市场的手段，无非是确定一个目标，然后配置资源去实现，经过一段时间走向极端，成了唯国内生产总值论。清单管理实际上是法治式管理，其核心是厘清责任。从计划管理、目标管理，到清单管理，是一个递进关系。抓落实要坚持问题导向，更要坚持目标导向，以落实责任为轴心来抓。

二

我们出台的教育政策得到的反应是好的，关键看怎么落实。人民群众获得感、满意度的核心就是看贯彻落实的效果。要按规矩办事，按决策执行，少一点随心所欲，少一点摆花架子，真正把政策落到地上，解决好“最后一公里”问题。抓落实，光落到膝盖上、落到脚面上是不行的，一定要落到地上，脚踏实地抓成效，要在实处、实干、实绩上下功夫。要好好抓一抓落实，要一步一步以坚实的脚印走向未来。从现在起，要做到“四换四不换”，我称之为狠抓落实“四大定理”。

一是不换目标换方法。抓落实要咬定既定目标，紧紧盯住不放，下定决心不动摇，以钉钉子精神抓落实。目标不能随便调整，但方法可以换，可以随着抓落实的进度，不断完善政策措施、充实政策工具，确保实现目标。这里面有很深的哲理，成功者都是不换目标换方法，失败者大多是不换方法换目标。

二是不换任务换干部。决策一旦作出、文件一旦发出，工作任务、工作重点就轻易不换。把能抓落实、善抓落实的干部放到关键岗位上、放到一线去，把只喊口号、遇到困难撒腿就跑的干部坚决换下来。干部考核、选任要突出这方面的要求。考核要成为效果考核、交账考核，考核硬起来，“硬”在效果上、“硬”在狠抓落实上。选任干部要加大抓落实的分量。不能因为某个人耽误了事业。

三是不换思路换角度。抓落实要有战略定力，有历史耐心。今天听到一个新提法、明天看到一个新观点，就换思路、变焦距、变主旋律，随意变通、随意变换，这是不行的。思路一旦确定，就要在实践中坚定不移地推进落实，在推进落实中接受检验。只有实践检验有问题、不适合的，才可以进行调整。这也是很重要的政治纪律。思路不能换，但角度可以变，观察的角度、工作的切入点、推进的突破口、不同阶段的工作节奏，这些是可以调整的。

四是不换立场换作风。以人民为中心的立场、“四个服务”的立场，在任何时候任何情况下都不能变化、不能偏离，更不能丢弃。这也是顶层对标的意义所在。什么是优良作风？优良作风就是我们党历来坚持的理论联系实际、密切联系群众、批评和自我批评以及艰苦奋斗、求真务实等作风。我们实践好“一线规则”，时时刻刻警惕形式主义、官僚主义，就是要转变工作作风，是要以狠抓落实为中心转变工作作风。

好文件必须落实好*

近几年，中央发布了不少关于教育的文件。这些文件的落实工作一直在推进，从机制层面来说，我们大兴调查研究之风、建立“一线规则”、实施“奋进之笔”也都是为了抓落实。“一线规则”是一个大概念大范畴，是管总的，“五找”（认识上找差距、工作上找短板、措施上找弱项、落实上找问题、安全上找盲点）也要纳入“一线规则”的框架内来抓。我们在抓落实上积极进取不够，缺乏精准的意识，缺乏主动担当的精神。总体感到，这就如同我们的军火研制和供应是高质量的，但一线战斗力和军火使用效果还有许多不如人意之处。好枪、好子弹不少，但有些舍不得发射，有些放到军火库里去了，有些枪法不准打歪了。抓落实必须始终如一，任何时候都不放松。各项工作在研究部署的时候就要想好抓落实的招数，要落在初心使命上，落在实事求是上，落在战略全局上，落在政治方向上，落在具体问题上。从某种意义上说，抓落实就是在打造队伍、建设班子、培养干部。总之，好文件必须落实好，落实不好就是打了败仗。

无论是进入新发展阶段、推动高质量发展，还是贯彻新发展理念、构建新发展格局，我们都要很好地研究领导和推动教育事业发展的方法问题。如果我们自己不去研究，一些模糊的、似是而非的甚至错误的观念就会对我们形成干扰。教育领域的事情要靠定力、精力、耐力、能力来办，定力要用在把握方向上，精力要用在立德树人上，耐力要用在

* 2020年、2021年，北京。

深化改革上，能力要用在高质量发展上。

要建立狠抓落实的新体制，顶层设计、分层施工，条条督导、块块统筹，条块结合、狠抓落实，这个新体制，类似于军队改革提出的战区主战、军种主建。关于条条督导，“条条”就是以牵头部门为主，把每个省份作为一个作战单位，分别对口抓落实。这些文件都是有“条条”的，牵头部门对落实情况要有一个总的判断，明确在哪些方面着力，进一步推动落实。要在落实上找问题，要把问题找出来，把进一步落实的重点和方法配套好。关于块块统筹，“块块”包括两个方面：一个是以省为单位，结合实际抓这些文件精神的落实工作；另一个是分成几个区域，每位领导干部牵头一个区域统筹抓落实，这样也便于分类指导，因为不同区域的落实重点与强度是不同的。此外，之前提出的抓落实举措仍然管用。总之，抓落实重在有实效，要把落实中央重要文件作为大事来抓。

关于落实情况，可以分为四种主要类型：一是落实了、效果很好，二是落实了部分内容、部分没有落实，三是一些地方落实了、另外一些地方还没有落实，四是环境变了、需要加以修订完善。还有没有其他类型，要研究把握一下。这几年我们抓落实每年都会有一些新的探索，效果是好的。要以高度的历史自觉性、历史主动性，对落实情况进行评估，尽快建立狠抓落实的新体制，把中央重要文件精神落实下去。要把狠抓落实的新体制想得细一些，比如，“条条”督什么？怎么督？是直达省里督还是通过区域督？再比如，“块块”怎么分区域？谁管哪个区域？对区域和省里怎么统筹？又比如，这样干，实际上省是一个支点，每个省或每个区域落实文件精神的主要差距在哪里？特别是针对一些重点文件，要评估出落实情况不理想的省，盯住抓落实；从正面讲，落实效果好的，要及时总结推广经验。在这个过程中，哪些文件因为客观环境变了需要调整，要进行研判，列出单子。还有一些文件的部分内容是需要变的。要根据新形势来变，新形势就是新的发展变化；要根据新精神来变，新精神就是党的十九届五中全会精神。对不适应新形势新精神的，要提出完善措施。从某种意义上讲，推进教育改革发展，成本最小的是抓现有政策落实，而不是制定更多新的政策。形势变了、任务变了、要求变了，我们再制定新的政策。总之，文件落实效果最大化，我们的事业就能前进一大步。要把巩固拓展作为工作的主题，建立部署、督促、执行、反馈的闭环系统，下决心把中央重要文件精神落实好。

要重点抓好“部署工作的完善”和“落实工作的推进”这两件大事，为把巩固拓展作为工作的主题创造条件、打下基础。在抓落实工作中，关键是要在“到位”两个字上做文章、下功夫，不能整天咋咋呼呼、大声吆喝，到不了位。

一是指挥到位。领导干部要按照抓落实的新体制，尽快到自己负责的区域，也就是战区，指挥落实工作。对于负责的每个战区，要对抓落实作出全面部署，尽快把落实工作的责任和压力传导到基层，把狠抓落实的指挥链从上到下贯通起来。

二是责任到位。按照“条条”和“块块”相衔接的原则，尽快把重点任务分解到人、到岗、到终端。抓落实的新体制已经形成司局重点事项、各省重点任务、部领导分片督战三张清单，要尽快按清单把责任分解下去、明确起来。清单就是账本，要按清单尽快建立起台账，每一项任务在推行过程中都要看进度、看效果，进行综合评估，根据落实情况逐项销号。

三是督导到位。任务部署后，督导系统要全面发动起来，按条块结合的方式服务于抓落实的新体制，集中力量抓重点任务的贯彻和推进。除督导体系要抓督导之外，其他方面也要担负起督导重点任务的责任，切实把重点任务督导抓好。

四是行动到位。以人力资源的配置为核心，统一调度，按照抓落实的新体制和各项工作的总体部署，全面行动起来。动起来非常重要，我们长于喊起来，不长于动起来，喊着喊着就把喊当成动了，那实际上是静，不是动。这个行动是全面的、有力的、有特色的，要闹出一点动静来，对各项工作都是这样。

五是效果到位。建立抓落实的新体制，不是只要结果、不管过程，而是注重过程、塑造结果，在推进过程中不断取得阶段性成果，用效果来证明工作。

六是研判到位。做好两方面的研判。一方面是对各项重点任务落实工作环境、条件、过程的研判，看看有些什么新的问题、新的情况；另一方面是对整体形势的研判，把情况吃透，研判一些新的趋势、新的苗头，“工具箱”里面多备一些“工具”，做好充分准备。我们要对一些大的趋势、大的形势好好研判、研判到位，为我们作决策提供有力支撑。

锲而不舍抓好教育系统作风建设[*]

教育系统要结合习近平总书记关于学习贯彻党的十九大精神、关于进一步加强作风建设的重要讲话和指示批示，牢固树立“四个意识”，坚定“四个自信”，做到“两个维护”，不断提高政治站位和政治自觉，以永远在路上的坚韧，锲而不舍地抓好教育系统作风建设。

一

要在全面查摆的基础上进行综合治理，不断巩固和深化教育系统作风建设成果。一是查文献学习。对贯彻落实中央八项规定精神、纠正“四风”、加强作风建设的基本文献，要查学习和掌握情况，做到应知应做、必知必做。二是查制度执行。对党的十八大以来围绕改进作风制定的规章制度，要查制度落实情况，制度执行要到人到事，同时着眼于解决“四风”隐形变异问题，查制度是否务实管用、具有可操作性。三是查整改效果。对党的群众路线教育实践活动、“三严三实”专题教育、“两学一做”学习教育及年度民主生活会和组织生活会制定的整改措施，要查有没有整改到位、取得实效。四是查新的表现。要认真查找“四风”突出问题，特别是形式主义、官僚主义的新表现，防止避实就虚、避重就轻，切忌见事不见人。五是查病灶成因。要深刻剖析问题症结和原因，把进一步纠正“四风”、加强作风建设的方向和重点搞清楚，进行“靶向治疗”。六是查责任落实。要从各级党组织和领导干部身上查

* 2017年、2018年、2019年、2020年、2021年，北京。

主体责任、第一责任、“一岗双责”，从普通党员干部身上查自我管理的责任，把责任压力传导到位。七是查政治生态。要查党员干部特别是领导干部在净化政治生态方面的表现，推动党的政治建设各项任务具体化、全覆盖，不断培厚教育系统良好政治生态的土壤。

二

作风建设要常抓抓常、实抓抓实。近两年，我们抓方向以及方向坚持，解决政治问题；抓习惯以及习惯养成，坚持久久为功；抓骨干以及骨干培养，主要突出“关键少数”，作风建设不能大呼隆；抓素质以及素质提高，注重课件化、学理化学习，把自己摆进去；抓生态以及生态营造，净化政治生态和工作生态、学术生态；抓制度以及制度执行，把执行作为制度建设的核心，织密织牢各项制度。

假大空、大呼隆、“大水漫灌”等这样一些做法，败坏了党的作风，损害了党的形象。我们决不允许用形式主义反对官僚主义，决不允许因官僚主义引发形式主义。

一要有依据意识。我们干工作做事情，把握文件依据、实践依据这两点很重要，也就是说，要看中央有没有部署、实践有没有经验。

二要有流程意识。流程不是形式，是告诉我们如何操作的技术路线。实践证明，缺乏流程意识，工作就必然缺乏针对性。这就好比打了一枪，一只鸟都没有打中，反倒是让鸟全飞走了。

三要有效果意识。讲效果就是要解决问题。尤其是涉及落实中央八项规定精神方面的问题，不管是隐形的还是变异的，都要聚焦、解剖。

三

进一步纠正“四风”，加强作风建设，组织开展“查、改、评、树”活动，要认真查找和坚决整改“四风”突出问题特别是形式主义、官僚主义的新表现。要聚焦突出问题，紧密联系具体实际，做到作风过硬。

一要突出抓落实。部党组议定的事、讲过的话是要落实的，要主动干、尽责任、出效果。各部门主要负责人要高度重视，自觉地把任务领回去，主动地想办法抓落实。要防止徒陈空文、等待观望、消极应付，不能等着促一促才去抓一抓，更不能一而再、再而三地推诿扯皮。

二要突出抓调研。调查研究是对教育改革发展情况的“诊断”，是坚持问题导向的具体实践。问题导向不是虚的，调查研究不是假的。面对人民群众多样化、多层次、多方面的教育需求，面对教育改革呈现“回头看变化很大、往前看不太清楚”的特点，必须把调查研究作为做好工作的基本功，经常地、主动地、常态化地开展调查研究，使决策建立在深入细致的调查研究基础上。要结合贯彻落实党的十九大精神，选取中央关心、社会关注、百姓关切的重点问题，开展“组团”调研，提出有针对性的政策举措，一项一项地向党和人民交出满意的答卷。

四

制订工作计划时，要尽快把总体形势研判、总体工作方案和分项工作措施确定下来，把风险点、谱系图等都考虑进来，按此操作，以后缺什么补什么。一定要敢于亮剑、敢于斗争。

第一，“脓包挤破了才好消炎”。脓包长在身上不舒服，能挤破就要采取措施及时挤破，不挤破就没法消炎。要见机于先，防患于未然，有事就早防早治，不要等它长成脓包，脓包一旦长成，就要早挤、早消炎，不要让它溃烂。

第二，“莫把红肿当桃花”。千万不要长了脓包，脸上都红肿了，还把它当作桃花。“绳子总从细处断”，我们要从战略上看问题，在细节处定措施。

第三，后处理措施要综合配套。“脓包挤破”之后的处理措施要综合配套，促其尽快收口。习近平总书记指出，“斗争是解决一切矛盾和问题的重要手段，任何回避矛盾、掩盖问题的做法都没有出路”，“既要敢于斗争，又要善于斗争”。

五

对整治形式主义、官僚主义，党中央高度关注。我们党在革命、建设、改革各个时期，同形式主义、官僚主义的斗争从来也没有停止过，作为大敌来对待。教育系统要认真研究，坚决破除形式主义、官僚主义。要注意两件事。

一件事是，改革开放以来我们党有一些高频词句，比如“实践是检验真理的唯一标准”“改革开放”“解放思想”“实事求是”“狠抓落实”等，这些词句具有时代性，在不同阶段的热度有所区别，但其中有一个热度始终如一，这就是“反对形式主义、官僚主义”。这启示我们要认真研究为什么会这样。我们是这个“病毒”的生产者还是传播者？形式主义在教育系统究竟是什么病？表现形式是什么？更重要的是有些什么类型？我们要分门别类加以治理。

另一件事是，西方有“官僚主义”这个说法，但他们不讲“形式主义”这个概念，这是为什么？这件事也值得研究一下。近年来，教育系统抓党的建设形成了一些特色，“顶层对标”强统领、“底部抬高”强基础、“一线规则”强作风、“落实为要”强效果的做法反响很好，很有启发性。对于持续解决困扰基层的形式主义问题，我们要开动脑筋，好好研究如何抓出特色、抓出实效。

反对形式主义，与部门的工作水平关系极大，与干部的成长关系极大，这个问题解决得好，工作抓得就实，干部成长得就好。要打好纠治形式主义“组合拳”，建立健全自查自纠机制，抓好日常监督和查处，选拔重用那些政绩观端正、埋头实干、实绩突出的干部，努力在反对形式主义上走在前、作表率。

六

在“两个一百年”历史交汇时期，在“十四五”开局起步之年，应兴应革的事情很多，工作部署了，要高度关注有没有实际效果。抓工作都要用实招、求实效，始终把反对形式主义、官僚主义放在议程上紧紧盯住。安排任何一项工作、推进任何一项政策都要想一想这里面有没有形式主义、有没有官僚主义，尤其是要从方法上把握，看一看有没有形式主义、官僚主义的因素。可以要形式，但不能要形式主义，没有形式是不行的，但是不要搞成形式主义。追求实际效果，要注意考虑到对上负责和对下负责的辩证统一，考虑到风险和动机的辩证统一，考虑到工作的特殊环境、特殊形势。考验定力和胆略要做到临危不惧，考验能力和水平要做到居安思危，共同的要求是要有实际效果。开车不能只发动、不加油，踩着刹车就是不往前走；做饭不能只烧火、不坐锅，半天端不上来一盘菜；坐车也不能只买票、不入座，就是站那看。比如开展学习教育活动，部署任务了，或者要求得到批准了，相当于把票拿到手了，但是不对号入座，不主动行动，那不行。脱贫攻坚战开始的时候，我们一直强调要对号入座，对号入座就是主动认领，就是担当责任。

教育系统的“一线规则”*

做工作不能忘了一线、不能忘了基层。我们共产党人有几个很好的做法，是别的任何政党学不去的。一个是到艰苦的地方去、到矛盾突出的地方去，这是我们党的好传统，革命根据地就是在艰苦的地方建立起来的。一个是到群众中去，人民群众是我们党最可靠的力量源泉。一个是到基层去，党的干部要到基层去了解情况、了解老百姓在想什么。还有一个是到一线去，改革开放之后我们党把干部放到一线，在火热的社会实践中培养干部。教育系统开展主题教育，要特别注重继承光荣传统、发扬光荣传统，把党的光荣传统继承下来、发扬光大。我们可以结合主题教育，作出一个基本的制度安排，就叫教育系统的“一线规则”，就是到一线去。比如，书记在党建和思政工作一线、校长在教学和科研工作一线、院士在国家重大项目一线、教授在教学和育人一线，还有各职能部门和党政干部要压到一线。要有若干个一线，并把行为和标准明确起来。“基础不牢，地动山摇”，领导力量不到，机遇就很难抓住，挑战也很难应对。一定要让我们的干部沉下去，把工作重心下移。

一定要把“一线规则”当作品牌来抓，这是立规矩，是我们思维方式、工作方式的重大转变，要把内涵、作用、意义搞清楚。要在针对性、可行性、操作性上再好好琢磨，做不到的不说，说了就必须做到，每一类人的一线谁负主责、谁考核，怎么做才算到一线了，要做得细一

---

* 2019年8月，北京。

些。“顶层对标”“底部抬高”“一线规则”“落实为要”，这四句话是经过反复思考的，要把这项工作做好。这件事落实了，形式主义、官僚主义等问题就能在很大程度上得到解决。

我们的工作是“连续剧”*

我们要按照“盘点、研判、交账、统筹、突破”这五条要求，总结今年工作，研究明年工作。

第一，盘点。我们每年都总结工作，不要把总结工作看成单纯的行政事务，要认真盘点。盘点也不是简单的记账，而是在相互联系中检验我们的工作，检验认识和实践相适应的程度、决策和落实相统一的效果，只有这样才能不断深化规律性认识。

第二，研判。要在盘点的基础上，研判明年形势，特别是要把握社会预期，把握我们队伍的心理状态，深刻领会和准确把握中央对教育工作的总体要求。要结合起来考虑，看究竟有什么突出的瓶颈问题和制约因素，以便确立明年工作的主基调。我们的工作是“连续剧”，一项事业开了头，再苦再累再难都不能动摇，要坚定不移干下去，单项工作要这样，整体工作也要这样。从这个意义上讲，研判是在今年工作基础上的研判，是保持连续性的研判。研判也是一种预期，不能简单地看有利条件与不利条件的比例关系，而要看“势”。“势”特别重要，是主要矛盾呈现出来的运动状态。把握大局，最重要的就是把握“势”。客观决定主观、“形势比人强”，我们要做的就是在客观为一定的情况下，“我比形势强”。所谓把握势、引导势、创造势，只有在把握的基础上才能引导、创造。做好年底工作，一定要善于研判，把主攻方向、突破口以及约束性问题搞清楚。

---

* 2018年11月26日，北京。

第三，交账。交账就是履行责任、兑现承诺。要对年初确定的工作进行全面评价，对照预期目标看完成情况和当前状态，交账首先要交这本账。交账的目的是要检查履责情况，履责情况实际上就是对自己能力和水平的年度评价。要在比较中交账，坚持问题导向，把差距找出来，把问题搞清楚，预期目标同目标完成情况之间的差距是问题，自己的状况同别人的状况之间的差距也是问题，交账要实事求是地报告。

第四，统筹。要综合分析把握教育系统实际和本职工作实际，按照中央总体要求，统筹设计好明年工作。统筹不能简单地套用顶层设计，而要多层次统筹、多层次设计。凡属部门和地方职权范围内的工作部署，都要以坚决贯彻党中央决策部署为前提，做到令行禁止。做好年底工作，一定要有统筹的概念。这就好比俄罗斯套娃，要各有各的设计、各有各的特色、各有各的表现形式，然后“套”起来，形成明年工作的总体安排。上下一般粗，是套不进去的。

第五，突破。突破口肯定不能多，多了就不叫突破口。能带动全局、一旦突破就势如破竹的才是突破口，在实际工作中表现为问题且处于关键地位和各种力量交汇点的才是突破口。从方法论上说，2019年工作的第一问是改什么，要在深化改革上找突破口。改革开放是当代中国的主旋律，随着改革开放不断深入，我们越来越深切地体会到，解放思想非常重要，不抓改革寸步难行，新时代不进一步解放思想、深化改革，就没有办法推进教育现代化。我们讲找准明年工作的突破口，主要是找准改革突破口。做好明年工作，一定要把改革的精神振奋起来，把改革的旗帜高高举起来，岁末年初设计时就要理清改革或深化改革的主要内容是什么。我们深入贯彻落实全国教育大会精神、推进实施教育规划纲要都要向党中央和全国人民交账，要坚持用改革的精神、思路、办法来做好明年工作。

把开局的文章做好*

2019年是非常关键的一年，研判统筹安排明年工作要注意考虑四点。

一是开局的。2019年是贯彻落实全国教育大会精神的开局之年。哪些事要开局，用什么工作措施、什么精神状态去开局，这很重要。也就是说，加快教育现代化、建设教育强国、办好人民满意的教育的新征程，明年就要全面起步了，一定要把开局的文章做好。

二是突破的。要对教育规划纲要实施情况、党的十八大以来出台的教育改革重大措施落实情况、人民群众热切期盼和反映强烈的问题进行综合研判，研究明年有哪些事要取得突破，重点是在体制机制上突破。要把改革的精神振奋起来，把改革的旗帜高高举起来。在教育改革方面做哪些大事，要好好谋划。各方面工作都有要突破的，每年突破一两点、干出有些响动的事，就不得了。

三是特殊的。要未雨绸缪，盯住预期，分析研判风险挑战，在今年工作基础上，研究明年怎么应对。

四是交账的。2020年，全面建成小康社会、教育规划纲要实施要交账，全面改薄、城乡义务教育一体化和学前教育、高中阶段教育普及攻坚三年行动等也要交账。2019年和2020年这两年，总体上要围绕开局、交账来干事，突破、特殊都是为之服务的。一定要强化交账意识。

---

* 2018年12月3日，北京。

怎样开好局，起好步*

2021年是全面建设社会主义现代化国家的开局之年、起步之年，是历史进程中的重大转换之年，具有非常重要的标志性意义。2021年，我们将迎来建党一百周年，伟大事业赋予了特殊的节点以特殊的意义。要把2021年工作筹划好，围绕贯彻落实党的十九届五中全会精神、庆祝建党一百周年这两大重点来推动，围绕建设高质量教育体系这个主要内容来部署，总的要求是开好局、起好步。

一要以学习开局。学习就是要吃透精神。对习近平新时代中国特色社会主义思想特别是习近平总书记关于教育的重要论述，对党的十九届五中全会精神特别是全会关于今后5年乃至到2035年教育事业发展的部署要求，要认真学习、深刻领会，努力做到了然于胸、运用自如。

二要以改革开局。改革主要是从体制角度考虑的。要把改革摆在更加突出的位置，推动新时代教育改革再出发。在更高起点上深化教育改革，要围绕两个基本点来做文章，一个是推动高质量发展，另一个是适应人的全面发展、全体人民共同富裕取得更为明显的实质性进展，这两个基本点在教育领域如何体现、怎么做，都要认真研究。教育改革是一个系统工程，既要“操其要于上”，也要“分其详于下”，推动改革和发展深度融合、高效联动。我们已经提出了八大体系的战略框架，正在加快编制教育“十四五”规划，要善于运用改革思维和改革办法把该做的事做好。规划既要有战略性和前瞻性，又要有针对性和操作性，尤其

---

* 2021年1月，北京。

要突出战略性。这是因为教育“十四五”规划是一个战略规划，所谓战略规划，必须是有时间节点的、有约束条件的、有刚性目标的、有政治要求的，没有这四点就不是战略规划，其中时间节点尤为重要。具体工作要加快推进，要高水平编制教育“十四五”规划。

三要以创新开局。创新主要是从业务角度考虑的。党的十九届五中全会在2035年远景目标部分提出，我国经济实力、科技实力、综合国力将大幅跃升，关键核心技术实现重大突破，进入创新型国家前列；在重点任务和重大举措部分提出，坚持创新在我国现代化建设全局中的核心地位，把科技自立自强作为国家发展的战略支撑。创新驱动发展要靠教育来支撑。我们要在建设高质量教育体系的框架内来研究优化教育结构、学科专业结构、人才培养结构，研究加强基础研究、顶尖学科建设，力争在国家战略急需学科和急需人才培养上取得重大突破。干好这些事，教育本身就要创新。

四要以落实开局。落实就是要抓出效果。在顶层设计和制度安排上，过去两年是高规格文件密集出台的两年，这在历史上是少有的。这些文件覆盖各级各类教育，涵盖德智体美劳各方面，都是很重要的制度安排，都是关系未来的顶层设计。所以从某种意义上讲，“十四五”教育事业发展该安排的都作了安排，该出台的文件基本上都出台了。中国特色社会主义教育制度体系的主体框架基本确立，这是教育改革发展的重大机遇。对于我们来说，现在的关键在于抓落实。2021年，我们一定要想办法健全机制，一天也不放松地狠抓落实。

归纳起来说，我们要在党的十九届五中全会精神指引下，把2021年工作设计好，把年度会筹备好，把工作要点制定好。工作要点也要围绕以上四个方面来筹划，这样才能“要”起来，才会成为要点，不然就面面俱到了。

对症下药，需做好研判*

第一个研判，中美经贸摩擦对教育领域的影响及应对措施。适应大变局，应对中美博弈相持阶段战局，关键在人才；教育报国正当时，应大有作为。

第二个研判，对党的十八大以来出台的改革举措，要选一些涉及教育基本职能、涉及“四梁八柱”的进行评估。教育改革内容具有长期性、反复性，教育改革方案也是如此，要反复经受实践的检验。从这个意义上说，与其他领域相比，教育改革方案不是一个容易形成共识的方案，而是一个寻求最大公约数的方案。比如，考试招生制度是国家基本教育制度，实施民办教育促进法、实行民办教育分类管理是我国基本教育制度的改革，加强党的领导、党的建设和思想政治工作，成立国家教材委员会，也是我国基本教育制度的改革。类似这些基本制度的改革，要认真评估，掌握改革进展到了什么程度，原来设定的目标实现得怎么样，重点出现了一些什么新情况，在哪些方面需要完善。2020年是全面建成小康社会的收官之年，教育改革发展无论是制度、结构，还是公平、质量，都要取得决定性成果，继续打硬仗、啃硬骨头，确保干一件成一件。

第三个研判，进一步推进高校党的政治建设，要作深度评估。要把握态势、把握性质、把握程度、把握特点、把握规律、把握方法。我们自己一定要知道病症是什么、病灶在哪里，对症下药、靶向治疗。

---

* 2019年6月10日，北京。

讲究工作方法，做到“胸中有数”*

要讲究工作方法。有些工作做得不精准、不精细、不精确，与不讲究工作方法有极大的关系。在教育工作中，一定要注意三个方面的事。

第一，社会对教育往往是从规范的角度、从理想化的角度来评价，而我们的实际工作是在各种条件制约下推进的，一定要注意把握这对矛盾，从中把握教育规律、把握教育的实际运行状态，始终保持战略定力。现在，“冒叫一声”的事比较多，实际上是没有把握规律。有一个概念叫“当局者迷”，“迷”在什么地方？“迷”在作为当局者，我们热爱教育工作，对存在的问题可能会出现“遮蔽效应”，遮蔽起来看不到，但我们对规律的把握比其他人清楚，因为我们是做教育的，是专业的。还有一个概念叫“旁观者清”，“清”在哪些方面？“清”在规范方面、在理想化方面，但具体的细节讲不清楚。对“当局者迷”和“旁观者清”这对矛盾，要妥善处理。要做到“胸中有数”。这个方法十分重要。

第二，把一般要求转化为特殊措施是我们要做的工作，一定要注意面临的问题的特殊性，不要总是在一般性上做文章。即便主张是有道理的，但在这方面做得不够就容易犯低级错误。“政策和策略是党的生命”，任何时候都不能忘记。

第三，在信息社会，特别是互联网影响越来越深的背景下，一定要注意各方面关于教育的信息，从中把握教育发展的主流趋势，做到具体

* 2019年11月4日，北京。

情况具体分析、具体问题具体解决。要多一些实证性的东西，少一些规范性的东西。我们分析问题、解决问题，都要提倡实证精神。这就是说，要搞清楚是什么、怎么办，而不能总是问应该是什么、为什么。对我们来说，就是要解决是什么、怎么办的问题。

认识上找差距、工作上找短板、措施上找弱项、落实上找问题、安全上找盲点*

关于直属机关学习贯彻党的十九届五中全会精神的工作，要把重心转到联系实际、问题导向、推动工作上来。

一是认识上找差距。今年以来，面对新冠疫情、严重洪涝灾害等重大事件的挑战，党和国家事业发展取得了新的重大成就。要联系这些实际，看一看教育工作做得怎么样，基础性、先导性、全局性作用发挥得怎么样。要有针对性地找差距，看一看我们在认识上跟上了没有。整个教育系统要把思想和行动统一到全会精神上来。

二是工作上找短板。对标对表全会精神和习近平总书记在深圳经济特区建立40周年庆祝大会上的重要讲话精神，按领域查找工作上特别是改革上的短板，看一看有哪些不适应的地方。“五年看头年，开局是关键”，明年解决什么问题、五年解决什么问题，都要排一排，着眼于明年要补上的短板来推动工作。

三是措施上找弱项。找出短板之后，紧跟着就要围绕贯彻落实全会精神，看一看在政策措施方面哪些需要完善，哪些需要调整，哪些落实得不够，哪些还流于形式。有的措施在当时是很有道理的，但实践中没有发挥应有作用，甚至说了等于没说，要把这样的弱项找出来。

四是落实上找问题。始终把狠抓落实作为全部工作的主基调，对任何一项工作都强调落实、强调实效。狠抓落实与作风建设是紧密联系在

---

* 2020年11月2日，北京。

一起的，要看一看在落实上还存在哪些问题。

五是安全上找盲点。安全是发展的前提，所有的战略、所有的规划都必须牢牢守住安全发展这条底线，要看一看教育领域在安全方面还有什么盲点，已经发现的风险因素排除得怎样。

只有认识上找差距、工作上找短板、措施上找弱项、落实上找问题、安全上找盲点，学习贯彻全会精神才能取得实实在在的成效。

核实、凝练、还原、结合、督导、沟通*

在推进新的改革措施和评价体系改革过程中，可能会引发一些新的问题、产生一些新的反应，对此我们要做好预判、做好预案。保持战略定力是一个基本条件，同时也要改进工作方法。具体来讲，就是要做到六个“两次”，这是有方法论意义的。

一是两次核实。第一次是核实来件，了解清楚来件是从哪里来的、事情是什么时候发生的、发生在什么地方。第二次是核实自己的资料和工作基础，分析清楚是什么情况。两次核实十分重要，我们现在习惯于事后核实，这样不利于打主动仗。

二是两次凝练。第一次是凝练来件的基本观点，看看基本观点是什么，有没有“话外之音”，有没有利益纠缠，有没有“后面的故事”，这一点很重要。第二次是凝练核心要义。

三是两次还原。第一次是还原实事和事实，实事就是事情在哪里发生的、具体是什么事，事实就是我们经常讲的是否属实、多大程度上属实。第二次是还原效果，要搞清楚带来的效果是什么，从效果上评价来件，并分析出隐藏在后面的矛盾。

四是两次结合。第一次是与实际结合，就是和事件发生地、发生单位结合，搞清楚基本事实。第二次是与中央精神结合，看看中央的基本要求是什么。这样两次结合就把实际情况和中央的精神对接起来了。

五是两次督导。第一次是核查督导，就是立刻运用督导手段，把督

---

* 2021年3月8日，北京。

导的鞭子挥起来，这不是追责，而是明责，把责任搞清楚，直接找到责任人来核查督导。第二次是整改督导，事情搞清楚后，无论什么情况都要给事件终端一个明确信号和整改督导。

六是两次沟通。第一次是与原件作者沟通，就是原件作者是何方人士，与对方取得联系。不明情况的，要讲清楚情况，做好转化工作；恶意炒作的，要列入黑名单，这是一个诚信建设问题。第二次是与事件涉及的主体沟通，因为主体有知情权，我们要尊重主体。即使将来处理，也能让人心服口服，抓整改也会有积极性、主动性。

把握好政策界限*

我们目前面对的错综复杂的教育生态，实际上是中华民族伟大复兴战略全局对教育的需求和世界百年未有之大变局对教育的影响的综合反映。在这种情况下，要高度重视教育政策的研究制定和贯彻落实工作，把落实突出出来。政策的制定要把握政策界限，政策的落实更要把握政策界限。我们制定政策的时候字斟句酌、寻找依据，就是为了把政策界限搞清楚，但是对落实过程中把握政策界限考虑得少。“五项管理”文件出台后，专门提醒落实过程中也要注意政策界限。学科专业结构调整、高校设置审批、招生计划下达、硕士点博士点增列、“双一流”建设等方面都要注意政策界限，具体把握好五点。

一是“看条件、不看信件”。这个很重要。现在，我们经常收到各地、各校来的信件。如果我们不把握这一条，跟着信件走，就容易出事。我这里说的不看信件，不是不要看信，而是不看信件背后的东西，不单根据信件的诉求作决定。如果信件讲得有道理、有依据，也就是符合条件，我们可以办，不符合条件是不能办的，所以叫作“看条件、不看信件”。

二是“看资质、不看性质”。基本的资质有了，就按资质来，我们不看性质。不管是公办的、民办的，不管是中管的、部属的、地方的，我们只看资质。这就是说，在资质面前没有优先，把关的时候一定要严格。

三是“看效果、不看如果”。就是改革发展的成就如何、基础如

---

* 2021年4月25日，北京。

何，不看假设。要是不看“效果”、看“如果”，这个世界就乱套了。不是每个人的实践都有效果，但是每个人面前都有一个如果。

四是“看主流、不看主张”。工作的发展势头怎么样、潜质怎么样、后劲怎么样，要看主流、不看主张。总是有人不顾主流趋势、发展环境，随心所欲提，想什么主张就要干什么。有段时间确实存在这样的问题。一些人总是讲得很好，表现得也似乎很有干劲、很有思路，然后就想让破格支持一把。在资源配置问题上不能讲感情。

五是“看多数、不看少数”。政策制定中要看是不是代表最大多数人民群众的利益，政策执行中看多数人什么反应，综合评价下来看多数人什么意见。某一个阶层、某一个方面的人提出这样那样的疑问，嚷一嚷、喊一喊都不要紧。我们就是要践行我们党的宗旨，代表最广大人民的根本利益，而且我们代表最广大人民的根本利益是有排序的。人群要从最基层群众开始，地区从西部落后地区开始，质量从对接国家重大战略开始，这就是我们排序的三个层次——“人群的、地区的、战略的”。“看多数、不看少数”，就是按这个层次来把握。

教育随讲录

Jiaoyu Suijianglu

陈宝生◎著

二

中国教育出版传媒集团
人民教育出版社
·北京·

目　录

围绕进度、均衡、改革做文章，优质高效实现义务教育均衡发展目标*

教育督导是国家事权，是国务院的职能，教育部承担具体办事职责。福建省基本实现义务教育均衡发展，具有非常重要的意义。

一是就福建省本身来说，这是福建教育发展史上的一个里程碑。福建这个地方历来就有崇学重教的传统。宋朝以后，福建一直是我们国家教育发展的重镇，为中国教育的发展提供了多方面的经验和人才支撑，尤其是产生了一大批教育发展的旗帜性人物、一大批大师级的人物。福建对中国的教育是有重大贡献的。我们党最初办的教育，就是在福建，在今天长汀和龙岩这一带的中央苏区。现在，福建在义务教育方面，又一次走在了全国的前列。基本实现均衡发展，是继“两基”①之后基础教育发展的重要标志。福建能做到这一点，意义不同一般。福建虽然地处沿海，地处改革开放前沿，但是这个地方“八山一水一分田”，省内各个地方、市县经济社会发展水平差异较大，全省被山和水分割成很多小单元。每个单元有着特殊的语音、特殊的风俗、特殊的生活习惯。在这样一个地方，以标准化为龙头，实现义务教育基本均衡，难度可想而知。所以说，这是一个里程碑。实现了这样一个目标，就为今后福建教育的发展，为福建经济社会的发展打下了坚实的基础。义务教育均衡发展是一项基础性、先导性、全局性的工程，它关系着经济社会发展的全

* 在国家义务教育发展基本均衡县福建督导检查反馈会上的讲话，2016年10月17日，福州。

① 指基本普及九年义务教育，基本扫除青壮年文盲。——编者注

局，关系着经济社会发展的未来。均衡发展最重要的意义就是，今天的义务教育均衡了，未来的高等教育就是合理的、健康的，未来的经济社会发展就是有支撑的。今天的义务教育就是未来的高等教育，今天的教育就是明天的经济社会发展。

二是就全国来说，它具有示范性的意义。福建的很多做法及经验，对其他省份是一种有益的启示，是可以学习的；福建实现义务教育均衡发展的目标，具有示范性的意义，对其他省份是一个推动，对全国的工作也是一个推动。

福建实现义务教育均衡发展的基本经验，主要有如下几条。

第一，义务教育均衡发展的整体水平同各级党委、政府的重视程度成正比。也就是说，义务教育均衡发展，要按照国务院确定的标准，按照省委、省政府确定的标准，整体推进。把每一所学校办成好学校，让每一个学生都能上好学，使公共资源让每一个学龄儿童共享，办学条件得到适应性改善，教育资源得到适应性分配，特殊群体的教育需求得到适应性满足。福建的经济社会发展规划对教育优先安排，财政投入对教育优先保障，资源配置对教育需求优先满足。省政府根据国务院标准，结合福建实际制定了达标的具体标准，并据此推进均衡发展工作，才有今天这样的结果。

第二，义务教育均衡发展条件的改善程度同保障程度成正比，也就是与投入的程度成正比。义务教育均衡发展有一个很重要的内容是硬件、软件均衡，条件改善、补齐短板、均衡水平是重要内容，能不能如期实现，投入能不能保障是一个重要条件。在福建的公共支出中，教育所占的比例，多年来居于全国前列。省委、省政府这样做了，各级党委、政府也这样做了，这就为均衡发展提供了坚强的保障。

第三，义务教育均衡发展的质量同责任落实程度成正比。福建从上到下纵横连锁形成了一个确保均衡发展目标实现的责任体系，而且是层层传导压力，层层传导落实责任。有了这样的工作机制，质量才能得到保证，目标才能如期实现。

第四，义务教育均衡发展的进度同督导、监测工作程度成正比。福建省把校校通、班班通列入绩效考核体系，把均衡发展作为一个必考的指标，在督导过程中，还加入一些会诊、询问等监测进展情况、监测质量情况的措施，用外在的力量推进工作进展，形成一种压力。内在的责任体系和外在的督导监测力量结合起来，确保了福建能够提前一年基本实现均衡发展目标。

第五，义务教育均衡发展的科学化水平同教育改革力度成正比。推进义务教育均衡发展的过程，实际上是福建教育战线重新深入认识省情的过程，是一个教育教学理念转化的过程，是一个教育改革推进的过程。福建在教育改革方面做了很多新的探索，如委托管理、教学联盟、激励机制改革、标准化学校建设等。教师方面，省招、县管、校用，有一些做法是很有启发意义的。福建围绕制约均衡发展的难点问题精准发力，突破标准化建设的难点，突破教师校际流动的瓶颈，突破信息化、信息技术应用的障碍等。围绕难点、瓶颈、障碍这样的问题实施改革，所以标准自然而然地成为牵动均衡发展的龙头，教师自然而然地成为一个均衡配置优质资源的载体。校际流动，学校人变成了区域人。信息技术应用成为一个公平配置资源、补短板的有效手段。责任体系，特别是领导责任成为一个重要的保障。

这五个“成正比”不仅可以看作福建经验的精华所在，更是对义务教育均衡发展的规律性认识。

义务教育均衡发展是党的十八大以来，在教育方面实施的一项非常重要的民生工程。党中央、国务院对这项工程高度重视，作出了全面部署，从目标、路径、标准、责任各方面出台了一系列相互配套的政策措施。教育部直接办这件事，拿出很重要的力量来抓这项工作。现在看全国发展情况总体是好的，但是也确实存在一些问题。

第一个问题是不平衡。不平衡是指进度不平衡。全国现在有较多省份进度还比较滞后，需要我们再加一把力。

第二个问题是不落实。不落实主要是指责任不落实，还没有全部真正建立纵横连锁的责任体系，目标没有分解落实下去，有的形式上分解了，实际上没有进行考核，没有保证措施，这说明对均衡教育的认识还有差距。

第三个问题是不到位。不到位主要指投入不到位，目标要求的投入跟不上，特别是西部的一些省份，在财力方面有困难，这是事实，现在又有经济下行压力。但是，就义务教育基本实现均衡发展目标来说，投入方面的差距还比较明显，这是很多省份需要赶上的。

第四个问题是不全面。不全面主要指的是均衡发展的内容不全面，这主要缺在软件上。重视硬件，不大重视软件建设，对教育改革不大重视，对特殊群体不大重视，对音体美不大重视，因此在内容的全面性上还有差距。

第五个问题是不精准。一是在问题导向上，诊断得不准；二是短板是什么，找得不准确；三是有些地方该重视的重视不起来，不该重视的花了不少钱。还是要从实际出发，不要奢华。前不久我在甘肃看了一些学校，我觉得我们有些提法还是要辩证地看。比如学校的建设，要从实际出发，建标准化学校，按标准去办。标准就是从经济社会发展的实际出发，建我们社会主义初级阶段的学校。我们在精准方面还有差距，要精准。

下一步怎么办？要从以下三个方面发力。

第一，要围绕进度做文章。要把欠账补回来，抓三件事情。一是抓责任，一定要落实责任。均衡教育不是一句口号，均衡教育是我们对教育的承诺，是我们对历史的责任，要均衡发展，就要把责任落实下去。二是抓投入，没有投入保障，进度是上不去的。三是抓督导，一定要把督导监测加强。不仅要督导进度欠账的省份，对已经验收了的省份，要抽样复查，因为人口结构变了，学校布局变了，有一些可能出现反弹，所以要抓这件事。

第二，要围绕均衡做文章。要突出抓一下学校布局调整，城市抓扩容，农村抓改薄，围绕这两个重点，千方百计增加学位，优化结构，提高教育资源的有效供给。还要注意农村教学点的问题，要从实际出发，综合考虑群众需求，既要考虑提高教育质量要求，也要考虑群众就近入学的要求，结合起来寻找均衡点。均衡点不是均衡在空间上，而是均衡在历史进程中，就是逐步推进。还有对于学校的撤并，要作出一些规定，按程序去办。抓条件，核心是补短板。抓师资队伍建设，校际流动，让教师职业动态化，变为区域人，在动态中实现区域资源的配置，这既包括校长也包括教师。还有特殊群体教育。中国教育同时面对着四大群体：一大群体是独生子女群体；一大群体是随迁子女；一大群体是留守儿童；还有一大群体是网上人群。四大特殊人群，他们都有公平享受教育的权利。维护他们享受教育的权利是我们政府的责任，教育工作者义不容辞。在均衡发展中，都要考虑到他们的教育需求。

第三，要围绕改革做文章。福建给我们提供了在教育改革的过程中推进义务教育均衡发展的经验。实现“两基”之后，中国义务教育的办学模式怎么办？管理体制怎么改？教学方法、教材体系怎么改？考核评价体制怎么改？这些都需要我们在深化教育改革中加以理解。现代教育和传统教育在管理上最大的区别就是考核评价机制，这一条是“指挥棒”。

准确把握教育改革发展新要求、新目标、新期待、新难点、新挑战*

广东是改革高地、开放前沿。近年来，特别是党的十八大以来，广东省委、省政府坚持优先发展教育，将教育放在事关未来发展的战略位置，特殊关爱、重点投入、强力改革、大步追赶，教育改革发展迈上新台阶、呈现新气象。希望广东立足教育发展实际，针对经济社会发展需求，坚持优先发展教育，深化教育综合改革，加快推进教育现代化，为全国教育改革发展探索新路子、积累新经验。

今年是“十三五”开局之年，当前和今后一段时期，要准确把握教育工作的新要求、新目标、新期待、新难点、新挑战。

第一点是“两个新要求”。中央对我们提出“两个新要求”。一是“全面贯彻党的教育方针”。要全面理解党的教育方针、全面贯彻党的教育方针，这是党中央提出的新要求。习近平总书记多次讲教育问题，多次讲话，多次视察，多次做批示，都讲到党的教育方针。二是“全面推进教育改革和发展”。中央要求我们通过教育改革发展，落实好立德树人根本任务，为创新驱动发展战略提供人才支撑和智力保证，培养更多的、合格的建设者和接班人。这是党的十八大以来，中央对我们提出的两个带有根本性的新要求。

第二点是“两个新目标”。第一个新目标是“办人民满意的教育”，这是总书记以人民为中心的发展思想在教育领域的体现。我把它叫作

* 在2016年度推进广东教育体制综合改革联席会上的讲话，2016年11月12日，广州。

"教育主体论"，就是以人民为主体，办人民满意的教育。教育发展首先要看人民满意不满意，这是中国特色社会主义教育区别于其他教育的根本标志。第二个新目标是"办世界一流的教育"。现在，我们已经到了各种教育形态都要向世界一流推进的历史阶段，各种教育都要大踏步走向世界教育的中心。到2020年实现十年规划确立的发展目标，现在看胜利在望。我们已经有了这样的实力，基础教育可以拿到国际上拼一拼，高等教育也是这样。"办世界一流的教育"，我们教育人肩上的担子重了。

第三点是"两个新期待"。一个是教育公平，另一个是教育质量，这两个新期待是人民群众给我们提出来的。过去老百姓有学上就满意了，现在要上好学；过去只要孩子进了学校，就觉得是公平的，现在认为上了好学校才是公平的。这对教育资源配置提出了新的要求。基础教育重在公平，因为它是公共产品，其中义务教育是国家法定责任；高等教育重在质量。教育发展总体战略，基础教育叫作均衡发展战略，均衡发展战略是公平战略；高等教育叫作非均衡发展战略，非均衡发展战略是效率战略，是要拿到世界上去竞争的，是以核心竞争力为中心的战略。党中央提出"两个新要求""两个新目标"，都是为了"两个新期待"。

第四点是"两大新难点"。在新的历史条件下，我们党领导人民进行着具有许多新的历史特点的伟大斗争。教育战线的难点在哪里？我看有两个。一个是新的历史条件下的知识分子工作，这对我们党是一个重大考验。如果做不好新的历史条件下的知识分子工作，我们就过不好长期执政这一关。历史上，我们党在知识分子问题上，探索了很多行之有效的政策，如政治上信任、事业上支持、工作上帮助、生活上关怀、感情上贴近，和知识分子的关系一直处理得不错。新中国成立以来，尽管我们曾经在这个问题上走过弯路，但是我们党自己把它纠正了。改革开放以来，在知识分子工作问题上，走出了成功的路子，积累了很多成功的经验，也形成了一些相互配套的体制机制和政策措施。现在，这方面面临着新的挑战。因为世情、国情、党情变了，知识分子的结构也变了。过去文化人少，我们把文化人叫作知识分子；现在，老百姓都是上过学的，或者是正在上学的，或将要上学的。从这个角度看，知识分子的范畴扩大了，覆盖了整个社会，结构变化非常大。这是一个新的历史特点。传统意义上的知识分子，大部分在教育领域，换句话说，我们的教师是知识分子，教师教出来的学生是未来的知识分子。所以，教育在知识分子问题上肩负的历史责任非常重大。还有一大难点，是意识形态工作。我们在意识形态工作方面还存在很多薄弱环节。现在面临的新挑战、新情况、新问题，是历史上从来没有过的。我们要过好这一关。这其中包括思想政治工作，思想政治工作是教育战线意识形态工作的特殊表现、特殊形态。现在高校思政课抬头率不高，反映学生不爱听，这不仅是内容的问题，还有讲课人的问题。教育工作从某种意义上讲，就是知识分子工作加意识形态工作——“知识分子工作＋意识形态工作＝教育工作”。把这两件事情办好，教育工作就能做好，就能全面贯彻党的教育方针。在这两个方面，我们面临的挑战很严峻，管用的招数还不是太多，但是形势又非常紧迫。

第五点是“两大新挑战”。要办人民满意的教育，办世界一流的教育，面临两大挑战。第一个挑战是信息革命对教育模式带来的挑战。从某种意义上讲，这是对现成教育模式、教育方式的颠覆性革命。人类社会教育的发展，有三次大的变化。第一次是农业革命带来的教育模式。第二次是工业革命带来的教育模式，我们现今所有的教育模式、教育方式，都是在工业革命基础上形成的。第三次就是信息革命带来的教育模式。这个新挑战是巨大的甚至是颠覆性的，今天已经露出端倪。例如，线上教育课程模式对现有的高等教育带来了巨大的冲击。移动互联网对基础教育的挑战也是巨大的。家长教育孩子，孩子不听家长的，孩子在网络上查找相关资料自学，就能和家长辩论了，家长还说不过孩子。我们要好好探索体现信息化特征本质要求的教育体制模式，构建这样的教育结构。第二个挑战是新的科技革命对教育内容带来的挑战。现在科技革命的频率越来越快，就是说一次科技革命到另一次科技革命的时间间隔缩短了。科技革命本身具有加速度，尤其是技术革命，更有加速度的特征。这给教育内容带来重大挑战。全天候的教育、全天候的学习、全生命周期的学习、全时间链的学习，将成为今后发展的方向。这就是我们讲的“终身学习”的概念。过去那种一本教材、讲义讲十几年的时代，一去不复返了。课程更新率会越来越高，同一门课内容的更新率会越来越快。如果不与时俱进，课程就会被淘汰，这是我们的重大挑战。

思想政治工作是教育的灵魂*

我们要对思想政治工作在规律上、学理上、体系上、方法上进行综合探讨，形成一整套具有中国特色的、以育人为核心的思想政治工作理论体系、教材体系、制度体系和方法体系，我们需要在这方面做工作。思想政治工作本质上是做人的工作，它是教育的灵魂，思想政治工作这个命题是具有中国特色的，是我们党独特的政治优势。发挥思想政治工作的育人功能，这是中国式教育的特征，它具有本质的意义。我们还需要进一步提高对思想政治工作的认识。

一、七项举措贯彻落实党的十八届六中全会精神

第一，体系式学习。把中央精神作为一个系统、作为一个体系进行学习。

第二，融合式讨论。发扬理论联系实际的学风，结合自己的岗位，结合自己本单位的实际，结合自己正在做的工作。

第三，案例式教学。问题导向，形成一些案例，引入教学，问题进去了，解决方案进去了，效果进去了，就有了说服力。

第四，项目式研究。学习贯彻中央精神，要将这些新的观点、新的理念转化为项目进行研究，从学理上提供支持，在经验上进行集成。

第五，针对性解读。对学校、学生、教师以及社会存在的疑惑提供针对性解读，增强我们的政治责任感、社会责任感。

---

* 在北京、四川、重庆、辽宁思想政治工作座谈会上的讲话要点，2016年、2017年，北京、成都、重庆、沈阳。

第六，操作性指导。党委领导同志在抓好中心组学习、自身学习的同时，要关注院系基层支部、青年教师支部、学生支部，针对他们的问题提供可以操作的指南。

第七，责任化落实。学习贯彻的核心是落实，要按照岗位分解责任，设立目标分解落实下去。

二、处理好思想政治工作中的五个问题

第一个问题，教育的思想和思想的教育。教育是一种思想现象。教育的思想服务于教育的根本任务。我们党的教育思想集中体现了我们党的教育方针，集大成者就是习近平总书记关于教育的重要论述。这是中华优秀传统教育思想、当今世界优秀教育思想成果和我们党领导教育事业历史经验相结合的产物。每个国家都有符合它的国情、文化特征、文化传统、时代特点、历史任务的教育思想。我们党的教育思想，反映了我们实现“两个一百年”奋斗目标和中华民族伟大复兴中国梦的宏伟设想。思想政治工作最重要的使命，就是要践行这样的教育思想。探讨教育的思想，则是要弄清楚怎样把一个自然人培养成一个社会人，怎样把一个社会人培养成一个中国特色社会主义合格建设者和可靠接班人。思想政治理论课、思想政治工作就是要用这样的思想去教育学生，这叫思想的教育。这是要解决“培养什么人、为谁培养人”的根本问题，所以它具有非常重要的目的性。这是它存在的根本理由、根本依据。

第二个问题，教育的使命和使命的教育。教育是一种使命现象。这仍然是服务于教育的根本问题。民族的使命就是教育的使命。在当今中国，教育的使命，就是习近平总书记高度概括的“四个服务”，即为人民服务，为中国共产党治国理政服务，为巩固和发展中国特色社会主义制度服务，为改革开放和社会主义现代化建设服务。这就是我们的使命。所以，思想政治工作者、教育工作者，就是为这样的使命而存在、而奋斗的。这叫作教育的使命，是不分科的，这一点确定了，我们所谓

的全员、全方位、全过程育人才有理论依据。这个问题的另一个方面，就是使命的教育，就是我们要用党的使命、国家的使命、民族的使命来教育我们的学生。离开使命的理想，是空中楼阁。我们经常讲一个词，叫历史使命感，思想政治理论课是最具有历史使命感的课，思想政治工作者是肩负着历史使命的政治工作者、教育工作者。所以，我们要注意研究怎样用历史使命来教育学生。

第三个问题，教育的行为和行为的教育。教育是一种行为现象。育人很重要的方面是行为的塑造，通过行为的塑造，来塑造学生的健全人格，促进人的全面发展，这是由两个相互联系的对象和过程组成的。一个是教师，教师的行为起着主动的作用、主体的作用。这就是我们常说的以身作则、以上率下，这就是师德的依据。有没有可能建立思想政治工作的行为主义的道德观、师德观？行为主义的师德观就是知行合一的师德观，就是以践行为主要目的的师德观，这是一个过程。师德的不断形成，就是养成、践行，就是活生生的、最有说服力的思想政治理论课。另一个是学生，学生行为的养成，从单个的行为，到复合的行为，到综合的行为，到体现人生风格这样一些行为特征，是一个渐进的养成过程。有的要靠坚持，有的要靠养成，有的要靠积累。这是不同的机制和过程。只有教师和学生两个主体、两个养成过程相结合，才有高质量的思想政治工作，才有高水平的思政课。心理咨询、心理健康教育、易班[①]，都进行了有意义的探索，这叫教育的行为。教育是一种行为养成现象。行为是在使命之下的行为、思想之下的行为。所以，用行为去教育学生，这一点特别重要。因此，思想政治理论课、思想政治工作必须活起来，需要活的理论、活的案例、活的方法，三者加起来，就是活的灵魂，这就是思政课的本质，我们要做这样的事情。一定要高度重视师

① 是一个集思想教育、教育教学、生活服务、文化娱乐于一体的大学生网络互动示范社区，为高校师生提供教育信息化一站式服务。——编者注

德师风建设，一定要高度重视师资队伍建设。

第四个问题，教育的生活和生活的教育。教育是一种生活现象。从最一般的意义上讲，人一出生，一旦成为社会的一员，他的一生就是生活的集合，所以生活就是教育。人是在生活中学习的，语言是最突出的例子。每个人的语言习惯，是从小牙牙学语的时候，从名词到动词再到形容词，一旦养成，终生难改。你一听他那句话，从表达方式就知道他是谁，生活就是这样发展起来的。文化也是这样。从某种意义上讲，生活大于文化，文化近似于生活。我们在生活中，实际上就是在文化中。所以，教育是一种生活现象，我们做思政工作、上思政课，就是要用生活去教育学生，要用活生生的例子来教育他，这就是我们提出思政课要有趣味性、要贴近学生的原因所在。古代教育也是要做思想政治工作的，但它更多强调的是仪式，人在仪式中得到熏陶，接受心灵的洗礼，养成行为。现代教育强调生活，我们的礼仪在生活中，我们每个人的灵魂在生活中，而现在的生活又十分复杂，节奏很快，问题非常多，且交织在一起，和人的心灵发生激烈的碰撞，所以要用心理咨询进行疏解引导，这就是现在的思想政治。“学习＋娱乐＋生活＋思想政治教育”就等于成长。要认真研究教育的生活和生活的教育，我们每位教师这一辈子过的就是教育的生活，我们要对学生进行的是生活的教育，要把这些关系处理好。

第五个问题，教育的方法和方法的教育。教育也是一种方法现象。人类自从有了教育，教育的深化和发展有一个重要的维度，就是从方法的探索普及提升，不断推进。春秋时期私学兴起，孔子提出“因材施教”。这个重要的教育方法，是中华教育思想中方法论的重要方面，今天叫作个性化定制、个性化教育。后来各种教育思想出现，有了各种教育方法。信息化时代，我们有网上的慕课、易班等各种方法。方法在育人中，是船或桥，甚至从某种意义上讲，方法是划分教育发展阶段的标志。不同阶段的教育，它的主体方法不一样。方法是区分不同教育思想的方式，不同的文化传统、不同的教育思想，主体的教育方法是不一样的，所以我们要好好研究方法论，探讨教育的方法。方法的教育，就是我们要教给孩子们方法，让他们学会怎样认识世界、认识自己；怎样改造世界，怎样改造自己；怎样尊重别人，怎样尊重自己。思政工作、思政课就要做这件事。

三、落实全国高校思想政治工作会议精神，务求实效

第一，狠抓落实，要往深里抓。要深到加强和改进思想政治工作的规律中。习近平总书记的重要讲话体现了我们党在思想政治工作方面特别是高校思想政治工作方面规律性认识的最高水平。要往深里抓，深到规律层面，就是要进一步学习习近平总书记重要讲话的精髓要义，把这个精髓掌握住，在立场、观点、方法的维度上来理解精神实质，武装自己。学习讲话、学习会议精神，要看成思想政治工作一次“脱胎换骨”的改造。从规律层面上，把握精神实质；从规律层面上，提高对加强和改进思政课的紧迫性、重要性、复杂性、艰巨性的认识。

第二，狠抓落实，要往细里抓。要细到师生心里。思想政治工作如果不能入脑入心，就是假把式。加强和改进高校思想政治工作，就是要有时代性、群众性、科学性、针对性。“四性”结合，就有亲和力，就能够入脑入心。入脑入心就是要做细。要在结构上细，我们每门课程、每项措施、每次活动、每个载体，如果在结构上不能细化到群众心里、师生心里，这个结构肯定是不行的。要在内容上细，就是要把我们工作的对象分层划细、分类指导。古老的智慧是因材施教。最有效的思想政治工作就是因材施教的思想政治工作，思想政治工作若做到个性化定制，内容就细化到心里了。要在措施上细，就是要充分考虑我们工作对象的个体感受，因为一个学生就是一个世界。加强和改进思想政治工作，实际上是一门微雕艺术，要有温度、有质感，要可触摸和可感通。细到师生心里，要解决什么问题？解决自信的问题。这是习近平总书记

讲的，思想政治理论课建设最重要的是解决自信问题。这个自信问题，不是我们从事思想政治工作的自信问题，而是一定要解决好“四个自信”的问题。我们从事思想政治工作的同志要有自信，要让我们的工作对象树立自信。因此，要用“四个自信”来改造我们思想政治工作的力度、教学底气。道路自信、理论自信、制度自信、文化自信，这“四个自信”，完全可以把我们现有的思想教育、思政课教材体系框进去，这个问题解决了，思政课的政治性、时代性就解决了。

第三，狠抓落实，要往小里做。以往的思想政治工作，容易在一般性问题上下功夫，由具体到抽象，由个体到一般，然后提炼一些问题，针对这些问题，解疑释惑，提出整改措施，这发挥了重要作用。现在，思想政治工作的环境和条件发生了深刻变化，思想政治工作的内容也发生了深刻变化，要聚集，聚集到特殊，聚集到个别，不能大意。我们常讲问题导向，改进和加强思想政治工作，要把我们面临的挑战和问题梳理出来。第一步，叫梳理，把问题梳理出来。第二步，叫分解，把大问题分解成小问题，把小问题分解成微问题。微问题是什么问题？就是不可再细分了，再细分没有意义了。到这个环节，就是我们动手术时柳叶刀着力的地方，就是要小到这种程度。我们一定要改变着力一般而不太重视特殊和个别的工作方式。网络时代，这点更加重要。

第四，狠抓落实，要往全里做。往全里做，就是全员、全过程、全方位，“三全”并立。高校的所有党员都是思想政治工作者，高校的全体教师都是思想政治工作者，这叫全员。特别是党员和领导干部，是当然的思想政治工作者。我们对思想政治工作的内容、范围与外延，要有一个新的界定，不是狭义的思想政治工作。每一门课都有育人的任务，“守好一段渠、种好责任田”，核心是解决好专业任课教师从事思想政治工作的问题。全员贯穿高校工作的全过程，乃至教学的全过程、学生成长的全过程。全方位，就是全面覆盖，概莫能外，就是说思想政治工作是覆盖全党的、是覆盖全社会的，因而更是覆盖我们高校各方面工作的。往全里做，就是要解决范围的问题。

第五，狠抓落实，要往好里做。好到什么程度？好到特色创新，各打各的优势仗，各走各的特色路。每所高校都有自己的特色，都有自己的优势。每个地方，都有自己的文化产品、工作机制。思想政治工作，从规律本质上讲，是最反对千篇一律的。往好里做，就是立足优势、培育特色、创新发展、赢取品牌，唱响主旋律，打好巩固仗，往特色、创新去做。做好这些，必须解决好机制问题，如工作协调机制、统筹机制、激励机制、督导机制，各方面形成合力，围绕特色做文章。

第六，狠抓落实，要往实里做。抓落实，关键在实。要实到“四个合格”。对此，教育部党组已经发文，大家要按文件要求去做。这里我要讲的是两个“四个合格”。一个是我们党组关于“两学一做”的“四个合格”，一个是我们“两学一做”常态化对共产党员提出的“四个合格”。“四个合格”就是四个指标，用来衡量我们贯彻全国高校思想政治工作会议精神的效果。

四、新时期的思政课要做到“有虚有实”“有棱有角”“有情有义”“有滋有味”

第一，新时期的思政课要做到“有虚有实”。虚实结合，以虚领实，以实证虚。这里讲的“虚”是在理性思维意义上的，是在理论和实践相结合的根本原则上的。要用党理论创新的最新成果引领思政课，抓好理论武装，让学生受到理论熏陶，享受到实践成果。这个结合非常重要。思政课教师应向这个方向发展。

第二，新时期的思政课要做到“有棱有角”。“有棱有角”是指要有原则性，要讲政治，政治是第一位的。思政课的灵魂是政治，离开了政治、离开了思想，就没有思政课。思想加政治等于思政课。对于错误的东西，要敢于亮剑、敢于发声、敢于剖析。对我们党关于教育发展的理论、路线、方针、政策，特别是习近平总书记关于思想政治工作的重要论述要大讲特讲，提供学理支撑。要有批判精神，思政课是要有战斗力的，有战斗力才有说服力。

第三，新时期的思政课要做到“有情有义”。思政课不是干巴巴的，教师要带着感情去讲思政课，把情和义结合起来，讲清楚一代人的历史责任，讲清楚立德树人的重大意义、核心内涵，讲清楚青年学生对民族所承担的责任、对历史所承担的使命。

第四，新时期的思政课要做到“有滋有味”。这不仅是指思政课的表现形式，而且是指要认真研究思政课的方法论，研究我们党的理论，研究将其转化为培养学生的营养配方的具体机制和实践形式，给学生提供色香味形俱佳的精神“大餐”，让他们愿意吃、喜欢吃。

要打好思政课的攻坚战，在提高思政课的质量和水平方面多做些探索，形成特色。

加快构建现代职业教育体系，探索职业教育发展道路*

职业教育为经济升级铺路，为人的成长筑基，关系到国家发展的大局，与每个人都息息相关，需要政府、行业、企业和学校、社会心往一处想、劲往一处使，齐心协力打好迈向现代化之路的攻坚战。我们要深入贯彻落实中央治国理政新理念新思想新战略，增强工作的主动性、积极性、协调性，一端要瞄准产业，一端要瞄准学生，深化体制机制改革，坚决啃下硬骨头，为打造技术技能强国作出应有贡献。

一、要让职业教育“香”起来、“亮”起来、“忙”起来、“强”起来、“活”起来、“特”起来

一是要让职业教育“香”起来。“香不香，看思想”。要持续不断地宣传职业教育在经济社会发展中的特殊地位、对培养多元化人才的重要作用，积极转变成才观念。职业教育工作者要善于宣传职业教育，为职业教育发展提供思想前提，创造良好环境，职业教育的发展不只是观念的转变，还是行动的问题。要改变狭隘的“成龙成凤”教育观念，国家社会不仅需要爱因斯坦，还需要爱迪生，我们有孔子，我们还需要鲁班。

二是要让职业教育“亮”起来。“亮不亮，看质量”。要牢固树立质量意识，职业教育的质量不仅体现在教学和管理上，更重要的是体现在学生上。推进职业教育要牢固树立质量意识，质量是职业教育发展的

---

* 在现代职业教育发展推进会、邢台职业技术学院调研座谈会上的讲话，2016年、2021年，福州、邢台。

生命线。将质量意识贯穿教学、管理和人才培养中，让高质量的毕业生成为职业教育的品牌和代言人。

三是要让职业教育“忙”起来。“忙不忙，看市场”。有市场就门庭若市，没市场就门可罗雀。要抓住经济转型升级和供给侧结构性改革契机，积极调整专业结构，对接产业链需要，适应市场需求。职业教育专业设置是不是和产业链吻合，学科结构是不是适应经济发展的需要，这些都需要职业教育工作者从专业建设、学科建设入手，调整结构，让我们的职业教育“忙”起来。

四是要让职业教育“强”起来。“强不强，看成长”。在各级各类教育中，职业教育是最具成长性的教育类型。要让职业院校成为潜力股，有成长性，在专业上成长、学科上成长、管理特色上成长。要把学校建在开发区里，把学科建在产业链上，一定要下功夫培育职业教育发展后劲，让专业结构能够前后相继。不为升格、不图虚名，实现职业院校在专业、管理、特色上的全面成长。

五是要让职业教育“活”起来。“活不活，看政策”。《中华人民共和国职业教育法》和《中华人民共和国民办教育促进法》为各级政府办好现代职业教育提供了政策支撑。推进“放管服”改革，落实省级统筹权和职业院校办学自主权，为职业教育提供更大的政策支持。

六是要让职业教育“特”起来。“特不特，看工作”。职业教育从来都是特色教育，要把职业教育打造成“名优土特产品”。“名”——培养一批名师；“优”——提供优质教育教学；“土”——以一定的区域为依托，服务区域经济社会发展；“特”——实现专业、技能、教学方法各方面的特色发展；“产”——推进产学结合、校企合作；“品”——品牌，所有成功的职业教育都是闪光的品牌。

二、进一步解放思想，抓住重点，突出关键，全面贯彻落实全国职业教育大会精神

全国职业教育大会是党中央、国务院召开的第一次职业教育大会，对中国职业教育具有里程碑意义。要在习近平总书记关于职业教育系列重要论述和重要指示批示指引下，进一步解放思想，打破长期束缚职业教育发展的瓶颈。在传统教育思想中，有四大教条，严重束缚职业教育发展。

重文轻理。元代学者郭守敬在天文、水利等方面都有历史性的贡献，但是停留在经验层次，没有上升到形式逻辑的高度。我们是一个诗的国度，对涉及自然的学说，一些经验和理论方法都是在实践过程中发现的。直到现在，大家还是比较重视普通教育，轻视职业教育。

重德轻才。从孔夫子时代我们就高度重视德，到司马光写《资治通鉴》，提出“德才兼备”，这里的“才”是指治国之才，不是技术范畴的“才”。在中国传统中，高素质的人才一般都要接受普通教育，要学而优则仕。洋务运动时有了近代职业教育，但是这种教条一直影响职业教育发展。

重道轻术。我们文化经典中，核心理念是讲道，各个领域都在探究道，但是对于术的探讨很少。不研究细节，不研究怎么操作、怎么制造，总是研究怎么深化语言描述，这也是一个大问题。

重普轻职。古代中国的职业教育始终没有在整个教育体系中占据重要地位；到了近代，职业教育也是发展缓慢；改革开放40多年，我们建立了职业教育体系，却是低水平的体系、依附于普通教育的体系。这样很难培养出大国工匠。

这四大教条深深地植入我们的灵魂，我们贯彻落实全国职业教育大会精神，一定要解放思想，打破这些束缚。职业教育和普通教育是两种不同的教育类型，具有同等重要地位。要把这个理念贯彻落实下去、坚持下去，千万不能只是一句口号。

要抓住重点，突出关键，全面准确贯彻落实全国职业教育大会精神。

基础在中职。中等职业教育十分重要。现在兴起了中职升级热，要意识到中职教育是建设技能型社会的基础，中职教育和普通高中教育有一个客观比例关系，它受到高等教育发展水平的制约。现在高等教育发展了这么多年，没有一个国家能让所有国民都接受高等教育。中职教育不能人为让它消亡或者人为将它拔高。中职的主要任务就是提质，让自己强壮起来，可以把一些高职的教育内容下移到中职，从而促进提质。

支撑在产业。职业教育要建在产业链上，服务区域经济社会发展。职业教育一定要和当地产业结合起来，要产教融合。离开当地产业的职业教育不可能做大做强，不可能有核心竞争力。

依托在企业。职业技术学校，无论是中职还是高职，一定要走校企合作的路子，引企入校，引校入企，把学校办成企业的培训基地，把企业办成学校的实践基地，互为依托。

动力在市场。职业教育发展的动力在于市场对合格人才的需求，优秀人才是少数，合格人才是我们主要培养的目标，眼睛要始终盯着市场，把市场需求变化作为职业教育专业调整的第一信号。这几年，职业教育逐步“香”起来、“亮”起来，就是注重了市场需求，就业率才不断提高。

生命在就业。职业教育是技能型教育，是就业主导型教育，没有高就业率，职业教育就不可能发展起来。

资源在社会。要调动各方面的积极性，采取多种改革举措发展职业教育。眼睛不要老盯着政府，要通过政策措施，“四两拨千斤”，积极调动社会资源。

关键在自己。能不能把职业教育发展起来、发展好，真正成为让人民群众满意的教育类型，既要有战略定力，也要有战略自信。要着眼于培养特色和核心竞争力，所有校长都要着眼于把自己的学校打造出特色。

根本在党建。加强党对教育的全面领导，落实立德树人根本任务，探索符合职业教育特点的、符合职业教育规律的、学生喜闻乐见的思想政治工作体系和方法，为学生成长成才创造环境。

部市合作，完成好教育综合改革任务*

上海市委、市政府对教育事业非常重视，切实把教育摆在优先发展的战略地位，部市合作结出了丰硕的成果、积累了丰富的经验、打下了深厚的基础。概括起来，可以叫四“规”三“扩”。

从改革推进看，有四“规”。

第一“规”叫作“高规格”。上海把教育摆在优先发展的战略地位，确立了高规格的领导体制，投入了高规格的领导力量，建立了高规格的运行机制。主要领导同志非常关心教育工作，许多重大的教育政策都亲自过问、亲自解决、亲自部署、亲自检查，到教育战线和高校亲自作报告，这个规格是非常高的。同时，成立了高规格的上海市教育综合改革领导小组，确立双组长的领导体制，这样高规格的领导体制，为教育综合改革提供了坚强的组织领导保证。

第二“规”叫作“大规划”。上海做了高校布局、职业教育、学科建设“三个规划”。上海教育工作的一个突出特点，就是围绕规划干、按照规划走，这符合教育发展规律。教育的本质不是增长，而是成长，成长的特点是慢过程、慢变量。因此，在教育领域，规划的作用是非常大的。“三个规划”一经制定，就得指导教育发展。

第三“规”叫作“强规则”。上海非常看重规则的制定与执行。上海围绕质量和公平两大主题，研究制定了一系列带有机制特点的规则体系，特别是在教育综合改革的过程中，不断把基层成功经验转化为制度

---

* 在教育部、上海市人民政府深化上海教育综合改革2017年工作推进会上的讲话，2017年2月7日，上海。

成果、机制成果，成为指导教育改革发展的规则。例如，高中学生综合素质评价、本科招生一二批合并，涉及很多相关环节，每一个环节都有相应的规则体系，以解决公平问题。可以说，上海教育的规则意识非常强，注重靠规则、靠制度来建立有利于教育发展的正常、健康的秩序，做得非常好。

第四“规”叫作“尊规律”。上海尊重教育规律和学生成长规律，一切都按照这两个规律来办事。特别是在解决教育发展存在的突出问题、群众反映强烈问题的过程中，上海不仅听呼声，而且更加重视把握规律、按照规律办事，不是简单地随着舆论走、跟着呼声走、凭着感觉走，而是跟着规律走。这是上海教育发展非常突出的特点。教育综合改革和高考综合改革试点，这两项改革都是中央赋予上海的任务，上海从实际出发，吃透中央精神、吃透市情，把二者结合起来，按照教育发展规律、按照学生成长规律，同时也按照中国教育改革的独特规律办事，制定积极稳妥、切实可行的方案。

从改革效果看，有三“扩”。

第一“扩”叫作“扩大辐射面”。无论是从成果的角度还是从经验的角度，上海取得的好的成果、好的做法和经验，往近看，有效辐射了长江三角洲地区，安徽、浙江、江苏都受益，区域协作机制成效越来越凸显，带动了周边发展；往远看，按照对口帮扶机制，对口七省份十一地州，推广辐射上海的经验，如为喀什培训了许多教师。这对全国作出了贡献。

第二“扩”叫作“扩大影响力”，特别是国际影响力。上海的教育模式、教育效果，以及独特的上海教育做法，已经成为中国教育走向世界的一张名片。国际学生评估项目（PISA）测试两次都获得世界第一，第三次加入了三个省份，成绩下降了。这三次测试，一方面说明上海基础教育的高均衡性，另一方面也说明中国基础教育的高差异度。从均衡这个层次上讲，全国的差异度是很大的，这更加凸显了上海基础教育取得的成就。这张名片的影响力扩展到了全世界，远程辐射到了英国。现在英国人对上海模式非常感兴趣，从教师、教材到教学方法，三教并举，全面引进。这是中国教育的自豪，值得我们骄傲。另外，在国际合作办学方面，上海也做得非常不错。

第三“扩”叫作“扩大受益面”。上海在教育改革发展中探索的上海经验，符合教育规律、学生成长规律的成功做法，逐步向周边扩展、向全国推广，取得了非常好的效果。比如易班，现在全国大部分地方都采用了这种行之有效的好经验、好做法。这是“互联网+思政工作”的成功模式。还有其他很多成功经验，上海自己探索，然后为全国作出了贡献。

部市合作，在现行体制下发挥了制度的优越性，是促进教育事业健康发展的有效形式。这种模式可以使两个优势都得到充分发挥，使两方需求都得到有效对接，使两种资源都得到有效配置。最重要的是使两方积极性都得到充分发挥，形成合力，不仅促进上海教育事业发展，而且为全国教育事业发展注入动力、作出表率。这种合作机制形式好、效果也好。我们今天签订了部市共建的协议。下一步，双方面临的共同任务，就是把相关协议执行好，为此，我讲四句话。

第一句话：完成好交办的任务，让中央放心。

教育综合改革、高考综合改革试点，是中央交给上海光荣而艰巨的任务。高考综合改革“三年磨一剑，今年见分晓”，总的要求是初战必胜、落地生根。完成了这项任务，中央才能放心。这个改革与企业改革和其他改革不一样，“三年磨一剑”，磨到今天这一步，到了决战决胜、临门一脚的阶段，所以要细之又细、实之又实。全国高考综合改革能不能顺利推进，就看上海、浙江临门一脚踢得怎么样。

第二句话：回应好群众的期待，让百姓满意。

现在全世界的教育，说到成就巨大，唯有中国教育。因为我们在很短的时间内，使我们国家的教育发生了翻天覆地的变化，走向并接近于世界教育的中心，办了世界上规模最大的教育。十几年时间，教育发生如此深刻变化的，唯有中国。中国教育的成就巨大，疑虑也不少。中国教育的这些疑虑，也是我们前进的动力。正是因为我们取得了这样巨大的成就，撬动了人民群众对教育新的需求，才产生了这样一个需求与供给之间的矛盾，产生了这样一些对教育的疑虑。这些疑虑，本质上是老百姓对教育的新期待，这个期待的核心是质量和公平。这要求我们用改革的办法，为教育事业的健康发展探索出一条新路。

第三句话：办好自己的事，让自己踏实。

办好自己的事，主要是指教育综合改革评估，以及破解教育面临的问题。要用改革的精神评估好、解决好，让教育工作者满意，让党和政府感到踏实。今年教育综合改革要开展一次自查、督办，要踏踏实实地把各项工作落实好。我们现在需要的是把各种理念转化为操作规程、落实举措。我们不仅要善于提概念、提理念、提观点，还要更加善于提措施、提规则、提具体的操作程序。这样，才能把各项改革落到实处。

第四句话：办好双方的事，让各自满意。

协议一签，双方就要体现契约精神，切实履行职责，让双方都满意。就教育部来说，要做好几个方面的工作。一是总结。总结上一个协议执行以来，双方共同创造的有利于协议执行的好的经验做法，更重要的是总结好上海教育改革发展的经验。二是推广。规律性的东西都具有普遍的指导意义，要把与上海共建的经验推广到其他部省合作之中。三是配合。配合上海方面落实协议，搞好各项改革，特别是教育综合改革和高考综合改革试点。四是落实。落实好今天签的协议，把任务领回去，与上海方面保持密切联系，把协议规定的任务逐项分解，双方协商确定办结日期，抓好落实。五是支持。上海教育改革为全国探路、为中央分忧，支持上海教育工作，从本质上来讲是在做教育部自己的工作，我们一定会做好自己的事，大力支持上海教育改革发展。

做到四个“多一些”，办好人民满意的教育*

在今天的中国，教育是老百姓非常关注的。这对教育工作提出了一个问题：我们在推进教育发展、深化教育改革、调整教育结构、改善教育发展环境的时候，是不是牢固树立了以人民为中心的发展思想，能不能让老百姓更加满意？要真正把“办人民满意的教育”从一个理念变成一个行动，从一种愿景变成一种发展状况，我们至少要做到四个“多一些”。

一、推进发展要多一些温度

教育是做人的工作。无论是社会还是家庭，无论是教师还是学生，都要让他们感受到教育的温度。有温度的发展，人们才会感到温暖；没有温度的教育，不是以人民为中心的教育。现在，在学校和家庭的关系上，在教师和学生的关系上，在学校和社会的关系上，都存在温度不够的问题。在发展社会主义市场经济的过程中，不能使社会主义教育变成一种冷冰冰的利益关系。要让教育多一些温暖，让教育成为学生成长的力量之源。

二、深化改革要多一些智慧

按照中央的总体部署，在全面深化教育综合改革过程中，一轮轮改下来，应当说“四梁八柱”的改革措施已经基本齐备。中国特色社会主

* 在江苏省教育厅调研时的讲话，2017年2月10日，南京。

义教育体制有了规划、文件、决定，而且系统性、协同性、操作性都很强。但是，在落实方面还存在一些差距，有的落在膝盖上，有的落在脚面上，而没有落到地面上，没有真正落下去。全面深化改革，既是全面的又是系统的，系统地往下推，落实起来难度是非常大的。这和过去单项突破、整体带动的改革方式有本质的区别，因为它们不是一个规律，不是一个逻辑。

如果我们仍然用过去的方式来推进深化，就会贻误时机，带来新的矛盾。那么，该怎么办？概括成一句话，就是深化教育改革要多一些智慧。所谓多一些智慧，就是要总结自己的经验，借鉴别人的经验，深刻认识和把握教育改革的规律，按照规律筹划改革、指导改革、推进改革。现在我们这方面做得还不够好。无论是在设计改革方案时的问题导向，还是在顶层设计上的整体推进，我们都缺乏智慧，更不要说大智慧。比如“双一流”建设，方案已经下发了、出台了，有些地方却又自觉不自觉地要去走过去的路子，想把“985”“211”的故事再讲一遍。有的省份就开始排学科了，看有哪些学科有可能进入，重复“985”“211”的故事。要警惕这个事。“双一流”建设要从实际出发，要多做一些高智商的博弈。

三、结构调整要多一些质感

我们要以质量为中心，以公平为基础，以人民满意的教育为目标，深化教育结构调整。现在我们办的是当今世界规模最大的教育，但“大而不强”，我们是教育大国，还不是教育强国。我们经过十多年的超高速发展走到这一步，今天教育面临的很多问题，是超高速发展出现的问题。过去是要上学，现在是要上好学，快速发展了，上好学的覆盖面就比过去大多了。这也就是说，我们的教育质量总体是提高了，但老百姓感觉不到，缺乏质感。我们发展的成就和群众的获得感不同步、不协同，背后的原因主要是结构调整说得多做得少，力度远远不够。

教育结构调整一定要加快进度、加大力度，逐步消除快速发展中积累下来的问题，不断扩大改革受益面，让群众有更多获得感。就教育本身来说，在结构调整方面，无论是专业结构调整还是学科结构调整，都具有天然的惰性。这里面至少有两个制约机制，一个是权威机制，另一个是内容机制。无论是高等教育还是基础教育，传授的都是相对稳定的知识体系，所以才有所谓的“一门课讲一辈子”的现象。过去可以，现在不行了，于是就出现了教育与实践“两张皮”的问题，出现了学校培养与社会需求脱节的问题。有人跟我讲，教师从国外拿来教材讲得头头是道，但那是过去的知识，学生学了不会操作。这是因为实践已经走到了前面。产业发展，特别是信息技术日新月异，教师需要重新学习。

四、改善环境要多一些情商

这句话完整地说，就是我们要少些清高、多些情商。现在关于教育的说法比较多，各个方面、不同阶层都有和自己相适应的教育理念，都有依据这种理念、借助特定媒体而形成的对教育的评价体系和舆论场，都持之有故、言之成理，还都没办法中和。社会上关于教育的各种理念、各种说法、各种舆论不断传播，尤其是借助新媒体成倍放大，有一些过上几年又炒出来、翻出来。所以，教育的舆论环境有时并不那么和谐。

这种情况下，我们全体教育工作者要团结起来，共同改善教育改革发展的环境。这个环境和其他环境不一样，需要我们自己去改善，改善的基本路径叫作“有为”。有利于教育发展的舆论场是教育改革改出来的、结构调整调出来的。大家要多一点情商，让拥护教育改革的人、赞成教育发展的人、给教育点赞的人越来越多。另外，也要认识到，从辩证法角度讲，这样一种环境也帮助我们教育战线发展。因为超高速发展，问题提前出现，使进一步改革有了方向、有了目标，让进一步发展有了着力点。它实际上是一种鼓励。正面的评价不见得就是本钱，有些反面意见也是一种本钱，问题在于如何把它作为一种资源利用好。

所谓情商高一些，首先要善于设计需求，设计人民群众对教育的需求。在所有的战线、行业里，只有教育能设计需求、能用需求引导人民。现在我们做得还很不够。其次要懂得经营理念。一定要把有利于教育发展、有利于人才成长的正确理念当作资源来经营，不断地推送给老百姓。注意是“推送”而不是“灌输”，我们现在这方面做得也很不够。现在正确教育理念的供给不足，这也需要供给侧的结构性改革。要认真统计大数据，分析与每个阶层相匹配的关于教育的各种意见、观点，有针对性地提出正确理念、推送正确理念，事情就好办了。最后要主动创造预期。前两步做的目的是形成一种对教育比较稳定的预期。预期稳定，支持教育的力量就稳定，教育发展的环境就稳定。在创造预期方面，教育战线的同志们还不会做，因为大家都觉得这个不是教育战线的事。改善环境方面要多一些情商，就是要做好这三个层次的工作，这也是辩证的问题导向。

把方向，重公平、质量，抓落实，做好教育综合改革*

在党中央、国务院的坚强领导下，重庆市委、市政府把教育改革纳入全面深化改革的总体部署，高度重视、全力推进，取得了阶段性成果，为下一步深化改革积累了经验，探索的可行路径为我们指导全国教育综合改革提供了借鉴。重庆教育改革能够取得这样的成绩、产生这么好的效果，市委、市政府的重视是根本保障。我们将这个特征放在全国来看，可以得出这样的结论，如果离开党的坚强领导，离开广大领导干部的率先垂范，离开人民群众的支持，改革是难以推进的。

重庆教育改革的经验可以概括为这样几点。一是根据中央顶层设计抓改革。重庆教育综合改革与以往的改革最大的不同，就是注重顶层设计和鼓励基层创新。重庆承接的国家教育综合改革重点推进事项和国家级教育改革试点都落实得非常好，达到了预期的效果。二是回应群众关切抓改革。重庆教育综合改革紧扣公平和质量两大主题，设计改革方案，研究改革措施，把问题导向和目标导向相结合，落到了实处，改到了群众的心坎上，提高了人民群众的获得感。三是服务经济社会发展抓改革。重庆教育改革始终围绕服务发展大局设计改革方案，特别是职业教育和高等教育服务经济社会发展的意识很强、色彩很浓，围绕经济社会发展，主动调整专业结构和学科设置，为地方培养留得住、用得上的人才，改革的目标指向非常明确，为经济社会发展提供了强大的人才支撑和智力支持。四是围绕现代教育治理体系抓改革。教育治理现代化是

---

* 在重庆教育综合改革座谈会上的讲话，2017年4月22日，重庆。

重庆教育综合改革的重要内容，市级层面推进教育治理现代化的力度很大，各学校在完善内部治理结构上下了很大的功夫，区级改革也有自己的创新，形成了整体构建现代教育治理体系的格局。

下一步，教育综合改革应关注以下几个问题。一是要更加关注改革的方向。坚持正确方向是对教育改革的第一要求，在教育改革上不能出现颠覆性错误，尤其是在方向问题上不能有丝毫闪失。教育综合改革的根本目的，就是要扎根中国大地办人民满意的教育。要坚持中国特色社会主义办学方向，培养中国特色社会主义的合格建设者和可靠接班人，这是由我国国情、发展道路和中国教育的思想根源决定的。要沿着素质教育的路径前行，素质教育是改革开放以来探索形成的具有中国特色的教育理念，办人民满意的教育就是要办优质公平的素质教育。要推动各级各类学校优化治理结构、完善治理体系，在学校章程的框架内设计发展方向。二是要更加关注公平和质量。公平和质量是老百姓最关心的两个问题，公平关系到人民群众受教育的权利，质量关系到资源的配置，公平要看获得感，质量要看受益面，这是衡量两个问题有没有解决好的关键。三是要更加关注改革任务的落实。当前，教育综合改革主导性问题仍然是抓落实，“四梁八柱”的改革框架基本建立，中央的顶层设计、主管部委的改革方案、省市开展的试点探索、区县和学校的典型经验都已经齐备，和教育相关的政策配套基本就绪，接下来就是狠抓落实。习近平总书记强调，党政主要负责同志要亲力亲为抓改革、扑下身子抓落实。领导干部亲力亲为抓改革，不是口号式地抓，而是坚持问题导向和目标导向去抓。问题导向看举措，把问题排列出来，把群众关注的热点找出来，找准问题定措施。目标导向看成效，改革方案都列有具体目标，抓改革方案的落地就是要看改革目标是否达到，看人民群众的获得感是否提升，看改革的受益面是否扩大。

扑下身子，抓好教育综合改革的落实*

一分部署，九分落实，关键要在落实上发力。深化教育领域综合改革，要深入贯彻落实习近平总书记重要讲话和重要指示精神，集中力量推动各项改革措施落到实处、见到实效。

一、扑下身子，抓好教育综合改革的落实

这件事决定着教育综合改革的质量和水平，决定着人民群众对教育改革的满意度。改革的成效来自落实。如何抓落实，一是要按照习近平总书记的要求把一线的情况拿上来。一线的情况拿不上来，改革就缺少根基。二是要把施工现场放到一线去。教育主管部门的同志们以及高校的领导，要扑下身子，沉下去，学会潜水，到现场去指挥，到一线去办公。三是要抓制约综合改革深化的关节点。抓“卡脖子”工段、控制性工程，也就是说要学会“打七寸”，要有攻坚精神，敢于担当。

二、各地综合改革要进一步聚焦

一是聚焦教育治理现代化。围绕教育治理体系现代化，完善“四梁八柱”的顶层设计和主体框架。二是聚焦标志性、引领性的改革措施、改革方案。这是我们深化教育改革的重要方法论。标志性、引领性的一定要牢牢抓在手里。三是聚焦改革特色。聚焦特色就是要突出问题导向，解决各省份在教育综合改革过程中具有特殊性的问题。党中央关于

---

* 在部分省份教育综合改革座谈会上的讲话要点，2017年4月24日，成都。

教育综合改革的一些设计、部署、方案，反映了一般规律，体现了总体要求，它的贯彻落实还要和各省份、各校的具体情况结合起来，在解决特殊矛盾和特殊问题上下功夫。所以聚焦特色就是聚焦问题，是真正的问题导向。问题绝对不是来自文件、来自讲话，问题来自特殊矛盾、来自在实践中各自面临的突出问题，这才是真正的问题导向。

三、要不断提高人民群众的获得感，扩大教育综合改革的受益面

当前教育综合改革面对的是两大主题，一是公平，二是质量。这是人民群众反映最强烈、期待最紧迫的，也是我们现阶段教育综合改革、教育发展面对的突出矛盾，同时也是我们的工作目标。公平要着眼于提高获得感，质量要着眼于扩大受益面。在公平方面，目前做得不错，但是水平还不够高，所以要提高获得感。在质量方面，优质教育资源配置不均衡，覆盖面不广泛，所以要扩大受益面。

高校思政工作要“虚”功“实”做*

我们要对照习近平总书记重要讲话精神，进一步完善贯彻落实全国高校思想政治工作会议精神的方案，把落实全国高校思想政治工作会议精神当作一项重要的改革任务、当作教育战线一项重要的基本建设、当作教育战线各级领导干部的一项主要职责。尤其要抓住习近平总书记在中国政法大学考察时的重要讲话对思政工作提出的核心要求。

一、习近平总书记提出了“一个方针”

“一个方针”即强化基础、抓住重点、建立规范、落实责任。这对我们提出了质量要求，也就是加强思想政治工作的质量标准。总书记讲的“虚”功“实”做，把“软指标”变为“硬约束”，这是政治要求。指标只有和行为发生关系，才是硬约束。

二、习近平总书记提出了“三个结合”

一是把思想政治工作和党的建设工作结合起来。思政工作是党的建设的重要内容，是我们党在各级各类学校常态化的工作，所以要结合起来，成为中国特色的育人方案的重要内容。中国特色的育人方案，首要的就是思想政治工作。

二是把严格要求和灵活方式结合起来。严格要求是讲原则、讲规范。而原则和规范，可以结合具体对象的情况，采取灵活方式体现。所

* 在安徽教育工作座谈会上的讲话要点，2017年5月7日，合肥。

谓灵活，不是随意变化，而是具体问题具体对待、具体情况具体解决、具体人具体方案。

三是将解决思想问题和解决实际问题相结合。这实际上是效果要求，只有实现了这个结合，思想政治工作才有效。

三、习近平总书记提出了“四个关系”

一是理想和志向的关系。志向就是将来要做一个什么样的人，是理想的具体化，就是“第一颗扣子”，要引导学生系好“第一颗扣子”，然后再讨论理想。理想具体到一个人身上，在一个人一生或者某个特殊阶段叫志向。

二是努力和奋斗的关系。这在思政工作中，需要从方法的角度很好地研究。学生要努力学习、刻苦学习，为树立与我们中国梦同心同向的志向而奋斗。总书记的讲话，我们要认真理解其核心要义。世界上有没有单纯的快乐？经济学上有一句话叫作“没有免费的午餐”。就人才培养来说，人才一定是艰难困苦、玉汝于成的，一定是奋斗的函数。一个时期以来，我们片面理解素质教育，想象着让我们的孩子在宽松环境中，不费吹灰之力就进入重点大学。很多这样似是而非的理念，严重误导家长、误导社会、误导教师，更误导了我们的学生，这样发展下去后患无穷。所以我们一定要理解总书记讲的这个关系，在思想政治工作中处理好。

三是思考和思维的关系。教育工作要教给学生思考的方法，但是我们在培养学生思维能力方面做得不够，各级各类教育做得都不够。从某种角度讲，方法论的教育和学习至关重要。只有知识没有方法，这样的教育一定是失败的教育。在教育的实际过程中，知识和方法是不可分的，所以方法论的培养特别重要。能力就是方法的浓缩，方法浓缩起来、沉积下来，就会发生一种升华，就转化为能力。总书记特别强调思维能力的培养。就思维能力来说，适应现代科学技术发展的思维能力包括逻辑思维能力，都需要好好研究。我们现在是在世界文化优秀成果和中华民族文化优秀成果相结合中来培养学生的思维能力。我们要研究，在思政工作中怎么把这件事干好，让我们的学生思维能力能够得到较大的提高，至少有很大的改善。

四是品格和意志的关系。思政工作要塑造学生的品格、砥砺学生的意志。我们的教育创造了一个世界奇迹、人类奇迹，这两个奇迹是合一的，既是世界的，也是人类的。现在的教育面对一个很大的群体，叫独生子女群体。独生子女教育有自身的特殊规律，对我们教育工作提出了要求，就是要注重孩子的品格培养和意志磨炼。

立足实际，形成特色，发展好民族地区教育*

这次到宁夏调研，主要是为了了解民族教育的改革发展问题。宁夏的民族教育从区情出发，贯彻中央的总体部署，探索自己可行的路子，积累了丰富的经验，取得了长足进步。我在调研中边看边想，民族教育发展要做到以下几点。

第一，一定要从各民族的实际需要出发，充分发挥教育立德树人的根本作用。改变民族地区的面貌，从教育的角度讲，人民群众最关心、最需要的，就是我们怎样落实好立德树人的根本任务，这一点是各民族共同的需求。民族教育的一切政策，都要把这一点作为根本。

第二，一定要服从和服务于民族地区经济社会发展的特殊需要，为民族地区经济社会持续发展提供人才支持。教育的结构调整、学科建设和专业设置都要跟着这个目标走，这是民族教育发展的一个重点。在民族地区办大学，不要去追求“综合”“大而全”。办职业教育，建应用型高校，为当地培养本民族的人才，是民族地区教育发展的方向。宁夏大学提出建设“西部双一流”，这个定位就很好。同时，宁夏的职业教育办得也很好，职业教育园区是西部最好的职业教育园区之一，宁夏南部山区连片贫困面积比较大，要注意多发展中职教育，如果让这个地区的孩子们掌握一门技术，肯定能满足生活需要。因此，要把中高职教育作为民族教育的重点，改造民族地区文化的结构性矛盾，提倡和弘扬实事求是的科学精神与现代职业精神。

---

* 在宁夏调研教育工作时的讲话，2017年5月12日，银川。

第三，一定要把政治要求摆在第一位，核心是要全面贯彻党的民族政策，办党的民族政策指导下的民族教育。对民族教育来讲，促进民族团结进步始终是本职所在，离开这一点，就没有民族教育，民族教育就会沦为技术教育、知识教育。在民族教育中开展国际合作也要注意这一点，不能偏离。

第四，一定既要突出民族特色，更要广泛开展教育交流与合作，开放办学，争取在更大范围配置教育资源，为民族教育的发展开辟广阔天地。借助别人的优势，提升自己的水平，促进民族教育发展。

第五，一定要准确把握民族教育的内容。一是语言筑基。语言关过不了，民族教育就不太好发展，受教育者就不容易接受现代科学技术。通过语言筑基，可以为民族地区青少年打开一扇认识世界的窗户。要按照中央的要求，依法做好双语教育，推广法定语言。双语教育，核心是法定语言。二是能力增效。要把技能培养放在民族教育的重要位置，抓好职业教育和应用型大学，提升学生能力素质。三是品学兼优。各民族都有着丰富的伦理思想资源，在价值观方面有许多优秀的传统文化因素，这些都是我们培养学生的良好资源，但更重要的是要用社会主义核心价值观培养教育学生。我们过去在民族团结进步和民族政策教育方面、在知识讲授方面下的功夫多，下一步要在社会主义核心价值观教育方面进一步提升，培育中华民族共同体意识。要以民族理论政策和社会主义核心价值观为重点，同时着眼于培养民族地区学生的实践能力、动手能力、行动能力、社会责任感、国家使命感，并切实在课程体系里面解决好这个问题。四是教学相亲。中国的教育从孔子时候开始，就提倡教学相长，这是我们传统教育思想的好经验。从民族教育角度讲，要教学相亲，这是一种特殊的思想。教师和学生要像亲人一样相互亲近，建立起教师与学生的新型师生关系，这是由民族教育的特殊性决定的。

发展民族地区的教育，是贯穿党和政府在民族地区所有政策的重要内容，也是改变民族地区面貌最有效、最持久的重要措施和途径。近期来看，民族地区教育工作的重点是脱贫攻坚，到2020年实现脱贫目标。围绕这个目标，硬件要考虑多一点，软件也要跟上去，“软”“硬”兼施、两手并用，把教育脱贫的任务完成好，拔掉穷根，阻断贫困代际传递。从长远看，重点是民族地区的教育现代化，要统筹考虑民族地区教育现代化的目标、政策、措施和发展问题，这是2020年目标实现后民族地区教育的主攻方向。

深化教育改革，要抓好“五要”，落实“六知”*

这次来吉林调研，我有一个突出的感受，就是教育事业是吉林省委、省政府领导同志心里面的事业。把教育放在优先发展的战略地位，教育就能够取得长足发展，充分发挥其基础性、先导性、战略性的作用。把教育摆在优先发展的战略位置，不是一句口号，是不是成为心里的事业，效果大不一样。

下面我结合吉林的情况，对改革问题谈谈看法。在全面深化改革的阶段，改革的攻坚期，教育改革最大的特点是综合性。“综合”的意思就是说：教育事业发展的方方面面，离开了改革寸步难行。每个问题的解决都需要用改革的办法来推动，有一些工作听起来是发展，实际上仍然是改革。根据这个理念，我们提出了“发展抓公平、改革抓体制、安全抓责任、整体抓质量、保证抓党建”的思路，以突出改革的综合性、系统性、协调性。

第一点，发展抓公平要更加微观一些。所谓更加微观一些就是更实在一些，着眼于提高人民群众的获得感，扩大改革的受益面。“三点半”改革就是这个道理。在今天的中国教育领域，凡是涉及公平的改革措施，都是利益关系的再调整，是一个含有时间变量的调整过程，不触及矛盾是不可能的。我们今天做的事，包括标准化建设、“全面改薄”、营养餐、课后服务、托管服务以及学区化、集团化发展等，都属于改革的范畴，都和公平有关，所以要更微观一些，也就是更实在一些。习近平

---

* 在吉林教育工作座谈会上的讲话，2017年6月4日，长春。

总书记多次强调扩大改革的受益面，提高改革的获得感，因为这是全面深化改革阶段，改革获得动力的唯一方式。今天的改革，动力只能来自改革自身，就是说改革带有为自身提供动力的性质，这种动力就是获得感、受益面，就是通过不断深化改革，不断解决实际问题，让拥护改革的人越来越多。

第二点，改革抓体制要更具体一些。党的十八大以来，在改革方面我们提出“顶层设计”，这是在全面深化改革阶段推进改革方法论的一个新探索。但是，顶层设计不能代替基层探索，图纸不能代替施工。所以，改革抓体制要围绕制约教育发展的关键环节，把问题细分。与细分问题相对应的是制定针对性措施，做好施工设计，将顶层设计和施工设计相结合。按照中央的总体部署推进改革，就是按照中央的顶层设计，结合各自的实际，绘好自己的施工图，做好具体工作，即对教育体制方面涉及的具体事情一项一项、有针对性地设计好政策措施。例如，高考招生制度改革是这次教育改革的龙头，中央特别重视。今年先行试点在一市一省落地。这三年试点的基本经验就是将每一项都分解，分解到不能再分了，就具体化了。具体化之后在推进的过程中，让分项的效果实现融合，整体上形成高考招生制度改革的路径。在一市一省落地了，在全国推广还有一个过程，这个过程更漫长。因为各省份都有各自的特殊情况，问题十分复杂，风险还是很多的。所以，改革抓体制，我们一定要更具体一些。

第三点，安全抓责任要更刚性一些。我这里讲的安全，既是狭义的安全，也是广义的安全。所谓广义的安全，涉及我们党长期执政这个根本问题的大安全，是政治安全。教育涉及的这些安全，我们要更刚性一点。刚性是一种保证、是一种决心、是一种力量。刚性的成分大一些，我们改革的进度就快一些、稳一些，效果就好一些。

第四点，整体抓质量要更标准一些。教育部一直在致力于教育标准化建设。这里讲的是各级各类教育、教育工作的各个方面都要有质量标准，没有标准就没有质量。人才和思想是教育的两大方面。人才方面我们需要深入思考，全面建成小康社会、实现第一个百年奋斗目标，人才素质的标准是什么？全面建成社会主义现代化强国、实现第二个百年奋斗目标，我们需要的人才标准又是什么？这都是关系到我们民族、我们国家、我们党的事业的大事，没有标准是不行的。单靠理念解决不了问题，单靠口号动员不了群众，只有有标准，我们才能提高教育事业发展的质量和水平。这个标准是中国标准，我们的教育是扎根中国大地的教育，我们的标准就是体现中国特色教育的标准。因此，这个标准是对特色教育的说明、表述、展开，是独一无二的，将来是要走向世界的。换个角度讲，它就是教育现代化的中国方案、中国标准。

第五点，保证抓党建要更严格一些。教育事业的发展，教育改革的深化，根本上要靠加强党的领导，要靠从严治党。我们必须把贯彻落实全国高校思想政治工作会议精神抓好，全面从严治党。需要强调的是主体责任和监督责任的落实。主体责任落实了，监督责任就能得到很好的落实，所以要在主体责任上下功夫。主体责任是党委集体的责任，不是哪个人的责任，党委书记是第一责任人，党委成员是一岗双责，党政一把手都是第一责任人，要履行好第一责任。履行第一责任，要做到如下几个“知”。

一要知情。不知情，履行不了第一责任人的责任。知情，就是要更好地了解、把握党的建设情况、情势，就是要坚持问题导向。知情就是诊断，就是把脉，就是分析判断党建工作面临的形势。知情才能履行责任，才能靶向治疗。

二要知己。一定要知道自己担负的职责是什么，肩上的担子是什么，党中央有什么要求，上级组织有什么要求。特别是要明确，作为从严治党的一线指挥官，要知道主体责任不仅仅是负主要责任，第一责任人不仅仅是第一个担责，也要以上率下，带好班子。

三要知伴。知伴就是知道自己的伙伴、班子成员，知道他们履行一岗双责的情况。教育部党组有一个“四必问”，即必问党的建设、教育发展、教育改革、意识形态工作四个方面的情况，党组成员下基层必须“四必问”。不能只埋头自己分管的事，得知道自己的伙伴怎么样，该提醒的提醒，该督促的督促，当然，该帮助解决困难的帮着解决。

四要知人。履行第一责任人责任，从严治党，知人非常重要，知人才能善政。第一位的任务是做好干部管理，按规矩把干部管好。不按规矩管干部，那不是书记，不是共产党的书记。知人就是要了解干部的思想情况、工作情况。

五要知规。以规治党，规矩得清楚。以党章为依据的党内法规体系，特别是《关于新形势下党内政治生活的若干准则》《中国共产党廉洁自律准则》《中国共产党纪律处分条例》，得一直装在自己心里。知规就是懂规矩，不然没有办法管人。

六要知责。知责就是知道逐级承担的责任。自己承担的叫第一责任，班子承担的叫主体责任。特别是要知道责任追究，失责是要追究的。我觉得我们的首要任务是抓好党建，要把从严治党这件事抓好。这是龙头，这件事抓好了，后边的事都好办。

评价教育综合改革，要做到“四看”*

从黑龙江的实践看，评价一个地方教育综合改革的情况，要做到“四看”。

第一，要看领导干部是不是扑下了身子。这是教育综合改革能否取得实效的关键所在。我们讲抓落实，首先看领导是不是扑下了身子。我有一个突出的感受，黑龙江省委、省政府领导把教育综合改革真正抓到了手上，亲自谋划、亲自调研、亲自部署、亲自抓落实。所以，黑龙江教育综合改革能有今天的效果，首要的是领导扑下了身子。

第二，要看改革的措施是不是做到了问题导向。措施是从实践来的还是从文件来的，这是不一样的。改革举措来自实践，就叫问题导向；来自文件，就叫口号导向，这是没有办法推行改革的。黑龙江在教育综合改革方面，制定了一系列文件，几个主要文件都是深改组研究，省委、省政府抓的，解决重点问题的改革举措都是以省委、省政府名义下发的。措施只有做到问题导向，才能解决自己的问题，才能实实在在地推行。有一些地方，改革举措听起来很好，但深入剖析不是来自实践，所以不是真问题。改革是问题导向的，但问题必须是真问题，真问题是来自实践的问题。

第三，要看进度是不是跟上了全国的步伐。黑龙江的有些工作，在一段时间曾经是落后于全国的，如义务教育均衡发展是“欠了账”的。省委、省政府下决心和基层“对标”“对表”“对账单”，一年打硬仗，

* 在黑龙江教育工作座谈会上的讲话，2017年6月6日，哈尔滨。

还了四年的“欠账”，赢得了时间，赶上了全国的步伐。这个举措说明，我们对改革形势的把握、对改革进度的把握是心中有数的，“欠账”了，发现了问题，马上整改，补回来，这点做得很好。有了去年这场硬仗，黑龙江就有可能按时完成义务教育均衡发展的任务。这一轮均衡发展，和以前的“两基”是不一样的，它是标准化的、规范化的、科学化的，是真正打基础的。黑龙江其他改革举措的进度也跟上了全国的步伐，如省属高校章程已经批了，现代学校制度建设迈出了实质性的步伐。

第四，要看效果是不是真正促进了教育事业的发展。有三个标志。第一个标志是人民群众的满意度是不是得到了提高。满意度提高的程度意味着教育热点、难点问题解决的程度。抓住群众关心的热点、难点问题推进改革，群众的满意度就会提高。第二个标志是改革给群众带来的受益面是不是扩大了。本轮深化改革一个突出的特点就是要稳步推进，扩大改革受益面，就是我们的改革不是搞“盆景”，不是搞设计，不能停留在“盆景”阶段、设计阶段、试点阶段。虽然不能在同一个阶段、同一个时间段，让所有人得到同样多的改革红利，但我们要尽可能地扩大改革红利的覆盖范围，让更多的人从中受益。第三个标志是在教育综合改革中有没有自己的“特色菜”。这方面黑龙江做得好。我在哈尔滨第二职业中学看到，课堂像车间，教案像操作手册，学生的作业就是产品，教师就是师傅，学生就是徒弟，这都是特色。几个大学搞的内部改革都各有各的高招儿，有特色。

精准落实、精准育人、精准施教、精准整改*

这一次调研时间比较短，但几个板块都看到了。一路看、一路听，很受教育，很受启发，感受到了汉唐气象、陕西风格。党的十八大以来，陕西的教育事业有了长足的发展。教育综合改革做得有声有色。全国高校思想政治工作会议精神的贯彻落实，总的情况也是好的。我结合调研情况，就下一步的教育改革发展讲几点意见。

一、要精准落实，全面深化教育综合改革

陕西教育综合改革已经全面铺开，并且取得了重大进展，下一步应该如何深化教育综合改革？我认为要精准落实，要把教育综合改革推向精准落实的新阶段，希望陕西在这方面能够为全国作出表率。我们经常喊落实、抓落实，但在这个过程中，容易流于一般化。一般化抓落实，只能出一般化的成果，不可能释放改革的红利，更不能使改革的红利最大化。精准落实主要看三个维度：时间、成效、质量。

一是时间维度。就是看进度，看发现问题的速度，看整改问题的速度，看改革的进度整体上是否跟上了全国的步伐。对于新一轮深化改革，党中央确定了路线图、时间表。路线图解决系统配套的问题，时间表解决施工进度的问题。精准落实，就是要按照中央确定的路线图和时间表落实。

二是成效维度。是不是精准落实了，要看人民群众的获得感是不是

* 在陕西教育综合改革座谈会上的讲话，2017年6月19日，西安。

提高了，看改革的受益面是不是扩大了。获得感就是让群众实实在在感受到改革带来的好处，受益面就是改革带来的好处要扩大覆盖范围。提高获得感、扩大受益面，就叫作释放改革红利，这是赢得民心的工作。这一轮深化改革的动力是内生的，内生的机理就是获得感和受益面，赢得群众的支持。

三是质量维度。改革有没有质量？我认为是有的。改革的质量怎么衡量？这是一个新的课题。衡量改革的质量，就是是否将“解放思想、转变观念、实事求是、与时俱进”贯穿到了改革的全过程，是否坚持了问题导向、目标导向。问题导向，就是抓住主要矛盾和矛盾的主要方面，找准改革的突破口。这就叫解放思想。目标导向，就是从实际出发，找到解决问题的办法，并实现突破，提高群众的获得感，扩大改革的成效。这就是实事求是。这些都是具体的、历史的，体现我们对改革全局和进程的驾驭水平和能力。总之，靠改革取得的实实在在的成果、解决问题的程度来证明改革的正确性，这就是质量。问题是什么？从改革的角度讲，问题就是改革的进度与改革的目标之间的差距，改革的目标减去改革的进度等于改革的问题。质量要看制度是不是朝着更加完善、更加健全的方向发展，这就是治理体系和治理能力的现代化。

概括起来就是：时间看进度，成效看民意，质量看体制。拿这三项来看改革的精准落实。

二、要精准育人，促进人的全面发展

我国教育经过十几年超常规增长，体量已经很大。我们可以很自豪地说，我们办的教育是世界上规模最大的教育。

在新的发展阶段，就发展方式来说，就是内涵式发展；就目标来说，就是推进教育现代化，建设世界教育强国；就我们要解决的重点问题来说，就是提高质量、促进公平、优化结构、改善环境。在这样一个新的时期，促进人的全面发展这个理念我们要牢牢地树立起来。精准育人，促进人的全面发展，根本的指导思想就是党的教育方针。

德育，要抓方向。教育的本意就是引导方向，德育就是大方向。人的全面发展，首先要成为一个真正意义上的人，德育非常重要。今天我们讲的德育，核心就是践行社会主义核心价值观。这是管方向的，是根本方向。我们育人的方向、工作的方向，都要围绕这个根本的政治方向。

智育，要重能力。要让我们的孩子在能力建设上为中国人树立新形象。人的全面发展需要什么能力，我们要好好研究，好好归纳。各个学校都可以根据自己的实际进行探索。现在我们在提高学生素质方面还存在很多问题，有人说我们的学生动手能力差、综合分析问题能力差、社会实践能力差，我们需要认真地对我们的学生做一个综合判断。与社会责任感有关的能力、与系统思维有关的能力、与自我管理有关的能力、与职业设计有关的能力，值得去探索、思考。

体育，要重普及。体育是服务于育人需要、服务于学生全面发展需要的。教育战线讲的体育，本质是育人的重要方面，是人健康成长、全面发展的重要方面，不是单纯的、狭义的体育。教育的体育和体育的教育既有联系又有区别。教育的体育是育人的，重在普及，是培养学生健康体魄的手段。体育的教育，是教育体育的知识，是体育教育专业的建设。我们现在发展校园足球，是要把这个作为突破口改进学校的体育教育。我们开展一些联赛活动，主要是为了激励孩子喜欢上体育，而不是为了去竞技。

美育，要多形式。与美育有关的内容有文学、艺术、音乐、绘画等，这些都与个人兴趣密切地结合在一起。所以，要通过多种形式推进美育教育，涵养美德、滋润心灵。美育教育是我们现在的短板：缺人，缺教材，缺符合实际的、有特色的解决方案。

在促进人的全面发展方面，在培养合格的建设者和接班人方面，“劳”要作为我们育人的一个重要方面。我们培养出来的学生，不管他的专业方向是什么，他首先是一个劳动者。中国特色的社会主义教育，培养出来的学生就是劳动者。在这个方面，我们需要进行新的改革。

三、要精准施教，提高思想政治工作的质量和水平

打一场提高思想政治工作质量和水平的攻坚战，带动各个高校思想政治理论课质量水平的整体提高，就是我们贯彻习近平总书记重要讲话精神、贯彻全国高校思想政治工作会议精神的主攻方向。这里的关键词就是精准和质量。精准要做到摸排问题精准、确定目标精准、工作对象精准、衡量标准精准、措施推进精准。在贯彻落实中央精神的过程中，不要什么都往思想政治工作里头套。思想政治工作就是思想政治工作，一定要提高它的精准性和质量。只有在精准上下功夫，才能保证提高质量。我之所以强调精准和质量，是希望我们教育战线不要出现“口号化”的问题。大家不要竞相概括思政句子，提有特色的口号，甚至是有震撼力的口号，口号解决不了当今中国教育面临的问题，解决当今中国教育面临的问题需要精准施策、踏踏实实地一个目标一个目标去攻坚。另外，也不要出现“形式化”的问题。我们需要一定的形式，但是我们不搞形式主义。

四、要精准整改，推动学校科学化发展

到目前为止，高校的巡视已经实现了全覆盖，这是全面提高高校管理水平的一次历史性巡视，对我们来说是一次重大的考验。巡视组对我们的工作进行了综合诊断，描述了典型“病征”，指出了“病因”。现在摆在我们面前的任务就是做好整改工作。要根据反馈意见，逐项梳理，分析“病因”，综合施治，按进度要求，完成好整改任务。要把整改的过程，变成教育综合改革全面深化的过程，变成提高高校治理现代化水平的过程。对于巡视整改，学校里可能会有一些不同的声音，可能会有一些其他的情绪，要做好引导工作，引导大家来共同分析“病因”。有一些“病因”和表现形式可能是前几年的，但只要是“病”，这一次都要“治”。

三年援疆路，一生新疆情*

这次来到新疆，调查了解教育综合改革情况、民族教育发展情况和全国高校思想政治工作会议精神贯彻落实情况，同时看望慰问第八批教育援疆干部。还有一个月，第八批任务就完成了，三年援疆，硕果累累，大家体会很多，感慨也很多。听了大家的发言后，我简要谈几点想法。

一、教育援疆干部圆满完成了党组交给的任务

在三年的工作中，经过全体同志的共同努力，我们取得了多方面的成果。概括起来，有下面几点。

一是提高了新疆教育的整体水平。援疆干部发挥各自的专业优势，促进、推进当地相应学科的建设。化工专业的发展已经达到了申请博士点的水平，正在冲刺博士点。这个例子说明教育援疆干部对提高新疆教育的整体水平，作出了自己的贡献。

二是提高了新疆高校的科研水平。教育援疆干部在相应高校工作，把自己所在高校的科研模式、科研经验、科研力量、科研资源引入新疆，带动新疆科研水平的提高，这是教育援疆的一种主要成果表现形式和呈现形式。科研决定教育的水平，没有这一点，援疆带来的只是原有的知识，有了这一点，就点燃了新疆教育自我提高的星星之火。它是立意深远的，我们总结援疆工作的时候，这一点千万不可小视。我们每一

* 在第八批教育援疆干部座谈会、新疆教育工作座谈会上的讲话，2017年6月，乌鲁木齐。

位援疆干部在科研方面都带来了新的角度、新的思维、新的工作状况。

三是提高了新疆教育的管理水平。援疆教育干部成为新疆教育发展一个特定阶段的管理骨干，发挥了沟通内地和新疆教育的桥梁纽带作用，甚至在某些专业性比较强的领域，发挥了组织推动作用。例如，新疆大学发起成立“中国—中亚国家大学联盟”，直接服务于“一带一路”。双方都有需求，这是共赢的，也是新疆教育的优势所在、特色所在。

四是提高了区域医疗卫生水平。在安排第四批教育援疆干部的时候，部里有意识地提高医学院、校附属医院援疆人员所占比例。这些同志到新疆来，可以说对提高区域医疗水平是一个有力的突破。因为他们为新疆建立了一种“造血”机制，留下来一支“不走的医疗队”，使学科水平得到了提升，使骨干人才得到了成长，使丰富经验得到了继承，这就是“造血”，很重要。医学是一个基础性、经验性的学科，经验非常重要。同样的理论、同样的教师、同样的流程，手法不同效果就不一样。我相信我们援疆的医学院、医院的干部，在各自的岗位上都作出了贡献。不仅在临床上解除病患病痛，更重要的是留下“不走的医疗队”，留下现代医学的科学精神，留下了现代医院管理的严格流程。

五是提高了援疆干部自己的综合素质。三年援疆，感慨良多，每一个人都有自己的一部援疆心灵史。我相信，经过三年援疆，每一位援疆干部头脑灵了，理论和实践结合，跳出教育看教育，了解了当地党委、政府是怎么运转的，基层是怎么工作的，老百姓怎么看的、对政府有什么期盼。眼界宽了，不再只盯住自己专业的那“一亩三分地”，而是心里装着新疆、装着民族、装着国家，知道了新疆在我们伟大复兴事业中的分量和地位，看到了自己所肩负的责任。肩膀硬了，实际上，援疆干部肩负三个任务：第一个任务是部里交给你们的任务，这是中央任务；第二个任务是具体岗位所担负的责任，这是具体的工作，有业务工作也有管理工作；第三个任务是派出单位的形象代表，肩负着派出单位对你们的期望。这些任务压在每位援疆干部肩上，经过三年时间的锻炼、三年时间的履职尽责，我相信每一位援疆干部肩上肯定磨出了茧子。每一个援疆干部在三年援疆中都得到了锻炼成长，在援疆的实践中接受新疆人民的熏陶和培养，回去之后可以把自己的本职工作做得更好，也为我们做好人才工作打下了基础、提供了条件。大家记住一句话，组织发现人才，首先是自己发现自己，自己发现不了自己，组织发现不了你。这是组织工作的基本原理。这三年就是我们的干部自己发现自己、自己寻找自己、自己培养自己的过程。

这五条概括起来，就是大家圆满完成了部党组交给的任务，不负众望。回去之后，大家已经成为一个在派出单位工作的新疆人，三年援疆路，一生新疆情。

二、深刻认识党中央关于新疆问题重大决策的重大意义，深刻认识新疆在中华民族伟大复兴历史进程中的重要地位

每一个同志在援疆工作结束回去后，要成为中央治疆方略的践行者、宣传者、维护者。每一批援疆干部所创造的业绩、积累的经验要一代一代传下去，一批一批传下去。

第一，治疆是国之大事。我们能有这样的统一的多民族国家，与我们新疆问题处理得好是密不可分的。我们这一套适合新疆实际的制度安排，确保了新中国成立以来新疆的稳定；确保了在新的历史时期，有效应对出现的新情况、新问题，使新疆进入了一个新的发展时期。我们必须牢牢认识这一点，任何时候都不能把这一条忘记。

第二，治疆是国之特事。在治国理政的历史进程中，新疆问题是一个特殊问题，需要采取特殊政策。援疆就是一种特殊政策。新疆是一些重要农作物产品传入中原的重要通道，新疆种植小麦的时间要比中原早，但长期成本高、产量低。清代康熙之后采取特殊支持政策，设立专项，才使农业技术进步，整个产业逐步得到提高，使经济发展了起来。

新中国成立之后，实行民族区域自治制度。1979年，乌兰夫同志根据边疆民族地区的情况，提出国家需要采取有远见的政策和特殊照顾办法给予大力支援；1996年，国家正式启动对口援疆工作；1997年，国家派了200多名援疆干部。教育部党组始终高度重视援疆工作，特别是对口援疆，现在我们派出的援疆干部占中央国家机关的近30%。第八批派出了140名，第九批将派出的援疆干部，规模进一步提高，结构进一步优化。这就叫特殊。

第三，治疆是国之难事。解决新疆问题，保持长治久安，我们面临严峻挑战，难度相当大。新疆是多种语言交流的地区，多种文明交融的地区，多种矛盾交织的地区，多种困难汇聚的地区。新时期新疆出现的问题，有的是世界性难题，有的是我们发展的特定阶段的突出问题，都摆在我们党面前。这是难事，需要我们去挑战，没有退路。根据长期的治疆经验，我们拥有物质基础，有各方面的优势，尤其是制度上的优势，我们有信心、有能力战胜这些困难，把难事办好。

第四，治疆是国之新事。今天的治疆不同于历史上的治疆。信息化条件下技术的进步，与人们生活方式的变化、交流方式的变化、通信方式的变化密切联系在一起，在许多方面我们还缺乏经验。比如说网络，我们需要加大研究力度，凝练课题、凝练学科、凝聚人才，破解这个难题，把这件新事办好。把新事办好，老经验可参考，更要靠新办法，每个援疆干部都要好好研究。

三、认真学习贯彻习近平总书记关于新疆工作的一系列重要指示，围绕长期稳定、长治久安做工作

一是唱好民族团结歌。在新疆工作需要学会和各民族人民交流、工作、生活的本领，真心实意地为他们办实事，为他们提供服务，以自己的实际行动促进民族团结，唱好民族团结歌。这是首要的，是政治要求。

二是谱好新疆开发曲。我们援疆的目的就是要促进新疆发展，我们在这是为发展提供服务的，所以我们的一切工作都要服务于、服从于新疆的改革发展。在自治区党委、政府和兵团党委的领导下，从教育这样一个特殊的维度，为新疆培养人才，为长治久安培养人才，为新疆发展铺好路，谱好新疆开发曲。这是对我们业务方面的要求。

三是写好新疆教育诗。有一部苏联的作品叫《教育诗》，作者是马卡连柯。他是一位教师，每天观察学生的表现，并且像记日记似的记录下来，天长日久记了很多，按天按月按年编号，塞在他的床下。有一天高尔基去拜访他，发现了这些日记，就建议他出版，命名为《教育诗》。他说那是日记，是纪实，高尔基说那是诗，是教育诗。我借这件事情想说的是，我们的援疆干部到新疆来，要写好自己的教育诗，有点激情，多点诗意，尽好自己的职责，用自己的实际行动，为新疆教育的发展注入活力、作出贡献，把我们的教育诗写在新疆的大地上。大家可以多种形式并举，运用多种题材，目标就是服务新疆，服务新疆人民。

四是走好健康成长路。援疆干部在三年援疆中经受了锻炼和考验，要把经验和体会转化为今后人生成长的动力，走好健康成长路，无论是第八批，还是以前各批和今后的援疆干部，都要这样做。各级教育行政部门，特别是教育部党组，要为援疆干部的健康成长创造多种条件，提供优质服务。派出单位对援疆干部的服务和管理要更精准一些，援疆干部在新疆的工作和生活也要更精心一些，各派出单位要根据具体情况，安排使用好援疆干部。

四、多措并举，推动新疆教育改革发展

一是教育综合改革要更精准一些。新疆各学段、各地区发展水平差异性较大，教育综合改革要针对不同学段、不同地区、不同对象来确定改革方案，进行精准改革。精准改革是习近平总书记强调的“改革的系统性、整体性、协同性”的体现形式，这“三性”要体现在精准上，希望新疆在不同层面的教育改革上，能做好精准的文章，为全国积累经验。将来总结新疆改革经验的时候，也要在“精准”二字上下功夫。

二是贯彻全国高校思想政治工作会议精神措施要更硬一些。全国来看，贯彻落实全国高校思想政治工作会议精神取得了较好进展，但离《关于加强和改进新形势下高校思想政治工作的意见》的硬措施要求还有差距。希望下一步新疆要从教育改革发展的实际出发，创新高校思想政治工作形式，在落实全国高校思想政治工作会议的硬措施上再努力，开创民族团结一家亲的高校思想政治工作新格局。

三是职业教育改革发展步子再大一些。新疆经济社会发展对职业教育有着很大的需求，发展职业教育对新疆意义深远。

高校要加大理工科发展力度，多建设一些有新疆特色、为当地经济社会发展服务的学科和专业，其他学科保持平衡发展。今后在学科方面，我们会对新疆给予支持。

探索办好优质公平教育的路子*

党的十八大以来，山西省委、省政府高度重视教育改革发展，把习近平总书记关于教育的重要讲话精神与山西教育实际紧密结合，坚持优先发展，聚焦改革发力，着眼优质公平，创造了一些有特色、可复制的成功经验。这次来山西调研，时间虽短，收获很大。受大家的启发，我对教育事业发展谈几点感想。

一、实现办人民满意教育的核心要义是聚焦优质公平

（一）在理想和现实之间改革的距离最短

办人民满意的教育，办优质公平的教育，办中国特色、世界一流的教育，实现教育现代化，建设教育强国，是我们这一代教育人的梦想，是我们的理想。我们现在办着世界上规模最大的教育，整体发展水平已经进入世界中上行列。但我们的教育面临的挑战、所处的发展阶段、环境资源约束都很严峻，面临着很多亟须解决的紧迫问题。我们必须坚定改革的信念，把教育综合改革这篇文章做好。山西的教育走到这一步，靠的就是这一条，用改革的办法解决教育发展中面临的突出问题。理想和现实这两点之间改革的距离最短。理想是一端，现实是一端，理想减去现实等于问题。理想就是目标，目标减去现状等于差距，差距就是问题。理想和现实之间的差距就是问题，目标和现状之间的差距就是问题。出现问题怎么解决？中国方案就两个字——改革，山西经验就两个字——改革！

---

* 在山西教育工作座谈会上的讲话，2017年7月11日，太原。

（二）在教师和学生之间师德的距离最短

我在山西大学校史馆看到那么多杰出人物，那么多献身山西教育发展的先驱们，他们的共同特点是高度重视师德，这让我更深地体会到，教师和学生之间师德的距离最短。怎么样做到教学相长、教书育人，践行立德树人的根本任务？龙头是师德。现在在教师和学生这对关系上出现了很多新问题，有很多异化的表现，对于这种问题，我们一定要高度关注，解决问题的核心还是在师德。社会良知自尊师始，国计民生靠重教兴。社会良知要从尊重教师开始，怎样才能做到从尊重教师开始？总开关是师德，这是中国教育思想的灵魂，尊的不是具体的哪个教师、哪个人，尊的是师德、师魂。这一点在今后中国教育发展中要很好地贯彻下去。

（三）在学校和家庭之间公平的距离最短

现在教育领域存在一些问题，学校和家庭的关系也出现了一些异化，这和我们对教育公平的理解以及教育公平所实现的程度有着密切关系。我在晋中调研时，市里的同志跟我说，这个地方每个县的高中都办得差不多，所以就没有那些令人烦恼的事情。一路上不少人反映的“择校热”“择班热”“择师热”问题，晋中通过多种改革的办法一一加以破解，这就是公平取向的教育改革，充分证明学校和家庭这对关系，如果找对了双方共同着力的结合点、共同努力的目标，那么就会处理得很好，就不会出现当前这个阶段教育面临的各种问题。解决这个问题不能仅仅靠理解，没有公平，这对矛盾解决不好。

（四）在社会和学校之间质量的距离最短

老百姓对中国教育的需求，已经由原来对数量公平的追求转化为对质量公平的诉求。过去老百姓有学上就行，现在要上好学。择校热、择班热、择师热的根本是对教学质量的选择。社会对教育提出的新要求，主要矛盾、主攻方向是质量。

概括起来就是：解决现实和理想之间的矛盾，靠改革，靠深化改革；解决教师和学生之间的矛盾、师生关系存在的问题，靠师德；解决学校和家庭之间的矛盾，靠公平，靠均衡化改革、标准化建设；解决社会和学校之间的矛盾，靠质量，质量是关键，要主攻质量。

二、山西教育改革发展要做好“五个围绕”

（一）践行立德树人根本任务，围绕系统和长效做好文章

要结合山西的实际将立德树人的任务具体化，把建设立德树人的制度体系和长效机制作为教育改革的重要方向。所有的改革举措都要朝着一个方向，那就是完成立德树人的根本任务。完成这个任务要依靠“三大支点”。第一个支点是“价值引领”，这是立德的要求。要研究社会主义核心价值观怎么贯穿立德树人的全过程。在这一方面，我们现在口号多、虚功多，实招还是比较少的。第二个支点是“能力培养”。立德树人不是一句口号，也不是一组口号，它既有“德”的要求，也有“能”的支撑，所以能力培养非常重要，教育改革措施都要为提高学生的能力服务。第三个支点是“全面发展”，德智体美劳“五育并举”。价值引领、能力培养、全面发展三管齐下，就可以践行立德树人根本任务，做好系统长效的文章。

（二）学前教育要围绕普惠和健康做好文章

现在学前教育面临的突出问题是“三个缺”：第一个是缺学位，幼儿园的学位满足不了需要；第二个是缺师资，这方面缺口更大，现在合格的教师和保育员是稀缺资源；第三个是缺制度安排。一要解决量的问题，在量上突破，解决供给和需求之间的矛盾。当资源稀缺的时候，主攻方向是增加供给，所以要千方百计增加学位，要多做些普惠的文章，多办一些公办幼儿园，鼓励民办幼儿园向普惠性方向发展。二要抓好师资建设，解决师资短缺的问题。可以断言，学前三年教育将决定着未来若干年省际竞争的质量和水平。哪个省份的学前三年教育做得好，十年、二十年后见效果。要着力培养一大批合格的学前教育教师，这是我

们面临的很大的任务。此外就是健康，学生的营养得跟上去，要把营养餐、营养改善计划都落实好，这既是公平措施，又是发展措施，还是改革措施。总之，要围绕普惠和健康发展好学前三年教育。三要做好制度安排。要逐步推进学前三年教育立法，如果立不了法就先把管理体制理顺，纳入人才培养全链条来考虑。同时，研究相关政策，形成完整的制度安排体系。

（三）义务教育要围绕均衡和优质做好文章

义务教育改革、城乡标准化、均衡发展、特岗教师等，山西都做得不错，要坚持下去，进一步做好。在义务教育阶段，为确保均衡优质，要辩证理解学习和负担的关系，处理好两件事情：一个是减轻学生学业负担，另一个是对校外培训市场加强管理。针对减负，目前出现了“学校减负，社会增负；教师减负，家长增负”的现象，这个加减法要辩证地看。学习要辛苦一点，哪有成才不辛苦的道理？但是，我们要做到辛苦而不痛苦。现在的问题是痛苦，这里涉及对素质教育概念的全面理解。素质教育不是在一片快乐声中全面放松管理，要让我们的学生将该经历的过程都要历练、经历过，酸甜苦辣都要能尝到，但要让他们感到这是在成长，不是一种痛苦，这是我们教育要解决的非常重要的问题，需要好好研究。在教师和学生的关系上，教师减什么？学生减什么？在课业方面增加什么、减少什么？给家长增加什么、减少什么？家长该承担的责任都得承担起来，加强引导，共同育人。教育是一项系统工程，这几大要素各有各的作用，缺了任何一个都不行。大家在做好“减负”的同时，也要相应地把市场好好整顿一下。这是我们自己给自己创造良好的发展环境。要先从我们内部查起，先清洁自己、先洗澡，然后再整顿校外培训市场。关于优质，首先是优质资源共享，山西实行的盟区、学区化、集团化办学都是优质资源共享的很好的做法；然后是通过抓师资队伍、抓课改、抓教学方法，提高教育质量，这是根本。义务教育就要围绕均衡和优质做好文章。

（四）职业教育要围绕就业导向和德技兼修做文章

山西的职业教育还比较薄弱，和全国平均水平是有一定差距的，还需要下些功夫。把职业教育这件事办好，对山西未来发展有重大意义。另外，省属高校要从山西经济社会发展的需求出发，探索走应用型发展的路子。地方高校中少办一些综合性大学、多办一些应用型大学，这个转型对地方经济社会发展有很大的意义。

（五）高等教育要围绕质量和内涵做文章

当前，高等教育外延发展的阶段已经结束了，我们面临的问题是质量和内涵。以提高质量为中心，以内涵发展为主要方式，各走各的特色路，各打各的优势仗，这是高等教育的发展方向。

加快革命老区教育改革探索步伐*

党的十八大以来，江西省委、省政府将习近平总书记关于教育的重要论述与江西教育实际紧密结合，全力推动教育事业发展，扩大教育改革受益面，提升人民群众的获得感，依托省情实际，注重内涵发展，突出改革成效，严格责任落实，创造出一系列有特色、可复制的成功经验。

一

这次来江西调研，有几点印象比较深，我概括为几个觉醒。

一是省情觉醒。我们在江西深深感受到江西的领导同志、教育战线的同志对省情的深刻把握，我称之为省情觉醒。这种觉醒，就是大家都反复介绍的：江西需要发展，江西的问题需要靠发展解决，发展需要创新支撑、创新驱动、创新牵引。创新要靠人才，根本还在教育。这是一种非常深刻的省情觉醒，在这种觉醒中确立江西教育的历史方位，找准江西教育的历史使命，发展意识、创新意识、人才意识就在这种觉醒中牢固地树立起来了。这种省情觉醒，使江西在教育发展和教育改革方面制定的政策符合江西的实际，没有去做那些超越发展阶段的事情，没有干那些“花钱赚吆喝”的事情。在基础教育方面施行的“六大工程”，办得都很好，无论是中央财政还是省级财政的资金，用得都有效，解决了问题，提高了教育发展带给人民群众的获得感，扩大了教育改革带给

---

* 在江西教育工作座谈会上的讲话，2017年7月22日，南昌。

人民群众的受益面。省情觉醒是我们教育事业的重要基础和起点，换个角度讲，省情觉醒就是对江西经济社会发展规律、对江西教育发展改革规律认识所达到的新水平。

二是质量觉醒。江西的职业教育和基础教育的教学质量是比较高的，职业教育和经济发展的吻合度高，和产业的结合度高，产教融合、校企合作有江西的特色。更重要的是职业教育教学、学科建设、专业发展和市场需求对接得比较好，所以就业率较高。江西还开展了高校学科和专业的评估工作，撤销了一批专业点，是一项创新性的改革，说明江西的高等教育在推进应用型转变的过程中，正在由外延向内涵、由数量向质量转变，这是一种质量觉醒。沿着这个方向走下去，江西的教育会发生质的变化。在特定发展阶段，我们看一个省的教育怎么样，是看有多少学校；但在新的发展阶段，看一个省的教育办得怎么样，是看高质量的教育占多大比例。教育部今后不发“帽子”，“帽子”得自己去争取，靠质量、靠特色。中国教育发展到今天，不是再多办几所学校的问题。高等教育的质量要根本改变，不是扩大招生，而是宽进严出，把规则严起来，把质量提上去，这就是我们发展的方向。现在我们办着全球最大规模的教育，但大而不强，学科的建设、对人才的评价，都需要好好研究。江西带了一个好头。马克思讲，物的有用性使物具有使用价值。学科建设也是这样，人才也是这样，学科和专业如果缺乏有用性，就不具备使用价值。当然，这和物是有区别的，因为文化的传承和发展有它的特点。在文化传承方面，我们不能丢掉一些冷僻学科，哪怕是只招几个学生，为了文化的传承，我们也要发展。但是，对于滥竽充数的专业，该停办的就要停办。今天的中国教育，要来一场质量觉醒。

三是改革觉醒。我深深地感受到，江西的同志们已经认识到，解决江西教育发展面临的问题，无论是质量问题、公平问题，还是教育发展的环境问题和教育结构的优化问题，都要靠改革，这叫改革觉醒。江西省委、省政府在教育综合改革方面出台了“1+N”系列文件，一个总的顶层设计，若干个专项改革方案的配套措施，实施效果很好。这种改革觉醒，是全面深化改革的觉醒，不是单项改革的觉醒。也就是说，在全面深化改革的背景下，我们对教育发展规律、教育改革规律的把握达到了新的水平、新的高度。突出表现就是把中央关于教育改革的一系列总体部署和江西教育改革的具体实践结合起来，深入贯彻习近平总书记关于教育的重要论述，解决江西教育面对的特殊问题，针对性强，改革的效果很好。

四是责任觉醒。这两天给我介绍情况的每一位同志，对江西教育事业发展取得的成绩、对自己单位发展取得的成绩，都充满自豪感，同时都要讲一句话“责任分解、责任到人”。以上率下，责任分解，层层述职、一级保一级，还有约谈考核的保证机制，加起来形成了一种责任体系。我感到仅仅用责任分解，不足以说明江西的特点，所以我用了责任觉醒。我们所做的每件事、每项工作，都需要唤起我们思想深处的责任感、使命感。江西这一点做得非常好，非常认真，非常负责。有了这种责任觉醒，那么改革、发展，中央的整体部署，省委、省政府的决策，都能一贯到底、落到实处。唤起思想深处的责任意识、使命意识，这叫作责任觉醒。

五是价值觉醒。我这里说的价值觉醒，指的是价值观方面的觉醒。我在江西的红色土地上，深深地感受到，以升华为主要特征的价值觉醒正在江西大地上发生，主要是红色基因、红色文化。党的十八大以来，在以习近平同志为核心的党中央领导下，在全面建成小康社会的决战、决胜阶段，开创了这种新局面，红色文化正在发生新的升华，这种升华已经深深地体现在江西教育的各个方面。这种价值觉醒非常重要。全国高校思想政治工作会议精神的贯彻落实，就是在这种价值觉醒下，在江西有了鲜明的特色，已经取得阶段性成果。

二

这次调研还有一个任务，就是了解全国高校思想政治工作会议精神的贯彻落实情况。结合调研发现的问题，我就提高高校思政工作质量和水平谈几点感受。

一是老生常谈“不谈”。我们现在的思政课，老生常谈太多，要改进，做到老生常谈“不谈”。教师不要老说那些老话、空话、套话、官话，不要做“四话教师”，“四话教师”没出路，要讲出新话来，要结合人民群众创造性的实践，结合改革和发展活生生的案例，结合教师自身的体验，来阐释中国特色社会主义，阐释党的十八大以来我们党理论创新的最新成果，阐释习近平总书记治国理政的新理念新思想新战略，创造性继承、创新性发展、适应性转化。

二是人云亦云“不云”。思政工作、思政课要有自己的特点、自己的风格、自己的水平，不要人云亦云。既不胡说八道，又不人云亦云，这考验水平。不要总是试图去嚼别人嚼过的馒头，要学会综合各种食材，蒸好自己的包子。现在人云亦云的东西太多，“网云亦云”的东西也太多，跟网、跟风，缺乏一种独立思考的创造精神，这样是没有办法提高思政课的质量和水平的，也是没有办法提高思政工作的水平的。思政工作的对象是人，是活生生的人，每个个体都有自己的特殊体验、特殊经历、特殊诉求，人云亦云不行。

三是亦步亦趋“不趋”。不要总跟在别人后面走，要走自己的路。要有追赶的标杆，给自己定一个目标，始终追求卓越。我这里讲的“亦步亦趋‘不趋’”，就是说要正确处理教育者和受教育者之间的关系，在不同的思想发展阶段，提供有针对性、亲和力的教育，同时又不断追求卓越。思想政治工作要善于打造自己的风格和特色。

四是自娱自乐“不乐”。思想政治工作、思政课绝对不是一个自娱自乐的事情，不能自拉自唱、自娱自乐。思政课教师要做“二表人才”，既要会表现，也要会表演。表现就是说师德为上、行为世范，做学生人生的导师。这是生命之学，始终要以你的表现、你的行为去影响学生。表演就是说要和学生一起、和团队一起，把思政课演成一幕入情入理的好剧，担当好在思政课体系中的角色、在学生成长过程中的角色。每个人都要有角色意识，以此知行合一、教学相长，履行好思政课教师和辅导员的职责。

对接经济社会需求，探索特色教育之路*

海南教育30年走过的路实际上就是中国教育100多年来走过的道路的缩影。这种教育发展道路，走过的历史过程，有三个特点。

第一个特点是嵌入式发展。在海南经济社会发展系统自身基础上没有产生出现代教育，现代教育是外部力量镶嵌进来的，是嵌入式的发展。海南建省之前，基础教育是嵌入式的，民族教育是嵌入式的，高等教育也是嵌入式的。从建省走到今天，特别是经过“十二五”，海南的现代教育有了很大的发展，但仍然是嵌入式的。这种嵌入式的发展模式，需要把海南内部系统和外部系统有效对接起来，形成一个教育发展的动力源。海南建省之后，国家对海南的基础教育和高等教育给予了强力推动和支持，形成了现在的教育结构。嵌入式发展的关键就是要把这种动力源、动力结构维护好。中国教育100多年走的路也是这样。从洋务运动前后开始我们引进现代教育的因素，逐步办了一些现代教育。新中国成立初期，我们按照苏联模式调整院系；改革开放之后打开国门，中国教育和世界教育的关系越来越紧密。教育部对海南教育发展给予特殊的关照和很大支持，三套政策系统叠加在一起。第一套是特区政策；第二套是中西部政策，海南的发展按照中西部省份的政策给予支持；第三套就是国际旅游岛建设政策。这都是外源性的动力。今后还要实现一个转变，把这种嵌入式的教育发展模式，逐渐转变为开放型的教育发展模式。海南教育的发展要在开放型的环境中来谋划，始终维护好教育发展外力推动的动力源。教育部将一如既往地对海南教育给予支持。

---

* 在海南教育工作座谈会上的讲话，2017年7月24日，海口。

第二个特点是内生性成长。光有嵌入是不够的，现代教育的因素嵌入海南经济社会发展的系统，实际上是实现了一种高位嫁接。嫁接后能不能生存下去，关键是看能不能实现内生性成长。内生性成长就要看现代教育的因素与经济社会发展需求的有效结合。在这方面，海南建省以来结合省情做了大量的探索，积累了丰富的经验，内生性成长有了很多创造性探索。嵌入式发展需要一个外力系统的推动，这个外力系统主要是国家的政策支持，内生性成长需要内部形成一个机制，这个机制最重要的就是把教育摆在优先发展的战略位置。下一步海南教育的发展，特别是规划今后三十年的发展，要在内生性成长制度安排和机制建设上多下功夫。中国教育也是这么走过来的，这就是我们始终强调中国特色教育的原因。中国特色、世界一流的依据就在这里，这是一个需要很长历史阶段消化转化的过程。西方教育系统被移植进来，会水土不服，需要我们培育它、转化它，慢慢让它成为我们的土特产，成为中国特色，现在我们要将它出口了，这就叫中国特色、世界一流。

第三个特点是特色化进步。现代教育进入海南经济社会发展的系统之后，与海南的资源条件和经济社会发展的需求紧密结合起来，走了一条海南特色的发展道路。我今天看海南大学，印象最深的是从华南农学院开始到现在，有学科基础、有海南特色的学科，如“热带农业和海洋开发”的发展很好，闯出了自己的天地。从海南大学的历史可以看出，在某一个特殊的发展阶段，这个学校曾经向着综合性大学的目标奋斗过一段时间，学科设置、专业发展向综合性大学发展。还是要特色化进步，这是一个发展规律。决定你的水平的叫特色，没有特色就没有进步。

这三个特点说明，没有外力推动就没有发展，没有内生机制就没有成长，没有特色就没有进步。

下面对海南教育发展提几点建议。

学前教育的主题是健康。经过两期学前教育三年行动计划，海南的学前教育有了历史性的进步。要让孩子通过学前教育，能够从营养、行为这些基本的方面健康成长，从自然基础和社会基础两个方面，为进入义务教育阶段打下很好的基础。学前这三年是智力发展的重要阶段，要跟上。人的行为方面也是这样，“三岁看大，七岁看老”。所以第三期学前教育三年行动计划主要集中在营养和智力方面。

义务教育的主题是权利。义务教育是权利教育、法定教育。在现行体制下每一个适龄的中国人都有权利接受义务教育。所以维护权利很重要，要让每一个适龄学生都能够接受义务教育。这个阶段有两大困难。一个困难就是提高巩固率。现在海南的巩固率比全国平均水平略高一点。另一个困难是提升质量，实现从有学上到上好学的转变。有学上是数量需求，上好学是质量需求，这都是老百姓的权利。

高中阶段的主题是普及。这里讲的普及是提高基础上的普及，不是普及基础上的提高。现在高中的普及率在85%以上，我们已经基本完成了普及基础上的提高。高中阶段要抓好提高基础上的普及，现在的“大班额”“择校热”“择师热”“择班热”主要集中在高中阶段，因为它一头连着初中义务教育，一头连着高等教育和社会。这个阶段的质量特别重要。所谓提高基础上的普及，主要是一个质量概念。

职业教育的主题是就业。要以就业为主导办好职业教育。海南的职业教育是有特色的，就业率很高。职业教育的主题是就业，要以就业为指导来抓好职业教育。

高等教育的主题是创新。创新才有特色，创新才有地位，创新才有核心竞争力。创新就是从学校所在的特殊环境的比较优势出发，聚焦经济社会发展的重大问题，集中力量打歼灭战。现在“双一流”计划就是一个创新计划。

关于贯彻落实全国高校思想政治工作会议精神，从海南的情况看，我觉得还要处理好几个关系。

一要处理好中央精神和学校实际的关系。就是说我们一定要把习近平总书记关于高校思想政治工作的系列重要论述，同我们各自的实际、各自面临的特殊问题结合起来。就中央精神来说，要深刻领会本质和要义，吃透精神，不是简单地学一学、读一读、谈谈体会，而是要把核心要义吃透，真正用来指导我们的工作，这是增强“四个意识”在高校领域的具体要求。我们还要改造我们的学习，改造我们对中央精神、对习近平总书记系列重要讲话学习的方式。形式化的学习要尽可能少一些。善于指导学习，不善于狠抓落实，是我们目前存在的一个问题。因此，在领会和贯彻中央精神方面要增强坚定性和自觉性，在从实际出发方面要增强针对性和创造性，把这二者结合起来。

二要处理好时间和空间的关系。就是说思想政治工作，既是时间运动学又是空间定位学。所谓时间，是说学生的思想状况、教师的思想状况不仅是时间的变量，而且是流量，不是存量。要使思政课活起来，以活的理论、活的实践、活的经验、活的案例来解决活的问题。要给思想政治工作加强实践因素，让它动起来。所谓空间，是说每一个问题的发生都有它的特殊环境，每个思想政治工作对象都是在特殊环境下学习、生活、工作的，我们的各项措施要精准。时间因素要求动态，空间因素要求精准，我们要处理好这种关系。时间因素需要我们高度关注亲和力，空间因素需要我们高度关注针对性。

三要处理好内容和形式的关系。这一段时间我调研了一些学校，感觉高校贯彻全国高校思想政治工作会议精神在形式方面想得比较多，但在内容方面下的功夫少。当然，形式方面也很需要，但内容方面一定要具体化。内容要注重具体化，就是具体到特殊的问题、特殊的对象，这样才能有效果。否则，我们的思想政治工作就是“隔靴搔痒”，解决不了问题。形式要注重时代化。网络时代，我们要努力创新思想政治工作的方法体系，使思想政治工作尽可能少一些隔膜和代沟。把内容和形式的关系处理好，思想政治工作才会有质感、有温度、有力度，才可触摸、有感觉。

从“期待”着眼，改进督导；为基层着想，完善督导*

开学督导这项工作非常重要，和一般的督导不一样，符合教育发展规律。教育规律是什么？就是各项工作都具有积累的特点。积累机制的一个重要节点，就是每学期开学的时候，起始年级学生开启了人生的新征程，在校生开启了更上一层楼的新征程，教师们在课程的设计上、在教学的规划上要实行节点的转换。所以，开学督导工作非常重要。正因为这样，国家教育督导委员会把新学期的督导作为常规工作，每学期都要组织进行督导。

山东新学期开学的工作做得很好，主要有三点：一是工作细致。假期的督导、开学的固定督导，都做得很到位。制定开学工作方案，抓人员到位、责任到位、措施到位，为新学期的开学工作打下很好的基础，考虑得很细。尤其是每一次开学督导都和可能发生的问题结合起来，超前谋划、超前应对，这个办法有特色。对校园贷等金融诈骗事件的应对措施也很细致。二是保障到位。督导的一个重要内容就是看保障条件怎么样。大家对新学期保障条件都讲得很到位，讲得到位是因为保障条件到位，这为新学期的工作提供了很好的物质基础。三是执行有力。所谓执行有力就是执行党中央、国务院关于教育的各项方针，省委、省政府关于教育的各项决策到位。各级各类学校结合各自的特色，有一些新的创造、新的探索，各有各的高招、各有各的创造、各有各的打算，充分体现出山东在教育方针政策落实方面的执行力。

---

* 在山东省秋季开学督导座谈会上的讲话，2017年9月16日，济南。

开学督导工作对教育改革和发展具有重要的作用。在推进过程中还有一些需要完善的地方。

一要从需求侧进行督导。主要是精准预测群众对教育需求的变化情况，如城镇化进程中给教育提出的新要求，各项改革给教育提出的新要求。督导要深化、要改善，首先要从需求侧入手，看群众对教育的新期待、政策带来的新变化、全局性问题带来的新挑战。这样，我们的督导就能真正起到引导的作用。督导不是督后，而是督前。

二要从供给侧进行督导。供给侧主要是看保障、看条件，凡是和满足教学需要相关的各项条件变化情况都要进行认真督导。供给侧这一头是做好教学工作的根本支撑，是提供条件的，如校舍、学位、教材等。要督导校舍准备得怎么样、学位够不够、设施设备为主的保障条件够不够，特别是督导教材怎么样。教材每年都会有新的情况，统编教材开始使用，这会带来一系列的变化，需要着重督导准备得怎么样、做得怎么样、有没有什么新问题。需求侧是看期待，跟群众连接在一起；供给侧是看保障，和支撑条件挂在一起。

三要从政策层面进行督导。就是看和新学期相关的教育方针政策贯彻落实的情况。这是看方向。这里面也是可以发现一些问题的。比如有的同志说，要更好地实现专家治校、教育家办学。一般而言，这句话是对的，但我们还提倡政治家办学、办教育。我们中国特色社会主义教育，书记、校长要成为政治家、教育家，书记要成为懂教育的政治家，校长要成为懂政治的教育家。另外，专家治校是有特定含义的。在政策层面，一是看落实，二是看方向。督导工作要在这个方面下功夫。

四要从环境方面进行督导。环境督导主要是看安全、看保障。和以前相比，现在学校教育的生态、教育的环境发生了很大的变化。我们要在这方面认真研究。学校所在的环境、教师教学的环境、学生就学的环境，都发生了意想不到的变化。有这么两个词——“超过预料”“意想不到”。“超过预料”是一个认识问题，是认识能力的问题。因为受各种信息供给的制约，你预料不到。“意想不到”，是一个价值问题，不是一个认识问题。因为“善”是我们思考行为问题的起点，所以我们总是把事情往好的方面想。但是，往往环境的变化、条件的变化不尽如人意，所以意想不到。

五要完善督导工作的方式方法。督导是抓落实的一个重要方法。要总结这些年开展督导工作的经验，特别是总结各地的经验、好的做法，从而形成一些模板。现在各种督导很多，教育督导减不了，所以我们要认真地考虑为基层、为地方减负。过去大家都往上跑，现在大家转变作风都往下跑，这是两个极端，都需要认真研究，要辩证地看。都跑到下面来，也是有问题的。从学校角度讲，如果都跑到大学里检查、调研、督导、填表，大学还办不办了！地方也是一样，上面千条线，基层一根针。这一根针竖起来，早晨穿一根线，中午穿一根线，下午再穿一根线，还缝不缝衣服了！我们得好好研究。

在时间上也要认真研究。一个是开学这个节点，同时考虑能合并一些内容就合并一些内容。总之要为基层着想，使我们的督导既要及时，更要科学，既要完成督导任务，又要方便基层工作。

在学生成长过程中，要注意在以下几个方面进行引导。第一，成才是一个艰苦的过程。不要以为快快乐乐、舒舒服服就能成才。第二，成才是要付出代价的，是要拿成本的，不是国家全包下来的。这个观念我们一定要树立起来。第三，教育是非常重要的，但教育绝对不是万能的，不是什么事都归教育管。在这个问题上，要好好总结。

用高原精神办好高原教育*

西藏自治区党委、政府深入领会、认真践行习近平总书记关于教育的重要论述，特别是“改变藏区面貌，根本要靠教育”的重要讲话精神，真正把教育摆在优先发展的战略地位。自治区党委、政府用心办学，援藏干部、教育干部和支教教师用心支教，自治区广大教师用心从教，实现了西藏教育在公平、质量、发展环境上的新跨越。

要立足全局、结合当地实际做好西藏教育工作。一是继续抓好双语教育。注重从娃娃抓起，夯实基础、提高质量，使孩子们学好国家通用语言，传承中华优秀传统文化。二是加大对中等职业教育支持力度，要“立足产业抓职教，抓好职教促产业”“依托企业抓职教，抓好职教兴企业”“围绕就业办职教，办好职教促就业”。三是探索走应用型高校转型发展之路。要建设好特色学科和专业示范点，积极服务地方经济发展。

教育系统广大援藏干部教师忠诚履行职责、践行教育理想、默默无私奉献，应该予以肯定。广大援藏干部教师要处理好五方面关系。一是“送经”和“取经”。既要做好“教育真经”的“送经”者，又要做好西藏“实践真经”的“取经”者。二是教学和求学。既要传授内地的教育观念、教学模式、教育资源，也要深入学习、了解西藏自治区的区情教情。三是成长和成熟。既要推动西藏教育体制机制的成长成熟，也要实现自身的成长成熟。四是支援和受援。要辩证看待、正确认识教育援藏工作的长期性、历史性，推动教育援藏工作健康发展。要认识到我

* 在西藏调研教育工作时的讲话要点，2017年、2020年，拉萨。

们既是来援藏的，也是来接受西藏人民对我们的援助的，对我们人生历练、成长过程的援助。五是完成和完善。既要完成肩负的支教重任，也要通过这一特殊历练，完善人格、提升境界，让援藏经历成为人生中的无悔篇章。

统编三科教材是我国教材建设非常重要的标志性成果。西藏高中已开始使用统编三科教材，要扎实做好准备工作和使用跟踪指导。教师要通过学习研讨，吃透教材内涵，优化知识结构，问题集体找、讲课集体备、效果集体评、培训集体干，聚焦学生核心素养，不断提高教学质量。思政课是落实立德树人根本任务的关键课程，是各级各类学校的灵魂之课。要挖掘语文、历史等学科的思政元素，推进课程思政建设，提升育人能力、水平和效果。

这些年，西藏教育取得了巨大成绩、发生了历史性变化。党中央历来高度重视西藏教育事业发展，要全面贯彻新时代党的治藏方略，坚持党的教育方针，推动西藏教育高质量发展。

一是抓住“三个历史性机遇”。要立足“两个一百年”奋斗目标历史交汇期，把握好中央第七次西藏工作座谈会召开、教育脱贫攻坚战取得决定意义成果、“十四五”规划的历史性机遇，科学谋划、推动教育进入高质量发展快车道。

二是做好“四个强化”。要重新梳理教育总体思路和工作布局，强化中华民族共同体意识教育，强化国家通用语言文字推广使用，强化高质量援藏工作，强化教育事业发展基础。

三是建设“四个体系”。要适应国家进入高质量发展阶段需要，推动西藏建设利于民族地区长期繁荣稳定的高质量教育体系，建设特色职业教育体系，建设中华民族共同体意识统领下的教材体系，建设服务全民、终身学习的学习体系，让教育发展成果更多更公平惠及西藏各族群众。

促进上海教育再上一个新台阶*

上海教育一直走在全国教育的前列，这次推进会的召开，必将直接而有力地促进上海教育再上一个新台阶，也必将间接而深远地影响全国的教育工作。借这个机会，我想谈谈对上海教育工作的体会，概括起来就是两句话。

第一句话：点赞上海教育成功做到“四个率先”。

一是率先启动。在党的十八届三中全会作出全面深化改革的部署之后，上海于2014年初在全国率先启动了教育综合改革。在教育系统大名鼎鼎、在全社会也颇有名气的“一市两校”教育综合改革，“一市”就是上海市，“两校”就是北京大学、清华大学。“一市两校”三驾马车率先起跑、先行先试，各地各校紧随其后，形成了教育综合改革万马奔腾的生动局面。

二是率先探索。俗话说，艺高人胆大。对重大的国家教育改革，上海都勇挑重担、积极争取。比如，这次高考改革，是恢复高考以来最全面、最深入、最系统的一次改革，同时也是最复杂、最困难、最具风险的一次改革。上海跟浙江一起，把试点的任务担了起来，积极探索“两依据一参考”的新高考模式，对“教—考—招”各环节进行了全链条的整体改革。“三年磨一剑”，2017年首考圆满、顺利。中央改革办、国家教育咨询委员会的评估都认为，改革试点实现了预定目标。高校反映，新高考录取的学生在综合素养、专业认同、知识结构多样性等方面

* 在教育部、上海市深化教育综合改革2018年度工作推进会上的讲话，2018年4月22日，上海。

比其他省份学生更为突出。

三是率先受益。率先启动、率先探索，必然率先受益。例如，上海在全国第一个整体通过县域义务教育均衡发展国家评估认定，现在正在推进高位均衡。上海连续两次取得国际学生评估项目（PISA）测试第一的成绩。上海的思政课广受欢迎，习近平总书记作了重要批示、给予高度肯定，易班走出上海、走向全国。特别是因为有一批高水平的大学，上海成为第一个综合性国家科学中心，不仅推动了上海区域经济社会发展，也为实施国家重大战略发挥了重要支撑作用。

四是率先带动。一方面是带动“近邻”，完善长三角“三省一市”（江苏、浙江、安徽、上海）教育协作发展机制，促进区域教育资源要素的开放共享。另一方面是帮助“远亲”，加大对对口支援地区的教育帮扶力度，推进优质教育资源和制度创新成果的分享交流。

这些成绩的取得很不容易，既是市委、市政府对教育事业的关怀和支持的结果，也是上海教育战线敢为人先、先行先试的结果，从一个侧面生动地反映了新时代教育战线的拼搏奋斗和实践成果。

第二句话：期待上海教育有效破解“三类问题”。

问题是时代的声音，倒逼着我们推进工作，决定着我们做好教育工作的实践形态。当前，我国教育事业已站在一个新的历史起点上，中央对教育提出了新的更高要求，人民群众对教育充满着新的期待，全球教育发展孕育着新的变局，进入新时代的中国教育改革发展面临许多新情况新问题。新情况是什么、新问题有哪些、新办法在哪里，需要我们进行深入系统的调查研究和思考。为此，按照习近平总书记关于“要在全党大兴调查研究之风”的要求，教育部把2018年作为教育系统的“调查研究年”，印发《关于在教育系统大兴调查研究之风的意见》，并制定专项调研工作方案。目前，在开展相关调研工作，全面调查研究经济社会发展对教育提出的新需求、人民群众对教育产生的新期待，找到教育教学和办学治校的本质规律，找到推进教育改革创新的思路举措，找到解决问题的正确办法，切实做好新时代教育改革发展各项工作。

上海教育工作走在前面，已经解决了很多中西部省份面临的问题，正在破解不少中西部省份还没有触及的问题，还在探索一些引领全国教育乃至全球教育未来发展的问题。我们希望，上海坚持以习近平新时代中国特色社会主义思想为指导，全面贯彻党的十九大、十九届二中全会、十九届三中全会和全国两会精神，立足自身、着眼全国、放眼全球，加快步伐、攻坚克难，继续在完善党对教育工作领导的体制机制，加强教育系统党的建设，做好学校思想政治和意识形态工作，落实立德树人根本任务，培养担当民族复兴大任的时代新人上先行先试；继续在完善教育公共服务体系，补齐教育事业发展短板，全面提升教育品质，增强教育国际影响力和竞争力上加快推进；继续在提高现代教育治理能力，激发社会力量兴办教育，推进产教融合和校企合作，增强教育发展内在动力上改革创新；继续在完善现代教育保障体系，营造更加良好的教育改革发展环境，全面落实教育优先发展战略地位上不懈探索。既有力提升上海教育现代化水平，又为全国教育工作积累丰富经验。具体来说，我希望上海能够着力破解三类教育问题。

一是社会众说纷纭、群众较为关切的问题。比如，减轻学生课业负担问题，有的说现在学生课业负担重，天天都在拼命“刷题”，玩不好、睡不足、近视眼，没法全面发展，要继续减、一减到底；有的说，在全球范围比较，我们的学生负担不是重了，只是中等，现在要做的不是“减”而是“加”，这样才能够为赢得国家未来、赢得国际竞争打好基础。我们要深入研究担当民族复兴大任的时代新人，到底要负担什么、负担多少，哪些负担重了、哪些负担轻了，等等。总的来说，德育、体育、美育、劳动教育、创新思维、实践能力要“加”，无谓的考试、单纯的刷题、机械的训练要“减”。再比如，与这一问题相关的校外培训问题，到底要不要校外培训，要一个什么样的校外培训，校外培训什么，以及校外培训与校内学习到底是什么关系，也要深入研究回答。目前，上海在规范校外培训发展方面，已经做了不少工作，要继续做好，让校外培训回归教育本质，成为学校教育的有益补充，成为学习型社会的重要部分。对这类问题，要高一个层次去看、低一个层次去办。之所以要高一个层次去看，是因为，如果只是与现有观点在同一个层次思考，那只能是众多观点中的一个，无法去统领、去引导、去说服。之所以要低一个层次去办，是因为，客观地说，现在的很多办法已陷入僵局、进入死胡同，必须另想办法，想更具体、更细致、更精准的办法。总之，要立足全局视角、正视现实需求，不为现有观点所惑、不被社会舆论所迫，进一步总结创新性探索、提升规律性认识，谋划实招、推出硬招、打出组合拳。

二是各方共识虽高、进展始终有限的深层次体制机制问题。比如，教育经费投入问题，“再穷不能穷教育、再苦不能苦孩子”是社会的广泛共识，但从全国情况看，在教育投入上，有的地方还是不到位，有的在预算平衡中被“瘦身”。上海经济发达，教育经费一直比较充裕，不需要在“筹好钱”上犯愁，但要在“花好钱、管好钱”上着力，根据上海率先实现教育现代化的战略目标和教育改革发展的阶段性特征要求，及时调整优化教育经费投入结构，更多地用于人的身上、用于提高质量上、用于补齐短板上。再比如，教师队伍建设的问题，尊师重教是中华民族的传统美德，但现在社会中确确实实存在“重教不尊师”的现象。这种现象的出现，原因很多，既有社会大环境的变化、教师已不是知识唯一来源的现实状况，也有教师队伍自身存在的问题，更有教师地位、待遇和教育权保障机制不完善等问题。要有针对性地破解教师管理上存在的体制机制障碍，解决好青年教师的困难，推出更有力的吸引优秀人才赴薄弱学校和郊区学校长期扎根任教的政策举措。对这类问题，只要党委、政府高度重视，切实把教育摆在优先发展的战略地位，再加上教育部门切实加强教师师德和育人能力建设，就能够更好地提升教师整体水平。

三是预示未来发展、充满多种可能的趋势性、苗头性问题。我们常说，我们所处的是现代社会，那么现代社会到底是一个什么社会？从一个角度看，现代社会是一个多样社会、技术社会、风险社会。“多样社会”是说思想观念多样，人们借助互联网技术和新媒体渠道，很容易接收到不同的、异质的甚至相互冲突的观点和看法。我们的教育工作要落实立德树人根本任务，培育和践行社会主义核心价值观，加强思想政治教育和品德教育，就要时刻关注、跟踪、预判活跃的思想世界，在多元中立主导、在多样中成主流、在多彩中强底色，这样才能增强我们工作的针对性、时效性。“技术社会”是说科技创新日新月异，社会生活的方方面面都打上了技术的烙印，被技术进行了深刻的改造。具体到教育领域而言，我们说科技发展对教育的影响是革命性的，那么它会如何触及教育体制机制、如何触动“教”“学”关系和形态、如何触发教育的深层次革命？我们要充分利用科技革命带来的机遇，有效应对其带来的挑战，培养有理想、有本领、有担当的时代新人，建设中国特色、世界水平、人民满意的现代教育。“风险社会”是说任何一个局部的突发的事件都可能导致和引发一场大的社会灾难。这就要求我们切实加强防范，认真做好风险研判，切实维护校园安全稳定，防止社会的事件和风险向教育领域输入，营造一个和谐稳定的教育改革发展环境。特别是上海这样处于改革开放最前沿的大都市，在引领未来发展、检验治理水平的问题上需要格外重视。

面向新时代探索教育改革发展新思路*

教育是民生之首，更是百年大计。深化新时代教育改革、促进新时代教育发展，要以习近平新时代中国特色社会主义思想为指引，围绕人民群众关心的热点难点问题统筹部署推进；要同国家和当地经济社会发展需要紧密结合，按照教育规律和人才成长规律办事，通过改革使教育成为民族创新的发动机。

加强和改善教育系统党的建设，要在“教、育、党、建”四个字上下功夫。

特色在“教”，就是要在教师、教材、教学、教法和教标五方面努力。与其他领域相比，教育系统规模庞大、知识密集、思想活跃，要把思想政治和意识形态工作放在突出重要的位置，引导广大知识分子和青少年学生牢固树立“四个意识”，坚定“四个自信”，做到“两个维护”，永远跟党走。

本质在“育”，就是要履行好立德树人的根本任务，服务于培养德智体美全面发展的社会主义建设者和接班人的需要，切实把党建工作成果转化为立德树人的实际效果，培养出担当民族复兴大任的时代新人，作出教育系统独特的、有别于其他系统的贡献。

灵魂在“党”，就是要以党的意志为意志，以党的旗帜为旗帜，以党的使命为使命。党政军民学，东西南北中，党是领导一切的。对教育事业而言，党的领导既是政治要求和根本保证，也是最大优势和发展机

---

* 在湖北省调研督察时的讲话，2018年5月26日。

遇，更是逻辑必然和历史必然。要全面加强党对教育工作的领导，完善相关的体制机制和制度设计，让教育成为党的事业最吃劲的部分，与民族的未来同频共振。

基础在“建”，就是要面向新时代不断寻找新思路，用改革的方法促进创新，将地方经验与全国经验相结合，共同推动党建和思想政治工作发展。“旧船票”登不上“新客船”。我们不能做新时代教育系统党的建设的“老把式”，要研究推出新的、更为具体的、更加精准的举措，以改革创新的“钥匙”打开困难问题的“铁锁”，开启通向未来的“大门”。

农村教师特别是民族地区、贫困地区的教师，他们身上肩负着国家农村教育事业发展的沉甸甸的历史责任。他们工作中面临着这样或那样的困难，许多条件和城市没法比。即便如此，他们通过自己的努力在贫困地区、农村地区，点亮了现代化的星星之火。教师这个职业最大的特点在于，它是教育者和被教育者的心紧紧地连在一起的职业，也就是师生心心相系的职业。这一点在农村教育工作者身上，特别是在新一代的教育工作者身上得到了体现。现在看，我们需要根据党的十九大精神，根据新时代教育发展的历史使命，重新认识中国的农村教育。

第一，农村教育是“在农村”的教育。空间上是在农村的教育。我们长期以来看农村教育，是在城市化加速推进的背景下来看的，我们采取的政策措施都是在这个背景下推动城乡一体化的政策措施。这个问题我们需要重新认识，认识我们农村教育的优势在哪里、特色在哪里。我们要发展“农村教育+”，在城镇化的过程中，不能丢了农村教育的优势和特色。

第二，农村教育是“富农村”的教育。我们要在乡村振兴战略的总格局下重新认识农村教育。在农村办教育是要富农村，不是给农村“输血”，而是“造血”。我们的资源配置、各项政策的设计和实施，都要考虑这一点。

第三，农村教育是“为农民”的教育。农村教育的对象是农村孩子。我们要让他们享受优质公平的教育，通过教育让他们健康成才，将来不管是在什么地方创业、生活，他们都能记住家乡、记住乡愁。而现在，我们的教育在这些方面做得不够。

根据这三点，我们需要重新构架现在的农村教育，目的就是要让农村教育能够更好地适应农民的需要、农村的需要、农业发展的需要，更好地适应乡村振兴战略的需要，更好地适应新型城镇化的需要。

以质图强、内涵发展，建设南方教育高地*

这次来到广东、来到深圳，参加2018年度部省会商会，与同志们共同学习贯彻习近平新时代中国特色社会主义思想和党的十九大精神，共同研究推动新时代广东教育工作实现新发展，创造出更多可推广、可复制的广东经验，为新时代教育改革发展作出新的广东贡献。一直以来，广东都是改革的试验场、开放的南风窗，演绎着改革开放的广东故事、中国故事，在党和国家的事业全局中发挥着重要的探索、引领、支撑作用。教育方面也是如此。所以对广东的教育，我特别关注。我谈三点意见：一是从教育部的视角怎么“看”广东的教育，二是从新时代的视角怎么“办”广东的教育，三是从省部双方的视角怎么“完善”合作的机制。

第一个问题，从教育部的视角怎么“看”广东的教育。在教育的百花园中广东教育异彩纷呈、光彩夺目，可以概括为“五个题”。

一是对中央的命题，全面予以贯彻落实。进入新时代以来，以习近平同志为核心的党中央高度重视教育，提出了一系列关于教育改革发展的新理念新思想新战略，深刻阐释了“培养什么人、怎样培养人、为谁培养人”这一教育工作的根本命题，出台了涵盖教育改革发展稳定各领域的政策文件和改革方案。对这些党中央关于教育工作的新要求和新部署，广东都不折不扣地全面贯彻落实。比如，党的十九大精神在全省教育系统传达学习的全覆盖；完善高校意识形态安全体系，建立了三项机

---

* 在教育部与广东省政府部省联席会议上的讲话，2018年6月12日，深圳。

制、五项制度、六项责任制；对深化教育体制机制改革、深化高等教育领域“放管服”改革、做好新时代教育对外开放工作等，都制定了专门的实施意见；等等。

二是对教育的议题，始终给予特别重视。广东省委、省政府历来把教育摆在优先发展的战略地位，把教育议题摆在事关广东未来发展的关键位置，主要负责同志亲自调研、亲自部署、亲自协调，推动教育不断实现新的发展。广东教育有两个特点：一个是教育经费始终保持快速增长，另一个是财政性教育经费增长速度快于全口径教育经费增长速度。在教育经费基数已经很大、财政总体收支压力较大的情况下，任何微小的边际变化都意味着巨大的努力程度。这体现的是魄力，展现的是眼光，因为我们常说一句话：投资教育就是投资未来，办好教育才能赢得未来。

三是对改革的难题，不断加大力度破解。今天的改革是深水区的改革，面临的难题可谓“一山放过一山拦”，广东不断加大推进力度，力求加快突出重围。比如，针对省域内各市县差距较大的现状，加大省级统筹力度，推进“工作统筹、资金统筹、考核统筹”三统筹，加快补齐短板，切实兜住底部。再比如，学前教育入园难、入园贵、监管弱问题，义务教育“大班额”、“择校热”、农村弱、课外负担重、校外培训机构无序发展问题，职业教育缺乏吸引力问题，高等教育千校一面、缺乏特色问题，都是涉及全国、困扰各地，中央关心、社会关注、百姓关切的热点难点问题，广东在这些方面“结硬寨、打呆仗”，真刀真枪、稳扎稳打，取得成效。学前教育毛入园率大幅提升，达到较高水平；全省整体通过义务教育基本均衡国家评估认定；职业教育提出校企精准对接、精准育人“双精准”，激发校企两个积极性；以高水平大学、高水平理工科大学“双高”建设对接国家“双一流”建设，特别是高度重视、合力共建直属高校，一直都很积极、很主动，支持力度很大，不但有力支持了直属高校的改革发展，而且在全国起到了很好的示范带动作用；提出“新师范”概念，实施“强师工程”，建设高素质教师队伍。就以深圳为例，深圳被誉为中国的创新之城，在高等教育发展上，一直是高投入、大手笔。从2002年就开始建设大学城，“栽得梧桐树，引来金凤凰”，目前多所高校已在此安家落户。会商会后，我们还将去参加中山大学深圳校区的奠基仪式。中山大学要紧紧抓住这一新的发展机遇，进一步辐射港澳，对大湾区高等教育发展积极发挥支撑和引领作用。

四是对社会的话题，持续引导向好改善。老百姓非常关心三件事：住房、医疗和教育。对这三件事，人们的关切是不一样的，因为不是每家都要买房子，不是每家都会有病人，但是基本每家都会有孩子、人人都要受教育。教育始终是人们热议的话题。客观地说，这些话题、观点、想法，有的反映了人民群众的真切感受和内在心声，有的富有真知灼见，加以研究就可付诸实践，但也有一些违背教育规律、脱离基本国情、超越发展阶段的说法。一定要把这个问题解决好，把舆论的压力转化成工作的动力，更加广泛地凝聚共识、形成合力。广东在这方面做了很多工作，采取多种形式，加强对教育政策的宣传阐释，积极引导社会预期，不吊高群众胃口。总的来看，在各方的共同努力下，关于教育的舆论不断向好改善，给推进教育改革创造了一个良好的环境和氛围。

五是对发展的主题，切实有效加快转变。经过多年坚持不懈的努力，进入新时代的教育工作，主要任务就是在实现“有学上、不失学”的基础上，加快从量的扩张到质的提升的根本转变，彻底解决“上好学、终身学”的问题。广东在这方面见事早、行动快、有效果。早在2013年就提出了“创强争先建高地”，对“以质图强、内涵发展”作出安排部署，到2020年建成在国内有较大影响力的南方教育高地。据了解，2017年广东就实现了全省教育强镇、教育强县、教育强市的全覆盖。真正实现教育发展主题的转变，既涉及先导性的思想观念的彻底转变，又涉及基础性的体制机制的系统调整，这绝非一朝一夕之功，广东要作出更大的努力。

习近平总书记说："时代是出卷人，我们是答卷人，人民是阅卷人。"可以说，在教育改革发展这张新时代的考卷上，广东积极思考、认真答题，成绩令人满意。

第二个问题，从新时代的视角怎么"办"广东的教育。要坚定正确方向、明确政策指向、把握发展走向，着力紧盯"三个点"。

当前，我国教育改革发展已进入新时代。"新"就新在中央的新要求，要全面加强党对教育工作的集中统一领导，发展具有中国特色、世界水平的现代教育，培养德智体美全面发展的社会主义建设者和接班人，培养担当民族复兴大任的时代新人。"新"就新在群众的新期待，要满足人民日益增长的美好生活和教育的需要，加快解决教育发展不平衡不充分的问题，办好人民满意的教育。"新"就新在发展的新需求，要加快教育现代化，培养创新型人才，产出创新型成果，为经济转型、创新驱动和乡村振兴提供有力支撑。"新"就新在全球的新趋势，要坚持继承优秀教育传统，积极借鉴国际先进经验，加快实现从全球教育发展的跟随者、并行者到领跑者的转变。这些既是客观的形势，也是有力的挑战，更是难得的机遇，关键在于我们怎么认识、怎么把握、怎么应对。我认为，要着力紧盯"质""量""度"三个点。

一是牢牢把握不变的"质"。"质"就是性质，就是要牢牢把握中国教育的社会主义性质，"咬定青山不放松"，在事关教育性质的问题上始终保持头脑清醒、政治坚定、变化敏感、反应迅速。习近平总书记强调，改革方向一定要准，行驶一定要稳，尤其是不能犯颠覆性的错误。我想，具体到教育来说，就是指的这一点。要坚持社会主义办学方向，全面加强党对教育工作的领导，结合广东工作实际，研究探索全面加强党对教育工作领导的有效体制、运行机制、工作模式和实践路径。要立足广东地处改革开放和意识形态斗争"两个前沿"，切实加强学校思想政治和意识形态工作，防范西化分化图谋和宗教渗透，切实维护教育系统和谐稳定。要全面加强教育系统党的建设，针对大中小学不同层面、公办民办不同领域、出国留学和来华留学不同类型，扩大党组织覆盖面，解决不同程度存在的弱化、虚化、边缘化的问题。要以树人为核心，以立德为根本，深入培育和践行社会主义核心价值观，加快完善大中小幼一体化的德育体系，培养学生认知、合作、创新、职业等关键能力，加强体育、美育和劳动教育，促进学生全面发展、成人成才。

二是努力调好可变的“量”。“量”就是我们常说的存量和增量，总的导向是继续扩大增量、加快调整存量，要把这一思路和导向贯穿到各项具体工作中。比如，关于教育经费投入的问题，也就是大家常说的4%问题，这是国际公认的基准指标，在1993年写入《中国教育改革和发展纲要》，坎坎坷坷近20年，终于在2012年实现了这一目标。党的十八大以来，我国教育经费总数每年都会新增两三千亿，始终保持在4%以上。现在这一指标已经成为海内外观察中国教育的一个窗口，能否持续保持并稳步提高，不仅是钱的事，更关乎我们的形象。党中央、国务院要求的是“一个不低于、两个只增不减”。“一个不低于”是对国家总体的要求，就是不低于4%。对各地要求的是“两个只增不减”，就是确保财政一般公共预算教育支出逐年只增不减，确保按在校学生人数平均的一般公共预算教育支出只增不减。广东是教育大省，要加快建设教育强省，必须继续加大教育投入，没有真金白银，就买不来“金刚钻”，就干不好“瓷器活”。但同时，要更加注重根据教育发展主题的转变和客观的需要，加快调整教育经费结构，加快实现从重“物”到重“人”的转变，从重点扶“强”到重点扶“弱”的转变，更多地用于人的身上、用于提高质量上、用于补齐短板上。再比如，关于教师队伍建设的问题，这是教育改革发展最基础的工作。尊师重教是中华民族的传统美德，因为各种原因，现在出现了“重教不尊师”的现象。教育从本质上讲，就是以教师去化育。清华大学老校长梅贻琦先生曾形象地说，学校犹水也，师生犹鱼也，其行动犹游泳也，大鱼前导，小鱼尾随。如果没有一支高素质的教师队伍，如果不能重振师道尊严，如果不能让教师在职业上有获得感、在社会上有荣誉感，那么我们的教育就没法百尺竿头更进一步。所以，既要改革教师教育体系，完善教师招聘机制，把好教师的入口关，做好增量的文章；更要加强现有教师队伍的关爱扶持、培养培训、师德师风，提高地位待遇，做足存量的文章，激发内在的活力。还比如，关于教育信息化的问题，也就是我们常说的科技革命与教育的关系问题。有人说，进入工业时代以后，一部教育的发展史就是一部教育与科技的赛跑史，相互赶超、相互引领。今天，我们已经进入一个科技大爆发的时代，有的说是第四次科技革命，有的说是第二次机器革命。广东要更加重视研究科技革命对教育的影响，推进教育与科技的深度融合，创新教育发展和演进的新“算法”，加快实现教育的新变革。

三是加快提升必变的“度”。这个“度”，就是发展程度。只要我们把握住了不变的“质”，调整好了可变的“量”，那么教育发展程度就一定会加快提升。教育的发展程度既是绝对的，要满足经济社会发展和人民群众的需要；也是相对的，要努力在万马奔腾中一马当先、脱颖而出。要与兄弟省份比一比，做好教育改革的排头兵，有针对性地创新体制机制、补齐短板漏洞，加快构建现代教育公共服务体系。要与港澳地区比一比，争做大湾区建设的“领头羊”，有针对性地发挥社会主义制度的优越性，增强内地的吸引力，凝聚起共同前进的向心力。要与世界水平比一比，打造全球教育的新高地，坚持以我为主、为我所用，有效提高自身实力，积极扩大全球影响力。2017年，广东经济总量接近9万亿元，今年有望进入10万亿元俱乐部，比世界上大多数国家的一国总量还要大。要加快把经济的硬实力转化为文化的软实力，教育具有不可替代的独特地位和作用，关键看怎么用。

总之，新时代的广东教育工作有必要、有责任、有基础、有条件、有优势再上一个新台阶。

第三个问题，从省部双方的视角怎么“完善”合作的机制。要有效增强机制的活力，在“三个词”上下功夫。

教育部与广东省的会商机制从2011年就建立起来了，回顾这些年，会商机制经受住了实践的检验，达到了预期的效果。时移事易，我们要立足教育改革发展的形势和任务，研究思考机制自身建设的问题，有效增强机制的活力，在“三个词”上下功夫。

一是以“统分结合”去创新形式。现在，我们每年开一次会商会，这还不够。今后，要有不同层面、不同形式、不同主题的会商，让会商成为交流看法、碰撞智慧、创造思想的机制。今天我们已经签了“双一流”共建协议，下一步关键看怎么发挥作用、怎么推进落实。怎么发挥作用？我想，就是要以“双一流”建设为引领，围绕雄安、海南、大湾区、贫困地区这四个支点和“一带一路”这一线，借鉴特区改革发展经验，对中国教育在战略上进行破题，探讨中国教育改革创新之路。怎么推进落实？我想，就是要通过双方全方位的协商，落实对双方有约束的协议，最终达到建设一流大学和一流学科的目的。教育部将认真履行协议，全力支持广东高等教育事业发展。在粤直属高校要立足广东，更加积极主动地为区域发展作出更多、更新、更好的贡献。

二是以“守正出新”去谋划内容。教育是一个慢变系统，很多问题急不得，要久久为功。每年的会商问题既要立足新时代、新征程，把握新思想，提出新举措，有新的东西，也要扭住重大的、关键的问题持续发力，不达目的誓不罢休。

三是以“人民满意”去衡量效果。会商的目的是要实现教育事业的新发展，转化成人民群众可感知的实际成果，要以人民满意度来衡量我们的机制是否成功。

弘扬浙江精神，推进浙江教育再上新台阶*

今天参加部省会商会，听了有关情况介绍，我很受鼓舞、很受启发，特别想说几句心里话。

第一句心里话：教育部特别高兴与浙江建立会商机制。

之所以说特别高兴，是因为我们看出了浙江不一样的地方，主要是“五看”。

一看党委政府，也就是浙江有能够把教育摆在优先发展战略位置的省委、省政府。省委、省政府主要领导多次到学校考察调研，看望师生，破解教育难题，明确工作要求。今年4月，省委主要领导主持省委常委会，专题研究了支持浙江大学建设发展问题。

二看发展基础，也就是浙江教育已经具备了临界点突破的发展基础。在事业发展上，浙江各级各类教育毛入学率均远超全国平均水平，学前三年入园率达到97.6%，高中阶段教育毛入学率为96.5%。从教育投入看，浙江教育投入一直位居财政支出首位，这在全国也是走在前面的。

三看理念思路，也就是浙江提出了能够加快教育向上突破的理念思路。这次会商，浙江提出了十个新的重点任务建议，包括：大中小幼德育一体化、基础教育改革、高考综合改革、“双一流”建设、应用型人才培养、中外合作办学、高教园区转型升级、民办教育改革发展、教育便民服务、深化教育体制改革。这十个点，既落实了中央要求，又回应了百姓期待，还突出了浙江特色，有重点、有亮点、成系统。

---

* 在教育部、浙江省共同推进新时代浙江教育改革会商会上的讲话，2018年6月28日，杭州。

四看改革力度，也就是浙江一直保有稳健的教育改革力度。2014年，浙江勇担重任，与上海一起承担了高考综合改革试点任务。在各方的共同努力下，2017年平稳落地，实现了预期的目标，达到了预期的效果，为推进全国改革积累了宝贵的经验。当然，中间也出现了一些问题，但都得到妥善处理、圆满解决。类似的改革还有很多。

五看全国版图，也就是浙江在全国的教育版图上具有重要的支点意义。浙江地处长三角，经济社会发达，在教育改革发展方面取得的成绩和经验始终为各方所关注，一直是兄弟省份学习的榜样，也是很多国家政策的起源地和示范田。推进新时代的教育改革发展，就必须继续发挥和用好浙江这一支点，着力先行先试，着力辐射推广，由点到面，星星之火，可以燎原。

通过这“五看”，我们决定与浙江建立部省会商机制，双方合作站在一个新的起点上。这样，就有了我的第二句心里话。

第二句心里话：教育部特别希望浙江作出新的贡献。

作出新的贡献就要呈现新的气象、实现新的作为。习近平总书记提出了“干在实处、走在前列、勇立潮头”的浙江精神。面向未来，做好新时代浙江教育工作，就要大力弘扬浙江精神。具体来说，我有三点建议。

一是在落实中央精神上“干在实处”。进入新时代，以习近平同志为核心的党中央对教育改革发展提出了一系列新理念新思想新战略，作出了一系列工作安排部署。习近平总书记强调，“一分部署，九分落实”。要把中央关于教育的决策部署转化为浙江大地的生动实践，就必须干在实处、务求实效。要加强党对教育工作的全面领导，坚持党管办学方向、党管改革，充分发挥党委总揽全局、协调各方的领导核心作用，健全党委统一领导、党政齐抓共管、部门各负其责的教育领导体制。要全面贯彻党的教育方针，大力培育和践行社会主义核心价值观，着力提高学生适应时代要求和终身发展需要的关键能力，健全家庭教育、学校教育、社会教育的协同机制，面向全体学生加强体育、美育、心理健康教育，培养德智体美全面发展的社会主义建设者和接班人。要坚持社会主义办学方向，全面加强学校思想政治工作和教育领域意识形态工作，有效维护教育系统和谐稳定，为全社会的稳定工作作出教育系统应有的贡献。要有效提升教育系统党建质量，加快实现党组织建立的全面覆盖、组织活动的全面参与，把教育系统基层党组织打造成办学治校、教书育人的坚强战斗堡垒。

二是在破解教育难题上“走在前列”。俗话说，凡事有一利必有一弊。我国教育经过多年的快速发展，在取得巨大成绩的同时，也出现了不少困难和问题。只要我们克服这些困难、解决这些问题，我们的教育就能百尺竿头更进一步。要着力解决好事关人民群众切身利益的热点问题，综合采取加大经费投入、调整使用结构、动员社会参与、激发教师活力、运用现代技术、营造社会氛围等方式，针对学前教育入园难、入园贵、监管弱，义务教育“大班额”、“择校热”、农村弱、课外负担重、校外培训机构无序发展等问题，持续发力、久久为功，不达目的誓不罢休。要着力解决好事关国家战略实施的重点问题，综合采用调整教育的区域、学科、专业、类型、层次结构，以及推进产教融合、校企合作，加强高校基础研究等举措，全面提高创新型人才培养水平，产出一大批经济社会发展急需的创新型成果。浙江大学是在浙江的部属高校，既要落实国家战略，也要服务浙江需求。这次签署的“双一流”共建协议，给予了浙江大学有力的支持，浙江大学要以自己的实际行动，全面深化学校综合改革，切实加快“双一流”建设，输送更好的人才，产出更多的成果，努力回报浙江省委、省政府的关心和浙江人民的厚爱。要着力解决好事关教育长远发展的核心问题，全面贯彻落实《中共中央国务院关于全面深化新时代教师队伍建设改革的意见》，重振师道尊严，切实提高教师职业的吸引力、教师身份的荣誉感。

三是在推进改革创新上“勇立潮头”。今年是改革开放40周年。回望过去40年，我们一路走来，顺利实现了从站起来到富起来的转变。展望未来，经济环境更加多变，社会思想更加多样，只有做到习近平总书记始终强调的“改革不停顿、开放不止步”，才能实现从富起来到强起来的转变，最终建成社会主义现代化强国。教育的发展也是这样，没有持续的改革输入就没有强劲的发展输出。要进一步深化高考综合改革试点，切实当好排头兵、先遣队，深入挖掘、分析、总结试点中积累的第一手材料和经验，为全国改革继续先行探路，努力绘制出一幅有山有水、山清水秀的高考改革地图，全面测试好一套定位准确、反应灵敏的高考导航系统。要深化办学体制改革，加快推进民办教育分类管理，办成高质量、高水平、示范性的民办教育，引领兄弟省份民办教育改革。要深化投入体制改革，既注重完善经费投入的稳定增长机制，又切实加快教育经费使用结构的调整，把经费投入结构从服务“量的增长”加快转变为服务“质的提升”。

我坚信，只要我们认真贯彻落实习近平新时代中国特色社会主义思想，大力弘扬浙江精神，就一定能够做好各项工作，有力推进新时代教育改革。

第三句心里话：教育部特别重视地方的分类探索。

我国是一个大国，从东到西，从南到北，各地情况千差万别，发展水平有高有低，面临的教育问题各不相同。在党的集中统一领导下，在坚决贯彻落实中央决策部署的前提下，鼓励各地各校积极探索、奋力创新，形成一马当先、万马奔腾的生动局面，既是我们的一条成功经验，也是我们始终面临的一个现实问题。处理好了就是成功经验，处理不好就是现实问题。

实践证明，部省会商就是一种成功的有效机制。通过会商，部省之间共同学习中央精神，一起研判困难问题，相互表达各自关切，携手深化重点改革，从而不断达到一种新的动态平衡。形象地说，就是减少了改革中无序的“布朗运动”，形成了工作上直接的“量子纠缠”，要改一起改，要动一起动，感情上有共鸣，认识上有共识，行动上有共建，结果上有共享。

此前，教育部已经与上海、广东等地建立了会商机制，每年开一次会商会，研究讨论重大问题，取得了很好的效果。在与上海的会商会上，我就提出要建立部省会商诊断、试点、创新、示范、务实“五个机制”。在与广东的会商会上，我提出要对会商机制的形式、内容和效果进行升级，就是统分结合升级形式、守正创新升级内容、人民满意升级效果。浙江会商机制是新建机制，有后发优势。我们要在借鉴上海、广东会商机制经验的基础上，把浙江会商机制建得更好、用得更好，把浙江教育办得更好。

拿出破解教师负担问题的实招硬招*

教师是立教之本、兴教之源。党中央、国务院高度重视中小学教师减负工作。为中小学教师减负，是习近平总书记的嘱托，是广大教师的期盼，是事业发展的需要。办学有规律，学校有主业。各级党委和政府要减少不必要的检查评比、各种和教学活动无关的事情，不能动辄让学校停课，出人出场地办活动，更不能把招商、拆迁等“摊派”给学校。优化教育教学环境，让教师安心、热心、舒心、静心从教，回归教育的本质、坚守教育的初心，把宝贵的时间和精力配置到教书育人的主业、立德树人的使命上来。

要从加强新时代高素质创新型教师队伍建设角度，做好制度设计，拿出破解教师负担问题的实招硬招，为教师安心静心地从教营造良好环境。

一是找出来。要统筹研究、科学分析，精准把握教师减负的内涵。从内外部环境、教师素质等方面找出负担的具体内容，明确教师减负的目标和要求。凡是与教学活动无关或关系不大、额外由教师承担的方方面面工作，都是要减少的。

二是分清楚。对于不同类型的教师负担，要分清来源、划清边界、确定性质，采用适应性的方法去化解。要坚持问题导向，认真梳理分类，找准问题根源，定向精准发力，通过减轻教师负担，优化教师队伍建设、理顺教师管理方式。

---

* 在山东调研教师减负工作时的讲话要点，2019年7月11日。

三是想明白。要认真研究教师负担的危害、成因及产生的机理，立足事业长远发展辩证地看待，从专业化生产、机制化管理、科学化评价、体制化培养四个方面认清现代教育的特点。部门之间要达成共识，确定标准，研制教师减负清单。

四是盯住改。要采取措施，坚持有限治、重点治、分类治、创新治、专业治、刚性治，从比较容易治理、教师反映强烈的有限目标抓起，重点治理关键问题和关键环节，科学化解不同地方、不同学段教师负担，创新治理机制，把教师专业发展作为治本之策，啃下教师减负中的“硬骨头”。

切实推动中小学教师减负，全社会要形成合力，协同营造推动教师减负的良好教育生态。

共建职业教育创新发展高地*

职业教育是“十四五”期间教育事业发展的一个重点。“十四五”期间职业教育发展要处理好六个关系。

第一个关系：普职关系定模式。就是要处理好普通教育和职业教育的关系，探索中国特色职业教育模式。这两年我们在职业教育方面的一个重大突破和收获，就是确立了职业教育和普通教育是两种不同类型的教育的定位。其核心内涵，就是普通教育和职业教育具有同等的地位，没有高低之分；两者是不同的教育类型，同等重要。我这里讲的普职关系定模式，就是要根据这样的认识来确定今后中国职业教育发展模式，而不再是过去那种普通教育录取之后，职业教育再录取，有高低之分；也不再是公务员和事业单位工作人员招聘时，职业院校毕业生禁入。这是一个重大的思想解放。去年，我们已经在这方面迈出了一些步伐、采取了一些措施。“十四五”时期，将是全面落实这些改革措施的时期。当然，这将是一个更为长期的历史过程。这个关系既涉及高职，也涉及中职。这么多年来，我们一直坚持“普职比”的要求，就是基于这方面的考虑。“普职比”可以有高有低，到底怎么确定，要根据各省份具体情况来看，依据就是类型教育的定位。

第二个关系：产教关系定供求。就是要处理好产业和教育的关系。职业教育是直接服务于产业发展的。现在还不同程度地存在着职业教育和产业“两张皮”的现象，教育热、产业冷，衔接不紧密，职业教育的

---

* 在教育部、江西省共建职业教育创新发展高地启动大会上的讲话，2020年8月25日，南昌。

结构特别是专业不适应优化经济结构、推动高质量发展的需要。下一步，我国职业教育改革发展必须在这方面下更大功夫，核心就是要把职业教育人才培养和产业发展的供需两端更加紧密地结合起来，而不是像现在这样有些学生培养出来之后适应不了需要。解决好产业和教育的关系，必须建立健全职业教育发展机制，如把专业建在产业链上、把学校建在开发区里。

第三个关系：校企关系定机制。过去，职业学校大部分是建在企业里。改革开放以来，相当一部分企业剥离了职业教育功能。从以往实践看，学校究竟是建在企业内部，还是通过其他一些机制把它们结合起来，这并没有一定之规。制度经济学中有一个基本原理，专门阐述市场是怎么产生的：市场原来是在企业内部的，当交易成本大到一定程度时，就会把市场即销售从企业里分割出来，进而形成独立的外部市场。当外部费用高到一定程度时，市场交易又会内部化。我们职业院校建设也是这样。过去我们的企业是全能型企业，什么职能都有；现在发展到这一步，我们要适应经济社会发展新的需求，对校企关系进行新的探索。探索的方向有两个：有的可以引校入企，把学校引入企业，内化为企业的一个组成部分，德国就有很多这样的企业；还有的可以引企入校，把企业的要素引入学校，如共建实习基地，推动“双师型”队伍建设，建立“旋转门”，师傅可到学校来当教师，教师也可到企业去工作一段时间，互相学习、互相促进。这就是所谓的“双元制”：企业一元，学校一元。在此基础上，更好地把普通教育和职业教育衔接起来，建立互联互通的“立交桥”。

第四个关系：师生关系定方法。职业教育中的师生关系不同于普通教育中的师生关系，它在很大程度上类似于过去的师徒关系。所以，现在我们在职业教育中推行现代学徒制，以师带徒。所谓师生关系定方法，建立健全现代学徒制是核心。职业教育中的学校像企业、教室像车间、课堂像工段、教师像师傅、学生像学徒、教案像图纸、作业像产品，实训内容要占教学内容相当大的部分。

第五个关系：中外关系定特色。经过这些年来的努力，我国职业教育发展已积累了一些经验，各省份都有一些高招，各校都有一些探索。中国职业教育是当今世界规模最大的职业教育，但在为世界提供中国职业教育发展方案、智慧、道路等方面仍然做得不够，还缺乏示范性、引领性。所以，要使中国职业教育真正走向世界，不是取决于规模，而是要靠质量和特色。习近平总书记关于教育工作的重要论述，很重要的一点就是突出强调牢牢抓住“中国特色”这个关键。对此，我们既要有信心，也要付出更大努力。这几年中国职业教育在走向世界的过程中，创造了一种新的组织形式，就是“鲁班工坊”。一些发展中国家到中国来考察，谈得最多的也是职业教育，他们在这方面有很强烈的需求。这就启发我们，发展职业教育，不能动不动就是德国经验，特别是德国的“双元制”。我们现在所实行的“双元制”，立足于中国并着眼于解决中国实际问题，有很强的中国特色。我们要通过高地建设，把中国特色职业教育模式建立起来。

第六个关系：省部关系定责任。这次省部下发文件，明确了教育部给江西的政策支持，我们将根据文件把这些政策坚决贯彻落实好。落实政策的第一责任人是我，具体责任人是分管副部长。在试点推进过程中还需要什么政策，我们还可以具体协商。地方承担的具体建设任务，省里领导都作了具体部署，并对涉及的部门提出了明确要求。让我们共同把各自责任履行好，携手把高地建设好，努力把提质扩容任务完成，为我们国家“十四五”乃至更长时期的职业教育创新发展提供江西模式、江西样板。这是我们共同的责任。

建设职业教育高地，助力两岸融合*

经过多年努力，中国职业教育现在已进入一个历史最好的发展时期。

建设职业教育高地，助力两岸融合，要做到“五个一”。

一是坚持“一个保证”。要始终坚持党对教育事业的全面领导这个根本保证，在职业教育高地建设中，要始终把握这个基本准则。

二是落实“一个理念”。职业教育和普通教育是两种不同类型的教育，职业教育是类型教育，不是层次教育，和普通教育完全平等。类型教育的理念，是解放思想得出的一个成果。这几年职业教育的大改革大发展，就是在类型教育理念指导下进行的。

三是高举“一面旗帜”。要高举建设技能型社会这一旗帜。对于当今的中国来说，建设技能型社会尤其重要。建设技能型社会的目的，就是让人人都要学习技能、拥有技能、热爱技能。有了技能支撑，就能解决问题。职业教育高地建设要把“建设技能型社会”这面旗帜高高举起来。

四是贯彻“一个大战略”。这个大战略就是促进两岸融合。厦门职业教育高地建设要为促进未来两岸教育共同发展谋篇布局。要认真研究自身职业教育发展方向，作出榜样。要筹划与台湾在职业教育方面怎么加强融合、合作，这是大战略。习近平总书记在福建考察时，已经对两岸融合问题作了部署，支持厦门职业教育发展，助力两岸融合，就是把两岸融合融入我国职业教育高质量发展的大战略中。

---

* 在教育部、福建省支持厦门职业教育高质量发展助力两岸融合启动仪式上的讲话，2021年4月6日，厦门。

五是实现“一组目标”。第一，为福建经济社会发展培养人才。职业教育要努力培养更多高素质技术技能人才、能工巧匠、大国工匠。当前建设技能型社会，需要大规模培养技术技能型人才，让他们掌握一技之能，这是人才发展的目标，也是社会主义建设者和接班人在职业教育、培养目标、人才培养规格上的具体体现。第二，服务区域发展。产教融合、校企合作是对职业教育发展规律性的重要探索，要深化产教融合、校企合作。福建省特别是厦门市有很多成功的做法，要总结好经验。要充分发挥产教融合的功效、校企合作的优势，让学校成为企业的培训基地，让企业成为学校的实训基地，双向进入、双向融合。第三，为改革探路。职业教育发展在建设技能型社会历史进程中，需要什么样的体制支撑？需要消除哪些体制性障碍？中国特色的职业教育模式结构怎么构建？这些都是需要探讨的重大问题。现在我们完全有条件创立中国的职业教育模式，职业教育高地要有责任、有信心建立职业教育的“中国模式”。第四，推动交流合作。2016年以来，我们探索了一种国际交流合作的载体——“鲁班工坊”。在发展中国家尤其在非洲国家建立了一批“鲁班工坊”，非洲国家的教育部长跟我谈的最多的就是职业教育，说明他们需要“鲁班工坊”。未来，我们有可能用中国职业教育的优势、经验和资源，在教育国际交流合作中，在海外开辟新的发展区域。

做研究型、务实型、创新型、服务型的意识形态工作*

为深入推进党中央关于教育决策部署和年度重点工作落地见效，我们研究提出了“顶层设计、分层施工，条条督导、块块统筹，条块协同、狠抓落实”的总体思路，明确了“指挥到位、责任到位、督导到位、行动到位、效果到位、研判到位”的工作要求，对建立狠抓落实工作新体制作出了系统设计安排。“顶层设计”就是党中央作出的教育重大决策部署。“分层施工”就是瞄准贯彻落实，教育部党组负责总体统筹，梳理难点弱点，找出堵点痛点，指出各省份需要加强的方面；省、市、县各级教育战线种好责任田，推动党中央的决策部署落地生根、开花结果。“条条督导”就是教育部各业务司局，切实承担狠抓落实的责任，管业务就要抓落实，定政策就要保落实，采取多种形式加强对地方的指导服务，推动落实工作机制长效化、常态化。“块块统筹”就是将全国分成几个责任区，教育部党组成员分区督战，整体推动中央和地方各层面围绕抓落实同频共振、同题共答。“条块协同”就是条条块块协同起来狠抓落实，健全部署、督促、执行、反馈的工作闭环，努力构建上下联动、左右协同、内外合力的工作格局。

采用这样一种体制性办法狠抓落实，目的在于为“十四五”开好局、起好步，推动教育事业开启新的局面，从实际出发做一些新的探索。教育战线方方面面都需要在狠抓落实基础上进行新的探索。这里我主要说一下意识形态工作。今年是建党百年、辛亥革命110周年，各种

---

* 在河北省教育工作座谈会上的讲话，2021年4月15日。

重要敏感节点集中，做好今年教育战线意识形态工作事关全局，非常重要，防“黑天鹅”，保安全稳定，时刻都不能放松。教育战线是意识形态风险多发的地方，高校是意识形态工作的前沿阵地，事故易发多发，各种代表人物云集，受各种思潮影响最重，要高度关注。同时，网络很复杂，我们还在摸索管理规律，要高度关注网络安全，探索建立新的意识形态工作机制。

第一，要做研究型的意识形态工作。不能一般化，否则要误事。要充分发挥社会工作人员的力量和作用，研究意识形态，要结合传统、思潮、心理、学生成长等因素综合研判。

第二，要做务实型的意识形态工作。现在学生的思政工作得到重视，但教师的意识形态工作还不够完善。一些教师在作出贡献的同时，思想认识上还存在一些问题，社会、高校要进行引导。另外，学生社团建起来要管、要辅导，辅导员不能只挂名。

第三，要做创新型的意识形态工作。思政课、网络管理、政治管理要创新。不创新，怎么过网络关？去年暴发新冠疫情，我们撑起了史上最大规模的在线教育，但部分教师网络素养有待提高的问题凸显。教师在网络理论方面可能有长处，但是在网络实际应用方面不一定赶得上学生。

第四，要做服务型的意识形态工作。让教师和学生实实在在地有获得感，实现全面发展，这样他们就会跟我们党走了。

要充分认识意识形态领域工作的复杂性、严峻性，以更加务实的作风、有力的举措、严格的标准来落实意识形态工作责任制，牢牢把握意识形态工作主导权。

一是要强化风险研判。坚持底线思维，聚焦重要时间节点和各类敏感时段开展节点研判，围绕敏感热点问题开展专题研判，针对突发事件开展应急研判，全面增强意识形态领域风险感知能力，着力防范化解重大风险。

二是要强化阵地管理。加强课堂、教材、论坛等各类宣传思想阵地管理，坚决防范校园传教，不断提升网络意识形态事件应对处置能力，坚决统筹好校内校外两个战场、网上网下两条战线，确保宣传思想阵地政治方向正确。

三是要压实主体责任，推动教育系统严格落实新修订的意识形态工作责任制实施细则，切实提升高校二级学院政治风险发现力、研判力、处置力，加强对中小学意识形态工作的指导，确保教育领域政治安全和校园稳定。

努力建设中国特色世界一流大学和一流学科*

我们党提出建设“世界一流”大学和学科的战略设想，是逐步完善、逐步细化、逐步建设的过程，是高等教育事业发展实践的过程。我们为什么提出“世界一流”、提出“中国特色”？为什么从“一流大学”发展到“一流学科”？这是中国教育事业发展的必然要求，是中国教育走向世界的必然过程。“双一流”不仅是一个建设规划、一个方案，还是一种思想、一种评价标准，应当进一步加以完善。

一

高等学校要抓党的领导，党的领导是中国特色教育的灵魂，必须坚定不移地贯彻党的教育方针，加强和完善党对高校的领导；要抓要务，要务就是发展，对高等学校来说，载体就是“双一流”，要建设中国特色的一流大学，发挥引领作用，形成扎根中国大地的办学思想体系和办学特色；要抓改革，教育发展的动力就是改革，要持续推进高等学校综合改革，致力于中国特色现代大学制度的建设，改革也是调整，要注意把握教育规律，重视教育发展中的积淀，实现无震荡改革，无阵痛调整；要抓稳定，在稳定中推进“双一流”建设、推进综合改革，高等学校责任重大，要总结过去长期保持稳定的成功经验，结合新的历史条件下经济社会发展的特点和青年成长的规律，实现高水平的稳定局面，为国家改革发展稳定大局服务；要抓未来，谋划未来，做好长期的战略规划。

---

* 在北京大学、中国人民大学、北京师范大学、中国农业大学、北京林业大学调研时的讲话要点，2016年7月，北京。

二

努力建设中国特色世界一流大学和一流学科，就要处理好一流大学和一流学科之间的关系，要实现平滑过渡、辩证协调，有针对性地解决突出问题，这将成为今后一个时期高等教育事业改革发展的重要抓手。

“双一流”建设应当是一种教育思想，也是一种教育评价体系。要注重办学质量和水平，加强制度建设，努力引领高等教育的发展方向。希望继续推进改革发展，梳理我们党独立探索中国特色高等教育发展道路的宝贵经验，在建设世界一流大学和一流学科方面走在前列。

三

从中国特色的角度，我觉得我们追求的“双一流”应该包括以下几个方面。

中国特色的世界一流大学。我们的大学、我们的高等教育，既是世界的，也是中国的；正因为是中国的，将来才是世界的。

中国风格的世界一流学科。我们的学科建设，尤其像农学这种有鲜明特色的学科和一些人文学科，必须充分吸收、继承、发扬中华优秀传统文化。我国是世界三大农业发源地之一，粟、稻就是我们驯化的，其他一些主要农作物走向世界，我们也作出了重要贡献。在农学方面，我们有着很好的传统。我们30多年的农村改革，给农业学科发展带来许多创意。我们的许多农业学科可以逐步扩大，成为资源丰富、有中国风格的世界一流学科。“世界一流”，就是我们做的别人代替不了；“中国风格”，就是融入了中华优秀传统文化，包括学术自由、思想自由。

中国气派的世界一流学者。创一流，不仅得有学校、学科，还得有一批学者来支撑。学校要有学科带头人、学术领军人物，也就是我们常说的“大师”。所谓“中国气派的世界一流学者”，不是指“学贯中西”，而是指在中国大地上成长起来的、有深厚中国文化修养的、有深邃世界眼光的、深爱这个国家和人民的学者。有人讲我们没有大师，我不同意。我们做了这么多成果，包括“两弹一星”等，那不算吗？我们的大师，是按照中国模式成长的，是有组织的“集体大师”。我们不是没有大师。这本来就是两种文化环境、两种发展路径、两种制度框架。

中国形象的世界一流学生。建设“双一流”，学生也必须是一流的。最集中的表现，就是要有能展示出当代中国人形象、能够代表当代中国形象、能够成为当代中国教育代言人的学生。学生很重要，培养不出世界一流的学生，那么创一流有何用？从这个角度，学生的质量和“双一流”的建设成正比。

中国标准的世界一流成果。随着我国经济走向全球，我们的话语权逐步多了起来，我们参与着全球事业，制定着全球规则。在学术领域，我们也在前进。过去的10年，我们的教育、科技大踏步走向世界，这是传奇式的发展。传奇式的发展也给我们带来了历史性的挑战。现在我们在国际上的每个层面都可以与人交流、对话。现在要思考，我们的大学国际排位，论文、学科、学校，15年之后是一个什么地位。中国标准的世界一流成果，就是在学术领域也要有话语权，也要参与制定规则，要有中国标准。现在虽然还没有中国标准，但是我们要看到这一点，要朝着这个方向走。

高等教育要增强五大办学理念*

多年来，高等教育在思路、战略、方针、制度安排上已经走出了成功的路子。在新的历史时期，高等教育面临的问题越来越突出，我们的工作重点、工作措施、办学理念都应作出调整，为此，要增强五大办学理念。

一是教学决定生存。学校为教学而建，立德树人是学校的根本任务。现在创建世界一流大学、一流学科，根本任务是要培育世界一流人才。我们要认识到，教学决定生存，离开教学，校长不是校长、教授不是教授、大学不是大学，学校就没有了。

二是科研决定水平。“双一流”大学，没有科研支撑是不行的。教学出题目，科研作文章，成果进课堂。教学和学科建设提出问题，科研来解决，科研成果和发明进课堂，服务于育人，形成循环；然后科研成果再转化，服务于国家重大战略。

三是服务决定地位。“双一流”不能自封，不能包装。是不是“双一流”，要看在中国教育的格局中有无地位，在世界教育的大格局中能不能代表中国。主要看服务，要服务于立德树人、服务于国家需要、服务于学科建设，服务决定地位。

四是质量决定兴衰。大学能不能兴起来、是否可持续发展，关键靠质量。中国高等教育已经进入优化环境、提高质量、促进公平的新阶段，在这个阶段，质量特别重要，而质量主要体现在教学、科研成果和

---

* 在广西大学调研时的讲话要点，2016年9月21日，南宁。

人才上。质量与特色紧密联系，特色是质量保障下的特色，脱离质量的特色是包装出来的。

五是制度决定成败。制度就是中国特色的大学制度、高等教育发展的制度。我们最根本的制度安排，是党对高校的领导，高校要培养中国特色社会主义事业的合格建设者和可靠接班人。

高等教育要回归常识、回归本分、回归初心、回归梦想*

这次来武汉，如入教育之宝山，收获颇丰。武汉历史悠久、高校众多，是新中国高等教育的五大重镇之一。近代教育刚刚起步的时候，胡林翼在这儿已经取得了一定成绩。洋务运动的时候，张之洞在这儿做了很多实事，办了一些学校。我们今天的高等教育可以追溯到那个时候，所以诸位讲起自己学校的历史都很自豪，都是百年老校。可以说，湖北在我国近现代教育史上有重要地位，在新中国教育发展的大格局中有重要地位，在今后建设教育强国的进程中有重要地位。

这一段时间我有种感受，教育战线正在痛定思痛，告别一直以来的浮躁情绪。这次到武汉，这种感受更加明显。我们要把这种好的势头坚持下去，多些理性、多些科学精神和态度，使我们国家的教育沿着教育强国的目标持续健康发展。要做到这一点，我想有这么四个理念应该遵循。

一是回归常识。要让教育回归常识。教育的常识就是读书。孩子去上学，家长都说是读书去了；孩子毕业了，家长说家里多了一个读书人；还有大家都会唱的那首歌，叫《读书郎》。可见，我们要围绕读书办教育。目前，我们国家真正静下心读书的人虽不能说很少，但是在递减，读书的风气不浓厚。教育是为读书而设的，不读书就没有教育。教师不仅要认真读书，还要引导学生认真读书。那么读什么书呢？一要读

* 在武汉高等学校工作座谈会上的讲话，2016年10月15日，武汉。

中国国情的书。搞清楚我们国家、民族对当今世界的贡献，搞清楚我们国家、民族的独特之处。二要读基层的书。在今天的中国，无论是教师还是学生，不了解基层，读不懂基层这本“无字天书”，是没办法干事创业的。实际上，我们的毕业生毕业之后都在补这一课。我们党有要求应届毕业生去基层的制度安排，目的就是让他们去基层锻炼。三要读群众这本书。要让学生了解基层群众心里想的是什么，了解群众、了解中国的老百姓，把自己作为群众中的一员。现在大学生不再是改革开放初讲的“天之骄子”，要让他们读懂群众，了解中国社会，这样他们就不会浮躁。四要读经典的书。要读中华优秀传统文化经典、马列经典，以及其他的中外传世经典。五要读专业的书。总之，要多读书，要牢牢树立这个观念。

二是回归本分。回归本分就是要回归教育职能，不要给教育添加过多的功能。教育的基本功能就是“教育”二字：教是手段，育是目的；教是过程，育是结果；教代表了某种关系，育代表了关系建立的目标。教育的突出表现形式就是教学。教学决定生存，就是这个道理。高校要牢牢守住我们的本分，我们的快乐就来自这种本分。教师是有内在快乐机制的职业，越教越快乐。所以孟子讲，君子有三乐，得天下英才而教育之，是其中一乐。

三是回归初心。初心者，育人育才也。春秋时期，孔子把精英教育发展为大众教育，目的就是育人。孔子培养了三千弟子七十二贤人，这就是初心。他要为礼崩乐坏的时代立心、立规矩、提供智力支撑，但他周游列国没人敢用，于是他发展教育，培养一批人进行传道，影响社会。我们的现代教育也是在山河破碎、民不聊生的情况下发展起来的。当时多少仁人志士怀揣教育报国的梦想，培养人才，像陶行知、梁漱溟、叶圣陶等，他们干了很多事，就是要为这个民族培养人才。培养人才，成人第一，像武汉大学提出的“成人与成才”理念，让学生在成人的过程中成才。不要忘记，我们要为中国特色社会主义事业培养合格建设者和可靠接班人。

四是回归梦想。我们几代人的教育梦想就是教育报国、教育强国。新中国成立前是教育报国，新中国成立后是教育强国。20世纪90年代，科教兴国上升为国家战略。我们实施“211”“985”等若干工程，推动高等教育向世界一流迈进。现在推进“双一流”建设，目标就是两个：一是实现教育现代化，二是建设教育强国。到2020年基本实现教育现代化是《国家中长期教育改革和发展规划纲要（2010—2020年）》提出的，党的十八大重申了这个目标。“双一流”按这个目标设了三个阶段。我们必须进一步提升我国高等教育的综合实力和国际竞争力，创造性地继承中华文明，创新性地建设中华文明，最终实现教育强国梦想，使中华民族屹立于世界民族之林。

校训要走出“口号”时代，章程要走出“官话”时代，目标要走出“大词”时代*

第一次来上海大学，为学校取得的成就感到鼓舞，学校的发展历程是中国现代高等教育历史进程的缩影。借这个机会，我讲三点体会。

第一，践行校训要落小。现在，高校基本都有自己的校训。这些校训有的融入了现代科技元素，有的融入了时代特色，有的融入了中华优秀传统文化。不管从哪个角度看，高校在制定校训时，都想通过校训概括自己学校历史形成的精神、理念、特色，从而成为学校文化的灵魂。但是，高校又有一个共同的问题，就是如何将校训落实、践行，转化为一代代师生的共同追求和行为方式。践行校训要从小事做起，要落小，我们现在的学校管理，包括思想政治工作、意识形态工作、综合改革工作、教学管理等，落小是弱项。践行校训要从小事做起，要落小。

第二，大学章程要落细。这些年，高校基本都制定了大学章程。大学章程总结了办校的成功经验，从某种意义上讲，章程是办学经验的制度性展现，是办学经验的理论性总结，也是对办学实践的规律性把握。现在我们面临的问题，仍然是大学章程和我们制定的所有制度一样，在针对性、操作性方面，在实际运行方面还存在薄弱环节，还是一个短板。大学章程应当成为我们学校治理体系的准则，成为学校管理的依据。这也就是说，要把它贯彻到学校工作的方方面面，要让它落地。现

* 在上海大学调研座谈会上的讲话，2016年12月5日，上海。

在的问题是大学章程有宏观要求，但落得不细，没有体现在各项工作的细节中。大学章程容易落空、不容易落细，所以落细是关键。

第三，发展目标要落实。改革开放之后，特别是从20世纪90年代开始，国家在高等教育领域陆续实施了“211工程”“985工程”“2011计划”等，现在中央决定要建设世界一流大学、一流学科。总体上看，我们的高等教育已经从精英教育阶段进入大众教育阶段，开始向普及化阶段迈进，数量型增长的阶段已经基本告一段落。经过这一系列“工程”“计划”的推进，高等教育已经站在了新的历史起点。在这个起点上，所有的高校都制定了远景发展目标。我认为，高校的目标要落实，重在求实效。现在我们在这方面还有差距。将来随着人口结构的变化，高等教育的结构也要随之进行调整。要适应内涵式发展需要，把优化结构、改善环境、提高质量、促进公平这四个方面结合起来，以质量为中心落实各项目标。目标关键是落实，重在抓质量。

概括起来就是：践行校训要走出“口号”时代，不要把它当成一个口号，要把它视为学校发展的精神源泉；大学章程要走出“官话”时代，不要让它流于形式，要让它成为实实在在的治理学校的准则；发展目标要走出“大词”时代，不要把它仅仅看成一种憧憬、一种愿望，要用宏大目标来激励人，实实在在地抓。凡是成功的高校，校训都是很有针对性、可以操作、能够转化成实际行动的；章程都是非常严谨、能够成为治校大法的；远景目标都是实实在在、通过努力可以实现的。

从五处攻坚，提高思政课质量*

今天我们一起听了一堂别开生面的思政课，这堂课以青年人的话语方式和时尚现代的呈现手段，把线上线下的学习成果展示出来，我听后深受感染、深受启发。清华大学思政课采取的“基于慕课的研究型与教学相长翻转课堂模式”的创新和效果，“配方”新颖，问题意识强，体现了时代特色和社会关注的焦点；“工艺”精湛，将教师、学生和课堂主题紧密联系到一起；“包装”时尚有特色，运用现代技术手段，体现了清华大学思政课建设取得的成绩。借这个机会，我想就思政课简要讲几句。

一、要进一步提高对思政课建设重要意义的认识

全国高校思想政治工作会议结束以后，我一直在思考，思政课建设究竟对中国特色社会主义教育、对高等教育发展、对我们高校党的建设有什么样的意义？我们应该这样来理解。这是习近平总书记的嘱托。习近平总书记非常关心高校的思想政治工作。2016年总书记在全国高校思想政治工作会议上的重要讲话，是高校思政工作、思政课的集大成之作，是全党智慧的结晶，是我们全体高校教育工作者、思想政治工作者多年积累的智慧的结晶、成果的结晶。我们加强高校思政课建设，要牢牢记住总书记的重要讲话。

要用好课堂这个主渠道，“一好”加“三好”。这是讲加强思政课

---

* 在教育部党组与清华大学党委理论学习中心组开展联合学习时的讲话，2017年4月20日，北京。

建设的重点。“一好”加“三好”，概括了思政课的主要内容。用好课堂这个主渠道，把战场搞清楚。

思政课要在改进中加强、在创新中提高，增强针对性与亲和力。这讲清楚了思政课建设的方法论，也指出了思政课面临的问题，就是现在的思政课针对性与亲和力还不强，需要改进，需要提高。

思政课不光是思政课教师的事，各门课程都有育人的问题，都要守好一段渠、种好责任田，和思政课同行同向。思政课不是局部均衡的，而是一般均衡的，是全体教育工作者的任务。只要是教育工作者就有上思政课的义务和责任，就要守好一段渠、种好责任田。同时，也给我们提出了一个需要探索的重大任务，就是各门课的思政内容和思政课的思政内容是一般和特殊的关系，这个不能混同。各门课程都有育人的功能，这是一般意义上的思政课，叫课程思政。我们的思政课，是从专业角度讲的，是专业的、特殊的、集中的思政课，叫思政课程。所以总书记讲的这句话也要牢牢记住，这是非常重要的一般均衡方法论，这是责任，更是我们全体教育工作者的历史使命。

又红又专、德才兼备、全面发展。这是讲我们思政课的目标、根本任务，这句话总结了清华大学多少年来思想政治工作的基本经验。又红又专，讲政治和业务的关系；德才兼备，讲立德树人的根本任务；全面发展，讲以人为本这个根本问题，这是一个本质特征。

我们理解思政课建设的重大意义，要从总书记的重要讲话、总书记给我们的嘱托、总书记作出的重要指示论述和提出的新理念新思想新战略来把握。它来自实践，来自对我们思政课发展中面临问题的精准把握，因此也反映着我们思政课建设的客观需求，是我们思政课建设的规律性认识。从这个角度概括，思政课建设的重大意义就是思政课是立德树人的核心和灵魂，是社会主义大学的本质特征，是全体教育工作者的神圣使命。对此，我们要好好提高认识。

二、打好思政课建设的攻坚战

全国高校思想政治工作会议结束以后，部党组考虑要打一场提升思政课质量和水平的攻坚战。攻坚战攻什么“坚”？

一是攻思路。现在建设思政课的工作思路需要攻坚，因为还存在不适应的问题。什么是思政课？思政课就是我们党的思想政治工作，在各级各类学校各学段的具体实践。我们党的思想政治工作，既是思想工作，又是政治工作，还是群众工作。它以教师为主体、以教材为依据、以学生为对象、以课堂为主渠道、以立德树人为根本任务，是一个具体的教学组织形式，是全员全方位全过程，是中国特色社会主义教育的本质规定。思想政治工作是我们党的独创，在教育战线的具体实践形式就是思想政治课。既然是具体呈现形式，各级各类学校各个学段表现形式就不一样，因为具体实际不同，师资的情况、学生的情况都不同，所以我们要吃透中央的精神，吃透自己的具体情况，将这些情况结合起来，形成加强思政课建设的具体思路。

二是攻师资。师资是主导、主体。立德树人的劳动对象是学生，各科教师加思政课教师是生产者，生产目的是要立德树人、培养全面发展的人。我们的教育方针是要培养社会主义合格建设者和可靠接班人，这是全面发展的人在当代中国的具体体现。全面发展的人在不同的历史阶段有其历史规定性。在这样一个生产过程中，教师作为主要的生产者，肩负的历史使命非常光荣。因此，师资队伍的建设，特别是思政课师资队伍的建设非常重要。在这个问题上，我们要进一步研究，采取有力措施。

三是攻教材。我们现在的教材比较陈旧。我在记者招待会上讲，我们“配方”不行，“工艺”粗糙，适应不了需要。思政课需要的是活情况、活理论，而我们现在讲的是旧情况、死理论，口号多于理念，概念多于实际，真实感受少，没有温度、没有触感、没有质感，或者叫作温度、触感、质感都缺乏，这样学生就不愿意听。

四是攻方法。今天听的这堂课给我的启示就是，问题是一样的，一千个人有一千种答案、结论，教师怎么把握？今天就展现出来了。两个学生提的问题各不相同，方法是最主要的。从这个意义上讲，在我们党执政的条件下，思政课就是方法之课。因为思想资源是丰富的，实践案例是丰富的，缺的就是适宜的方法。

五是攻机制。我们现在把思政课教师当作思想政治工作者，在一些高校没有把他们看成教学人员，认为思政课不是专业。这是我们党的创造，怎么样才能把它变成专业？它有自身的运行机制、评价标准，这个非常重要。因此，要在机制上创新。

思政课攻坚战，就是要在这些方面攻坚，目标就是提高质量和水平，培育出一批名牌课、品牌课，培养出一批好教师，到课率、抬头率有很大提高。攻坚战剑指入脑入心，这是核心。各高校一定要好好组织攻坚战，要把这个列入规划、列入责任制、列入考核，认真地组织打好攻坚战。只有这样，我们才能把全国高校思想政治工作会议精神真正落实好。

守好一段渠、种好责任田*

打好提高思政课质量和水平的攻坚战，需要在贯彻全国高校思想政治工作会议精神的过程中，努力探索新的历史条件下思政课的内涵和要义，提高思政课的质量和水平。思政课有四个特点。

一、思政课对象是“人”

这应该是我们所有思政课教师的共同认识。提高思政课的质量和水平，首先要深刻认识我们是做人的工作的。思政课的对象是人，我们面对的是历史的、社会的、具体的、活生生的人。我们的目标，是培养社会主义的合格建设者和可靠接班人，这是我们党的教育方针决定的。现在的问题是，我们对我们的对象是人，在认识上还不够全面。提高思政课的质量和水平要解决这个问题，就是要科学认识我们的对象，认识到他们现阶段的历史性特点，认识到他们关心的热点、难点以及兴奋点，认识到他们的困惑、期盼。

进一步说，思政课一是要防止人的异化。我们不能让我们的年青一代、我们的学生，在西方思想的影响下，在各种社会问题的碰撞中不断地异化，走向自己的反面。我们必须深刻认识到，思政课对象的异化就是思政课本身的异化，是思政课教师的异化。不解决这个问题，我们的质量和水平很难提高，思政课也发挥不了它应有的作用，会成为一种摆设，成为一种空洞的说教。二是要防止异己。所谓防止异己，是指我们

* 在哈尔滨师范大学调研座谈会上的讲话要点，2017年6月6日，哈尔滨。

思政课的历史使命是要为立德树人这个根本任务服务，培养接班人，而不是培养掘墓人，不能让我们的学生成为异己的人。党中央高度重视意识形态工作、高度关注思想政治工作，原因就在于此。推而广之，所有的教育工作，或者教育工作的各个环节，都必须清楚自己的对象，每个学科、每个专业都要“守好一段渠、种好责任田”，都有防止发生异化、异己问题的任务和职责。现在大家的关注点更多的不是在对象上，只是在关注思政课的主体和工具的过程中来关心对象，这个关系应当颠倒过来，应在关心思政课对象的过程中，加强主体，加强工具，加强手段。

二、思政课重点是“思”

有一段时间的思政课出现了一种偏向，就是用通识代思政。思政课，它的重点是“思”。“思”者，思想也，思考也。思想，就是要让全体学生享受到思想的大餐，这个思想大餐就是我们党的基本理论。所以“思”是重点，它的表现形式为具体的教学内容，一是规律，二是伦理，三是法律。它既是用于塑造人格的、塑造精神的，又是用于塑造合格的人的。重点是“思”，在这一方面，我们需要“拨乱反正”，我们更多地喜欢讲知识，不是讲思想。思政课主要不是传授知识的，这个首先要明确起来，我们一定要学会把我们党理论创新的成果，介绍给学生，不是灌输给学生。我们要改变“用通识代替思政，用知识代替思想”这样一种状况，在教给学生思想的同时，教会学生思考，让他们把握思维的规律，提高思维能力，形成自己独特的思维风格。这是重要的方法的教学，是我们思政课教学的重点之一，目的就是要让学生不仅继承人类一切思想发展的成果，更要把握我们党思想理论建设的成果，还要学会自己创造思想的方法，产生自己的思想。一句话，就是要把我们的学生培养成为有思想的人，有思想的人是有灵魂的人。

三、思政课方向是“政”

政者，正也。要让我们的学生正确地、健康地成长，成为正派人，所以思政课方向是“政”，偏离这个方向的不是思政课。政者，国之大事也，国计也。要让我们的学生“心有大我，至诚报国”。政者，众人之事也。要让我们的学生学会为人民服务，为老百姓服务。所以综合起来，思政课之“政”，就是政治，是以人民为主体的政治、以人民为对象的政治、以人民的丰富实践为依托的政治，就是中国特色社会主义的政治。所以，思政课方向是正确的。不管是讲什么内容，不能偏离这个方向，这就是坚持正确的办学方向。坚持正确的办学方向，要具体化到每一本书、每一堂课、每一个专业和每一个学科。在这个过程中，思政课在把方向方面具有重要的“定盘星”的作用。所以，每一位思政课教师、思政课工作者，都是把握方向的。这就是辅导员的作用，这就是思政课教师的使命。我们的思政课要这样去设计，这样去讲述。

四、思政课载体是“课”

思想、方法、方向，都要通过“课”这个载体来体现、来实现。所以，教材建设非常重要，教学方法非常重要。在教材建设方面，我们要用好统编教材，用好马工程教材。同样的教材，水平不同，质量不一样，关键在特色。所谓特色，首先是针对本校学生的特点，发挥师资的优势，建设好校本教材，解决好特殊问题，从而形成本校思政课的鲜明特色。这就需要把统编教材、马工程教材转化为自己的教学体系、教学方法，完成一个转化。转化的过程是统编教材和学校实际乃至学生思想状况具体情况的结合过程。两者结合产生特色、形成特色，质量就提高了，针对性、亲和力就增强了。针对性、亲和力都来自二者的结合。统编教材和马工程教材体现的是中央的精神，学生的思想特点、现实状况体现的是本校的实际，这二者的结合就是理论和实际的结合。所以，思政课一定要吃透两头并在结合上下功夫。所谓两头，一是中央精神，二是学生状况。这里我特别强调一下方法的问题，思政课的方法特别重要。方法论不是简单的语言组合和语言表述问题，它要有自己的话语体系，要有基于自己认识的一般逻辑体系，在具体表达上不仅要有学理支撑，还要有时代特点，同时要兼顾教育对象的特点。它要有学理支撑，但又不能表述成纯学理的东西，这点尤为重要。它要贯彻中央精神，但又不能表述为照本宣科的内容。它要贴近学生的思想特点，解疑释惑，但又不能简单地照相式地反映学生的思想问题，因为要有一个提炼归纳、形成规律性认识的过程。就是说，具体要经过一定合理的、科学的抽象，所以大家要好好研究方法论。表述方面要说真话、说心里话、说实话。要笑谈真理，这样针对性与亲和力就能够体现出来。

这就是我所讲的思政课，对象是人，重点是思，方向是政，载体是课。我们要把思政课本身的学科体系建设好。思政课绝对不是学习文件、学习材料，将有关学科拼凑起来的知识集合，它应当有自己的学科体系。在这方面，我们的优秀文化传统思想提供了丰富的案例，可以好好研究。围绕规律之学和修养之学，我们来践行立德树人的职责、根本使命，完成这个根本任务。从这个角度讲，我们的教材体系建设相对容易，但是学科体系的建设难度很大。所以，希望我们的思政课教师能够认真思考学科的建设问题。

中国高校的定位和使命*

第一次来到西北工业大学，边看边想，开眼界、长见识、增知识、强精神、给动力，我收获很大。有不少体会，集中到一点，就是在历史的关键节点，我们需要思考一个问题——中国高校的定位和使命。走到今天，中国高校究竟是什么样的高校？我们的定位、使命是什么？今天，受你们启发，我想讲四点。

第一个定位是中国。中国高校一定要坚持正确的办学方向，这个方向就是中国特色社会主义。要坚持我们高校的中国特色，走中国特色的成长道路。我用了一个词叫“成长”。我们建设的“双一流”是中国特色的“双一流”，要“扎根中国、融通中外、立足时代、面向未来”。中国特色，就是中国的高校不做第二个哈佛，要做第一个北大、第一个清华、第一个西北工大。这就要求我们坚定不移地扎根中国大地，走我们自己大学成长的道路。改革开放以来近四十年就是靠中国特色拼出来的。党的十八大以来这五年，中国教育整体实现了跨越式发展，靠的就是中国特色。我强调“成长”，是因为大学是成长起来的，不是增长起来的。增长是一个经济现象，成长才是一个生命现象。要坚持党对高等教育的绝对领导，这是中国大学发展的灵魂。我们高校工作的方方面面都要以党的旗帜为旗帜、以党的意志为意志、以党的使命为使命，充分体现党对高校各方面的领导，这是我们的制度优势，是我们的政治优势，也是我们高校发展的优势。没有这一条，就没有这五年来整体的飞

* 在西北工业大学调研时的讲话，2017年9月17日，西安。

跃、跨越式发展。

第二个定位是人民。我们的高校是为全体人民服务的，是为中国人民美好生活需求服务的，是为中国人民的全面发展服务的，是人民的大学。对我们高校来说，公平非常重要，质量非常重要，发展目标非常重要。我们的高校要贯彻以人民为中心的发展思想，按照新发展理念来规划党的十九大后的发展，满足人民群众享受更好、更优质、更公平教育的新期待。

第三个定位是世界一流。我们现在的高等教育整体上已经进入世界中高水平，一些学校和学科已经进入世界一流行列。怎么做好“双一流”建设？要在世界高等教育发展总体格局中有中国的旗帜、中国的代表、中国的声音、中国的形象、中国的方案、中国的规则、中国的标准。我们要在“双一流”建设的过程中，随着中国整体走向世界，使教育率先进入世界前列。中国特色要在这个过程中发挥动力作用、示范作用，使中国特色在这样的发展过程中转化为世界的规则、标准。那个时候，世界就知道，中国的北大、中国的清华、中国的西北工大是世界一流的。那个时候，我们可以向世界宣布，在传统教育方面，建立在农耕文明基础上的传统教育，中国有过辉煌；建立在现代工业文明基础上的现代教育，中国也一样可以创造辉煌。

第四个定位是新时代。“两个一百年”，第一个百年马上就到了，就是决胜全面小康，历史性地解决绝对贫困问题，实现多少代人梦寐以求的夙愿。在这个过程中，教育发挥了重大作用，高校发挥了重大作用，高校的重大作用就是高等教育的重大作用。第二个百年是现代化的百年。教育现代化是国家现代化的基础，加快教育现代化，建设教育强国，夯实国家现代化的基础。加快教育现代化进程，建设教育强国，是高等教育的历史使命。各个高校规划未来，主要就是围绕这个目标。

这些历史使命，实现方式有理论的形式、实践的形式；成果有教学的成果、科研的成果，更重要的是有人才的成果；作用力主要体现在带动力、引导力、支撑力。这三个方面综合起来，指向就是实现中华民族伟大复兴的中国梦，为民族、国家的发展贡献高等教育的力量，核心战略就是创新驱动，主体路径就是改革开放。

把政治与业务一致起来，把历史与现实贯通起来，谋划南京大学未来*

今天来到南京大学，观看了校史馆，和省里主要负责同志一起就南京大学的发展交换了意见。下面，我围绕学习贯彻习近平新时代中国特色社会主义思想、坚定维护以习近平同志为核心的党中央权威和集中统一领导、全面贯彻落实党的十九大各项决策部署、促进教育改革发展更加深入讲几点意见。

一、把政治和业务一致起来

学习习近平新时代中国特色社会主义思想，贯彻党的十九大精神，作为高等学府的领导班子、领导干部，停留在一般水平上是不行的，要进一步深入下去，思考得更深一些，研究得更深一些。其中一个重要方面就是把政治和业务一致起来。

把政治和业务一致起来，是我们党的优良传统。党的十九大报告关于党的建设的第一句话就是“把党的政治建设摆在首位”。首位就是统领位置。后面还有一句话是“把制度建设贯穿其中”。政治建设管总，制度建设保底，组织建设、纪律建设放在几个建设之中。把政治和业务一致起来，就是说党的十九大报告是政治报告，要从政治角度去学。学党的十九大报告首要的是深刻理解党的政治路线。

就高等院校来说，政治和业务一致起来是全覆盖的，不仅仅是领导

* 在南京大学领导班子民主生活会上的讲话，2018年1月15日，南京。

班子、领导干部的事，要覆盖所有岗位、所有环节、各个方面，教育各方面的工作都要把政治和业务一致起来。没有离开业务的政治，没有脱离政治的业务，这就叫把政治建设摆在首位。要认真研究那些薄弱环节、专业性强的方面怎么样做到政治和业务一致，这是培养建设者和接班人的核心要求。在教育战线不能发生全局性、颠覆性的错误，首先要抓这一点。

就党的思想政治工作来说，更是要把政治和业务一致起来。思想政治工作不仅仅是思政部门的事，思想政治理论课不仅仅是思政课教师的事，所以我们强调思政课程、课程思政、三全育人。从政治和业务一致的角度把这件事落实下去，需要树立一个观念：学科专业有分工，立德树人无例外。所有部门、所有学科、所有专业都是立德树人的阵地，都要做到政治和业务一致起来。这件事要机制化。原先不习惯的，现在要习惯起来；原先不会的，现在要学会。

二、把历史和现实贯通起来

领导干部学习贯彻党的十九大精神要把历史和现实相贯通。

具体到教育，就是要深刻理解习近平总书记关于教育的重要论述是怎么形成的。具体到南京大学，需要认真研究南京大学的历史，总结提炼传统，以及今天怎么样运用习近平新时代中国特色社会主义思想来指导学校文化的发展，怎么样用新探索解释老传统。这叫把历史和现实贯通起来。

党的十八大以来我们进入中国特色社会主义新时代，取得了历史性成就，发生了历史性变化。我们现在面临着新的挑战，要开启新的征程。我们怎么从党的十八大以来的历史进程中进一步提高？要把握规律性，再指导今天的实践。党的十八大以后的历史性变化，已经成为我们今天前进的基础和新的起点。把历史和现实贯通起来这个任务很大，不是要去简单地学历史，而是要把握历史规律。

三、把国际和国内关联起来

党的十八大以来我们大踏步地走向国际，教育也是这样。我们要在百年不遇的世界大变局中，认识新时代中国特色社会主义的重大历史意义、政治意义、理论意义、现实意义，理解党的十八大以来中国教育发生的历史性变化，理解从现在起到21世纪中叶教育所肩负的历史使命。开启新征程、加快教育现代化、建设教育强国，南京大学为此能作出什么贡献？每一所大学都要在这样的历史进程中寻找自己的位置、确立自己的使命、制定自己的目标。

我们要更大范围开展学科方面、专业方面的国际合作。基础研究是你们的优势。目前我国基础研究有些方面比较薄弱。我们现在习惯于引进西方的高端人才，但东欧地区以及第三世界还有好多人才。怎么样吸引这些高端人才为中国所用，也需要把国际国内关联起来。

四、把全局和本职统一起来

习近平新时代中国特色社会主义思想是为中国人民谋幸福、为中华民族谋复兴的思想，是为我们国家谋长远的思想。这就是说，它是谋全局的思想，没有全局观念学不好这个思想。“八个明确”“十四个坚持”都是这样，“十四个坚持”的基本方略是全局性、战略性、根本性的。所以每个岗位、每个人的本职工作都要有全局，一切在全局下思考、在全局下行动。这是需要通盘谋划的，不是各说各的理、各喊各的口号，而是立足现有基础，也就是党的十八大以来发展的基础，谋划好今后的发展，按照战略规划好今后的蓝图。

五、把问题和措施衔接起来

问题导向既是一种思维方式，又是一个工作方法，是符合唯物论、认识论的，也是符合对立统一法则的。把问题和措施衔接起来，就是说不是为了找问题而找问题，而是为了解决问题而找问题。党的十八大以来我们在解决问题的方法上也是有新的创造的，如补短板、补漏洞、补薄弱环节，但最根本的方法是狠抓落实。所以我们反“四风”首先是反形式主义、反官僚主义。这体现了一个很重要的马克思主义观点，即问题在于改造世界。改造世界是需要措施的。我们教育界要把问题和措施衔接起来，就是要改变这种状况。我们今天开民主生活会排查问题，措施要跟上去。措施后面是行动，行动后面是效果，效果后面是人心，所以这个衔接特别重要。党的十九大报告就是问题导向的，三大攻坚战、决胜全面小康、2035年基本实现社会主义现代化、21世纪中叶建成社会主义现代化强国，都是问题导向。

六、把思想建党和制度治党融通起来

经过一年多的努力，应当说我们取得了三个方面的重大成绩：一个是党的领导弱化、全面从严治党不力这种状况有所好转，一个是意识形态领域被动局面有所好转，还有一个是思想政治工作面临的困境有所缓解。党的十八大以来能够取得这样的成就，从根本上讲是因为抓了全面从严治党。我们要把思想建党和制度治党融通起来，尤其要抓好“关键少数”、建设好领导班子。大家一定要振奋精神，开一次民主生活会就是一次新的起点、一次美容的机会、一次加油的机会，使自己的动力得到补充。

长期以来受计划经济的影响，我们往往有两个问题：一个是制订计划、向上要钱的时候“头戴三尺帽，不怕砍一刀”，就是余地留得很大很大，“砍一刀”也许刚好符合需要；还有一个是制订自己工作计划的时候余地留得很大很大。留有余地是对的，但是余地过大就不对。我们学习习近平新时代中国特色社会主义思想要以“时不我待、只争朝夕”的精神“撸起袖子加油干”。领导干部要把自己放在高地上、险地上，不要把自己放在余地里、洼地里。放在余地就是给自己留很大很大的空间，不是“跳起来摘苹果”，而是“坐下来吃红烧肉”。放在洼地就是各种政策、优惠政策像水一样都往那流，坐吃山空。要放在高地上，就是要抢占战略制高点，无限风光在眼前；要放在险地上，要到艰苦的地方去。领导干部一定要树立两条理念：制订工作计划和目标的时候要考虑到可能性，不能冒进，有一定余地；但是在奋斗过程中要把自己放在险地上，就是背水一战的地方，不给自己留退路。这样经过一段时间的努力，就会发现，我们的后面是一片光明，我们始终是在“无人区”的最前面。脚下是“无人区”，后面是一片光明，我们把光明留给人民，自己继续向前走，这就是共产党人。党的自我革命就是思想建党和制度治党相融通。融通起来，把各级党组织建设得坚强有力。

七、把理论和实践结合起来

这是我们共产党人的看家本领，是我们赖以生存的原则，革命执政都靠它。学习习近平新时代中国特色社会主义思想，落实党的十九大精神，要和我们面临的问题、我们的思想实际以及具体的事情结合起来，就是说要把它作为锐利的思想武器。理论和实践相结合的本领，每一位共产党人都要学、都要努力增强，这样我们才能不断取得胜利。

为了做到不断取得胜利，我们党定了两条：一条是学习，全党都要学习。我们是一个学习型政党，要不断学习。另一条是一切从实际出发，并把这个作为我们党的思想路线。拿这两条作为保证。后来我们发现，还得有制度安排。“左”倾机会主义那时候也学习，也讲所谓的实际，但是没有制度保障。因此，我们做了制度安排，叫作民主集中制。这三条使我们保持理论和实践相结合。一个学习、一个实事求是、一个民主集中制制度安排，三合一，这是中国共产党的创造。

希望大家从这样的角度来理解党的十九大精神，学习习近平新时代中国特色社会主义思想，谋划南京大学的未来。

做好融入中华民族教育大格局文章*

经过百年奋斗，特别是40年改革开放，中国教育已经开始逼近世界教育的中心。无论是内地教育还是香港教育，当前和今后的一件事就是加快教育发展，加快中国教育现代化，为中华民族伟大复兴提供智力支撑和人才支撑。

一、走好"一带一路"

"一带一路"倡议提出后，每年都有新发展，朋友圈越做越大、内涵越来越深、内容越来越丰富。教育要支撑"一带一路"，走好"一带一路"，内地教育在这方面下了很大功夫，香港中文大学在"一带一路"大格局中一定大有作为。

二、抓住湾区机遇

这既是内地教育发展的机遇，更是港澳教育发展的机遇。在这方面我们要服从国家大战略，教育先行，夯实湾区建设基础，为建设世界一流大湾区，布局教育资源，规划教育发展蓝图，研究制订不同学校各具特色的湾区建设计划。习近平主席对湾区建设有着顶层设计，同时对教育提出了殷切期望。教育部在研究怎么服务湾区建设。粤港澳大湾区和京津冀雄安新区，将是中国教育实现重大突破的两个战略支点，要在教育发展模式、大学成长道路、教育资源整合方面进行探索。

---

* 在香港中文大学座谈会上的讲话，2018年4月14日，香港。

三、筹划发展蓝图

在香港回归20周年之际，习近平主席来香港视察，对教育提出了一系列殷切期望。下一个20年香港教育有几个努力方向。一是融入，做好融入中华民族教育大格局文章，这一点早认识早主动，认识得晚必定迟滞发展进程。二是长入，长入大湾区建设、国家重大战略、香港经济社会发展的具体实践，为发展服务，为发展助力。香港高校在基础研究上有核心竞争力，但在创新创业和成果转化上有差距，实验室成果论文很多，在经济社会主战场上真枪实弹的东西比较少，要长进去，这一点是下一步发展很重要的路径选择。三是深入，在深入人心上下功夫。大学要有家国情怀，培养新时代香港公民、新时代香港建设者，使得“一国两制”“港人治港”伟大设想魅力越来越浓厚，路子越走越宽广。教育育人，大学很关键，从基础教育开始，如果国民教育、宪法教育、基本法教育不能在学生心中深入进去，我们今后将会失去接班人、失去一代新人。

昨天我在香港大学演讲时说，要在“教育”这两个字上下功夫，认真理解以教而育，育为先、教为基。用知识体系教，用价值体系育，用创新体系做。内地、香港都要在百年难遇的大变局中推进教育。

知识体系既有现代知识体系，也有传统文化体系，传统文化体系相对稳定，现代知识体系也相对稳定，但我们仍然要把二者结合起来，创新性传承、创造性发展。

价值体系是爱国、是民族振兴，这套价值体系培育出来的就是未来的中国人，是适应建设中国特色社会主义的人；对于香港，“一国两制”“港人治港”，就是保持香港繁荣稳定的建设者。这套价值体系很明显和以往都不同，我们始终是在“无人区”前行，我们做的是别人没有做过的，我们的伟大就在这一点。育人工程是非常艰巨的，但从事这项工作是非常幸福的。

用创新体系做。就是说教育要成为社会创新的引擎，教育自身也要成为创新的事业。人类文明发展到这一步，如果我们不按创新体系办教育，教师不按创新体系去做，学校不按创新体系去办，学生不按创新体系去练，我们也许会有一定的质量，但可能跟不上社会发展需要，可能不适应民族振兴的需要。

四、盯住2050

盯住这个时间节点制定施工图，分阶段把中国教育像发射卫星那样送入世界教育发展的第一方阵。从现在起，教育要办的所有事情都要把现代化作为主旋律、把教育强国作为总体目标、把人民满意作为价值追求。经过一代又一代教育人的努力，中国教育发展会形成加速度，最近这五年我已经明显感觉到了，今后会更加强烈。

我对香港中文大学的发展充满希望，从国家教育发展的大格局的角度谈上述四点意见供你们参考，所有的教育人都要这样考虑问题。我们觉悟起来、行动起来，我们这个民族的梦想就能早点实现。

向世界名校迈进*

澳门大学仅仅走过30多年的历史，在世界教育史上、在中国教育史上，就一所大学的成长来说，30多年仅仅是弹指一挥间，但就在这么短的时间内，澳门大学师生创造了教育发展史上的奇迹。特别是回归后，澳门大学进入了飞速发展的阶段，近年的发展更呈现出一种崛起之势，向世界名校迈进，为澳门经济社会发展作出了突出贡献。由此我想到，1985年，国家教委向澳门大学赠送了一面“九龙壁”，就是希望澳门大学在社会各界的支持下、在中央政府的支持下迅速崛起。

幸运的是，我们看到回归后，在特区政府的坚强领导下、在历任特首的支持下，澳门大学没有辜负这个期望，很快呈现出良好的发展状态。横琴岛校区的开发，给澳门大学带来了新的大发展的转折点、新的历史机遇。“九龙壁”留在你们原来的校区那里，给另外的学校提供了发展之路，它已经成为一段历史、一段佳话，成为澳门的地标，成为人们向往的景点。新校区建起来，澳门大学希望国家教育部再赠送一个纪念物，这就是现在的“博雅之璧”。

在新的历史起点上，“博雅之璧”给澳门大学教师们、同学们提出了新的要求。这不仅仅是一份礼物，它体现了中央政府、教育部对澳门大学的期望和重托。“博”是说师生们要胸怀广、知识广、眼界广，“雅”是说师生们要举止文雅、气质优雅、兴趣高雅，这是内外兼修的要求，也是教育发展的理念。至于“璧”，是中华文化自古以来祭祀的

---

* 在向澳门大学赠送“博雅之璧”揭牌仪式上的讲话，2018年4月16日，澳门。

法器、重器，是中国文化的载体。过去的璧中间是空的，外面是实的，它是庄重的、肩负着历史重任的法器。今天，我们把这样一个“博雅之璧”赠送给澳门大学。这块璧酝酿了很长时间，在党的十九大胜利召开的时候落成，我们在这里揭牌，它必将揭开澳门大学新的发展之页。

我代表教育部，把它隆重地赠送给澳门大学，希望澳门大学能够像“博”“雅”“璧”这三个字所代表的深远的历史意义一样，肩负起培养胸怀国家的人才，服务民族振兴、支撑澳门长期繁荣稳定的历史责任，把澳门大学办成中国名校、世界名校。

砥砺前行，擦亮浙江大学的金字招牌*

再次来到浙江大学，我感到浙江大学各方面的工作都有了新的变化：发展、改革、意识形态工作、思想政治工作、党的建设工作，都取得了新的进展。结合我两次参观的所见所闻，我觉得浙江大学这几年来的发展，确实有一些可圈可点之处。

第一点，坚决和中央对表。我们国家幅员辽阔、疆域广大，从东到西、从南到北，只采用一个标准时间，那就是北京时间。我们戴的表有各种款式，但都对的是北京时间。浙江大学这几年来，特别是党的十九大以来，坚决同党中央要求对表，增强“四个意识”，坚定“四个自信”，做到“两个维护”，坚持正确的改革方向，坚守意识形态阵地，加强思想政治工作，打好思政课质量体系的攻坚战，学习贯彻习近平新时代中国特色社会主义思想，尤其是在学理化研究、系统化宣传方面，有着鲜明的特色，做得很好。

第二点，和世界一流水平对标。现代教育的发展中，价值体系可以存在差异性，但学术规范是有共性的。教育的技术要求、技术路线可以有差异，但衡量教育效果的质量标准是有共性的。浙江大学从自身实际出发，沿着“双一流”的方向，推进改革发展，主动和世界一流水平对标，体现了一种可贵的进取精神。习近平同志2002年提出，要把浙江大学建设成为世界一流大学，并多次来到浙江大学。浙江大学牢记嘱托，和世界水平对标，不断砥砺前行，擦亮金字招牌，让人耳目一新。

---

* 在浙江大学调研时的讲话，2018年6月29日，杭州。

第三点，和需求对接。一是和国家战略对接。发挥多校合体、学科齐全的优势，在全链条上组建攻关创新团队，和国家战略主动对接。起步阶段是艰难的，但今天已经打下了一片天地，这十几年征战十分不易。二是和人才培养的需求对接。人才培养的需求是老百姓的基本需求。就业的问题、升学的问题、国际化的问题，在这些方面，浙大对接区域经济社会发展需求，体现了学科建设不断进步的良好态势。

第四点，和未来对向。一个学校有没有深厚的历史底蕴，有没有强劲的发展潜力，在一定意义上要看其未来的发展与综合能力。这体现在学校“掌门人”是否具有深邃的战略眼光。今天的浙江大学，进入“双一流”，靠深化改革来破解前进道路上的各种问题和难题，特别是把握办学的正确方向，把握教育发展的大趋势，把握浙江大学在中国教育、在世界教育中的定位，紧紧盯住民族复兴赋予浙江大学的历史使命，筹划浙江大学的改革发展。这叫和未来对向，对的是方向，对的是趋势。

第五点，和人民对心。浙江大学始终把人民对优质公平教育的需求，摆在自己重要议事日程上，作为使命，作为奋斗目标，践行以人民为中心的发展思想。浙江大学对口帮扶在部属高校中是做得比较好的。以学生为中心组织教学活动也是一个重要的体现，是党的群众路线在我们教育工作中的体现。从某种意义上来说，群众路线就是以人民之心为心，就是人心路线。

我们已经与省政府签署了部省共同推进浙江大学“双一流”战略合作协议。下一步，浙江大学和部里面要把这个协议落实好。浙江大学要在习近平新时代中国特色社会主义思想指引下，贯彻党的十九大精神，紧紧围绕加快教育现代化、建设教育强国，围绕立德树人根本任务，把各方面工作推向新的发展阶段。这个新的发展阶段，要做到新气象、新作为，概括起来是八个字：守正、求是、创新、奋进。

守正，就是守中国特色社会主义之正，守中华优秀传统文化之正，守社会主义核心价值观之正，守党对教育事业全面领导之正。

求是，就是求中国特色社会主义教育发展之“是”，“是”就是规律，就是要探索新时代教育发展的规律。在新时代，推进教育事业更快更好发展，更要坚持求是。求是的核心是认识和运用规律，按规律办事。规律的表现形式是多方面、多角度的。

从教育事业发展角度来说，涉及空间的规律主要看条件。在“双一流”的目标下，我们发展教育事业，要量力而行、尽力而为。量力而行就是“有多少汤泡多少馍”；尽力而为就是不干超越阶段的事，不干脱离实际的事。

涉及时间的规律主要看趋势。要善于把握教育发展的大势，主要是世界发展的大势和中国教育发展的使命。不把握趋势，就不能把握未来；不会把握趋势，就不会把握现在。

涉及利益的规律主要看机制。我们要始终把改革放在重要位置上，推进治理体系和治理能力现代化要落实在我们的章程里。

涉及关系的规律主要看结构。学校治理方面的关系，行政和学术、党委和政府、学校和院系等关系，是有规律的。结构决定功能，如果不搭建一个好的结构，就不会有适应改革发展的功能。

涉及思想的规律主要看方向。这涉及世界观价值观，涉及中国特色社会主义。所以我们一定要做到，人云亦云“不云”，老生常谈“不谈”，亦步亦趋“不趋”，坚定不移走我们自己的路，按规律办事。

创新，就是创体制之新、创机制之新、创模式之新、创理论之新。要吃透中央的精神、吃透教育发展的实际、吃透人民群众的需求及变化，把这三个有机地结合起来，在改革中推进创新。

奋进，就是要争取走在前列、坐在前排、创造一流，早日建成世界一流大学，具体体现在要培养能够担当大任的新一代青年，要大规模地培养，不是盆景式地培养。

“守正、求是、创新、奋进”，这八个字的相互关系是：“守正”武装下的“求是”，“求是”指导下的“创新”，“创新”推动下的“奋进”。这是一个有机的体系。在“守正”武装下，指导各部门合作，“守正”就是不忘初心，“求是”就是干在实处，“奋进”就是走在前列，“创新”就是勇立潮头。浙江大学下一步按照这八个字来做，各方面工作一定会取得新的进展。

依托先进文化，走进人民心里*

中央音乐学院在70多年努力拼搏的基础上，已经走进了世界音乐教育的第一方阵。新时代中央音乐学院肩负着中国音乐教育、音乐科研、音乐事业发展引领者的历史使命，希望学校党政班子带领全校教职员工确立一个不负雄心壮志、不负历史使命，和中华民族伟大复兴相适应的奋斗目标。对学校发展我提几点要求。

一、明确办学目标

一是依托民族文化，走进世界中心。中央音乐学院之所以能进入世界音乐教育第一方阵，靠的是中华优秀传统文化、中华优秀音乐传统。在新时代仍然要牢牢地确立这个目标。

二是依托历史文化，走进未来前沿。世界对中国音乐的认识时间并不长，且对中国音乐的认识，包括对中国哲学、中国科技的认识是有误区的，是不到位的，是比较薄弱的。西方人学习中国文化，包括音乐文化，大都还停留在浅层次上。西方人听一首《茉莉花》便欣喜若狂，但西方人不理解其中所蕴含的中国人那样一种细腻的感情、那样一种礼乐文化。还有敦煌文化，也是一个音乐宝库。我们的民族音乐文化博大精深，要好好地挖掘，探索与现代科技相结合，以此走进未来前沿，把我们民族的优秀文化在新时代发扬光大，成为我们未来中华优秀文化的代表。

---

* 在中央音乐学院调研时的讲话，2018年12月9日，北京。

三是依托先进文化，走进人民心里。这一点特别重要。无论是来自传统的、民间的音乐创作，还是借鉴国外的音乐创作，都要走进人民心里面去，要在先进文化的旗帜下探索有中国气派、适宜中国老百姓接受的音乐表现形式，这方面我们是有成功经验的。抗战时期的音乐多明快，旋律多简单，老百姓一听朗朗上口，它甚至成为一种动员令。一部音乐作品的生命力，取决于它与人们心灵需求的契合度。因此，在改革开放的新时代，用这样的表现形式显然不适宜了，但是要坚持创造，坚持创作。时代呼唤新的创作，时代呼唤音乐走进人们心里。这是在世界音乐高峰上博弈的需要、竞争的需要。

二、落实好重点工作

一是在培养新时代中国音乐领军人物、旗帜性人物方面多下功夫。音乐和其他专业不一样。当然在艺术领域，它与舞蹈、美术也有相近的特点。学校要在培养新时代中国音乐的领军人物、旗帜性人物上多下功夫。

二是在骨干师资队伍的培养方面下功夫。打仗要有主力部队，中国音乐也是一样，要把师资队伍培养好。

三是抓好人才培育这项特别重要的工作。发展后劲靠学生。中国音乐教育的传统是师父找徒弟，现代音乐教育是学生考学校，在这样一个转变中，如何把发展后劲培育好，非常重要。

四是抓好创新，冲击高峰，创作出时代巅峰的作品。创作时代高峰作品、巅峰作品是中央音乐学院义不容辞的责任。

五是在抓好中国音乐的中国气派、中国风格培育方面作出贡献。

三、把好办学方向

中国音乐教育一要为立德树人服务。音乐首先是服务于人的，在中国文化中就是立德的。二要为美育教育服务。德智体美劳全面发展，为美育教育提供支撑。三要为人民群众的音乐生活服务。完成以上目标，中央音乐学院要抓好党建，从严治党，依法治教，加强管理。

提升高校“不忘初心、牢记使命”主题教育质量*

参加这次专题学习活动，与大家一起交流了思考、碰撞了思想、拓展了思路。借这个机会，我就学习贯彻习近平总书记关于开展好“不忘初心、牢记使命”主题教育的一系列重要论述和指示精神，切实提升高校主题教育质量和水平谈几点意见，重点讲一讲“六防”。

一、学习教育要防止“大而空”，做到有的放矢、有理有据、有声有色

这次主题教育的根本任务是深入学习贯彻习近平新时代中国特色社会主义思想，目标之一是理论学习有收获。开展党内集中教育是加强党的建设、深化马克思主义教育的一种有效实践形式。当今世界正处于百年未有之大变局，我们党领导的伟大斗争、伟大工程、伟大事业、伟大梦想正在如火如荼地进行，改革发展稳定的任务艰巨繁重，如果缺乏理论思维，就难以保持政治上的清醒坚定，也难以战胜各种风险挑战。因此，开展学习教育必须是具体细致深入的、紧密结合实际的、能够推动工作的，也就是说必须防止“大而空”，要见理、见人、见事。见理，就是要把规律性的东西看到；见人，就是要把自己摆进去；见事，就是要把问题找到。我们经常讲见人见事，今天我加一个“见理”。不能靠大话、空话、套话推进学习。直属高校党员干部从主题教育一开始，就要把学习重心放在深刻领会习近平新时代中

* 在东北师范大学党委理论学习中心组“不忘初心、牢记使命”主题教育专题学习会上的讲话，2019年9月23日，长春。

国特色社会主义思想上，学懂弄通做实。把学习重点落在精读细悟习近平总书记关于教育的重要论述上，把学习重音敲在跟进学习习近平总书记最新重要讲话上，坚持原原本本学、集中研讨学、融会贯通学，有效解决学得虚、学得浅、学得散等问题，切实从思想上克服讲政治的“厌烦症”（不愿讲政治，一说讲政治就烦躁）、讲奋进的“麻木症”（无所作为，不敢担当）、讲斗争的“恐惧症”（一说斗争，害怕又要回到“以阶级斗争为纲”去了）、讲担当的“逃避症”（逃避责任，都想搭顺风车），持续推动学习贯彻习近平新时代中国特色社会主义思想往深里走、往心里走、往实里走，不断提高运用党的创新理论认识问题、分析问题、解决问题的能力。

二、调查研究要防止“乱而庸”，做到直扑一线、直奔重点、直面难题

乱，指混乱。庸，指平庸。调查研究必须防止“乱而庸”，不能打乱仗、一窝蜂、平庸化。随便捡个菜，认为捡到篮子里就是菜，很混乱；大家一窝蜂地拥上去，找的问题没有针对性，很平庸。这些问题都要克服，这是我们搞集中教育容易出现的问题。直属高校开展主题教育，同样要注意这个问题。校院两级领导班子成员要聚焦初心使命，紧密围绕高校党建和思想政治工作存在的深层次问题，教师队伍建设改革面临的体制机制性障碍，学校改革发展遇到的瓶颈性问题，师生反映强烈、社会关注的热点难点问题开展调研，题目、内容一定要集中、精细、管用，不能用那些一般性、宏观性、长期性的问题敷衍调研，不能搞只调查不研究、只研究不表态、只表态不落实的花架子，不能干扰师生正常的教学、科研、生活秩序，一定要注意这些问题。这几年有的领导干部到了学校，不管教师是否正在上课，动不动就推门进去了，干扰教师的正常教学。我在想，我们需要对这个问题作出制度安排。课堂神圣，教师授课时，任何人无权随意进入，干扰正常的教学。要注重把教

育部党组关于树立“一线规则”的要求落实到主题教育全过程，推动党员干部人在一线、心在一线、思在一线、神在一线，做到情况在一线掌握、政策在一线解读、困难在一线解决、风险在一线化解、作风在一线转变，把“奋进之笔”书写在一线，把落实效果体现在一线。

三、检视问题要防止“轻而偏”，做到深查细照、深谈互问、深度剖析

习近平总书记强调，不忘初心、牢记使命，说到底是要解决党内存在的违背初心和使命的各种问题，关键是要有正视问题的自觉和刀刃向内的勇气。这就要求我们必须对着灵魂深处、对着党性修养薄弱环节、对着学校人才培养和改革发展短板弱项检视问题，防止“轻而偏”。轻描淡写的，不红脸、不出汗、不触及灵魂的，走偏锋、不找主要问题的，在边际上作文章的，这些都要防止。防止“轻而偏”，既不能轻描淡写、随便拿一个问题来敷衍，也不能偏离主线，把日常工作中本来就要解决的问题塞进这次主题教育。检视问题是为了对标习近平总书记关于教育的重要论述找差距，当前一些学校领导干部在这方面还自觉不自觉地存在四个倾向，一是认为“学习了就领会了”，一次又一次“猴子掰苞谷”，不深入，精神实质、核心要义都不知道；二是认为“开会了就贯彻了”，一次又一次地以会议贯彻会议，最后又回到原点；三是认为“发文了就落实了”，一次又一次回到起草文件的初始环节；四是认为“会说了就提高了”，一次又一次在语言循环中玩文字游戏。这一次主题教育一定要注意这些问题、解决这些问题，必须在“深”字上下功夫，以自查自省为基础，以问计一线为支撑，坚持真找问题、找真问题，把短板不足查找准、剖析透、检视到位。

四、整改落实要防止“小而散”，做到一体推进、一鼓作气、一以贯之

我们经常说，要坚持问题导向、目标导向。什么是“问题导向”？抓落实就是问题导向，其核心要义就是解决问题。而“目标导向”就是认识问题、解决问题的结果，把认识和实践两个方面统一起来。在我们党的会议上，在各级领导同志的讲话中，都非常重视强调“落实”两个字。改革开放40年，文件和讲话中出现频率最高的词就是“落实”，几乎每个会必讲、每个文件必提，这是需要深入思考和研究的一种社会文化现象、思想认识现象。部党组在印发给直属高校的指导意见中明确要求，要紧紧围绕为党育人、为国育才这一使命，突出党的政治建设，紧扣立德树人的根本任务，着力整改解决党委领导下的校长负责制、基层党组织建设、教师队伍建设、意识形态工作、学生社团工作中存在的突出问题。问题不是全面覆盖，但是要找准，把重点要找出来。落实这些要求，必须坚持学做结合、查改贯通，从一开始就改起来，坚决做到立查立改、即知即改；必须防止“小而散”，集中力量打攻坚战；必须下大气力解决事关师生切身利益的问题，让师生群众真切感受到主题教育带来的新变化、新气象。

五、组织领导要防止“软而虚”，做到以上率下、以点带面、以责促优

这次主题教育不划阶段、不分环节，创造性地把学习教育、调查研究、检视问题、整改落实四项重点措施贯穿始终，既体现了理论与实践相结合、知与行相统一，也对增强组织领导的整体性、统筹性、连贯性提出了更高的要求。同时要看到，各学校主题教育的参与主体，既有领导班子又有基层支部，既有专家学者又有普通师生党员，既有奋斗一生的老党员老同志又有刚刚入党的新血液新青年，既有本部院系又有新校区、异地办学机构，具有特殊性、复杂性。为此，必须牢牢牵住责任制

这个“牛鼻子”，坚持校院两级领导班子带头学习、带头调查研究、带头检视问题、带头整改落实，充分发挥表率引领作用。学校党委书记要严格落实第一责任人责任，投入足够的时间和精力，靠前指挥、统筹兼顾、精心组织，严格标准、严格要求、严格把关，防止“软而虚”。软，指软骨病，不敢管；虚，指做虚功，不求实效。每一位领导干部既是主题教育的组织者、推动者、领导者，又是主题教育的参与者，要力戒形式主义、官僚主义，要与基层“共冷暖”、与师生“心连心”。第一批主题教育中，一些单位组织开展演讲比赛、知识竞赛活动，参加主体都是年轻党员，党员领导干部只是坐在主席台上当评委。直属高校要注意纠正这种错误倾向。

六、宣传报道要防止“假而平”，做到用心挖掘、用情讴歌、用功抒写

主题教育作为一次集中教育，需要通过必要的宣传内容、载体和形式创造良好氛围和舆论环境，但一定要防止“假而平”的宣传，少点水分，少点添加剂，实实在在反映工作进展、典型经验、有益探索、特色成果。要注重发挥直属高校学科优势、专家优势、平台优势，善于从理论上提炼升华实践成果，形成规律性认识，深化对习近平总书记关于教育的重要论述的理解把握，深化对培养社会主义建设者和接班人根本任务的理解把握，深化对坚持党的全面领导、扎根中国大地办好中国特色社会主义大学的理解把握。第二批主题教育恰好与中央关于庆祝新中国成立70周年系列重大活动安排相衔接，要注重对干部师生在国庆节前后集中开展“我和我的祖国”主题党日活动，举办“青春告白祖国”和“奋斗的我，最美的国”等主题活动的情况进行宣传报道，唱响爱国主义主旋律，汇聚教育报国正能量，引导凝聚师生把爱国情、强国志、报国行自觉融入践行初心使命的奋斗中。也就是说，要把国庆节前后的这些活动作为一堂思政大课、爱国主义大课、

爱国主义教育的大课抓好。

总之，这次主题教育是我们加强党的建设又一次新的探索，要按照中央的要求把主题教育认认真真地搞好，取得实实在在的效果。

为经邦济世、经世致用做学问*

中南财经政法大学这几年工作取得了很大成绩，我代表部党组给予充分肯定。对今后工作，提几点建议。

第一，把方向把好。要牢牢坚守正确的政治方向、办学方向，这一点任何时候都不能动摇、不能含糊。要以加强学校党的政治建设为龙头，把党的建设贯穿学校工作的各个方面、各个环节。这个方向叫中国特色社会主义大学的方向，这是我们的生命线，一定要牢牢守住。

第二，把学问做好。大学是做学问的地方，要有做学问的精神，要把学问做好。我们的特色、我们的后劲、我们的办学成果，从根本上讲都取决于学问做得怎么样，学校要牢牢抓住这一点不放。要为繁荣学术做学问。你们经、法、管建校后，经而法而管，有个递进的过程，能坚持下来很不容易。现在又提出经法融合，这个很好，经法融合、共同发展是个很重要的趋势。前些年在中国盛行的新制度经济学，就是法学和经济学融合的产物。这个趋势从20世纪30年代就开始了，这个方向是对的。要为立德树人做学问，为经邦济世、经世致用做学问，这是经济学、法学、管理学共同的学术精神，也是我们中国学术的传统。经、法、管要为经世致用做学问，在新型智库建设上下功夫，在提供决策咨询方面多做事。要为振兴中华做学问。“两个一百年”奋斗目标，百年不遇的变局，是我们社会科学、经法管发挥作用的机遇。

第三，把学生教好。学校的主要任务就是教学生，就是落实立德树

---

* 在中南财经政法大学调研时的讲话，2019年12月8日，武汉。

人根本任务。学校就是为培养学生而生的，把学生教好是教育的根本任务和天然使命。你们培养了很多各行各业的领导人，这个很好，但我更愿意看到你们在学科和专业方面，培养出了很多学术带头人、领军人物。我到好多学校去，很少有人给我介绍学术带头人、领军人物，多是介绍培养出的领导人。以后，你们要好好介绍这些学术带头人，这是你们的骄傲。

第四，把生态育好。一个学校就是一个大基层，生态非常重要。这里讲的生态，就是学校的风气。村里面有村风，乡里面有乡风，学校有校风。建设一所学校，就是建设学术共同体成员的家、集体的家。所以一定要把生态育好，在政治生态、学术生态、工作生态建设方面下功夫。

第五，把队伍带好。完成这些任务，要靠一支高水平、信得过的教师队伍，高质量、能战斗的管理队伍。所以一定要下功夫带队伍，带出一支铁队伍。要用共同理想带队伍，共同理想就是中国特色社会主义共同理想；要用共同目标带队伍，共同目标就是我们中国学术发展的目标，学校“双一流”建设的目标；要用共同守则带队伍，要依法治校，用大家公认的守则把队伍带好。

第六，把班子建好。要认真研究在党的十九大精神引领下，按照习近平新时代中国特色社会主义思想，如何建设好新时代高校领导班子，探索新的路子、新的机制、新的办法。比如，在民主集中制方面怎么做，加强分工负责方面怎么做，加强党的全面领导怎么做，全面从严治党方面怎么做，等等。

为文化的全面繁荣建设一支艺术大军*

在新时代，全面落实党的教育方针，为我们国家和民族的伟大复兴培养更多合格的艺术美术人才、为我们文化的全面繁荣建设一支艺术大军，这个任务是央美承担的很光荣的历史使命。为了做好这件事，我与大家交流几点想法。

第一，厚基础共享。艺术类院校在学科建设、专业建设、课程建设方面要走厚基础共享的路子，包括人的基础、道的基础、技的基础、史的基础。人的基础，就是作为中国人、作为新时代的人、作为接班人应该具备的基础素养。道的基础，就是艺术类院校，无论学科也好、专业也好，要有我们自己的哲学思想、我们自己的审美观念、我们自己的文化传统，这个“道”才是真正中国化的东西。技的基础，不同的学科、不同的艺术类型都有自己的表现方式，有自己的工具体系。我们过去在技的基础这方面功夫下得多，今后这个基础仍然需要，但更多的是道的基础、人的基础要继续加强。史的基础，就是我们是怎么走过来的，就是艺术史的变化。新中国成立这70年，我们在艺术史的教学方面是零乱的、碎片化的，更多地受到欧洲中心主义的影响，受到狭隘的传统主义思潮的影响，我们怎么在这个方面突破？实际上，艺术类教学需要寻找一个根，那就是要扎根中国大地。

第二，宽口径选择。不同类型的艺术有不同的艺术样式、艺术题材、艺术学科的教学。我们培养学生，要创造一种宽口径选择的条件，

---

* 在中央美术学院调研时的讲话，2019年12月16日，北京。

适应文化全面繁荣的需要，各种样式都要好好发展，健康发展。但是，具体到一个学校、一个院系，不可能去求全，要追求高精尖、高水平、精细化、新时代的艺术，让学生在这样的熏陶下健康成长，实际上就是要弥合断裂，坚持找根、扎根。

第三，大空间交叉。过去专业都划分得比较细，今后艺术类学校的发展，要在学科融合和专业交叉方面下功夫，而且是大空间的交叉，深度的交叉融合，这样新的艺术类型、艺术样式就会涌现出来，老的艺术传统就会得到新生，学生的选择机会就会增多，成长的空间就会放大。在网络条件下，这一点显得更加重要，这可能和每门艺术纵向发展过程中技术条件的改善有关。网络时代，技术条件发生了极大的变化，各门艺术都受到影响，我们要根植于大空间交叉中进行教学设计和科研设计。

第四，全链条创新。要在每个学校、每个院系，建立起适合职能的结构，在这个结构框架下全链条创新。今天我参观了中央美术学院设计学院，建设得很好。我想起30多年前的工业设计，现在看已经远远超出那时候我们讲的工业设计的概念了，所以创新特别重要，传统的样式也应该开展创新。

第五，非线性加强。刚才看你们非线性预测设计未来，我很受启发。我这里讲的是学校的思想政治工作，学生的成长，也要非线性加强，特别是艺术类院校，每个学生都是独特的，都是个性化的。所有的高校思想政治工作都要按照非线性加强这样的思路来改进，这是我今天在你们这里受到的启发。独特的才能给人留下深刻的印象。

总之，就是希望大家认真学习领会习近平总书记关于文艺工作的重要论述，学懂、弄通、做实。我们党的历史上有两次文艺工作座谈会，一次是毛主席主持召开的，解决了文艺的发展方向问题，对人民群众的感情问题，与工农兵结合的问题，为谁服务的问题；另一次就是习近平总书记主持召开的，解决了新时代我们文艺发展的方向问题、旗帜问题、以人民为中心创作的问题。这两次文艺工作座谈会既一脉相承，又与时俱进，都是集大成的。另外，要把学习习近平总书记关于文艺工作的重要论述和总书记给中央美术学院八位老教授的重要回信结合起来，这封信既是对我们央美也是对我们整个美术教育战线、艺术教育战线的领袖嘱托。总书记要我们“以大爱之心育莘莘学子，以大美之艺绘传世之作”，这也是我们的时代重任，我们要学习好、践行好，为中国造型、为人民设计、为历史绘画、为时代充电，把我们中央美术学院建设得更好。

多读内心的“无字天书”，做好新时代思政工作*

今天调研，大家讲的都是以思政工作为主题的内容，有一些做法有鲜明的中戏特点，也有鲜明的时代特色。全国高校思想政治工作会议召开以来，经过三年的努力，高校的思想政治工作面貌发生了根本变化，这是格局意义上的变化。但是，也要看到，思政工作还存在很多薄弱环节和短板，有一些不适应的地方，需要进一步改进和加强。

一、高校思政工作面临“四个世界”

一是“生活的世界”。这是学校发展所面临的外部环境，也是学生成长、教师工作所面临的外部环境，各种矛盾都在这里碰撞，各种诉求都在这里表达，各种思想矛盾、利益冲突都在这个生活的世界里展开，学生的世界观、人生观、价值观都是在这个生活的土壤里发育成长。我们思政工作的内容和形式也要受到“生活的世界”的制约。内容来自生活，形式来自生活，从群众中来到群众中去，从生活中来到生活中去。延安文艺座谈会时，毛主席讲的就是“从生活中来到生活中去”。目前我们思政工作面临的最大问题就是远离生活。教师在课堂上讲的很多东西不是他自己提炼出来的，不是他发自内心的，讲课的效果就会差很多。

二是“知识的世界”。学生进了校门是来学知识的，但学校不仅是要传授知识，还承担着立德树人的使命。教育的根本使命是要培养健全的人格，培养全面发展的人才。育人是根本，知识是育人的载体和手

---

* 在中央戏剧学院调研时的讲话，2019年12月16日，北京。

段。我们面临一个“知识的世界”，怎么样使各门课都承担起立德树人的使命，是我们要思考和研究的问题。思政课程是中国特有的，是富有中国特色的，思政课的教师是社会主义建设者和接班人的培育者。思政课程要凝练，一个学生如何成为合格的接班人，这些都是思政课要强调的，世界观、人生观、价值观都是思政课要讲授的，这也是一种知识。我们是在“知识的世界”里进行思想教育、推进育人过程的，这就是思政课和思想政治工作要改进和加强的专业依据。

三是“语言的世界”。思政工作是做人的工作，思政课是讲做人的道理的课程。思政课要用一定的语言和话语去表达，话语体系非常重要。要把我们想说的和学生想听的结合起来，思政工作所用的语言必须是没有代沟的、没有隔阂的，是能够和学生同频共振的，是与学生的生活经历、成长经历和思想感情，以及面临的各种问题特别是心理问题同频共振的。

四是“对象的世界”。思政工作和思政课的对象是广大师生。对象是一个群体，不同历史阶段的群体的诉求、苦恼以及要解决的问题是不一样的，构成这个群体的每一个个体都是鲜活的、富有个性的，他所面临的问题更是多种多样的。这就需要我们研究对象的规律、特征和需求。

只有把这“四个世界”研究好了，我们的思政工作才能做得好，思政课才能讲得好。思政课就是一个个体对群体的谈判，是一个一对多的过程。在中国古代的戏曲里也有很多成功的例子，比如“舌战群儒”就是思政课的经典例子，红色经典里的《智取威虎山》也是经典的思政课例子，这是广义上的思政工作。

二、新时代的思政工作怎么做

之前在中央美术学院参观艺术设计的时候看到一句话，“非线性加强”，给了我很大的启发。我借用这句话，谈谈怎么加强和改进新时代的高校思政工作。

非线性加强和改进思政工作，就是要少一些普通标准件，多一些特色定制件，一把钥匙开一把锁。要做到这一点，我们的思政教师要先把自己武装起来。建议大家多读一些书，读一些经典的书，特别是习近平新时代中国特色社会主义思想理论方面的书，以及关于文艺理论方面的书。要好好研究历史上的两个文艺工作座谈会。一个是延安文艺座谈会，解决了方向、立场、为谁服务的问题，那是划时代的会议，所揭示的问题是历史上没有过的。毛主席找人谈话、调查研究一个多月，那里面有很多都是做思政工作的方法。另一个是习近平总书记主持召开的文艺工作座谈会，解决的是新时代文艺发展举什么旗、走什么路、以什么为中心的问题，开辟了以人民为中心的创作导向。这两个座谈会既一脉相承，又与时俱进，我们只有真正把精神吃透了，才知道新时代的思政工作要怎么做。

一要多读读生活的书。所有的书都是作者对生活的加工，我们看书时，是在“嚼别人嚼过的馍”，我们只有把自己放到生活中去，放到群众中去，才能知道群众在想什么，为什么这么想，我们应该怎么做。

二要多读读基层的书。中国教育的根在基层，文化的根在基层。只有读懂中国的基层，才能读懂中国的国情，才能理解中国的社会文化。我们来看中戏的特点，那些古老剧种都是从基层来的。过去是没有剧团的，由一个个草台班子发展成“班”，同样一个剧在不同的地方演，融合了地方的特色，形成了不同的“门派”。舞台剧是从“唱”开始，元杂剧来自基层。所以说，只有读好基层这本书，才能了解孩子是怎么成长起来的、在什么环境中成长起来的，知道他们的父母现在是什么状态、在什么环境生活，思政工作才能完成心灵的碰撞和交流。

三要多读读群众的书。群众这本书，我们文艺工作者、思政工作者永远都读不完。这是世界上内容最丰富的书，几乎每天都在更新、每天都在变化。所以读群众这本书对我们是最大的考验，读懂群众这本书，很重要。

四要多读读专业的书。思政工作者、思政课教师，要好好地读专业书，不同的专业有不同的做法和要求，一定要从专业的书中掌握一些规律性的东西，来指导我们的工作。

最后一点，我们真正要读的、终生要读的，是多读自己内心的“无字天书”。“无字天书”在我们自己心里，每天都要体悟，体悟自己的工作、经历、经验，体悟工作中遇到的个案。“无字天书”貌似在世间，实则在心里。读“无字天书”的过程，是改造主观世界的过程，是改造自己心理的过程。

关于新工科建设*

关于工科院校的发展、新工科的建设，乃至高等教育的发展，要放在“两个大局”中深刻认识面临的机遇与挑战。“两个大局”，一个是中华民族伟大复兴的战略全局，另一个是世界百年未有之大变局，二者相互交织，在时间上高度重合，在空间上，中国教育正处于二者相互作用的中心，中华民族伟大复兴的历史进程对世界百年未有之大变局起到了催化作用。在这样“两个大局”之下，看工科院校发展，看新工科建设，最重要的是思路要更开阔一些，眼界要更高远一些，使命感要更强一些。

这是一个思想为王的时代。总体上看，我们高等教育、工科教育进入了新的发展阶段、新的历史时代，要深刻领会中国特色社会主义制度体系、习近平新时代中国特色社会主义思想对我们高等教育的重要指导作用。我们高等教育发展到今天，整体进入世界中上行列，证明我们的道路、理论与制度，对我们的文化有滋养推动的作用。一段时间以来，我们对教育发展过程中思想的力量有所忽视，现在需要予以高度重视，这关系到我们未来发展的后劲和方向。

这是一个方法为上的时代。有人讲“算法决定一切”，这句话虽有点极端，但说明算法非常重要。今天我们进入信息智能时代，我们一切的差距，都和方法上的差距、和创新上的差距，有极大关系，这一点需要我们深入思考。

这是一个结构为重的时代。高等院校的发展要高度重视结构，我是

---

* 在中国石油大学（北京）调研时的讲话，2019年12月24日，北京。

指信息革命条件下的结构，不是传统意义上的结构。发展高等教育，说结构主要是学科结构，因为结构决定了功能。如果我们在基础研究领域没有大的突破，在工程领域就难有进步。我们要研究重构高等教育结构，重塑学校的结构、工科的结构、学科的结构，不断调整结构、优化结构，也就是说我们要为教育打造一个比较美、比较强壮、能够适应变化的骨架。没有这样的骨架，怎么干都不行。

这是一个体系为纲的时代。今天的发展最讲究体系，教育发展、科技发展更是这样。我个人认为，西方国家的科技教育发展正在进行体系调整，不是学科单项调整，而是整个体系再造。这样的科技教育体系调整正好为中国教育的发展提供了难得的历史机遇。因为以前我们与西方国家有差距，但是在体系再造这一点上，大家差不多同时起步。教育部近两三年的工作重点，就是着眼体系再造，抓本科教育就是由此开始的，抓研究生教育也是体系再造。体系再造不是简单的结构调整，而是在相互联系中、要素互动中实现总体设计和优化。这种再造有它的特点，比如说教育体系再造与科技体系再造对接、与产业体系再造对接、与社会体系再造对接，我觉得这“三个体系对接”需要高校给予高度重视。它决定了我们未来高等教育发展的质量和水平，是非常关键的事。还有就是在体系再造中，实现学科交叉。新的时代，要在高水平交叉中实现“教育再造，科学再造，社会再造”，在“三个体系对接”中实现深入交叉。

总之，把握挑战，在有障碍的路上寻找前进方向，重写新时代教育的生产函数，就是我们面临的任务。

我们办什么样的大学*

看了西南财经大学、电子科技大学，虽然一个是文科大学、一个是工科大学，但有很多共同点，都为回答好办什么样的大学这个问题，给我上了生动的一课。我讲一讲我心目中的大学是什么样子的，也就是我们要办什么样的大学。

第一，要办有灵魂的大学。这是讲办学的方向。“四个意识”、“四个自信”、“两个维护”以及高等教育的“四个服务”，都是讲方向，讲方向就是讲灵魂，这是非常重要的。

第二，要办有情怀的大学。这里主要是讲家国情怀，我们办的是中国的大学、中华民族的大学、人民的大学。家国情怀在你们这两所大学里面体现得非常强烈，就是你们讲的担负国家使命、服务国家需求。还有专业情怀，把家国情怀和专业情怀统一起来，这是我们中国特色社会主义有情怀的大学。

第三，要办有气度的大学。所谓有气度，就是得有为这个民族奋斗的精神，有争做世界一流的志向，有好的发展战略。一所学校是否有气度，还要看这所学校的战略布局，看这所学校的结构、班子、队伍。这些都是气度的展开和体现。

第四，要办有眼光的大学。有没有眼光，就是看能不能看到前沿、看穿历史、看透现实，规划好大学的发展。办有眼光的大学是很难的，书记、校长、教师的眼光决定着学校的眼光。

---

* 在西南财经大学、电子科技大学调研时的讲话，2019年12月26日，成都。

第五，要办有激情的大学。有激情的大学就是能持续不断奋斗的大学，能始终保持一种饱满的热情，始终发扬科学精神、求实精神、时代精神。有激情的大学要不断生产出激情，让这种激情去激励人，更激励自己。

第六，要办有作为的大学。所谓办有作为的大学，就是一代人要担负起一代人的历史使命，一代人要跑好接力赛中属于自己的这一棒，一代人要解决时代赋予的特殊问题。办有作为的大学，就要既仰望星空，更脚踏实地，把正在干的事干好，把面临的时代问题解决好。时代问题既有发展的问题，也有学术的问题，还有我们个人成长的问题，把时代的问题解决好，才会真正有所作为。

推动理论学习达到新高度*

习近平新时代中国特色社会主义思想是当代中国马克思主义、是21世纪马克思主义，党的十八大以来的实践充分证明，这是指导我们实现中华民族伟大复兴的根本保证，学习好这一指导思想，用这一思想武装头脑、教育群众、指导实践、推动工作，是我们今后相当长一个时期重要的政治任务，是根本的政治任务、是生命线。高校的领导班子要把这一任务当作历史使命完成好。推动学习达到新高度，包括以下五个方面。

第一，读书的高度。这是从教育特点的角度出发的。不读书，就不足以成为教育人、教育工作者。我们的学习和其他领域、部门的学习不一样，我们要潜心读书，读原著，再从原创的维度，学习习近平新时代中国特色社会主义思想。这一方面要达到一个新高度。教育战线的工作者，不妨在这方面来一个竞赛，比一比读原著、悟原理，从原创性上来学习。

第二，理解的高度。要理解核心要义，理解习近平新时代中国特色社会主义思想何以在当代中国产生，何以在党的十八大以来的治党、治军、治国的伟大进程中发挥着巨大作用，成为我们党的指导思想，成为我们党理论创新的最新成果；理解为什么能做到在实现中华民族伟大复兴的历史进程中，把科学社会主义基本原理和中国特色社会主义建设进程结合起来，把马克思主义的基本原理和当代中国的具体实践、时代精

* 在南京四所直属高校调研座谈会上的讲话，2019年12月28日，南京。

神结合起来，实现新的飞跃。教育战线不应该满足于字面内容的学习，要从学理上理解、挖掘，一定要悟原理。

第三，研究的高度。积极研究党的创新理论，推动哲学社会科学的繁荣，从社会科学领域的不同学科角度来研究和阐释习近平新时代中国特色社会主义思想，推动党的理论建设不断涌现新的成果，是教育系统面临的艰巨任务。要在经济学、法学、新闻学等学科领域抢占我们自己的话语权。

第四，结合的高度。就是把习近平新时代中国特色社会主义思想的核心要义、精神实质，与大家所从事的工作、本职岗位、履职要求结合起来，更好地吃透精神、吃透实际、吃透过程，切实按照习近平总书记提出的“学懂、弄通、做实”的要求落实到位。吃透精神才能体现学习的成果，吃透基层的情况是实践的需要，吃透过程是推进落实、践行的需要。

第五，践行的高度。所谓践行的高度，就是每做一件事，推进一项工作，作出一项决策，解决一个问题，都要坚决以“总书记是怎么说的，党中央是怎么定的，人民群众是怎么要求的”作为标准，将这个标准融入工作中，作为党员干部自身成长的重要任务、重要的标准，自觉按习近平总书记要求的去做、去践行、去落实。

用五种类型的创新推进“双一流”建设*

“双一流”高校肩负着在“两个一百年”交汇中冲刺世界前列的任务、使命，有五个问题需要认真思考。

第一个问题：从空间角度看，区域最好和世界最好的关系。就某一所大学来说，就是在所在省份是最好的和在世界是最好的关系。一所大学在某一地方可能是最好的，但是半径扩大后，它的“光芒”就会递减。“双一流”建设高校要盯着世界一流水平，每所高校都应该有基本的定位。思考区域最好和世界最好的关系，就是在所在地区这一范围，思考和说明你的历史成绩；在世界这一范围，思考和说明你和最好的差距。所有的高校，尤其是“双一流”建设高校，都要深入思考这个问题。

第二个问题：从时间角度看，今天和明天的关系。昨天是历史，是今天前进的基础。站在今天新的历史起点上，要思考我们已达到什么样的发展水平和高度，怎样走向明天，明天的目标是什么。教育耕种的不是今天的土地，而是明天的土地；经营的是人的未来、民族的未来、国家的未来。教育之所以受到重视，因为未来来自教育。所以，高校要很好地研究、思考今天和明天的关系，特别是“双一流”建设高校要认真思考明天要往哪里走。如果说空间上是确定方位的话，那么时间上就是确定明天的方向。

第三个问题：从学科角度看，单项和群体的关系。很多高校的“双

---

* 在中国海洋大学调研时的讲话，2019年12月31日，青岛。

一流”建设方案中，都提出了学科群的概念，但实际上大多是学科单项强，学科群大都停留在概念上，主要原因是支撑学科群的基础学科差距较大，这个问题会严重影响今后的发展。未来，能走多远、能否可持续、能否真正强起来，学科群尤其是基础学科非常重要。所以，单项和群体的关系要好好研究，要实现从抓单项到抓群体、从抓群体到抓群落的转变。

第四个问题：从工作角度看，局部与整体的关系。国内大学和国外大学有一个鲜明的不同之处，即国内大学是多目标系统，需要整体优化。“双一流”建设高校需要深入研究整体与局部的关系。要有科学的教育观，在工作推动上要做到系统正确，而不仅仅是局部正确；要整体推进，而不是局部突进。

第五个问题：从评价角度看，自己说好和别人说好的关系。在评价问题上，既要按公认的评价标准来衡量自己，也要努力把自己的成果宣传、宣介出去，二者相结合，目的是把自我评价、同行评价、学界评价、社会评价结合起来，真正确定实际水平，正确认识自己。

概括起来，“双一流”建设要从方位、方向、着力点、工作体系、评价标准这五个维度去思考。

当前“双一流”建设第一轮已经进入关键期，教育部已研究形成“双一流”建设评价体系。在第一轮五年建设评价的基础上，将确定第二轮建设内容。“双一流”最大的特点是“动态”。在完成第一轮建设任务、规划第二轮建设任务的时候，“双一流”建设高校要在方向、重点、着力点和动能上统筹把握，把智慧和力量凝聚到促进创新上。离开创新就没有“双一流”，更不可能推动“双一流”深入下去。如何做到创新，我认为要重点从五个方面考虑。

第一，短板创新。所谓短板创新，就是在学科、专业、领域乃至国家经济、科技发展的短板环节上创新。这是统筹“两个大局”中我们最需要做的事情。短板创新要抓强化。

第二，瓶颈创新。瓶颈就是“卡脖子”的问题，高校在解决“卡脖子”问题方面是有实力的。瓶颈创新抓攻关，攻下来，打通了，就能向前一大步。

第三，角落创新。按照辩证法，一旦科技创新找到“空白角落”并实现突破，就会组织起新的网络，推动事业的发展。角落创新抓挖潜，这包含人的角落、物的角落、结构的角落、动能的角落，还有对象的角落。

第四，前沿创新。之所以称为前沿，说明差距不大，就看谁先在基础学科上捅破窗户纸，在专业学科上实现新突破。前沿创新要抓交叉，学科交叉、系统优化，用交叉的办法来实现系统优化。

第五，“无人区”创新。越过前沿就是“无人区”，“无人区”的创新是最高境界的创新。要搞清楚目前“A+”学科的水平定位，在这个基础上向“无人区”挺进，未来的中国需要“无人区”创新，领跑靠的就是“无人区”的创新。“无人区”创新抓人才，核心是需要领军人才、战略科学家。

我之所以讲五种类型的创新，是因为大批自然科学研究人员在教育领域。教育领域是全学科的，我们学科之全，世界之最，故我们需要认真梳理，用以推进“双一流”建设。

敢于奋斗，办出特色，振兴中西部高等教育*

近年来，兰州大学党委带领全校师生艰苦奋斗、改革创新，各方面工作取得了长足进展。一是发展势头很好。在西部发展高等教育事业，要付出比其他地方更大的努力，兰州大学保持住了好的学科传统，也在积蓄新的学科优势。二是发展思路很好。学校围绕“双一流”建设，把中央精神和甘肃省、学校实际相结合，主动融入国家战略，主动服务地方经济社会发展，把中央精神、地方事业与兰州大学相融合，形成一流大学建设发展思路，履行着兰大人应该履行的时代使命。三是精神状态很好。广大师生保持着对事业的执着追求和作为兰大人的自豪感，始终不懈奋斗，不管风吹雨打总能作出自己的贡献，有所作为。正是因为有这样一种精神状态，坚守西部、坚守初心、坚守使命，才使得兰州大学始终是中国西部高等教育的典范。

中西部高校是我们国家高等教育总体格局中非常重要的组成部分，诸多基础学科、特色学科和重要的前沿学科都布局在中西部，这是中西部高校多年来奋斗的结果。当前，中西部高等教育发展既面临难得的历史机遇，也面临着挑战和困难。大家要共同努力抓住机遇、迎接挑战、克服困难，促进中西部高等教育事业健康发展，支撑国家重大的区域发展战略，服务中西部经济社会发展，努力为今后中国高等教育发展打造新的战略纵深。振兴中西部高等教育，要在以下几个方面努力探索，认真解决好发展中面临的问题。

---

* 在兰州大学调研座谈会上的讲话，2020年1月12日，兰州。

一是灵魂从信念中来。一个学校要办好，就要有自己的灵魂。要深入学习习近平新时代中国特色社会主义思想和习近平总书记关于教育的重要论述。要加强党对教育工作的全面领导，坚定社会主义办学方向，更多地在加强党的建设和党的领导上下功夫、在归属感上下功夫、在使命感上下功夫、在荣誉感上下功夫。要把信念、思想当作重要资源来经营，探索以“四个自信”统揽思想政治工作和思政课建设的路子，全面加强和改善思想政治工作，切实提升思政课水平。

二是力量从特色中来。振兴得有力量，力量突出表现在核心竞争力上。要抓特色，靠特色兴校，靠特色增强核心竞争力。要把特色作为学科建设的一面旗帜，越鲜明越好。要组织广大教师充分讨论，真正让学科体系、专业学科、专业特色鲜明起来。

三是人才从平台中来。干事创业的平台和环境，主要包括学术方向、研究平台、创业环境三个要素。要牢牢把握、研究捕捉发展机遇，完善提高已有的平台，努力建设新的平台，推动学科群向群落转变，营造干事创业的良好环境和氛围，服务人才健康发展。要树立正确的机遇观、机会观，吸引更多事业发展需要的人才。

四是资源从改革中来。中西部教育振兴、高校的发展，应兴应革的事情很多，面临的困难比其他地方更多一些，难度更大一些。要深化校内校外改革，抓住教育领域改革已经明确的政策机遇，把政策贯彻、落实好，结合实际转化好。要处理好学校自身发展和区域经济振兴的关系，以贡献求支持，在服务中获取资源。要抓住加快教育对外开放的机遇，在国际合作中获取资源。

五是思路从解放思想中来。中西部高等教育要各打各的优势仗、各走各的特色路。要把中央精神和本地、本校实际相结合，系统做好发展思路的顶层设计，进一步解放思想、大胆创新，把创新作为振兴的核心措施、作为振兴的精髓。最大的解放思想就是实事求是，要从实际出发，不断奋进，不断取得新的突破。

六是结果要从奋斗中来。状态与目标的差距就是问题，发展的任务就是缩小差距、接近目标，这是一个奋斗的过程。要发扬斗争精神，敢于斗争、善于斗争。要落实好、书写好教育“奋进之笔”，持续发力、久久为功，靠奋斗加快推进“双一流”建设。

在北京几所学校调研的感受*

很高兴在全党开展党史学习教育活动大背景下来到育英学校进行考察。之前也去了北京工商大学，收获很多，另有一番天地。上午看了景山学校，这是我们中国教育改革的一面旗帜，是“三个面向”的诞生地。看了东华门幼儿园，可以说是百年老园，是最早的一批现代学前教育幼儿园。早上与北京市委教育领导小组进行了交流。一路走来，印象很深，不虚此行。

一、关于调研的感受

东华门幼儿园介绍了办园理念“生活即教育，行为即课程”，这个理念很有理论深度、实践深度，把中外教育理念凝练起来了。生活即教育，快乐就是生活。学前教育的基本模式就是游戏模式，不是教孩子背多少唐诗，念多少英语单词。强国就是目标，我们为党育人、为国育才，必须从学前教育抓起。3—6岁是孩子智力发育、语言发育、身体发育最关键的时期，不要用成年人的观念和想法束缚孩子。

景山学校校长讲了一句话，我印象特别深。景山学校的学生，多数没有报课外班，有一部分报了素质型兴趣班。这说明一个道理，提升学校办学理念、办学模式、教学质量、管理水平，是我们减轻作业负担、课外负担的关键。

在育英学校，有同志说，在这个学校基本上不会发生校园欺凌，因

* 在北京育英学校调研座谈会上的讲话，2021年4月9日，北京。

为没有发生的“土壤”。育英学校充分发挥了环境在育人中的功能。这是我们要高度关注的，可以好好总结。由育英学校看海淀，由景山学校看东城。

我到工商大学去，书记、校长的介绍，有一句话让我很受启发，就是不能“不精不细不专业不生动，口号喊得响，但是抓不下去”。他们建了网上的马克思主义学院，用大数据的方式，把思政课和课程思政抓具体了。2016年全国高校思想政治工作会议后，思政课有很大改变，大中小幼思政一体化体系已经建立起来了，如何发挥作用是我们下一步的工作方向。

关于“双减”和近视防控，有的学校成立了作业研究中心，对每个孩子进行作业诊断，了解学生作业情况，综合研判，控制数量，提高质量。我们减轻作业压力，努力的空间还是很大的，要以评价体系改革牵引作业管理。

二、关于思政课

大家讲思政课，讲党史教育，一路边走边听，我特别高兴。我们党有一个成功的做法，就是每逢历史转折和重要阶段，都要开展集中教育。今年开展党史学习教育，不仅领导干部学，全党都要学，不仅党员学，也要带动群众学，让更多的人了解我们党的基本理论、基本路线、基本方略。我们不仅要做好自身的学习工作，也要为整个社会做示范，提供学理方面的支撑、学习方法方面的支撑、宣传阐释方面的支撑。一定要做好师生的学习工作，基本的方式就是思政课和课程思政。提高思政课质量永远在路上，这是我们面临的重大课题。

几所学校思政课探索都很有意义。思政课和课程思政有一个核心的角度，就是在课堂这个主战场、主渠道上，怎么样把党的理论、优秀文化传统、价值观念传承给学生，这涉及教师、教材、教法等方面。还有一点避免不了，就是语言。大家对思政课建设中的语言问题关注不够，不能用文件语言、报刊语言、专业技术语言去讲思政课，思政课要建立自己的话语体系，要解决用什么语言讲思政课的问题。

要用生活语言讲思政课。思政课最接近生活，可以学习借鉴《平“语”近人——习近平总书记用典》。

要用学术语言讲思政课。学术语言有学理支撑，有逻辑，学生们一听是厚重的，能够启智润心，不要把思政课讲成口号大全。

要用个性语言讲思政课。不同学段的教师要用不同语言给不同学生讲思政课，这要成为我们思政课教师的基本功，每一个思政课教师都要练习，以形成自己的语言风格。

要用时代语言讲思政课。不能用“之乎者也”讲思政课，要用信息化时代的语言讲思政课，“微言微语”“网言网语”好多都进入了我们的生活，讲思政课的语言也要演变和进化。在语言所表述的内容上，也要跟上时代。

要用孩子的语言讲思政课。用孩子们听得懂、喜欢听的语言讲思政课，了解孩子成长成才的规律，把我们要讲的和学生想听的结合起来。

三、关于意识形态工作

对于意识形态工作，我想强调一个方面，面对百年未有之大变局和中华民族伟大复兴的战略全局，我国发展面临诸多风险和挑战。做意识形态工作，要高度关注意识形态的传播方式和传播渠道。今年大事喜事多、难事多，做好今年意识形态工作要下功夫。

一要做好媒体这个渠道。过去注重主流媒体，现在新媒体对学校意识形态工作的影响具有举足轻重的作用，要通过大数据，好好研究这个事。二要做好社团这个渠道。我们要关注其活动规律和管理规律。

四、关于“双减”问题

“双减”是人民群众关心的事情。近三年，我们一手抓课外培训，相当一部分规范了，但热度不减，群众负担很重；一手抓课内服务。“双减”问题，从全国的视角可看九个特大城市，从特大城市的视角可看北京、上海，从北京的视角可看海淀。海淀不仅是北京的教育大区，也是全国甚至世界的教育大区，教育资源丰富。我们希望海淀克服困难，在市委、市政府的坚强领导下，以海淀为突破口，为北京“双减”工作作出贡献，成为全国典范。

培训焦虑这件事具有传染性。培训这种消费既是做给别人看，觉得不报培训班显示不出阶层身份；也是做给自己看，家长借助培训机构，在孩子身上实现自己没有实现的愿望。

焦虑还具有随机性。家长发现一个新的信息，看到一个新的广告，极易受到刺激和影响。看到别人家的孩子钢琴弹得好，就想让自己家的孩子也报一个班。

另外，焦虑还有反复性，不断变换培训目标。

这种焦虑，把家庭关系搞僵了，把孩子身体搞差了，把教学秩序搞糟了。家长焦虑未来，政府投资未来，学校经营未来，在未来这一点上是统一的，找到统一点就能找到突破口，一定要把这件事办好。事情要一件一件来，成熟一件办一件，这样“双减”工作就会取得实实在在的成效。

中央重视近视防控工作。学生要自律，学校、家长要引导；家长要监控，家长和孩子生活在一起，监控孩子的行为；学校要管理，学生进了校园，学校要消除一切影响孩子视力的活动和环境；社会要干预，全社会达成共识，形成协同；技术要支撑，卫健委和体育部门提供支持。

推进学校美育改革，做好五方面工作*

推进学校美育改革发展，是全面贯彻党的教育方针、落实立德树人根本任务的需要，是增强道路自信、理论自信、制度自信、文化自信的需要，是实现教育现代化的需要，意义重大。

第一是灵魂问题。要高度重视美育中的灵魂。这个灵魂就是社会主义核心价值观，要把社会主义核心价值观融入学校美育的方方面面、各个环节，要用社会主义核心价值观教人育人。我们现在讲的美育，实际上还是停留在艺术的范畴，中小学的艺术教育就是音乐和美术。美育课程以艺术课程为主体。但是，艺术一定不仅仅就是个工具，也不仅仅是个技能。美育表面上是艺术，本质上还是社会主义核心价值观，必须用这个灵魂来统领。学校美育一定要体现社会主义核心价值观这个灵魂。

第二是公平问题。开齐开足课程，就是没有一个掉队的，不能落下一个地方、一个人，这是全面建成小康社会决胜阶段的概念，难点在于补短板。在民族地区、贫困地区、边远地区怎么补短板？补短板有两个方面，一个是资源方面设施的短板、师资的短板。这个难点在西部地区是很严峻的，在这些地区要开齐开足难度很大，所以我们需要想很多办法切实解决好这个问题。还有一个是精神方面对美育认识上的短板。现在大家对美育认识普遍存在短板。我们一定要认识到这对我们全面落实党的教育方针、落实立德树人根本任务巨大的制约作用。所以公平非常重要，教育公平里面包含着学校美育教育的公平。

---

* 在教育部与北京等8省市学校美育改革发展备忘录签署仪式上的讲话要点，2016年8月29日，北京。

第三是师资问题。现在美育最大的制约在师资，每个省份美育教师都有缺额，只是程度不同而已。所以，要高度重视师资问题，优化存量、强化增量，还要做好资源统筹。在统筹社会资源方面我们之前是有成功经验的，比如“三下乡”。“三下乡”的经验略加改造就可以用到我们美育里面来。要统筹各部门力量，包括教育系统。现代教育的一个突出特点，就是教育部门要善于利用全社会的资源，要善于调动各个部门的力量，还要统筹人才培训。要采用一些特殊的、速效的方式加强师资培训，争取在不太长的时间内优化存量、强化增量，统筹社会资源、统筹部门力量、统筹师资培训，解决好师资短缺的问题。

第四是机制问题。要认真研究加强和改进学校美育机制问题。我们宁可多花些钱、多花些时间，也要研究探索出一套适合我国社会主义初级阶段、学校美育发展需要、具有中国特色的美育推进机制。多年来，学校美育走走停停、时好时坏，教训之一就是因为没有形成一种好的机制，所以现在要在现有基础上不断把美育教育体制制度供给做好。

第五是评价问题。要加强对美育教育工作的评价标准的研究。这里讲的评价标准不是传统意义上的评价标准，而是要引导社会舆论，引导我们教育工作者对美育重视的标准。重视美育不是仅仅在设施方面增加投入，而是要切实认识到美育在人的全面发展过程中所具有的内在力量，认识到美育对社会风气所具有的导向作用。学校美育一定要研究评价标准，进一步辐射引导社会美育。

营造风清气正、公平优质的教育改革发展生态*

判断形势，要一看二听三想，听取各方面意见，综合各方面反映。当前判断我国教育发展所处的形势，以及教育的阶段性特征，要通过六个方面来看。

一是向后看，主要看现在的教育发展水平我们是如何达到的。改革开放以来，我国教育事业取得了很大发展。目前，已经初步建立起了适应我国经济社会发展需要的教育管理体制，教育发展达到了中高收入国家的水平，我国教育正在逐步走向世界教育的中心。在数量增长的同时，教育质量稳步提高，在国际教育交流合作方面发挥着越来越重要的作用，逐步取得话语权、规则制定权，在发展中国家和中东欧发达国家的影响力稳步上升。

二是向前看，主要看教育发展的目标。党的十八大以来，习近平总书记对教育发展提出了一系列新论断。无论是中央立足我国“两个一百年”奋斗目标、中华民族伟大复兴、决战决胜全面建成小康社会提出的到2020年基本实现教育现代化的目标，还是“双一流”建设目标，为创新型国家的建设提供人才支撑和智力支撑，保障教育公平，办人民满意的教育，概括起来，教育发展的目标就是从教育大国走向教育强国。

三是向内看，主要看我国经济社会发展的阶段性特征。我国现在正处于全面建成小康社会决胜阶段，这是最根本的特征。在这一社会转型期、全面深化改革的攻坚期和动能、结构、布局的重大转换期，只有

---

* 在深化教育督导改革暨第十届国家督学聘任工作会上的讲话要点，2016年10月21日，北京。

深入研究分析国内经济社会的发展变化，才能制定正确的教育发展战略、政策和改革方案。

四是向外看，主要看教育发展的国际环境，看新的全球科技革命给教育带来的挑战。以“一带一路”为突出标志，我国正在参与全球治理、规则制定的过程中逐步走近世界舞台的中心，与此同时，也面临全球化科技革命的新突破、新理念、新课题带来的重大机遇与挑战。明确我国在世界政治、经济、教育、科技坐标中的位置，我们就会更好地绘就教育蓝图。

五是向上看，主要看党中央对教育发展提出的新要求。党的十八大以来，党中央对教育发展的重视程度进一步提高，党的十八大以及十八届三中、四中、五中全会先后对教育工作作出一系列部署，中央深改组先后审议通过多个关于教育工作的文件，国务院先后出台了多个教育改革方面的文件，重视程度高、部署严密、措施具体，需要教育系统进一步深入学习，学深吃透中央政策要求。

六是向下看，主要看人民群众对人民满意的教育提出了什么新期待。办人民满意的教育，首先就是要深入实际调查研究，全面地分析不同群体的新期待、新需求。共享发展成果，以人民为中心，满足人民群众日益增长的教育需求，既是教育工作的出发点，也是教育工作最根本的目标。

基于当前教育形势和发展阶段的判断，今后我国教育发展主要面临“四个着力”。

一是着力提高质量。我国教育和世界先进水平的差距，主要体现在质量上。这种质量差距不是单向的，而是综合的；不是全面的，却是关键的。人才质量、成果质量、教学质量、管理质量等有关教育质量的问题，将决定今后中国教育长期发展的战略方向。我国教育今后发展的主攻方向就是和国外先进水平比较，用人民群众的新期待来衡量，在这一过程中，扎实推进教育教学改革，重视抓好质量评价，建立贯通大中小幼的质量监测评价制度，以科学的评价引导教育健康发展和质量的提高，尤为重要。

二是着力促进公平。近年来，国家采取了一系列促进教育公平的政策措施，大力推动了教育公平进程，教育基本公共服务均等化正稳步推进，但仍存在水平比较低、发展不平衡、政策还没有完全落实到位等问题。促进教育公平，要从基础教育抓起，在高等教育突破，重视抓好条件保障，提高教育供给水平，拓展教育新形态，将与公平相关的教育政策落实到位，让老百姓在教育改革发展中有更多的获得感。

三是着力改善环境。今天教育发展面临的环境变化，比历史上任何一个时期都要复杂，线上线下教育的竞争中，多种舆论场的交汇下，老百姓要上学、上好学的愿望更加强烈，社会对教育的期许也大幅提升。改善教育环境，要切实加强党对学校工作的领导，引导广大师生自尊自律，推动全社会关心、关注、关爱教育，形成新的历史条件下尊师、重教、爱学的好风气。

四是着力优化结构。教育结构决定教育功能，教育功能决定教育标准，教育标准决定教育质量，教育质量决定核心竞争力。优化结构问题是中国教育未来发展的一场硬仗，要重视抓好改革调整，优化管理结构和发展结构，要注意不同教育技术层面的比例关系，更要注意体制机制层面的结构关系，围绕提高质量和促进公平来调整管理。

应当承认，当前我国教育仍面临一些制约发展的难点问题。在体制约束方面，现有的教育管理体制尚不完全适应加快教育改革、建设教育强国的需要，需要我们集中精力“过险滩”；在思想政治工作约束方面，要守土有责、守土尽责，勇于担当，肩负历史责任；在人口结构变化约束方面，面对快速城镇化、工业化、信息化带来的大规模独生子女群体、随迁子女群体、留守儿童群体和网上人群，要从不同群体的受教育需求出发，创新思路，化解难题；在经济社会发展差异约束方面，面对区域经济社会发展不平衡给教育带来的挑战，要抓住源头，综合研判，科学配置教育资源，努力实现基本公共服务均等化。

要落实教育发展任务，必须加强教育督导。一是督政不忘政治，在履行督导职能的过程中，既要从行政角度督政，更要从政治角度督导，既要考虑政治，更要有政治立场。二是督法不忘方法，督导各类涉及教育法律法规规章贯彻执行情况时，不忘督导教育教学方法，多总结经验，多树立典型，多推广好的教育教学方法。三是督学不忘学习，认真学习党中央、国务院的方针政策和要求，学习与教育督导相关的法律法规规章，学习和教育督导有关的业务知识，学习其他国家的经验做法，学习各地各校一线和基层的实践创造，不断提高督导的本领和水平。四是督事不忘求是，在面向各级各类教育开展督导评估、检查验收、质量监测过程中，在就一些重大教育政策、项目、安全和其他专门事项开展督导过程中，科学把握规律，切实按规律办事。

扎根中国大地，办好世界一流大学*

"扎根中国大地，办好中国特色社会主义大学"是习近平总书记提出的一个命题。"双一流"是新的历史条件下，高等教育发展"齐步走"的国家战略。下面，我围绕"扎根中国大地，办好世界一流大学"这个主题，讲一讲怎样"扎根中国大地"，如何办好"双一流"。

一、扎根中国大地，办好中国特色社会主义大学

办好中国特色社会主义大学是我们高等教育发展的根本目标，"扎根中国大地"是实现这个目标最重要的约束条件，或者说是办好中国特色社会主义大学的依据和基础。"扎根中国大地"实际上蕴含了总书记提出的"四个自信"——道路自信、理论自信、制度自信、文化自信，这是"扎根中国大地"的深刻内涵。

第一，"扎根中国大地"体现的是道路自信。我们走到今天，办大学所走的道路和西方大学发展的道路有联系，但更有特色，是立足中华优秀传统文化发展现代教育、办大学的。我们党领导的教育，一直在探索怎么把世界优秀文明成果和我们的优秀传统文化结合起来、和中国现代化建设阶段性特征结合起来、和中国人民对教育的需求结合起来。这三个结合使我们认识到，中国革命照搬西方道路走不通，中国教育照搬西方那一套也一样走不通。这30多年，我们教育改革就是按照这样一个主题、这样一个历史背景来推进的。从这个意义上讲，我们教育改革

* 在中组部高校中青年干部培训班上的专题报告，2016年11月2日。

取得的成果，实际上是有深厚历史依据的。经过这几十年的探索，应当说我们现在有了一条比较适合中国国情的、能够满足受教育者需求的高等教育发展道路。所以，习近平总书记讲“扎根中国大地办教育”，这是对道路自信的高度概括。

第二，“扎根中国大地”不是一个简单的空间概念，体现的是深刻的、坚定的理论自信。新中国成立之后，我们对如何发展社会主义大学，参照苏联经验，结合实践作了新的探索。1958年前后，我们对这种办学体制作了一些改革，就是当时教育方针讲的两句话，“为无产阶级服务、为人民服务，与生产劳动相结合”，但总体上还是1952年前后院系调整的框架。这个路子一直走到“文化大革命”前。“文化大革命”时期，我们的高等教育受到了极大的破坏。改革开放后，我们重新开始探索中国特色社会主义大学办学之路，一路走来，形成了符合我们国家实际的高等教育发展之路。改革开放以来，邓小平同志、江泽民同志、胡锦涛同志都对高等教育发展有过许多论述。党的十八大以来，习近平总书记对大学的办学方向、根本任务，培养什么人、怎样培养人、为谁培养人，办什么样的大学、怎样办大学等问题的重要论述，已经成为党中央治国理政新理念新思想新战略的组成部分。我建议大家围绕办什么样的大学、怎样办大学、培养什么人、为谁培养人等核心问题认真学习习近平总书记的重要讲话，深刻理解怎么全面贯彻党的教育方针。习近平总书记提出扎根中国大地办大学，蕴含着以习近平同志为核心的党中央对中国高等教育的思考，集中了我们党改革开放以来对高等教育发展的探索成果，这句话有着深刻的理论思想内涵。

第三，“扎根中国大地”体现的是制度自信。新中国成立以来，特别是改革开放以来，我们国家办高等教育、办大学，最根本的一条经验就是坚定正确的政治方向、坚持党的领导。党对大学的领导，是我们办好中国特色社会主义大学的灵魂所在、根本所在。我们在很短的时间之内，走完了西方大学数百年走完的路程。我们的教育工作者特别是高等教育工作者，始终想达到世界一流水平，到世界上去拼一拼。在之前我们叫教育救国，即“救国论”，在之后我们叫教育强国，即“强国论”。在新的历史时期，“强国论”的具体体现是一种使命、一种追求。20世纪90年代中期，江泽民同志给他的母校上海交通大学写贺信，就提出要建设世界一流大学。也就是在这个时期，我们启动了“211工程”。“211工程”实行了三期。1999年我们启动“985工程”。这个时候是跨世纪、面向21世纪，建设世界一流大学和一流学科，这是党中央批准的，实际上也是“双一流”，也进行了三期。“211工程”和“985工程”之后，我们国家还实施过一些比较小的计划，比如说“优势学科创新平台”，进一步聚焦满足国民经济急需的学科，像能源、资源开发等，还有“特色重点学科”“2011计划”等。中国高等教育就在这20年里，大幅度缩小和世界高等教育的差距，大踏步走向世界高等教育舞台，正在向中心迈进。1995年的时候我们有1 054所高校。而截至去年我们有2 852所高校，高等教育毛入学率40%，达到了中高收入国家的水平。高等教育人才生产能力有了极大的提升。

我们高校的科学研究水平得到大幅提升，每年国家三大奖（国家自然科学奖、国家科学进步奖、国家技术发明奖），教育系统占了2/3多。我们现在有一批学科已经接近世界一流水平，有一批高校跻身国际四大大学排行榜，并且现在我们论文发表数和引用数都已高居世界前列。每年在*Nature*、*Science*等国际顶尖刊物发表的论文都不少。这说明，我们科学研究的水平有了很大提升。而且，有些是在“无人区”取得突破的，“无人区”也就是没人涉足的领域。中国大学在世界上的影响力有了明显提升。

我们的师资队伍也有了很大的变化。师资队伍的水平、结构，已经进入世界先进水平，包括诺贝尔奖得主也有我们教师队伍中的一员。各类人才计划对教师队伍的建设发挥了重大的推动作用。不只是自然科学，社会科学也引进了大批人才。人才引进是专业引进、学科引进，这是高等教育的特点。所以，领军人才非常重要，旗帜性人物非常重要。

还有一个变化是高等教育发展的物质条件的变化。公共服务体系有了很大变化，就不展开说了。物质条件最重要的是资金，现在高校可用于科研的资金量较之前提升了很多。走到今天的高校去看一看，再想想我们上学的时候，会感到发生了天翻地覆的变化。

正是教育改革，集中力量办大事、把教育放在优先发展的战略地位，才有今天我们这样一个结果。一句话，经过30多年探索，我们已经基本建立起适应社会主义市场经济发展需要的、基本满足人民群众受教育需求的、符合中国国情的、逐步同世界先进水平接轨的教育管理体制。

第四，“扎根中国大地”体现的是文化自信。习近平总书记讲文化自信是更基础的、更广泛的、更深厚的。“更基础、更广泛、更深厚”，从文化角度讲清楚了中国特色的依据。扎根中国大地办大学，宣示的是对我们中华优秀传统文化的自信，是对我们党领导革命以来所创立的、所建设的先进文化的自信。我们大学的主要职能是教书育人、立德树人，很多学科尤其是人文学科，都是对中华优秀传统文化的传承和发展。扎根中国大地办大学，就是要把中华优秀传统文化发展下去，创新性发展、创造性转化，体现了我们的文化自信。

扎根中国大地办大学，我觉得包含了这“四个自信”。用“扎根中国大地”这句话来概括，集中宣示了我们办中国特色社会主义教育的自信。

二、关于“双一流”建设的一些问题

首先，说说思路。总的思路就是四句话。

第一句话，“以一流为目标”。这个一流是瞄准世界一流的，具有两重性，就国家战略来说瞄准世界一流，就国内情况来看是国内的一流、省内的一流。“双一流”是国家计划，鼓励的是冲世界水平，目标是三步走。第一步，到2020年，若干所大学和一批学科进入世界一流行列，若干学科进入世界一流学科前列；第二步，到2030年，更多的大学和学科进入世界一流行列，若干所大学进入世界一流前列，一批学科进入世界一流学科前列，高等教育整体实力显著提升；第三步，到21世纪中叶，一流大学和一流学科的数量和实力进入世界前列，基本建成高等教育强国。有一些省也可以冲国内一流，省里面可以出政策。

第二句话，“以学科为基础”。一流大学必须有一批一流学科作支撑，否则它就不是一流大学。还有一些大学，整体上不是一流大学，但是它有一些学科是一流学科。所以，“双一流”以学科建设为基础，这样整体上支持一批大学建成一流大学，同时也支持一些虽然不是一流大学的建成一流学科。

第三句话，“以绩效为杠杆”。就是看创建的效果，3年或者5年，有一个周期评估，实行第三方评估、同行评估。建设高校不搞终身制，范围是动态的。“双一流”建设在“211”“985”建设基础上实行动态管理、绩效考核，以绩效为杠杆来推动。

第四句话，“以改革为动力”。“双一流”建设要依靠改革推动，扩大高校的自主权，扩大省级的统筹权，特别是高校的五项改革，如人事制度、分配制度等，而且要注意扩大院系自主权。

其次，讲讲遴选的办法。

用一句话概括就是“专家遴选”。具体讲，就是学校编制方案、专家评估、政府认定、动态调整。进一步说，就是一个靠竞争机制，看实力；一个是专家评估机制；还有社会评估、第三方评估。最后形成竞争优选、国家比选、专家评选、动态筛选的机制。

最后，谈谈“双一流”建设需要注意处理好的几个关系。

第一点，不要离开质量谈速度，也不要离开速度谈质量。“双一流”建设主攻方向是质量，不能只图快，而是要图好。增强综合国力，为创新驱动发展战略提供支撑，靠质量。“双一流”不能离开质量谈速度，要以质量为中心。同时，也不能离开速度谈质量，因为我们还是一个人口大国，人口结构给我们提供的教育发展环境非常复杂。我们“双一流”建设处于速度和质量交织的一个时代。

第二点，不要离开需求谈供给，也不要离开供给谈需求。就教育来说，这两个方面是紧密结合的。供给侧，我们现在应当说数量增长已基本完成，“十三五”我们基础教育、高等教育、学前教育毛入学率都将达到中等发达国家水平。我们现在还面临一个变数，是“二孩”。所以，不要离开供给谈需求。这二者之间的关系我们一定要处理好。

第三点，不要离开结构谈改革，也不要离开改革谈结构。在教育战线，改革和结构是一回事，在“双一流”建设中要高度重视结构问题。教育结构的调整是一个缓慢的过程，因为结构是历史积淀的结果、是投入积累的结果，要调整出一个新结构来，原来花多少投入现在就要同样花多少投入，没那么简单，因为结构是成长出来的。对今天的教育来说，结构问题太重要了。结构决定功能，功能决定标准，因为什么样的功能都得有个标准。标准决定质量，质量决定核心竞争力。“双一流”就要沿着这个路子走。为了实现好教育的功能，我们必须调整结构。调整结构我们必须按照世界一流这个标准来调。按照这个标准调，我们的质量就能上去，核心竞争力就能增强。所以，我们不要离开结构谈改革，也不要离开改革谈结构。

第四点，不要离开创新谈评价，也不要离开评价谈创新。评价是“指挥棒”，最大的“指挥棒”是高考。现在高考改革的试点正在进行，我们的改革特别是涉及评价体系这样的改革，它是有生命周期的，处理不好会影响一代人。所以，我们开展“双一流”评价体系的改革，一定要突出一个核心叫“创新”，就是不要离开创新谈评价，不要离开评价谈创新，这两个的关系要处理好。只有这样，才能激发积极性，既有的评价体系必须打破，但要按照创新的要求。

在“一带一路”框架下推进教育交流与合作*

“一带一路”倡议提出后，很快引起了国内外强烈的反响。它经历了一个发展阶段，逐步走到今天，达到今天这样一个高度。这是以习近平同志为核心的党中央，集中全党智慧，面向世界设计、推荐的“中国方案”。我们要充分认识“一带一路”倡议对教育对外开放的重大意义，注重在“一带一路”框架下推进教育交流与合作。

一、一定要提高对“一带一路”在教育对外开放中具有重要意义的认识

第一，“一带一路”是中国教育对外交流合作的顶层设计。我们对外交流合作，经过多年发展，已与俄罗斯、美国、英国、欧盟、法国和印度尼西亚建立了六大人文交流机制。人文交流机制已经与政治互信、经贸合作并列成为中国外交的三大支柱。习近平总书记讲，“一带一路”是我国新时期对外开放的顶层设计。作为对外开放重要组成部分的教育对外开放，“一带一路”理所当然，也是我国新时期教育对外开放的顶层设计。教育对外开放的主要实现形式，就是教育对外交流合作。这意味着我们教育战线要自觉地、主动地、积极地服务于“一带一路”倡议，服从于“一带一路”倡议，把“一带一路”倡议作为教育对外开放的顶层设计，来规划、指导教育对外交流合作。要认识到有了“一带一路”倡议，教育对外开放就不能再零敲碎打，要在

---

* 在教育部与六省（区）人民政府“一带一路”教育行动国际合作备忘录签署仪式上的讲话，2016年11月22日，北京。

“一带一路”总体倡议下行动，要在对外开放的大局下行动。

第二，“一带一路”是中国教育逐步走向世界教育中心的“路线图”。我国的教育经过这十几年的超高速发展，现在各项主要指标已经接近或达到世界中高收入国家的水平。今天的中国教育，正在逐步接近世界教育的中心。下一步，我们建设教育强国，实现教育现代化，基本的“路线图”就是“一带一路”。“一带一路”沿线国家大部分都是我们教育交流合作的对象，六大人文交流机制大部分是在这个范围内。和“一带一路”沿线国家的教育交流合作开展好了，就意味着我们进入了世界教育的前列。大家一定要有这样的意识。

第三，“一带一路”是在更高层次、更大范围、更广泛领域推进教育交流合作的重要抓手。今天我们在这里与6个省（区）签约，加上已经签过的2个省（区），就是8个省（区）了。下一步我们还将和沿线的其他省（区）继续签约，做到全覆盖。这就是把“一带一路”作为重要抓手的体现。通过签约这样一种形式，明确我们各自的权利、义务和要办的事情，精诚合作，共同把中国教育推向更高层次的开放。

二、一定要充分发挥教育在“一带一路”中的重要作用

“一带一路”吸收了中华优秀传统文化，拿到国际上它就有了鲜明的中国印记、明显的中国元素。古代“丝绸之路”，传出去的不仅是丝绸和瓷器，还有文化，丝绸和瓷器仅仅是中华文化的载体；传进来的也不仅是佛教，留下来的实际上有影响的主要是教育和教育的产物。我们现在的历史记载和宣传更多的是，我们出去的是产品，人家进来的是文化，其实不是这样的。我们的产品和文化同时出去了，人家的也同时进来了。这启示我们，教育的功能非常大，我们今天也就要做这个事情。希望各省（区）在“一带一路”建设中立足自身的优势，跳出自身的范围，“走出去”“引进来”，一起把教育对外开放这篇大文章做好。

三、一定要把省部协议实施好、落实好

协议是一种很好的机制，是互相支持的机制，不是单向的，成果是双方合作的结果。

“丝绸之路”是一步一步走出来的，《史记》里讲“张骞凿空”，就是在“无人区”里干出来的。今天我们推进“一带一路”建设也是这样。所以我说要有求实精神，狠抓落实。

一要多办一些实事。协议中少来一点客套话，少来一点文件语言，老老实实规划几件事。协议是为事而设立的，所以我们要多办一些实事。要从各自实际需要出发，确定一些事情办好。

二要多交一些朋友。“民心相通”靠朋友，要在“走出去”的沿线国家多交一些朋友。在交朋友方面我们要多一些载体，教育国际合作是一个很重要的载体；还有留学基地建设，多出去一些留学生，多进来一些留学生；办好孔子学院，使语言交流能够提高到一个新的水平。这些都是很好的载体。交朋友最重要的是能满足他们的需求，通过适应合作方的需求来实现我们的需求，以需促需。

三要多培育一些兴奋点。这要靠我们各省（区）。各省（区）要有一些自己的特色，从各自的实际和优势出发，各打各的优势仗。对外开放必须不断地培育兴奋点，在此基础上，不断地形成教育对外开放的基地、平台。

四要多开一些渠道。一方面，各省（区）特别是沿边一些省（区）要从各自的特色出发，多开一些面向特定对象的交流渠道；另一方面，要通过和教育部合作，在走向世界的过程中多打开一些民心相通的渠道。

有了渠道，有了特色，有了兴奋点，有了平台，再加上多干一些实事，在“一带一路”建设中，教育战线就是大有可为的。

把握时代脉搏和教育规律，促进教育事业科学发展*

一、抓好从理论生产到成果应用转化的有机衔接

完整的教育科学研究过程至少应包含两个阶段，第一个阶段是理论生产阶段，第二个阶段是成果转化阶段，两个阶段各有各的任务、各有各的侧重，统合起来才是教育科学研究的完整过程。那么，教育科研优秀成果奖颁奖究竟意味着什么？我认为，对教育科学研究而言，颁奖并不是研究的结束，而是“转段”号令的发布，意味着过去阶段的结束，新阶段的开始。所以，今天的颁奖会既是前一阶段的总结会，更是下一阶段的动员会。尽管教育科研两个阶段的任务和侧重点各不相同，但都很重要。我们以往的研究工作更多关注前一个阶段，研究结项了，专家评完了，有的获奖了，课题就结束了。我认为这是不够的，理论生产和成果转化同等重要，理应把这两个阶段有机地衔接起来。

二、注重理论创新，满足教育事业发展需求

要生产出符合教育事业发展需要的理论产品，教育科学研究需要重点办好三件事。

一是坚持问题导向。问题导向决定了课题研究的方向、重点与内容。问题必须是真问题、时代问题、人民群众关注的重大问题。网络时代是一个伪问题泛滥的时代，在真问题不断出现的同时，伪问题也层出不穷，且伪问题往往能蛊惑人，甚至有诱惑力。真问题往往被表面现象

---

* 在第五届全国教育科学研究优秀成果奖颁奖大会上的讲话，2016年12月1日，北京。

所遮蔽。这就要求教育科研工作者有火眼金睛，以扎实的学术功力发现被表象遮掩的真问题，牢牢把握时代脉搏，把握时代对教育事业发展提出的新要求。

二是夯实学理支撑。如果说问题导向主要是把握时代发展的脉搏，那么，学理支撑就是要把握发展的规律，重点要把握教育发展的规律和人才成长的规律，从对教育发展规律、人才成长规律的深刻把握中，丰富和完善我国教育科学，构建具有中国特色的社会主义教育科学体系。

三是注重经验集成。教育理论研究要紧密联系实际，立足于我国教育改革发展实践，丰富教育科学理论。改革开放以来，我国教育事业创造了丰富的实践经验，特别是党的十八大以来，以习近平同志为核心的党中央治国理政新理念新思想新战略，以及“四个全面”战略布局和五大发展理念，在教育改革发展过程中得到全面贯彻，创造了丰富的实践经验，需要加以总结、提炼，在集成、融合经验的过程中发现规律，形成学理。

三、注重成果转化，切实发挥教育科研作用

转化为教育事业发展活生生的实践应该是教育科研成果的出发点和归宿。理论生产阶段结束后，要转向成果转化应用阶段。教育科学研究绝不是把成果变成抽屉里、书橱里、记忆里的成果，而是要把它融入教育事业发展活生生的实践中，变成指导教学、服务决策、完善制度、引导舆论的实践成果。

一是转化为教案。教育科学，我认为首先是人学，教育科学研究必须紧紧围绕立德树人根本任务的落实，要为教育事业发展、教书育人服务，课题研究和成果转化都要直指人心，转化为教案，应用在教学实践中，在方寸之地起舞，拓展学术园地，构建理论大厦。我们的科研成果要转化为解决问题的办法，运用到教学实践中，让优秀的成果进学校、进教材、进学生头脑，为立德树人服务。

二是转化为决策。为决策服务是教育科学研究的一项重要职能和转化途径。教育研究成果理所当然要进入决策过程。根据我多年的体会，社科成果能否进入决策过程，问题抓得准不准、学理阐释深刻不深刻、政策主张有没有操作性是关键点。要抓准问题，深刻阐释学理，提供具有可操作性的政策建议。

三是转化为制度。这里的制度是一个广义的概念，包括正式制度和非正式制度。实现教育现代化，需要我们的教育制度更加成熟、更加定型，为办出中国特色、世界水平的现代教育提供制度支撑。制度与人的行为有关，与人和人之间的关系有关。教育科学研究的所有成果都可以向制度转化，既包括法律法规、政策规章等正式制度，也包括价值理念、伦理规范、道德观念、意识形态等非正式制度。离开对制度的研究和应用，教育便无从谈起。只有转化为制度，教育科学研究才能对教育事业发展起到支撑和推动作用。

四是转化为舆论。今天我们中国的家庭结构，都是由受过教育的、正在受教育的和即将受教育的人组成，人人都可以评论教育，都对教育有着关切和诉求。目前，教育科研在引导社会舆论方面还存在短板和不足，教育科学研究工作者要在引导社会舆论方面下功夫，逐步把这个短板补起来。有争论不怕，怕不讨论、讨论不起来。用教育科研来正确引导舆论非常重要，教育科研工作者要善于做这个转化，通过理念引导、政策解读、回应群众关切、加强舆情研究等途径，把教育科研成果转化为社会舆论，充分发挥引导社会舆论的重要作用，为教育事业科学发展营造良好的社会环境。

希望教育科研战线的同志们把握时代脉搏和教育发展规律，紧密联系教育事业发展的实际，推动教育科学研究不断走向繁荣，促进教育事业科学发展。

集体备课，把教育工作做好*

法律和文件的落实，不是落在膝盖上、落在脚面上，而是要落到地上。我们总的想法就是要紧紧抓住《中华人民共和国民办教育促进法》修订这个历史机遇。当然，靠一次工作会解决所有问题是不可能的。我们年年往前走，作用会发挥得越来越好。

基层调研中，好多年轻家长反映中小学生“课后三点半”问题，真是让爷爷、奶奶、爸爸、妈妈都揪心挠头。去年，教育部已经在前几年工作的基础上，要求有条件的地方开展试点。具体分三步走：第一步，鼓励各地探索经验，创造自己的品牌，解决自己的问题；第二步，教育部印发了《关于做好中小学生课后服务工作的指导意见》，对此初步加以规范；第三步，进一步完善相关政策，争取尽快妥善解决大家都关心的问题。基本的思路是实行弹性放学时间。第一，明确放学之后不属于义务教育，政府可以通过购买服务的方式给予补贴。第二，可以与家长协商，建立谈判机制，适当收取一定的费用。第三，注意不要把这段时间又变成课堂教育的延伸。

“双一流”遴选工作将立足高校现有的发展水平、教学质量、科研能力等综合指标进行评选。一是竞争优选，部属高校和地方高校一起报名参评。二是专家评选，由专家委员会进行评定，评价的专家也会以战略学者为主，尽可能做到公平。三是政府比选，在专家评选的基础上和国家战略需要对接。四是动态筛选，不搞终身制，一个周期不

---

* 参加全国政协十二届五次会议教育界别联组会与政协委员面对面交流的谈话要点，2017年3月7日，北京。

合格，也不留级，直接出局，重新确定。

2020年脱贫攻坚战要决战决胜。“五个一批”[①]里面，通过发展教育脱贫一批，是我们的直接任务和历史使命，教育和其他“四个一批”的关系也很密切。教育肩负着打赢脱贫攻坚战、阻断代际传递穷根的重任，要在精准和落实上下功夫，抓好教育扶贫这件大事。

教育质量是“尊敬”出来的。没有对教师的尊敬、对学生的尊重，就没有教育质量。只有最优秀的人会聚在教育战线，才能为中华民族培养出一代又一代优秀人才、合格建设者和可靠接班人。今年还将出台加强教师队伍建设的文件，也请大家继续关注、深入研究，为更好推动这项工作落实出谋划策。

今天的会是一次联合诊断会，是对当前教育工作需要解决的突出问题、对今后教育发展需要解决的突出问题进行的联合诊断。今天的会是一次联合论证会，对我们论证今后教育发展面临的一些重大问题很有帮助。今天的会还是一次联合推进会。我把这次会看成今年教育工作的一次集体备课。委员们的发言给教育部充了电，促使我们振奋精神，按照习近平总书记的要求，“撸起袖子加油干”，把教育工作做好。

---

① 指发展生产脱贫一批、易地搬迁脱贫一批、生态补偿脱贫一批、发展教育脱贫一批、社会保障兜底一批。——编者注

深化“放管服”改革，激发高校办学活力*

今天会议的主要任务是贯彻落实经国务院同意，教育部、中央编办、发展改革委、财政部、人力资源社会保障部联合印发的《关于深化高等教育领域简政放权放管结合优化服务改革的若干意见》（本篇下文简称《若干意见》）。下面，我讲三点意见。

一、立足全局，深刻认识改革的重要性紧迫性

办好高等教育，事关国家发展，事关民族未来。高等教育在实现“两个一百年”奋斗目标、实现中华民族伟大复兴的中国梦中发挥着决定性作用。党的十八大以来，以习近平同志为核心的党中央高度重视高等教育的改革发展，强调我们对高等教育的需要比以往任何时候都更加迫切，对科学知识和卓越人才的渴求比以往任何时候都更加强烈，作出了加快建设世界一流大学和一流学科的战略决策。当前，我国高等教育进入内涵式发展阶段，改革进入攻坚期和深水区。我们要从实施创新驱动发展和建设高等教育强国的战略高度，充分认识深化高等教育领域“放管服”改革的重要性紧迫性。

一是中央的明确要求。党的十八大和十八届二中、三中全会提出，要深化行政体制改革，强调转变政府职能是深化行政体制改革的核心；要进一步简政放权，深化行政审批制度改革，最大限度地减少中央政府对微观事务的管理；要深化教育领域综合改革。2014年5月，习近平总

* 在深化高等教育领域“放管服”改革电视电话会议上的讲话，2017年4月6日，北京。

书记在北京大学师生座谈会上指出，全国高等院校要走在教育改革前列，加快构建充满活力、富有效率、更加开放、有利于学校科学发展的体制机制；2016年5月，习近平总书记在全国科技创新大会上指出，要建设一支规模宏大、结构合理、素质优良的创新人才队伍，激发各类人才创新活力和潜力。这些都为全面深化“放管服”改革、推进高等教育内涵式发展指明了方向。

二是深化高等教育综合改革的重要举措。近年来，全党全社会关心支持高等教育改革和发展，高校人才培养体制、现代大学制度、办学体制、推进管办评分离等多方面改革都在朝着纵深推进。由于我国高等教育处在社会转型和高等教育转型发展相互叠加的历史时期，高等教育综合改革仍存在诸多体制机制障碍。推进“放管服”改革，既是高等教育综合改革的重要组成部分，又能为高等教育综合改革创造良好的发展环境。特别是在当前全面提高高等教育质量、切实增强科研创新能力、统筹推进“双一流”建设的新形势下，加快推进“放管服”改革变得尤为迫切。

三是落实和扩大高校办学自主权的必然要求。提高高等教育质量，必须明确高校办学主体地位、落实办学自主权、激发办学活力。高校办学自主权问题一直以来为高校广泛关注。早在1985年，《中共中央关于教育体制改革的决定》就提出，要“改革管理体制，在加强宏观管理的同时，坚定实行简政放权，扩大学校的办学自主权”。1998年颁布的《中华人民共和国高等教育法》以法律形式明确了高校的法人地位，规定了高校七个方面的办学自主权。2010年发布的《国家中长期教育改革和发展规划纲要（2010—2020年）》进一步明确和细化了高校办学自主权。目前高校在开展教育教学、科学研究、社会服务、国际交流合作等方面的自主权持续扩大。但是，与中央简政放权的要求相比，与今天高等教育的任务相比，仍然还有差距，还有进一步改革的空间。《若干意见》的制定，是在以往文件和相关规定基础上的改革和创新，是进一步落实和扩大高校办学自主权的必然要求。

二、抓住关键，切实解决高校反映强烈的痛点难点问题

党的十八大以来，在高等教育领域，国务院已经取消了多项行政审批事项，极大激发了高校的积极性和办学活力。尽管如此，高校反映，仍然有一些管理制度和办法规定不尽合理。另外，一些已经下放的权力，有的高校并没有用好，暴露出一些“非理性办学”行为和自我约束不强的问题。为系统解决这些问题，按照中央要求，2016年4月以来，由教育部牵头，各有关部门参加，共同研究起草了《若干意见》。《若干意见》有三个显著特色：一是放权力度大。文件涉及学科专业、编制、岗位、进人用人、职称评审、薪酬、经费、资产管理等诸多方面的放权，力度空前。二是注重“放管服”三者结合，在放权的同时加强监管，突出优化服务的重要作用。三是直面高校反映强烈的突出问题。文件力争不做原则性的表述，能够直接解决的问题，特别是人、财、物方面的痛点难点问题，在文件中予以明确规定。

深化高等教育领域“放管服”改革的总体要求是：贯彻落实党的十八大和十八届三中、四中、五中、六中全会精神，全面贯彻党的教育方针，坚持社会主义办学方向，完善中国特色现代大学制度，破除束缚高等教育改革发展的体制机制障碍，进一步向地方和高校放权，给高校松绑减负、简除烦苛，让学校拥有更大办学自主权，激发广大教学科研人员教书育人、干事创业的积极性和主动性，坚持扎根中国、融通中外、立足时代、面向未来的发展道路，培养符合社会主义现代化建设需要的各类创新人才，培育国际竞争新优势。

本次放与管是相辅相成的，只有管得好才能放得开、放得活，有效的监管不仅为简政放权创造了条件，也为优化服务搭建了平台。深化高等教育“放管服”改革是转变政府职能的重要抓手，是一项复杂的系统工程，需要政府各职能部门、高校乃至全社会的共同努力，必须“放管

服”三管齐下，协同推进。

（一）把简政放权作为推进改革的牛鼻子

深化高等教育“放管服”改革，要将简政放权作为“当头炮”与“先手棋”，进一步向地方和高校放权，向院系放权，向研发团队和领军人物放权，为高校及院系“松绑”，为师生“解绊”，为回归教学科研“腾位”，以简政放权的“减法”，获得激发高校内生动力和创新活力的“乘法”。当前，要着重从六个方面进一步放权。

一是进一步在学科专业设置上放权。在学位授权审核方面，要将工作重心逐步下移，强化省级政府对研究生教育的统筹，激发培养单位的办学积极性，发挥社会组织在评价监督方面的作用。对承担国家重大科研任务、符合学位授予标准的高校，新增硕士博士学位授权，可不再要求培养年限。放权部分具备条件的高校自主开展新增博士硕士学位点评审，探索设置新兴交叉学科学位点。要进一步巩固高校本专科专业设置管理简政放权方面的改革成果，实行专业设置目录管理，对经济社会发展急需的新专业给予更多的支持。

二是进一步在高校编制及岗位管理上放权。随着高等教育规模的日益扩大，目前高校编制已经远远不能满足高等教育事业的发展需要。教育部将会同中央编办、财政部等相关部门根据生师比、办学层次、高校特点和事业发展需要等研究制定高校人员总量核定指导标准和试点方案，适时选择不同层次类型、工作基础好、日常管理规范的高校开展试点，取得经验后逐步推开。高校依法自主管理岗位设置，根据国家有关规定在人员总量内组织制订岗位设置方案和管理办法。高校依法自主设置内设机构，鼓励高校推进内设机构取消行政级别的试点，改革后要保障高校内设机构人员享有相应的晋升、交流、任职、薪酬及相关待遇。

三是进一步在进人用人上放权。目前，高校在进人用人方面已享有较大自主权，但是发展不平衡。有些高校反映，有的地方在招聘教师的年龄、专业、文化程度等方面设置的前置性条件不尽合理，有的还组织统一考试，这在一定程度上影响了进人用人的质量和效率。《若干意见》要求，政府各有关部门不再统一组织高校人员聘用考试，简化进人程序、优化进人环境。高校根据事业发展、学科建设和队伍建设需要，自主制定招聘或解聘的条件和标准，自主公开招聘人才，完善用人管理制度。鼓励高校根据国家有关规定，自主制定教师到企业兼职从事科技成果转化活动的办法和离岗创业办法。

四是进一步在教师职称评审上放权。《若干意见》明确提出将高校教师职称评审权直接下放至高校，标志着包括教授评审权审批在内的高校职称评审权审批完全取消了。审批取消后，由高校自主组织职称评审、自主评价、按岗聘用，对条件不具备、尚不能独立组织评审的，高校可采取联合评审的方式。高校要将师德表现作为评聘的首要条件，提高教学业绩在评聘中的比例，建立分类评价标准，切实推进以“代表性成果”和实际贡献为主要内容的评价方式。

五是进一步在薪酬分配上放权。人力资源和社会保障、财政等部门在核定绩效工资总量时，将会充分考虑高校特点，重点加大对高层次人才集中、服务国家重大战略需求、着力培养拔尖创新人才高校的倾斜力度。高校在核定的绩效工资总量内可采取年薪制、协议工资、项目工资等灵活多样的分配形式和分配办法。支持高校推进内部薪酬分配改革，建立健全符合高校特点和发展要求、有利于提高竞争力的内部分配机制。高校根据备案人员总量、当地经济发展水平、办学层次等因素，自主确定本校绩效工资结构和分配方式。高校科研人员依法取得的科技成果转化奖励收入，不纳入绩效工资。

六是进一步在经费使用管理上放权。切实扩大高校项目经费使用统筹权、预算调整权，通过完善资金管理办法、采取额度管理、自主调整等措施，由高校在批准的预算额度内、在不改变项目资金用途的前提下，自主统筹使用项目资金。进一步完善国库集中支付范围划分，逐步扩大授权支付范围，逐步实现按政府收支分类科目的项级支出功能分类科目编报。进一步扩大高校资产处置权限，适当提高资产处置的备案和报批标准，高校自主处置已达使用年限、应淘汰报废的资产，处置收益由上缴国库调整为留归学校使用。

（二）把放管结合作为推进改革的保险栓

放权是转变政府职能的重要一步，但也只是第一步；放权只是手段，不是目的；放权的目的，是促进高校在法律法规框架和国家宏观指导下的自主办学。要坚持放权与监管同步，加强对高校办学行为的监管。“放和管是两个轮子，只有两个轮子都做圆了，车才能跑起来。”我们的机关和一些干部在审批、评审方面通常是轻车熟路，但在监管方面办法还不多，经验也不足。有所不为才能有所为。只有把那些该放的放了，才能抓大事、议长远、谋全局；只有管好那些最该管的事，才能最大限度地发挥监管效力；只有更多地运用法律法规、政策、标准、公共财政、信息服务等手段，才能做到放了也不会乱。当前，要着重从五个方面加强治理与监管。

一是加强党对高校的领导。要坚持和完善党委领导下的校长负责制。高校党委要切实发挥领导核心作用，对本校工作实行全面领导，对本校党的建设全面负责，履行管党治党、办学治校的主体责任。要将贯彻落实全国高校思想政治工作会议精神和落实“放管服”改革要求密切结合起来，坚持用会议精神指导“放管服”改革，同时在深化改革中进一步加强和改进高校党的建设和思想政治工作。

二是加强高校制度建设与自我监督。高校要加强自我约束和管理，抓紧修订完善校内各项管理制度。以章程为核心，全面梳理教学、科研、人事、财务等配套制度，使制度体系层次合理、简洁明确、协调一致。要不断完善高校民主管理和学术治理，进一步健全师生员工参与民主管理和监督的工作机制，充分发挥高校学术委员会在学科建设、专业设置等事项中的重要作用。

三是加强事中事后监管。将监管的重点从事前审批转到加强事中事后监管上来。不断创新监管方式和手段，通过完善信用机制、“双随机”抽查、行政执法、督导、巡视、第三方评估等加强事中事后监管。

四是强化审计监督。严肃财经纪律，严格按照规定管好用好各项经费和资产，不断提高资金使用效益。加强高校经济责任审计、财务管理绩效审计、科研经费审计和重大专项审计。

五是强化信息公开与社会监督。坚持公开是常态，不公开是例外，通过各种方式公开学科专业设置、岗位设置方案及管理办法、人员招聘条件与标准、职称评审办法、薪酬分配政策、经费使用管理等方面的情况，接受广大师生和社会的监督。发挥社会公众、媒体等力量在监督中的作用。利用现代信息技术手段，提高工作透明度，增强信息公开实效，真正让权力在阳光下运行。

（三）把优化服务作为推进改革的催化剂

为高校、师生提供优质高效便捷的公共服务，是加快转变政府职能，推进“放管服”改革的重要内容。随着行政体制改革的深入，越来越要求淡化“管”的色彩，强化“服务”意识，融管理于服务之中。当前，要着重从三个方面优化服务。

一是加强协调与指导。各部门都要树立全局意识，加强协调，相互配合，整体推进，积极营造“放管服”改革的政策与制度环境。教育部门要与编制、发改、财政、人社等部门通力合作、互相通气、充分协调，及时解决工作中遇到的问题，及时指导地方和高校深化“放管服”改革，真正把工作重心放到为高校提供优质的服务和强有力的保障上来。

二是简化优化服务流程。精简和规范办事程序，缩短办理时限，改进服务质量，让高校教学科研人员从过多过苛的要求、僵硬的考核、烦琐的表格中解放出来。

三是依托“互联网+”、大数据等现代科学技术，建立基于数据分析的检测机制。推动高校公共服务事项网上办理，建立科学的监督抽查制度和教育基本质量监测体系，实现不出校门的监测，为高校办学、教师教学、学生学习创造更加良好的环境。

三、稳步推进，努力把“放管服”改革落到实处

深化高等教育领域“放管服”改革，是教育管理体制改革的重大问题，是众多主体间权利义务关系的一次深刻调整，关系到全国2 000多所高校、几千万学生、几百万高校教师。我们要以高度的责任感和优良的作风，全力以赴推进这项工作，切实把各项改革措施落到实处。

一要加强组织领导。各单位、各高校要高度重视、深刻认识深化高等教育领域“放管服”改革的重要性紧迫性，准确把握各项任务要求，将贯彻落实《若干意见》作为今后一个时期转变高等教育发展方式、提高高等教育质量的重要工作。各单位主要负责同志要亲力亲为，精心组织，科学安排，积极稳妥地推进各项改革取得实效。各地各部门要建立落实《若干意见》的工作机制，制订工作方案，倒排时间表，分解任务，落实责任。

二要坚持协同推进。目前我国高等教育管理体制涉及多部门、多层次。在横向上，教育会同发改、财政、编制、人社等部门在各自职责范围内做好协调管理；在纵向上，实行“三级办学、两级管理”体制，中央和地方都有管理责任。推进“放管服”改革，涉及面广，需要各方面共同努力、协同推进。一方面，要坚持上下协同。在部委层面推进“放管服”改革之后，还需要省一级政府部门积极推进，结合实际明确本地改革的具体措施，确保放权到位，并充分利用已有的部省合作机制和各类省级综合改革试验区机制，推动地方政府同步向所属高校放权，避免“上放下不放”，防止权力截留。另一方面，要坚持左右协同。教育行政部门应主动加强与有关部门的沟通协调，共同研究解决高校反映强烈、涉及多个部门的问题，避免“单兵突进”，协同配套推进“放管服”改革。教育部要充分利用国务院部委转变职能、简政放权的时机，

充分利用国务院推进职能转变协调小组的工作机制，加强与相关部委的沟通，争取相关部委的政策支持。

三要制定配套文件。《若干意见》的一些规定体现的是原则，要把任务落到实处，必须有相应的配套文件及时跟上。要认真梳理涉及高等教育的管理规定和政策措施，抓紧修改或废止影响高校发展和教学科研人员积极性的文件规定，保持改革政策协调一致。各地各部门要结合本地本校实际，抓紧出台切实可行、操作性强的试点方案、配套文件或实施细则，确保改革举措落实到位。

四要强化学习宣传。各地各部门要深入学习贯彻《若干意见》提出的新思路新举措新要求，加大宣传力度，有针对性地开展培训，打好新闻宣传组合拳，积极营造推进“放管服”改革的浓厚氛围。

打赢普及高中阶段教育的攻坚战*

普及高中阶段教育，是继2011年全面普及九年义务教育之后，党中央、国务院作出的普及更高阶段教育的重大战略决策。下面我讲一讲我们为什么要打普及高中阶段教育攻坚战，打赢这场攻坚战的重要意义，以及怎么打、怎么落实。

一、为什么要打普及高中阶段教育攻坚战

我们党部署一项工作，首先要对这项工作做一个定位，形成共识，动员各方面力量推进工作，这是我们党的一个重要工作方法。重要性、重要意义是个价值范畴，普及高中阶段教育的价值是什么？我想，它是由这样几个因素决定的。

一是目标。党的十八届五中全会决定要普及高中阶段教育，以前我们没有这个说法；“十三五”规划把普及高中阶段教育作为重要工程写入，这在我国历史发展中是第一次，这些是由发展目标决定的。它的价值是由稀缺性决定的，主要体现在现阶段的高中阶段教育特别是优质高中资源非常稀缺，还适应不了人民群众对高中阶段教育日益增长的需求。在义务教育向高等教育转化的关键环节上，我们的有效供给是短缺的，供给的结构不合理，供给的质量老百姓不满意。随着经济社会和教育的发展，现在老百姓对公平优质多样的高中阶段教育需求非常旺盛，我们需要推进高中阶段教育供给侧改革，改善供给结构。这样一种紧张

* 在全国高中阶段教育普及攻坚工作会议上的讲话，2017年4月24日，成都。

的供求关系决定了我们必须打一场攻坚战，决定了攻坚战的价值所在。

二是地位。高中阶段在教育体系中、在教育各学段链条中，处于承上启下的非常关键的环节，对经济社会发展和社会的稳定十分重要。我们的基本目标是不能让孩子在18岁之前离开学校。高中阶段有一个进口两个出口，两个出口中，一个是高等教育，另一个是走向社会。这两个出口决定了这个子系统在教育系统中的特殊地位，它既是高等教育数量和质量的控制器，也是社会稳定的变压器。

三是形势。现在我们正稳步接近世界教育中心，高中阶段教育对我们增强国际竞争力意义非常大。大在健全人格的养成、民族文化的传承、实践能力的培养上，只有高中阶段完成这些任务，才能适应大学阶段的思维方式、学习方法。世界各国都非常重视高中阶段的教育竞争。我们不能只盯着高等教育的竞争，那是浮出来的冰山，高中阶段教育的竞争才是水下基础性的竞争。美日韩都制定了高中阶段的攻坚计划，这是世界潮流。教育系统还要意识到，信息化对高中阶段教育提出新的要求，从理念、组织方式、教学方法、课程体系都发生了深刻变化，过去的不适应了，从这个角度讲是形势决定价值。

二、深刻认识打赢普及高中阶段教育攻坚战的重要意义

第一，它是民族的梦想，是中国梦的教育篇。从废科举起步，我们一直梦想高中教育能尽快普及，现在提出全面普及高中教育的历史任务，就是要走完从基本普及到全面普及的历史进程，意义重大。

第二，它是期待。老百姓期待接受优质公平多样的高中阶段教育，人民的期待我们要予以回应，作为发展的重点。这践行了“以人民为中心”的发展理念。

第三，它是短板。区域布局结构不平衡，高中阶段毛入学率差距很大，这是个重要的短板。普职结构不协调，这些年来中等职业教育在高中阶段教育所占的比例有下降趋势。这里面有教育理念问题，有社会对职业教育认识问题，有职业教育的特色和吸引力问题。我们有一些中职空转，目前的普职比是把这些空转的中职学校统计进去了的，这也是短板。

第四，它是经济社会可持续发展的重要基础。国家发展的人力资源基础，一是看受过高等教育人口占总人口的比例，这是综合国力的基础体现，二是看受过高中阶段教育的劳动者占教育人口的比例，它既能体现竞争能力，也能体现教育发展水平。我们这个比例还没有达到世界性水平，占比较低。提高高中阶段受教育人口占劳动人口的比例是我们需要解决的问题，这个问题的解决有助于我们渡过就业难关、改善就业结构、推进创业创新、提高产业特别是制造业的整体水平。

三、普及高中阶段教育攻坚战怎么打

第一，抓理念创新。不是简单地讲办学理念，普及攻坚战要沿着素质教育的轨道打，这是个方向问题。思路决定出路，理念决定方向。不要把高中教师变成分数统计师，不要把高中学生变成流水线上的产品。多样性、选择性、创新性是我们普及攻坚战必须解决的问题。

第二，抓资源配置。要尽最大努力、尽可能筹集资源、争取资源，给攻坚战多配置一些资源。国家层面主要是教育部、发改委和财政部实施的三个重大工程项目。一是扩大实施教育基础薄弱县普通高中建设项目，重点支持改扩建一批普通高中教学和学生生活类校舍，扩大培养能力。二是继续实施普通高中改造计划，重点支持中西部省份贫困地区薄弱普通高中学校改扩建校舍，改善基本办学条件。三是实施现代职业教育质量提升计划，要做质量、特色、吸引力的文章。地方层面要做好加减乘除。在保障条件上做加法，包括物理层面的校舍、设备、设施；经济层面的经费保障，特别是高中阶段运行经费的保障；人员层面，尽可能解决或缓解高中阶段编制紧缺的状况，尽可能地配齐配足教师。做减法就是要逐步减少超大规模学校。一些超大规模学校，动辄成千上万人，这是畸形发展的现象，也是重要的结构调整的对象。做除法，就是消除“大班额”。做乘法主要是落实责任，健全机制，放大各项政策措施的效果。学校层面要充分运用好各项政策，重在抓落实，重在调结构，重在提高质量，让有限资源尽可能地发挥效用，把存量的作用充分发挥出来。总体上要走内涵式发展的路子，钱要用在需要的地方，不要搞奢华，低调的奢华也不行。

第三，抓结构优化。要优化布局结构。落实好建设计划和改造计划，向中西部倾斜。优化普职结构。普职比大体相当于一道防线，不能突破，不能下滑，确定攻坚战普职比的合理水平。优化办学结构。借助社会资源优化高中阶段教育，把民办教育促进法用好。

第四，抓质量提升。提高人才培养质量、推动高中学校多样化、特色化发展是贯穿普及攻坚工作的一条主线和根本要求。要改革办学模式，改革考核办法，不断扩展深化高考改革。“指挥棒”问题迟早要解决，这个问题和素质教育密切联系在一起。我们对素质教育要有科学全面的认识，素质教育不是不考试，对素质教育的内涵、特点、本质、实现方式，要在攻坚战中做一些探索和实验，不要让社会产生误解。素质教育也是很辛苦的，也是有负担的，没有负担的教育在这个世界上是不存在的。只是投入产出比、培养目的、考核方法不同而已，没有其他的。对普通高中教育来讲，重点是改革人才培养模式。要进一步深化普通高中课程改革，加强选修课程建设，适应高考综合改革推进选课走班，增强课程的选择性和适宜性，加强对学生课程选择、升学就业等方面的指导。要推进学校教育质量综合评价改革，树立科学全面的教育质量观，把学生思想品德、学业水平、身心健康、艺术素养、社会实践和学业负担等作为主要内容，切实改变单纯以考试分数和升学率评价教育质量的倾向。要建立学习困难及有特殊需要的学生帮扶机制，保障学生顺利完成学业。对中等职业教育来讲，重点是增强专业吸引力。要通过实施职业教育产教融合工程，推动中等职业学校专业设置、课程内容、教学方式与生产实践对接，办好一批适应本地经济社会需要的特色优势专业，使学生就业有能力、升学有基础。同时，还要积极实行普职融通，探索发展综合高中，建立普通高中和中等职业学校合作机制，为学生提供更多选择机会。普职融通是个创新，要推广一批典型。还要完善特殊群体的帮扶体系，保障特殊群体的受教育权利。

第五，抓保障条件。经费、资源、师资等方面要为普及攻坚战提供物质保障。

第六，抓加强管理。一要规范招生行为，二要规范办学行为。招生行为和办学行为规范，政府可以作为。规范了，我们就会有健康的秩序。

一分部署，九分落实。到2020年实现攻坚计划提出的各项目标和任务，时间紧、任务重，各地要高度重视，精心谋划，周密部署，全力打赢这场普及攻坚战。要落实责任，明确分工，加强督导，加强宣传，营造良好氛围，解疑释惑。责任分工要进规划、进预算、进编制方案、进责任清单、进考评，以保证相关部门协同作战，争取打赢攻坚战。

将青春梦、创新创业梦与中国梦紧密结合*

习近平总书记给“青年红色筑梦之旅”大学生的回信，高度肯定了“青年红色筑梦之旅”大学生们奋发有为的精神风貌，殷切勉励青年学生扎根中国大地了解国情民情，用青春书写无愧于时代无愧于历史的华彩篇章，为青年一代成长成才指明了方向。回信情真意切、语重心长、立意高远、内涵丰富，从实现全面建成小康社会奋斗目标、实现社会主义现代化、实现中华民族伟大复兴的战略全局高度，进一步深刻回答了培养什么人、怎样培养人以及为谁培养人的根本问题。

高等教育战线要认真学习、深刻领会、贯彻落实习近平总书记回信重要精神，做到“四个结合”，全面落实立德树人根本任务，深入推进创新创业教育改革。

一是要将青春梦、创新创业梦与中国梦紧密结合，持续推进创新创业教育改革，用创新创业成果为中华民族伟大复兴奉献青春力量。

二是要将思想政治教育与创新创业教育紧密结合，以学生全面发展为中心，努力造就理想信念坚定、专业知识扎实，具有创新创业能力、德才兼备的有为人才。

三是要将创新创业教育改革与高等教育综合改革紧密结合，发挥创新创业教育改革的综合带动作用，进一步完善科教融合、校企合作协同育人模式。

四是要将中国探索与走向国际紧密结合，持续深化创新创业教育国

---

* 在第三届中国“互联网+”大学生创新创业大赛上的讲话要点，2017年9月18日，西安。

际合作，进一步提升我国教育的国际话语权、影响力和竞争力。

希望青年学生牢记习近平总书记的嘱托，释放青春正能量，争做时代追梦人，让勤奋学习成为青春飞扬的动力，让增长本领成为青春搏击的能量，努力成为创新创业、服务人民、建设美好富强国家的奋进者、开拓者、奉献者。

久久为功，持续推进青少年校园足球大发展*

党的十八大以来，习近平总书记对加快体育事业发展提出了很多重要论述，目标明确、重点突出、路径明晰。新形势下发展青少年校园足球工作，是事关我国体育事业发展的全局性、战略性、长远性工作，体现了持续发展的战略思想，反映了百姓的殷切期待，是教育系统立德树人的使命所在。我们要深刻认识其重要意义，从娃娃抓起，从基层抓起，从群众性参与抓起，推动青少年校园足球工作深入开展。

一、做大"分母"做强"分子"，推动青少年校园足球工作深入开展

第一，做大"分母"抓普及。足球，是一种群众性体育运动。群众运动的特点就是普及，就是参加的人越多越好。普及的目标是使热爱足球的人越多越好，这就叫作从娃娃抓起，从基层抓起，从群众性参与抓起。普及就是抓这个事，就是要夯实未来中国足球崛起的群众基础、基层基础，而这两个基础的核心是人才基础。

校园足球就是给中国足球开辟一条人才选拔的新渠道。既然是人才选拔，就有一个"分子"和"分母"的关系，普及是解决"分母"问题。要做大"分母"抓普及，"分母"越大，挑选的余地就越大。人口优势是我们振兴中国足球的基础优势。如果我们工作跟上去了，教学训练跟上去了，我们选择的可能性就大了。普及的关键就是看资

* 在全国青少年校园足球工作领导小组第二、三次会议上的讲话，2017年，北京。

源能不能跟上，注意质量，不要粗制滥造。

第二，做强“分子”抓竞赛。要进一步完善校园足球的竞赛体系，从竞赛中发现人才。要组织好各类竞赛，小学、初中、高中、大学的联赛，还有区域性的、全国的联赛，加上选拔性竞赛，体内循环一定要科学有效；同时，要注意与青训体系紧密结合。离开了青训体系就没有出口，这个渠道就不畅通。校园足球的竞赛体系不能代替青训体系，也代替不了。所以必须和青训体系紧密衔接、密切配合，把“分子”做强。做大“分母”是为了普及，做强“分子”则要通过竞赛。

第三，师资队伍建设抓培训。校园足球师资队伍比较缺，这是我们的短板。关键是抓培训。要通过调整现有教师队伍结构调整一批，通过招聘录用一批，通过培训提高一批，通过兼职补充一批。要和各级足协密切协作，把现有的资源充分利用起来，逐级落实，携手把校园足球打造成为选拔足球人才的一个通道。要千方百计调动体育教师参与的兴趣、学生参与的兴趣，这就离不开体育文化的建设，像巴西、阿根廷，足球已成为他们文化的一个重要组成部分。

第四，制度建设抓标准。校园足球已经开展了几年，到2016年时应当说有很大的进展，已经开始抓标准了。标准很重要，校园足球能不能健康发展，能不能有序发展，能不能源源不断地提供高质量的足球后备人才，取决于有没有严格的分层分类分级的标准体系。要把这些标准通过抓竞赛健全起来，同时抓好制度建设。人才培养的标准、工作的标准建设要尽快提上议程。刚开始的时候我们可以“拳打脚踢”，一旦有了一定规模，像现在有这么多示范校、试点县（区），还有校园足球试验区，各级比赛都开展起来了，对外交流也开展起来了，不抓这些就不行了。

第五，条件保障抓短板。普及也好，人才选拔也好，校园足球的短板一是师资，二是场地，三是管理。场地建设要内涵外延并重。内涵就是用好校内资源，用好现有体育设施，在这个基础上量力而行。要充分调动地方的统筹权和积极性，建设一些校园足球的基地和场馆，落实好现有场地建设规划。管理这个短板一定要注意。现在教育部以及各地校足办，一层层下去，还要分不同学段，管理各不相同，要建立一种校园足球健康发展的管理模式。宏观上怎么能够既有统一的意志，稳定发展，又不束缚基层的手脚；微观上如何鼓励合理竞争，又不至于引发混乱；还有如何统筹几个学段、各种竞赛和国际交流。校足办要下点功夫，管不好会阻碍工作的开展。另外，校足办会后再排一排，看还有什么短板，要抓好补短板这件事。

第六，开阔眼界抓交流。我们2016年在英国培训教练员的工作做得很好。要加强国际合作，通过交流开阔眼界，学习他们的管理方式和技战术。学习的时候要注意人家的“真经”是什么。默克尔讲德国足球队的“真经”：第一是爱国。不爱国的不能进入德国国家足球队。爱国是选拔人才的第一条政治标准。第二是合作精神。这个项目虽然是脚下功夫，却也是集体项目，要看你合作得怎么样。第三是规则意识。得守规矩。当然德国的青训体系做得也非常好，值得我们学习。我的意思是说，我们出去要把“真经”学来，同时通过校园足球把爱国主义、规则意识、合作精神等这些属于文化范畴的东西真正抓起来，服务于立德树人的根本任务。

第七，加强管理抓协同。校园足球工作领导小组原来是六部委，2016年加上了中国足协，叫作“6+1”。部门间要亲密合作、有机协同，要各守其责，种好自己的责任田。一是合作。合作把校园足球这件事办好，最终目的是服务于、服从于发展中国足球事业。二是衔接。校园足球要和长期以来足球事业发展、管理、集训形成的卓有成效的环节有机衔接，配套起来。三是协作。大家互相通气、互相谅解，多支持、不拆台，有什么分歧下来之后我们内部谈，一起把校园足球工作做好。

二、完善巩固，部门联动，奏好校园足球交响乐

校园足球工作开展以来，解决了“有人想事”的问题，解决了“有人办事”的难题，解决了“有钱办事”的问题，解决了“有规则办事”的问题。喜欢足球的孩子们多起来了，喜欢校园足球的人多起来了，关心校园足球的人多起来了。“有没有”已经突破。一路走来，还有一些问题需要引起高度关注。

一是不细致。所谓不细致，就是规划图、施工图、路线图、工作方案不细致。有不少省都是口号多、概念多、问题少、措施少，我说的问题少不是指一般意义上的问题，而是问题导向的意思，不像一个施工图，安排不周到，这叫作不细致。我们干这件事一定要细致，注重细节。二是不到位。当初起步的时候承诺的一些措施、一些支持、一些条件落实不到位，特别是一些比较困难的省市，申请校园足球特色校很积极，要来之后就散养、放养，这就影响发展，叫作不到位，主要是指工作不到位、政策不到位、领导不到位。三是不精准。所谓不精准就是既没有空间概念，也没有时间概念，只有政治考量，没有专业精神，这个问题很关键。在这种精神状态下推进校园足球，你会看到短线操作很给力，长期发展会断线，善于做短线，热热闹闹的，有时候有那么点形式主义。四是不落实。五是不严格。就是督导检查整改不严格，缺乏责任追究。改革开放前讲责任是和政治结合起来的，改革开放以后讲责任是和权利利益结合起来的，所谓责权利相结合。我觉得现在关键是责任要和追究结合起来，没有追究的责任都是假责任，没有追究，都善于说下不为例，这是我们好多工作的通病。总之，要把这些问题解决好，这是我们进一步前进的需要。质量要求，就是习近平总书记说的新时代、新气象、新作为，按这个要求来安排部署今后的工作。

具体有以下几件事。

第一件事要完善施工图。按照党的十九大对文化工作、体育工作、

教育和健康工作的精神来进一步完善校园足球工作的总体设计和施工图，把党的十九大精神在校园足球的具体工作中落实好、贯彻好。

第二件事要啃下硬骨头。就是要在制约校园足球发展的几个关键要素上下功夫。编制问题、资金问题、场地问题、制度问题、竞赛体系问题，这些硬骨头都要把它啃下来，使得校园足球的体制机制进一步健全完善。校园足球既是建设又是改革，是足球改革的重要组成部分，所以我们一定要用啃硬骨头的精神来办好这件事。

第三件事要巩固主阵地。就是特色学校建设和教学、训练、竞赛三大体系建设，把已经建立起来的阵地巩固好，在这个基础上稳步推进阵地建设，这是舞台。体育事业是“三表”事业，第一是要“表现”，表现就要参与、要竞赛；第二是要“表演”，表演得有舞台，阵地就是舞台，竞赛就是舞台；第三是要“表示”，谁愿意看谁表示，需要实际行动来支持。

第四件事是奏响交响乐。教育部门立足特色学校办校园足球难度很大，这是一个跨界的事，体育总局、中国足协这三年来都对我们很配合很支持，都知道这是中央的嘱托、中央的决策。有关方面也很配合，所以才走到今天这一步，下一步要进一步发展，在解决了“有没有”的问题基础上解决“好不好”的问题、“强不强”的问题，需要各个方面给予支持和配合，我们自己要主动工作、主动作为、争取支持、争取领导、争取帮助，这是一部交响乐，要多部门联动奏响校园足球的交响乐，校足办要把“演出”“表演”办好。

最后一件事是建好加油站。发展到这一步需要把加油站也建好，这里说的加油站主要是指政策措施、激励机制、文化条件三件事。要研究制定有利于校园足球长期持续健康发展的政策体系，建立激励机制，培育足球文化。如果足球文化培养不起来，这个旗扬不起来，机制建不起来，要想求得长期发展是不行的，所以我把它叫作加油站。建好加油站，不断加油鼓劲，这样我们校园足球就能长期持续健康发展。

解决“五大问题”，实现群众的“九个盼望”*

今天来到九三学社，主要是来听九三学社的同志们对我国教育发展的意见和建议。借此机会，我简要地向大家汇报教育的一些情况。

经过这十来年，特别是党的十八大以来的发展，我们国家的教育进入了一个新的时代，可以概括为这么几个特征。

第一个特征，我们现在举办的教育是当今世界规模最大的教育。教育部外事活动比较多，一见外宾，跟他讲我们教育的规模，包括各个学段的规模，外宾经常感到很震撼。我们的教育不光整体上规模是世界上最大的，而且各个学段的规模都是当今世界最大的。这是当代中国教育的典型特征，意味着我们教育的需求相当旺盛。我们这些年的发展较好地满足了人民群众对教育的需求，可以说“有没有”的问题，总体上已经解决了。分学段来看，学前教育的毛入园率是世界中高收入国家的发展水平。义务教育阶段，小学净入学率、初中毛入学率超过了高收入国家的发展水平。高中阶段，毛入学率是中高收入国家的发展水平。高等教育的毛入学率是42.7%，意味着我们已经进入大众化阶段，这是中高收入国家的发展水平。“有没有”的问题我们已经基本解决了。

第二个特征，我们举办着当今世界发展速度最快的教育。党的十八大以来，我国教育发展非常快。比如，在学前教育阶段，我们开展了两个“三年行动计划”，这两个计划实施下来，毛入园率提高了约12个百

---

* 在走访九三学社中央时的讲话，2018年2月7日，北京。

分点。这是非常不容易的，因为我们的学前教育走过了一段不平凡的路。改革开放之前，公办的、单位办的幼儿园有一些，但大部分孩子都是家里养着，自己管。这些年搞企业改革，幼儿园总数大幅度下降。可是，上幼儿园的需求大幅度增长，比如说农民工进城、独生子女生的孩子进入一个入托的高峰期，今年“二孩”又到了入托的年龄，对幼儿园的需求很大。在这种情况下，我们重新构造了中国的学前教育体系，这个成绩是非常大的，入园率达到了77.4%。小学和初中义务教育的“普九”一下子达到了现在的高度和水平。高中阶段的教育也是这样，每年的毛入学率都在往上提高。高等教育毛入学率由十年前的20%多增长到现在的42.7%，达到这个水平，也是非常不容易的。我们现在办的是当今世界发展速度最快的教育。背景就是高速度的城镇化，因为我们的城镇化无论规模还是速度都是世界独有的。

第三个特征，我们举办的教育是当今世界特色最鲜明的教育。党的十八大以来习近平总书记多次强调，扎根中国大地办教育。经过这五年的努力，中国教育的中国特色更加鲜明。特别是这五年我们在意识形态领域采取了一些措施，思想政治工作普遍得到了加强。过去的这一年，我们在学校思政课方面打了一场硬仗。我们组织全国思政课教学指导委员会的专家们去听课，地毯式地、大量地听课，在全国高校走了一遍。教指委的专家们听了3 000多堂课，这是从来没有过的。现在思政课的效果非常好，过去学生抬头率不高、不愿意上课的局面已经改变。总书记特别肯定这项工作。我们对此也有个基本的认识，这项工作目前还处于逐步恢复的阶段。另外，我们还推进了中华优秀传统文化进校园。

第四个特征，我们举办的教育是发展潜力最大的教育。当今世界中国的教育是发展潜力最大的。我国教育已经整体进入世界中上行列，在某些方面，已经接近世界教育的中心了。在教育治理的规则方面，我们已经有一些发言权了。中国教育的国际影响力已经不是五年前那样的影响力了，我们高校的排名已经整体前移。特别可喜的是教育综合改革、高考招生制度改革为教育发展提供了动力，现在正在逐步释放出教育发展潜力。这为党的十九大以后，我们教育进入新时代，建设教育强国，推进教育现代化打下了很好的基础。我给各位汇报的，教育进入新时代大体有以上四个特征。

下面我说说存在的主要问题。

第一个问题是大而不强。大是大，我们基础教育可以拿到世界上去拼一拼，他们都认为中国的基础教育是最棒的，欢迎我们的学生过去上本科、上研究生，但是我们的高等教育还存在不强的问题，大而不强主要表现在核心竞争力方面，要求我们进入整体水平高质量化阶段。

第二个问题是大而不公。区域之间、学校之间、群体之间还存在一定的差距，不平衡、不充分的表现还比较明显。现在老百姓对上好学、对优质教育资源的需求非常旺盛。这是需要攻破的难题。

第三个问题是大而不优。这主要是指发展质量，各个学段都有提高教育质量的问题。培养适应现代化需要的优秀人才我们做得还不够。从数量上讲，我们人才资本的存量已经接近1.8亿，每年有700万左右大学生毕业。我们的人才资本存量很大，但是真正的优秀人才缺乏，离党的十九大要求的培养担当民族复兴大任的时代新人还有距离。另外，一些高校的部分学科还比较陈旧，特别是学科的知识、教材、育人方式，在某些方面的原创性成果太少。一个民族、一个国家原创性的成果少，是不可能支撑长期发展的。

第四个问题就是大而不新。这主要是指我们的创新能力较弱，创新型人才培养还做得不够，教育自身的创新、教育对社会和经济创新的支撑都比较弱，需要大力加强，同时教材、学科建设、育人方式也有这个问题。我们的职业教育发展很快，但其学科结构、教学方法、教育模式还有待改进。我们善于教给学生认识问题的知识，不善于教给学生解决问题的方法，这是我们和国外教育的距离。讲过去的知识、过去的经验、过去的方法我们很过硬，讲创新方法我们很薄弱。

第五个问题是大而不特。怎样将中华优秀传统文化真正融入我们的育人体系，这个问题需要研究。在人文社科方面，有中国特色的哲学社会科学体系怎么建立，中华优秀传统文化怎么传承，怎么真正培育德智体美全面发展的建设者、接班人，需要进一步研究和加强。

我再谈一谈老百姓现在对我们的教育有“几盼”。

第一，年轻的爸爸妈妈们盼望自己的孩子能够上既方便又便宜的幼儿园。按照媒体的表述，现在上幼儿园存在“入园难”“入园贵”“入园远”等问题。“入园难”是说幼儿园太少，现在入园率已经达到77.4%，我们的奋斗目标是到2020年实现两个80%，即毛入园率达到80%以上，普惠性幼儿园占比达到80%。“入园贵”主要是民办幼儿园多、公办幼儿园少，这对于我们现阶段来说，鼓励社会力量办园是一个必经的阶段。“入园远”主要表现在，很多小区只搞房地产开发，规划里有幼儿园，但最后没有修建起来。

第二，小学生和初中生的父母们盼望自己的孩子上一所好学校、进一个好班级，有择校、择班的冲动。他们既盼望自己的孩子能够考高分，又盼望自己的孩子作业别那么多、负担别那么重，希望自己的孩子快快乐乐地去学习。

第三，高中阶段学生和家长盼望多一些个性化教育，能够自主选学，能够享受优质高中教育资源，以便将来能升入好大学。

第四，职业教育的学生们盼望学科结构能够适应市场需求，能够上好学科、好专业，盼望实习基地能够建起来、实习机会能够多一些，希望实践环节能够加强。

第五，大学生盼望就业环境能够进一步改善。大学生对学校里面的生活和学习讲得不多，但对就业环境这一方面考虑得更多一些，希望政府多创造就业岗位，提供较好的就业环境。

第六，随迁子女盼望在随迁地参加高考，和城市的孩子们一样享受公平的教育。现在大部分随迁子女的这个盼望能够实现，但实际上还是有一定的差距。

第七，留守儿童盼望上寄宿制学校，吃上可口的营养餐，享受更高标准的资助。

第八，中西部地区、连片贫困山区、民族地区盼望优质高校能够多录取一些他们的子弟。特别是那些民族中学、落后地区的中学，希望能够有第一代北大、清华的学生。这些年我们实行了国家、地方、高校三个专项计划，今年录取了10万多人，2012年以来累计已录取37万人。落后地区的高考录取率和全国平均水平的差距已明显缩小。

第九，盼望孩子们有一个安全的学习环境，对校园欺凌进行综合治理，让孩子们更加安全一些。校园欺凌这个问题每年都有发生，必须坚决治理。

人民群众对我们有“九盼”，这“九盼”就是我们的任务。今年的工作就是围绕解决“五大问题”，实现群众的“九个盼望”。我们部署了一个行动，叫作“奋进之笔”行动，全国教育系统都来写“奋进之笔”，解决这些问题，以落实习近平总书记关于进入新时代要有新气象、新作为的要求。今年我们要打好这场硬仗，年初部署“奋进之笔”，年底交出“得意之作”，给老百姓交账。

扛责任、抓统筹、强保障，深入推进高考综合改革*

此次举办推进高考综合改革工作培训会议，主要是基于这么几点考虑。一是上海、浙江改革试点平稳落地，为高考综合改革闯出了一条路子，提供了两个样板，试点经验需要进一步总结提炼，供我们研究借鉴；二是北京、天津、山东、海南4个省份作为第二批试点去年已经启动，有些工作需要进一步细化，把试点做得更实一些；三是今年又有部分省份要开始试点，改革怎么启动，需要进一步统一思想、协调步骤，要进一步研究。下面，我谈三点意见，作为开场动员。

一、扛责任，切实增强高考综合改革的责任感、使命感

40年前，恢复高考深刻改变了国家和民族的命运，形成了尊重知识、尊重人才的社会氛围。40年后的今天，高考制度仍然是教育的“指挥棒”、社会的“稳定器”，高考促进社会有序流动的作用不可替代。我们要站在政治和全局的高度，深刻认识高考综合改革的重要性，切实增强工作的责任感，主要是增强“四个责任”。

一是增强政治责任。高考综合改革是党的十八届三中全会作出的一项重大决策，是全面深化改革的重要任务。习近平总书记指出，考试招生制度是国家基本教育制度，必须通过深化改革，促进教育公平、提高人才选拔水平，培养德智体美全面发展的社会主义建设者和接班人。这为我们深化高考综合改革指明了方向，也提出了新的更高要求。增

---

* 在推进高考综合改革工作培训会议上的讲话，2018年3月29日，北京。

强高考改革的政治责任，就是要深刻理解高考改革对体现国家意志、回应人民期待所具有的重大政治意义，深刻理解高考改革对落实党的教育方针、促进德智体美全面发展的重要现实意义，不折不扣地把总书记的重要指示精神和中央部署落到实处。

二是增强改革责任。当前，中国特色社会主义进入新时代，经济社会发展对人才的需求发生了变化，人民群众对教育有了新的期盼，高考没有“改不改”的问题，只有“怎么改得更好”的问题。应当看到，人人心中都有一个高考标准，人人心中都有一个教育梦想，再精巧的考试制度与复杂的现实之间总是会有差距。众口难调还得调，还要调得有滋有味，让大多数人吃着都满意，这是一项艰巨的任务。《国务院关于深化考试招生制度改革的实施意见》明确提出，要从有利于促进学生健康发展、科学选拔各类人才和维护社会公平出发，深化考试招生制度改革，到2020年基本建立中国特色现代教育考试招生制度，形成分类考试、综合评价、多元录取的考试招生模式。这是高考综合改革的方向和目标。我们推进改革既要充分倾听各方意见、了解各方诉求，又不能简单地随着舆论走、跟着呼声走、凭着感觉走。教育是转化不确定性的事业，我们今天创造的是未来，未来是可以期盼的，但未来是不确定的，所以我们一定要有战略定力。在方向和目标问题上，态度一定要坚决，意志一定要坚定。要坚定改革定力，这个定力来自上海、浙江的试点成功落地，来自中西部计划、农村特困计划等改革配套政策的顺利实施，来自40年来每一次高考改革探索的经验积累。经过长期实践，我们对高考的内在规律、对高考改革的内在逻辑形成了深刻的认识，这就是我们高考改革的信心和定力所在。我们要拿出“咬定青山不放松”的决心和毅力，始终坚定不移地按照中央确定的方向、朝着既定目标推进高考改革。风吹雨打不可怕，就怕我们自己的内心乱，听着什么都有道理，乱了方寸。自己一定要有定力，咬定了做下去，总会达到目标。

三是增强担当责任。上海、浙江试点的经验表明，打赢高考综合改革这一仗，关键在于强化领导责任的担当。领导重视到什么程度，高考综合改革的突破就能进展到什么程度，顺利实施就能达到什么程度。各地教育部门负责同志要主动向党委、政府主要领导同志汇报情况，积极争取支持，推动党委、政府把高考改革摆在突出重要位置，以超常规的力度推动各项改革任务落实。要发挥好“一把手”的关键作用，在高考综合改革这件事情上，主要负责同志要亲自部署，重大方向要亲自把关，关键环节要亲自协调，为改革的成功落地提供坚强保障。高考改革抓落实，要注意大事、小事都要抓，大事关系到大局，小事关系到人心。小事一定条件下会转化成大事，在高考招生制度改革中，我们大事小事都要认真协调好。高考改革的特殊性就在于，每一项看似“小”的变化，既连着“局”，又连着“心”。比如，考试时间调整看似简单，一旦调整，就会出现多米诺骨牌效应：高中的教学安排要变，公安、卫生、交通等有关部门的工作也要变，考生和家长的“心”也要跟着变。强化责任担当，一定要落实落细落小，细节决定成败，细节上不舍尺寸之功，成功才不会失之于空。

四是增强稳定责任。安全是高考的生命线，稳定是推进高考改革的底线。高考改革一定要树立底线思维，坚决落实维护高考改革安全稳定的主体责任，不能因为我们的考虑不周留下安全隐患，不能因为我们的草率大意影响社会稳定，更不能出现任何大规模群体性事件。要做好风险点排查和突发事件防控。高考改革环节多，每一个环节都有安全隐患，都有风险点。在方案设计时，要精心论证、精心比对、精心考量，把每个点都摸清，把风险降到最低。在方案实施中，要联合有关部门开展全方位检查，对发现的问题及时整改，做到督查一处、见效一处、巩固一处。高考改革敏感度极高、舆论沸点低，相关话题很容易被别有用心者利用、放大、发酵，成为影响我国改革发展稳定全局的负面舆情。要强化正面宣传，加强政策的权威、深入解读，把政策传导到每个“神经末梢”，为改革深入实施营造宽容健康的舆论氛围。政策要解释细、解释准确，改革进展情况要多做说明。

二、抓统筹，切实增强高考综合改革的系统性整体性协同性

习近平总书记指出，抓统筹，既抓住重点也抓好面上，既抓好当前也抓好长远，处理好重大关系，统筹考虑战略、战役、战斗层面的问题，做好政策统筹、方案统筹、力量统筹、进度统筹工作。总书记关于改革抓统筹的重要论述对推进高考改革具有很强的针对性和指导性。高考改革任务繁重、利益主体多元，不仅与考生的命运息息相关，而且与教师、学校、地方教育部门的工作成效相关，与高校的生源质量相关。需要统筹考虑不同主体的利益诉求，厘清重要领域、重点任务，抓住关键环节、关键节点，形成上下联动、整体推进的强大合力。对高考改革的关键点，我总结为“一二三”，也就是把握一个定位、系紧“表带两头”、做实三个环节。

把握一个定位，就是要把握“促进公平，科学选才”这个改革的基本定位。教育公平是社会公平的重要基础，高考公平是教育公平的最大体现。高考不论如何改，公平性只能增加，不能减少。要把促进公平公正作为高考改革的基本价值取向，切实保障考试招生机会公平、程序公开、结果公正。当然，也要认识到，原有高考模式，在评价标准、选拔方式等方面还有一些不足，学习评价唯分数论、学习过程过度偏科、学生和高校双向选择缺位等问题客观存在，考试评价的科学性和人才选拔的精准性需要优化。因此，推进高考综合改革，必须拿捏好“守住公平性”和“增加科学性”这两个价值导向的关系，维护好高考的公平性，促进高考的科学性。

系紧“表带两头”，就是要以高考改革带动基础教育改革和高等教育改革，以考改促教改。从上海和浙江的经验看，基础教育特别是高中阶段教育发挥的作用比较好，高校的作用发挥还有待进一步提高。考试

招生制度改革就像一块手表，高考改革是表盘子，表带子一头连着高中，另一头连着高校，只有两头的表带子都系住了才是一块完整的手表，才是一个完整的考试招生制度改革。从现在的情况看，高中这一头存在传导压力的问题，要主动配套，把高中阶段的事加紧做起来；高校这一头存在推动实施的问题，要增添推力，把高校要做的事明确和承接起来。要充分发挥好高考改革对高中教育教学和高校人才培养的倒逼作用，以改促改、以改促建，协同推进基础教育和高等教育的相关配套改革。要以高考改革为枢纽，往下引领高中教育教学改革，充分发挥好高考“指挥棒”的功能，实施好新修订的普通高中课程方案和课程标准，科学组织高中生涯规划教育，积极开展综合素质评价，推动高中教育教学与新高考有机衔接。在高中阶段往下传导压力的过程中，我们一定要把学生放在中心地位，一定要尊重学生、教师、学校的自主选择权，但也不要太理想主义，要用科学的理念来指导高中教育教学改革。比如，综合素质评价要怎么评、怎么量化、怎么设计方案才能够与学生、社会和家长们的诉求结合起来，评出来的结果才能够得到大家的认可？这需要认真研究。所谓综合素质评价是社会平均的价值标准，不是拔高的，也不是降低的。再比如，选课走班要在多大空间去选择？随着选课科目的增加，意味着办学空间的扩大，每增加一门课，办学空间要成倍增加，对学生的选择能力、选择行为和决策过程也有很大的影响，到底在多大范围内，学生能比较舒适地选择、能明白选择的意义、清楚选择的后果，这些都需要认真研究。往上推动高校人才培养模式改革，高校要适应改革后学生基础知识多样化的特点，调整人才培养规格和标准，实现高校人才培养模式与新高考有机联动。高校的改革不只是根据学业水平考试和综合素质评价进行录取，要与高校的专业设置、社会对人才的需求相衔接，要真正改革人才培养模式。要认识到高考改革不是高中的事，高校要成为高考改革的主要参与者和推动者。

做实三个环节，就是要在“教、考、招”上同时发力，形成合力。

在高考改革这项系统工程中，中学的教、考试部门的考、高校的招，功能不同，作用阶段不同，但必须前后呼应，避免各自为政；必须有效联动，形成全局一盘棋。在“教”的方面，适应学生的多种选择需要，探索选课制、走班制、导师制等多种教学管理模式，引导学校合理安排教学进度，引导学生科学规划学习进程。在“考”的方面，要探索构建科学的考试评价办法，优化高中学业水平考试时间和次数安排，完善等级赋分方式，合理设置高校选考科目，着力培养学生自主选考的能力，促进学生全面发展、个性发展。选考为学生提供了多样化的选择，但是多样化有一个“度”的问题，学生选考太多，选择的成本就会上升，压力就会增大，反而无所适从。在“招”的方面，要探索形成科学的人才选拔模式，完善高校招生选拔机制，进一步探索综合素质评价的使用办法，优化投档录取模式，使人才选拔标准更加全面、方式更加科学。

三、强保障，切实加强高考综合改革的基础条件和配套建设

高考综合改革是一场涉及教学方法、考试方式、招生模式等方面的全方位、系统性改革，需要充足的硬件设施和配套条件，需要大量的资金和人员投入，需要强有力的组织机构和机制保障。要按照“边探索、边推进、边完善”的原则，从组织、师资、投入、办学条件等方面入手，在改革中完善、在完善中提升，不断提高高考综合改革的保障能力和水平。

一是强化组织保障。在教育系统中，高考改革不是考试招生部门一家的事；在社会系统中，高考改革不是教育部门一家的事。各地教育部门要恪尽主管职责，同时推动省级政府层面建立坚强有力的高考综合改革工作领导体制，强化省级政府统筹引导作用，完善省级政府招生领导职能，明确相关部门职责分工，加强人社、财政、公安、宣传、保密等部门的组织协调与通力合作。要加强省级招生考试机构能力建设，不断积累实施高中学业水平考试尤其是选考科目命题和组织管理等方面的经验。

二是强化师资保障。要针对选课走班带来的高中学科教师结构性短缺与富余的“潮汐”现象等问题，探索建立适应新的高中教学组织模式的师资动态调整机制。各地要做大量仔细认真的调查研究，对学科教师缺乏做到心中有数，尽早提出有效解决办法。要主动协调人社等相关部门，完善教师考核办法，为因改革增加工作量的教师提高相应待遇。要依据《国务院关于深化考试招生制度改革的实施意见》和《中共中央　国务院关于全面深化新时代教师队伍建设改革的意见》，把师资队伍保障的事解决好。

三是强化投入保障。要明确省、市、县三级政府投入保障责任，全面建立普通高中生均拨款制度，加强与财政等部门的沟通协调，及早测算各方面财力成本，确保高考改革所需经费投入。

四是强化办学条件保障。要抓住基础条件评估的重要机遇，切实改善高中办学基础条件，按照高中阶段教育普及攻坚计划要求，加大薄弱高中改造力度，明确消除“大班额”和减少超大规模学校的时间表和路线图。要加强信息化建设，运用大数据、云计算等信息技术手段，摸清各项基础条件底数，为及时判断情况、调整政策提供依据。各地要清醒认识到条件建设现在就要抓起，否则三年后改革将无法落地。高考改革从启动到落地，周期为三年。在这三年中，改革进程、改革条件、改革成效是同步的，就像孩子在不同成长阶段要穿不同的衣服一样，不能等孩子长大了，还让他穿婴儿服，所以条件保障一定要跟上。

在改革节奏的把握上，我们的基本态度是因地制宜、实事求是，步子终究要迈开，但什么时候抬脚伸腿，每一步的步幅有多大、步频有多快，要看各地的基础条件。条件达到了就启动，条件达不到就创造条件，达到了再上，可以走小步，不停步，看准了再迈大步。硬着头皮改革是改不好的，照葫芦画瓢改革也是改不好的，只有把国家顶层设计和本省份实际结合起来，才有可能找到高考改革的好路子、好模式。高考改革作为一种体制机制改革、育人模式改革、选才方式改革，各省份都要“穿统一的服装”，但是各地可以结合实际，“佩戴必要的配饰”，合适就好。各省份面临的问题有差异性、有特殊性，特殊问题可以打“补丁”，但是“补丁”不能把“服装”弄坏了，等时机成熟时，再把“补丁”拆掉。用服装和补丁的关系、服装和配饰的关系打比方，实际是从方法论的角度谈高考改革。

深入推进高考综合改革，任务艰巨、责任重大、使命光荣。我们每一位参与者都要以习近平新时代中国特色社会主义思想为指导，以对历史负责、对人民负责的高度自觉，投入这项伟大的改革事业中去，不断促进教育公平、科学选拔人才，培养担当民族复兴大任的时代新人，为建设教育强国、办好人民满意的教育提供有力的制度保障，为实现“两个一百年”奋斗目标和中华民族伟大复兴的中国梦作出新的更大贡献！

办人民满意的教育需要切实加强美育*

党的十九大开启了加快教育现代化、建设教育强国、办好人民满意的教育历史新征程。在这样一个新的历史进程中，美育将发挥越来越重要的作用。中国的孩子们呼吁更好的美育，中国的家长们希望孩子们接受更多更好的美育，中国的教师们希望自己能够成为美育的代言人。

党的十八大以来，美育进入了加速提质发展的阶段，取得的成绩是历史性的。

一是在美育导向方面。落实立德树人根本任务，落实党的教育方针，充分发挥美育在育人中的作用。坚持正确的方向，导向正确了，就能走出适合各自实际的路子。各省份都有一些好的典型，做得好的单位，各有各的高招，都走出了各具特色的美育之路。

二是在资源配置方面。资源有两个方面，一个是师资，这是主体性的资源，另一个是器材。这几年，基础教育阶段的美育教师达到了70多万人，这个变化非常大。在所有的教育资源中，师资这个资源是需要生命周期的，是不可能一下子快速解决的。各地各校要通过增量、存量、结构优化、转岗、培训等多种方法解决师资短缺问题。目前，各地各校美育教师中的兼职兼课教师增量很快，要充分利用好这个社会资源。从器材方面看，义务教育阶段中小学的器材配备率大幅度提升。在当今世界上，用短短几年时间发生这样变化的国家，我看绝无仅有。

三是在机制创新方面。学校美育机制方面做了很多创新，教育部和

---

* 在全国学校美育工作会议上的讲话，2018年4月21日，上海。

地方签署备忘录，就是一个很好的推进机制。还有中小学生艺术素质测评，各地教育部门的年度报告评价机制，课堂教学、课外实践和校园文化“三位一体”的融合机制，推动高校和社会力量参与中小学美育工作机制，建立学校家庭社会相结合的协同机制、督查机制等，都是很好的机制创新。

四是美育项目推进方面。学校美育有很多很好的项目和载体，大学生艺术展演，以及中小学生艺术展演、高雅艺术进校园、农村艺术教育实验县、中华优秀文化艺术传承学校和基地建设、传承的力量——学校体育艺术教育弘扬中华优秀传统文化成果展示等，都是这些年的成功创造。

当然也存在一些问题，一是在对学校美育重要性的认识上，还不是完全一致；二是在政策措施的落实上还不到位，存在一些缺口；三是在资源保障方面，还有短板；四是在事业发展方面还不太均衡，特别是贫困地区、西部地区学校美育的发展相对滞后；五是在机制方面还不够完善。这些问题都表明学校美育发展还不平衡不充分，需要我们不断努力，加以克服。

我们要从党的十八大以来学校美育走过的路程、取得的成绩和存在的问题中去研判、去分析、去审视美育在育人中的作用。教育的关键就是“教师的教”和“学生的学”这对关系。这对关系的本质是两个字：服人。换个角度说，好的教育就是要“服人”，就是让学生服你的教育，让家长服你的教育，让社会服你的教育。“服”的教育有几重不同的境界。

第一重境界，叫“压服”。“压服”是最低境界，硬压着你，把你压服了，这种教育可以叫“无美之教”，没有美育，学生肯定是不快乐的，教育过程肯定是不和谐的，教出的学生肯定是不合格的。现在绝对意义上的“压服”可能不多，但还是有的。

第二重境界，叫“慑服”。借助一些强制力来威慑，叫“慑服”。目前这种教育还是比较多的，我们可以把它叫作“小美之教”，它有点美，比如说秩序之美，比如说力量之美，我讲这个力量之美，不包含体育的那个力量，而是“秀肌肉”的教育，它是一种“小美教育”。

第三重境界，叫“说服”。苦口婆心、反复灌输，这种境界就是“大美之教”，很多教师都是这样的，无私地奉献，苦口婆心地育人，促使学生人格逐渐养成，这是“大美之教”。目前思想政治工作相当程度上属于这个范畴。

第四重境界，叫“收服”。这是“优美之教”。学生慕名而来，或者教师吸引学生，那就叫“收服”。“收服”教育对教师的要求是很高的，根本的要求是教师以德育人，教师的知识、智慧和德行能深深地吸引住学生，可能很多学生存在这样那样的问题，但教师的这些修养品格足以“收服”学生，与学生发生共振，这叫“优美之教”。

第五重境界，叫“心悦诚服”。“心悦诚服”是最高的境界，家长、学生、社会对教师、对学校的教育“心悦诚服”，“心悦诚服”就是“美美之教”。

我们要消灭“压服”，减少“慑服”，鼓励“说服”，表彰“收服”，追求“心悦诚服”。这里讲的无美之教、小美之教、大美之教、优美之教、美美之教，五重境界，美育是关键要素。所以，我们新时代的教育一定要高度重视美育。

我们党在教育工作中历来重视美育。20世纪初蔡元培先生第一次提出了美育的概念。其实在我国教育思想中，美育思想源远流长，思想资源非常丰富。新中国成立后，党的教育方针提出德智体全面发展，美育是包含在德智体里面的。改革开放之后，把美育写进教育方针，提出德智体美全面发展，足见我们党对美育的高度重视。美育在人的全面而自由的发展中，具有关键作用，因为它决定了一个人的综合气质，决定了一个人的审美取向，决定了一个人的独特个性。育人最难的是德智体美相结合，所以美育非常重要。我们在新的历史阶段，建设教育强国、办人民满意的教育都需要切实加强美育。

下一步，重点要做好五件事。

第一件事，就是讲政治，把方向。要深入学习贯彻党的十九大精神，贯彻十九届二中、三中全会精神，用习近平新时代中国特色社会主义思想统领美育改革和发展。

第二件事，就是重创新，扩资源。我们现在继承吸收的美育模式和方法，有我国古代的，有改革开放以来探索的，有借鉴国外的。我们要综合分析人民群众对美育的新需求，找准突破口，创新美育模式，用创新的办法来解决当前美育方面存在的各种困难，特别是资源瓶颈的问题。这里面最关键的一个问题，就是开齐开足美育课程和配齐配足美育教师，大家一定要想办法去解决。要注意两个指标。第一个指标是今年全国要开齐开足美育课程。经过党的十八大以来的发展，这方面我们已经有了一些基础，目前全国义务教育阶段美育课程课时大体上已经达到总课时9%的要求，高中有6个美育课程学分，大学公共美育课程都开设了，而且计入学分了。虽然城乡、地区、学校之间有差别，但下功夫是可以做到的，开齐开足美育课程目标是可以实现的。第二个指标是教师配备。我们能不能做到全国基础教育学校的美育教师配备达到90%以上？目前配备还达不到50%的省份，应该很好地研究一下这个问题，今年做不到，两年内能不能做到？总之，一定要下决心解决好。

第三件事，就是建机制，提质量。按照内涵发展的思路，为了提高美育的质量，需要进一步健全完善机制。这里面涉及评价标准的问题、评价方式的问题、考评的问题、组织方式的问题、组织形式的问题等，各地可以再积极地做一些探索。只有美育的质量稳步提高，才能真正达到育人的目标。

第四件事，就是夯基础，强师资。美育最重要的方面在师资素质，今年要加大培训力度，首先要从教育部开始，大规模地培训美育师资。同时，要加强美育教材建设，按照党的十九大精神作出新的安排部署。除了统编教材外，对地方教材，特别是校本教材要共建，鼓励校本教材开发。

第五件事，就是善统筹，促均衡。今明两年，美育方面要结合决胜全面建成小康社会，对脱贫攻坚战主战场的地区加大支持。在全国范围，用倾斜和对口支援这两招来促进均衡。在省级层面，各省份特别是脱贫攻坚战主战场的省（区），要结合脱贫攻坚战教育扶贫，把美育这件事好好抓一抓，因为脱贫攻坚战当中对于教育的投入是很大的，除教育部投入之外，地方也有投入，我们在结构调整方面，今年开始要做一点部署。

推进学校美育改革发展就是要抓好这五件事。通过共同努力把这五件事做好做实，做得让人民满意，这是我们新时代全体教育工作者的共同心愿和共同任务。

带着立场、情感、温度统筹推进“三进”工作*

推动习近平新时代中国特色社会主义思想进教材、进课堂、进头脑，是当前教育系统的头等大事。要用好、讲好新修订的高校思想政治理论课教材，用中国特色社会主义最新理论成果武装大学生头脑，培养社会主义建设者和接班人。

深入推进习近平新时代中国特色社会主义思想“三进”工作具有十分重要的战略意义和现实意义。改革开放以来，我们党在理论建设方面每有新成果，都要提出“三进”任务，即实现理论体系向教材体系的转化、教材体系向教学体系的转化、知识体系向价值体系的转化。“三进”符合思想发展、理论发展和教育发展规律，其中，进教材是基础，进课堂是核心，进头脑是目的。通过教材搞建设、课堂讲学理、头脑起风暴，用国家统编教材教育武装青年一代，培养能够担当民族复兴大任的时代新人。

要用好讲好新修订的高校思想政治理论课教材，切实推进“三进”工作取得实效。

一是从时间上确保进入，从学习讲话原文，到教材读本，再到学科理论，这既是过程，也是阶段，要持续不断坚持下去，做到过程和阶段相统一。

二是在空间上确保进入，占领、珍惜、用好课堂主阵地，实现全覆盖、无死角、无遗漏，做到范围和状态相统一。

---

* 在全国高校思想政治理论课2018版教材使用培训班开班式上的讲话要点，2018年5月14日，北京。

三是在方法上确保进入，既熟练应用马克思主义立场、观点、方法，又创新话语体系和教学体系，让教材真正活起来，做到作用和效果相统一。

四是在工作上确保进入，要把马工程重点教材建设、高校思想政治理论课教材建设、党的理论创新成果“三进”作为重大政治任务摆在重要位置常抓不懈，做到使命和责任相统一。

五是在思想上确保进入，要从落实立德树人根本任务的战略高度，带着立场、情感、温度来统筹推进“三进”工作，做到感情和行动相统一。

向教书育人楷模学习*

全国教书育人楷模引起全社会的高度重视，这说明“教书育人楷模”这个光荣称号是我们这个社会、是所有家长和教师都高度关注的一个光荣称号，说明这个社会呼唤更多的教书育人楷模。这既是对各位教师潜心教书、立德树人所取得的骄人业绩的充分肯定，也是对各位教师优秀精神品质的集中褒奖，给全社会树立了一个标杆。新时代中国教师楷模身上体现出来的创造精神、大爱精神和强烈的责任感，让我对中国特色的教育产生了一些新的体会。

一、教育是一种道术

当代中国的教育，就是探索教书育人的规律，探索学生成长的规律，是探索规律、发现规律、掌握规律、运用规律本领的一种职业。比如，在充分调研的基础上建立德育教育的机制和评价体系，这就是道术的一种。再比如，把握陶瓷工艺人才培养的规律性，把技术和艺术结合起来，既是传统的又是现代的，既是技术的又是艺术的。做好教育，完成好立德树人的根本任务，就要向教书育人楷模学习，探索把握教书育人的规律。我们树立教书育人楷模，就是要让全国的教师努力探索各自学科、领域、岗位的教书育人规律，按规律教书育人是教育很高的境界。

---

* 在2018年全国教书育人楷模座谈会上的讲话，2018年8月31日，北京。

二、教育是一种学术

现代教育和古代教育最大的区别就是，教育本身是社会分工的结果，各个学科、专业都是社会分工的结果。在知识的传授方面，突出了学术特点，离开了学术，就没有现代教育。树为教书育人楷模的各位教师之所以在教书育人方面取得骄人的成绩，输送出一批又一批高质量人才，根本的一点就是有深厚的学术功底，有担负立德树人根本任务的能力和素质。新时代教育，学术是很重要的一个方面。我们要下定决心，向教书育人楷模学习，把我们育人的本钱攒得多多的，基础打得牢牢的，离开这个，我们培养不出合格的建设者和可靠的接班人。

三、教育是一种技术

过去我们对这一点强调得少。技术是解决方法的问题。没有合适的方法，不掌握教学的基本技能，教师是当不好的。更重要的是我们要授人以渔，教给学生技能。过去中国教育对理论的教育强调得多，实践能力的教育是我们的弱项。合格的教师，应当既要提高自身的技能，更要提高授人以渔的技能。

四、教育是一种艺术

我们的对象都是学生，我们干的事都是教学，但每位成功的教师都有自己的特色，成功的教育都是不可复制的、有特色的。过去我们大学里面出了很多大师，所谓大师是有故事的、有特色的，他们已经将教育个性化了，打上了自己的烙印，这就是艺术。这一点我们的教育工作者要好好思考，怎么在教学实践中形成自己的特色，形成属于自己独特的教书育人风格。

规律是一般的，技术是实践的，学术是积累的，艺术是特殊的。

五、教育是一种仁术

党的教育方针，德智体美，以德为先。德育，这是一种仁术，核心是爱。很多人在这个问题上都有自己的金句，思考得非常深入。比如，教育的本质是让受教育者真正认识、发现自己的潜质；爱学生是教师的职业本能，被学生爱是教师的职业能力。仁术的目的就是教好学生，成就一个人就是最大的价值。医生和教师在道理上是相通的，医生治病，教师治社会，培养能担当起民族复兴事业重任的时代新人。

所有课程从本质上讲都是历史，所有历史从本质上讲都是当代史。历史都是为现实服务的，我们就是要让学生从历史切入把握规律。我们从事教育工作就是要教会学生从过去把握规律、在当下解决问题，学会认识世界、改造世界，具体而言就是教会他们有社会责任感，提升实践能力和动手能力，学会方法论。所有的课程和现实需求都是有距离的。从这个角度讲，我们都是摆渡者，教育必须是问题导向，方法存在于问题之中，从目标把握未来，让学生掌握走向未来的理念、方法和行为方式，正确地走向未来。

教书育人楷模引导激励教育系统涌现出更多优秀教师。新时代推进教育现代化、建设教育强国，教师应当成为最受尊敬、最受羡慕的职业。我们一起把教师队伍建设这件关系中华民族的大事办好。

努力提升自身素质，加快教育现代化建设*

进入新时代，面对加快教育现代化、建设教育强国、办好人民满意教育的历史使命，教育系统广大干部要努力提升自身素质，切实肩负起培养担当民族复兴大任时代新人的重任。新时代教育系统干部应重点具备八种素质。

第一，要有历史眼光。我们的党和国家一路走来，历经各种风险和挑战，很不容易。今年是建党97周年，明年是新中国成立70周年，我们的文明绵延5 000年，这都要求我们的干部必须有历史眼光。从事教育事业的同志在任何时候都要善于从昨天的经历中汲取营养、把握规律，这也是中华文明绵延不断的光荣传统。列宁讲，忘记过去就意味着背叛。科学是关于点的学问，一个点、一个点解剖得很细，分析得很细。历史是关于线的学问，我们要把它串起来，虽然它很复杂、很曲折，但它是有线索的，把握住了线索就把握住了人类发展的过程、社会发展的过程。文学是关于面的学问，它展示的是一个时代的风貌。哲学是关于体的学问。所以历史很重要，我们一定要有历史的眼光。如果不具备历史眼光，我们就没有办法对学生进行爱国主义教育，没有办法引导他们把握历史发展的规律。我们研究现在面临的教育问题，研究加快教育现代化的政策措施，如果没有深邃的历史眼光，就做不好工作。

第二，要有国际视野。今天，我们发展教育事业，推进教育现代

---

* 在国家教育行政学院2018年秋季开学典礼上的讲话，2018年9月3日，北京。

化，一定要看到改革开放40年中国教育取得的历史性成就，看到我们对当今世界教育的影响。我们已经整体上进入世界教育发展的中上行列。虽然我们的教育仍然有这样或那样的问题，特别是和代表世界先进教育水平的国家相比，还存在一些差距，但我们的特色已经鲜明起来了，我们的实力已经培育出来了。今天，我们要有自己的教育自信。我们要有国际视野，要把中国的教育放在世界教育的大格局中去看，看我们的方位，看我们的优势，看我们的特色，看我们的贡献，从而坚定扎根中国大地办教育的信心，坚定不移地走中国特色社会主义教育发展现代化之路。

第三，要会战略思考。从战略上考虑，就是要胸怀全局，在全局中谋划事业发展，最根本的就是要有自信，要坚定“四个自信”。“四个自信”是我们40年来全部努力探索的根本成果，这就是战略思考。只有这样，我们才能在战略上藐视敌人，才能够把握大局、把握趋势。越到关键时刻，越要从战略上考虑问题。我们要有定力，最重要的定力就是战略定力。战略是主“静”的，战术是主“动”的，战略上的“静”决定了战术上的“动”。今天，我们要推进教育现代化，就是要进行战略思考。中国教育在国际舞台上要有更大的发言权、更强的影响力，这也是战略思考。目前，我国是亚洲第一留学目的地国、世界第三留学目的地国，我们要继续向前发展，只有这样，中国文化才能走向世界，影响力才能辐射到世界，我们才能更好地构建人类命运共同体。

第四，要会战术设计。只具备战略思考的能力是不够的，战略思考要依靠战术设计来保证。战略思考是抽象的，战术设计是具体的。具体战术是由战略抽象还原而来的，不是随意地具体化、庸俗地具体化，而是对战略思考的逻辑还原。这是基本的领导方法、工作方法。今天的“奋进之笔”就是我们的战术设计，是深入贯彻落实党的十九大精神的战术设计。新时代，我们一定要学会战术设计，学不会战术设计，就不可能当一名合格的干部。我们要观察局势，我们要观变、察变、应变。

第五，要做理论总结。我们要在斗争中不断前进、不断总结，形成规律性认识。这种规律性认识是覆盖多学科的、跨领域的。新时代，我们推进教育现代化，就要不断总结中国教育发展的经验、特色、阶段性特征，以及中国教育的独特问题、独特道路。我们一定要有理论思考，特别是对教育方法要有理论思考，要总结规律。

第六，要有专业精神。发展教育现代化、建设教育强国是具有很强专业性的事业。现代教育是社会化大分工的产物，学科和专业不断细化，在此基础上，综合性学科不断产生。在这样的教育格局中，我们参与国际竞争，实现教育现代化，就要求实现系统性、全面性、整体性，就要求每个学科都把自己专业的事情做好。我们的领导干部要实现专业化，不专业、没有专业精神，就办不好人民满意的教育。在新时代，我们要给文化插上专业的“翅膀”，让它能够在新时代“飞翔”起来。

第七，要有群众观点。群众观点就是习近平总书记提倡的以人民为中心的发展思想，这是党的群众路线在教育战线的具体体现。我们的教育和西方的精英教育不一样，我们的教育是为人民服务的教育，所以同志们一定要有群众观点。我们要选拔优秀人才，这些优秀人才既来自人民群众又服务人民群众，不是和人民群众分离开来的社会精英，这是一个很重要的观点。我们有两点教训需要吸取：一是不能培养脱离人民群众的社会精英；二是不能不讲建设者、接班人，只培养所谓的合格公民。群众观点对中国教育、对中国的教育干部非常重要。我们要维护好人民的利益，让人民群众从改革和发展中获得成果，这就是群众观点。群众观点不是民粹观点，我们要遵循党的群众路线核心要义，绝不能搞收买群众、讨好群众的那一套，而是要把群众关心的问题、群众对美好生活的追求作为工作的目标。这两者是有本质区别的。所以，我们的教育干部要把握好群众观点。

第八，要有政治意识。我们要高度警惕，提高政治意识。教育、培养好国家的建设者和接班人，我们的教育工作任重道远。我们要培养健康的、健全的、未来的中国人，要培养能担当民族复兴大任的一代新人，要让他们的筋骨强健起来。我们要按照中央的要求，牢固树立“四个意识”，坚定“四个自信”，做到“两个维护”，加强党对教育工作的领导。教育学本质上是政治学，教育工作本质上是政治工作，各国皆然。所以，我们要深刻认识到这一点，肩负起历史赋予我们的重任。

新时代，我们的教育干部要具备历史眼光、国际视野、战略思考、战术设计、理论总结、专业精神、群众观点、政治意识，这是非常重要的。具体到每一个干部、每一个人，全部做好不容易，但是要努力地去做好，一定要在某几个方面做强，其他方面逐渐完善。其中，政治意识是第一位的，群众观点是基础，专业精神是追求，每一位同志都应当具备。

推动“双一流”加快建设、特色建设、高质量建设*

党的十八大之后，党中央作出建设世界一流大学和一流学科的重大战略决策。国务院印发《统筹推进世界一流大学和一流学科建设总体方案》已有三年的时间，首批建设高校及建设学科名单公布也满一年了。当前，我们的主要任务就是及时评估建设进展，指导和推动“双一流”高校加快建设、特色建设和高质量建设。

一、深刻领会习近平总书记重要讲话和全国教育大会精神对“双一流”建设的重大指导意义

全国教育大会是我国教育事业发展历程中具有划时代、里程碑意义的一次大会，是一次能够写入历史、进入人心、改变生活、开启未来的大会。习近平总书记在大会上发表的重要讲话，是指导新时代教育改革发展的纲领性文献，为加快推进教育现代化、建设教育强国、办好人民满意的教育指明了前进方向、提供了根本遵循。“双一流”建设高校作为高等教育战线的排头兵，要在学习宣传中走在前列，在贯彻落实上作出表率。

一要深刻领会培养社会主义建设者和接班人这一根本任务。总书记强调，教育是国之大计、党之大计，我们的教育必须把培养社会主义建设者和接班人作为根本任务。古今中外，世界一流大学都是按照自己国家的政治要求培养人、在服务自己国家中成长。我们建设一流大学和一

* 在“双一流”建设现场推进会上的讲话，2018年9月29日，北京。

流学科，必须紧紧抓住培养社会主义建设者和接班人这一根本任务，更加注重理想信念这一核心要求，更加注重家国情怀这一不竭动力，更加注重品德修养这一树人之本，更加注重增长见识这一时代之需，更加注重奋斗精神这一精神状态，更加注重综合素质这一基本前提，着力培养一代又一代拥护中国共产党领导和我国社会主义制度、立志为中国特色社会主义奋斗终身的优秀人才。

二要深刻领会提升教育服务经济社会发展能力这一基本方向。总书记强调，要把服务中华民族伟大复兴作为教育的重要使命，加快一流大学和一流学科建设。古往今来，世界一流大学无一不是根据国家需要应运而生，并将自身融入国家民族事业发展中实现自身发展。我们建设一流大学和一流学科，必须坚持“四个服务”，主动融入改革开放和社会主义现代化建设，在回应党和国家事业发展需要、人民群众对美好生活的向往中找准发展方向，在服务国家重大战略需求、支撑社会主义现代化建设的过程中体现价值、赢得优势、争创一流。

三要深刻领会特色发展、争创一流这一基本途径。总书记强调，办出世界一流大学，首先要在特色上下功夫。没有特色，跟在别人身后亦步亦趋，不可能办成一流大学。特色就是质量、就是竞争力。建设一流大学和一流学科，必须深入研究社会需求，找准定位，切实扭转不科学的评价导向，在各自层次和类型上办出特色，示范带动更大范围、更多高校在不同学科不同方面特色发展、争创一流。

四要深刻领会加强党对教育工作全面领导这一根本保证。总书记强调，加强党对教育工作的全面领导，是办好教育的根本保证。建设一流大学和一流学科，必须牢牢掌握党对高校工作的领导权，坚持正确办学方向和建设导向，把一流的思想政治工作贯穿建设始终。要牢固树立“四个意识”，不断坚定“四个自信”，切实做到“两个维护”，确保“双一流”建设始终沿着党指引的方向前进，动员最广泛的力量参与支持“双一流”建设。

深刻学习领会习近平总书记重要讲话和全国教育大会精神对“双一流”建设的重大指导意义，必须有更宽广的国际视野和更深远的历史眼光，进一步提高站位、增强自觉。

从世界总体格局看，我们正处在世界百年未遇的大变局中。这个大变局至少可以从三个维度理解。一是科技的维度。当代科技已经到了产生重大突破、颠覆性突破的临界点，特别是信息科学、生物科学的发展，深深影响着未来经济社会和人类的发展，将对世界格局产生革命性影响。二是制度的维度。几十年前有人宣称历史已经终结于资本主义制度，但到今天，宣布终结历史的体制病态百出，被宣布“衰亡”的制度却生机勃勃，两种制度的竞争发生了重大变化。三是发展的维度。这些年我国经济保持了中高速发展，在世界主要国家中名列前茅，成为世界第二大经济体，国际力量对比发生深刻变化。高等教育是科技第一生产力与人才第一资源的重要结合点，在这样一个百年未遇的大变局中建设“双一流”，可以说挑战和机遇并存。

从我们党推进“四个伟大”历史进程看，党的十八大以来，党和国家事业发展取得了历史性成就、发生了历史性变革，我国教育总体发展水平进入世界中上行列，这意味着我们正处于最好的历史时期，建设“双一流”的环境和条件是历史上任何时候都无法比拟的。实现“两个一百年”奋斗目标，教育要优先发展；实现中华民族伟大复兴，教育要率先振兴。在这一伟大历史进程中，“双一流”建设面临着难得机遇，也肩负着光荣的历史重任。

从当前大国博弈的变化发展看，“双一流”建设在国际交流合作方面也面临着新情况新问题。当前突出表现为中美贸易摩擦传导到教育领域，给教育国际合作、人才引进、人文交流等带来很大压力，这一压力很可能长期存在。这一新的外部环境会对“双一流”建设产生直接或间接的影响和制约，我们必须认真面对，深入分析，理性应对，采取适宜举措，增强建设自觉和建设动力。

从高等教育自身看，我们正处于爬坡过坎迈向世界领先的关键阶段。这个阶段的基本特征是，我国高等教育已经实现了大众化，即将进入普及化，我国高校在世界各项排名中的位次整体前移，但仍然是“大而不强”，亟须提升核心竞争力，支撑引领创新发展。建设“双一流”，正是提升我国高等教育发展水平、增强核心竞争力的重大举措。

百年未遇的大变局、“四个伟大”的历史进程、复杂的大国博弈形势，以及我国高等教育正处于爬坡过坎迈向世界领先的关键阶段，决定了我们必须以习近平新时代中国特色社会主义思想为指导，深入学习领会习近平总书记关于教育的重要论述，贯彻落实全国教育大会精神要求，以只争朝夕、时不我待的精神状态，加快“双一流”建设，提升建设水平。这是时代赋予我们的使命，是民族复兴赋予我们的重任。

二、准确把握新阶段“双一流”建设新要求

“双一流”建设实施以来，各方汇智汇力、凝聚共识、振奋精神、扎实推进，总体呈现出有序推进、蓬勃向上的良好态势。一是育人育才取得新成效，二是学科建设迈向新台阶，三是服务需求作出新贡献，四是国际交流合作提升至新水平，五是体制机制改革创新取得新突破。

建设工作启动以来，国家已在人才评价、教师队伍建设、科研管理等方面出台一系列政策举措支持“双一流”建设；各地投入资金统筹支持“双一流”建设及区域高水平大学和特色优势学科建设；有关行业企业积极参与。层次分明、衔接有序的建设体系和多元投入、合力支持的建设格局初步形成，树起了新时代高等教育特色发展争创一流的旗帜。

这些探索实践让我们对中国特色世界一流大学和一流学科有了更加深刻的认识。我理解，所谓“一流”，应当具备七个特征，符合七个标准。一是可靠的，就是要坚持办学的正确政治方向，落实立德树人根本任务，培养合格建设者和可靠接班人。教育是慢变量，容易积累风险，

一旦慢性病急性发作，就会发生颠覆性错误。二是合格的，就是按照高等教育发展和学科专业建设的一般规律标准衡量，按照国际通用的规范标准衡量，建设要达到合格。这个合格不是自拉自唱、自说自评，必须是第三方评价说了算、同行说了算、社会说了算。三是真实的，就是没有水分的建设。如果高校申报时有水分、建设时再注水，最后的成绩如何能拿到国际上比拼？所以一定要把建设方案水分“挤干”、把工作做实，用实打实的成绩去比拼一流。四是有特色的，就是建设高校要各有各的特色。特色不是有没有，而是强不强。各建设高校都要把自己的“性格”、自己的特色建出来，不能搞得平庸平常、千校一面。五是有竞争力的，就是要“有棱角”“长牙齿”，如果是拳头，打出去一定要打在目标上而不是棉花上。“双一流”建设是国家的力量建设，要敢于竞争、善于竞争，在竞争中培育核心竞争力。六是有产出的，就是要源源不断地提供优质产出。最基本的产出是人才，成为培养各类高素质优秀人才的重要基地；还要产出思想，成为先进思想和优秀文化的重要源泉；还要产出学术成果，成为知识发现和科技创新的重要力量。衡量建设成效最终是看对中华民族伟大复兴和人类进步的贡献。七是可持续的，“双一流”建设是一个长期过程，需要我们接续不断奋斗。每个高校每个学科都要守好一段渠、种好责任田，为今后发展打好基础、积蓄力量。要做好长远规划，形成梯度建设体系，在每一代人的努力中持续发展。

在取得成绩的同时，我们应清醒看到，当前“双一流”建设同党和国家的要求、人民群众的期盼、经济社会发展的需要及我们的国际地位相比还有一定差距，突出表现在高层次人才的培养结构和质量，与经济社会发展对人才的多样化需求和高质量要求还有一定差距；建设高校服务国家重大战略和经济社会发展需求的重大攻关能力还不够强，重大原始创新不足，成果转化偏低；部分建设高校改革创新不足、特色发展的定力动力活力还不够强。主要原因，一是思想认识不到位，没有把“双一流”建设摆在党和国家事业发展全局的高度来看待；二是发展思路有偏差，习惯性依赖于资源投入、扩大规模，不善于调动、发挥人的能动性；三是关键的评价导向还没有扭转过来，唯论文、唯帽子、唯学历、唯排名等现象在高校评价中不同程度地存在，制约了建设活力动力。这些问题，需要我们在下一步建设中逐一对标、抓紧解决。

三、加快办好“双一流”建设的重点任务

全国教育大会的召开标志着我国教育事业发展进入了新阶段。加快“双一流”建设，要以习近平新时代中国特色社会主义思想为指导，紧紧围绕统筹推进“五位一体”总体布局和协调推进“四个全面”战略布局，全面贯彻落实党的教育方针，以中国特色、世界一流为核心，以高等教育内涵式发展为主线，落实立德树人根本任务，紧紧抓住坚持办学的正确政治方向、形成高水平人才培养体系和建设高素质教师队伍三项基础性工作，坚持“特色一流、内涵发展、改革驱动、高校主体”，以体制机制创新为着力点，在深化改革、服务需求、开放合作中加快建设、特色建设、高质量建设，确保实现“双一流”建设战略目标。要着重抓好六方面工作。

一是培养高素质人才。人才培养是高校的根本任务。建设一流大学和一流学科，必须把一流本科教育建设作为基础任务，“双一流”建设高校要争做“两个率先”——率先确立建成一流本科教育目标、率先在建设学科建成一批一流本科专业。要加快打造结构优化、满足需求、各方资源充分参与的卓越而有灵魂的研究生教育。一流研究生教育是一流大学和高等教育强国的重要标志之一，特别是博士生教育集中体现了大学实力水平。博士生作为国家科技创新的生力军，是实施创新驱动发展战略、抢占科技战略制高点的战略资源。要适当适度扩大博士生规模、优化结构、完善培养机制、提高培养质量，服务国家重大战略需求并适度超前部署，加强事关国家重大战略的高精尖急缺人才培养，形成本科阶段“探矿”、硕士阶段“采矿”、博士阶段“炼矿”的人才培养体系。

要深化人才培养模式改革。进一步增强人才培养的针对性、适应性，着重培养经济社会发展急需的创新型、应用型、复合型人才。重视科研育人，把高水平的科研资源转化为高水平的育人资源，把科研优势转化为育人优势；重视实践育人，建立完善产学研协同培养机制，拓展加强实践实习训练；重视创新创业育人，促进专业教育与创新创业教育有机融合，探索跨院系、跨学科、跨专业交叉培养机制。

二是服务重大需求。没有需求，发展就没有方向，改革就没有目标，评价就没有标准。必须对需求加强针对性研究、科学性预测和系统性把握，在深入细致的研究分析中把握人才培养的痛点，明确科学研究的重点，找到社会服务的难点，打造文化传承创新的支点，在服务需求中实现创新发展。建设高校要建立健全学科专业动态调整机制，根据国家和区域行业重大战略需求，调整优化学科专业结构布局，超前部署国家战略性新兴产业和改善民生急需的学科专业。主动融入区域发展、军民融合体系，提升对地方经济社会和国防建设的贡献度。重视挖掘隐性需求、创造引领需求。同时，要注意甄别需求，切忌急功近利的短期行为。

三是提升科研创新水平。高水平科研创新是一流大学的显著特征，是一流学科的重要支撑，也是一流人才培养的根本保障。建设高校要瞄准国家重大战略需求、经济社会主战场和世界科技发展前沿，开展前瞻性研究，产出引领性原创性成果，输出建设性社会影响。只有把关键核心技术掌握在自己手中，才能真正掌握竞争和发展的主动权。要进一步发挥好基础研究主力军作用，积极参与国家科技创新基地、国家重大科技基础设施建设，促进高校基础研究加快实现前沿领域和关键核心技术的重点突破；要进一步发挥好技术突破策源地作用，促进基础研究和应用研究融通创新，促进人才链、创新链和产业链精准对接，完善科技成果转化体系，着力推进成果转化；要进一步巩固强化哲学社会科学研究重要阵地，积极构建中国特色哲学社会科学学科体系、学术体系、话语体系、教材体系和评价体系，打造高水平新型高端智库；要加快推进高校科研管理和评价机制改革，探索以代表性成果和原创性贡献为主要内容的科研评价机制，赋予科研人员更大的人财物自主支配权。

四是深化国际合作交流。“双一流”建设要积极到世界舞台上去比拼、去展示、去引领，不能关起门来自说自话。建设高校要以“双一流”建设为依托，进一步聚焦学科建设，加强与国外高水平大学、顶尖科研机构的实质性高水平交流合作，积极主动地服务国家全面开放和外交战略需要。进一步完善国际学生的招收、培养、管理和服务体系，提高生源质量，打造留学中国金字招牌。

五是加强教师队伍建设。没有一流的教师队伍，就不可能建成一流大学。建设一流教师队伍，基础是建设高素质的教师队伍，加强师德师风建设，着力提升教师教学能力，改革优化教师评价体系，让教师潜心教书育人。重点是建设高水平的导师队伍，提升研究生导师立德树人责任感和科研实践指导水平。关键是建设一流的学科团队，打造衔接有序、结构合理的人才团队和梯队，发挥好学科带头人作用。

六是坚持特色发展。核心是打造学科特色。一要有“准头”，着眼于经济社会发展需求和同类学科发展状况，在精准对接需求中明确目标，在差异化发展中形成特色；二要有“闯劲”，在科研探索中提出重大问题、构建体系、凝练方向、形成特色优势，在实践探索中挖掘新方向、发现新问题、提出新观点、形成新理论；三要有“定力”，不能简单粗暴地撤销、合并、拼凑学科，要遵循学科发展和人才培养规律，摒弃短期功利化行为，坚持久久为功。

当前是“双一流”建设转入新阶段后的关键期，各地各建设高校要把学习贯彻习近平总书记重要讲话精神和全国教育大会精神作为当前和今后一个时期的重要任务，切实提高思想认识，乘势而上，奋发有为。一要加强组织领导。充分发挥高校党委领导核心作用，完善部门分工负责、全员协同参与的责任体系，定期研究检查评估建设进展。二要推进工作落实。按照党的十九大总体部署，对标“教育现代化2035”、“双一流”建设三步走战略以及各校建设目标任务，列清单、抓落实、出成效。各地要将“双一流”建设优先纳入本地区经济社会发展规划和重大战略，切实落实教育领域“放管服”改革，主动对建设高校提需求、提要求、压任务、压担子，加快区域高水平大学及优势特色学科建设。三要支持率先改革。全面落实中央关于教师队伍建设、人才评价机制、科研管理等重大改革部署，着力加大思想政治教育、人才培养模式、人事制度、科研体制机制、资源募集调配机制等关键领域环节改革力度。四要形成建设合力。充分发挥党组织的动员能力和组织保障作用，创造性调动各方面积极性和各类资源，建立完善学科和高校间以及校地校企间的合作机制，协同建设。五要坚决扭转不科学的评价导向。“双一流”建设评价要把立德树人成效作为根本标准，重点看做了什么、做成什么，更加注重人才培养质量，更加注重标志性成果、贡献和影响力，教育部将积极探索构建多元多层多维的中国特色一流大学、一流学科评价体系。

坚持五育并举，构建基础教育全面培养体系*

今天我们观摩了北京市特色教育活动的情况，看了八一学校内容丰富、形式多样的各种教学元素，很受启发。北京市基础教育的特色活动，还有八一学校所进行的这些探索、取得的成绩，表明了北京确实是中国教育的首善之区，也是世界水平的中国标杆。北京教育为中国教育的发展创造了很多中国的第一，有的是世界第一。教育部在规划、领导、推动全国教育发展过程中一个突出的做法，就是在全国寻找“一马当先”的典范、典型，希望在典型的引领下，形成“万马奔腾”的发展局面。

基础教育至关重要，它是整个教育体系的基础。我们国家教育事业的大厦要建筑在这个基础之上，有多厚实的基础就决定能建多高的大厦。它也是每个人、每个国民终身发展、全面发展的基础，决定着一个人能不能终身得到全面发展，也就是能不能实现自己人生的目标。基础教育更是我们国家繁荣富强的基础。从富起来到强起来，这个历史性的飞跃在很大程度上取决于中国基础教育的发展质量和水平。从这个角度讲，基础教育是为中华民族伟大复兴奠基的事业。

基础教育是立德树人的事业。今天大家聚焦基础教育领域来探讨健全立德树人的落实机制，构建德智体美劳全面培养体系，对基础教育来说至为关键。这个命题是习近平总书记在全国教育大会着重阐述的一个命题，就是构建德智体美劳全面培养体系，这也是在我们党的教育方

---

* 在教育部党组与北京市委教工委、市教委理论学习中心组联合学习上的讲话，2018年12月24日，北京。

针、教育理论、教育思想、教育实践中首次提出的命题。总书记指出了我们人才培养体系的核心所在、关键所在，也就是德智体美劳全面发展，所以叫德智体美劳全面培养体系。

按辩证法的认识论，我们认识一个新的命题、新的实践，要结合中国传统哲学，从两个角度来把握。一个是一分为二看，一分为二就是逐层细分、逐层抽象，把握本质，通过认识德智体美劳五个方面的本质，从而来认识全面培养体系的本质，这就叫一分为二看。另一个是合二为一干，就是说我们要把德智体美劳五个方面都回归到教育的本质，回归到人全面发展的本质，回归到逻辑起点来看这个培养体系，把握德智体美劳五个方面深层次的内在联系。

概括地讲，认识德智体美劳这个全面培养体系要一分为二看，建设德智体美劳这个全面培养体系要合二为一干。这是符合辩证法的，也符合中华优秀传统文化的特点。

一、一分为二看

德智体美劳全面发展，“五育”各有各的特点、各有各的作用、各有各的规律，所以我们要深入细致地来把握、寻找它的规律性。

（一）认识德智体美劳，要建立在历史唯物主义的基础上

第一，人是养出来的。这里讲的“养”是修养，这是人不断成熟、不断发展、不断完善的突出特征，是把人和动物区别开来的一个质变。我们今天讲的德，主要是德养人，每个历史阶段有每个历史阶段德的特点。

第二，人是想出来的。“想”就是思维，人会思维。习近平总书记讲广大教师要“做学生创新思维的引路人”，这就是我们平常讲的智力角度，就是要教会学生思维。

第三，人是跑出来的。原始社会，受猛兽侵袭和追赶，跑是求生的需要、发展的需要。所以奥林匹克在诞生的时候，就和人的本

质联系在一起，跑就是运动，今天我们把它叫作体育，这是人的本质需要。人是跑出来的，不断地跑。所以今天从马拉松可以看到我们原来的运动形态、生活形态、精神状态。

第四，人是美出来的。原始人就知道什么是美，并追求美，用兽皮、用树叶装饰自己，用矿物颜料美化自己，有审美意识，这是人的本质。所以在原始人生活的地方我们可以看到很多原始人留下的岩画这些东西，线条的应用、颜色的应用、光线的应用、力度的应用，这就是美，这就是美育的基础。

第五，人是干出来的。恩格斯说劳动创造了人，并将其作为历史唯物主义的一个基本原理；毛主席第一次阐述我们党的教育方针时，他讲了培养劳动者，德智体全面发展。从今天的视角来看，劳动是非常重要的，人就是干出来的，干就是劳动，劳动创造了人、劳动发展了人、劳动完善了人。换个角度，人也创造了劳动，并不断改造劳动。所以劳育对我们培养人的意义十分重大。

（二）德智体美劳是如何培养出来的

第一，“德”是养成的。对构建全面培养体系来说，就是要把社会主义核心价值观内化于心、外化于行，培养和带领学生坚定跟党走。我们党的建设、思想政治工作等德育课程、通识教育都是围绕这个来的，所以德是养成的，这是它的本质，我们叫“养成教育”。

第二，“智”是学成的。现代教育体系的突出特点是学，就是要学思结合，知行合一，增强学生的创新能力和实践精神，这叫能力培养。科学精神就是由此产生的，它的根本的特点是学，学是主动的，教和学构成一对矛盾来完成这样一个智化的过程。现在我们在这方面存在的问题是很多的。

第三，“体”是炼成的。有一个基本的概念叫“体育锻炼”，为什么叫锻炼？因为它不仅和自然属性有关，更和社会属性有关。自然属性是讲我们的身体，社会属性是讲我们的精神、灵魂，所以它叫锻炼，这是体育的本质。

第四，“美”是化成的。就是以文化人，以美育人，让学生们学会审美，增强审美意识。不会审美不行，会审美的人才是全面发展的人。美育的特点是“化”。

第五，“劳”是干成的。劳动教育就是要开展适应学生年龄特点，符合时代特征的劳动活动。不管是什么形式、什么活动，要适合学生的特点，赋予时代特征。劳动教育的目的就是要让我们学习体会到四句话：劳动最崇高、劳动最光荣、劳动最伟大、劳动最美丽。劳动崇高，是劳动的价值属性，是一个价值判断，不劳动不崇高。劳动光荣，是劳动的社会属性，劳动才是光荣的。劳动伟大，是劳动的历史属性、历史作用，劳动创造了人、劳动发展了人、劳动完善了人。在这里我再加一句，劳动实现了人，只有劳动才能实现人，这个劳动的形式是多种多样的，不同历史时期有不同的实现形式，这是它的历史属性。劳动美丽，是劳动的审美属性，所以劳动基础上的审美活动是符合黄金率的，是黄金率的基础，是最美的。

二、合二为一干

刚才我讲的这五个字，养、学、炼、化、干，作为切入点，那么我们构建德智体美劳全面培养体系要做的任务就是把这五者综合起来。分开看，综合干。

（一）要系统设计“五育”

第一，从社会主义核心价值观层面，着力构建大中小幼各学段教育相互衔接、系统推进的“五育”体系。如果把“五育”看作经，把各个学校看成纬，每个学段都构成一个“五育”的矩阵，那么就会形成“五育”体系。第二，抓好教材和教学大纲的建设，把“五育”综合起来，使“五育”能够条块结合、循序渐进、相互促进，这样才符合学生的认知规律和成长过程。第三，把“五育”各自的功能统筹好、衔接好，形成一个德智体美劳有机结合的人才培养体系，这是一个结构问题，结构决定功能、功能决定效果，要构建这个体系我们必须系统设计“五育”。

（二）要全面贯通“五育”

不能只见树木不见森林，要处理好相互关系，在“一育”里发现“五育”、渗透“五育”、落实“五育”，就是说在每个“育”里面，“五育”都是相互联系的。也要在“五育”中认识“一育”、把握“一育”、实现“一育”，处理好这个关系，这叫作全面贯通。

（三）要合力推进“五育”

我提到德智体美劳五大要素，师生校家社五大主体，人财物时空五大条件，这里讲的合力推进“五育”，就是说这五大主体。要以改革的办法充分地激发学生、教师、学校、家长、社会五大主体的活力，合力推进育人体系的建设。新时代学生的健康成长、全面发展，不再是“五育”各自奋力冲刺的百米跑，而是5×100米接力团体赛，合力推进体系建设、全面育人事业。

（四）要充分保障“五育”

就是我讲的人财物时空五大条件，充分保障育人，充分发挥潜力，有效配置资源，为“五育”开展、全面培养体系的建设提供支撑、保障。支撑保障最重要的是制度方面的保障，核心是加强党的领导。党的领导是全面培养体系的灵魂，这是制度层面的。在资源层面，就是价值，表现为资金，物表现为装备。今天的中国教育缺的是资金使用效益。物的方面就是为人才培养提供工具、提供装备。还有时空条件，“空”是场地的概念，“时”是学时的概念。另一个重要的保障就是教育环境、教学环境，环境的保障非常重要，是教育生态建设。我觉得我们教育工作者都要为自己的工作生态而努力，我们要率先为自己建设良好的教育生态。要人尊敬首先自尊，要重振师道尊严，首先重振师德师风，把这个作为突破口来营造良好的教育生态环境。

德智体美劳五大要素，师生校家社五大主体，人财物时空五大条件，我们就是要拿这15个字来构建德智体美劳全面培养体系，做好落实全国教育大会精神这篇文章。

以规划为统领推进教育科学繁荣发展*

当前，全国上下正深入学习贯彻习近平总书记关于教育的重要论述精神和全国教育大会精神，党中央也刚刚召开庆祝改革开放40周年大会，在这个时间节点上，召开第七届全国教育科学规划领导小组成立暨第一次全体会议，具有重要意义。我想借此机会，就全国教育科学规划工作谈几点意见。

一、推进教育现代化必须做好教育科研和教育科学规划工作

全国教育科学规划领导小组成立35年来，走过了一段不平凡的路。党的十八大以来，党中央不断推进理论创新、制度创新和实践创新，出台了一系列推进教育事业改革发展的重大决策。习近平总书记关于教育的重要论述，有力地指导着教育科学规划工作。多年来，教育科学规划工作充分发挥了应有的作用。

一是发挥了“风向标”作用。全国教育科学规划工作坚持正确的政治方向，突出国家水准，紧紧围绕中央关心、群众关切、社会关注的重大问题推进前瞻性、对策性和应用性研究，引导了教育科学研究的发展方向，较好地解决了科研导向问题。

二是发挥了“加油站”作用。全国教育科学规划工作不仅为教育事业改革发展“加油”，提供理论指导，也为教育科学繁荣发展自我“加油”，突出表现在学习贯彻党的十八大和十九大精神，学习贯彻习近平

* 在第七届全国教育科学规划领导小组成立暨第一次全体会议上的讲话，2018年12月25日，北京。

总书记关于教育的重要论述，深入阐释中国特色社会主义教育面临的重大理论和实践问题。

三是发挥了“宣传队”作用。全国教育科学研究的成果转化比较多，比较快，也比较及时。以中国教育科学研究院为例，这几年就承担了很多任务，围绕部党组的中心工作实行重大转轨，目前已经产出了很多好的成果，还有一些重大课题正在推进。此外，全国教育科学规划的一些重大课题，以及一些自选课题成果也得到了较好的转化。这些成果及时转化为改革的方案，转化为发展的措施，转化为应对各方面关切的实际举措。

四是发挥了“守夜人”作用。全国教育科学规划领导小组及其办公室引导、组织教育科学研究工作者，坚守科研诚信、学术伦理和学术规范，教育科学研究领域学风建设成效显著。尽管高质量的教育科研成果可能少一些，处于中间水平的成果多一些，但我们并没有浮躁，或者说较好地克服了浮躁。

同时，应清晰地看到，在加快教育现代化、建设教育强国、办好人民满意的教育的进程中，教育科学的理论供给还严重不足，往往是实践跑到前边，群众的需求跑到前面，现实的问题跑到前面，理论的研究跟不上实践的发展。对于进一步深化教育改革，建设与教育现代化相适应的教育管理体制机制，以及加强规则和制度建设，推动中国教育逐步走向世界教育中心等需求和问题，理论的供给还显得比较薄弱。因此，亟须做好教育科学研究工作，增加理论的有效供给。要做好这一点，必须做好教育科学研究规划工作。

二、新时代要充分发挥教育科学规划的作用

规划是一种战略安排。重视规划是中国特色社会主义制度的一大优势，是我们党治国理政、推进各项事业发展的重大方略。党的十一届三中全会之后，我国的基本战略和长期战略就是改革开放，这也是我们的

基本国策。为了实现这个战略，我国分阶段地作出规划，建立了自己的规划体系，充分体现了中国特色社会主义制度的优势。我们不仅制定规划，而且不断地研究和完善中国特色社会主义的规划理论和方法，改革开放40年我们就是这么走过来的。教育科学规划是在教育科学研究中运用规划的办法，组织团队，调动力量，配置资源，推动创新，这是一种有效的方法，也是我们体制的优势所在。今后一个时期，要充分发挥规划的优势，用好规划的手段和方法，进一步推动教育科学繁荣发展。

一是把旗举好。“旗”是中国特色社会主义之旗，是习近平新时代中国特色社会主义思想之旗。把旗举好就是要坚持以习近平新时代中国特色社会主义思想为指导，研究中国特色社会主义教育发展中一系列重大理论问题和实践问题。在新时代，教育科学规划工作要重视思想的引领，以新思想指引新征程。要深入贯彻落实全国教育大会提出的新理念新思想新观点，瞄准“教育现代化2035”等国家战略需求，举好思想旗帜，用理论创新的最新成果指导新时代教育科学研究工作，这是我们的根本遵循。

二是把关把好。“关”主要是指政治关、业务关、质量关。教育科学研究具有浓厚的意识形态属性。中国特色社会主义教育事业是全新的事业，面临的挑战和困难是别国的教育没有遇到的。在新时代，我们要深刻认识教育科研的意识形态属性，把好政治关，坚持走自己的道路，把自己的事情办好。把好业务关主要是把好学术关，要确定学术标准，守住学术底线，加强学术规范和学术伦理建设，弘扬优良学风。把好质量关就是要不断提高研究和规划工作的质量和水平，使教育科学真正无愧于时代、无愧于科学，真正肩负起指导和武装教育实践的重任。教育科学自身的特点决定了与其他社会科学的差别，教育科学和教育本身非常相似，教育人人皆可言说，教育科学也是如此，因而教育科学很容易受到个人的意见、经验或感觉的影响，很容易出现质量问题。对于教育科学来说，提高质量特别重要，要学会聚焦，使教育科学的边界清晰起来、本质突出出来、作用鲜明起来。

三是把势判好。“势”是形势、态势和走势。要研判好教育发展面临的形势、现实的态势和历史的走势，教育科学要为教育事业改革发展造势。比如，对于教育发展而言，目前国家和基层的感觉是有差距的，群众的感觉和教育部门自身的感觉是有差距的，政治上的感觉和现实状况上的感觉是有差距的，舆论带来的压力和来自基层一线的压力是有差距的，这些都属于“势”的范畴。如果对这些“势”研判不清楚，我们确定的目标和采取的政策措施就会缺乏科学性、针对性和可操作性。目前，教育科研在研判形势方面的供给相对缺乏。对于舆论和网络中的各种争议与说法，教育科研工作者缺乏研判、缺乏应对、缺乏引导。这反映出我们的教育科学研究与现实结合得还不够紧密，还不能真正做到问题导向。教育科研要充分认识到这些差距，把势判好，这对于教育发展极为重要。

四是把图画好。“图”是路线图、施工图和责任图。教育科学研究要为新时代教育改革发展画好图，做好战略谋划和战术安排，提供政策“工具包”。《中国教育现代化2035》《加快推进教育现代化实施方案（2018—2022年）》是未来教育发展的蓝图，教育科研要把图纸画好。同时，目前教育科研中的三个倾向值得关注。一是时不时地发表些“空对空”的文章，研究在那里“空转”，充其量就是调节“温度”，发挥不了大的作用。二是从西方拿过来一些东西，只做介绍和描述，不能依据中国国情批判性地深入研究。三是研究严重脱离实际，开口几大战略，闭口几大目标，没有操作性，满足不了人民群众的需要。所以，把图画好特别重要，这是教育科学研究需要认真思考的事情。无论是理论导向、心理导向、社会导向还是结构导向的教育科学研究，都要紧密联系实际，把图画好。只有画好图，才能施好工。教育科学自身具有联系实际、经世致用的效果和作用，在组织研究时要注意教育科研的这种品格。把图画好也是成果转化的关键所在。

五是把标定好。“标”是标准。规划好、组织好教育科学研究，提高教育科学研究的质量和水平，需要在坚守学术诚信和学术规范的基础上，确定好评价标准，确定好发展目标。把标定好就是要围绕中心、服务大局，引导教育科学研究健康发展。这个“标”涉及教育科学本身的量的品质。教育科学研究要有量的考量。我国古代的教育思想大都是定性的、伦理的，而现在许多教育研究是关于心理的，通过个体和个案研究来看一般和社会。我们需要将两者结合起来，既要有质的要求，又要通过目标和指标评价，使教育科学具有量的品质。把标定好，才能更好地提高教育科研的品质。

六是把桥造好。“桥”是教育科学研究的方法论。把桥造好，就是要在辩证唯物主义和历史唯物主义的指导下，促进教育科学研究和现代前沿学科的方法整合，探索自己特有的方法论。比如，中国特色社会主义教育最基本的概念是什么？逻辑起点在哪里？中国教育理论大厦是从哪里建立起来的？研究这些基本问题，要有科学的方法论。对于中国特色社会主义教育理论的研究，现在更多的是阐释一种思想、一种理论和一种主张，而对理论体系的方法论研究明显不够，这是教育科学研究的一个短板。要通过对认识论、方法论的深入研究，找到中国特色社会主义教育理论体系不可分割的基本概念和范畴，把众多的理论、观点和主张贯通起来，形成完整的体系。因此，教育科学规划工作不仅要注重方法论研究，还要重视规划编制方法的研究，不断提升规划水平。

七是把人育好。“育人”对于教育科学规划工作而言具有双重使命。一方面，教育科研要为教育发展服务，要为落实立德树人根本任务提供科学指导，服务于“育人”这一核心工作。另一方面，为教育科学事业发展育好人，把科研队伍组织好，形成科研的骨干力量、基本队伍和领军人物。要不断发现好苗子，不断发现新力量。教育科学规划工作具有培育人才、发现人才、端正学风的重要功能，对教育科研工作者具有重要的支持、激励和引导作用。各级教育行政部门要高度重视、大力支持教育科研和教育科学规划工作，不断健全各级教育科研管理机构，对地方教育科学规划办等科研管理部门给予专门设置、专门编制、专门人员、专门经费和专门项目的支持，要明确教育科研工作育人的双重意义，以高质量的科研人才支撑起高质量的学校人才培养工作。

八是把事办好。说一千道一万，最终是要把教育科学规划这件事办好。加强规划体现了党的十八大以来以习近平同志为核心的党中央形成的总体性改革方法论，加强教育规划是对教育发展长期性和周期性规律的认识，加强教育规划也是新时代面临纷繁复杂的国情、世情和教情，在解决复杂教育问题时的必然要求。对于教育科学规划工作而言，就是要围绕中心、服务大局，把事办好，提高教育科学规划工作水平，更好地服务于教育科学研究工作。要为解决我国教育事业发展面临的重大理论和实践问题提供服务，为部党组的中心工作提供服务。

三、聚焦新时代教育改革发展的重大问题

新时代教育科学研究要为教育改革发展的重大理论和实践问题提供支撑，研究方向要更加聚焦，提高理论有效供给的能力和水平，为加快推进教育现代化、建设教育强国、办好人民满意的教育提供强大的智力支持。

一是深入研究习近平新时代中国特色社会主义思想，特别是习近平总书记关于教育的重要论述。对于教育科学研究而言，在研究阐释习近平总书记关于教育的重要论述时要往深里做，往心里走。要把重心放在理论阐释的深刻性和穿透力上，要有理论框架和学理支撑，要有观点创新和理论发现。要条分缕析地进行梳理，要与教育工作者的实际经验和认知结构挂钩，增强他们的理性认识和理论自觉。

二是深入研究新时代中国教育高质量发展的路径、突破口和目

标措施等重大理论和实践问题。在当前复杂的国际局势下，教育高质量发展关乎我国在国际竞争中的主动权，关键是要把自己的事办好、把自主创新做好、把今后进一步发展的人才培养好，这是教育肩负的重大责任。

三是深入研究中国教育和中国人口结构的关系问题。我国教育事业和人口结构是高度耦合的，是在特定人口结构基础上的教育。教育发展的很多问题与人口结构特征及其变化密切相关，人口结构对教育模式、教育方法以及家庭教育都会带来决定性影响。要研究国内人口政策变动带来的教育问题。

四是深入研究新中国成立以来我国教育发展的历史经验。我国经历了从站起来到富起来再到强起来的三大飞跃。我国教育发展的很多理论问题、经验问题和现实问题都与这三大飞跃有关，中国特色就是在这个过程中形成的。要认真研究和总结新中国成立以来教育发展的历史经验。

五是深入研究新时代深化教育体制改革的目标和结构、模式问题。党的十八大以来教育领域“四梁八柱”的改革方案都已基本出台，现在已进入“内部装修”阶段。要研究中国特色的社会主义教育体制的最终目标和结构、模式问题，要根据治理体系和治理能力现代化以及教育现代化、教育强国等目标来设计我国的教育体制。

六是深入研究中国教育走向世界并在构建人类命运共同体中的作用问题。改革开放40年我国教育的发展极为迅速，体现了社会主义制度的优越性，也为世界贡献了中国智慧、中国经验和中国方案。我国已经建立了几个中外高级别人文交流机制，在推进“一带一路”建设过程中教育的作用将更加凸显。要研究中国教育和中国教育科研在参与全球治理和推动构建人类命运共同体中的作用。

七是深入研究教育方针和立德树人根本任务的落实机制。全国教育大会提出全面贯彻党的教育方针，强调了立德树人的根本任务，今后的教育工作要解决好三个“五”，即德智体美劳全面发展的五大要素、师生校家社五大主体、人财物时空五大条件。要深入研究落实立德树人根本任务需要“优先”和“支撑”的方面。

在新时代，教育科学研究要围绕这些重大问题，组织力量深入研究，为国家教育改革发展提供有效的理论供给，切实发挥教育科学研究的思想库、智囊团作用，为教育改革作出新的更大贡献。

新时代教育干部要过好“五个关”、把好“六条线”*

在加快推进教育现代化、建设教育强国、办好人民满意教育的新征程中，教育战线广大干部要深入学习贯彻习近平新时代中国特色社会主义思想，切实加强学习，努力锤炼本领，坚持学以致用，全力破解新时期教育改革发展面临的核心性、关键性问题，上下一心写好教育“奋进之笔”。

改革开放40年，特别是党的十八大以来，中国教育发生了翻天覆地的变化，教育发展水平整体进入世界中上行列。面对加快推进教育现代化的历史使命、人民群众对高质量教育日益增长的需求、城镇化进程加速推进以及中国教育逐步进入世界教育中心等挑战，我们过数量关易、过质量关难，过国内关易、过国际关难，过效率关易、过公平关难，制定规划易、实施规划难，这些都对教育战线广大干部的素质和水平提出了更高的要求。

新时代中国教育正处于需要“过五关斩六将”的新阶段，教育干部要准确把握当前“四易四难”特点，集中精神、奋力攻关。

在我们国家，“过五关斩六将”这句话，大家基本上都很熟，典型代表是源于《三国演义》中关羽“过五关斩六将”，《三国演义》讲的关羽和《三国志》讲的关羽是有区别的，这是一个艺术现象，但是“过五关斩六将”这种精神，在中华优秀传统文化中有着久远的影响。“过五关斩六将”和“天行健，君子以自强不息”，都是中华文化的价值追

* 在国家教育行政学院2019年春季开学典礼上的讲话，2019年2月26日，北京。

求。所以，我们进入了“过五关斩六将”阶段就是从这个意义上说的，要战胜风险，攻克难关，达到我们预期的目的。

新时代教育干部就是要培养这样一种“过五关斩六将”的本领、精神，因为我们教育已经发展到了需要“过五关斩六将”的阶段。就今年和今后一个时期的教育工作来说，教育战线各位领导干部要按照“过五关斩六将”的要求，过好“五个关”，把好“六条线”。

过好“五个关”，第一个关是“信念关”。信念关也是思想关、认识关。干部教育培训第一位的就是信念，就是说我们所有的培训都要深入学习贯彻好习近平新时代中国特色社会主义思想，这是当代中国马克思主义、21世纪马克思主义。要解决我们的信仰问题、共产主义信仰问题、中国特色社会主义信念问题，也可以说是我们常讲的“四个自信”的问题。要增强“四个自信”，要强基，因为现在我们所有的事业，我们党和国家的事业都是在“四个自信”的基础上前进的。所以同志们学习要按照习近平总书记讲的，学懂弄通做实，把习近平新时代中国特色社会主义思想学习好、领会好、贯彻好、落实好。这个关是我们党共同的关，我们每个干部都要过好这个关。

第二个关是“政治关”。过好“政治关”，就是作为组织要把党的政治建设摆在一切建设的首位，贯穿一切建设之中，像组织建设、思想建设、纪律建设、反腐倡廉建设等。政治建设的核心任务就是要增强“四个意识”，坚定“四个自信”，做到“两个维护”。坚决做到“两个维护”，这是我们政治建设的核心。过“政治关”就是这个意思，所谓忠诚、干净、担当，忠诚就是解决这个问题。从这个意义上讲，我们的干部培训首先是政治培训，教育行政学院在设计教学方案、教学内容的时候，在指导思想上要把政治建设放在首位，解决好过“政治关”的问题，让学员过好“政治关”。

第三个关是“师德关”。过“师德关”是教育战线永恒的主题，历史经验证明，特别是这40年的经验教训证明，师德不是自然而然产生的，不会自动树立起来，师德、师范对教育的影响，是根本性的。在我们教育战线，干部培训必须过好“师德关”，把这个永恒的主题要抓住。所有教育战线的领导干部对师德师风这件事要年年讲、月月讲、天天讲，完善养成机制、示范机制。对于中国的教育来说，加强师德师风教育，要把它作为衡量教师队伍建设的第一标准，这对今天的中国教育具有特殊重要的意义。

第四个关是“任务关”。立德树人是教育的根本任务，要培养中国特色社会主义合格建设者和可靠接班人。坚持立德树人根本任务，要过好这个关。我们都知道，教育是培养人的，但是培养什么样的人，在不同的历史阶段，有不同的答案和要求。坚持和发展中国特色社会主义，我们就是要培养合格的建设者和可靠的接班人，这就是我们的根本任务关。这个任务在不同的教育单位、不同的团体、不同的学科、不同的专业、不同的人身上会有不同的内容，要把它具体化，作为自己事业的内核。立德树人要作为我们每个教育工作者人生事业的内核，这个意识应该牢牢树立起来。

第五个关是“责任关”。实现教育现代化、建设教育强国、办好人民满意的教育是历史责任，是一个沉甸甸的使命，是我们全体教育人共同的责任。立德树人，匹夫有责；教育强国，尽职尽责。过好“责任关”特别重要。今天教育中存在的一些弊端，从根本上讲，都和责任感不强、没有过好“责任关”密切相关。所以要担起责任来，不仅要担起自己的历史责任，还要教育学生担起责任，带领社会担起责任，这是我们教育人的光荣使命。因此，过好“责任关”非常重要。

把好“六条线”，第一条线是加强党的领导的“生命线”。党的领导是中国特色社会主义制度的最大优势，是我们政治优势的最集中体现。中国特色社会主义教育的“生命线”就是坚持和加强党的领导、党对教育工作的全面领导。这是我国教育不同于其他国家教育的根本所在，是改革开放40年来我国教育取得历史性变化和发展的根本保证。这40年我国教育走过的路真是波澜壮阔，没有党的领导根本走不到这一步。这条“生命线”任何时候我们都要牢牢把握住。

第二条线是把好意识形态的“红线”。意识形态的“红线”是一种分界线，也是一条警戒线。我们的事业越发展，越要高度重视意识形态工作。学校是意识形态工作的前沿阵地，教材是意识形态工作的工具。这几年我们高校的意识形态工作已经发生了很大变化，阵地夺回来了，但巩固阵地的任务还很艰巨；意识形态工作责任制落实了，但防范意识形态风险，打好仗、守好阵地的任务非常艰巨。中国经济社会越是发展，越是走向世界，意识形态领域的斗争将越激烈，交锋也将越激烈。我们教育战线一定要把握好意识形态这条红线、分界线、警戒线。分界线就是说我们一定要有批判的精神，分清楚不同意识形态，我们不去主动设置话题、挑起争论，但我们心里面要清楚坚持什么、反对什么。警戒线，就是要防止“温水煮青蛙”，把握住这条风险线，事关生死存亡，教育战线的干部一定要深刻地认识到这一点。

第三条线是把好依法治校的“基准线”。要全面贯彻落实依法治国的基本方略，我们现在依法治校、依法治教的水平尚不够高，这是我们的短板，必须补上。学会依法管理教育事业、依法治学办校，有很多文章要做，有立法环节的，也有学法、普法、执法环节的，还有护法环节的。我们现在很多人不懂法，有的只懂一些皮毛，这种状况必须改进。我们改革的最终目标是坚持和发展中国特色社会主义、推进国家治理体系和治理能力现代化。法治现代化、法治理论体系的建设是治理体系和治理能力现代化的核心内容。这方面的工作量大且艰巨，任重而道远。

第四条线是把好教育公平的“底线”。中国是一个教育人口大国，拥有世界最大规模的教育体系。在这样一个大国发展教育和小国是大不一样的，解决教育公平问题的难度非常大。现在老百姓对教育的需求多样、多变、多攀比、多标准，这“几多”，使得我们解决教育公平面临的挑战比历史上任何时期都严峻。怎么样守住教育公平的底线，对我们是一个历史性的考验。这些年我们的好多工作都是围绕守住这个底线来开展的，就是要促进教育公平。这件事特别重要，一是要确保公平，二是要从实际出发。现在教育规模这么大，相对来说大家还比较满意，主要原因就是我们的教育是为人民的教育。一方面，我们不搞教育的阶层固化的东西，也就是说我们一定要防止阶层固化，防止教育成为一些人的特权；另一方面，也不能把它搞成民粹主义，打着“办人民满意的教育”的旗帜，今天许个愿，明天卖个好，吊高胃口，这也不是公平。怎样解决好教育公平、把握好这个底线是对我们的历史性考验，所以我刚才讲，过“效率关”易，过“公平关”难。

第五条线是把好教育质量的“中心线”。我们的教育事业发展已经进入了高质量发展的新阶段。提高质量是教育战线各个方面、各个环节共同的时代主题，怎么样做到高质量发展，这是我们讲的解决好上好学的问题。要从社会主义初级阶段、从中华优秀传统文化、从世界百年未有之大变局出发来考虑提高教育质量问题。要把握好这个“中心线”，“中心线”就是一切围绕质量来进行。整个社会都在喊缺乏人才，尤其是在前沿领域，但人才不是一天一夜就能冒出来的。十年树木，百年树人。教育是一个成长的事业，不是一个增长的事业。成长是和生命周期连在一起的，增长是和政策过程连接在一起的。党之大计，国之大计，我们今后发展的主题，就是质量型发展，要把它作为我们教育工作的“中心线”来对待。这一点特别重要。

第六条线是把好反腐倡廉的“高压线”。中国教育思想的特点之一就是，修身乃教育工作者第一要务。所以我们一定要贯彻落实好中央反腐倡廉的各项重大部署，贯彻落实好各项纪律，时刻要有纪律意识，要有戒律，要把握好反腐倡廉这个“高压线”。在这个问题上，教育战线反腐我们绝不手软。每个教育工作者，特别是领导干部要时刻问自己：中央发布的这些纪律、规定，师德师风三个“十不准”，这些红线、这些要求、这些规范，汝今能持否？

过好“五个关”，把好“六条线”，增强本领，办好人民满意的教育，是新时代教育干部必备的本领。

坚定使命与责任，提升辅导员队伍建设水平*

党的十八大以来，以习近平同志为核心的党中央高度重视辅导员工作，高校辅导员队伍建设工作持续向上向好。全国高校辅导员优秀代表身上体现出的爱国奉献的坚定信念、情系学生的高尚师德、甘为人梯的思想品德、育人育才的素质能力、严谨高效的工作作风、科学务实的工作态度，充分体现出高校辅导员队伍肩负的神圣使命。

各地各高校和广大辅导员要充分认识到辅导员队伍在落实立德树人根本任务、推动高等教育健康发展中的重要意义、重大责任和光荣使命。一是从工作作用的角度全面认识辅导员的“辅”。要从辅导员岗位的特殊性出发，做好党委工作的助手、教师教学的助手、学生学习的助手。要从辅导员工作主辅二重性出发，做思想政治工作的主攻手、学生管理的主导者、学生成长的主心骨。二是从工作方法的角度深刻认识辅导员的“导”。要加强政治领导、思想引导、情感疏导、学习辅导、行为教导、就业指导，守护学生的人生航向，坚守阵地，引导学生正确处理各种关系、解决学习中遇到的难题，旗帜鲜明，体察入微，引导学生科学做好人生规划，顺利走向社会。三是从岗位身份的角度清晰认识辅导员的“员”。要在“两个一百年”奋斗目标的历史交汇期，在推进教育现代化、建设教育强国、办好人民满意教育的进程中，承担伟大斗争的战斗员、伟大工程的施工员、伟大事业的质检员、伟大梦想的服务员的职责，培养能够担负民族复兴大任的时代新人。

---

* 在全国高校辅导员优秀骨干培训班开班仪式上的讲话要点，2019年9月23日，长春。

扎实做好全国县域义务教育优质均衡发展督导评估认定*

启动全国县域义务教育优质均衡发展督导评估认定工作，是我国教育发展进程中的一件大事，是义务教育发展史上的一个重要里程碑，不仅将引领未来义务教育发展的方向，也彰显了我们坚定不移办好中国特色、世界水平义务教育的决心。

一、认真总结义务教育均衡发展取得的成绩和经验

实现义务教育均衡发展，是党中央、国务院作出的战略部署。2006年修订的《中华人民共和国义务教育法》（本篇下文简称《义务教育法》）明确规定，“国务院和县级以上地方人民政府应当合理配置教育资源，促进义务教育均衡发展”。2012年，国务院印发《关于深入推进义务教育均衡发展的意见》，作出系统部署。随后，教育部与各省（自治区、直辖市）分别签署备忘录，逐一明确了均衡发展的目标、任务和措施。2013年5月，正式启动了县域义务教育基本均衡发展国家督导评估认定工作。按计划，到2020年，全国95%以上的县级单位要通过国家认定。经过6年多不懈努力，通过国家认定的县级单位已达2 717个，占92.7%，实现2020年目标基本没有问题。这是非常了不起的成绩，必将载入我国教育发展史册。

总结我国县域义务教育基本均衡发展的历程，可谓成就巨大、影响深远。

---

* 在全国县域义务教育优质均衡发展督导评估认定工作启动现场会上的讲话，2019年10月12日，海盐。

一是有效巩固了“两基”成果。基本均衡是在全面实现“两基”的背景下启动的。由于当时条件有限，许多地方“两基”的基础很薄弱，反弹压力大。通过强力推进基本均衡，保持了各级财政对义务教育的投入持续增加，义务教育“重中之重”的地位更加凸显，“两基”成果得到巩固。2012—2018年，小学净入学率从99.85%进一步提高到99.95%，初中毛入学率始终保持在100%以上①，九年义务教育巩固率从91.8%提高至94.2%。

二是有力支撑了国家战略实施。推进县域义务教育基本均衡发展，重点在农村，关键是保障最贫困地区、最贫困人群平等接受义务教育。这项工作与脱贫攻坚、乡村振兴、促进中西部发展等国家重大战略紧密衔接。教育脱贫是党中央确定的“五个一批”之一，实现县域义务教育基本均衡就是其中一项重大举措。办好乡村义务教育，也是乡村振兴的一项关键内容。通过推进县域义务教育基本均衡，为实施脱贫攻坚和乡村振兴战略提供了重要支撑。

三是明显缩小了义务教育差距。与2012年相比，2018年普通小学、初中校舍建筑面积分别增长了33%、35%。各类教学设施设备全面更新，信息化条件实现基本覆盖。在许多偏远乡村，最好的房子是学校，最美的环境是校园。监测显示，全国小学、初中综合差异系数已从2013年的0.724、0.547，分别缩小到2018年的0.426、0.319。

四是基本形成了一揽子均衡配置义务教育资源的制度安排。为推动县域义务教育基本均衡发展，国家出台了一系列文件，在城乡教师和校长交流轮岗、统一城乡义务教育学校公用经费标准、统一城乡教师编制标准、公用经费向乡村小规模学校和教学点倾斜等方面作出了相应规定，保障均衡发展的制度框架基本成型。

---

① 初中毛入学率是指初中在校学生总数与12—14岁学龄人口的比值，实际中有不在该学龄段而就读初中的情况，所以毛入学率有可能大于100%。——编者注

回顾推进均衡发展所开展的工作，主要有以下四个方面的经验。

一是坚持将公平普惠作为根本价值取向。无论是义务教育的基本公共服务属性，还是我国的社会主义属性，都要求办面向广大人民群众的义务教育，努力让每一个家庭、每一个孩子享受公平的义务教育。我们之所以能够在较短时间内实现县域义务教育基本均衡，最根本的一条经验就在于始终坚持公平普惠的定位不动摇，决不让一个县、一所学校、一个孩子落下。

二是坚持依法依规科学推进。对义务教育均衡发展，《义务教育法》作出了明确规定，国务院作出了明确部署，教育部与各省（自治区、直辖市）签署了备忘录，细化了各地的目标、任务、举措。在学校建设、教师配备、经费拨款、课程实施等方面，国家层面制定了明确标准，提出了“底线要求”。同时，还依据《教育督导条例》，出台专门办法，细化督导评估认定标准，规范了程序。

三是坚持强化地方政府责任落实。义务教育实施主体在地方，地方各级政府肩负着首要职责。实践证明，义务教育能不能办好，地方政府特别是省级政府的统筹作用尤为关键。我们注意到，一些中西部省份，尽管条件很艰苦、财政支出压力大，但由于政府高度重视，穷省办富教育、小省办大教育，义务教育均衡发展推进很快，成效显著。

四是坚持以督导为抓手强力推动。自2013年启动基本均衡发展督导评估认定以来，全国教育督导系统勇挑重担，走遍千山万水，描绘出了一幅全国义务教育均衡发展的壮丽画卷，将压力传导至全国每一个县级政府、每一所义务教育学校。可以说，教育督导为义务教育均衡发展作出了不可替代的重要贡献。

二、深刻领会推进义务教育优质均衡发展的重大意义

义务教育发展无止境。虽然实现2020年基本均衡目标在即，但我国义务教育仍面临许多深层次矛盾和问题，新时代党和国家事业发展、

教育事业发展对义务教育也提出新要求。义务教育在基本均衡这一起点上，必须向更高质量、更高水平均衡迈进，也就是要审时度势，提出并推进优质均衡这一战略任务。

（一）这是一个上台阶的工程

1986年颁布实施《义务教育法》以来，全国加快普及九年义务教育、全面扫除青壮年文盲。这期间最重要最具标志性的工作，就是1992—2011年长达近20年的“两基”普及和“两基”攻坚工作。“两基”收尾阶段，我们及时提出了均衡发展这一战略任务。总体上，我国义务教育发展经历了基本普及、全面普及、基本均衡三个阶段，一个阶段紧接着一个阶段，压茬推进。推动优质均衡，是我国义务教育发展的第四个阶段，也可以说是均衡发展的升级版。启动优质均衡督导评估，就是要推动我国义务教育在基本均衡的基础上再上台阶，更好地满足人民群众“上好学”的需求，更好地支撑人才强国、创新驱动等国家重大战略。

（二）这是一个抓引领的工程

做好中国的事情，举旗定向至关重要。我们过去实施的“两基”，现在仍在推进的“基本均衡”，都是如此。目前，基本均衡目标即将实现，义务教育站在新的起点上。为此，我们树立起“县域优质均衡发展”这一新的航标，作为义务教育工作的龙头和统领，指引我国义务教育发展方向。今后一个时期，义务教育的各项工作都要聚焦优质均衡，资源配置要服务于优质均衡，考核评价也要突出优质均衡。

（三）这是一个促内涵的工程

无论是“两基”还是“基本均衡”，都重在改善办学条件，加强硬件建设，对内涵发展的关注相对不足。抓优质均衡发展，就是要围绕提高质量，推动我国义务教育工作重心尽快从硬件建设为主转移到内涵发展上来，将更多的精力用于抓科学化、精细化管理，抓师资队伍，抓育人质量，切实办好每一所学校、教好每一名学生，让孩子们在家门口就能接受高质量的义务教育。某种意义上讲，抓优质均衡就是要抓内涵发展。

（四）这是一个贴民心的工程

教育是最大的民生，关系到千家万户的幸福。虽然我们已经基本解决“有学上”的问题，但“上好学”的问题还没有完全解决。近年来，新闻媒体和一些内参都在反映，教育仍是群众的“烦心事”之一，许多家庭处在“教育焦虑”的状态。在义务教育阶段，仍存在校外培训火爆、“择校热”高烧难退、民办学校办学不规范等诸多问题。说到底，这些问题都是优质资源供给不足、分配不均导致的。抓优质均衡发展，回应了群众关切，有利于推动解决义务教育突出问题，进一步提高群众教育满意度和获得感。

三、准确把握义务教育优质均衡发展的内涵要义

义务教育的优质均衡有特定内涵。重点是以下四个方面。

（一）全面发展的理念更鲜明

与基本均衡相比，优质均衡的“优”，首先体现在教育理念上，更加关注每一名学生，更加注重学生的全面发展。坚持有教无类。义务教育不是针对少数人的，必须实行入学机会均等的全纳教育，面向每一个孩子、服务每一个学生。对不同民族、不同家庭、不同禀赋的孩子，一视同仁。坚持全面落实素质教育。优质不仅体现在智育上，还体现在德育、体育、美育、劳动教育上。要五育并举，促进学生全面发展。评价学校、评价教师、评价学生的标准也要作出调整，绝不能简单以升学率评价学校、以考试成绩评价学生。坚持因材施教。优质教育面向全体学生，为每一名学生提供适合的教育。要关心关爱每一位学生，从他们各自的发展特点、兴趣特长出发，提供有针对性的指导和帮助，让每个学生的潜能都得到充分发展，都能成为更优秀的自己。

（二）标准化建设程度更高

基本均衡在硬件建设方面的标准，大都是底线要求。到了优质均衡阶段，硬件配备要着眼于满足学生全面发展需要，满足课程实施需要，体现时代性。不仅要配齐配足，还要管好用好。我们发现，一些地方虽然配备了信息化设施，但处于闲置状态，没有发挥应有的作用。一些学校虽然配备了数量不少的图书，但复本多、旧书多，学生喜爱的少、借阅少。今后一定要尽快改变这种情况。一方面，要先补短板。一些农村地区、边远地区的学校在基本均衡达标后，仍面临一些问题，如仪器设备老化，厨房、厕所等生活设施不完善。一些中心城区的大校额、大班额问题仍未从根本上解决。这些短板要尽快补上。另一方面，要稳步升级。国家层面在校园、校舍、设备、环境等方面提出了更高标准和基本要求。要适应义务教育内涵发展的需要，加快提档升级，做到“校校达标”“项项达标”。要特别强调的是，无论补短板还是稳步升级，都不是铺摊子，大搞面子工程，而是要紧紧围绕缩小差距、提高质量的需要来进行。

（三）教师队伍更强

如果教师队伍跟不上，即使有一流的硬件条件，也难以办出优质的教育。过去，一些地方在乡村建设了大量校舍，但由于教师队伍跟不上，学生留不住，造成了校舍的闲置。到了优质均衡发展阶段，教师队伍的重要性进一步凸显。在《县域义务教育优质均衡发展督导评估办法》中，涉及教师的指标共10项，占1/3，分量很重。各地要将教师队伍建设摆在首要位置。教师队伍素质要强。大力加强教师培训，增强针对性实效性。坚持问题导向，深化教师教育改革，提高教师培养质量。教师待遇保障要强。各地要大幅提高教师收入水平，改善教师工作和生活条件，维护教师合法权益，吸引优秀人才报考师范专业，让广大教师安心从教。管理制度要强。积极创造条件，促进教师资源均衡配置，解决好教师编制不足、有编不补的问题，落实好教师和校长交流轮岗制度，确保城镇薄弱学校、农村学校有更多好教师。要创新教师管理模式，在教师招聘、考核等方面赋予学校更多自主权，拓展教师职业发展空间，激发教师队伍活力。

（四）人民群众更满意

办好人民满意的教育，是党的初心和使命在教育领域的体现。人民群众对教育的认知是立体的、全面的，不仅对硬件有要求，还要评价教育教学、师德师风、学校管理等，感受“软环境”。基本均衡评估的重点是硬件，同时也开展了群众满意度调查，但权重不是太高，没有作为硬指标。到了优质均衡阶段，将更加突出“群众满意度”这一尺度。在《县域义务教育优质均衡发展督导评估办法》中，已明确把社会认可度调查作为重要内容。为避免出现指标达标但群众不认可的情况，明确规定社会认可度达到85%以上方可通过。指标合格了，人民群众不满意，这不是真合格；只有指标和人民群众满意度双合格，才是真正的优质均衡。

四、确保义务教育优质均衡发展扎实推进

优质均衡是一个很高的目标，需要付出长期努力，久久为功。

（一）抓政府责任

义务教育主要是地方事权，办好义务教育是地方各级政府的法定职责。开展优质均衡国家督导评估认定，就是要进一步落实《义务教育法》，强化政府责任。各地教育部门要主动向当地党委、政府汇报，将推进县域义务教育优质均衡发展纳入党委、政府重要议事日程，坚持将义务教育摆在重中之重的位置，保持重视程度不减、投入力度不减、工作力度不减。要加强省级统筹，建立健全工作机制，加大协调力度，将推进优质均衡的责任分解到各个部门，积极争取各方面支持，把推进优质均衡发展的具体任务落到实处。

（二）抓科学规划

对优质均衡，国家制定了统一标准，明确了具体要求。各地要主动

对标，找准差距和不足，结合实际制定好规划，明确目标、任务和举措，提出合理进度安排。要以编制规划为引领，统一思想、凝聚共识，有计划、有组织地积极推进。要充分考虑和结合各地实际，在推进中总结，在实践中探索，形成统筹规划、典型引路、严格标准、实事求是的路线图和时间表。

（三）抓改革创新

改革是推动发展的根本动力，实现优质均衡必须依靠改革，同时，启动优质均衡国家督导评估认定工作，也提供了深化义务教育改革的重大契机。要以优质均衡为引领，深化义务教育综合改革，着力解决义务教育发展中面临的深层次问题，逐步破解制约优质均衡发展的体制机制障碍。各地要着力在教师资源均衡配置、义务教育学校规范招生、教育经费合理使用、课程规范实施、学校精细化管理、考试评价、家校协同等方面，不断深化改革，建立健全相关制度，为优质均衡发展营造良好制度环境，引导和推动学生德智体美劳全面发展。

（四）抓督导评估

教育督导在实现“两基”、推进基本均衡中发挥了不可替代的作用。在推进优质均衡发展中，要继续重视并发挥好教育督导的作用。教育督导要“长牙齿”，真正形成震慑。要着眼完善教育治理体系现代化和提高教育治理能力，进一步深化教育督导体制机制改革。改革的目标是建立全面覆盖、运转高效、结果权威、问责有力的中国特色社会主义教育督导体制。重点是完善管理体制、运行机制和保障机制，强化问责机制，创新督学聘用和管理机制等。教育督导部门的同志要讲政治、懂教育、敢担当，善于发现问题，敢于亮剑，坚持以评促建、以评促改，通过督导评估推动解决义务教育优质均衡发展面临的实际问题，将成果真正体现在学校面貌变化上、教师和学生发展中、人民群众的获得感幸福感安全感上。

加快构建教育对外开放新格局*

非常高兴在金秋十月北京最好的季节，与大家相聚在第二十届中国国际教育年会，共论全球教育发展，对话世界的未来。

今年是中华人民共和国成立70周年。10月1日，我们举行了隆重而盛大的庆典活动，中国国家主席习近平在庆祝大会上的重要讲话中，深情礼赞中国的昨天，深刻把握中国的今天，豪迈展望中国的明天。全国各族人民、全世界的中华儿女，都为新中国取得的伟大成就感到无比喜悦和自豪。相信各位中外嘉宾依然能在北京感受到祥和喜庆的气氛！

70年砥砺奋进、风雨兼程、沧桑巨变，中华民族迎来了从站起来、富起来到强起来的伟大飞跃，创造了人类历史上的发展奇迹，中国成为全球发展的动力源、世界和平的稳定器、全球合作的贡献者和国际秩序的维护者，中国的现代化道路为人类社会提供了新的实践路径、制度方案和中国智慧。

教育是民族振兴、社会进步的重要基石。70年来，在中国共产党坚强领导下，教育始终与国家发展同向同行，培养了2.7亿高素质劳动者和技术技能人才，为经济社会发展提供了强大的人才和智力支撑。中国举办着世界上规模最大的教育，各级各类学历教育在校生2.76亿人，教育总体发展水平跃居世界中上行列。2018年，小学学龄儿童净入学率达到99.95%，学前教育毛入园率达到81.7%，高中阶段毛入学率达到88.8%，高等教育毛入学率达到48.1%，各级教育普及程度均达到

---

* 在第二十届中国国际教育年会全体大会上的致辞，2019年10月18日，北京。

或超过中高收入国家平均水平。国家教育投入力度越来越大，从2012年起实现了国家财政性教育经费占国内生产总值4%的目标并保持连续增长。同时，从PISA测试的优异表现，到成为本科工程教育国际互认协议《华盛顿协议》正式成员，国际社会对中国教育的关注度越来越高。2018年，出国留学人员突破66万人，在华留学人员近50万人，来华留学人员的生源地国家和地区约200个，中国已成为亚洲最大的留学目的地国。

开放带来机遇，合作促进发展。人类文明演进的过程也是相互联系不断增多、相互影响不断扩大、相互依存不断加深、逐渐形成命运共同体的过程。人类社会最终将从各民族的历史走向世界历史。新中国70年光辉历程的一条重要经验，就是坚持对外开放的基本国策。中国的发展得益于国际社会，中国教育的进步也得益于积极向世界各国学习取经，在世界教育的坐标中明确定位，发挥开放对改革的促进作用。

今天，中国与约200个国家和地区建立了教育合作和交流关系，“一带一路”教育行动的实施，促进了中国与沿线国家民心相通、文明互鉴。中国日益重视引进世界优质教育资源，我们也持续开展教育对外援助，为世界提供中国教育经验，积极参与全球教育治理，主动贡献中国资源、中国方案。

开放带来竞争，压力推动进步。“开放如同破茧成蝶，虽会经历一时阵痛，但将换来新生。”中国的开放不会停滞，中国开放的大门只会越开越大！中国教育开放的决心是坚定的、战略是清晰的、举措是务实的，永远做一个学习大国，虚心向世界各国人民学习，加强互容、互鉴、互通，不断把教育对外开放提高到新的水平。中国始终将教育置于世界坐标中去学习、去比较、去思考、去合作。通过横向对标，我们也清醒认识到，中国教育还有很大的努力空间，教育现代化仍长路漫漫，教育对外开放的广度、深度都需进一步加大。

中国政府将出台加快和扩大新时代教育对外开放工作的政策，坚定不移地将开放作为教育现代化的内涵、特征和推力，坚持以开放促改革、促发展，内外统筹、提质增效、主动引领，将教育对外开放推向新高度。

我们将加快构建教育对外开放新格局。对外，建设面向全球、覆盖全域的伙伴关系，打造“一带一路”教育行动升级版，精准推进教育对外援助，提高中国教育国际参与度，欢迎国际教育组织落驻中国。对内，支持海南国际教育创新岛建设、粤港澳大湾区国际教育示范区建设、长三角高质量发展区域集群建设、雄安新区教育开放新标杆建设，形成教育对外开放示范效应。

我们将充分释放高等院校创新发展活力。高等学校是教育国际合作的主力军。我们将进一步为教学科研工作者创造国际化的工作环境、便捷规范的服务制度和流程。探索中外合作办学适当放权、鼓励引导和分类管理，在自由贸易试验区允许外资设立职业教育机构。推动应用型本科、职业院校配合企业“走出去”协同办学、共同发展。优化海外人才引进方式，设置“绿色通道”，做好配套保障，会聚天下英才。

我们将大力培养高素质国际化人才。十年树木，百年树人，高等教育要立足服务“一带一路”建设，培养懂外语的各类专业技术和管理人才，特别是非通用语种人才，加大国际组织人才培养力度。基础教育要加强中小学国际理解教育，加快中国特色海外国际学校的建设步伐。

今年初，中国政府发布了《中国教育现代化2035》，描绘了中国当前和今后一段时期的教育现代化蓝图，进行了战略规划和部署。实施《中国教育现代化2035》，就是要立足教育现代化广阔实践，进一步更新教育观念，用现代化的教育思想、教育体系、教育模式，现代化的学校、设施、条件，现代化的管理体制和治理结构，现代化的教育标准和教育水平，培养出国家现代化建设需要的各级各类人才。这和联合国可持续发展峰会通过的《2030年可持续发展议程》、联合国教科文组织发布的《教育2030行动框架》遥相呼应。可以说，《中国教育现代化2035》不仅是中国的，也是世界教育的重要组成部分。

本届年会的主题是“教育2035：对话世界的未来”，契合了全球化发展趋势，回应了社会对教育发展、人类命运的关切，有非常的价值和意义。在此，我愿与各位分享三点倡议。

一是秉持人类命运共同体理念，推动文明平等交流互鉴。当今世界正处于百年未有之大变局，各国相互联系、相互依存的程度空前加深。全球命运与共、休戚相关，没有人能够独善其身。我们要顺应时代潮流，摒弃保护主义、单边主义、零和博弈思维，用比天空更宽阔的胸怀，同舟共济、携手努力，秉持平等、谦虚、包容的态度，构建共商共建共享的美好家园。

二是着眼未来世界教育发展趋势，不断增进人民福祉。教育是人类传承文明和知识、培养年青一代、创造美好生活的根本途径。构建人类命运共同体为教育国际交流合作提出了使命任务、提供了发展机遇，教育领域的专家学者应在快速变化、充满不确定性的世界里，更加敏锐地思考、把握和引领教育的未来，站在人类命运的高度，贡献智慧，共谋解决方案，为不断增进人民福祉，为人类社会繁荣发展作出积极贡献。

三是广泛搭建国际合作平台，助力维护世界和平。“道阻且长，行则将至”。我们关注局部战争和冲突带给人民的痛苦，关注恐怖主义带给人民的恐惧不安，我们衷心倡导同各国合作共赢，寻求和平、发展、繁荣的最大公约数，以推动构建新型国际关系、为人类美好未来做加法、添动力。今年是中日建交47周年，在教育领域，中国和日本将启动高级别人文交流机制磋商，中日双方的专家学者将在2 000多年交往史的基础上，同心协力应对全球问题和共同挑战，交流互鉴，共同推动和维护亚洲乃至世界的持久和平。我们相信，中国对内求发展、求和谐，对外求和平、求合作的愿景会得到越来越多的国际认同。

今年是中国国际教育年会第20个年头。按照中国的古话，年会已经过了“十岁不愁”，到了“二十不悔”的年龄了。20年来，年会围绕教育与开放，促进交流与合作，体现了中国对教育、未来、人类命运关切的使命与担当，建构起国内乃至亚洲最大的教育国际交流与合作网络和平台，成为中外教育界增进了解、凝聚共识、助力未来的窗口和平台。

今天，政府、学界、企业、媒体等关心热爱教育事业的各界人士会聚在这里，面对面交流互鉴、共商合作、研讨前沿、引领发展。我相信，本届年会一定会再次成为启迪智慧、创新发展、深度融合、影响深远的国际教育界盛会！

我诚挚欢迎各位外国嘉宾多走一走、多看一看，通过亲身感受去认识和发现一个真实、立体、多彩的中国。

打好综合防控儿童青少年近视攻坚战*

习近平总书记非常重视学生近视防控工作，多次作出重要指示，在全国教育大会上提出明确要求。儿童青少年近视问题是体现国家意志的政治问题，是事关民族复兴和国家前途的重大问题，是关系人民群众美好生活新期待的民生问题。我们要深入贯彻落实习近平总书记关于防控近视工作的重要指示精神，打一场综合防控儿童青少年近视的攻坚战。

一、提高政治站位，打好综合防控儿童青少年近视攻坚战

总书记关于学生近视问题的重要指示，为综合防控儿童青少年近视提供了根本遵循，是事关治国理政的重大战略考量，也是“接地气”的清晰方法指南。

一是提高到了战略高度。总书记指出，我国学生近视呈现高发、低龄化趋势，严重影响孩子们的身心健康，这是一个关系国家和民族未来的大问题，必须高度重视。这明确了综合防控儿童青少年近视在党和国家治国理政、中华民族未来发展中的战略地位，对这一点，我们必须从党和国家事业发展全局来提高认识。

二是提出了防控底线。总书记强调，儿童青少年近视问题不能任其发展。这是综合防控儿童青少年近视的“底线”“红线”，我们一定要牢牢守住这个底线。

三是指明了路径方法。总书记指出，要结合深化教育改革，拿出有

* 在全国综合防控儿童青少年近视暨推进学校卫生与健康教育工作视频会议、全国综合防控儿童青少年近视工作联席会议机制第一次会议上的讲话，2019年，北京。

效的综合防治方案，并督促各地区、各有关部门抓好落实。最近出台的《综合防控儿童青少年近视实施方案》（本篇下文简称《实施方案》）是落实总书记指示具体举措。之前印发的《中小学生减负措施》，是推动和促进近视防控的重要举措。签订责任书是督促地区和有关部门抓好落实的最重要行动。

四是号召要全民攻坚。总书记强调，全社会都要行动起来，共同呵护好孩子的眼睛。全社会行动起来，首先是各级党委和政府行动起来，签订责任书将直接带动方方面面都行动起来，以真抓实干的工作作风，常抓不懈，紧密配合，打一场防控近视攻坚战，给党和人民群众交上一份合格的答卷。

打好近视防控攻坚战，要把握四个方面。

一是把握“规定动作”的刚性约束。攻坚战目标是一种政治承诺。这是个硬杠杠。就是要“共同呵护好孩子的眼睛，让他们拥有一个光明的未来”。

二是把握“拿出干货”的实质要求。打攻坚战要拿出“干货”“硬货”，还要舍得拿出“真金白银”，落实加强组织领导、出台省级方案、加强机构建设、改善办学条件、配备设施设备、强化体育锻炼、加强健康教育等措施，通过努力切实降低总体近视率。

三是把握“年底交账”的核对机制。2018年各地近视率核定已经做到了底数清、情况明，今后每年年底都要核定近视率，进行比对，开展考核，向社会公布。

四是把握“长短结合”的时间节点。阶段性目标、任期内的目标、2030年的目标，需要统筹安排、合理规划、逐年推进，不断扩大战果。

二、谋划好部署好防控儿童青少年近视工作

近视防控仍面临一些突出矛盾和问题，主要表现为“四个亟待”。

一是亟待规范市场行为。《实施方案》印发后，儿童青少年近视防

控成为国家战略，成为举国上下普遍关注的热点。各种近视矫治机构、产品不断涌现，既有合规合法的市场主体，也有“浑水摸鱼”“狠捞一把”的不良商贩。对于这些鱼龙混杂的机构和产品，老百姓很难分清优劣，需要加强监管，驱逐不良机构和产品。让老百姓“心明眼亮”地为孩子矫治近视，避免误入不良机构，选择无效产品，贻误矫治时机，浪费钱财。

二是亟待分层推进落地。中央和国家层面有关部门综合防控儿童青少年近视，任务清，职责明，推进有力，成效明显。地市级、区县级政府部门和不少学校对近视防控的重视程度还不够，希望政策东风早一点吹到地方、吹到基层、吹到学校。如何分层、协同、联动推进，实现一级抓一级、层层抓落实，需要进一步研究、设计、布局、督促。

三是亟待借鉴国际经验。近视防控是世界性难题，需要用好国际经验。很多国家在防控儿童青少年近视方面，有不少值得学习借鉴的经验和做法，要系统梳理、吸收、转化、运用。

四是亟待精准宣传教育。要面向学生、家长、教师，加强眼健康知识宣传教育。增强宣传教育的针对性、有效性，做到分门别类、精准宣教，需要创新方式、手段和载体，把宣传教育工作落细落小。

儿童青少年近视防控面临的矛盾和问题很多，抓住以上四个矛盾和问题，就抓住了主要矛盾和矛盾的主要方面，就抓住了关键问题和问题的关键所在。能不能下力气破解这些主要矛盾和问题，事关下一步综合防控儿童青少年近视的成效，事关老百姓的评价，事关中华民族的未来，要高度重视，切实找出有效管用的办法。

综合防控儿童青少年近视，需要久久为功，打持久战，打攻坚战，做到“四个好”。

一是打好组合拳。综合防控儿童青少年近视，需要“八仙过海、各显神通”。八九个部门，目标一致，各负其责，各尽所能，打的是“组合拳”，用的是“真功夫”，配合和相互支持尤为重要，发挥好联席会议机制作用势在必行。工作中要多沟通、多商量、多联合行动，重拳出击，尽锐出击，不获全胜，绝不收兵。

二是抓好主阵地。发挥好教育系统和学校的组织优势，切实抓住“学校”这个落实儿童青少年近视防控的“主阵地”，以学校为中心，把政府有关部门、校长、教师、学生、家长、医疗卫生机构等方面的力量和智慧凝聚起来，综合防控，合力防控，持续防控。

三要建好宣传队。《实施方案》是综合防控儿童青少年近视的“宣言书”。把“宣言书”宣传好，使之深入学生、深入群众、深入生活、深入人心，内化于心，外化于行，需要建好“宣传队”。教育部组建的全国综合防控儿童青少年近视专家宣讲团，就是一支很好的“宣传队”。各地各部门都需要建立这样的“宣传队”，传播眼健康知识，推动全民像爱护生命一样爱护眼睛。

四要用好“指挥棒”。《实施方案》明确提出，建立全国综合防控儿童青少年近视评议考核制度，研制评议考核。评议考核是非常管用、一抓就灵的“指挥棒”，要用好这个“指挥棒”，抓住省级人民政府这个“关键主体”，抓住领导干部这个“关键少数”，切实把党中央、国务院综合防控儿童青少年近视的决策部署落地落实。

深化新时代教育评价改革*

党中央、国务院正式印发了《深化新时代教育评价改革总体方案》（本篇下文简称《总体方案》）。9月22日，习近平总书记在教育文化卫生体育领域专家代表座谈会上强调，要抓好深化新时代教育评价改革总体方案的出台和落实落地，构建符合中国实际、具有世界水平的评价体系。深入学习贯彻习近平总书记重要指示精神，抓好《总体方案》的落实落地是教育战线的一项重要政治任务。

一、深刻学习领会习近平总书记关于教育评价的重要论述精神

教育是国之大计、党之大计。教育评价是树立正确办学导向的指挥棒，也是提高现代教育治理能力的关键点。习近平总书记高度重视，就深化教育评价改革作出重要指示批示，特别是在全国教育大会上进行了集中论述，深刻阐释了教育评价“为什么改”“改什么”“怎么改”的重大问题，为深化新时代教育评价改革指明了前进方向、提供了根本遵循。我们要深入学习，深刻领会精神实质和丰富内涵，在深化教育评价改革中全面准确贯彻落实。

（一）深刻领会“为什么改”，增强深化新时代教育评价改革的责任感、使命感和紧迫感

长期以来，受多种因素影响，教育评价不同程度地存在着导向不合理、方法不科学等问题，影响了教育事业的健康发展和学生的全面发

---

* 在贯彻落实《深化新时代教育评价改革总体方案》电视电话会议上的讲话，2020年10月23日，北京。

展。习近平总书记在全国教育大会上指出，有什么样的评价指挥棒，就有什么样的办学导向；强调要健全立德树人落实机制，扭转不科学的教育评价导向，坚决克服唯分数、唯升学、唯文凭、唯论文、唯帽子的顽瘴痼疾，从根本上解决教育评价指挥棒问题，扭转教育功利化倾向。我们要切实提高政治站位，深刻认识推进新时代教育评价改革的重大意义，坚持为党育人、为国育才，落实立德树人根本任务，系统推进教育评价改革，培养德智体美劳全面发展的社会主义建设者和接班人。

（二）深刻领会“改什么”，明确深化新时代教育评价改革的重点领域、关键环节和主攻方向

习近平总书记在多次重要讲话中明确指出了教育评价存在的突出问题：对中小学，总书记指出，现在，教育最突出的问题是中小学生太苦太累，办学中的一些做法太短视太功利，更严重的是大家都知道这种状况是不对的，但又在沿着这条路走，越陷越深，越深越陷！教育的指挥棒在中小学实际上是考试分数和升学率，在高校主要是科研论文；人才评价制度不合理，唯论文、唯职称、唯学历的现象仍然严重；要用好人才评价这个指挥棒，把科研人员创造性活动从不合理的经费管理、人才评价等体制中解放出来，营造有利于激发科技人才创新的生态系统。对用人单位，总书记指出，现在，机关、企事业单位招人用人标准和导向过于单一，过分注重高学历高文凭，还要看本科是不是“985”“211”，这是一种现代版的“出身论”。我们要紧紧围绕学习贯彻总书记的这些重要论述，坚持问题导向，从党中央关心、群众关切、社会关注的问题入手，坚决破除不科学、不合理的教育评价制度及做法，建立促进学生身心健康、全面发展的长效机制，培养担当民族复兴大任的时代新人。

（三）深刻领会“怎么改”，找准深化新时代教育评价改革的推进路径、工作方法和有力抓手

习近平总书记反复强调，办好教育事业，家庭、学校、政府、社会

都有责任，谁都不是旁观者，谁都不能置身事外；强调对学校、教师、学生、教育工作的评价体系要改，坚决改变简单以考分排名评教师、以考试成绩评学生、以升学率评学校的导向和做法，直接以升学率奖优罚劣的做法要改，把升学率与工程项目、经费分配、评优评先等挂钩的潜规则也要改；强调要改进人才评价机制，避免简单以学术头衔、人才称号确定薪酬待遇、配置学术资源的倾向，推动人才“帽子”、人才称号回归学术性、荣誉性本质；强调国家机关、事业单位、国有企业要率先破除唯名校、唯学历是举的导向，建立以品德和能力为导向的人才使用机制，给全社会带个好头，担起育人的社会责任。我们要按照总书记的重要指示，坚持扎根中国、融通中外，立足时代、面向未来，切实增强教育评价改革的综合效能，坚定不移走中国特色社会主义教育发展道路。

新时代新形势，实现“两个一百年”奋斗目标、加快教育现代化、建设教育强国、办好人民满意的教育，都对深化教育评价改革提出了新的更高的要求。习近平总书记强调，要以更大的魄力在更高起点上推进改革开放。我们要切实增强“四个意识”、坚定“四个自信”、做到“两个维护”，按照习近平总书记的重要讲话和指示精神，以贯彻落实《总体方案》为新的起点和契机，不失时机、蹄疾步稳深化新时代教育评价改革，全面牵引做好新时代教育工作。

二、准确把握《总体方案》的基本定位和改革部署

《总体方案》是新中国成立以来第一份教育评价改革的系统性文件，是指导当前和今后一个时期深化教育评价改革的纲领性文件。方案坚持以习近平新时代中国特色社会主义思想为指导，全面贯彻习近平总书记关于教育的重要论述精神和全国教育大会精神，坚持以立德树人为主线，以破“五唯”为导向，以党委和政府、学校、教师、学生、社会五类主体为抓手，强化政策系统集成、举措破立结合、改革协同推进，明

确了深化新时代教育评价改革的指导思想、主要原则、改革目标，对五类主体部署了22项改革任务，具有鲜明的特点：一是突出立德树人、中国特色，具有鲜明的引领性。就是着眼于全面贯彻党的教育方针，坚持把落实立德树人根本任务、培养担当民族复兴大任的时代新人、培养德智体美劳全面发展的社会主义建设者和接班人，贯穿各项评价改革，确保教育发展的正确方向。二是突出问题导向、目标导向，具有鲜明的针对性。就是紧扣破除“唯分数、唯升学、唯文凭、唯论文、唯帽子”的顽瘴痼疾，有针对性地推出相应改革举措，确保教育评价关键领域改革取得实质性突破，着力形成充满活力、富有效率、更加开放、有利于高质量发展的体制机制。三是突出顶层设计、统筹兼顾，具有鲜明的系统性。就是围绕五类主体同步设计改革举措，一体改进结果评价、强化过程评价、探索增值评价、健全综合评价，全面覆盖基础教育、职业教育、高等教育各领域和大中小幼各学段，全面贯穿教、育、考、招、用各个环节，坚持各方共同推进，有效凝聚改革合力。四是突出科学有效、精准操作，具有鲜明的行动性。就是坚持把宏观战略部署与微观操作相结合，既立足当下，以教育评价改革驱动各项决策部署贯彻落实，也面向未来，通过教育评价改革带动营造教育良好外部环境，强化正面倡导，划定负面清单，使改革有章可循、有径可行。

《总体方案》站位高，立意新，谋划深，落点实。我们要认真学习研究，全面准确把握《总体方案》的改革要义和政策内涵，确保各项改革部署落得准、落得稳、落得好。

（一）准确把握推进科学履行职责的要义，着力改革党委和政府教育工作评价

习近平总书记强调，加强党对教育工作的全面领导，是办好教育的根本保证；各级党委要把加强对教育工作的全面领导当成重要职责，把教育改革发展纳入议事日程，党政主要负责同志要熟悉教育、关心教育、研究教育。当前，一些地方还没有牢固树立科学的教育发展理念和

正确政绩观，还存在以“重点率”“一本率”考核学校和教师、片面追求升学率等问题，影响了良好教育生态的形成。改革党委和政府教育工作评价，就是要着力破除短视行为和功利化倾向，确立科学履行职责的体制机制，引导各级党委和政府树立正确的教育政绩观，全面贯彻党的教育方针，营造良好的教育生态。要着力完善党对教育工作全面领导的体制机制。建立健全党委统一领导、党政齐抓共管、部门各负其责的教育领导体制，推动党政主要负责同志深入教育一线调研、为师生上思政课、联系学校，在年终述职时必述教育工作。要有效完善政府履行教育职责评价。主要考核全面贯彻党的教育方针和党中央关于教育工作的决策部署、落实教育优先发展战略、解决人民群众普遍关心的教育突出问题等情况；要坚持辩证发展的观点，既评估最终结果，也考核努力程度及进步发展。要坚决纠正片面追求升学率倾向。各级党委和政府要坚持正确政绩观，不得下达升学指标或以中高考升学率考核下一级党委和政府、教育部门、学校和教师，对教育生态问题突出、造成严重社会影响的，依规依法问责追责。

（二）准确把握推进落实立德树人根本任务的要义，着力改革学校评价

学校是立德树人、培养人才的地方，对学生的成长成才发挥着重要作用。习近平总书记强调，立德树人关系党的事业后继有人，关系国家前途命运；要把立德树人融入思想道德教育、文化知识教育、社会实践教育各环节，贯穿基础教育、职业教育、高等教育各领域。改革学校评价，就是要着力克服重智育轻德育、重分数轻素质等片面办学行为，建立健全立德树人落实机制，引导各级各类学校落实立德树人根本任务。要坚持把立德树人成效作为根本标准。加快完善各级各类学校评价标准，将落实党的全面领导、坚持正确办学方向、加强和改进学校党的建设以及党建带团建队建、做好思想政治工作和意识形态工作、依法治校办学、维护安全稳定作为评价学校及其领导人员、管理人员的重要

内容。要完善幼儿园评价和改进中小学评价。幼儿园要重点评价科学保教、规范办园、安全卫生、队伍建设、克服小学化倾向等情况；义务教育学校要重点评价促进学生全面发展、保障学生平等权益、引领教师专业发展、提升教育教学水平、营造和谐育人环境、建设现代学校制度以及学业负担、社会满意度等情况；普通高中主要评价学生全面发展的培养情况，突出实施学生综合素质评价、开展学生发展指导、优化教学资源配置、有序推进选课走班、规范招生办学行为等内容，全面引导提高办学质量和育人水平。要健全职业学校评价。重点评价德技并修、产教融合、校企合作、育训结合、学生获取职业资格或职业技能等级证书、毕业生就业质量、“双师型”教师队伍建设等情况，扩大行业企业参与评价，引导培养高素质劳动者和技术技能人才。要改进高等学校评价。推进分类评价，引导不同类型高校科学定位，办出特色和水平。改进本科教育教学评估和学科评估，探索建立应用型本科评价标准，改进师范院校评价，突出思想政治教育、学生指导与服务、学科专业特色、质量和贡献，淡化数量指标，全面强化人才培养中心地位。制定“双一流”建设成效评价办法，引导高校培养一流人才、产出一流成果、主动服务国家需求、争创世界一流。

（三）准确把握推进践行教书育人使命的要义，着力改革教师评价

习近平总书记强调，教师是立教之本、兴教之源，承担着让每个孩子健康成长、办好人民满意的教育重任。当前，教师队伍建设还存在一些问题。改革教师评价，就是要着力扭转重科研轻教学、重教书轻育人等倾向，确立潜心教学、全心育人的制度要求，引导广大教师认真履行育人职责，上好每一堂课、关爱每一个学生。要坚持把师德师风作为第一标准。把师德表现作为教师资格定期注册、业绩考核、职称评聘、评优奖励首要要求，强化教师思想政治素质考察，健全教师荣誉制度，探索实施严重师德师风问题教师教育全行业禁入制度，确立起新时代教师职业行为的鲜明准则和导向。要突出教育教学实绩。对幼儿园教师，要

突出保教实践，把以游戏为基本活动促进儿童主动学习和全面发展的能力作为关键指标。对中小学教师，要着力探索建立中小学教师教学述评制度，完善中小学教师绩效考核办法，绩效工资分配要向班主任倾斜、向教学一线和教育教学效果突出的教师倾斜。对职业学校教师，要健全“双师型”教师认定、聘用、考核等评价标准，突出实践技能水平和专业教学能力。对高校教师，在教学上，要全面落实教授上课制度，高校要明确教授承担本（专）科生教学最低课时要求；在科研上，要突出质量导向，加强对科研学术贡献、社会贡献以及支撑人才培养情况的评价，推进人才培养与科技创新有机结合，不得将论文数、项目数、课题经费等科研量化指标与绩效工资分配、奖励挂钩。要强化一线学生工作。各级各类学校要明确领导干部和教师参与学生工作的具体要求；中小学要加强家校联系，落实教师家访制度；高校要把上思政课、联系学生情况作为领导班子成员年度述职重要内容，完善学校党政管理干部选拔任用机制，原则上应有思政课教师、辅导员或班主任等学生工作经历。要推进人才称号回归学术性、荣誉性。切实精简人才“帽子”，不得把人才称号作为承担科研项目、职称评聘、评优评奖、学位点申报的限制性条件，不将人才称号与物质利益简单挂钩。

（四）*准确把握促进德智体美劳全面发展的要义，着力改革学生评价*

习近平总书记反复强调，我们的教育必须把培养德智体美劳全面发展的社会主义建设者和接班人作为根本任务，培养一代又一代拥护中国共产党领导和我国社会主义制度、立志为中国特色社会主义奋斗终身的有用人才。这是教育工作的根本任务，也是教育现代化的方向目标。当前，在促进学生全面发展上还存在不少突出问题，对学生的评价重分数轻素质，重智育轻德育、体育、美育、劳动教育等问题还不同程度地存在，亟须加快改变。改革学生评价，就是要着力破除分数至上、以分数给学生贴标签的不科学做法，确立德智体美劳全面发展的育人要求。要树立科学成才观念。坚持以德为先、能力为重、全面发展，坚持面向人人、因材施教、知行合一，创新德智体美劳过程性评价办法，完善综合素质评价体系，切实引导学生坚定理想信念、厚植爱国主义情怀、加强品德修养、增长知识见识、培养奋斗精神、增强综合素质。要完善德育评价。科学设计各级各类教育德育目标要求，将践行社会主义核心价值观等情况作为学生综合素质评价的重要内容，引导学生养成良好思想道德、心理素质和行为习惯，传承红色基因，增强“四个自信”，立志听党话、跟党走，立志扎根人民、奉献国家。要强化体育评价。建立日常参与、体质监测和专项运动技能测试相结合的考查机制，改进中考体育测试内容、方式和计分办法，探索在高等教育所有阶段开设体育课程，引导学生养成良好锻炼习惯和健康生活方式，锤炼坚强意志，培养合作精神。要改进美育评价。把中小学生学习音乐、美术、书法等艺术类课程以及参与学校组织的艺术实践活动情况纳入学业要求，探索将艺术类科目纳入中考改革试点，推动高校将公共艺术课程与艺术实践纳入人才培养方案，促进学生形成艺术爱好、增强艺术素养。要加强劳动教育评价。实施大中小学劳动教育指导纲要，探索建立劳动清单制度，将参与劳动教育课程学习和实践情况纳入学生综合素质档案，引导学生崇尚劳动、尊重劳动，学会劳动、学会勤俭。要严格学业标准。完善各级各类学校学生学业要求，完善过程性考核与结果性考核有机结合的学业考评制度，加强课堂参与和课堂纪律考查，引导学生树立良好学风。把学位论文作为重要抓手，完善博士、硕士学位论文抽检工作。要深化考试招生制度改革。稳步推进中高考改革，加快完善初高中学生综合素质档案建设和使用办法，完善高等职业教育“文化素质+职业技能”考试招生办法，深化研究生考试招生改革，探索建立学分银行制度，实现不同类型教育、学历与非学历教育、校内与校外教育之间互通衔接。

（五）准确把握共同营造教育发展良好环境的要义，着力改革用人评价

怎么用人相当程度上影响着如何育人，不合理的用人评价不改，良

好的育人导向就难以真正确立。现在，有些单位招人用人过分注重高学历、高文凭，动辄要名校、要“海归”。学历不代表能力，也说明不了人品德行。这种现代版的“出身论”，不利于让每个人都能获得人生出彩的机会。改革用人评价，就是要着力破除用人标准单一、文凭学历至上等不合理的用人观，建立健全以品德和能力为导向的人才使用机制，发挥选人用人对于正向牵引教育事业健康发展的重要作用，形成不拘一格降人才的良好局面。要树立正确用人导向。党政机关、事业单位、国有企业要按照总书记的重要指示要求，带头扭转“唯名校”“唯学历”的用人导向，建立以品德和能力为导向、以岗位需求为目标的人才使用机制。要促进人岗相适。各级公务员招录、事业单位和国有企业招聘要按照岗位需求合理制定招考条件、确定学历层次，在招聘公告和实际操作中不得将毕业院校、国（境）外学习经历、学习方式作为限制性条件。要有效提高职业学校毕业生地位、待遇，在落户、就业等各方面与普通学校毕业生同等对待，积极拓展其发展空间。要推动用人单位科学合理地确定岗位职责，坚持以岗定薪、按劳取酬、优劳优酬，建立重实绩、重贡献的激励机制。

总之，我们要围绕《总体方案》部署的5大方面22项改革任务，采取有力举措，凝聚多方力量，经过5至10年努力，实现各级党委和政府科学履行职责水平明显提高，各级各类学校立德树人落实机制更加完善，引导教师潜心育人的评价制度更加健全，促进学生全面发展的评价办法更加多元，社会选人用人方式更加科学；到2035年，基本形成富有时代特征、彰显中国特色、体现世界水平的教育评价体系。

三、奋力推进教育评价改革各项任务举措落地见效

习近平总书记反复强调，一分部署，九分落实。制订出台方案是一场攻坚战，接下来的贯彻落实将会是“更硬的一仗”，必须以改革的精神和奋进的姿态打赢打好。

一是打好“龙头之战”。教育评价改革是教育综合改革的龙头，学习研讨、培训辅导、宣传引导是贯彻落实《总体方案》的前提和基础。要抓好学习研讨。各级党委教育工作领导小组、各有关部门特别是教育部门和各级各类学校，要通过专门会议、党委（党组）理论学习中心组、院系党政联席会议、支部大会、党小组会等多种形式，迅速组织开展学习研讨，对贯彻落实各项工作作出安排部署。要抓好培训辅导。举办专题示范培训班，着重对教育部门和高校有关负责同志进行培训辅导。要抓好宣传引导。充分发挥专家学者、骨干教师和新闻媒体的作用，加大对科学教育理念和改革政策的宣传解读力度，用通俗易懂的语言把改革向广大师生、家长和社会讲深讲透。注重把握舆论导向，持续深化宣传引导，及时解疑释惑，合理引导社会预期，有效营造改革良好氛围。

二是打好“攻坚之战”。教育评价是一项世界性、历史性、实践性难题，教育评价改革是“最难啃的硬骨头”，必须再接再厉，坚决打好这场攻坚战。要强化政治担当。着力推动党委和政府把深化教育评价改革列入重要议事日程，切实加强统筹协调、宣传引导和督促落实。有关部门要结合职责，及时制定配套制度。各级各类学校要狠抓落实，切实破除“五唯”顽瘴痼疾。要聚焦堵点难点。全面对标对表《总体方案》，坚决把与方案精神不一致的各种做法规定一律改过来，对各项规章制度做一次全面的清理。《总体方案》提出了一系列“不得”“禁止”事项，各地各校要按照中央要求，坚决做到令行禁止。在全面清理、调查研究的基础上，制定具体的工作清单，明确“改什么”、“怎么改”、时间点、责任人。要鼓励基层探索。支持各地和各级各类学校进一步加大改革力度，积极探索更多好经验好做法。选择有条件的地方、学校和单位进行试点，发挥示范带动作用。要及时总结、宣传、推广教育评价改革的成功经验和典型案例，扩大辐射面，提高影响力。

三是打好“升级之战”。放眼中华民族伟大复兴的战略全局、世界百年未有之大变局，我国经济社会已经进入了一个高质量发展的新阶段。我们要以深化教育评价改革为牵引，加快转变教育发展方式，全面打好教育改革发展的升级之战，努力实现更高质量、更有效率、更加公平、更可持续、更加安全的发展。思想要升级。要切实把习近平总书记关于教育的重要论述和《总体方案》学懂弄通做实，把思想全面统一到党中央各项决策部署上来，让认识紧跟时代和教育的发展与要求，推进思想再解放，改革再出发。行动要升级。要着力落实党对教育工作的全面领导，充分发挥教育评价改革的引领作用，系统推进育人方式、办学模式、管理体制、保障机制改革，坚决反对形式主义、官僚主义，坚决破除制约教育发展的体制机制障碍，充分激发教育事业发展的生机和活力。效果要升级。要全面总结党的十八届三中全会以来教育改革的理论成果、制度成果和实践成果，把发挥教育评价的“指挥棒”作用与研制“十四五”教育规划、实施“教育现代化2035”、落实全国教育大会精神深度融合，全面推进教育高质量发展，在推进教育现代化的征程中培养担当民族复兴大任的时代新人，服务国家新发展格局。

中国教育如何走到今天，如何走向明天*

“十四五”规划已全文公布，对中国教育今后怎么办提出了明确要求。结合这样的背景，我想讲讲中国教育是如何走到今天的，又如何走向明天。时间跨度较大、内容较多，我重在点题，以漫谈的方式和大家交流。

一、中国教育发生的革命性变化

历史上中国教育发生了多次重大变革，大体来说至少经历了八个标志性的变化。

第一个标志性的变化，由官而民。就是由官学生出了民间的私学。2 500多年前，夏、商及西周时期的教育都是官学，“庠”“序”等就是当时的学校，都是官办的、用来培养贵族的学校，那个时候的“官”是国家刚刚产生的初级形态，再早一些是由部落培养人才。春秋时期孔子创办了规模较大的私学，所谓“弟子三千、贤人七十二”，改变了“学在官府”的局面。我们称孔子为教育家，他提出的很多教育思想，对今天的我们仍然有指导意义。这是第一个标志性变化，由官而民看孔子。

第二个标志性变化，由一而多。孔子所办私学取得很好的效果，形成一个庞大的知识分子队伍，开了新局。当时的不少诸侯国都很重视，由此形成一个强烈示范，给中国教育树立了第一个样板。诸子百家纷纷效仿，一大批民间教学机构相继建立起来，与此相应的教学模式，包括

* 在国家教育行政学院2021年春季开学典礼上的讲话，2021年3月15日，北京。

后来称作书院和学徒制的萌芽也出现了，诸子百家都有自己的学生队伍，甚至形成了“稷下学宫”这类集教学和研究于一体的学校教育机构。德国哲学家雅斯贝尔斯1946年提出，公元前800年到前200年是人类文明的“轴心时代”，各种文明都在这一期间奠基。这一时期，也是中国教育蓬勃发展的时代，是百花齐放、百家争鸣的时代，各家都有自己成熟的教育经验，积累了一些好的做法，成为我们民族的瑰宝。这是第二个标志性变化，由一而多看诸子。

第三个标志性变化，由多而独。经过秦末大动乱和汉初的休养生息、“黄老治国”，社会呼唤统一的意识形态。汉武帝时期，一方面，在民间征集书籍，把焚书坑儒之后散落在民间的诸子百家的学术成果征集起来，设立五经博士，作为专门传授儒家经学的学官；另一方面，逐步统一思想以适应当时发展的需要，主张罢黜百家、尊崇儒术。这是意识形态的革命，中国的教育在这个时候，开始从意识形态的角度显现并增强了政治性，发生了大的变化。尊崇儒术、统一思想，是历史发展的需要和进步。这是第三个标志性变化，由多而独看思想。

第四个标志性变化，由杂而专。尊崇儒术，并没有绝对消除其他各种杂学。古文经学、今文经学曾经争论得很厉害，因为从民间征集来的这些书，真假难辨，学术上呈现出一种比较杂乱的现象。在教育方面，学生学成出师之后的出路，也就是我们今天所说的就业，也出现了很多新的情况。这个时候科举制诞生了，科举制在当时是一个巨大的历史进步，作为一种人才培养和选拔机制，是教育领域重要的制度创新，持续了约1 300年。科举制度给教育带来的重大变化延续了相当长的历史时期。这是第四个标志性变化，由杂而专看科举。

第五个标志性变化，由旧而新。科举制发展到后来，八股文盛行，束缚了人们的积极性，对教育形成了一种阻碍。从洋务运动开始，西学大量涌入中国，发生了围绕中学为体、西学为用的争论。中国试办了一些新型的学堂，像福建的马尾船政学堂等一些在今天看来属于职业教育范畴的学堂；翻译了大量西方教材，使西方科学进入中国。这个过程一直持续到辛亥革命前后、“五四”前后，“五四”时期称为请了两个“先生”——“德先生”和“赛先生”。这叫由旧而新，我们办起了新学。新学在中国大地如雨后春笋般产生，我们今天的教育，凡是和科学技术挂钩的，大多是从这个时候开始大面积做起来的，现在很多的教学体制机制源起于此。这是第五个标志性变化，由旧而新看功能。

第六个标志性变化，由私而公。新中国成立后，我们对旧中国留下的教育教学体制进行革命性的改造，建立了社会主义教育体系。在教育方面办的头一件大事就是教育要面向工农兵，同时大规模开展扫盲运动、识字运动，争取在很短的时间普及初等教育，我们把这种教育叫作人民的教育。这是第六个标志性变化，由私而公看制度。

第七个标志性变化，由内而外。新中国成立之初，我们在建设新中国教育体制的过程中，借鉴苏联的做法，包括教材、学科等。改革开放以后，教育逐步向全世界开放，恢复了留学制度，大规模引进人才、派出留学生，大规模开展教育国际交流合作。这40多年是中国教育在改革开放过程中大踏步走向世界的40多年，改天换地，发生了历史性的变化。我们今天还在继续这个历史进程。这是第七个标志性变化，由内而外看开放。

第八个标志性变化，由大而强。中国教育经过几十年艰苦奋斗，现在正处于由教育大国向教育强国迈进的阶段。我们今天举办了当今世界规模最大的教育，教育总体水平已经进入世界中上行列。高等教育已经有一批学校进入世界一流行列，职业教育的中国特色更加鲜明，基础教育包括学前教育已经稳居第一方阵。但这些主要是数量特征，我们在质量和素质上还有很长一段路要走，还有很大的差距。所以我们现在要做的就是加快教育现代化，建设教育强国，办好人民满意的教育。这是第八个标志性变化，由大而强看目标。

二、新中国成立70多年来，我们在教育方面做了什么

上述八个标志性变化，“由私而公”已经完成，“由内而外”正在推进，“由大而强”已经开启征程。这三个标志性变化与习近平总书记讲的站起来、富起来、强起来是相对应的。

在站起来的阶段，我们重点办了四件事：变、改、学、建。“变”，就是随着中华人民共和国的成立，中国教育发生了翻天覆地的变化，完成了由私而公的历史任务，建立了人民的教育体系，性质变了。“改”，就是对旧中国留给我们的教育体系、教育布局、教育模式进行了革命性的改造，还包括20世纪50年代适应社会主义建设的需要所进行的思想改造。“学”，就是学习苏联，大规模派留学生到苏联学习，培养教师、培养学科带头人；邀请苏联顾问到中国帮助我们建设学科体系，改造现有学校，进行院校调整，按照综合性大学、专业性大学的方式，建立了我们的高等教育体系。“建”，就是在这个基础上摸索总结，提出了党的教育方针，建立了公有制基础上的社会主义教育制度和教育体系。

在富起来的阶段，主要是改革开放以来，我们重点做了六件事：改、开、扫、普、控、公。“改”，就是改革旧的教育体制，教育改革是一个不断深化的历史进程，到今天我们还在进行改革，这是改变中国教育面貌的关键一招。习近平总书记在中央全面深化改革委员会第十六次会议上强调，经过这些年的改革，特别是十八届三中全会以来的改革，“中国特色社会主义教育制度体系的主体框架基本确立”。“开”，就是打开国门，走向世界，广泛开展国际教育合作。今天我们一批大学能够跻身世界一流行列，能够在现代化建设中基本适应对教育的需求，是基于40多年来依靠开放创造的历史性贡献。“扫”，从20世纪80年代开始，在以前工作的基础上大规模扫盲。一个巨型的人口大国，利用短短几十年的时间完成了基本扫除文盲这样一个历史任务，是非常了不起的成绩。“普”，就是普及九年义务教育，这方面我们处于国际水平。这几年实施了高中阶段三年普及攻坚计划，在2020年实现了高中阶段

教育普及，毛入学率达到90%以上，这是打硬仗的结果。更硬的一仗是高等教育的普及，高等教育毛入学率从2016年时的42%左右，提高到2020年的54.4%，这是国际公认的普及化阶段。“控”，就是控辍保学，这是世界性难题。2020年在脱贫攻坚战中，按照精准脱贫的要求，紧紧盯住每一个学生和家庭，走千山万水、进千家万户、想千方百计、说千言万语，使辍学学生从2019年的约60万人，到2020年底仅剩682人。其中，连片贫困地区脱贫攻坚建档立卡的20多万学生，实现了动态清零，画上圆满的句号。“公”，就是教育公平，这与我们的宗旨紧密相连，与改变中华民族的素质紧密相连，与共同富裕的基本国策紧密相连。教育公平是社会公平的重要基础。改革开放以来，我们紧紧盯住教育公平不放，在城乡、区域、校际等方面采取一系列措施，取得了明显的进步。

在强起来的阶段，也就是从现在起到2035年，我们要干什么？四个字：改、建、提、进。“改”，就是全面深化教育综合改革。习近平总书记在2020年11月2日提出要全面深化教育综合改革。今年3月6日，总书记又一次讲到，要以教育评价改革为牵引，全面深化教育改革。中国的教育现代化、建设教育强国的历史进程，要在改革的推进下完成历史任务。“建”，就是要建立体系。我们已经具备了一定的基础、丰富的经验和足够的动力，今后的改革和发展，再也不能单打独斗、零敲碎打，不能碎片化，要成体系推进。我们在研究“十四五”规划的时候，提出构建八大体系：一是构建高质量发展的教育体系，这是十九届五中全会提出的任务。二是构建城乡均衡的基础教育公共服务体系，促进共同富裕在教育领域取得明显的实质性进展。三是构建服务全民终身学习的教育体系，推动学习型社会建设。四是建设适应技能型社会建设需要的职业技术教育体系。技能型社会建设，这个概念、这项工作已经进入中央文件，不久我们要召开全国职业教育大会，作出部署。为什么建技能型社会？我们现在全民的技术素质与技能水平还适应不了现代化建设的需要，不仅缺少大国工匠，更缺乏能工巧匠。我们很多东西还设计不出来、造不出来；很多人没有专业特长、一技之长。这种局面必须改变。第二次世界大战后德国之所以迅速恢复起来，就是因为在第一次世界大战后就高度关注职业技能，有了基础，发展很快。日本也是如此，拿来主义，模仿西方。五是建设适应现代化建设需要的教育评价体系，这个方案已经发布，要抓好落实。六是建设大中小幼一体化的思想政治工作体系，把社会主义核心价值观教育，把党的教育方针真正落到实处。七是建立家庭、学校、社会协同教育体系，促进家庭、学校、社会协同起来为教育发展创造好的环境。八是建立信息化条件下的教育支撑体系，开展“互联网+”教育、“智能化+”教育。要在去年开展大规模在线教育基础上，思考怎样把这个体系建起来，为教育现代化提供坚强的技术支撑。“提”，就是全面提高教育质量。今天我们的差距主要是质量方面的差距，怎样提高各个学段、各个学科、各个专业的质量，是中国教育现代化的两大主题之一。“进”，是在这个历史阶段大踏步进入世界教育中心，参与世界教育治理，参与世界教育规则制定。

三、加快建设教育强国、推动教育现代化要解决的问题

到2035年的15年时间里，加快建设教育强国，推动教育现代化，要解决的问题很多，但有几个问题要高度重视，关键是解放思想，解决好我们大脑的问题、开关的问题，主要是树立几个意识。

第一个意识，政治意识。从某种意义上讲，教育本身具有政治功能，教育部门是政治工作的部门。各个国家、各个时代都是如此。树立政治意识，有几个重点需要把握。一是全面加强党对教育工作的领导。这几年我们在这方面取得了重大进展，但仍然存在一定问题，需要进一步探索、深化改革。二是坚决做到“两个维护”。教育战线要深刻认识到这是我们首要的政治原则。三是提高“三个力”。习近平总书记2020年在中央政治局民主生活会上提出，不断提高政治判断力、政治

领悟力、政治执行力，这是政治建设的重要任务。这“三个力”分别体现了立场、观点、方法。判断力是和立场有关，要着眼于大局，着眼于形势，着眼于力量组合，把趋势搞清楚。判断的结果要转化为战略，人民满意的教育就是一个综合的战略判断；以人民为中心发展教育，也是一个综合的战略判断。领悟力和理论有关，关键是要领会要义，吃透精神，将理论成果转化为政策措施。执行力是方法形态的、工具形态的，就是强调要转化为行动，要做行动派。四是增强“四个意识”、坚定“四个自信”。“四个意识”，意识是和物质相对的，按照历史唯物主义的观点也就是理论和实践相对。政治意识、大局意识、核心意识、看齐意识，这“四个意识”是我们党100年来全部历史实践的总结，是中国共产党执政70多年的经验。“四个意识”意味着对自己的诊断，自知，一定要切实增强“四个意识”。“四个自信”，实践证明我们党全部理论和实践汇聚到一点，就是选择了正确的道路、理论、制度、文化。“两个维护”是我们伟大斗争、伟大工程、伟大事业、伟大梦想的现实需要、政治需要，也是历史的选择、人民的选择。“四个意识”就是自知，“四个自信”就是自知基础上确立的信心、自信，“两个维护”是一种自觉。自知才能自信，自信才能自觉，自觉才能完成中华民族伟大复兴的历史任务。五是“五位一体”总体布局，对教育都有相对应的需求。教育的战略性、基础性、先导性作用，主要体现在“五位一体”总体布局上，教育同时又是“五位一体”总体布局中的重要组成部分。

第二个意识，强国意识。现在我们所做的一切都是为建设社会主义现代化强国服务。“四个全面”战略布局，现在包括全面建设社会主义现代化国家、全面深化改革、全面依法治国、全面从严治党。我们从事教育工作始终得有强国意识。旧中国时一大批仁人志士，拥有强烈的教育救国意识。今天，历史需要我们有教育强国意识，没有教育强国就没有社会主义现代化国家。

第三个意识，宗旨意识。我们的教育是人民的教育，办人民满意的教育是我们的天职，办一切事情都要以此为着力点和落脚点。

第四个意识，问题意识。一切工作、一切顶层设计都要有强烈的问题意识、问题导向，冲着问题去。通过解决具体问题，推进事业发展，满足人民群众对教育的新期待。

第五个意识，忧患意识。忧患意识是中华民族的特殊品格，是中国教育工作者的特殊品格。有人讲，一部《周易》都在谈忧患意识，今天对我们来说，忧患意识尤其重要。党中央一直要求我们高度关注各种风险和挑战及其组合关系，不要发生颠覆性错误。教育领域更不能犯颠覆性错误，教育领域犯的颠覆性错误是没有办法纠正的。

第六个意识，开放意识。今天我们发展到这一步，引发了别人的恐慌，我们不想关门，但别人想关我们的门，无论是想关我们的门还是关他自己的门，这都不是我们想看到的。我们的门要开得更大一些，采取多种方式，加快教育对外开放的进程，这恐怕是今后教育工作的一个重中之重。

无论是忧患意识，还是开放意识，都和创新紧密结合在一起。我们今天面临的很多问题都是前无古人的，也就是说中国教育今后基本上是在“无人区”前进。“无人区”的特点是没有路，自己找路；没有经验，自己创造经验；没有样板，自己树立样板；没有规则，自己制定规则。

四、今后的五年怎么干

如果把各种新形势、新情况、新问题、新任务、新目标和新要求综合起来作为一个系统考虑，“十四五”期间的五年，中国教育要重点抓六个方面。

一是有体系的构建。刚才已经讲了八大体系。习近平总书记强调，一切工作都要坚持系统观念，这是根本性的工作方法。我个人认为，实事求是、系统观念、群众路线，这三大方法将是我们今后走向现代化需要坚持的重要工作方法。

二是有质量的公平。所谓有质量的公平，就是把质量和公平有机融合起来，用公平支撑质量，用质量牵引公平。解决好“共同富裕”的问题，既要解决好普及的问题，也要解决好精英教育的问题。

三是有差异的均衡。中国这么大，我们齐步走向现代化不可能，在同一时间、同一区域，满足所有人对高质量教育的需求也做不到。因此，我们的战略只能是非均衡战略，有差异的均衡。把全国划成若干个区域，每个区域都有自己教育事业的“帕累托改进”，由差异走向均衡。我们现在已经实现了县域的基本均衡，下一步是市域的基本均衡，有条件的地方，可以推进省域均衡发展。

四是有特色的标准。我们建设高质量教育体系，要拿到国际上比拼。既要监测公平、监测质量，又要改革评价体系，标准化建设非常重要。没有标准就没有公平，就没有质量。这几年，我们对标准化建设下了很大的功夫。从今年起，将有一系列的标准和教学指南陆续出台。我们今后的决策、执行、督导、评比都得有标准意识，标准是国际语言。我们要靠此逐步在国际教育大格局中打中国牌，建有特色的标准。

五是有重点的改革。以教育评价体系为牵引，全面推进一系列改革重点，包括加强党的全面领导的制度、全面落实党的教育方针的制度等。

六是有竞争的合作。从现在起，我们要更加坚定地走向国际，既竞争，又合作；既扭抱，又缠斗；既巩固现有阵地，又开辟新的战场，在竞争与合作的支点上扩大教育开放。

五、今年怎么干

主要任务是开好局、起好步，主题是巩固、拓展，巩固抓落实，拓展抓改革，具体是“六个到位”。

一是指挥到位。从部党组做起，各级领导干部要深入基层，到一线当总指挥，落实中央总体部署和今年的工作任务。

二是责任到位。把两会总体部署、政府工作报告确定的任务以及今年教育战线的重点奋斗目标，分解到人、到岗，把责任和压力层层传导下去。

三是督导到位。从现在开始，督导工作要全面到基层，抓住关键、抓住重点，督导到位，教育部对此也马上会有部署。

四是行动到位。今年的工作任务都已部署完成，现在需要我们大家狠抓落实。

五是效果到位。不仅是年终看效果，还要在过程中看效果，不断取得阶段性的成果。

六是研判到位。我们今天面临的新情况、新问题、新困难都不少，内外都需要很好研判，特别是加强对风险的研判，及时应对。今年又是建党百年的重要时间节点，对风险的研判十分重要，各项工作要做好，为建党百年营造良好的环境。

维护国家安全是全体中国人民的根本利益所在*

今天是第六个全民国家安全教育日，也是《中华人民共和国香港特别行政区维护国家安全法》公布实施以来，在香港举办的第一次全民国家安全教育日活动，有着特殊的重要意义。

国家安全是安邦定国的重要基石，维护国家安全是全体中国人民的根本利益所在。面向全民开展国家安全教育，强化公民的国家安全意识和责任，是国家安全的固本之策与长久之计。2020年6月，《中华人民共和国香港特别行政区维护国家安全法》公布实施，切实维护了国家的主权、安全、发展利益，维护了香港长期繁荣稳定和长治久安，维护了香港居民的合法权益，开启了香港由乱而治的新阶段，成为“一国两制”事业的重要里程碑。

《中华人民共和国香港特别行政区维护国家安全法》第九条、第十条，专门提出特区要对学校涉及国家安全的事宜加强宣传、指导、监督和管理，要通过学校开展国家安全教育，充分彰显出特区政府、学校和教师在培养香港青少年国家安全意识工作中所肩负的法律义务与重要责任。为支持香港学校更好地开展国家安全教育，在此，我愿代表国家教育部，向香港学校和教师赠送一批《香港特别行政区维护国家安全法读本》，希望这批读本能更好地支持特区政府深入推进青少年国家安全教育，能为香港学校和教师提供更丰富的教学资源，能使广大香港青少年真正受益。

---

* 在香港特别行政区“全民国家安全教育日2021”开幕式上的讲话，2021年4月15日，北京。

习近平主席多次讲，青少年是祖国的未来、民族的希望；香港青少年发展得好，香港就会发展得好，国家就会发展得好。青少年的健康成长需要以正确国家观、历史观、民族观、文化观为引领。面向青少年开展国家安全教育，有利于帮助青少年正确认识自身所承担的社会责任，正确理解个人与国家的关系，这不是一日之功、一校之事，需要政府、学校、教师、家庭和社会各尽其责、各展所长，希望各方齐心协力、持之以恒，共同关心关爱青少年成长成才。

青少年是“扣好人生第一粒扣子”的关键期。希望香港青少年积极参与国家安全教育活动，养成好思想、好品德。一是培养一颗责任心，从小树立维护国家安全人人有责的观念，自觉关心、维护国家安全；二是培养一颗守法心，从小树立遵守捍卫法律的法治精神，自觉维护宪法和基本法，积极履行公民义务，决不从事危害国家安全的活动；三是培养一颗爱国心，从小树立正确的国家观念和国家意识，深化对国家历史和国家发展的认识，与祖国同心、与时代同行。

教育部将一如既往，支持香港特区政府大力发展教育事业，积极参与国家教育工作，进一步深化内地与香港教育交流合作，为香港青少年认识国家创造更多机会，为实现“一国两制”事业行稳致远，为建设祖国更美好的明天共同努力！

立大志、明大德、成大才、担大任*

今天，作为教育系统献礼建党百年的系列活动之一，我们在革命摇篮井冈山，以一堂庄重朴实的课程思政“金课”，感悟跨越时空的井冈山精神，启动第七届中国国际“互联网+”大学生创新创业大赛“青年红色筑梦之旅”活动。

2020年，一场人类历史上规模最大的脱贫攻坚战取得了全面胜利。在习近平总书记给第三届大赛“青年红色筑梦之旅”大学生回信精神指引下，一大批青年学生用智慧和汗水投身脱贫事业，用最美的年华书写了时代华章，他们在美丽乡村建设、现代创意农业、医疗健康扶贫、红色文化传播等领域作出了实实在在的贡献。这是当代大学生在与新时代同向同行中发出的最有力量的青春宣言！你们每一个人都非常了不起，为你们点赞！

雄关漫道真如铁，而今迈步从头越。同学们即将从这里出发，踏上服务乡村振兴的新征程。我们要认真学习贯彻习近平新时代中国特色社会主义思想，传承发扬革命传统，坚定执着追理想，实事求是闯新路，艰苦奋斗攻难关，依靠群众求胜利，让井冈山精神放射出新的时代光芒。同学们要扎扎实实上好这堂思政“金课”、实践大课，坚定前行信心，立大志、明大德、成大才、担大任。

在此，我提三点希望。

一是要学好党史，明理增信。波澜壮阔的百年党史，记录了我们党

---

* 在第七届中国国际“互联网+”大学生创新创业大赛“青年红色筑梦之旅”活动全国启动仪式上的讲话，2021年6月11日，井冈山。

在民族危亡之际诞生、在硝烟炮火之中壮大、在革命和建设中走向辉煌的光辉历程。同学们要从中汲取智慧和力量，学懂弄通中国共产党为什么能、马克思主义为什么行、中国特色社会主义为什么好三个问题，心中常怀“国之大者”，在学党史、悟思想的过程中传承基因、赓续传统、坚定信念、淬炼思想、磨砺本领。

二是要扎根实践，服务基层。脱贫摘帽不是终点，而是新生活、新奋斗的起点，实现全体人民共同富裕仍然任重道远。同学们要走进革命老区、偏远山区和城乡社区，脚下沾有多少泥土，心中就沉淀多少真情。要将专业知识与创新创业相结合，发挥新时代青年在信息技术领域的优势，带动一批乡村创新创业项目，催生出更多小微供应链，激活乡村发展内生动力。

三是要学真本领，堪当大任。生逢盛世，肩负重任，行胜于言。同学们要把个人理想与党和国家的前途命运紧密结合，把“爱国爱民”“锤炼品德”“勇于创新”“实学实干”作为行动自觉，敢为人先、敢于突破，以聪明才智贡献国家，以开拓进取服务社会，让青春在为祖国、为民族、为人民、为人类的不懈奋斗中绽放绚丽之花！

哲学是人类的智慧之学，是现实的关怀之道*

创办于1900年的世界哲学大会，长期致力于促进各国哲学家的学术交往，以开放的态度与对话的精神，以反思时代问题的方式，回应人类面临的共同挑战，是全球最大规模的哲学学术盛会。今年，大会首次在中国举办，这在中国哲学发展进程中具有标志性意义，相信对不同文明的交流互鉴将产生深远的影响。借此机会，我谈三点意见。

一、高度重视哲学在人类文明进程中的地位作用

哲学是探究人类精神活动最根本、最具普遍意义的途径。不管时空如何变换，哲学永远都在追问和探究。这种探究不断拓展人们对世界与自身的理解，体现并保持人类对增长智慧的持久热情。人类文明的每一次重大发展，都离不开哲学的思想先导与理论贡献，全球文化的多样性也离不开哲学的多元视角与持续对话。可以说，哲学是人类的智慧之学，是现实的关怀之道，是联结历史、应对当下和展望未来的桥梁纽带，是达成不同文化传统之间相互理解的重要途径。

哲学也是改变世界、改变时代最有力、最持久的武器。今年是马克思诞辰200周年，在世界人民心目中马克思至今依然是最伟大的思想家。马克思主义哲学不仅致力于科学"解释世界"，而且致力于积极"改变世界"。在人类思想史上，还没有一种理论像马克思主义那样对人类文明进步产生如此广泛而巨大的影响。马克思主义照亮了探索人类

* 在第24届世界哲学大会开幕式上的致辞，2018年8月13日，北京。

历史规律和寻求人类自身解放的道路，马克思深邃的哲学思想依然闪烁着耀眼的真理光芒。

中国是拥有5 000年历史的文明古国，中国的哲学研究已有2 500多年的历史，一部中国文明史就是一部丰富的思想史、哲学史。

中国哲学是延续中华民族精神血脉的思想宝库。哲学是时代精神的精华，是民族精神的集中表达。中华文明历史悠久，从先秦子学、两汉经学、魏晋玄学到隋唐佛学、儒释道合流、宋明理学、清代朴学，从安身立命的个体性反思到家国天下的历史意识，儒家的修齐治平、道家的自然无为与佛家的真空妙有，不同传统之间的对话交融，积累了丰富而充满活力的思想资源，凝聚了中华民族的智慧，形成了中华文明的鲜明品格，丰富了中国人民的精神家园，体现了这一传统源源不断的内生动力。“周虽旧邦，其命维新”，悠久绵长的传统和不绝如缕的创新成为中国哲学的鲜明特征。

中国哲学是推动中国社会进步的思想力量。哲学社会科学是人们认识世界、改造世界的重要工具，是推动社会进步的重要力量，其发展水平反映了一个民族的思维能力、精神品格、文明素质，体现了一个国家的综合国力和国际竞争力。自古以来，包括哲学家在内的中国知识分子就有“为天地立心，为生民立命，为往圣继绝学，为万世开太平”的志向和传统。这既体现了中国知识分子对国家、对社会的使命担当，也展示了中国学人对民族文化的责任。中国古代先贤用“和而不同”“成己达人”的态度，追求“天人合一”的和谐境界，为传统中国社会的伦理生活奠定了坚实的基础。中国国家主席习近平指出，“学哲学、用哲学，是我们党的一个好传统”。中国共产党第十八次全国代表大会以来，在习近平新时代中国特色社会主义思想指引下，中国哲学社会科学注重融通马克思主义、中华优秀传统文化、国外哲学社会科学等方面的资源，从中国改革发展的实践中挖掘新材料、发现新问题、提出新观点、构建新理论，加快构建具有中国特色的哲学学科体系、学术体系和话语体系，奠定了新时代中国经济社会发展的哲学基础。

中国哲学是构建人类命运共同体的思想源泉。中国哲学始终与世界哲学互学互鉴，在交流中传承发展，在兼收并蓄中博采众长，造就了中华优秀文化，丰富了人类文明成果。来自印度的佛教思想自汉代传入中国之后逐步融入中国文化，并拓展了古代中国的思想图景。传统中国思想在历史上对东亚地区的文化产生了重要的影响，早在秦汉时期，儒家思想就传播到东亚、东南亚一些国家和地区，对于促进这些国家和地区政治、经济、文化的发展起到了积极推动作用。400多年前，中国已经和欧洲的科学传统有所接触，欧洲的知识分子也开始注意到中国文化和中国经典。近代以来，中国的知识分子更是面向世界，通过引介西方文化来重新激活传统价值与文化的活力，直接推动了哲学作为独立学科的诞生。新中国成立、改革开放特别是党的十八大以来，中国通过多种形式参与全球治理，中国学者也不断融入全球化时代的思想潮流，加快了中国融入世界、世界了解中国的速度，中国哲学在更开放的环境中不断重新诠释传统、挖掘历史、关照现实、面向世界、展望未来，在构建人类命运共同体的时代进程中，开创了中外哲学交融互鉴的新局面。

二、充分发挥哲学在教育事业和立德树人中的独特功能

十年树木，百年树人。哲学社会科学具有重要的育人功能。本届大会以“学以成人”为主题，这与教育有着共同的价值理想。

从理念看，“学以成人”与“立德树人”有着相通之处。在汉语中，成人既是一个目标，也是一个开放的过程，生理上的成长、知识的积累、生活实践的参与、人格的不断完善、个体生命的日臻完美，都是对“成人”这一概念的诠释。概括而言，成人的根本，就是要培养社会发展所需要的人，并促进人的全面发展。这些多样化的理解为“学以成人”提供了更为广阔的理论空间。在中国文化中，教育是提高人民综合

素质、促进人的全面发展的重要途径，教育的根本任务在于立德树人。这与“学以成人”的思想理念是一致的。从这个角度看，“学以成人”准确地体现了教育的基本价值。

从目标看，“教”与“学”都是成人成才的重要条件。教与学既相互统一，又相互转换，二者缺一不可。中国重视发展素质教育，强调通过学校教育和生活实践的平衡，持续地塑造“完整的人”“德智体美全面发展的人”，教育本身即是一个以“成人”为目标的过程。这一目标的达成，不仅需要学校教育中教师的引导和知识的传授，更需要实践生活中的自我修养与反思，是学生、教师、学校、社会之间互动促进的过程，是在掌握知识与技能的基础上的完善和发展，是培育全面人格进而努力成为德智体美全面发展的社会主义建设者和接班人的过程。

中国正在举办当今世界，同时也是人类历史上规模最大、发展速度最快、特色最为鲜明的教育。通过各类教育培养了数以亿计的人才，成就了个人有价值的人生，促进了人的全面发展。中国特色社会主义的伟大实践，为中国哲学的理论创造、学术繁荣提供了强大动力和广阔空间。在推进教育事业的过程中，我们高度重视哲学的发展，高等学校哲学院系建设、哲学学科发展和哲学人才培养都取得了长足的进步。下一步还要通过搭建平台、投入资源、创新机制，为哲学教学和研究提供更好的学术环境，不断推动中国哲学社会科学繁荣发展。

三、广泛深入推动中外哲学交流交融互学互鉴

当今世界正经历着前所未有的巨大变革，世界既充满机遇，也存在挑战。当代哲学应该更好地发挥作用，造福人类。我们坚信，在实践中不断发展的哲学理论和哲学智慧，必将更好地促进人与自然、人与社会之间的关系和谐，促使人类通过理性的思考和对话创造一个更加美好的世界。

当代哲学要携起手来，对话交流，增进了解。世界日益多元化，不

同文明传统下的哲学发展不可能孤立进行。我们要尊重世界文明的多样性，加强国际学术交流与合作，开展不同哲学传统之间的平等对话，促进中国与世界的相互理解。中国学者应该更多地参与全球学术活动，同时，世界也能更好更深入地与中国交流对话，发现中国、了解中国、理解中国。各国学者在华开会期间，不仅可以充分感受“舌尖上的中国”，还可以充分感受“学术中的中国”“理论中的中国”，并通过你们让世界感受“发展中的中国”“开放中的中国”“为人类文明作贡献的中国”。

当代哲学要携起手来，回应问题，启迪智慧。问题是时代的声音，每一个时代总有属于它自己的问题。今天，人类面临着许多问题，需要哲学家来作出回答。如科学技术发展中出现的人工智能，科学发现中的黑洞、暗物质、量子纠缠等都带来新的哲学课题；社会发展中的自然生态、公平正义等重大课题，都给哲学家们带来新的思考，需要哲学为人类社会发展提供思想指引、开启智慧之门。

当代哲学要携起手来，观照现实，推动发展。人类面临的共同命运和未来挑战，是哲学反思的共同对象和哲学理论发展的共同基础。当今世界正处于大发展大变革大调整时期，政治多极化、经济全球化、社会信息化、文化多样化正在以空前的规模和速度改变着当今世界和时代。当代哲学需要立足现实，把握时代主题，回答时代课题，为维护世界和平、促进共同发展提供理论支撑，开启人类社会可持续发展新征程。

当代哲学要携起手来，开放包容，和谐共生。人类的哲学反思一直依赖“和而不同”的内在张力。在中国哲学传统中，“和”文化源远流长，体现在中国文化的各个方面。在人民大会堂旁边的故宫，就是中国宫廷建筑的典范，在故宫的结构中，太和、中和与保和三大殿的名称就体现了“和”的思想观念，其建筑结构也体现了“和”的空间表达；乾清、交泰、坤宁三宫则体现了多元包容与对话沟通的重要性。

当今时代，不同政治社会制度、发展道路模式共生并存，多个民族、多种文明交流互鉴，当代哲学需要秉持包容精神、尊重差异，相互汲取智慧，化解矛盾与分歧，增进理解与友谊，一起推动人类智慧发展进程。以文明交流超越文明隔阂、以文明互鉴超越文明冲突、以文明共存超越文明优越，在和谐共生中推动人类命运共同体建设，共同创造人类美好未来。

加强语言交流互鉴，推动构建人类命运共同体*

语言是人类文明世代相传的载体，是相互沟通理解的钥匙，是文明交流互鉴的纽带。保护语言多样性对于实现联合国可持续发展目标具有至关重要的作用。中国一直有着注重语言文化保护的优良传统。作为一个多民族、多语言、多文种的语言资源丰富的国家，中国自古以来就大体保持着“雅言”“通语”和各种民族语言及方言和谐共生的良好语言生态。

新中国成立以来，特别是改革开放40年来，中国政府高度重视语言文字工作，大力推广普及国家通用语言文字、科学保护各民族语言文字、全面促进语言文字应用法制化规范化标准化信息化、重视外语学习，走出了一条具有中国特色的语言文字事业发展之路，语言文字事业与经济社会同发展、与时代共进步，为推进国家现代化建设、保障人民政治经济社会文化权利，发挥了不可替代的重要作用。

保护语言多样性是保护文化多样性的前提条件，任何一种语言的消亡，都是人类不可弥补的损失。维护语言多样性就是保护人类不可再生的文化基因，这是一项刻不容缓、迫在眉睫的重要工作。

一是加强语言交流互鉴，推动构建人类命运共同体。要尊重各国语言文化特色和优势，互学互鉴、取长补短，促进各种文明和谐共生、相得益彰，共同为人类发展提供精神力量。

二是加强语言文化教育，更好促进人的全面发展。不断优化语言文

---

* 在首届世界语言资源保护大会闭幕式上的讲话要点，2018年9月20日，长沙。

化教育体系，通过让青少年学生掌握和领略语言文字的魅力，激发学习兴趣、培养学习能力、提升文化自觉、提高跨文化能力。

三是加强方法手段创新，精心呵护多样语言资源。要以服务人类生存和发展需要为宗旨，遵循语言规律，基于语言实际，实施科学保护、全面保护和规范保护，努力实现有效保护和持续保护。

四是加强资源合理利用，不断满足人民发展需要。要积极开发语言文化产品，开拓语言服务新领域和新途径，不断学会运用语言的力量去创造生命中的美好。运用现代科技手段“复活”已消失的语言，让人们感受人类历史发展的厚重韵味。

让多姿多彩的亚洲文明平等对话、交流互鉴*

文明因交流而多彩，文明因互鉴而丰富。推动世界和平发展、构建人类命运共同体，需要我们从维护亚洲文明多样性的视角“多看”“多思”，回眸过去，放眼今朝，展望明天。我们要增强自信意识、忧患意识、和合意识，用比天空更宽阔的胸怀，同舟共济、携手努力，秉持平等、谦虚、包容的态度，让多姿多彩的亚洲文明平等对话、交流互鉴。

推动世界和平发展、共建人类命运共同体，需要我们在促进亚洲文明对话的进程中“多做”“多行”。

一是做实人文对话，让亚洲交流之路走得更顺。要秉持“亲、诚、惠、容、通”理念，努力让亚洲文明交流互鉴为世界文明对话、人类文明共生发展提供亚洲方案、亚洲模式、亚洲样板。

二是做深教育对话，让亚洲教育之桥建得更牢。要充分发挥教育在文明交流互鉴中的基础性、先导性、引领性作用，在开放包容中更好地认识各种文明的价值，让教育为人类文明传承创新服务。

三是做细心灵对话，让亚洲青年之手拉得更紧。要引导各国青年朋友们争当亚洲文明交流的传承者、亚洲共同发展的践行者、人类命运共同体的贡献者，共同承担起重振亚洲雄风的历史使命。

四是做好精神对话，让亚洲文明之水流得更远。要大力推动文明的创造性转化和创新性发展，让各国人民享受更富内涵的精神生活，为正处于发展十字路口的人类社会，提供正确的精神指引和强大的精神动力。

---

* 在出席亚洲文明对话大会“维护亚洲文明多样性”分论坛时的致辞要点，2019年5月15日，北京。

培养新能力，迎接智能时代*

近一年来，我们共同经历了并仍在经受着人类历史上少有的新冠疫情冲击。全球教育受到严重影响，各国政府和教育界奋力抗疫，实施了前所未有的大规模线上教育，人工智能等新技术向我们展示了变革教育的巨大潜能。疫情终将过去，但世界已回不到过去，教育也不会再是原来的教育。教育关系着人类的未来，我们有责任共同透视未来世界，谋划好教育发展。

在各方共同努力与支持下，今天我们通过线上与线下相结合的方式聚在一起，共同探讨“培养新能力，迎接智能时代”，具有重要意义。当今世界，以人工智能、云计算、区块链、5G网络等新技术广泛应用为标志，新一轮科技革命与产业变革方兴未艾，人类正在迎来智能时代，新技术将给人类社会带来革命性影响。帮助每个人获取驾驭新科技、创造美好生活的能力，正是教育的使命所在。

我们应当加快发展更高质量的教育。新时代职业转换不断加快，创新能力、沟通协作能力、复杂问题解决能力、人机协作能力等将成为人的必备能力。我们要规划构建高质量教育体系，从教育内容、教育形式、评价方式、教育教学平台到教师素质进行重构重塑，确保每个学习者都能得到有质量的教育，实现全面发展，做好迎接新时代的准备。

我们应当加快发展更加公平包容的教育。技术进步在带给人类巨大利益的同时，可能会扩大不同人群间的差距，数字鸿沟会给人类社

---

* 在国际人工智能与教育会议开幕式上的讲话，2020年12月7日，北京。

会带来负面影响，新冠疫情期间全球线上教学的实践也证明了这一点。网络和人工智能技术在教育上的广泛应用使得全社会共享优质教育资源成为可能，我们应当依托新技术向每个人提供更加公平包容有质量的教育，让全社会共享优质教育资源，为智能时代实现社会平等与和谐作出贡献。

我们应当加快发展更加适合每个人的教育。2 500多年前，中国古代教育家孔子就提出了“因材施教”的教育理念。人工智能技术的进步为促进人的个性化发展提供了可能，我们要运用新技术，创造更加智能化、个性化的新型学习环境，使不同性格禀赋、不同兴趣特长、不同素质潜力的学生都能接受符合自己成长需要的教育，获得发展自身、奉献社会、造福人民的能力。

我们应当加快发展更加开放灵活的教育。人类社会发展的步伐在不断加快，智能时代的变革将更加迅猛。教育要跟上时代步伐，必须更加开放灵活，根据时代的发展特别是产业与社会发展的需要，更新教育理念与教育内容，搭建新教育平台、创新教育教学方式，为每个人提供终身学习的机会，实现教育与经济社会的融合发展。

过去五年，中国政府积极落实联合国2030年可持续发展议程，将教育摆在经济社会发展的优先位置，发布和实施《中国教育现代化2035》和五年实施方案，教育发展迈上了新台阶。截至2019年底，中国有各级各类学校53万所，在校生2.8亿人，学前教育毛入园率达到83.4%，九年义务教育巩固率达到94.8%，高中阶段毛入学率达到89.5%，高等教育毛入学率达到51.6%，由大众化阶段历史性地进入普及化阶段。新冠疫情暴发以来，我们凝聚多方合力，开展了全国范围的在线教学，充分利用新技术推动教育教学模式变革，实现了停课不停学，今年秋季已全部复课复学。同时，中国的教育发展仍然存在不平衡不充分问题，存在不少短板、弱项，还不能很好地适应新时代需要和人民的需求。

上个月，中国共产党第十九届中央委员会召开了第五次全体会议，对未来五年和2035年现代化建设进行了全面部署，明确了建设高质量教育体系、建成教育强国的奋斗目标。面向新时代，中国将以改革为根本动力，全力实现教育2030年目标，加快推进教育现代化。

一是在提升育人质量上着力。围绕核心素养，制定覆盖全学段、符合不同层次和类型教育特点的教育质量标准，建立健全各学科学业质量标准和体质健康标准，构建现代化的课程教材体系，全面建设高素质专业化创新型教师队伍，积极推进产教融合、科教融合和产学研用协同育人，健全学校家庭社会协同育人体系，着力增强学生文明素养、社会责任意识、实践本领，促进学生德智体美劳全面发展。

二是在促进公平包容上着力。完善促进城乡、区域教育协调发展的保障机制，不断推进各级教育高水平高质量普及，推动义务教育优质均衡发展。精准帮扶家庭经济困难学生、残疾少年儿童、农村留守儿童等弱势群体。完善数字教育资源公共服务体系，推动优质资源开放共享，推动普职融通，畅通学习成长渠道，使人民终身学习的方式更加灵活便利，资源更加丰富多样，建设人人可学、人人皆学、人人乐学的学习型社会。

三是在应用新技术上着力。不断深化对学习规律的认识，应用人工智能等新技术推动教育教学方法创新，通过教育数据挖掘、学习分析、深度学习等技术，支持差异化的“教”和个性化的“学”。探索运用新技术开展多元化、过程化评价，建立多维、精准的学生成长档案，构建更加科学全面的教育评价体系。强化运用现代技术手段实施教育监管的能力，不断提升教育治理效能。完善数字技术应用的安全管理与伦理规则，防止新技术不当应用损害师生和社会利益。

四是在进一步扩大教育对外开放上着力。中国认为教育必须面向世界，与各国共同发展，将始终坚持教育对外开放不动摇，不断加强同世界各国和联合国教科文组织等国际组织的交流与合作，打造“一带一路”教育行动升级版，着力鼓励出国留学，完善留学中国的政策与服务，积极引进优质教育资源。将更加深入参与全球重大教育行动与教育治理，扩大教育国际公共产品供给，向发展中国家提供力所能及的教育援助，携手为实现教育2030年目标而努力。

新冠疫情让我们更深刻体会到，人类是一个命运相连的共同体。迎接智能时代，只能携手合作。中方愿继续办好国际人工智能与教育会议，与各方携手，共同落实好去年大会通过的《北京宣言》。

一是加强政策对话。以落实2030年目标为引领，坚持多边主义，支持联合国教科文组织发挥领导作用，在人才培养、教师培训、课程资源开发、知识产权保护、伦理规则、教育治理等方面开展政策对话交流，共同谋划教育的未来。

二是推动学校与师生交流。通过相互学习借鉴，充分激发教育创新的热潮，共同探索智能时代教育的规律。通过交流对话，促进相互理解，培育人类命运共同体意识。

三是共享优质资源。坚持共商共建共享，充分利用新技术，汇聚各方力量，让优质教育资源惠及更多人特别是最不发达国家和地区，缩小数字鸿沟，实现包容性发展，共同创造一个更加美好的世界！

技术赋能教育，慕课催生变革，合作赢得未来*

2015年联合国可持续发展峰会可持续发展目标提出，“确保包容和公平的优质教育，让全民终身享有学习机会”，这是全球教育发展的愿景和使命。本次世界慕课大会的主题确定为“学习革命与高等教育变革”，探讨前沿科技在塑造高等教育未来中的作用，推广慕课与在线教育的优质资源与成功案例，开展教育技术创新国际合作，必将大力促进可持续发展目标的实现。

当今世界，新一轮科技革命和产业变革方兴未艾，带动互联网、大数据、人工智能等数字技术快速发展，使全球经济社会发生了革命性变化。从世界历史进程看，每一次科技革命和产业变革，总会伴随着知识的爆炸式更新、人才需求结构的深刻变化以及教育技术与形态的极大创新。

在全球教育创新的实践中，我们看到了技术赋能教育的重大变化。数字存储与快速检索技术的发展，使得信息获取更加多元与便捷，教育内容的边界正在无限延展，教育不再单纯依靠课堂、书本，互联网的海量知识正在为教育提供无限可能；网络通信技术的快速进步与硬件设备成本的大幅下降，使得现代信息技术与教育教学加速融合，推动了教育教学技术与方法不断创新；人工智能与虚拟仿真技术的发展，使得教育突破了时间和空间的束缚，去触摸过去未达、现在想达、未来能达的美好愿景，让教育更加丰富多彩。

融合了“互联网+”“智能+”技术的慕课，就是在现代信息技术

* 在世界慕课大会上的讲话，2020年12月11日，北京。

快速发展的大势下孕育而生的，引发了学习方式方法的积极改变，正在成为推动高等教育变革的重要引擎。

中国慕课建设自2013年起步，遵循“立足自主建设、注重应用共享、加强规范管理”的原则，经过近8年的努力，目前已逐步建立独具特色的发展模式、科学合理的课程标准和共建共享的开放合作机制。慕课数量和应用规模已居世界第一。

一、经验和体会

中国慕课在实践中探索，在探索中创新。我们有六点经验和体会。

一是坚持质量为王。我们集中最好的大学、最好的团队、最好的教师建设高质量的慕课，从公共课、通识课逐步拓展到专业课、实验课，慕课内容更加丰富、结构更加合理。推进慕课质量管理和学分认定制度，让高质量课程走进大学课堂，并提供给社会学习者分享。

二是坚持公平为要。我们开展跨地和跨校的慕课协同教学，助力当地教师提高专业能力，缩小区域与校际教育教学水平差异。促进线上慕课与课堂教学有机结合，让优质教学资源惠及每一位学生。

三是坚持学生中心。我们致力于如何让学生“学得更好”，突出结果导向和持续改进，激发学习兴趣和潜能。充分考虑新一代学生“网络原住民”的认知和学习特点，不断完善课程设计和学习支持服务，注重学生的获得感和满意度，促进个性化学习。

四是坚持教师主体。我们努力提升教师信息素养，激励优秀教师建设慕课，动员广大教师使用慕课开展推广在线学习、翻转课堂、混合式教学，改革教学内容、方法和模式。重视学习反馈与评价，促进慕课迭代，有效提升教学工作，有力保障教学质量。

五是坚持开放共享。我们建立跨区跨校慕课联盟，提高慕课质量，增强慕课应用活力。推动慕课和慕课平台扩大资源开放，推进国际合作与交流，上线优秀中国慕课供全世界学习者分享。

六是坚持合作共赢。我们采取“高校主体、政府支持、社会参与”的方式，集聚优势力量和优质资源，坚持教育的公益性，引入竞争机制，建立在线开放课程和平台可持续发展的长效机制。

2020年，人类经历了百年来最严重的传染病大流行，世界经济陷入衰退，社会民生遭遇重创。应对这一危机，我们作出了“停课不停教、停课不停学”的决定，和全国师生一起开展了一场史无前例的大规模在线教育实践。在整个春季学期，中国高校全部实施了在线教学，108万名教师开出110万门课程，参加在线学习的大学生合计达35亿人次。通过实施在线教学，我们稳住了全国高校的教学运行和管理，做到了有预案不乱、有准备不慌、有事做心安。据统计，全国高校在线课程开出率达91%，教师在线教学认可度达80%，学生在线教学满意率达85%。我们不仅成功应对了新冠疫情危机，而且基本实现了在线教学与课堂教学的实质等效，为今后慕课与在线教育创新发展积累了宝贵经验。

进入后疫情时代，中国教育已进入高质量发展新阶段，实现全民学习、终身学习成为建设高质量教育体系的重要目标。发挥慕课与在线教育优势，有利于构建方式更加灵活、资源更加丰富、学习更加便捷的全民终身学习体系，实现人人皆学、处处能学、时时可学。

历史车轮滚滚向前，时代潮流浩浩荡荡，合作共赢、建设人类命运共同体，是人类发展的必然选择。习近平主席在多个场合反复强调，中国推动更高水平开放的脚步不会停滞，中国开放的大门只会越开越大。前不久，中国政府出台关于加快和扩大新时代教育对外开放的政策文件，体现了中国主动增进与世界各国互认互通的强烈意愿。

二、四点倡议

当前，全球新冠疫情仍在蔓延，大学教育面临新的挑战，全球大学抗疫情、稳秩序、保教学之路任重道远。应对挑战，我们应秉承合作共赢、开放包容的理念，共同推动慕课与在线教育的建设、发展和共享，在此提出四点倡议。

一是加大慕课与在线教育资源建设。鼓励更多学校和教师建设慕课等教育资源，扩大优质教育资源的可持续供给。加速互联网等网络通信设施基础建设，让慕课等优质教育资源的流动畅通无阻。进一步融合大数据、人工智能、虚拟现实等技术，为慕课的迭代创新提供技术支撑。

二是加强慕课与在线教育资源应用与共享。把推进教育公平作为慕课发展的基本价值取向，用优质慕课资源补齐区域和校际教育质量差异的短板，提高更广大教师会用慕课、善用慕课的能力。加大慕课平台开放力度，让优质教育资源助力更多发展中国家和欠发达地区的大学提高教育质量。

三是促进个性化学习和终身学习。彰显“以学生为中心”的教育理念，增强慕课吸引力，引导学生开展自主学习和合作学习，充分调动学生积极性、主动性、创造性，使学习者进行更有价值的深度学习。担当起服务终身学习的责任，面向社会开放更多更优的学习资源，提高服务终身学习的能力与水平。

四是推进慕课与在线教育创新发展。创新是慕课发展的生命力，精准化快捷服务是慕课发展的竞争力。要致力于研究新方法、开发新技术，努力提升质量。运用法律、道德、监管、技术等多种手段，规范在线教学的开放、共享、应用与管理，保护个人隐私和知识产权，维护网络安全，积极应对和解决慕课与在线教育发展带来的各类问题。

创新引领教育，教育塑造未来。在未来的发展道路上，我们真诚希望与世界各国一道，把握信息革命历史机遇，培育教育发展新动能，开创数字教育新局面，努力让全球高等教育朝着更加包容、更高质量、更加公平而有效率的方向发展。

深化国际产学研用合作，正当其时、大有希望*

当今世界正经历百年未有之大变局，合作共赢是人类发展的必然选择。中国政府高度重视开放合作，前不久，中国国家主席习近平先生在清华大学考察时提出，一流大学要加强产学研深度融合，促进科技成果转化；要加强国际交流合作，主动搭建中外教育文化友好交往的合作平台，共同应对全球性挑战，促进人类共同福祉。习主席的重要讲话，为教育对外开放和国际产学研用合作指明了方向。

2020年，我们出台了关于加快和扩大新时代教育对外开放的文件，彰显了中国坚持教育对外开放不动摇的决心和信心。中国将着力打造教育对外开放新高地，深化中外人文交流，引进国外优质教育资源，鼓励全球范围的学生流动，推动全球教育治理体系改革。国际产学研用合作会议就是由教育领域发起，与各国高校、企业、科研院所共同谱写的开放合作新乐章。

春华秋实，三年有成。国际产学研用合作会议创办三年来，参会各方坚持共商共建共享，打造了亮丽的国际合作风景线。

三年来，合作平台越来越宽广。2018年，针对各方产学研用需求强烈、国际合作平台缺乏的现状，由中方发起，首先在南昌创办国际产学研用合作会议，之后快速向多地拓展，会议规模不断扩大，为各方专家开展产学研用合作提供了坚实平台。此次会议更是会集了25个国家700多位高水平专家，必将产生更多新的合作成果。

---

* 在2021国际产学研用合作会议开幕式上的致辞，2021年6月10日，南昌。

三年来，合作模式越来越丰富。在合作方式上，开展校际、校企、产学研用“一条龙”、专家“一对一”等合作。江西一所大学通过校际合作一次性派出交流师生100多人。在办会方式上，冲破疫情阻隔，线下线上相结合，实现合作不断线。在人才培养方式上，创设“中外双导师合作培养研究生计划”，共计覆盖1 500名学生。这个计划是从中国学生开始的，我们欢迎外方导师邀请中方导师合作指导自己的学生。

三年来，合作成果越来越丰厚。参会各方统筹各自的政策、智力、资金、项目等资源开展合作，将产学研用纳入教育合作协议。江西省政府拨付专项经费支持成立国际合作创新研究院，有关方面设立专项基金和项目。三年多个国家的高水平专家，重点围绕多个专业方向，搭建联合实验室等平台，开展部门合作和专家合作，有力推进了各方产学研用融合发展。

我们所处的是一个充满挑战的时代，也是一个充满希望的时代。当前，百年变局和世纪疫情交织叠加，全球产业链、供应链面临重塑，推动教育链、人才链、创新链、产业链有机衔接，并乘势深化国际产学研用合作，正当其时、大有希望。在此，我愿与大家分享三点展望。

第一，强化共建共享，推进合作高质量发展。充分发挥合作平台的优势和作用，加强沟通、对接需求，汇集资源、强化服务，加大投入、扩大产出，提高收益、共享成果。中方作为发起方，将切实做好组织服务、网络服务、信息服务、跟踪服务、会议服务，与各方共同推进合作务实高效发展。

第二，强化优势互补，实现更加开放更高效益的合作共赢。让我们更加主动地推进合作，释放高校基础研究潜力，积极参与解决公共卫生、气候变化等人类面临的重大挑战；更好融入全球科技创新网络，汇聚天下英才“合力解题”；更加聚焦产业需求，推动科技创新成果惠及更多国家和人民。

第三，强化创新引领，构建产学研用创新联合体。面对新一轮科技革命和产业变革，合作攻关要坚持问题导向、应用牵引，提高科研成果转移转化成效，深入做好中外双导师合作培养研究生工作，充分发挥企业“出题者”作用，加快构建企业牵头、高校及科研院所支撑、各创新主体协同、产学研用深度融合的创新联合体，优化创新要素配置，提高创新能力和水平。

产学研用，创新发展。在通向未来的道路上，我们将与世界各国一道，共同应对挑战，携手打造国际产学研用合作更加美好的明天，为构建人类命运共同体作出更大贡献！

传承世界遗产，激发未来力量*

教育与遗产保护都是功在当代、利在千秋的崇高事业。2014年，中国国家主席习近平在联合国教科文组织发表演讲时指出，每一种文明都延续着一个国家和民族的精神血脉，既需要薪火相传、代代守护，更需要与时俱进、勇于创新。可以说，遗产保护事业需要教育，教育工作者也特别关注遗产。1994年，联合国教科文组织发起了“青年参与世界遗产保护和宣传”特别计划，使青年人获得更多机会为世界遗产保护积极发声和行动。2004年，在中国苏州举行的第28届世界遗产大会通过了《世界遗产青少年教育苏州宣言》，为促进这一领域的集体行动作出了重要贡献。从苏州到福州，世界遗产教育一路走来，令人欣喜、给人希望。在《保护世界文化和自然遗产公约》指引下，在联合国教科文组织有力推动下，在《保护世界文化和自然遗产公约》缔约国共同努力下，全球世界遗产教育取得了长足进展，有力推动世界遗产保护事业发展，成为塑造价值、传播知识、提升能力、凝聚力量的重要途径。

中国举办着世界上最大规模的教育，拥有各级各类学校53.71万所，在校学生2.89亿人。在世界遗产教育领域，中国既是倡导者，更是实践者。立足国家文化建设和生态文明建设需要，我们将世界遗产教育纳入国家教育发展总体规划，纳入各级各类学校的教育教学，形成了具有中国特色的世界遗产教育理念与实践。

一是作为促进学生全面发展的重要载体。中国坚持把立德树人作为

---

* 在“面向未来的世界遗产教育”主题边会上的主旨发言，2021年7月17日，福州。

教育的根本任务，促进学生德智体美劳全面发展。我们推动世界遗产相关知识和保护理念进课程、进教材，在中小学语文、历史、地理、艺术、体育等课程中精选教学内容，优化教学方法，提升教学体验，教会学生欣赏历史之美、文化之美、自然之美，引导学生增强对世界遗产以及其他各类遗产的敬畏之心。我们立足中国大地上分布广泛、类型多元的世界遗产，充分挖掘其中蕴含的精神追求和时代内涵，引导学生增强文化自信心和民族自豪感。我们引导学生了解其他国家的世界遗产，认识到人类文明是多彩的、平等的、包容的，学会美人之美、美美与共，增强人类命运共同体意识。

二是作为推动学生社会实践的重要途径。在世界遗产教育中注重课堂教学与课外实践相结合。中国政府将每年6月的第二个星期六确定为“文化与世界遗产日”，各世界遗产地都会面向广大学生和家长开展宣传和体验活动。教育部在全国中小学开展了“美丽中国”主题研学活动，帮助学生近距离接触文物、感知自然。地方教育行政部门依托世界遗产地、国家公园、自然保护区以及博物馆、文化馆、科技馆等公共文化资源，设立“世界遗产青少年教育基地”，拓展学生社会实践场所，支持学生参与世界遗产的申报、保护、修复和遗产地监测等工作。广泛开展以世界遗产为主题的夏令营、论坛、绘画展以及模拟世界遗产大会等活动，激发广大学生对世界遗产事业的兴趣和热情。

三是积极培养高素质人才。世界遗产保护是高度专业化的工作，需要大量高水平人才。遗产保护又是复杂的系统工程，涉及多个学科专业，人才培养日益呈现多元性、国际化、交叉性等新趋向。目前，中国有大批高校开设了考古学、文物保护技术、文化遗产等相关学科专业，大批高校设有生态学、生物学、地质学、自然地理学等学科专业，并针对遗产保护紧缺的专业人才在部分一流大学建设高校实施了招生改革试点，制定单独的人才培养方案和激励机制，目的是吸引优秀学生热爱、投身遗产保护事业。大力发展职业教育，布局了500多个现代学徒制试点学校和专业，在高等职业院校新增了石窟寺保护技术专业，培养大批能工巧匠，支撑遗产保护。

四是作为教育国际交流合作的重要内容。中国始终高度重视与联合国教科文组织及《保护世界文化和自然遗产公约》缔约国的交流合作，近年来连续举办了“一带一路”青年创意与遗产论坛；设在北京大学、同济大学与苏州的联合国教科文组织亚太地区世界遗产培训与研究中心多次组织研习班、国际会议、青少年夏令营，编译世界遗产领域专题著作；有关民间机构与联合国教科文组织共同组织中外学校广泛开展遗产教育交流研讨，推动世界遗产教育的合作。

当今世界正在经历百年未有之大变局，新冠疫情正在加速这个大变局的演变。人类是休戚与共的命运共同体，应当携手合作共克时艰、共求发展。在这个时代大潮中，世界遗产教育应当有更大作为，为促进文明交流互鉴、增进人类团结、推动生态文明建设，从而实现世界和平与可持续发展发挥独特作用。面向未来的世界遗产教育，需要更加关注世界遗产保护事业面临的新挑战，大力弘扬和平、发展、公平、正义、民主、自由的全人类共同价值，培养更多世界遗产急需的各类人才。面向未来的世界遗产教育，需要更加关注教育发展的新趋势，在构建终身学习体系的过程中，紧密结合世界遗产保护实际和人民群众的需求，努力为全民提供丰富、多样的世界遗产教育服务，推动全社会形成世界遗产保护合力。面向未来的世界遗产教育，需要更加关注青少年的新特点，抓住他们对世界遗产的关注点和兴趣点，因势利导、因材施教，为世界遗产保护培养未来的领导者、保护者和传承者。

行而不辍，未来可期。愿我们以钻研之心，推动世界遗产教育更专、更精。针对大中小幼不同阶段特点，将世界遗产教育有关知识、技能、情感等有机融入课程和教材，加大教师培训力度，鼓励各学科教师挖掘本学科与世界遗产教育的关联性，找准结合点，形成世界遗产教育的合力。愿我们以创造之志，推动世界遗产教育更新、更活。充分运用数字网络、虚拟仿真、人工智能等新技术，创新世界遗产教育的形式和内容，增强学习的便捷性、体验性和互动性。同时，积极探索与文创设计、动漫游戏等新兴产业合作，多维度推进世界遗产教育。愿我们以团结之力，推动世界遗产教育更广、更强。巩固国际合作机制，持之以恒开展交流合作，推进世界遗产教育理念共享、资源共享、经验分享，通过有关国际行动、多边合作提升各国政府和国际社会对世界遗产教育的重视与投入。

中国教育部将与其他政府部门一道，积极履行承诺，尽早付诸行动，为世界遗产保护这一崇高事业贡献力量。我也衷心希望，各位与会嘉宾能就世界遗产教育各抒高见、建言献策，期待大家就面向未来的世界遗产教育达成新的重要共识，携手推动世界遗产教育迈上新台阶。

书写中日两国关系发展的新篇章*

我们每个人来到这个世界上，都会和身边的人结成各种各样的关系，在各种关系中我们最重视的就是友谊。在各种类型的友谊中，我们特别重视同窗之谊。一个人从幼儿园开始到大学毕业直至留学国外，同窗之谊是各种各样的。幼儿园的友谊是一所房子里的友谊。在同一所房子里接受教育和保育，开拓最初的人际关系。小学时代的友谊是一个村子或一个镇子的友谊。接受的教育比较简单，人与人的关系比较初步，所以范围并不大。初中的友谊是一座城市的友谊，交际范围广了，眼界宽了。高中的友谊是一座山上的友谊，因为长大了，站得高了，即将进入社会或进入高等学校接受高一级教育。大学的友谊是一条船上的友谊，我们在一条船上同舟共济，或者在不同的船上百舸争流。留学国外的同窗之谊是最高境界的友谊。因为跨越了国界，促进了国与国之间的文化交流，促进了人民之间的人心相通，这种友谊就是一座桥上的友谊。

国与国之间交流的桥梁，中日之间自古以来就已经搭建。唐朝时，我们迎来了中日教育交流的第一次高峰，日本派遣了遣唐使、留学生、留学僧到中国学习。第一次两国教育交流的高潮给一衣带水的两国关系镀上了浓厚的文化色彩。第二次高峰是20世纪初中国人民在风雨如磐的苦难经历中摸索救国救民的道路，一大批中国学生到日本学习现代治理之道和科学技术。周恩来、鲁迅、郭沫若就是他们的优秀代表。第二

---

* 在全日本留华毕业生同窗会上的致辞要点，2018年3月21日，日本东京。

次交流的高潮给中日两国关系赋予了现代化的色彩。在现代汉语中使用频率很高的一些词语概念在这个时期输入中国。第三次高峰就是中国改革开放以来，更多的中国学生到日本留学，学习现代科学技术，探讨现代化之路，他们中的一大批先进分子成长为中国改革开放的骨干力量。所以，留学这种同窗之谊对两国关系的发展、中日人民的友谊、两国文化的交流是其他任何关系不可替代的。在这种互相交流和互相学习过程中，教育发挥了重要作用，留学生发挥了骨干作用，两国政府和其他力量发挥了推动作用，两国人民发挥了基础作用。

今天全日本同窗会成立了，衷心希望同窗会的留学生朋友们向我们的前辈学习，向我们两国人民学习，促进两国人民之间交流和沟通，推动两国关系健康发展。相信同窗会一定会书写中日两国关系发展的新篇章，为中日两国关系的发展作出新的贡献。每个人都做国与国之间友谊桥梁的建设者、维护者和享受者。

携手共进，推动教育事业发展*

我这次来日本参加中日韩三国教育部长会议，就是要更好地探讨中日韩三国作为东亚的重要国家、亚洲的重要国家、当今世界的三个重要国家在教育方面如何进一步合作，其中包括如何与早稻田大学紧密合作，推动各自教育事业的发展。携手共进，走向未来。我们怎样做到这一点，在这里我想谈几点认识。

第一，大学是传授知识的组织。大学首要的职能就是传授知识。知识必须是系统的、稳定的、成熟的，这才能传授。大学承载了传授知识的历史责任。我们要在高等教育发展方面、在知识传授方面加强交流和合作。现代知识的基本特点一是没有国界，二是有生命周期，这要求我们必须在更大范围内组合教育资源。合作是最好的出路。我们希望有更多的中国大学生来日本留学，来早稻田大学留学。我们更希望有更多的日本青年到中国去留学，到中国寻求合作发展的机会。

第二，大学是培养人才的组织。中国大学根本的任务，是立德树人，举办人民满意的教育。人人都希望成才。大学承担了为各自国家、社会培养人才的神圣使命。早稻田大学为日本培养了一大批人才，每一个历史阶段都有杰出代表，是当之无愧的日本的一流大学、世界的一流大学，也是许多中国留学生向往的学术殿堂。中国许多大学办学实力和教学质量有了很大的增强和提高。中国政府去年出台了建设世界一流大学和一流学科的计划，公布了“双一流”建设的名单，我知

---

* 在早稻田大学的演讲要点，2018年3月22日，日本东京。

道日本政府也公布了“超级国际化大学”计划，早稻田大学也在重点资助的名单之列。我了解到很多国家都有类似的计划。我们双方要在这些方面加强合作，为各自国家培养更多的人才。只有培养更多的人才，才能肩负起传承知识的使命，才能肩负起为各自国家和民族服务的使命。

第三，大学是经营未来的组织。我对教育的理念是，教育的天空在未来。教育最大的资源不是资金，不是教师，而是学生，是未来。未来才是我们真正的资源。我们在经营未来。从这个角度讲，教育是当今世界上最有希望、最有实力、最需要发展的产业部门。因为未来是每个人都深深期待的，未来又是高度不确定的。试想一下，能够把每一个人的愿望和高度不确定的未来结合起来，这样的事业是多么光荣伟大。要经营好未来，希望在青少年。所以我们双方要在青少年的交流方面加强合作，培养未来的主人、未来的建设者。中国改革开放以来，特别是20世纪90年代以来，每年都要派出高中生代表团到日本参观体验。我们大使竭力推动青少年之间的交流，邀请日本的大学生到中国参观、交流、访学，这个项目很好。建议年轻人走出家门、走出校门、走出国门，行万里路，读万卷书。尤其是到中国去看看真实的中国、现在的中国，比较比较现在的中国和过去的中国有什么不同、真实的中国和媒体上的中国有什么不同。当然，我们也鼓励中国的青少年到日本来进行同样的活动、同样的转换、同样的交流，这就是经营未来，是我们大学神圣的职责。

第四，大学是服务人民的组织。大学要进行各种知识的有效供给，提供各种问题的解决方案。因此创新是大学的灵魂。当今世界各种全球性问题不断涌现，呼唤着我们大学加强合作和研究，提供智慧和方案，并在这一过程中形成新的知识体系、新的专业、新的学科，使大学成为一棵常青树。我希望在创新创业方面，在各类学科的研究方面，我们双方加强合作，把各自的大学办得更好，为人类的发展、为我们两个国家的发展、为中日世代友好作出贡献。

我想，无论未来道路多么艰难，出现什么样的风险，人民之间的友谊，人民之间的友好往来，教育事业的发展，包括我们两国在内的各国教育合作与交流是任何力量都阻挡不了的。我们一定能在合作中，在各自努力中，携手共进，走向人类命运共同体。

以中日教育合作促中日关系发展*

这次来日本是为寻求友谊而来，为促进两国的教育合作而来，为推动两国关系的健康发展而来。

中日之间的人文交流和教育合作在当今世界上是具有典型性的，有一些规律性的东西和一些今后可以长期坚持的成功经历。

第一，这种合作这种交流是有历史基础的。中日两国一衣带水，良好的空间环境和条件为两国人民的教育提供了很多便利，历史上中日之间的教育合作有过几次高潮。第一次高潮是唐朝时，日本向中国派遣了一些遣唐使，这是代表政治方面的，还有一些留学僧，这是在宗教方面的，另外就是留学生。第二次高潮是20世纪初，中国人民在苦难中寻求救国救亡道路的时候，一大批中国学生东渡日本，学习现代化所需的知识，寻求救国救亡的道路，这里面产生了很多优秀的代表。现在我们国内学术方面的许多概念就是这个时候从日本引进的，西方现代学术的很多知识体系就是由日本转化之后通过留学生带进来的。第三次高潮是改革开放以来，一大批中国学生来到日本留学，现在双方互为重要的留学目的国。在日本的中国留学生占日本国际学生的近一半，稳居首位。在前几天举行的中日韩教育部长会议上，林方正大臣说现在中日交流合作进入了第四次高潮，是中日双方相互学习、共同进步的第四次高潮，如果他讲的这个大家都认可的话，那就是说有四次高潮。四次高潮为中日之间的人文交流、教育合作开拓了很多渠道，积累了很多经验。这是

---

* 在中日人文交流大学联盟第二次会议上的主旨演讲，2018年3月24日，日本广岛。

两国共同探索的结果、共同努力的结果，也是两国共同合作的结果。所以我们之间的交流是有历史基础的。

第二，这种合作这种交流是有政治前提的。大家都知道政治方面的前提，就是政治因素。改革开放以来，之所以能出现第三次高潮，进入现在林方正大臣讲的第四次高潮，它的政治前提就是中日的四个政治文件，为我们双方的交流提供了政治保证和正确的政治方向。这是非常重要的。40年来，我们双方的教育方面的合作，之所以能够健康发展，没有受到其他方面风气的影响，就是因为有四个政治文件作为前提、作为基础。这一次来，我是为推动两国关系的健康发展而来。大家知道，5月份我们要举行中日韩首脑会议，那么这一次实际上是热身，也是准备工作。去年以来，两国领导人接触、会谈，取得了一些共识，中日关系出现了转圜的好的趋势。为我们的人文交流、为教育合作、为两国关系的健康发展贡献我们的力量，这是有政治前提的。

第三，这种合作这种交流是有顶层设计的。1979年以来，中国教育部和日本文部省，即现在的文部科学省，每隔五年有一个双方教育合作的协议和规划。每五年要为今后的发展作出规划，签订一些协议，就是说这种教育合作机制化了。这一次中日韩三国教育部长与第二次教育部长会议，我们三国又签署了共同声明，中日之间签署了新的五年合作计划。有这样一种机制的保障，双方的教育合作和人文交流的发展效果是好的，能够更好地按照顶层设计满足双方教育事业发展的需要。

第四，这种合作这种交流是有丰富内容的。我们双方的合作内容契合了各自国家发展的需要，同时又适应了对方国家的需求，双方的教育合作和人文交流才能健康地走到今天。目前中国的大部分高校和日本的高校都有合作关系。去年9月成立的中日人文交流大学联盟，短短半年时间就展现了自己的发展成果，取得了丰硕的成绩，这是很好的合作的机制化。更重要的是在建设世界一流大学、超级国际化大学发展道路、发展趋向方面，双方开展了合作和对接，双方留学生的规模不断扩大，人员往来规模保持大体稳定，这些都为双方教育合作不断注入了新的活力和动力。教育合作、人文交流在这些领域取得的成绩、积累的经验，对我们今后有很强的指导意义。

中国共产党在2017年刚刚召开了第十九次全国代表大会，这次大会对中国教育的发展提出了新的更高的要求，确立了今后教育发展的目标。用一句话说，就是加快教育现代化，建设教育强国，办好人民满意的教育。这就是我们今后的奋斗目标。这将为我们两国的教育合作与交流开辟广阔的前景，也为中日人文交流大学联盟的发展开辟广阔的前景。

我希望中日人文交流大学联盟今后能够行稳致远，为两国经济社会的发展，为两国关系的发展提供更多的机会，创造更多的条件，作出更大的贡献。我想可能要做好以下几件事。

第一，要项目化。我们的合作交流要项目化，即围绕双方教育发展的总体设计与中国的“双一流”计划、日本的“超级国际化大学”计划进行对接，寻找合作的可能，尽可能多地开展一些能够适应双方经济发展需要的合作项目，我想这一点特别重要。没有项目的支撑，合作就是“空中楼阁”。

第二，要专业化。所谓专业化，就是要落实在学科上，落实在专业上。交流和合作往往是在互有需求的同时又能满足各自需求的，对教育来说，这种需求主要体现在学科上，体现在专业上。所以我建议，我们大学联盟在学科建设和专业设置方面，多开展一些有效合作。这对双方的发展是非常有利的。

第三，要落实在学生上。所有交流和合作的服务主体和对象是人，是学生，其得以健康发展的主体也是学生。所以我们要围绕为各自国家培养有用的人才、培养中日世代友好的接班人来推进人文交流，推进教育合作。

第四，要落实在推进两国关系的健康发展上。我们人文交流要促进民心相通，两国的教育合作要推动两国关系的发展，服务于这样一个大目标，多做有利于两国关系发展的事、有利于两国人民民心相通的事，我想合作要在这个角度多使劲、多努力，落实在推动两国关系的发展上，做促进派，做推动者，做践行者。

谱写中韩教育合作新篇章*

我是第一次来汉阳大学，刚才通过和理事长、校长的交流，看到了大学的校训，很受触动。我自己体会，这个学校有四个方面的办学理念值得中国大学学习借鉴。

第一个叫爱之实践。这个理念是爱的教育，它紧紧地抓住了教育的本质，是教育的灵魂。从某种意义上讲，教育就是爱，就是要开发爱心、培养爱心、实践爱心。所以这个理念非常适合当今世界发展需要，适合未来人类发展需要。

第二个叫动力的教育。汉阳大学着眼于韩国经济社会发展，培养合格人才。刚才我看了杰出校友墙，这些人才不仅是汉阳大学的代表人物，更是韩国发展的引擎、动力。所以这个学校有韩国成长动力之称、成长引擎之称。我们办教育，就是要给经济社会发展提供动力，为未来培养引领者、推动者、实践者。如果我们大学都能成为引擎、成为动力之源，我们的社会就会越来越美好。

第三个叫精品的教育。我注意到，汉阳大学在电子工学、计算机软件、能源工程、未来汽车企业、纳米光电子、智能机器人等方面，拥有一批实力雄厚、很有特色的学科。它是汉阳大学的核心精品，是特色所在、精品所在。只有精品学科、精品专业才能生产出、培养出精品人才。所以这所学校，有这样一批钻石级的学科。“钻石级学科”这个概念，我第一次听到，印象很深。这是一代一代汉阳人作出的努力，为这

---

* 在汉阳大学的演讲，2018年3月26日，韩国首尔。

所学校积累下了竞争实力。精品教育，是值得我们学习的。不干则已，要干就干精品，要干就干最好。这是质量战略、质量思维。

第四个叫未来教育。刚才在参观过程中，理事长和校长引领我看了未来的汉阳大学是什么样。我注意到，在材料、医学、电子、汽车、人工智能这些方面，学校都已经有了战略储备。这些战略储备，是抢占未来学科发展战略制高点的重要支撑。所以，从这个角度讲，教育就是经营未来，就是为未来服务的。我们的产品，是人才，而人才是创造未来的。因此，高等教育的资源就是未来，就是创造未来。这也正是中国共产党十九大和我们刚刚闭幕的两会确定的中国教育未来发展的路径，加快教育现代化进程、建设教育强国。如果教育仅仅把眼光盯在当下，这样的教育是低层次的。所以我为汉阳大学的领导者们、汉阳大学的师生有这样的战略眼光、这样深邃的设计和考虑，感到自豪，也为成为汉阳大学的一员，感到自豪。这是四个理念给我的印象。要尽责、要履行使命，就得搞清楚这所大学它的精神所在、精华所在。

要履行使命、履行责任，还要在前人的基础上前进。我也注意到，在中韩教育和国际合作的大框架下，汉阳大学和中国在教育合作方面取得了一系列成就。比如，汉阳大学在中韩建交之前就建立了中国研究的相关机构，建交之后又建立了上海中心、武汉中心，有着专门研究中国的组织保证。再如，汉阳大学和中国的一大批大学建立了合作关系。

还有语言方面的合作。中国的吉林大学和汉阳大学合作举办了孔子学院，办校成绩不错。现在有一大批中国留学生在汉阳大学学习，人员交往、教师的交往、领导层的交往、学生的交往，达到了一定的规模，取得了很好的成绩。

今后怎样推进中韩教育合作、推进中国大学和汉阳大学的合作？我想要做好四篇文章。

第一，做好本体的文章。每一个国家，每一个民族，在自己发展的历史进程中，都创造出了各具特色的辉煌荣耀，教育其实就是文化的融合、文化的交流。因此，文化是教育合作的本体，教育合作一定要做好本体的文章。中韩两国教育合作源远流长。在古代，双方就互有往来。像具有“东国儒宗”之称的崔致远，他就在唐朝得过进士，他的诗集被编入《全唐诗》，编入《四库全书》。这是很少见的。在佛教佛学的交流传播中，我们两国也有很多佳话。从本质上讲，今天我们的合作，就是中韩两国文化合作，要做好多元化的融合和学习借鉴。所以，我们在教育方面，要更多地在文化合作上下功夫。

第二，做好载体的文章。载体指的是语言方面的合作。没有语言的发展，两个不同国家、不同民族之间的教育交流绝对不可能。因此，语言是教育合作的载体。在这方面，我们一直做得很好，我今天来到学校，听到好多人都会说中文，中文系主任说的中文很标准。今天韩国和中国都互称为对方语言的最大需求国，韩语的能力测试和汉语的能力测试，都排在对方国的第一位。所以语言的交流和教学合作特别重要，以后我们在这个方面多下功夫，做好载体的文章。

第三，做好实体的文章。教育合作得多干一些实实在在的事情，合作的实体是学科和专业。离开学科和专业的合作，只是友谊交流是不够的。学科和专业合作是解决具体问题的，是要给各自国家培养人才的，我们要大力发展这种合作。把各自的特色和优势同对方去交流、去合作，把自己的比较优势变成对方的比较优势，一个优势变成两个优势，甚至多个优势，这就叫做好实体的文章。

第四，做好主体的文章。教育合作最终体现在人与人的合作，所以我们要多渠道地促进双方人员往来，包括各个学校之间的合作、学者的互访和合作研究等。特别是做好留学生青少年的教育，这是我们的义务，让这个主体更强大、更智慧。这样，我们的教育合作就有了人格的承担者，就有了活生生的受惠者和实践者。我们两国的教育合作就有了未来。

这是我感到需要做好的四篇文章。通过这样的探索，来为教育的国际合作闯出一条新的路子，摸索出一个新的机制和经验。

发挥好孔子学院的五个功能*

首尔孔子学院和其他孔子学院是不一样的。自2004年成立以来，首尔孔子学院走过了一段不平凡的发展历程。这个孔子学院和其他孔子学院有什么不同？我用“功能”两个字来概括。

在过去的这十几年时间内，首尔孔子学院发挥了四个方面的功能。

一是“探索”的功能。首尔孔子学院是全球第一家孔子学院。它诞生的时候正是我们刚刚进入21世纪的时期，那个时候中国的又一轮高速发展刚刚起步，新一轮对外开放的高潮刚刚来到，我们需要与世界各国加强交流与合作，各国也以惊奇的目光看着进入21世纪的中国，就是在这个时候，首尔孔子学院应运而生，世界第一个孔子学院诞生。所以，它发挥了探路的功能，探索了一条汉语国际化的路子。从此之后，孔子学院发展起来。在以后十几年的发展中，首尔孔子学院既探索了孔子学院这种汉语交流教学模式的发展经验，在世界上供给经验，又探索了在韩国特殊的发展经验，逐步走到了今天。

二是“发现”的功能。发现需求，发现韩国对汉语的需求，发现汉语在韩国的价值。经过你们的努力，现在这个孔子学院越办越好，准确地、充分地发现了人们的汉语需求。刚才我进来看到你们的图片展览，看到孔子学院是“韩流”明星的必到之地，学习汉语是他们的必修功课。这充分反映了你们发现了需求、发现了价值。我认为所有的孔子学院都有一个在本国发现价值、发现需求的问题。只有把这个事解决好，

* 在首尔孔子学院的讲话，2018年3月27日，韩国首尔。

孔子学院才能在本国、在当地发展好。

三是“赋值”的功能。赋值就是给孔子学院和它的教学、语言交流实践赋予价值。赋值的功能十分重要。但是，要通过自己的努力，证明自己的能力，证明自己的价值，证明自己的存在，展现自己的核心竞争力。首尔孔子学院做到了这一点，现在韩国的孔子学院和孔子课堂在亚洲各国是最多的。这些学院实际上都从首尔孔子学院学到了经验，给它们赋予了一种价值。孔子学院也给自己赋予了价值，成为一个品牌、一个象征、一种标志，甚至成为一种欣赏。现在在韩国参加汉语考试的人数居全球第一，在中国参加韩语考试的人数也居全球第一，这个第一就是一种赋值，所以特别重要。

四是“衔接”的功能。把对汉语学习的需求和你们自己的供给衔接起来，供求关系衔接起来。需求是在韩国特定的国度里，韩国老百姓对汉语的需求；供给是首尔孔子学院自身的教学满足需求的能力，以及中国的汉办提供的后方的技术支持能力。首尔孔子学院较好地发挥了这个功能并较好地结合起来，所以才有现在这个局面。

十几年来，首尔孔子学院很好地发挥了这四个方面的功能，这是对孔子学院发展的巨大贡献。我也想提个希望，就是继续发挥好四个功能，在今后还要发挥第五个功能——“创新”的功能。孔子学院在今后怎样创新提高，适应新的需求？怎样让孔子学院作为一种世界性的语言交流组织形式更加健康地发展？作为各国与中国语言交流的特殊组织形式，如何在本国能够健康地发展？要探索新的道路、新的途径，要发挥创新的功能。

这就是我对你们的希望和几点要求，加起来就是五个功能，把这五个功能发挥好，我相信不仅是韩国首尔的孔子学院，全球各国的孔子学院都能发展好。

为中德职教合作再绘蓝图*

中国有句古诗：“相知无远近，万里尚为邻。”自20世纪70年代末中国实施改革开放以来，中德职业教育合作已走过了40多年的不平凡历程。两国在政策对话、校企合作、教学改革、师资培训、学生培养、职教科研等领域，取得了一系列让世人瞩目的丰硕成果。比如，中德联合实施的职教人员联合培养项目，10年（2003—2013年）为中国培养了大批职教骨干教师；中德汽车机电人才培养项目首次将德国五大汽车制造商齐聚同一职教项目开展合作，成为中德合作的一段佳话。中德职教合作不仅推动了两国职业教育的改革创新，也为双方经济社会发展作出了重要贡献。

近年来，中国教育部和德国教研部共同设立中德职教合作联盟，有效整合各类合作资源，进一步提升了中德职教合作的效益和影响力。去年中德政府磋商期间，在两国总理的见证下签署了合作文件，为未来开展相互借鉴、互利共赢的中德职教合作绘制了蓝图。

中国政府高度重视发展职业教育，把职业教育摆在经济社会发展的重要位置。今年年初，中国政府印发《国家职业教育改革实施方案》，中国职业教育进入了大有可为的政策红利期和发展机遇期。在该实施方案中，我们重视参考德国发展职业教育的经验和模式，提出大量推动行业企业参与职业教育的激励政策，就进一步深化中德职业教育交流合作、提升中国职业教育现代化水平，作出了具体安排。

---

* 在中德职教创新对话论坛上的发言，2019年6月26日，德国柏林。

办有贡献的职业教育。随着经济全球化深入发展，各国宏观政策和利益诉求的协调需求更加强烈，无论发达国家还是发展中国家，都需要进一步深化互联互通，联合培养更多高素质劳动者，促进本国经济增长，给世界经济的大海注入活水。中国职业教育将继续坚持面向市场、服务发展、促进就业的办学方向，以互联互通为着力点，打造多元合作平台，保证技术技能人才有效供给，为稳增长、稳就业、防风险提供强有力支撑。将进一步服务“一带一路”国际合作，打造与中国企业和产品国（境）外发展相配套的职业教育模式，为各行各业培养高素质的产业生力军，与世界共享职业教育发展成果。

办有温度的职业教育。“发展教育脱贫一批”是中国政府交给教育领域的重大任务，职业教育在脱贫攻坚中发挥着重要的基础性作用。职业教育扶贫不仅要授技艺、助就业，更要用真心、付真情，让更多人接受内容更好、保障更实、收获更大的职业教育。中国政府决定今年高等职业教育扩招100万人，这是对当前和今后一个时期中国经济社会发展具有重大影响的重要改革举措。我们将以职业教育和培训为抓手，以就业脱贫为导向，完成好相关扩招工作，积极招收初高中毕业未升学学生、退役军人、退役运动员、下岗职工、返乡农民工等接受职业教育，加强企业职工技能培训，提升职业教育民生保障能力。

办有活力的职业教育。密切联系行业企业，直接服务经济社会发展，是职业教育的鲜明特色和持续发展的强大动力。中国将更加注重发挥行业企业作用，引导有条件的企业特别是大型企业积极举办职业教育，培育建设产教融合型企业，传承好专业精神、职业精神、工匠精神，推动职业院校和行业企业形成命运共同体。“双元制”职业教育体系是德国职业教育的名片，也一直是许多国家学习的榜样。今年，我们将重点推动德国院校和企业参与在华举办职业教育，并将突破现有的政策限制，力求在“金融+财政+信用”等方面给予德国企业更多政策支持。希望德国院校和企业能够积极参加试点工作，深度参与在华构建

“双元制”职业教育模式。

办有质量的职业教育。德国职业教育在国际上享有盛誉，为德国制造源源不断地输送着高质量的人才。中国经济社会的发展，对高素质技术技能人才的需求日益迫切，对职业教育提出了更高要求。我们将对接科技发展趋势和市场需求，培育和传承好工匠精神，把提高职业技能和培养职业精神高度融合。我们将建好一批高水平职业院校和专业，开展本科层次职业教育试点，推动具备条件的普通本科高校向应用型转变，深化职业院校教师、教材、教法改革，实施1+X（学历证书+若干职业技能等级证书）制度试点，着力提升受教育者的职业适应能力和可持续发展能力。为加强两国高素质人才培养的师资保障，中德将从今年起实施名为“工匠之师”的职教创新团队培训计划，每年选派中国职教骨干师资到德国系统学习“双元制”，并支持德国培训人员赴华研修。

办有吸引力的职业教育。任何一个国家的发展，都离不开各行各业劳动者的共同努力。德国经济发展的成就在很大程度上要归功于政府对职业教育的大量投入和全社会对技术技能人才的尊重。在中国经济转型发展的今天，优秀的技术工人发挥着不可替代的重要作用，理应得到全社会的重视和尊重。中国政府将大力提高技术技能人才的社会地位和待遇，继续办好职业教育活动周等活动，宣传展示大国工匠、能工巧匠和高素质劳动者的事迹，推动形成人人皆可成才、人人尽展其才的良好氛围。

开放是国家繁荣的必由之路。中国开放的大门不会关闭，只会越开越大。职业教育作为与经济社会联系最为紧密的教育类型，在开放的进程中肩负着重要的使命与责任。回顾过去，中德职教合作已经走过40多年的历程，硕果累累；面向未来，中德职教合作面临更加广阔的空间，值得期待。中德职业教育交流合作必将迎来更加辉煌的新篇章！

教育随讲录

Jiaoyu Suijianglu

三

陈宝生◎著

中国教育出版传媒集团
人民教育出版社
·北京·

目 录

培养什么样的人，办什么样的大学*

“实现中华民族伟大复兴，教育的地位和作用不可忽视。我们对高等教育的需要比以往任何时候都更加迫切，对科学知识和卓越人才的渴求比以往任何时候都更加强烈。”全国高校思想政治工作会议上，习近平总书记的重要讲话在教育界引起强烈反响。

面对“培养什么样的人、如何培养人、为谁培养人”“办什么样的大学、怎样办好大学”这两个根本性问题，中国高等教育怎样作答？如何应对挑战与现实问题？一连串问题摆在了教育部党组书记、部长陈宝生面前。他对中国高等教育的现状有着怎样的观察，对改革发展有着怎样的思考？围绕这些问题，记者专访了陈宝生。

对高等教育发展现实，要多一些警醒、反思和忧患

记者：全国高校思想政治工作会议为我国高等教育指明了方向。你怎么看待当前高等教育的历史特征？

陈宝生：习近平总书记在全国高校思想政治工作会议上的重要讲话，深刻阐释了我们党对高等教育发展规律的新认识，全面回答了“培养什么样的人、如何培养人、为谁培养人”“办什么样的大学、怎样办好大学”两个根本性问题，是一篇指引办好中国特色社会主义大学的纲领性文献。今天的高等教育改革发展具有许多新的历史特点，把握这些特点才能进一步认清高等教育在党和国家事业全局中的地位

* 接受《光明日报》记者专访，《光明日报》2016年12月29日第1版、第9版。

作用、目标任务。

一是供求关系在变。高等教育大众化深入发展，很快就将进入普及化阶段，人民群众对优质高等教育的需求越来越大，对多样化、个性化高等教育的呼声越来越高。二是外部需求在变。新的世界科技革命和产业变革方兴未艾、频率加快，国家进入全面建成小康社会决胜阶段，高校必须在人才和智力支撑等方面发挥更大作用。三是国际竞争环境在变。我们已经从“仰视”国外高水平大学逐步转化为一种平等交流、合作竞争的新关系。有的高校已经从跟跑进入并跑阶段，并在某些领域具备了领跑的态势。我们的舞台是国际舞台、坐标是国际坐标、标准是世界标准，这给我们带来了历史性挑战。四是教育对象在变。我们面对的是世界上最大的独生子女群体和最大的网民群体，他们的价值观念、思维方式、学习方式、交往方式与以往大学生相比有了很大变化。我们熟悉的教育理念、管理方式、人才培养机制、培养模式、教学内容和方法，都迫切需要作出改革和调整。五是资源条件在变。2012年以来，我国财政性教育经费在国内生产总值中的占比为4%以上，今天教育可以调动的资源，是历史上从没有过的。

记者：“培养人”和“办大学”这两个关键问题，需要具体转化为办学理念。

陈宝生：要回答好这两个根本性问题，我们要结合存在的突出矛盾和问题，多一些警醒、反思和忧患，进一步明确和完善发展理念。对此，我有五点体会。

一是教学决定生存。学校为教学而建，离开教学，校长不是校长、教授不是教授、大学不是大学。二是科研决定水平。教学出题目，科研出文章，成果进课堂、“上战场”。很大程度上，教学的水平、服务的水平、国际的影响，基础在科研。科研水平上去后，还要开展两项服务：科研成果进课堂，服务于教学和育人；大力推进科研成果转化，服务于国计民生，形成良性循环。三是服务决定地位。要让政府重视教育、社会尊重教育，首先要做出事来、做出成绩来。四是质量决定兴衰。有质量才有核心竞争力，才能吸引一流的教师、学生、留学生和社会资源。五是制度决定成败。制度就是中国特色的社会主义大学制度，其中最根本的就是党对高校的领导。在这个框架下，要进一步建立和完善现代大学制度和校内具体规则，提高办学效率。

立德树人，要落实到提高教育质量上

记者：“高校立身之本在于立德树人”，但我们观察到，在实际工作中，一些地方和高校对此多少有些停于口号、止于宣传。

陈宝生：我们说教育要回归常识、回归本分、回归初心、回归梦想，归根结底，就是要坚持立德树人这一根本任务。

立德树人要落实到学生健康成长上。要认真研究教育对象特点。这一代大学生数量越来越多，人生目标更加多样，价值观更加多元，接受新思想新知识的渠道更加多面，大学生活更加多姿多彩。面对这样的大学生，我们要更加重视因材施教，真诚突出学生主体地位，着眼于学生的健康成长，改进教育教学方法，激发每一名学生的优势和潜能。要强化教育教学与现代信息技术的深度融合，推进教育教学方式变革，提高教育教学实效。

立德树人要落实到教师教书育人上。教书育人是教师的第一要务。目前大学教师队伍总体是好的，但也存在一些问题，比如：有些年轻教师、海归教师对国情的了解不是那么深入；有些教师缺少相关教学能力的专门训练；有些教师重科研轻教学，有的教授只挂帅不出征、由助手代为讲课；也有个别教师师德有亏，作出越过底线的事情。为此，要大力加强师德建设，通过改进评价体系，强化激励措施，奖惩并举、奖优罚劣，引导和激励教师坚持教书和育人相统一、言传和身教相统一、潜心问道和关注社会相统一、学术自由和学术规范相统一。要重视提升教师教学能力，通过开展培训、加强交流观摩、充分发挥教研组作用、鼓励开展教学研究等方式，引导教师把主要精力用在教学上。

立德树人要落实在提高教育质量上。中国高等教育已经进入提高质量、促进公平、优化结构、改善环境的新阶段。抓质量，就要抓责任、抓标准、抓激励、抓评估。我们要给高校充分的自主权，高校也要强化质量意识，肩负起抓质量的责任。质量是有标准的，没有标准就没有质量，教育部将出台专业质量标准，高校要基于标准甚至高于标准培养人才。标准是底线要求，高于标准才是先进水平。

记者：高校如何才能承担服务国家这一使命？

陈宝生：从根本上讲，我们不是为了办大学而办大学，而是要扎根中国大地，为社会主义现代化建设服务，为人民服务，在服务中体现价值追求。

这些年来，高校为国家培养了一亿七千多万名受过高等教育的各种人才，他们中间的优秀代表已经做出了许多举世瞩目的标志性成果，像“两弹一星”、载人航天、高速铁路等。

当然，我们也注意到，有些高校的同志还安于闭门办学，缺乏服务国家、服务社会的主动性，对大规律不理解，对大逻辑不清楚，对大趋势不敏感。要知道，把握住社会需求，服务好国家需要，高校发展才有目标、有动力。而增强服务国家的意识，关键是要主动与国家战略对接。国家战略是导向，高校的同志们要认真学习国家大的战略、规划、部署，结合学校实际和社会需求明确学校的定位，谋划学校的发展。比如，国家“十三五”规划我们对接得怎么样？全国科技创新大会、哲学社会科学工作座谈会、全国卫生与健康大会等重要会议，我们是否领会了其中对高等教育提出的要求？再比如“一带一路”，高校就要去研究，国家倡议的要旨是什么，相关国家有什么特点和需求，我们在语言培训、课题攻关、相关类型人才培养等方面能发挥什么作用。这样，我们才能把握机遇，发展自己，贡献国家。

没有高质量的本科，就建不成世界一流大学

记者：在对这两个问题的求解中，与“培养人”密切相关的思政工作至关重要。我们在调研中发现，在一些学校无论思政课老师怎么用心讲解，总有学生不感兴趣或刻意抵触。

陈宝生：高校要培养和造就全面发展的社会主义合格建设者和可靠接班人，就要理直气壮地用马克思主义占领教育阵地，提高战斗力。

一是要教师、学生两条线并进。要根据不同教师的特点有针对性地开展工作。对于老教授、老专家，要充分发挥他们在承载、传承学校精神、校园文化中的积极作用；对于青年教师，要重点把握好入门关、培训关和考核关。学生思想政治工作的重点在于教化，就是以理服人、以情动人、以文化人。要结合他们初步具备了逻辑思维能力但理论认知相对薄弱的特点，提高思想政治工作的针对性和实效性，引导学生运用正确的立场、观点和方法。高校领导要亲自讲思政课，这样才能体察一线教师的困惑和问题，摸清思想政治工作的规律，找到改进方法和途径。

二是要把握好课堂、教材和网络。要明确教师课堂教学的政治底线，建立健全课堂教学管理体系，确保课堂意识形态安全。教材体现国家意志，要从培养社会主义合格建设者和可靠接班人的高度抓好教材建设，把好进口教材关，切实加强教材建设的意识形态安全。网络是当代大学生重要的成长环境、学习工具和交往方式，这给学校的管理，尤其是思想政治工作带来了重大挑战。我们要用正确、积极、健康的思想文化占领网络阵地，防止一些人利用网络传播错误的思想和信息。

记者：培养好人、办好大学，教学至关重要。但我们在采访中却听到不止一位老师的吐槽——现在“教学成了良心活，科研才是硬杠杠”。

陈宝生：教育者的本分是教学，要回归教学这个本分。提高教学水平，基础在本科。没有高质量的本科，就建不成世界一流大学。

近年来，本科教学工作开始升温，但仍有较大提升空间，在本科教学上一定要舍得用力、下足功夫。高校领导不抓教学，不是失职就是渎职，至少是不称职。要时常问问自己，听了多少课，接触了多少师生，研究了几次教学工作，对教学工作是否心中有数。提高教学水平，完善业绩评价和利益导向机制、优化资源配置、提高资源使用效率也很重要。这些年，国家拨了那么多钱，有多少钱是真正用在教学、人才培养上的？今年，国家专项支持中央高校搞教育教学改革，这笔钱是怎么用的？是否用出了成效？据我所知，这笔钱下拨后，高校更加注重课程内容建设、教师教学能力的提升和教学制度化建设，但也有个别高校领导对此不了解，工作做得不到位。

记者：再有就是大家都很关注的“双一流”。曾有大学校长无奈地说，进入“双一流”意味着得到重磅支持，大家都在疯狂挖专家。这会不会引发无序竞争？学校该怎么对待“双一流”？

陈宝生：“双一流”是一个重点建设项目，要出人才、出成果，但更是改革项目，要考虑教育理念的转变，实现以投入换机制、以建设换模式。“双一流”建设也是一个效率计划，是冲一流的，这是国际上高等教育发展的一个趋势。“双一流”的逻辑起点是“985工程”“211工程”，在布局时，前期要注重存量微调、增量优调，中后期要突出绩效考核、动态调整。先一步进入“双一流”建设的高校要有改革意识，确保在人才培养、科学研究、成果转化、内部管理等方面为其他高校探索经验，发挥示范带动作用；要有竞争意识，“双一流”身份不是固化的，要讲究建设效益。暂时没有进入的也不要气馁，动态管理就意味着机会。各学校要把精力集中在改革发展中，不应把精力放在追名逐利上。

谈教育公平*

记者：部长，我们是带着很多网友的提问来的。他们有的留言，也有的留视频，希望部长在这儿给大家答疑解惑。我们先来看一个网友的视频提问，这是一个孩子的家长，我们来看看他会带来一个什么样的问题。

北京某家长：部长您好，我现在想问的问题是，如何能够解决目前公立幼儿园虽然收费比较低，但是入园比较难，私立幼儿园虽然入园比较容易，但是收费比较高的问题。因为对于二孩家庭来说，孩子在教育方面的成本较高，国家怎么能够帮助家长解决这方面的困难，这是我目前比较关心的问题。

陈宝生：我们特别想解决这个问题，但是解决这个问题需要一个过程。现在公办园全国约有86 000所，就这么多。而民办幼儿园，现在有150 000多所。我们现在入园的儿童，一半以上到民办幼儿园入园。而民办幼儿园，老百姓反映一方面收费高，另一方面教育质量不稳定，不是不高，是不稳定。

记者：良莠不齐？

陈宝生：对，不均衡，良莠不齐。公办这一块我们想的是支持动员一些公办单位，新建一批幼儿园，改扩建一批幼儿园。还有一个办法就是继续支持、扶持民办幼儿园发展，但是发展的方向是走普惠的道路。所谓走普惠的道路就是面向大众，收费合适，质量合格。政府会给一定

---

* 接受“部长之声”专访时的对话，央视新闻客户端，2017年3月7日。

的扶持。

其实我们发展学前教育，最大的短板是师资的缺乏。我们现在在园的孩子大概4 500万人，老师（专任教师）只有240万人左右，这是严重短缺的，所以我们需要加大培训的力度。同时，还需要增加一些购买服务，利用这样一些办法，把幼儿园的教师问题、保育员的问题、保健员的问题解决好。

估计到“十三五”末的时候，我们学前三年的幼儿入园率将达到85%。85%是什么概念？达到85%就是中高收入国家的水平。我们2016年达到77.4%，就已经超过中等收入国家的水平（73%）了。做到这样一个成绩，是各方面共同努力的结果，很不容易。但是我们还是想用“洪荒之力”来解决孩子父母亲、爷爷奶奶高度关注的这个问题，党中央、国务院高度关注的这个问题。

记者：前几天我看到一个新闻，说北京有一个家长花了900多万元，买了一个39平方米的学区房，算下来，每平方米20多万元，而且非常抢手，手慢了还抢不着这个房源。

陈宝生：学区房问题，是“择校热”的副产品。“择校热”是在义务教育普及，人们有学上之后，想上好学校，接受更优质教育需求的客观表现。资源稀缺，就得采取各种办法来实现自己的目的。所以，校区房、学区房问题就出现了，而且这种房子、这种价格也市场化了，有的还可以经营，可以再出售。

所以，对我们教育人来说，这个问题带来了社会对我们的误解，也给我们带来很大的压力。所谓误解，就是有人认为校区房是教育带来的。其实它是副产品，“择校热”的副产品，“择校热”是人们想上更好的学校，接受更优质教育的一种必然表现。所谓压力，就是老百姓有学上之后，我们有义务给老百姓提供接受更好的教育的机会。这是个使命，我们有这样的责任，而我们做得不好。

2014年，教育部多措并举，用综合治理的办法来啃这块“硬骨头”。多校划片，这是突破口。热点学校、优质学校教育资源按一定的标准和规则，大致均衡地分给这个城市的每个片区。从现有资源均衡分配着手，解决机会公平的问题。这几年的工作经验证明，资源配置均衡了，“择校热”才能逐步降温，才能解决这个问题，我们才能保证每一个孩子受教育的权利，保证他们竞争机会的公平。到2016年，这项改革、这项措施，基本取得了成功。“择校热”已经显著降温，但还没有完全解决。下一步，我们要在均衡上下功夫。

记者：您感觉“择校热”是显著降温了，但是几乎天价的学区房，您感觉这个温度降下来了吗？

陈宝生：只要这项改革推进下去，它就会降下来，因为它是副产品。

记者：最后一个大问题就是有关高考改革的。去年各地已经陆续出台了高考改革的方案，考试的模式、招生的方式都将会有变化。能不能先给我们介绍一下，正在试点改革的城市，现在进展到哪一步了？

陈宝生：高考招生制度的改革、考试招生制度的改革，必须慎重地考虑。因为稍有不慎，它就会引起颠覆性的危机，就会影响一代学生一生的命运。我们高校考试招生改革，先在上海、浙江进行试点。教育部也是紧密追踪的，因为我们把希望寄托在这两个地方。

这两年下来，一是在带动高中改革方面取得明显的成效，因为它改了，高中的课程体系、办学方式、考试、考核等，和高考相关的这一套系统，整个都得改，它带动了高中的改革。二是它加强了学生的社会实践。三是在高中阶段学业水平的考核方面探索了新的路子。大多数省级行政区都已经出台了高考改革的方案，但这两个省市——上海和浙江，今年就要落地，然后就可以全面推广了。

记者：推进得还算顺利吗？

陈宝生：很顺利。今年我们要在这两个省市高考招生制度改革决战决胜的基础上，总结经验，把2017年的高考实施好。

记者：还有三个月2017年高考就到了，所以大家很关心今年的高考有什么新的亮点。

陈宝生：今年的高考工作，第一，抓好上海、浙江的高考招生制度改革，总结经验，为全面推广做好准备。第二，今年的高考招生改革，要做到这么两点——一是确保安全，考试过程的安全和招生信息的安全，这两大安全非常重要；二是今年我们准备在北京、天津、山东、海南这四个省市，开始进行高考招生制度的改革试点，探索一些新的路子。这样，经过三五年时间的努力，我们能够建立起一个分类考试、综合评价、多元录取的高等教育考试招生制度体系。同时，也能够在这个基础上，搭建起各个学段、各类教育互通互认、互相转换的终身学习的立交桥。当然，这个过程是渐进的。教育改革是有生命周期的，它是渐进式的，大体上三年一个周期。

这就是我们今年高考招生制度改革和今年高考的一些想法。我们还是有信心的，这算是我们的一个小目标。

记者：希望这个小目标能够尽早实现，谢谢部长今天接受我们采访！

就“教育改革发展”答两会记者问*

陈宝生：这是我到教育部工作后第一次参加记者会，因此我把今天的记者会看作一场考试。各位就是出题的老师，也是阅卷的老师、监考的老师，我就是答卷的学生。希望今天的这场考试是一场素质教育的考试，不是应试教育的考试。

问答一：乡村教师——“要下得去、留得住、教得好”

新华社记者：刚才陈部长提到考试和教师的问题，我想替乡村教师问一个问题。大家都知道，区域经济发展不平衡，以及城乡的二元分割导致乡村教师难招难留。此前，国家出台了《乡村教师支持计划（2015—2020年）》。请问陈部长，这个政策实施的效果怎么样？下一步，我们还会出台哪些举措，来解决这些乡村教师的后顾之忧？

陈宝生：谢谢你提了一个很好的问题，为我们乡村教师代言。我们国家现在有300万名乡村教师，他们是我国基础教育的脊梁，尤其是我们农村孩子成长的园丁。2015年国家出台了《乡村教师支持计划（2015—2020年）》（本篇下文简称《计划》），这个《计划》是我们共和国历史上第一个关于乡村教师队伍建设的计划，意味着乡村教师队伍的建设已经上升为国家战略。《计划》实施以来，教育部采取了一系列措施，加强乡村教师队伍的建设。由于历史原因及经济社会发展不平衡，乡村教师短缺问题非常严重，集中表现在三个方面，教育部也围绕这三

*《中国教育报》2017年3月13日第1版。

个方面出台政策和措施，加强乡村教师队伍建设。

一是要“下得去”。乡村教师短缺的突出表现是“下不去”。《计划》颁布以后，深入实施“特岗计划”，在全国范围内招收毕业生到乡村工作，这是专门针对乡村教师队伍建设的。这在一定程度上缓解了乡村教师短缺的问题。连片特困贫困地区和265个连片特困贫困地区之外的省贫县都纳入了这个范围。

二是要“留得住”。下去了留不住，干一段时间就走了，“特岗计划”也有这个问题。解决“留不住”这个问题，主要有三招。第一招是中央财政投入了52.53亿元资金，有8.1万所学校的近130万名乡村教师受益。主要是提高补助，让他们在乡村从事教育劳动得到相应的补偿，大体上人均每月300元。一些省财政拿出资金投入，标准比较高，最高的每月1 500元。第二招是在全国建了40万套周转房，为乡村教师、特岗教师建周转房，让他们住在条件比较好的地方，能够安心在那里工作。第三招是提高他们的荣誉。我们向106万名在乡村从教30年以上的教师颁发了荣誉证书，这在共和国历史上是第一次。这么大规模地颁发荣誉证书，就是想通过这样的精神奖励，营造教师在乡村从教光荣的浓厚氛围，让他们有职业的荣誉感。这是解决“留不住”的问题。

三是要“教得好”。解决“教不好”的问题，主要靠质量提升。我们采取一些措施鼓励水平比较高的校长、教师向乡村流动，有经济措施，也有保障条件的措施，鼓励他们流动。还有一个措施是培训，培训的关键是学校得有一个好校长。这两年，教育部培训校长380万人次，不断给他们培训，让他们提高管理和教学水平。好的校长带着一帮教师，乡村教学水平才会逐步提高。下一步，我们要继续贯彻落实好乡村教师支持计划，同时还要解决一个问题，就是尽可能向村小和教学点倾斜，统一城乡教师编制标准。另外，要下功夫解决好“长不高”的问题。所谓“长不高”的问题，就是要从制度上解决乡村教师评职称等职业发展问题。做好制度安排，经过一段时间，我们乡村教师短缺的问题就会得到较大缓解。

问答二：高校思想政治工作——“给大学生修筑起一座‘承重墙’”

《人民日报》记者：一直以来，我国高校思想政治工作的短板在于缺乏针对性与亲和力，难以满足学生成长的需要和社会的期待。请问陈部长，在全国高校思想政治工作会议召开之后，教育部下一步在加强高校思想政治工作方面，工作重点将是什么？

陈宝生：2016年12月7日，党中央在北京召开了全国高校思想政治工作会议，习近平总书记出席会议并发表了重要讲话。为什么会开这样一个高规格的会议？正如你刚才讲的，我们高校的思想政治工作正处在一个转折阶段。高校思想政治工作存在的主要问题是亲和力不够、针对性不强。我们面临的任务就是怎样进一步加强和改进思想政治工作，能够真正为高校大学生的成长助力，为他们加油，为他们“美容”。我们到高校去调研，思想政治理论课抬头率不高，人到了心没有到，什么原因？内容不适应他们的需要。主要可能是“配方”比较陈旧、“工艺”比较粗糙、“包装”不那么时尚，所以亲和力就差了，抬头率就低了。

所以，怎样改进和加强高校思想政治工作是这次会议关心的重点问题，也是我们高校需要解决的重大问题。怎么解决？

第一，理论和实践相结合。要引导大学生学习党的基本理论。要把这种学习注入实践的活力，充分运用实践中群众的丰富创造。要和实践结合起来，让他们感受到这个理论是来自实践的，能够指导当代中国的实践。理论和实践相结合，只有这样我们才能筑起一个“同心圆”。

第二，育德和育心相结合。以社会主义核心价值观为统领，对大学生加强道德教育、法治教育，让他们能够在学校健康成长。同时，引导大学生学习传承中华优秀传统文化、革命文化、社会主义先进文化，帮助他们健康成长，修身养性。要把育德和育心结合起来，让他们成长为健康的人、全面发展的人。也就是说，通过思想政治工作、通过这样一种教育，给大学生修筑起一座“承重墙”，将来走向社会能够承重，能够经得起各种考验。

第三，课内和课外相结合。课堂内一定要改革思政课的内容、授课方式。内容没有针对性、授课方式不适应，学生就不爱听。简单举个例子，像我们这一代人，当过农民、当过知识青年、当过工人，经历了那么多的风风雨雨。我们上大学后，思政课一开始讲生产力、生产关系，我们能理解。现在的学生高中毕业进了大学，校门对着校门，一开始就讲生产力、生产关系，经济基础、上层建筑，他们会很茫然，理解不了。所以，课堂内要改革，我们今年要打一场提高思政课质量和水平的攻坚战。课堂外，要加强校园文化建设，举办丰富多彩的文化活动，让大学生浸泡在文化中成长。我想，这样就能够给他们建立起思想交流的“立交桥”，思政课肯定能够得到改善。现在已经出现了这样好的势头。

第四，线上和线下相结合。线上就是运用好信息化手段，运用好网络阵地，给大学生们输送正确的营养、健康的营养。线下就是要通过各种制度安排和健康的活动载体，让他们充分发挥自身的积极性、创造性，健康成长。

问答三：教育扶贫——“由‘大水漫灌’改为‘精准滴灌’”

中国教育电视台、中国教育网络电视台记者：3月8日，习近平总书记在参加四川代表团审议时，提到凉山州“悬崖村”，让人感到特别揪心。同时，强调做好扶贫工作要精准发力。请问陈部长，下一步我们在教育扶贫工作上将如何精准发力？

陈宝生：习近平总书记对四川凉山州“悬崖村”的关心，充分体现了他对人民深厚的情怀。教育部专门派出调研组，赴这个地方进行深入调研。

“悬崖村”这个地方的贫困孩子为了求学，爬上爬下，每天在危险中行进，我们感到非常羞愧，我们没有解决好这个问题。从另一方面说明，打赢脱贫攻坚战对教育具有非常重要的意义。打赢脱贫攻坚战是全面建成小康社会的重要内容，是最关键的一招。从目标上讲，叫“两不愁、三保障”，就是不愁吃、不愁穿，保障义务教育、基本医疗、住房安全，这就是“吃穿教医住”。五个字中，“教”字在中间，它具有基础性、先导性、根本性的作用。所以，我们围绕打赢脱贫攻坚战做了几件事。

第一，制定一个规划。由教育部牵头，国务院六个部委联合颁布了《教育脱贫攻坚“十三五”规划》，围绕“吃穿教医住”这五个方面，定了这样一个规划。

第二，着力实施“两个转变”。一个转变是从单纯扶贫转向综合扶智。过去我们也扶贫，就是单纯解决扶贫问题。现在重点扶智，扶贫先扶智，通过发展教育，割断贫困代际传递。另一个转变，就是由“大水漫灌”改为“精准滴灌”。过去水龙头一开“漫灌”过去了，现在要“精准滴灌”。

第三，重点解决三个问题。一是解决辍学、失学的问题，就是“控辍保学”。我们已经全面普及了九年义务教育，2016年，全国有1.4亿多名义务教育阶段的学生，义务教育巩固率是93.4%，一些孩子还没有完整接受义务教育，所以辍学、失学这个问题要解决。二是解决“读书无用论”问题。“读书无用”的观念在贫困地区的影响比较大。一些家长认为，孩子认识几个字就行了，早点干农活，出去打工。三是遏制贫困农民和普通农民在教育上差距拉大的趋势，要解决这个问题。这三个问题是总书记关心的问题，也是我们现在农村贫困地区教育面临的三个突出问题。第一个问题实际上是一个规模问题，是一个义务教育入学的问题，数量的问题；第二个是质量问题，我们要提高它的质量；第三个问题是公平的问题。

就措施来说，一是钱的问题。要加大投入力度，从基础建设到学生资助，向贫困地区、贫困家庭倾斜。二是把数统计准一些。贫困地区各个学段，小学、初中、高中、大学各有多少人口，它的需求是不一样的，要进行分类帮扶、精准扶贫。三是把事做实一些。比如说经过三五年努力，让教育基本公共服务在贫困地区建档立卡的贫困户实现全覆盖，做到这一点是了不起的事情。还有各个学段，从小学到大学，从入学到毕业，实现全程资助。把这些做到，就会有很大的改善。再比如继续实施支援中西部地区招生协作计划。2016年，安排协作计划20多万人。如果一所高校每年在中西部地区招2 000名左右的大学新生，按照这个数据来看，相当于在西部建了100所大学。我们要继续实施在农村贫困地区重点大学招生专项计划，提高招生比例。这是促进公平的重大举措，也是把事做实一些。四是把人加强一些。所谓把人加强一些，就是专门干脱贫攻坚战的人要强一些。这有两项措施，一是教育系统参与脱贫攻坚战的人要抽精兵强将，到一线去打仗；二是积极争取财政支持，组织高校、教育单位对口帮扶，吸引社会力量参与扶贫，运用信息手段提高教育脱贫效果。我相信这四件事这样做下来，《教育脱贫攻坚“十三五”规划》的目标一定能够实现。

问答四：人才竞争——“规范正常的人才交流，不要搞恶性竞争，不要恶意挖人家的墙脚”

《光明日报》融媒体记者：一段时间以来，出现了一些重点高校到处高薪挖人的恶性人才竞争现象，有的甚至还开出了数百万元的年薪。我注意到您最近在一次会议上也呼吁东部高校要对中西部高校手下留情。除呼吁之外，教育部有没有制度层面的阻断措施？

陈宝生：谢谢你提的这个问题。因为你提这个问题等于对我前几天的呼吁给予了声援，你的关心对我来说是一个支持，非常感谢。

这个问题由来已久。改革开放以来，先是发生在经济领域，然后是科技领域，再到教育领域。党和政府为解决这个问题采取了很多措施。西部的人才成长和使用的环境有了很大改善，教育系统也采取了很多措施，支持西部地区培养当地能够“留得住、用得上”的人才，支持西部地区从东部地区引进人才，支持东部地区向西部地区输出人才。

尽管这样，西部地区以及东北地区高校人才外流的趋势总是遏制不住。每过一段时间就会形成一个高潮，蔓延开来，这实际上对西部和东北地区来说是在“抽血”。因为打脱贫攻坚战有一个词叫“造血”，要实施“造血机制”。“造血机制”就是提高人的素质，就是要有人才。你把人家的人才挖走了，不是“抽血”吗？我说你挖人家的人才，实际上是在挖人家的命根，所以我们希望东部高校手下留情。

当然，仅仅靠手下留情的呼吁是不够的。正如你刚才讲的，教育部为解决这个问题，逐步作出了一些制度安排。2月份，我们已经发了一个通知，要求东部高校对人才引进作出规范，薪酬条件都要作出规范，在薪酬条件等方面不能搞恶性竞争。我们第一步先通过这样的办法，遏制恶性竞争。

同时，各高校要对人才聘用合同、契约加强管理，对引进各种人才加强规范，让他们遵守契约，在约定期内不要跳槽，得按契约办事，不然就恶化了人才流动环境。我们有一些人就是这样，不断地今天跟甲方谈，明天跟乙方谈，后天跟丙方谈，营造对自己利益最大化的流动环境，这不行。

下一步，在今年2月份出台的规定的基础上，引导各高校形成联盟，制定公约，对薪酬等条件大体上作出规范，目标是遏制恶性竞争。人才竞争是遏制不了的，但恶性竞争是可以管理的。要规范正常的人才交流，不要搞恶性竞争，不要恶意挖人家的墙脚。从教育部的角度讲，也要改变一些评价机制。用评价机制作为指挥棒，使我们的高校下功夫练内功，自己培养人才，从海内外吸引人才，而不要浪费人才。

问答五：职业教育——“既需要培养‘爱因斯坦’，也需要培养‘爱迪生’，还需要培养‘鲁班’”

中央电视台、央视网、央视新闻移动网记者：我问的问题是关于职业教育的。工匠精神已被写进政府工作报告，我们非常欣喜地看到，大国工匠们受到社会各界的高度认同。大国工匠都是从最基础的工人成长起来的，现在我们国家的职业教育还处在有很多问题的阶段。请问陈部长，我们的职业教育下一步应该怎样发展来适应新形势下的变化？国家是否有相关制度上的设计？

陈宝生：这几年由于央视播出一个专栏节目，我们国家开始流行两个词，一个叫作“大国工匠”，另一个叫作“工匠精神”。这两个词都和职业教育关系非常密切。职业教育是我们国家教育的重要组成部分。大家可以到福州去看看马尾船政学堂，那是150年前建的。它的办学理念、教学方法、管理制度，放在今天的职业学校里面都不落后。所以，职业教育在中国已经成长了很长时间，有了坚实的历史基础，现在又有着急迫的现实需求。为什么？我们国家经济社会发展已经进入一个新的历史阶段和新常态，进入了以供给侧结构性改革为主要内容的结构大变动的时代。这个阶段加上新科技革命的兴起，加上我们国家制造业的快速发展，对职业教育的发展提出了急迫的要求，要求我们为现代化建设提供大量的、大规模的技术人才支撑。也就是提供两个公共产品，一个公共产品是在全社会通过职业教育弘扬工匠精神，另一个公共产品是提供大量的大国工匠。这就是我们的历史任务。

这些年来，中央对职业教育作出系统的顶层设计和安排。我们有职业教育法，我们召开过全国职业教育工作会议，作了全面安排。现在，职业教育每年培养近千万名毕业生，源源不断地支撑国家的经济发展。这是作出的贡献，但是我们还不适应。不适应在什么地方？不适应在我们的办学理念。就社会的理念来说，大家希望上普通高校，不上职业学校，还是重普通教育、轻职业教育。这是理念方面的。我们还存在一些教育教学方面的问题，就是重课堂教学、轻实践能力的培养。教学和实践“两张皮”，课堂上学的不会熟练操作。在内容建设方面也有这样的问题，内容比较陈旧，讲的还是过去的技术，学生学了去就业，这个技术是过时的，没有用。所以，要解决这些问题，促进职业教育健康发展。

一定要采取有效的措施。我们采取了几条措施。第一，发布《制造业人才发展规划指南》。根据这个指南，加快人才培养。第二，发布脱贫攻坚规划。根据脱贫攻坚规划，每一个贫困家庭培养一个人，让他掌握一门技能。第三，促进产教融合。我们有一句形象的话，把专业建在产业链上，把学校建在开发区里。只有把专业建在产业链上，才能了解产业发展的现状；建在开发区里，才能知道开发区人才需求的动向，知道需求，才能提供供给。第四，促进校企合作。也就是学校和企业合作办学。企业的技术人员可以到学校去当老师，学校的老师可以到企业去工作一段时间，建立一种“旋转门”机制。按照这种办法发展下去，就可以促使校企一体，建立自己的人才培养基地，特别是大企业。第五，加强师资队伍的建设。我们称之为“双师型”队伍，既可以操作又可以教学，有的来自工厂，有的来自学校，但他是“双师型”的人才，对于提高教学质量非常重要。第六，要作出制度安排。这个制度安排就是我们要修订职业教育法，目的是引导整个社会转变观念，对职业教育高看一眼、厚爱一分，把职业教育看成孩子人生发展中一个非常有前途的选择和途径。第七，在制度上解决现在职业教育和普通教育相分离的状况。也就是建起一个“立交桥”。在职业学校上学的学生想上普通学校，可以转过去，二者可以在一定的节点上实现转换，搭起一座“立交桥”。同时改变考试制度，目前，普通高校先录取，然后职业学校再录取，好像职业学校低人一等。要改变这种局面，就要从制度上作出安排。

总的来说，我们国家教育的发展，建设教育强国，职业教育非常重要，和普通教育一样，是我们国家实现现代化重要的智力保障。我们既需要培养“爱因斯坦”，也需要培养“爱迪生”，还需要培养“鲁班”。

问答六：义务教育年限——“是不是要延续，要看发展；是不是要免费，要从初级阶段的实际出发”

《湖北日报》全媒体记者：最近几年对于义务教育的年限问题，社会上有两种声音，一种是倡议向下延伸，向学前教育延伸；另一种是建议向上，向高中阶段延伸。请问陈部长，现阶段国家有没有延长义务教育年限的考虑？如果有，是向下延伸还是向上延伸？您怎么看目前一些地方正在实施的15年免费教育？您觉得这是否意味着这些地区延长了义务教育？

陈宝生：义务教育是我国一项非常重要的基本教育制度。义务教育是向上延伸，还是向下延伸，这要依法确定，是国家事权。义务教育有一些特征。第一个特征是强制，第二个特征是普及，第三个特征是均衡。所谓向下延伸，就是把学前三年教育纳入义务教育；所谓向上延伸，就是把高中教育阶段纳入义务教育。这样从强制的角度会带来很多的问题，我们现在还不具有这样的社会基础、社会共识。

义务教育是法定的。我们国家这么大，九年义务教育普及时间还不长，还是低水平的，现在打脱贫攻坚战，在中西部地区义务教育均衡发展方面还面临很多问题。也就是说，向上、向下延伸的基础还不牢靠。从国际经验来看，大部分国家义务教育是九年制，这是有一定道理的。另外，从孩子的成长和个人选择来看，增加或保持一定的个人选择、家庭选择，对孩子成长是有好处的。所以，现在我们还不具备这样的条件。什么时候具备、什么时候延伸、向下延还是向上延，那要看以后的发展，让发展回答你的问题。

至于刚才提到的，有一些地区实行15年免费教育，概念非常明确，这是免费教育，不是义务教育。因为义务教育要通过立法来解决，他们实行的是免费教育。在民族地区实行一些免费教育，这是对民族地区发展的支持，是对民族教育的一种关怀。如果其他地方实行免费教育，是他们从实际出发，有财力支撑，当地党委、政府可以从实际出发考虑。我们认为，现在我国还处在社会主义初级阶段，这个阶段办任何事情都要从初级阶段这个最大的国情出发来考虑，我们不办那些超越发展阶段的事情。办了超越发展阶段的事情，巩固不了，最终会损害教育事业的发展。所以，免费和义务是有区别的。是不是要延续，要看发展；是不是要免费，要从初级阶段的实际出发，量力而为、精准发力、保障公平。

问答七：留学回国潮——“中国经济社会的发展为留学生回国创业提供了动力，创造了条件”

广东广播电视台和触电新闻客户端记者：从数据上来看，现在中国一年有超过40万名留学生回国，成为最大的“海归潮”。如此大数量的留学人员回国，国内是否做好了准备呢？又将有哪些举措支持留学人员回国服务？

陈宝生：有“潮”就有动力，有“潮”就有风景。改革开放以来，截至去年，大约派出去458万名留学生，回来了多少呢？322万名。就是说，我们派出的留学生有八成以上回国效力了。这个回国效力，有长期的、有短期的。为什么会形成“海归潮”？因为中国经济社会的发展为留学生回国创业提供了动力，创造了条件，培养了典型示范。

动力，就是海外留学人员回来可以实现自己的人生价值、助力自己的学术追求。条件，是说有了这样人生出彩的机会、学术发展的条件，一般的科研发明条件都具备了，有资金方面的、有设备方面的，硬件、软件相互配套。况且还有他们人生的标杆，老一辈知识分子在共和国刚刚成立的时候就回来了，为共和国作出了突出贡献，“两弹一星”元勋就是典型代表。改革开放以来，又活跃了一大批这样的先进典型，他们为祖国的建设作出了贡献，树立了人生的标杆。所以，形成这样的“海归潮”并不奇怪，我很喜欢这样的“潮”，可以让这样的“潮”来得更猛烈一些。

现在从教育部的角度，一是给回国人员提供服务，为他们建立“绿色通道”，让他们回来办各种手续通畅一些，少走一些弯路。二是给他们提供事业条件。比如“春晖计划”，资助了数千名海外人员短期回国做研究，支持西部、东北高校和海外留学人员进行科研合作，目前已经立项2 000多项。三是提供岗位。比如我们支持高校引进各类人才，像“长江计划”等，已经从海外引进了1 094人。党的十八大以来，已经有2 003名海外归国人员在教育战线工作了。同时，我们还为他们搭一些台，我们“搭台”，他们“唱戏”，通过人才推介会、洽谈会等一些平台，让他们在平台上寻找机会。四是为海外留学人员提供比较全面、综合、周到、方便的留学服务。我觉得把这些服务做好了，“海归潮”会来得更猛一些。

问答八：“双一流”建设——“争取上半年公布第一批建设学校和学科的名单”

中国国际广播电台、国际在线记者：自2015年国务院印发《统筹推进世界一流大学和一流学科建设总体方案》以来，网络媒体炒作多个版本，比如拟建的学科和高校是什么。还有人担心“双一流”建设会成为“211”和“985”建设的一个翻版。请问“双一流”在建设管理上将采取哪些改革措施以消除社会对它的误解？大家关注的“双一流”名单大概什么时候对外公布？

陈宝生：“双一流”是2015年以后，我们国家产生的一个新的词语，是简称。它的知晓面相当广，我注意了一下媒体反应，不仅仅局限于知识界、高校。2015年，国务院印发了总体方案。前不久，教育部等三部委下发了实施办法，到此为止，“双一流”建设的顶层设计、配套制度、工作方案、遴选标准、遴选机构、工作程序都齐备了。

这两年，关于“双一流”的报道很多，有的网站发布了所谓的“双一流”学校和学科名单。还有一种对“双一流”大学和学科怎么遴选的猜测，于是个别高校采取了一些措施，包括刚才大家提到的挖人才、搞包装，想“包装上市”。“双一流”要建设世界一流大学、一流学科，它的定性就是八个字——“中国特色、世界一流”，标准是中国特色和世界一流的有机融合，它不是“985”“211”的翻版，也不是升级版，更不是山寨版。它是一个全新的计划，在“985”“211”的基础上，把建设世界一流大学的事业在新历史潮流下推向前进。怎么回避刚才你提到的弊端，消除这些担心？主要从以下两个方面来把关。

一是明确“双一流”的遴选范围。“双一流”遴选范围中，部属高校和地方高校是平等的，都在这个范围之内。也就是说，我们同等对待部属高校和地方高校。如果高校建不了一流大学，可以建一流学科。两类遴选，一类叫大学，另一类叫学科。

二是公平竞争。不能跟过去一样，一个学校一个学校地进行评估，最后确定谁上谁下。按照中国特色、世界一流的标准，需要第三方评估，需要专家委员会评估。我讲了四点，叫作“竞争优选、专家评选、政府比选、动态筛选”。

所谓竞争优选，就是无论是一流大学，还是一流学科，都是竞争出来的。专家评选，就是组建专家委员会，专家委员会主要由一些战略专家组成，由他们根据标准进行评选。政府比选，就是专家评选之后拿出一流学科建设、一流大学建设的初步名单，由政府根据服务国家战略来比选确定。动态筛选，就是名单中的学校和学科是有周期的，不是终身制、固化的，一个周期完结的时候，如果不行，请让位。原来是终身制，只进不出。新办法是有进有退的，是动态的。我们最近正在组建专家委员会，在专家委员会基础上，确定标准进行遴选，争取上半年完成这个程序，公布第一批建设学校和学科的名单。

问答九：校园跑道——“不能搞‘低价竞标’”

《北京青年报》记者：我们注意到，去年多地发生了关于校园“毒跑道”事件，有一些家长甚至只要孩子入学的学校有塑胶跑道，就非常担忧。我的问题是，目前我们国家塑胶跑道的新国标进展情况如何？另外，我们如何从供给端和需求端两个方面来杜绝校园“毒跑道”？

陈宝生：“毒跑道”事件是舆论普遍关心的一件事，社会关心、家长关心、政府关心。事情发生之后，我们组织力量作了认真研究，对每一个事件都作了调查处理，从中发现一个重要原因，就是跑道建设从材料到工程、设计等，没有标准或者标准非常陈旧。比如材料的标准，是多年前的一个标准，非常陈旧。还有在制度安排方面，也有缺失，主要是招投标制度方面。招投标都喜欢低价竞标，谁喊价低、报价低，谁中标，不是按照标准来办，没有质量意识。再有就是人才方面存在缺陷，学校老师对这个标准不熟、不清楚。多种因素综合起来，就产生了“毒跑道”事件。怎么解决这个事？我们觉得主要是抓以下三个方面。

第一，要修订或者新建标准。这两年我们和有关部门、研究机构合作，对跑道建设的材料、设计、建筑等方面分别制定了标准。这个标准已经经过了充分论证，今年上半年按照标准发布的程序进行适应性调查，这是制定一个标准的基本程序。适应性调查是大范围的，这个程序完成之后，标准就要对外公布，将来就按照这个标准执行。

第二，在制度上作出修改。招投标制度不是按照谁报价低就让谁中标，要按照标准、质量要求来办，这是关系到我们后代健康和安全的事情。

第三，落实责任。我们和几个省市签订了备忘录，将来还会逐步和更多的省签订备忘录。强化地方政府监管责任，责任落实了，才能逐步减少这些事情，责任不能缺失。今后校园跑道以及相类似的设施，在建设程序上最好是实行代建制，谁中标谁代建。建完以后“交钥匙”，交给学校使用就可以了。学校不会做，就请专业力量来做。

问答十：校园欺凌问题——“树立法治思维，多用法治方式，依法来办”

中评社、中评网记者：去年北京某小学“校园欺凌”事件在网络上引发热议，媒体讨论也非常热烈。香港在每个学校都安排有住校社工，可以在一定程度上减少该类事件的发生，请问部长，香港的经验对内地解决该类事件有什么借鉴之处？未来内地和香港可以就“校园欺凌”事件展开怎样的合作？

陈宝生：首先区分两个概念，一个叫作校园欺凌，另一个叫作校园暴力。对这两个概念作一个区分是有必要的。

校园欺凌是发生在学生之间的一种失范行为，相互带有欺凌，但不是犯罪。校园暴力，是犯罪，是违法行为。二者之间有时候会有一些交集。校园欺凌可能有时候带有轻微的违法。我想首先对这二者要作一个区分。

校园欺凌的特点有四点：一是发生在青少年之间，这是主体；二是欺凌，不是玩笑，也不是过分的玩笑，和玩笑无关；三是欺凌还带有一些炫耀，是孩子不成熟的一种行为方式，炫耀力量、炫耀关系、炫耀地位；四是手段有时可能很残忍，这种残忍也许是孩子自己无法评估、自己把握不了的，他不知道后果。

对于这种校园欺凌，教育部和最高人民法院、最高人民检察院、公安部等联合进行了综合治理。这两年综合整治以后情况大有好转，但还没有根本消除。我们采取的措施，一是明确解决校园欺凌的问题要树立法治思维，多用法治方式，依法来办，只有这样，解决校园欺凌问题才能取得社会共识。二是建立机制。没有机制，责任就落实不了。这个机制有两条，一个是校园内的机制，我们叫作校园安全防范机制，得有人把这个事管着。另一个是校园外面的机制，因为是围墙外面的事，那就叫作综合治理机制。学校所在周围，街道、社区、派出所、企业联合防范，用社会的力量、家长的力量、学校的力量进行综合防范，建立这样一种机制。三是明确重点。有了重点，才能把它解决好。要根据学生发生欺凌的行为、特点，大体上把治理重点确定下来。

还要加强教育，加强排查、督导。当然还需要有专门的力量。就像你刚才提到的，现在中小学在均衡发展过程中，大部分学校已经在门口设立了保安人员，有的学校还设立了法治副校长。这是借鉴了国外以及中国香港地区的做法，当然我们也有我们自己的创造。这个机制很好，我们正在推广。我们验收义务教育均衡发展的时候，其中一条标准就是有保安人员、有法治副校长。我们也会在这方面进行一些国际合作。

问答十一：校园足球——“校园足球得经历一段时期，需要社会理解，需要各方面支持”

《新京报》记者：我们知道，中国足球一直以来都是国人心中的痛。近年来，教育部提出发展校园足球的计划给大家带来一些希望。请部长介绍一下，目前我国校园足球工作的进展如何？还想请您预判一下，通过发展校园足球，什么时候才能化解中国人这个心中的痛，让中国足球真正走向世界？

陈宝生：校园足球是习近平总书记的嘱托，总书记非常重视我国足球事业的发展，这也是广大球迷的期盼。每逢赛事，球迷都在心里暗暗祈祷、祝福、期盼。我们找到了一个长期发展的突破口，就是校园足球。校园足球给中国足球提高竞技水平开了一条人才成长的新通道。它的意义就在于此。我们在以下几个方面取得了一些进展。

一是普及水平有了一定的提高，也就是扩展了普及面。我们已经确认了1.3万所足球特色学校，今年要达到2万所，最终在2020年达到4万所足球特色学校的目标。我们确定了近70个校园足球特色县，确定了4个改革试验区，目的是要扩大覆盖面、要普及，没有普及就没有提高，让更多的人参与进来。

二是教学水平有所提高。我们主要编制了校园足球教学指南和校园足球教学方案，拍摄了视频，制定了技术和内容方面的规范机制。

三是抓了培训。我们对20多万名足球特色学校校长、教练员、体育老师、裁判进行了培训。

四是开展赛事，加强交流。去年一年，我们开展了20项赛事950多场次，7 500名学生参加了比赛，这些赛事是高中和大学之间的赛事。同时，我们遴选了243名外籍教师到特色学校、中小学任教，还和德国签订了足球合作协议，选了一批教练员、运动员到英国、法国、西班牙进行交流，我们的球队出去跟他们的足球特色学校球队比赛。我们初步出去试了一下，这条路是可行的。

把校园足球这个事办好，不是一个速效的工作，需要较长的时间。大家想想，杨树长得很快，松树长得很慢，但松树管用。校园足球就得经历一段时期，为中国足球多培育几棵“松树”，所以需要一点时间，也需要社会的理解，需要各方面的支持。

具体的工作，第一件事是做大“分母”抓普及，让更多的人参与进来。我们要建4万所足球特色学校，参加的人越多，我们从中选择的余地越大。第二件事是做强“分子”抓竞赛。抓竞赛，分子就是从分母里挑出来的这些人，要竞技、比赛，要和竞赛体系结合起来，是比赛选出来的，而不是人为挑选的，要靠脚下功夫。第三件事是师资队伍抓培训。我们现在师资太缺了，一个办法是抓紧培养。远水不解近渴，对现在的体育老师、校长抓紧培训，国内国外资源都用起来抓紧培训。还有就是把现在的运动员能用的用起来，当教练、搞培训。第四件事是有序发展抓标准。校园足球这件事要有序发展、循序渐进，不能一窝蜂、一哄而起。所以，我们要制定各种标准，如工作标准、竞赛标准、选材标准，程序要分类制定好。没有标准就没有质量，这是我们的理念。第五件事就是保障条件抓短板。现在最大的短板是什么？是场地。没有场地就要靠地方政府大力支持，为这些足球特色学校、为这些孩子们提供一块绿茵场，让他们能够练练脚下功夫。第六件事是开阔眼界抓交流。就是要“走出去”，跟人家交流，跟强者请教，跟他们比赛。第七件事就是加强管理抓协同。这不只是教育部门的事，教育和体育合作，学校和企业合作，各方面协同起来，加强管理，目标就是一个，打破中国足球那种让球迷不太满意的循环，把中国足球发展好。当然，我们也知道，校园足球这一条路不可能完全满足中国足球腾飞、振兴的要求，但是让我们的孩子们能尽自己的一份力，作出一份贡献，我们就满意了。

加快构建中国特色哲学社会科学，高校要走在前列*

中共中央印发了《关于加快构建中国特色哲学社会科学的意见》，对加快构建中国特色哲学社会科学作出全面部署。高校作为我国哲学社会科学“五路大军”之一，如何发挥综合优势，在加快构建中国特色哲学社会科学的进程中走在前列？围绕这些问题，新华社记者采访了教育部党组书记、部长陈宝生。

记者：在加快构建中国特色哲学社会科学的进程中，高校应该发挥什么样的作用？

陈宝生：习近平总书记在全国高校思想政治工作会议上提出了“四个服务”要求，为我国高等教育改革发展提供了理论指导和根本遵循。我理解，高校在加快构建中国特色哲学社会科学进程中，要落实好“四个服务”，发挥好“四个作用”。

一是树立导向，引领学术思潮，发挥“主力军”作用。高校作为我国哲学社会科学“五路大军”之一，理论人才荟萃，学科优势明显，研究实力雄厚，理应立时代潮头、树国家情怀、担发展重任，成为推动我国哲学社会科学繁荣发展的重要力量。高校哲学社会科学应旗帜鲜明地坚持以马克思主义为指导，继续推进马克思主义中国化、时代化、大众化，继续发展21世纪马克思主义、当代中国马克思主义，以理论创造、学术创新引领当代中国哲学社会科学发展，发挥好主力军作用。

---

* 解读《关于加快构建中国特色哲学社会科学的意见》，新华网，2017年6月21日。

二是立德树人，建强育人阵地，发挥“引路人”作用。高校要牢固树立为人民办教育的理想，落实好立德树人这一根本任务，自觉把中国特色社会主义理论体系贯穿教学和研究全过程。要以育人育才为中心强化阵地建设，坚持不懈传播马克思主义科学理论，坚持不懈培育和弘扬社会主义核心价值观，持之以恒，久久为功，坚定广大师生的中国特色社会主义道路自信、理论自信、制度自信、文化自信，为培养德智体美全面发展的社会主义事业建设者和接班人，发挥好引路人作用。

三是根植时代，推进实践创新，发挥“建言者”作用。在推进教育现代化、建设教育强国、实现中华民族伟大复兴中国梦的过程中，高校哲学社会科学要以强烈的理论勇气推进实践创新，以我们正在做的事情为中心，瞄准国家急需、紧扣时代主题、前瞻重大战略，用中国理论解决中国问题，发挥战略研究、政策建言、社会服务和舆论引导功能，为党和人民发挥好建言者作用。

四是面向世界，展示中国形象，发挥“高架桥”作用。面对世界大变革的新时代，面对构建人类命运共同体的新期待，面对世界范围内各种思想文化交流交融交锋的新形势，高校哲学社会科学要提炼有学理性的新理论，概括有规律性的新实践，打造有标识性的新概念，提升文化自信，创造中国话语。要吸收世界所有国家哲学社会科学优秀成果，包容互鉴，融通共享，让中华文明同各国人民创造的多彩文明一道，为人类进步提供精神指引，发挥好“高架桥”作用。

记者：目前我国高校哲学社会科学面临的形势和任务是什么？

陈宝生：目前高校哲学社会科学面临的形势，可以用三句话来概括：成绩突出，但问题还不少；成果丰硕，但质量还不高；底蕴厚重，但活力还不强。党的十八大以来，高校承担各类哲学社会科学研究项目134万多项，出版著作约11万部，发表论文131万篇，提交各类咨政报告4.3万篇，整体实力不断增强，服务经济社会发展贡献突出。但高校哲学社会科学还存在着不少亟待解决的问题。比如，马克思主义在一些学科中“失语”、教材中“失踪”、论坛上“失声”；哲学社会科学学科体系、学术体系、话语体系建设水平总体不高，原创能力还不强；教育体系不健全，学术评价体系固化，管理体制和运行机制改革不够深入；人才队伍整体素质亟待提高，学风方面还存在学术浮夸、学术不端、学术腐败现象；等等。

当前高校哲学社会科学的主要任务，就是深入学习贯彻习近平总书记系列重要讲话特别是在哲学社会科学工作座谈会上的重要讲话精神，将《关于加快构建中国特色哲学社会科学的意见》作为哲学社会科学工作的路线图与指南针，加快战略部署、加快工作落实、加快创新发展，实施以育人育才为中心的哲学社会科学整体发展战略，构建有中国特色、中国风格、中国气派的高校哲学社会科学学科体系、学术体系、话语体系以及与此相关的教材体系、评价体系。

记者：如何发挥高校学科和人才优势，加快构建中国特色哲学社会科学？

陈宝生：加快构建中国特色哲学社会科学，高校要义不容辞敢于担当，责无旁贷走在前列。立足抓关键、立根本、管长远，做到瞄准前沿、面向未来，科学规划、明晰路径，统筹全局、突出重点，强化特色、激发活力，当前要重点做好四个方面的工作。

一是高举旗帜树导向，把高校建设成学习、研究和宣传马克思主义的高地。深入推进马克思主义理论研究和建设工程，加强中国特色社会主义理论体系研究中心建设，重点建好一批高校马克思主义学院。深化十八大以来党的理论创新成果研究阐释，开展党中央重大决策部署和重大实践成果专题研究，重点学习研究阐释习近平总书记系列重要讲话精神和治国理政新理念新思想新战略，一以贯之，抓紧抓好。办好高校思想政治理论课，全面推进“高校思想政治理论课教学质量年”专项工作，全面实施“高校思想政治理论课建设体系创新计划”。

二是创新体系建平台，构建全方位、全领域、全要素的哲学社会科学体系。推动形成以马克思主义理论一级学科为龙头、其他学科领域马克思主义相关学科为支撑的学科体系，提升马克思主义理论学科的引领力、渗透力。完善哲学社会科学学科体系，制定高校学科专业建设发展规划，统筹抓好基础学科、应用学科、新兴学科、交叉学科、冷门学科建设。抓好教材体系建设，加强对教材建设的统筹指导和系统规划，形成立足国际学术前沿、门类齐全、学段衔接的教材体系。增强我国高校哲学社会科学研究的国际影响力，支持有条件的高校在海外建立办学和研究机构，加强优秀外文学术网站和学术期刊建设，面向国外推介高水平研究成果，加强哲学社会科学国际话语体系建设。

三是育人育才厚基础，构筑学生、学术、学科一体化的综合发展体系。以学生为中心创新人才培养机制，深化教育教学改革，完善哲学社会科学人才培养质量标准体系，全面提升人才培养质量。以学术为基础建立科教融合新机制，推进科研组织模式和管理方式创新，加快中国特色新型高校智库建设，建好一批协同创新中心和重点研究基地，促进科研和教学深度融合。以学科为支撑强化学科育人功能，实现学科课程、教学环节、教育人群三个“全覆盖”，教育引导学生正确认识世界和中国发展大势、中国特色和国际比较、时代责任和历史使命、远大抱负和脚踏实地。

四是激发活力促改革，构建既能把握方向又能激发科研活力的体制机制。加强政治领导和工作指导，一手抓繁荣发展、另一手抓引导管理，把高校哲学社会科学发展与建设高等教育强国、推进教育现代化结合起来，与“双一流”建设结合起来。优化学术资源配置，深化高教领域“放管服”改革，统筹管理好人才、阵地、规划、项目、资金、评奖等活动，推进科研评价体系创新和机制改革。统筹实施好各类人才计划，培养造就一批有深厚马克思主义理论素养、学贯中西的思想家和理论家，一批理论功底扎实、勇于开拓创新的学科带头人，一批年富力强、锐意进取的中青年学术骨干。培育优良校风和学风，加强高校学术委员会和学风委员会建设，完善教育监督惩处机制，构筑行之有效的学风建设长效机制和工作体系。

用习近平新时代中国特色社会主义思想，加快建设教育强国*

党的十九大是在全面建成小康社会决胜阶段、中国特色社会主义进入新时代的关键时期召开的一次十分重要的大会，对于党和国家事业继往开来、中国特色社会主义前途命运、最广大人民根本利益都具有重大而深远的意义。报告高举中国特色社会主义伟大旗帜，以马克思列宁主义、毛泽东思想、邓小平理论、“三个代表”重要思想、科学发展观为指导，系统回顾了党的十八大以来各项事业的发展成就，科学总结了全党全国各族人民坚持和发展中国特色社会主义的历史进程和宝贵经验，深入分析了当前国际国内形势，作出了中国特色社会主义进入新时代的重大判断，提出了习近平新时代中国特色社会主义思想和基本方略，开启了全面建设社会主义现代化国家的新征程。

报告站在历史和时代的高度，深刻回答了新时代坚持和发展中国特色社会主义的一系列重大理论和实践问题，是一篇马克思主义的纲领性文献。就举什么旗、走什么路来说，报告是一个政治宣言；就决胜全面建成小康社会来说，报告是一个行动纲领；就夺取新时代中国特色社会主义伟大胜利来说，报告是一个宏伟蓝图；就马克思主义中国化、党的理论创新来说，报告具有划时代的意义；就教育事业发展来说，报告提供了强大的思想武器。“八个明确”“十四个坚持”，就是推进新时代中国特色社会主义、夺取中国特色社会主义伟大胜利的指导思想和基本方

* 接受中国教育新闻网专访，中国教育新闻网，2017年10月21日。

略，构成了今后各方面工作的行动指南。

党的十八大以来的五年，是党和国家发展进程中极不平凡的五年，五年来的成就是全方位的、开创性的，五年来的变革是深层次的、根本性的。就教育事业而言，这五年的发展是不平凡的。以习近平同志为核心的党中央高度重视教育工作，深刻阐明了新时期教育改革发展的一系列重大理论和实践问题，强调教育是对中华民族伟大复兴具有决定性意义的事业，要发展具有中国特色、世界水平的现代教育。教育系统深入学习贯彻习近平总书记系列重要讲话精神和治国理政新理念新思想新战略，一批标志性、引领性的教育改革举措取得明显成效，推进教育事业全面发展，取得新的历史性成就，为13亿多人民提供了更好更公平的教育，为经济转型、科技创新、文化繁荣、民生改善、社会和谐提供了有力支撑，中国特色社会主义教育自信不断增强。

五年来，我国教育发展取得了辉煌成就。一是教育总体发展水平进入世界中上行列。各级各类教育入学率均超过中高收入国家平均水平，新增长劳动力中接受教育年限达到13.3年，其中受高等教育者比例超过45%。二是服务党和国家战略全局能力显著增强。高校每年输送近800万名专门人才，职业院校每年输送近1 000万名技术技能人才，以教育为主要内容的人文交流已成为中国特色大国外交的重要支柱之一。三是教育公平取得重大突破。中西部和农村教育明显加强，中西部地区和农村地区的孩子有了更好的就学条件和更多接受更高一级教育、更高质量教育的机会。四是教育质量稳步提升。我国高校在世界多项大学排行中位次整体大幅前移，部分学科已达到或接近世界一流水平。五是教育体制改革加速穿越“深水区”。考试招生制度改革、现代大学制度、民办学校分类管理、教材管理、现代教育督导体系建设等一批重大改革循序渐进、纵深推进。六是教育保障体系日益完善。2012年如期实现国家财政性教育经费支出占国内生产总值4%的目标，并连续五年保持在4%以上。

当前，我国正处于全面建成小康社会的决胜阶段，教育的内外环境、供求关系、资源条件、评价标准都已发生了重要而深刻的变化，我国教育改革发展已进入中国特色社会主义新的历史阶段。在看到成绩的同时，我们也要清醒地认识到，与世界先进水平相比，与中央要求、社会需求和百姓期待更好的教育相比，与全面建成小康社会和实现“两个一百年”奋斗目标的要求相比，我国教育改革发展还有差距。面对新形势新任务，我国教育还不能完全适应人的全面发展和经济社会发展的需要，现代教育公共服务体系、现代教育治理体系、现代教育保障体系还不够健全，一些深层次体制机制障碍需要重点破解，一些人民群众关心的热点难点问题还需要加快解决，地方推进改革的内在动力和活力还需进一步激发。

今后教育发展的任务就是进一步促进教育均衡发展，解决好不平衡不充分的问题，满足人民日益增长的享受更公平更高质量教育的需求。这就要求我们必须贯彻落实党的十九大精神，振奋精神、坚定信心，勇于开拓、敢于担当，化压力为动力、变挑战为机遇，作出无愧于时代、无愧于人民、无愧于历史的光辉业绩。

接下来教育战线要全面贯彻党的十九大精神，深入贯彻习近平新时代中国特色社会主义思想，紧紧围绕统筹推进“五位一体”总体布局和协调推进“四个全面”战略布局，牢固树立和贯彻落实新发展理念，坚持教育为人民服务、为中国共产党治国理政服务、为巩固和发展中国特色社会主义制度服务、为改革开放和社会主义现代化建设服务，全面贯彻党的教育方针，落实立德树人根本任务，深化教育综合改革，发展素质教育，推进教育公平，不断在幼有所育、学有所教上取得新进展，培养德智体美全面发展的社会主义建设者和接班人，为实现“两个一百年”奋斗目标、实现中华民族伟大复兴的中国梦奠定坚实基础。

当前和今后一个时期，教育战线要着力抓好以下几方面的工作。

一是深入学习贯彻党的十九大精神。要把学习宣传贯彻党的十九大精神作为首要政治任务摆上重要议事日程。要把党的十九大精神落实到教育改革发展各方面，体现在做好今年各项工作和安排明年各项工作之中，抓好重点，努力谋划好、奋力实施好教育系统贯彻落实十九大精神的“奋进之笔、得意之作”。

二是健全立德树人系统化落实机制。要围绕立德树人根本任务，加快构建以社会主义核心价值观为引领的大中小幼一体化德育体系，增强德育工作的亲和力、针对性和实效性。要注重培养支撑学生终身发展、适应时代要求的关键能力，强化学生认知能力、合作能力、创新能力和职业能力。要建立促进学生身心健康、全面发展的长效机制，全面加强德育、智育、体育、美育和劳动教育。

三是深化教育体制机制改革，为发展具有中国特色、世界水平的现代教育提供制度支撑。落实好已经出台的各项改革方案，特别是最近两办印发的《关于深化教育体制机制改革的意见》，系统推进育人方式、办学模式、管理体制、保障机制改革，使各级各类教育更加符合教育规律、更加符合人才成长规律、更能促进人的全面发展。总之，要对改革的全链条推进和各环节落实作出细化安排，把各项改革任务不折不扣落实到位。

四是推动各级各类教育协调发展，努力让每个孩子都能享有公平而有质量的教育。要推动城乡义务教育一体化发展，高度重视农村义务教育，办好学前教育、特殊教育和网络教育，普及高中阶段教育。要完善职业教育和培训体系，深化产教融合、校企合作。要加快一流大学和一流学科建设，实现高等教育内涵式发展。要健全学生资助制度，使绝大多数城乡新增劳动力接受高中阶段教育、更多接受高等教育。要支持和规范社会力量兴办教育。要构建终身学习体系、办好继续教育，加快建设学习型社会，大力提高国民素质。要坚决打赢教育脱贫攻坚战，以教育扶贫来扶智，从根本上斩断贫困的代际传递。

五是进一步提高教育保障能力，夯实教育可持续发展的基础。要加强师德师风建设，培养高素质教师队伍，倡导全社会尊师重教。要健全保证财政性教育投入持续稳定增长的长效机制。要主动适应信息时代对教育变革的挑战和要求，加快推进信息技术与教育教学的深度融合。

六是切实加强和改进教育系统党的建设，为教育改革发展提供根本保证。要坚持社会主义办学方向，牢牢掌握意识形态工作主导权和话语权，全面加强教育系统党的政治、思想、组织、作风、纪律和反腐倡廉建设，把制度建设贯穿其中，打造廉洁干净、风清气正的良好教育生态，不断提高教育系统党的建设质量。

教育创造未来，建设教育强国是中华民族伟大复兴的基础工程，教育系统要更加紧密地团结在以习近平同志为核心的党中央周围，牢固树立“四个意识”，坚定“四个自信”，用习近平新时代中国特色社会主义思想武装头脑、指导实践、推动工作，切实加快教育现代化，加快建设教育强国，为决胜全面建成小康社会、夺取新时代中国特色社会主义伟大胜利、实现中华民族伟大复兴的中国梦、实现人民对美好生活的向往作出新的更大贡献！

办人民满意教育要送出四个“红包”、啃下三个“硬骨头”*

教育是非常重要的民生工程。党的十八大以来，我国教育事业有了很大的发展，习近平总书记在党的十九大报告中对党的十八大以来的教育发展给予了充分肯定。总书记指出，教育事业全面发展，中西部和农村教育明显加强。这两句话，前面一个是总体判断，后面一句讲的是补短板，是政策倾斜的重点。两句话加起来，高度概括了党的十八大以来的教育发展。教育战线同志们听到这个总体判断和评价后很受鼓舞。

这个变化表现在以下几点。

第一点，这五年是教育事业中国特色最鲜明的五年。我们坚持和加强党对教育工作的领导，引导教育战线牢固树立“四个意识”，坚定“四个自信”，加强和改善思想政治工作，大力弘扬社会主义核心价值观。我们把这个作为一个基础性的工程来对待，引导教育学生树立正确的历史观、民族观、国家观和文化观，目的就是要增强做中国人的骨气和底气，在这方面要加强。

第二点，这五年是教育现代化加速推进的五年。一是教育的保障条件。五年时间，用于教育的经费投入，由2万亿元突破了3万亿元大关，正在迈向4万亿元大关。国家的教育投入，2012年占国内生产总值的比重达到4%，这五年一直坚持4%。二是各级各类学校互联网的接入，五年前是20%多，现在90%多。三是教育系统取得的重大科研成果获国家

---

* 在党的十九大第五场记者招待会上答记者问，2017年10月22日，北京。

三大奖的比例，这五年一直稳定在2/3以上，这就为提高教学质量提供了坚强的支撑。四是这五年共培养输送了近8 000万名高校和中职毕业生，人力资本总量大幅提升。这是非常了不起的，有力地支撑了创新驱动发展战略的实施。

第三点，这五年是人民对教育获得感不断增强的五年。这五年，我们坚持一个都不能少的原则，加强对农村贫困地区、民族地区的投入。这五年，没有一个孩子因家庭困难而辍学的目标基本实现。90%以上的残疾儿童享有了受教育的机会，这也是了不起的。还有进城务工人员随迁子女，现在80%以上的孩子在流入地公办学校就学，还可以在流入地参加高考。2017年，随迁子女在当地参加高考，报名人数达15万，是五年前的36.5倍。

五年来，我们建起了从幼儿园到大学，覆盖各学段的资助体系。家庭困难的孩子，可以通过资助体系进入学校上学。今年已经有学生通过农村专项计划被清华大学录取。

第四点，这五年是中国教育的国际影响力不断加强的五年。现在180多个国家和地区与我国建立了教育合作关系，有47个国家和地区与我国签订了学历学位互认协议。还有，我们在140多个国家和地区建立了516所孔子学院，1 000多所中小学课堂，对汉语教学、中华文化的传播发挥了重要作用。现在中国已经成为世界第三、亚洲最大的留学目的地国。

最后，这五年是教育改革不断深化的五年。一批标志性、引领性的教育改革方案都已出台，教育新体制“四梁八柱”搭建起来，现在整体上已经进入了“全面施工、内部装修”的阶段，像高考招生制度改革，上海、浙江今年落地，经第三方评估获得了成功。

以上是我们这五年的五个特征。十九大报告提出，经过长期努力，随着中国特色社会主义进入新时代，我国社会的主要矛盾发生了变化，已经转化为人民日益增长的美好生活需要和不平衡不充分的发展之间的矛盾。下一步，我们的任务就是研究教育领域不平衡不充分的表现形式，抓主要矛盾，主动回应人民群众对教育的新期待，落实好十九大精神，办好人民满意的教育。

现场问答一：教育的四个“红包”

中央人民广播电台记者：过去五年整个中国教育的发展是飞速的。从微观来看，我周围的同学很多人到了婚育年龄，很多人的孩子要上幼儿园了，他们开始为怎么能上一个好的幼儿园着急，这样的焦虑可能维持到孩子的全学段，甚至到高等教育。从宏观来看，我们看到这样的数据，中国教育在全世界达到中等偏上的水平，您怎么看这样的定位？另外，为了让更多孩子能够上好学，教育部在未来会有怎样的努力？

陈宝生：正如你刚才讲的，这五年中国教育确实上了一个大台阶。三句话来概括——发生了全方位的变化，实现了系统性的提升，取得了历史性的成就。

进入世界中上行列意味着什么？意味着中国教育个子大了，骨架壮了，颜值高了，排位靠前了。个子大了，就是说现在我们每年有2.6亿多学生，了不起。骨架壮了，就是说我们教育结构的调整取得了很大进展，地区布局在公平方面有了进展，在质量方面有了提高。颜值高了，就是说我们人力资源培养能力比以前有了很大提高，取得的教学成果比以前有了很大提高。排位靠前了，就是在国际上，中国教育整体进入中上行列水平。就学科来说，一些学科已经进入世界一流水平，一些大学在世界排名中位次整体提升。这是我们多年教育发展积累的结果。

但是，这并不意味着我们的教育已经能够完全满足人民群众的需求了。过去人们是想上学，现在人们是想上好学，这是十九大报告中指出的主要矛盾变化的表现形式。

义务教育阶段，家长希望孩子能上一个好学校，出现了所谓的“择校热”，还出现了低龄的“留学潮”。高中阶段，国家希望新增劳动力能够更多地接受高中阶段教育，因为这对一个国家经济发展太重要了。高等教育阶段，学生希望上好学，上好学科、好专业，人们的需求发生了一个质量型的转型。这就是我们目前面临的问题。

怎么解决这些问题？按照党的十九大精神，总要求，就是建设教育强国，加快教育现代化，办人民满意的教育。总任务，就是全面贯彻党的教育方针，落实立德树人根本任务，发展素质教育，推进教育公平，培养德智体美全面发展的社会主义建设者和接班人。政策的总基调，就是要向农村倾斜，向薄弱学校倾斜，向贫困地区倾斜，向困难群体倾斜。

重点工作，有几项内容。一是必须把教育摆在优先发展的位置。二是要推动城乡义务教育一体化发展。三是要完善职业教育和培训体系，深化产教融合、校企合作。四是使绝大多数城乡新增劳动力接受高中阶段教育、更多接受高等教育，这对我们跳出中等收入陷阱作用非常大。五是提高教师素质，在全社会倡导尊师重教。六是完善资助体系，决不让一个孩子因为家庭困难而失学。七是构建终身教育体系，办好继续教育，就是建设学习大国、学习型社会，提高国民素质。

这些落实了，我们给老百姓送出一串“红包”：

第一个“红包”，到2020年，我们学前教育幼儿园毛入园率要达到85%，现在是77.4%，还有普惠性的幼儿园要占到幼儿园总量的80%以上，现在是60%多。

第二个“红包”，义务教育阶段，主要是均衡发展、标准化发展、一体化发展，着力化解“择校热”和“大班额”。到2020年，“大班额”必须完全消除。解决学生学业负担过重的问题，这里特别是要化解好学校减负、校外增负的问题。

第三个“红包”，全面普及高中阶段教育。我们正在打高中阶段普及攻坚战，到2020年，高中阶段毛入学率要达到90%以上。高等教育毛入学率要达到50%，现在是42.7%。达到50%是什么概念？就是高等教育基本普及了。

第四个“红包”，送给教师们。师资队伍建设，对提高教育质量，培养合格的建设者、接班人非常重要。所以，我们要研究出台加强教师队伍建设的意见，制定相关政策措施，调动教师从事教育的积极性。

现场问答二：教育的三个“硬骨头”

中央电视台、中国国际电视台记者：我们看到在十九大报告当中说到保障和改善民生有一句话，要“幼有所育、学有所教、劳有所得、病有所医、老有所养、住有所居、弱有所扶”。这句话关系到我们民生的方方面面。这几方面最难啃的硬骨头是什么？

陈宝生：幼有所育、学有所教，这两个问题很重要。至于你说的“硬骨头”，我这儿有三个“硬骨头”：

第一个“硬骨头”，就是学前三年教育，毛入园率要达到85%，普惠性幼儿园占比要达到80%。即使这两个指标达到了，入园难、入园贵的问题，还不能得到根本解决。

第二个“硬骨头”，就是义务教育阶段控辍保学。特别是在民族地区和边远贫困地区，有一些学生是自愿失学的，没兴趣，不学了。怎么样按照义务教育法解决这些问题，让他有兴趣学习，把义务教育巩固率提高到95%(现在是93.4%)，这是一个大的“硬骨头”。

第三个“硬骨头”，到2020年建立中国特色的高考招生制度体系，因为这是指挥棒。我们还要继续做这方面的工作，把这个制度建立起来，就能带动一系列的制度改革措施。

现场问答三：2049年的中国教育

新加坡《联合早报》记者：十九大报告里面勾勒出了“第二个百年”目标，说了2049年要实现怎么样的中国。在教育领域，到2049年会出现怎样的情况？

陈宝生：你提出的问题很有意思。展望未来是一门艺术，当然它也能展现我们的信心和预期。就教育来说，到2049年新中国成立一百周年的时候，会是什么样子？我心目中的2049年的中国教育，有这么几个特征。

第一，2049年，中国教育将稳稳地立于世界教育的中心，引领世界教育发展的潮流。也就是说，到那个时候，中国的标准将成为世界的标准。

第二，中国将成为世界上人们最向往的留学目的国，各国将有意愿和中华文化实现交流融合，学习交流中国发展经验的教师、学生来中国交流，在交流过程中实现共同进步。

第三，世界教育发展的规则，中国有更大的发言权。尽到自己的努力，提供中国方案、贡献中国智慧。

第四，中国版的教材、汉语发音的教材能够走向世界。

这就是我心目中的2049年中国教育。至于我们国家当时的人民，都能够使自己的受教育权益得到完全的维护，受教育的美好需求都能够得到满足，能够向着自由而全面发展的目标迈进。

现场问答四："四梁八柱"的教改措施基本出台

中国教育电视台、中国教育网络电视台记者：在会议开始您介绍说我国的教育体制已经形成了"四梁八柱"的改革方案，教育改革已经进入"全面施工、内部装修"的阶段。今年中办、国办印发了《关于深化教育体制机制改革的意见》，教育改革的推进是一个难度很大的事情，下一步我们关于教育体制机制改革方面有什么样的考虑？将出台什么样的举措？

陈宝生：在回答你这个问题的时候，我想先说三个概念，教育改革和其他改革是不一样的，有它的特殊规律。

第一，教育改革和教育一样，是慢变量。为什么是慢变量？就是一项改革启动之后，落地见效至少得经过三年，因为新的学生一入校至少得三年才能毕业。

第二，教育改革每一项措施都是和人直接相关的，实际上是人的改革，这个非常重要。

第三，教育改革综合性很强，涉及方方面面，学校、社会、家庭，校长、老师、学生、家长，都关心，评价标准是多元的。

所以，就顶层设计来说，现在教育改革在管理体制上怎么管？中办、国办文件《关于深化教育体制机制改革的意见》已经出台了，分学段的高考招生制度改革已经出台了。高中阶段选择性教育怎么改？围绕质量改，高中阶段发展攻坚战方案已经出台了。义务教育阶段，根据义务教育法，围绕均衡发展、城乡一体化发展，围绕提高质量、减轻学业负担、改变应试教育的改革措施，都已经出台了。学前教育改革方案也已经制订了。这些是顶层设计，从学前教育到高等教育，每个学段都有了总体设计。

同时，就中国和世界各国教育合作交流，中央也出台了文件，这也是改革的重要内容，是教育对外开放的内容。这些措施目前都在实施中，这是一个概念，顶层设计。“四梁八柱”的改革措施都基本出台，我指的是这个。

刚才讲到的，已经进入“全面施工”和“内部装修”阶段，这是两个概念。“全面施工”就是说现在出台的教育改革方案都在实施，而且进展良好。“内部装修”就是说一些进展比较快的，处于龙头地位的，这样的改革措施已经开始“内部装修”了，比如高考招生制度改革，三年已经落地，现在我们着眼于试点过程中出现的问题的完善和解决。蹄疾步稳，把我们的教育改革向前推进，为教育现代化、为建设教育强国提供体制保障。

答好人民“关切题”*

教育系统该如何认真学习、大力宣传、全面贯彻党的十九大精神？如何将其作为当前和今后一个时期首要政治任务，切实学起来、教起来、传起来、研起来、干起来、实起来，把广大党员干部和师生员工的思想和行动统一到党的十九大精神上来？围绕这些问题，记者专访了教育部部长陈宝生。

统一到“新时代”重大论断上来

记者：党的十九大作出了中国特色社会主义进入新时代的重大政治论断，结合教育事业的发展，您对此如何理解？

陈宝生：这五年是教育事业全面发展的五年，突出的表现是，特色更加鲜明、现代化加速推进、群众获得感明显增强、努力满足个性化需求。

我们牢牢坚持社会主义办学方向，坚持和加强党对教育工作的领导，引导教育战线牢固树立“四个意识”，坚定“四个自信”。加强思想政治工作和德育工作，大力弘扬社会主义核心价值观。财政性教育经费从2万亿元增加到3万亿元，占国内生产总值的比例连续五年保持在4%以上。学前教育跨越式发展，高中阶段教育基本普及，高等教育向普及化迈进，教育总体发展水平跃居世界中上行列。坚持“一个都不能少”，建立健全从学前教育到研究生教育完整的学生资助体系，符合

* 接受《人民日报》专访，《人民日报》2018年1月25日第2版。

条件的农民工随迁子女可以在流入地参加高考，残疾儿童少年义务教育入学率达到90%以上。根据孩子的不同特点推进因材施教，大力发展职业教育、民办教育、中外合作办学，为求学者提供更多的选择机会……特别要说的是，在过去五年间，改革向纵深推进。教育新体制、机制的“四梁八柱”基本搭建，整体上进入“全面施工、内部装修”阶段，一批标志性、引领性的改革举措取得明显成效。

教育系统广大干部师生要深刻认识社会主义制度的优越性，增强坚持党的领导的自觉性和坚定性，增强道路自信、理论自信、制度自信、文化自信。

统一到“新思想”重大成果上来

记者：教育系统该如何牢牢把握习近平新时代中国特色社会主义思想这一主线和灵魂，深刻领会其精神实质和丰富内涵，把这一重要思想贯彻到教育改革发展全过程？

陈宝生：要扎实做好习近平新时代中国特色社会主义思想学习宣传贯彻工作，立足教育实际，注重教育特色，转化为教育教学和研究成果，确保在教育领域落地生根。要进学术，进一步加强习近平新时代中国特色社会主义思想特别是习近平教育重要论述专题研究，推出一批高质量、有深度、有分量的理论研究成果。要进学科，支持高校在马克思主义理论等一级学科中设立习近平新时代中国特色社会主义思想研究方向，组建研究团队。要进课程，编写习近平新时代中国特色社会主义思想讲义，作为重点教材使用。要进培训，将习近平新时代中国特色社会主义思想列为教育系统各级各类培训的重点内容。要进读本，分类组织编写学习辅导读本。

统一到“新矛盾”重大判断上来

记者：党的十九大提出，我国社会主要矛盾已经转化为人民日益增长的美好生活需要和不平衡不充分的发展之间的矛盾，结合教育领域来看，是否也存在发展不平衡不充分的问题？

陈宝生：教育改革发展成就巨大，但也存在发展不平衡不充分的问题。我国建成了世界上最大规模的教育体系，“有学上”的问题总体上已经解决，但人民群众对优质教育资源的需求更加强烈，个性化、多样化、终身化的学习需求逐渐成为主流。我国教育总体发展水平进入世界中上行列，但学前教育、特殊教育、网络教育、终身教育仍是薄弱环节，城乡、区域、校际、群体之间的教育差距仍然存在。在新的历史起点上、在更高水平上办好人民满意的教育，要准确把握新矛盾对教育工作提出的新任务、新要求。

要把握一个总定位。准确把握建设教育强国是中华民族伟大复兴的基础工程这一最新定位，自觉把教育放在经济社会发展大背景中来思考，放在国家需求中来部署，放在群众期盼中来谋划，更好发挥教育的基础性先导性全局性作用。要坚持一个总要求。把教育放在优先发展的战略地位，加大教育投入力度，落实好4%的目标，加快教育现代化，建设教育强国。要落实一个总任务。全面贯彻党的教育方针，落实立德树人根本任务，深入开展中华优秀传统文化、革命文化和社会主义先进文化教育，把社会主义核心价值观转化为学生的情感认同和行为习惯。发展素质教育，切实加强和改进体育美育，积极开展法治教育、劳动教育、心理健康教育和国防教育，培养学生社会责任感、创新精神、实践能力，培养担当民族复兴大任的时代新人。

统一到全面从严治党重大部署上来

记者：党的十九大强调，中国特色社会主义最本质的特征和中国特色社会主义制度的最大优势是中国共产党的领导。教育系统该如何更好落实从严治党的要求？

陈宝生：办好中国特色社会主义教育事业，必须加强党对教育工作的全面领导，坚持全面从严治党，把党的政治建设摆在首位，坚定不移地走中国特色社会主义教育发展道路，全面贯彻党的教育方针，始终维护党中央的权威和集中统一领导，在政治立场、政治方向、政治原则、政治道路上同以习近平同志为核心的党中央保持高度一致。要把思想建设作为基础，自觉用习近平新时代中国特色社会主义思想武装头脑、指导实践、推动工作，引导教育系统广大党员干部牢固树立“四个意识”，坚定“四个自信”。

在两会“部长通道”的答记者问要点*

一、教师队伍建设

今年年初，党中央、国务院下发了《中共中央　国务院关于全面深化新时代教师队伍建设改革的意见》。这是一个非常好的文件。好在哪里？至少有三点。

第一点，这是十九大之后中央下发的第一份新时代教育事业发展的文件，是一个开启加快教育现代化、建设教育强国、办好人民满意的教育的文件，是开启新征程的文件。

第二点，这个文件系统回答了新时代教师队伍建设面临的重大理论和实践问题。可以说，这是一份开创新时代的文件。

第三点，这个文件对新时代教师队伍建设改革发展面临的重大问题都作出了系统部署。它是一个开创新模式的文件。

对于这样一份文件，教育部一定要把它学习、贯彻好，使它成为新时代教师队伍建设改革的纲领性文件。

文件下发之后引起了强烈反响。老百姓欢迎，广大教师更加感到振奋。贯彻落实这个文件是摆在我们面前的主要任务。贯彻落实好，就是要办六件事，一“提”、二“改”、三“育”、四“用”、五“保”、六“尊”。

一“提”，提高地位，提高待遇。

提高地位涉及三个“明确”：第一是要明确教师在中国特色社会主

---

* 2018年3月3日，北京。

义建设中的地位，在民族复兴的伟业中是一支不可小视、无可替代的力量，是一支重要力量。第二是要明确教师的职责，他们承担的是国家使命，是教育公共服务的职责，这是一个光荣的使命。第三是要明确公办中小学教师国家公职人员的法律地位，这是第一次作出了这个安排，是一个重要的制度安排、制度创新。

提高待遇，就是要完善教师待遇保障机制，健全教师工资长效联动机制，要确保中小学教师的工资不低于或高于当地公务员的平均工资水平。要提高乡村教师的待遇，还要落实集中连片贫困地区教师的补贴政策。另外就是要加强督导，确保这些政策真正落实到教师的心里面，让他们的脸上能充满笑容。

二“改”，就是要改革教师编制配备制度，要按照合理科学的师生比配备教师队伍，改革教师准入和离职制度，提高教师入职的学历等。我们要实行教师振兴行动计划，改革教师管理制度。

三“育”，就是振兴师范教育，培育未来的教师，培训现有的教师，提高他们的素质，培养适应进行现代化建设、担当民族复兴大任的教师队伍。

四“用”，提高教师地位、待遇，最好的是使用他们，给他们压担子、指路子、出点子、给位子、发票子，让他们能有实现自身价值的机会，要对他们未来的职业发展作出安排，拓宽他们的发展渠道。比如，要提高中小学教师高级职称人数所占的比例，中职学校设正高级职称。

五“保”，就是保障、保护。要提供经费保障，过去我们的经费更多是用于硬件改善，今后要更多用于人的全面发展，用于教师队伍建设。还要依法保护教师的合法权益。此外，为贫困地区教师建好周转房，让他们履职、学习有一个好的条件。

六“尊”，全社会都提倡尊师重教。我的说法是重振师道尊严，师道神圣不可违反。一个人、一个家庭、一个社会、一个国家、一个民族违反了师道，迟早是要受到惩罚的。所以，我们全社会要创造教师从业的宽松环境。教师也要自律、自警、自省、自爱，做一个真正合格的人民教师。

二、课后“三点半”

“三点半”现象，之所以会成为年轻父母们和整个社会关注的一个难题，是因为这是中国经济社会发展、中国教育发展特定阶段的产物。关心这个问题的年轻父母，正处在职业发展的关键阶段，也正处于抚育孩子的关键阶段。同时，这个现象更多出现在大中城市。三点半之前，是孩子在校学习时间，责任在学校；三点半之后，是孩子在家生活的时间，责任在家长。由于分工、作息时间的不匹配，家长没有办法去接孩子，造成了很大困扰，带来了成长中的烦恼、发展中的困难。

对于这个问题，教育部历来高度重视。去年2月，教育部下发了关于解决这个问题的通知。一年来，这个问题有了一定程度的缓解。已经有25个省份下发了通知，制定了符合各省实际的政策措施。经过这一年多的实践，已经摸索了一些比较可行的、能够解决这个问题的方法。比如，上海规定，中小学课后服务要做到百分之百全覆盖，服务时间是三点半到五点，参与这项服务的教师，在绩效工资方面给予倾斜。北京规定，三点到五点是课后服务时间，主要内容是开展课外活动，每个学生每年补助700元到900元。南京探索弹性离校，到了放学时间，孩子可以弹性离校，学校作出安排，进行托管。广西探索利用社区资源来解决托管问题。大致可以分这四种模式，各有所长，在解决这个问题上，可以各走各的路，各出各的高招。

接下来我们要做的，一是总结成功经验，加以推广；二是和有关部门协商，解决三点半难题涉及的相关政策问题。别看是个小问题，但确实有很多政策问题、政策障碍。比如，三点半放学之后，教师的时间本是用来备课、批改作业和学习提高的，而三点半到五点如果托管孩子了，教师的劳动时间就加长了，负担就加重了。这个问题怎么解决？涉及的相应的成本怎么分担？这是我们下一步要进一步解决的问题。另外，在解决问题的过程中，也可能会出现一些新的问题。我们要密切关注、跟踪。比如，有人建议把社会力量引到学校去，这需要进一步探索。此外，对现在存在的乱象，需要进行治理。比如，对学校周围野蛮生长的托管班，要进行治理，加以立法，至少是用行政法规加以解决。此外，还需要加强督促，使好的意见建议和各省好的做法能够切实得到贯彻落实。

我相信经过不懈努力，这个问题可以解决。一年来的实践证明，年轻的父母们认为，这是党和政府给他们的一个“大红包”，这个“红包”下一步将会更加厚实。

在十三届全国人大一次会议记者会上答记者问*

党的十九大对新时代教育事业的改革和发展作出了全面部署，现在摆在我和全体教育工作者面前有两个考题：第一个考题是加快教育现代化，建设教育强国，办好人民满意的教育。这是一个万众一心的目标。第二个考题是解决好教育面临的发展不平衡不充分的各种问题，让每一个孩子都能享有公平而有质量的教育，这是一个众口一词的需求，刚性的需求。所以，新时代我们教育人新的长征、新的赶考要答的卷集中起来就是这两个问题。

问答一："大班额"

《光明日报》融媒体记者：李克强总理在《政府工作报告》中指出，要抓紧消除城镇"大班额"。教育部也明确，今年要基本消除66人以上"超大班额"，2020年要基本消除"大班额"。请问陈部长，要实现这一目标有哪些具体举措?

陈宝生："大班额"问题不是简单的一个教室里面放多少张桌子、多少条板凳、安排多少个人的问题。"大班额"会带来三个方面的危害。一是影响学生的身心健康。大家可以想一想，人一多，乌泱乌泱的，心情肯定不好。二是影响教学质量，坐在后排的学生看不到板书，听不到老师授课的内容。三是有可能带来安全问题。所以"大班额"必须坚决予以消除。

---

*《中国教育报》2018年3月17日第1版。

2017年在消除“大班额”方面，我们取得了突破性的进展。“大班额”有两类：一类是66人以上的“超大班额”；另一类叫“大班额”，56人以上。2017年，全国有“大班额”36.8万个班，占全部班级的10.1%，这一年减少了8.2万个“大班额”，和上年比下降了18.3%。这个幅度是很大的。“超大班额”，现在全国有8.6万个班，占全部班级的2.4%。去年一年，我们减少了5.6万个班，下降的比例是很大的，达39%以上，接近40%。这是去年在消除“大班额”方面取得的突破性进展。

对这个问题，教育部历来高度重视，各级政府历来高度重视，逐年治理、逐年好转。我们的目标就是2018年要基本消除66人以上的“超大班额”，也就是说要解决8.6万个、占比2.4%的问题。明年解决“大班额”要取得突破性、决定性的进展，到2020年基本消除“大班额”，就是56人以上的班，解决36.8万个、占比10.1%的问题。

总结这些年的经验，措施是统筹规范、提质稳源、台账督办。统筹，就是要统筹城乡义务教育一体化，把“城市挤”和“农村弱”统筹起来考虑。

解决“城市挤”的问题，核心是增加学位。过去我们建了好多小区，规划中有标准化学校配置，但是欠账很多，没有建。欠账的要补上，要还账，新建的小区必须同步建设标准化学校，千方百计增加学位。

解决“农村弱”的问题，主要是办好教学点、寄宿制学校，把这些办好，提高教学质量，能够稳定一部分生源。所以，这是统筹起来考虑。所谓规范，就是要规范学校的招生行为、办学行为，科学设置学生的作息时间，实施好中小学免试就近入学改革，同时优质高中招生计划在区域内合理分配。还有，普通学校的量比较大，普通学校要努力提高质量，稳定生源，办好普通学校。提质稳源，就是提高质量，稳定生源。台账，就是要按照各省市县政府设定消除“大班额”的规划，建立工作台账。按照今年“超大班额”基本消除、明年解决“大班额”取得突破性决定性进展、2020年基本消除“大班额”这样一个目标，倒排工期，落实责任，建立工作台账。督办，就是根据台账和规划，督促落实各项政策措施，确保目标如期实现。这就是我们要做的工作。这是多年经验的总结，我想这些措施采取之后，我们的目标一定能实现。

问答二：高等教育发展质量

香港《紫荆》杂志社记者：在今年2月初公布的2018年泰晤士亚洲大学排行榜中，中国有101所大学上榜，请问教育部对此怎么看？在提升高等教育质量，推进内涵式发展方面有哪些关键举措？

陈宝生：关于大学排名问题，我讲三点。第一点，经过这10年，特别是党的十八大以来的发展，中国高校在世界主要排名中位次整体前移，这说明我们高等教育办学的质量和水平已经开始冲刺世界水平，我们办世界水平高等教育的第一方阵已经开始形成。第二点，有101所学校上榜，这表明我们高等教育质量的提高、高等教育事业的发展是随着我国经济社会事业发展同向同步同质量提高的。我们走向世界教育的核心竞争力显著增强。第三点，对这些排名、这些评比，你可以去看它，去参考它，但不要在乎它。它仅仅是提供了一种观察和分析高等教育事业发展的角度，在那个角度上，我们可以去寻找差距，但在整体发展上我们要增强自信。这就是我对这些排名的看法。

关于高等教育发展质量问题，我们是办四件事。一是要提升培养能力。学校办得好不好，能力十分重要。因为我们学校实际上生产的是未来、是人才，为未来发展提供人才支撑，人才培养能力就是学校的生产力。这是我们要办好的第一件事情。二是要创新人才培养模式。要适应我们这个时代的需要。我们这个时代，大家有很多说法，信息化的时代、全球化的时代、新的科技革命的时代，这一段时间人工智能异军突起，引起各方面的高度关注。这都要求我们对人才培养的模式进行改革、创新。这样我们才能培养担当民族复兴大任的一代新人。三是要优化结构。要调整优化学科结构、专业结构，让我们的高等教育能够适应现代化建设的需要。你要为未来提供人才，就要紧盯未来；你要为市场提供服务，就要紧跟市场需求。所以就叫跟着市场调、盯着未来走，把我们的结构优化。四是要改革体制机制，为培养新时代需要的各种人才提供体制机制保证。总之，改革是未来教育发展的根本动力，是我们坚定不移的方针。

问答三："减负"

未来网记者：近期教育部等四部门印发了《关于切实减轻中小学生课外负担开展校外培训机构专项治理行动的通知》，引发社会的广泛关注。我们了解，国家层面已经先后发布了多个"减负令"，但感觉孩子负担不减反增。请问陈部长，怎么看待这个问题？怎样才能真正为我们的孩子"减负"？

陈宝生："减负"问题在今年两会引起了各方面的浓厚兴趣和高度关注，可以说"减负"不仅是一个热词，还是长期以来各方面高度关注的焦点。对于减轻学生负担，这些年，我们已经迈出了重大步伐，取得了一定效果。但是，这个问题始终没有得到彻底解决，原因是多方面的，每一个人心里面都有一本账，都知道总体上负担为什么没减下来，都知道自己孩子的负担是谁加上去的，我想，每个家长心里清楚，每个老师心里清楚。这里我要讲清楚一些概念。什么叫负担？我们讲的负担、减轻学生的学业负担，指的是违背教学规律和学生身心发展规律，超出教学大纲、额外增加的这一部分，我们把它叫作负担。在这个以内的，我们把它叫作课业、学业，叫作必须付出的努力。这一点，在这儿应当把它区分一下。

下一步，我们将按照这样的理念，坚定不移地推进"减负"工作。我想"减负"这个事不光是教育战线的事，也是整个社会的事；不仅是一个教育问题，还是一个社会问题，需要各方面合作、共同努力。"减负”，从哪些方面减？要从以下几方面减。

一是学校“减负”。这些年，我们在学校“减负”方面已经取得了明显进展。有人讲“校内减负校外增负”，这个话反映了一定的实际，但也有偏颇。偏颇在哪里？我们有一些“减负”措施是“一刀切”的，有一些“减负”办法是简单化的，它的效果值得评估。学校“减负”，主要是加强科学管理，把“减负”的任务落实到学校教学的各个环节，作为一个突出问题来解决。这是一个渠道。

二是校外“减负”。校外“减负”主要是规范教育秩序，治理整顿各类培训机构。培训机构是教育事业发展的必要补充，我们现在要整顿的是违规的这一类——超前教、超前学，违规办学、没有资质办学。这一类培训机构让学生痛恨、家长无奈。这种状况是不允许的。

三是考试评价“减负”。考试评价“减负”就是要改变评价方式，完善学业考试办法，建立素质综合评价制度，不允许以分数高低对学生排名，不允许炒作“高考状元”。这是考试评价“减负”。要让指挥棒正确起来。

四是老师教学“减负”。老师要按照大纲足额授课，绝不允许课上不讲课下讲、课上少讲课后讲，甚至鼓励引导学生参加培训。

五是家长和社会“减负”。我觉得整个社会都要提高教育素养，树立正确的成才观、成功观，使“减负”工作有一个正确的思想基础。这些年，各种成功学、各种培训机构的广告满天飞，带来的结果就是家长的口袋空了、学生的负担重了、学校的教学秩序乱了。所以，有一些不符合教育规律、不符合孩子健康成长需求的理念到处流传，给家长制造焦虑，给孩子制造负担，这种现象绝不允许。我们全社会都要提高自己的教育素养，不要盲目追求那些成功学，那些培训机构炫耀的培训成绩单、广告词，很多都是“鸡汤加忽悠”。“鸡汤”喝得众人醉，错把“忽悠”当“翡翠”，这是不行的，不听忠告听忽悠，负担增加人人愁。所以，我们要改变这种状况，要提高教育素养，不要听信那些似是而非的理念，要按照教育规律办事，按照学生身心发展规律来办事，让他们健康成长。

从这五个方面“减负”，我想这个问题是可以解决的。其中有两个关键措施：一是要割断教师和培训机构在教学方面的联系纽带。培训机构可以开展各种培训，但是不能搞超前教学、超纲教学，义务教育阶段涉及的各科都不能搞。还要割断各类考试、考评、竞赛成绩和招生的联系，不把它作为招生的凭据，公办学校不准抢生源。用这些办法逐步减轻负担。二是综合治理，我们会建立起一个健康的教育秩序，构造风清气正的教育生态。过重的学业负担会逐步降下来。在此，我也呼吁一下，我们要给学生减轻负担，也要给老师减轻负担。现在老师负担是很重的，各种填表、各种考评、各种比赛、各种评估，压得有些老师喘不过气来。要把时间还给老师，让老师有足够的时间和精力研究教学、备课充电、提高素质。

问答四：思政课

中国网记者：去年以来很多高校的思政课有了很大的变化，吸引力也明显增强，请问陈部长，您是怎么看待这些变化的？除了思政课以外，我们还将在哪些方面加强高校的思想政治工作？

陈宝生：2016年12月，党中央召开了全国高校思想政治工作会议，习近平总书记在这个会议上发表了重要讲话。经过一年多来的实践，我们越来越深刻认识到，这次会议是一次里程碑式的会议。总书记在会上的重要讲话是一份纲领性的文件。我们这一年按照总书记的重要讲话、按照会议的安排部署，加强和改善高校思想政治工作，打了一场提高高校思政课质量和水平的攻坚战。主要从五个方面攻坚，即思路攻坚、师资攻坚、教材攻坚、教法攻坚、机制攻坚。

一年下来，思政课的面貌发生了明显的变化。我们组织200多位思政课专家到2 500多所高校进行调研，随机听了3 000多堂课。各省也普遍组织教学指导委员会专家、思政课专家去听课，所有的高校都进入了这一次听课、评估、调研范围。这是新中国成立以来思政课第一次拉网式、地毯式的大调研。这次调研我们向3万多名学生发了问卷，就收回的问卷来看，超过91%的学生认为从思政课得到了启迪，91.8%的学生表示喜欢思政课老师。这3 000多堂课得分都在80分以上，有些学校的思政课，像春运期间高铁票那样一票难求。一些思政课作为慕课推上网络，受到全社会的喜爱，产生了积极的影响。经过一年努力，思政课面貌发生很大变化。但是我们清楚地认识到，这些成绩还是初步的，还需要进一步加强和巩固。

下一步怎么加强？首先要转变观念，树立正确的思政观。我们不能把思政课和专业课割裂开来，不能让思政课脱离学生具体的成长环境和过程，也不能让思政课脱离广大教师，特别是同思政课教师的育人过程、育人实践孤立起来，要作为一个有机系统来对待。2018年计划办几件事，概括起来是“几个一”。第一个“一”是要出台一项计划，一项后备人才培养专项支持计划，思政工作、思政课要不断有优秀教师充实到这支队伍里来。第二个“一”是要办一个会，全国大学生学习习近平新时代中国特色社会主义思想成果展示交流大会，检阅一下一年多来的具体成果。第三个“一”是进行一次专题轮训，对所有的思政课教师轮训一遍。第四个“一”是要啃下像教师思政、课程思政、网络思政这样一批“硬骨头”，解决思政课和思想政治工作发展中的一些难点问题。第五个“一”是要建设一批思政课发展创新研发中心，还有培训研修中心。另外，在地方和高校建立“三全育人”的综合改革试点，建一批这样的试点。最后一个“一”是要总结经验，树立一批先进典型、推广一批优秀课程。攻坚战不可能是一年，我们要多打几年。

问答五：中西部高校建设

南方+、《南方都市报》记者：今年《政府工作报告》提出，要加快“双一流”建设。请问，是否会把资源过多地向“双一流”高校倾斜？对于缩小区域差距，加快中西部高等教育发展，有什么安排？

陈宝生：“双一流”建设是要建设世界一流大学、一流学科，这是它的主要内容。这是党中央、国务院确定的一项重大工程、新世纪的重大工程，也是中国高等教育走向世界、增强核心竞争力的重大工程。去年，我们发布了首批建设高校和建设学科名单，得到了各方面的高度关注，总的看，起到了预期作用，现在进展情况是好的。发布之后，也有一些疑问，比如你刚才讲到的资源集中倾斜到“双一流”建设中，中西部高校会不会受到影响，高校的发展会不会受到影响，还有一些其他的疑虑。

第一，“双一流”建设是一项非均衡发展战略工程。所谓非均衡发展战略工程，就是发挥我们制度的优越性，集中优势资源，培育冲刺世界水平的“国家队”第一方阵，增强中国教育的核心竞争力。这不仅是中国政府的做法，世界上很多国家，如英国、日本、法国、韩国、俄罗斯都制订了类似的计划。

第二，我们实行这个计划是开放的、动态的、持续激励的计划。就是说打破身份固化。以前一些类似计划，有身份固化这样一个弊端。这本身就给中西部高校打开了一扇发展的大门，因为它不是固化的，第一批没进去，可以积极发展培育，以后批次达到条件了就可以进来，有了上升的通道。

第三，在资源配置方面，我们是把提高和普及结合起来辩证处理的。我们现在用于高等教育事业的总投入是1万亿元多一点，在用于高等教育的总投入里，用于“双一流”建设的占2%多一点，它影响不了中西部的发展。

第四，对中西部我们相应实施了中西部高等教育振兴计划、中西部高校能力建设工程，开展了对口支援中西部的活动，还出台了部省合建中西部高校的方案。这些都是有利于中西部高校发展的。

在这里，我想重点说一说部省合建这个事。我们有13个省、自治区没有部属高校，再加上新疆生产建设兵团，这14家是“13+1”。为了改变这种状况，教育部和这些地方一块儿商量，在过去省部共建的基础上升级，建立了部省合建机制，一省一校、部省合建。教育部把这些学校列入部属高校序列，相当于一种准部属高校身份，省、自治区和新疆生产建设兵团对高校现有的支持力度不减，隶属管理不变，我们双方共同合力建设这14所高校。在不远的将来，使它们能够快速成长为中西部高等教育的“排头兵”，向“国家队”水平迈进。这就叫作部省合建。这种学校可以把它叫作部建高校，这是一块金字招牌。“双一流”建设只会带动中西部高校的发展，不会削弱；只会提升中国高等教育整体发展水平，不会削弱；只会促进各级各类高校按照合理布局持续健康发展，不会削弱。所以，这个担心可以放下来。

问答六：学前教育

中国新闻社记者：最近几年大家对于托幼服务和学前教育非常关注，社会、专家智库提出了很多意见，《政府工作报告》也明确提出要加强对托幼服务的全程监管，并且要加大学前教育资源的供给。请问教育部在这方面有没有一些具体举措？学前教育的立法工作现在进展如何？

陈宝生：学前教育是新时期中国教育发展最快的一个部分，也是当前中国教育的短板之一。现在各方面对学前教育高度关注，这里我澄清一个概念，学前教育指的是3—6岁儿童的保育和教育，就是我们常说的幼儿园阶段的保育和教育。现在各方面对此高度关注，尤其是年轻的父母们，这已经成为他们的“烦心事”之一。教育部按照党中央、国务院的总体安排和要求，对学前教育给予了高度关注。前一段时间，我们组织进行了一场较大规模的调查研究。一是会同国务院有关部门到十几个省份进行调研、摸清情况，二是组织一批专家学者进行专题研究和论证，三是请驻外使领馆对所在国幼教事业的发展情况、做法、经验、问题进行调研。现在我们正在处理这三个方面得来的大量信息，撰写调研报告，和有关部门协调共同来制定相关政策、制定发展规划。

经过这次调查，我们感受到，十八大以来，中国的学前教育实现了历史性跨越，取得了历史性成就，面临着历史性挑战，具体表现：一是学前教育的服务能力有了很大提高。我们现在举办着当今世界规模最大的学前教育，2017年学前三年在园的幼儿4 600万人，这是什么概念？这是一个中等人口规模国家的概念，是很大的数。二是普及水平和发展速度有了很大提高。2017年适龄儿童的毛入园率达到了79.6%，这是什么水平呢？单纯从毛入园率来看，它达到了中上收入国家的平均水平，发展速度和五年前比提高了15个百分点。三是用于幼教的投入大幅度增长。2016年我们用于幼教事业发展的投入是2 800多亿元，其中财政性投入1 300多亿元，这几年总量年均增长16.9%。我指的是这2 800亿，财政性资金五年增长了77%，这个量是很大的。四是我们重构了中国的学前教育体系。从2011年开始，我们实施了两个学前教育三年行动计划，去年开始实施第三个行动计划。这两个行动计划下来，五六年时间，是个什么概念？我们现在的幼儿园发展到25.5万所，这就是我们现在的情况，规模庞大。

为什么说重构了学前教育体系？在改革的过程中，过去公办的就是机关等办的一些幼儿园消失了，我们两个行动计划起步的时候，幼儿园数量少得可怜，五六万所起步，现在25.5万所，就这么几年时间，一个完整的体系建起来了。所以，这就是历史性的跨越。但是，我们在幼儿教育发展方面面临巨大的挑战。因为我国人口巨大，而幼儿教育发展不平衡、不充分。

我们现在发展学前教育既要继续解决有没有的问题，更要下大力气解决好不好的问题。因为家长们都希望自己的孩子能够就近入园，入一所优质幼儿园，入一所便宜的幼儿园。就近、优质、便宜，而我们现有的状况是在众多的幼儿园里面，普惠性幼儿园不足，这个问题需要破解。财政保障和成本分担机制没有建立起来，这个问题需要解决。保教人员数量不足、水平不高，这个问题也需要解决。还有保教过程中，管理和安全问题也存在着诸多漏洞、薄弱环节，这也是需要破解的问题。更重要的是人们在幼儿教育方面的观念需要进一步转变。这些问题都是我们下一步要解决的。所以今年开始我们将继续采取一些措施，来解决好学前教育问题。

一是要实施好第三个学前教育三年行动计划，把这个计划落实好。计划确定的目标，到2020年普惠性幼儿园占比达到80%以上，毛入园率达到85%，这两个目标我们要确保实现。二是在前一段调研的基础上，加强顶层设计，制定出一个新时代既符合社会主义初级阶段基本国情，又能较好适应幼儿教育需求的发展规划，我们正在做这个事。三是继续加强对幼儿园的监管，挂牌监管，督导各级各类幼儿园提高办园质量，满足入托、入园的需求。四是加强幼儿园的安全管理。幼儿园面临的安全问题有它的特殊性，它和小学不同，和中学更不同，涉及幼儿生活、学习方方面面，在这些环节都要加强管理，确保孩子的安全。人防、物防、技防并举，让孩子能够安全、快乐地在幼儿园里面生活成长。五是要综合治理小学化倾向。这个问题也是很大的事，我们现在有一些幼儿园教师是从小学教师转过去的，他们没有学过幼儿托育，把小学的教学方法带过去了，一些家长希望孩子在幼儿园就能学一些小学的课程，所以好多幼儿园有小学化倾向。应当明确幼儿园的基本教学模式是游戏模式，不是教学模式。六是加强师资队伍建设。借鉴国际经验，对教师、保育员和学生的比例有一个基本的要求，保教比大体上师生是1∶15，保育比是1∶30，叫作每个班“两教一保”，两名教师，一名保育员。按照我们现在的教育，220多万名幼儿教师，4 600万名在园幼儿，从这个数字来推算，我们现在缺教师71万名，缺保育员76万名。这就是一个大账，所以师资队伍的培训非常重要，幼师队伍的培训非常重要，保育员的培训也非常重要。这里我要说一点，要努力提高幼师、保教人员的待遇，尊重他们的劳动。现在我们好多幼儿园，主要指民办幼儿园，低工资、低待遇，使他们不能安心从教、从保，幼师毕业的学生不愿到幼儿园工作，这个问题也是必须解决的。

最后一个措施就是立法。我们正在调研，会同有关部门抓紧起草学前教育法，当然它要经过法定的程序，因为法律的产生有自己的程序。这就是我们学前教育目前存在的问题和我们要采取的措施。

问答七：职业教育

新华社记者：党的十九大报告提出，要深化产教融合、校企合作。去年底，国办也出台相关文件，提出了30条具体政策。我想问一下，目前这些政策的推进情况如何？下一步，还会在哪些地方重点发力解决这些问题？

陈宝生：职业教育的发展，在中国教育发展史上其实是起步较早的。但是，长期以来由于各方面原因，我国职业教育发展比较滞后。近些年有了很大发展。党的十九大对产教融合、校企合作发展职业教育作出了总体安排，国务院也出台了相关文件。贯彻十九大精神、贯彻这个文件，我们做了三件事。

第一，落实规划。我们出台了《制造业人才发展规划指南》，并且对这个指南设计的任务按部门进行了分解。落实这个规划，面上抓项目，这是全覆盖的，各省份各行业都有一批产教融合、校企合作的具体项目。点上抓标杆，我们以制造业为主，辐射若干行业、产业，选择了344个点作为产教融合、校企合作的标杆来培育，从中摸索路子、积累经验。整体抓指导，我们已经发布了20个行业人才需求与专业设置指导报告，因为职业教育和普通教育是不一样的，要把“需”和“求”紧密结合起来。

第二，搭建平台。我们已经搭建了三个平台：一是职业教育活动周。这是一个论坛型的平台，大家研讨交流。二是产教融合对话。我们举行了20多场活动，这是对话类的平台，产和教相互之间进行对话，衔接需求。三是全国职业技能大赛。这是一个竞赛类的平台，每年一期，进行检阅、竞赛，营造浓厚的发展氛围。

第三，狠抓质量。职业教育的重心核心在质量，我们在这一方面下了很大的功夫。重点是要解决产教融合中的示范问题、产教融合中的协同创新问题、产教融合中的实训基地问题。我们组建了1 400多个职教产业集团，联系3万多家企业，形成一种紧密的产教融合关系。我们还选择360多所学校，建设了一批产教应用技术协同创新中心，还和企业合作建成了1 440多个实训基地。因为职业教育实训环节很重要，需要培养学生的动手能力，这是它的质量基础。我们推进现代学徒制试点，第一批遴选了163个单位，进行现代学徒制试点，试点一年后进行了年审年检，证明这个试点是成功的。然后，我们又遴选了第二批203个单位开展试点，现在是366个试点单位，叫作现代学徒制试点。这些措施都是为了解决“双师型”教师缺乏的问题，在学校和产业之间、学校和企业之间、产和教之间、校和企之间建立一个“旋转门”，建设一支“双师型”教师队伍，建设一批实训基地，建设一批应用技术协同创新中心，来落实好这个规划，推动产教融合、校企合作向深度发展。

在这个发展过程中，有两件事我觉得需要明确，那就是产教协同，产是支撑，教是核心；校企合作，校是龙头，企是基础。要处理好这个关系，把学校建在产业基地、建在开发区里，把专业建在产业链上、建在需求链上。这样我们的职业教育产教融合、产教协同、校企合作就能取得更大的进展。

问答八：高考改革

《中国青年报》、中青在线记者：从2014年启动考试招生制度改革以来，上海、浙江去年率先实行了新高考。请问陈部长，试点成果如何？还存在哪些问题？下一步推进高考改革还有什么新动作？

陈宝生：高考招生制度改革是一个牵一发而动全身的改革，在教育综合改革中居于龙头地位。去年上海、浙江的高考招生制度改革平稳落地，取得了成功，为其他省份的改革提供了经验。取得的成果，主要表现在以下几个方面。

第一，牵动了高中教学改革。这个很重要。因为高考改革、招生改革是指挥棒，指挥棒改了，高中阶段的教学必须相应改革。所以，从上海、浙江的情况看，他们普遍采用了“走班选课”等模式。过去那种固定班次教学的模式已经改变，学生的自主权大了。

第二，推动了素质教育发展。这次高考改革之后，高中阶段对学生的考核，增加了综合素质评价这样一个内容。这是非常明显的素质教育措施。上海80%的学校都采取了建立创新实验室等措施。

第三，在学业水平的考评方面促进改革。过去考试的门类是固定搭配的，现在不是了，是动态组合的，发生了变化。

第四，带来了新的挑战。试点中也面临着一些问题，比如说学生自主选课这个空间究竟多大才是合适的，因为这可以做定量分析，选择的课太多，学生选择的压力就会增大。还有选修的难度系数怎么设计，这是需要考虑的，比如说选择简单课程的人多了，选择难度较大课程的人数可能在一段时间内会受到影响，而难度较大的一些课程往往都是基础性课程，是需要加强的。另外，走班上课怎么组织，对教师的工作量怎么设定，还有学校管理怎么办，怎么改革，都是新问题。

目前，上海、浙江已经在试点基础上完善了考试招生改革方案。去年，在北京、天津、山东、海南四个省市启动了高考招生制度改革，有效吸取了浙江和上海改革的成功经验，注意到了试点中新出现的一些问题。目前，教育部正在配合指导这四个省市完善高考招生制度改革方案，组织力量研究破解面临的这些问题。此外，从今年起还有17个省份要开启改革。对这些省份，我们正在进行评估，我们的基本态度是实事求是、不凑数，条件达到了就批准启动，条件达不到就创造条件，达到了再启动改革。时间服从质量，坚持质量导向、问题导向，确保考试招生制度改革取得成功。

从目前的进展情况看，从试点情况看，考试招生制度改革试点是成功的，进展是顺利的。

问答九：中外合作办学

俄罗斯金砖电视台、阿尔法电视台记者：去年深圳北理莫斯科大学举行开学典礼，习近平总书记还发了贺信，我们注意到包括深圳北理莫斯科大学在内，中国已经成立了多所中外合作办学大学。能否请您介绍下一步中外合作办学工作的考虑？

陈宝生：深圳北理莫斯科大学是中俄两国元首批准确立的一个教育合作项目。去年举行了开学典礼、建成仪式，习近平总书记发了贺信，普京总统发了贺信，这是中俄两国教育合作的一个新尝试、新成果。目前进展情况是好的，建设过程当中的合作是愉快的。中国政府对中外教育合作历来高度重视，改革开放以来这40年，我们的教育就是在不断扩大开放的过程中发展壮大起来、走向世界的。我们的方针历来是“请进来”和“走出去”并重，学习借鉴世界各国教育发展的成功经验，扎根中国大地，办中国特色的教育。按照这样的指导思想，我们和一些国家合作，已经在中国办了一批教育机构，经中国教育部批准，我们已经办了2 600多个办学机构和项目，其中1 324所办学机构是本科以上学历层次。我们的目标是通过这种合作，取长补短、相互学习、互利互惠，让中国的孩子在家门口就能享受国外一些学校的优质教育，让国外的合作者在与中国合办的机构里和中国合作者取长补短，领略中华文化，培养双方需要的各类人才、双方合作的友好使者。这就是我们的方针，要“请进来”。“走出去”，我们这些年也加大了步伐，现在我们在国外合办了一批教育机构，发展情况也是好的，下一步我们要采取一些措施加快发展步伐。

问答十：师范教育

成都电视台记者：截至2016年，全国共有各级各类学校专任教师1 578万人，面对解决增量的问题，下一步将如何解决好制约师范教育发展的问题，从哪些方面发力培养新时代的新型教师人才？

陈宝生：师范教育非常重要，教育是经营未来的。为什么这么讲？因为我们提供的人才是未来的人才，为未来培养人才。所以本质上是经营未来，而未来是不确定的，这就要求为未来生产人才的人必须是高素质的。从总量来说，必须要有一支宏大的为中华民族伟大复兴服务的教师队伍。从存量来说，现有的教师要不断提高素质，从而为社会提供优质服务。从增量来说，就是必须培养好未来的教师。培养未来的教师，靠什么？主要是靠师范教育。教育部正在制订教师教育振兴行动计划，在过去经验基础上对师范教育进一步做顶层设计，确定培养目标、培养重点和政策措施，把现有的师范院校办好，让他们充分发挥作用。在资源配置方面，向师范教育提供一定程度的倾斜。因为这是教师的“母机”。另外，我们允许和鼓励其他高校，特别是综合类大学兴办师范教育，发挥综合类大学的优势，为教师队伍建设开辟一条新的通道。再就是对师范类教学设立专业标准，每个专业都设立标准，也就是说要有资质。我们已经出台了一些政策，后续还有相应的标准方面的建设措施。按标准培养，确保培养的质量和水平。最后，加大师范院校、师范类专业师德建设的力度，让社会主义核心价值观贯穿教师培养全过程。师德为尊。教和育，“教”主要涉及知识体系，“育”主要涉及价值标准，所以“德”对学生的成长、对未来的发展非常重要。

“减负”难，“减负”难，“减负”再难也要减*

一、线上线下综合治理校外培训机构

记者：近几年出现了一种社会现象，就是学校“减负”、社会“增负”，老师“减负”、家长“增负”。这种现象，请问陈部长您怎么看？

陈宝生：“减负”遇到了新问题，战场转移了，方式变异了，教育部高度重视这个问题，下一步将线上线下综合治理，一定要把学生负担过重的问题治理好。

2018年2月，教育部联合四部门出台治理整顿校外培训机构的文件。从那时开始，我们分四个阶段对校外培训机构进行综合治理。一是排查。我们共排查了40.1万所培训机构，搞清底数。二是整改。在40.1万所培训机构中，27.3万所培训机构是有问题的、不合格的，整改就是对27.3万所机构进行治理，给它治病。三是规范。去年8月，国务院办公厅发布《国务院办公厅关于规范校外培训机构发展的意见》，对校外培训机构发展作出了整体设计、顶层设计，有了制度和规矩，以后校外培训机构治理就要按照这个文件的要求来推进。四是巩固。现在做的事就是巩固整改成果，27.3万所有问题的培训机构，已经整治了27万所，超过98%的机构得到整改。

但是，在整改的过程中，有一些培训机构转移阵地，把战场开到了线上。“减负”工作，原来叫“校内减负、校外增负”，现在叫“线下减负、线上增负”。这是一个新问题，战场转移了，方式变异了，我们

* 在两会第四场“部长通道”上答记者问，2019年3月12日，北京。

高度重视这个问题，已经会同有关部门开始研制综合治理的文件，不久就会发布，在这个文件出来之前，我们将比照线下治理的措施，对线上的培训进行规范，一定要把负担过重的问题治理好。

二、校园安全责任重于山

记者：2018年，我国一些地方发生校园安全事件，教育部是否会出台新的举措加强校园安全保护力度，防范这些案件的发生？

陈宝生：校园安全牵涉面很广，必须多部门协调配合治理，从源头上预防，从根本上治理，从制度上发力，从突出问题上突破。校园安全问题是一个综合征，近几年教育部、公安部等部门密切配合，对校园安全进行综合治理。

通过综合治理，学校安全问题有了明显改观。据统计，现在中小学幼儿园有86%以上已经配备了保安人员，70%以上安全防范体系建设达到了国家建设标准。这几年重大事故死亡人数，每年平均下降10个百分点，溺水、交通、踩踏事故死亡人数降低了15个百分点。这说明校园安全形势持续向好。

我们也要清醒地看到，校园安全面临着一些新的挑战，出现了一些新的情况，老的问题还没解决完，新的问题又出现。所以，要继续对这个问题配合起来发力。第一，进一步夯实基础，要从综合治理的力量基础、技术基础、制度基础三个方面下功夫；第二，要配合公安部等部门一起开展“护校安园”活动，把这个活动持续抓下去，将幼儿园和学校建成安全的幼儿园和学校；第三，加强督导检查追责，把责任落实，安全责任重于山，落不实，这个“山”是悬在空中的，掉下来会砸死人的。

三、综合整治减轻过重负担

记者：我们身边有很多家长反映，老师留的作业里有一部分明显超出了孩子的能力范畴，家长不得不代劳，孩子、家长都非常累。请问，教育部有没有专门的措施来解决这个问题？

陈宝生：学生过重的课业负担，是多因一果的综合征，要多方面发力来综合整治，不管是政府、学校、家庭还是社会，都要尊重教育规律，把学生的这张白纸交给老师，让老师画出最新最美的图画。

我们讲的是关于减轻学生过重课业负担的问题，不是不要负担。如果没有负担，我们都难以想象中国教育将会怎样，全是负担，中国教育会是怎样。教育本来就是负重前行的事业。我们现在要解决的，就是减轻过重课业负担的问题。这些年，教育部高度重视“减负”问题，陆续出台了一些治理措施。前不久，国务院办公厅发布了号称史上最严“减负”令——“减负30条”[①]，这就是综合治理的措施。

为什么要出台这样一个综合治理措施？因为根据实践经验，我们感到，学业和课业负担过重，这是一个多因一果的综合征，原因多方面，就一个结果，这叫多因一果。所以，要多方面发力来综合整治，这就是“减负30条”的根据所在。从哪些方面减？这涉及学校、教师、政府、家庭和社会。

从学校这个角度讲，就是要坚持正确的办学方向，严控课程门类和总课时，就是说开哪些课、开多长时间，要解决这个问题；严控课程容量和难度，也就是说，每门课讲多少内容、讲到什么深度；还有就是严控“非零起点”教学，这个非常重要。现在很多人都喜欢超前教学，就是孩子还没上学，就教了很多知识，以为这样孩子就能健康成长，实际上不是。孩子是一张白纸，交给老师，老师可以画最新最美的图画。在这之前，左一道右一道，把孩子画得五花八道，这会影响孩子健康成长。打个比喻，这叫作“张飞画扇子，愁死齐白石”。所以，我们要严禁这种事发生。

---

① 指2018年教育部等九部门联合印发的《中小学生减负措施》。——编者注

就教师来说，应该办好两件事：一件事是严格依照大纲和课程表教学。大纲是管内容的，课程表是管各种课程的相互关系，这是教育规律的体现。另外一件事是严控作业数量和难度。数量好理解，难度是什么？就是不要给孩子们出刁钻古怪的题，多出一些"师生友好型"的题。

对于政府来说，主要是在质量标准、课程教材、考试招生、评价体系以及素质教育引导等方面深化改革，从根本上来解决课业负担过重的问题，还要推进城乡教育均衡发展，为"减负"奠定基础。

对于家长来说，要有科学的教育观，对孩子要有一个合理的预期。就是说，要求孩子做到的，家长首先做到；不让孩子做的，家长首先不做；家长做不到的，绝不强迫孩子；孩子想做的，家长理性地引导孩子。

就社会来说，一是不要传播似是而非的所谓教育理念，二是不要给一些不良机构做代言人，三是不要为一些号称懂教育的"大忽悠"助力。今天我们面临的现实是：十个人谈教育，会产生十一、十二种观点，所以，一定要警惕。社会环境非常重要。环境好了，祖国的花朵就会开得更灿烂，祖国的幼苗就会成长得更健康。

从这里可以看出，"减负"作为一个多因一果的综合征，一定要系统治理。虽然治理的难度很大，但是，难度再大，也要紧紧抓住不放，落实好"减负30条"。"减负"难，"减负"难，"减负"再难也要减。如果今天不"减负"，明日负担重如山。负担重如山，孩子不能健康成长。所以，我们要持之以恒地治理下去，不获全胜，决不收兵。

让教师成为让人羡慕的职业*

2016年9月9日，习近平总书记到八一学校看望慰问师生，发表重要讲话。讲话高瞻远瞩、内涵丰富、思想深邃、情真意切，是加强教育和教师工作的纲领性文献，是推进教育改革发展的行动指南。在讲话中，总书记强调，各级党委和政府要满腔热情关心教师，让广大教师安心从教、热心从教、舒心从教、静心从教，让广大教师在岗位上有幸福感、事业上有成就感、社会上有荣誉感，让教师成为让人羡慕的职业。这一重要论述，是总书记继2014年教师节在北京师范大学发表重要讲话提出“使教师成为最受社会尊重的职业”后，对教师职业社会地位新的诠释定位，是对教师工作提出的更高要求。

当前，全党全国人民正在统筹推进“五位一体”总体布局和协调推进“四个全面”战略布局，着力实施创新驱动、建设世界科技强国、建设中国制造强国、“一带一路”建设等任务，朝着实现中华民族伟大复兴的中国梦和“两个一百年”奋斗目标阔步迈进。要实现上述一系列宏伟目标，关键在人才，基础在教育，根本在教师。学习好、贯彻好习近平总书记重要讲话精神，努力建设一支师德高尚、业务精湛、结构合理、充满活力的高素质专业化教师队伍，培养出更多更好能够满足党、国家、人民、时代需要的人才，意义重大而紧迫。

---

* 人民网，2016年12月8日。

一、强化待遇保障，让教师在岗位上有幸福感

习近平总书记多次指出，改善教师待遇，关心教师健康，维护教师权益，充分信任、紧紧依靠广大教师，支持优秀人才长期从教、终身从教。要让教师成为让人羡慕的职业，就要按照习近平总书记的要求，切实加强待遇保障，让教师在岗位上有幸福感。

组织上有依靠。增强为广大教师服务好、服好务的思想意识和行动自觉，做到政治上充分信任、思想上主动引导、工作上创造条件、生活上关心照顾，多为他们办实事、做好事、解难事。做广大教师的挚友、诤友、贴心朋友，善于运用沟通、协商、谈心等方式做好思想工作，多了解他们工作生活中的困难，多鼓励他们取得的成绩和进步，支持他们充分释放自己的才华和创造力。

工作上更体面。建设现代学校制度，完善内部治理机构，健全议事规则和决策程序，突出教师主体地位，切实落实教师在办学模式、育人方式、资源配置、人事管理等方面的知情权、参与权、表达权和监督权。加强编制管理，健全教职工补充长效机制，保证充足的人员配备，减轻教师的工作压力，让他们在工作之余细细品味生活的美好。

生活上更有尊严。健全教师工资保障长效机制，实现稳步增长，确保不低于或高于当地公务员平均工资水平。健全符合教师职业特点的工资分配激励约束机制，充分发挥绩效工资的激励导向作用。

二、实现教师为本，让教师在事业上有成就感

习近平总书记指出，百年大计，教育为本；教育大计，教师为本。希望广大教师认清肩负的使命和责任，努力为发展具有中国特色、世界水平的现代教育，培养社会主义事业建设者和接班人作出更大贡献。这是总书记对教师履行使命责任的殷切希望，也是对各级党委和政府支持教师建功立业的明确要求。

促进专业成长。推进师范教育综合改革，加大师范院校支持力度，

办好师范院校和师范专业，构建现代师范教育体系。创新培养模式，完善高校、地方政府、中小学“三位一体”协同育人机制，优化专业课程，加强教育实践，健全质量保障，提升教师的社会责任感、创新精神和实践能力。抓好教师培训，落实5年一周期不少于360学时的培训制度，分级分层分类开展各具特色的培训项目，提高培训的针对性和实效性。健全教研制度，发挥教学名师和优秀教师的示范带动作用，引领青年教师快速成长。鼓励教师大胆探索，创新教育思想、模式和方法，不断获得专业成长。

优化管理服务。推进教育治理体系和治理能力现代化，深化“放管服”改革，推进管办评分离，进一步破解体制机制障碍和瓶颈问题，最大限度地激发教师的积极性主动性创造性。完善教师资格制度，实施中小学教师资格考试和定期注册制度改革，制定符合教育行业特点的教师聘用制度。深化职称制度改革，完善岗位管理，打破教师职业发展的“天花板”。深入推进考核评价制度改革，努力扭转中小学单纯以学生学业考试成绩和升学率评价教师的倾向，努力扭转高校教师评价重科研轻教学、重数量轻质量的倾向，引导教师潜心教书、静心研究。积极稳妥推进收入分配制度改革，给教学、科研人员更多经费使用权，更多创新成果使用、处置和收益权，充分体现知识价值。

成就事业华章。引领广大教师始终同党和人民站在一起，站稳政治立场，明辨是非正误，全面贯彻党的教育方针，坚持社会主义办学方向，成为教育事业健康发展的压舱石。支持广大教师落实立德树人根本任务，努力培养德智体美全面发展的社会主义建设者和接班人，成为人才培养的根本力量。鼓励广大高校以科研为主的教师，不断取得具有世界水平的科技成果，成为建设世界科技强国的主力军。引导广大教师弘扬中华传统美德，弘扬时代新风，用社会主义核心价值观凝魂聚力，成为社会风尚的引领者。

三、弘扬尊师风尚，让教师在社会上有荣誉感

习近平总书记指出，教师做的是传播知识、传播思想、传播真理的工作，是塑造灵魂、塑造生命、塑造人的工作，理应受到尊敬，要在全社会弘扬尊师重教的良好风尚。他还强调，让教师在社会上有荣誉感。要让教师成为让人羡慕的职业，就要按照总书记要求，大力弘扬尊师风尚，使尊师思想深深植根于人们的头脑和血液中，内化为大家的自觉意识，外化为大家的自觉行动，让教师在社会上有荣誉感。

厚植尊师文化。文化是民族精神的载体，是凝聚社会共识的纽带，必须把尊师文化建设摆在突出位置。深入学习习近平总书记关于教育和教师工作重要讲话精神，学深悟透蕴含其中的尊师思想、立场、观点和方法，统领构建新时期尊师文化。继承发扬中华民族尊师重教、崇智尚学的优良传统，大力弘扬源远流长的中华优秀传统文化，奠定新时期尊师文化的民族根基。

加强尊师教育。加强社会教育，通过报刊、电视、广播、新媒体、剧院、街道板报等多种渠道，营造全社会尊师光荣、鄙师可耻的浓厚氛围。加强校园教育，把尊师文化作为中华优秀传统文化和社会主义核心价值观教育的重要内容，通过课堂教学、校园文化和社会实践多位一体的育人平台，帮助每个孩子从小埋下尊师的种子。加强学生家长教育，赢得他们对教师工作的理解支持。

落实尊师行动。把尊师文化融入各级党委和政府治国理政理念和实践中去，把加强教师队伍建设作为基础工作来抓，坚持教育规划、资金、政策等要素优先向教师队伍建设倾斜。完善教师荣誉制度，深入做好长江学者奖励计划、教学名师、全国教育系统先进集体和先进个人、全国教书育人楷模等评选推选活动，鼓励地方结合实际设立荣誉奖项，构建中央和地方系统衔接、层次分明的荣誉体系。

四、维护师道尊严，教师要增强成为好老师的使命感

习近平总书记强调，做好老师，要有理想信念、有道德情操、有扎实学识、有仁爱之心。他还指出，广大教师要做学生锤炼品格的引路人，做学生学习知识的引路人，做学生创新思维的引路人，做学生奉献祖国的引路人。成为好老师，做学生健康成长的引路人，既是总书记对广大教师提出的殷切希望，也是教师成为让人羡慕的职业的前提。

自觉崇德修身。自觉坚定理想信念，忠诚于党和人民的教育事业，把党的教育方针贯彻到教育教学全过程；加强中国特色社会主义理论体系的学习，不断增强中国特色社会主义的道路自信、理论自信、制度自信、文化自信。自觉涵养道德情操，弘扬和践行社会主义道德和中华传统美德，做一个以德立身、德行天下的品行之师。自觉培育仁爱之心，树立崇高的职业理想和坚定的职业信念，爱岗敬业，以爱化人，浇灌学生心灵之花美丽绽放，滋润学生人格之树健康常青。

夯实扎实学识。自觉树立终身学习理念，勤于学习、敏于求知，下得苦功夫，求得真学问。主动学习中外优秀经典名著，博览群书，丰富知识，深厚学养。积极站在时代前沿，刻苦钻研，充实新知，特别要提升专业素养，与时俱进地更新专业理念、升华专业知识。适应“互联网+”的时代需要，不断运用信息技术提高教学设计、教学实施、教学评价等专业能力，进而提高教育教学实效和人才培养质量。

提高创新本领。自觉提高教育创新的本领，直面教育改革发展的重大理论和现实问题，大胆探索，勇于实践，不断创新教育思想理念、改进教学方式方法、破解育人瓶颈障碍。努力提高科技创新的本领，特别是高校以科研为主的教师，围绕国家需要、人民需求，努力取得辉煌的科技成果。不断提高创新教育的本领，成为学生创新精神的呵护者、创造能力的培育者、创业生涯的指导者，把大学生、职教学生培养成大众创业万众创新、建设世界科技强国的一代新人。

高校必须坚持正确政治方向*

习近平总书记在全国高校思想政治工作会议上的重要讲话，深刻回答了事关高等教育事业长远发展的一系列方向性重大问题，深刻阐明了高校思想政治工作的一系列重大理论和实践问题，是做好新形势下高校思想政治工作的行动指南。教育战线要学习好贯彻好落实好讲话精神，始终坚持正确的政治方向，扎实办好中国特色社会主义高校。

始终坚持社会主义办学方向不动摇。能否办好大学，方向问题是第一位的。习近平总书记强调，我们的高校是党领导下的高校，是中国特色社会主义高校。扎根中国大地办大学，必须坚持社会主义办学方向，全面贯彻党的教育方针，坚持以马克思主义为指导，坚持党对高校的领导，不断增强道路自信、理论自信、制度自信、文化自信。要把高等教育发展方向自觉同我国发展的现实目标和未来方向紧密联系在一起，自觉为人民服务，为中国共产党治国理政服务，为巩固和发展中国特色社会主义制度服务，为改革开放和社会主义现代化建设服务。要把立德树人作为高校立身之本，坚持不懈传播马克思主义科学理论、坚持不懈培育和弘扬社会主义核心价值观、坚持不懈促进高校和谐稳定、坚持不懈培育优良校风和学风，把中国特色社会主义伟大旗帜牢牢地高高地举起来，把这面旗帜插到每个课堂，高扬在每名师生心中。

强化责任担当，狠抓制度落实。要深刻认识做好思想政治工作是领导干部的政治任务，每一个领导岗位都是思想政治工作的工作站，每一

---

*《求是》2017年第3期。

名领导班子成员都是党的思想政治工作者。要明确把握党委在思想政治工作上负有主体责任，党委书记是第一责任人，领导班子成员要自觉履行“一岗双责”，以高度负责、敢于担当的精神抓好思想政治工作。要强化纪律监督，加强监督检查，加大问责力度，推动实行校、院（系）党组织书记抓思想政治工作和党的建设述职评议考核制度，对履行责任不力、思想政治工作和党的建设长期薄弱的，追究党组织和党员领导干部的主体责任、监督责任、领导责任。

紧紧围绕教师和学生两大群体，做到齐头并进。要围绕学生、关照学生、服务学生，加强灌输培养，不断提高学生思想水平、政治觉悟、道德品质、文化素养，促进学生健康成长成才。要发挥好学科带头人、老教授、老专家等学校精神和校园文化传承者承载者示范者的作用，在传帮带上见效果，引导广大教师坚持教书和育人相统一，坚持言传和身教相统一，坚持潜心问道和关注社会相统一，坚持学术自由和学术规范相统一。在全面抓好大学生思想政治教育和教师思想政治工作的基础上，重点加强教师党支部建设，优化党支部设置，选优配强党支部书记，加强教师党员发展和教育管理服务工作。

注重统筹好思想政治工作队伍和教学科研骨干队伍建设，推动两支队伍融合发展。实践证明，基层党组织战斗力强、战斗堡垒作用发挥得好，内部矛盾少、政治生态健康，业务工作往往开展得也比较好。其中很重要的原因，是党政主要负责同志既重视党建，又懂业务。要在两支队伍培养上下功夫，通过双向融合整体推进基层党的建设，努力探索把有条件的党务工作者培养成学术带头人，把行政系统主要负责人、学科带头人培养成基层党组织负责人，逐步实现基层党组织负责人是懂政治的业务工作者、基层行政系统负责人是懂党建的行政领导者，整体推进思想政治工作队伍和教学科研骨干队伍建设。

坚持高校党委、院（系）党组织、党支部三级联动。要充分发挥好高校党委的领导作用，发挥好院（系）党组织的作用，发挥好党支部的战斗堡垒作用，把从严治党的体系建立健全起来，责任延伸落实下去，活动正常开展起来。高校党委对学校工作实行全面领导，承担管党治党、办学治校主体责任，要坚持和完善党委领导下的校长负责制，坚决贯彻民主集中制。要进一步发挥院（系）党组织的作用，履行好政治职责，保证监督党的路线方针政策及上级党组织决定的贯彻执行，把握好教学科研管理等重大事项中的政治原则、政治立场、政治方向，在干部队伍、教师队伍建设中发挥主导作用。在具体工作实践中，要注重把握本科生党支部、研究生党支部和教师党支部的不同规律和特点，有的放矢、胸中有数地开展工作。

抓住教师和教材两个关键，把好政治关。高校党委要负责对新入职教师的综合考察和把关，完善教师评聘和考核机制，引导广大教师自觉做先进思想文化的传播者和党执政的坚定支持者。要建立健全高校哲学社会科学教材编审机制，为高校思想政治工作提供重要载体。高校党委要对哲学社会科学教材选用进行政治把关，对引进教材选用负总责，组织好马克思主义理论研究和建设工程重点教材的统一使用工作。

真抓实干，吹糠见米，扎实推进教育脱贫工作再上新台阶*

小康不小康，关键看老乡。党的十八大以来，习近平总书记连续四年在新年贺词中关注贫困地区、贫困群众和扶贫工作，充分体现了总书记对贫困地区群众的深情挂念，对脱贫攻坚工作的高度重视。在2017年新年贺词中，总书记特别指出，“部分群众在就业、子女教育、就医、住房等方面还面临一些困难，不断解决好这些问题是党和政府义不容辞的责任”。教育是对中华民族伟大复兴具有决定性意义的事业，在脱贫攻坚中具有重要的作用，“阻断贫困代际传递”是总书记交给教育的重要使命。早在20世纪80年代，习近平同志在《摆脱贫困》一书中提到贫困地区教育的“马太效应”，越穷的地方越难办教育，但越穷的地方越需要办教育，越不办教育就越穷，要走出“穷”与“愚”的循环怪圈。近四年来，总书记无论是在河北阜平、山东菏泽、北京八一学校等地考察，还是在中央全会、全国两会、减贫与发展高层论坛等重要场合，连续多次反复强调“治贫先治愚”“扶贫必扶智”“让贫困地区的孩子们接受良好教育”等战略思想，对做好教育脱贫工作提出殷切希望。

古人云，家纵贫寒，也须留读书种子。教育是贫困学子改变命运、实现人生出彩的根本之策。2015年11月，中央扶贫开发工作会议把教育作为脱贫攻坚的五大举措之一，明确了“发展教育脱贫一批”的重要任务。2016年，经国务院同意，教育部等六部门联合印发《教育脱贫

---

*《中国扶贫》2017年第5期。

攻坚“十三五”规划》。对于教育脱贫工作，宏伟蓝图已绘就，扬帆奋进正当时。教育部将深入学习领会习近平总书记关于脱贫攻坚特别是教育脱贫的重要论述，自觉把思想和行动统一到中央的决策部署上来，以时不我待的紧迫感、舍我其谁的使命感，坚决打好教育脱贫攻坚战。

一年之计在于春，春不种，则秋不收。今年是实施《教育脱贫攻坚“十三五”规划》的重要一年，关键在落实。一要目标明。用五年的时间实现建档立卡贫困人口教育基本公共服务全覆盖，保障各教育阶段从入学到毕业的全程全部资助，把好脱贫攻坚的“指南针”。二要问题准。重点解决总书记提出的贫困家庭孩子辍学失学还比较多，“读书无用论”观点也有所蔓延，不少贫困家庭子女受教育程度同普通家庭的差距在扩大等关键问题，啃下脱贫攻坚的“硬骨头”。三要对象清。针对建档立卡学龄前、义务教育阶段、高中教育阶段、高等教育阶段和学龄后五个阶段教育群体分类施策，找准脱贫攻坚的“瞄准镜”。四要措施实。加大教育资金整合力度，从学前教育到高等教育，从基础设施建设到贫困学生资助，都优先保障贫困地区教育发展和建档立卡贫困家庭子女受教育的需要，用好脱贫攻坚的“重武器”。五要保障全，从财政支持、结对帮扶、信息技术、社会力量和激发内生动力等层面，构建多方参与、协同推进的教育脱贫大格局，营造脱贫攻坚的“大后勤”。

草木蔓发，春山可望。我们一定要牢固树立政治意识、大局意识、核心意识、看齐意识，更加紧密地团结在以习近平同志为核心的党中央周围，始终坚持以人民为中心的发展思想，时刻把使命记在心上，把责任扛在肩上，把任务抓在手上，不畏浮云遮望眼，撸起袖子加油干，向着打赢脱贫攻坚战、如期实现全面小康目标协力奋进，以优异成绩迎接党的十九大胜利召开。

发挥高校优势，加快构建中国特色哲学社会科学*

中央全面深化改革领导小组第三十一次会议审议通过了《关于加快构建中国特色哲学社会科学的意见》，对深入学习贯彻习近平总书记系列重要讲话精神，特别是在哲学社会科学工作座谈会、全国高校思想政治工作会议上的重要讲话精神，进一步巩固马克思主义在意识形态领域的指导地位、加快构建中国特色哲学社会科学作出全面部署，为新时期哲学社会科学工作指明了方向，提供了根本遵循。高校是我国哲学社会科学事业“五路大军”中的一支重要力量和方面军。我们要充分发挥高校学科和人才优势，采取有效措施，为加快构建中国特色哲学社会科学提供有力支撑。

一、深刻认识发挥高校优势加快构建中国特色哲学社会科学的重要性紧迫性

坚持和发展中国特色社会主义，哲学社会科学具有不可替代的重要地位，其发展水平反映了一个民族的思维能力、精神品格、文明素质，体现了一个国家的综合国力和国际竞争力。面对新形势新任务，我们必须增强加快构建中国特色哲学社会科学的思想认识和行动自觉。

突出价值引领，坚持和发展马克思主义。坚持以马克思主义为指导，是当代中国哲学社会科学区别于其他哲学社会科学的根本标志；如果离开了马克思主义的指导，中国特色哲学社会科学就会迷失方向、丢

---

* 《求是》2017年第10期。

掉灵魂。高校是研究宣传马克思主义的重要阵地，也是培养马克思主义理论人才的重要基地。坚持不懈传播马克思主义科学理论，永葆马克思主义生机活力，引导大学生坚定中国特色社会主义道路自信、理论自信、制度自信、文化自信，高校责无旁贷。高校不仅要在“真学、真懂、真信、真用”上走在前列，而且要在理论创新、思想引领、价值创造上走在前列，切实承担起学习、研究、宣传、发展马克思主义的重任。

破解改革发展难题，增进社会文明程度。当前，全面建成小康社会进入决胜阶段，改革发展进入攻坚期和深水区，各种深层次矛盾和问题不断呈现，各类风险和挑战不断增多。在咨政建言方面汇聚高校智慧，同时启迪民智，增进全社会文明程度，发挥高校综合创新能力和服务社会的智力优势，高校责无旁贷。高校应当以国家现实需求为导向，聚焦“五位一体”总体布局和“四个全面”战略布局中的重大理论和现实问题，开展前瞻性、针对性、储备性政策研究，为提高党和政府科学决策能力提供强有力的智力支持；同时，推动学术成果的普及应用，惠及更多群众，满足人民群众优质、多样的文化需求。

落实立德树人根本任务，培养社会主义建设者和接班人。培养什么样的人、如何培养人以及为谁培养人是事关党和国家前途命运的重大问题，也是我国社会主义教育事业发展必须解决好的根本问题。社会主义教育工作要回归初心，牢固树立为人民办教育的思想。青年阶段是世界观、人生观、价值观形成的关键阶段，也是可塑性最强的时期。坚持教书育人、立德树人，把社会主义核心价值观融入国民教育的全过程，坚守育人育才的价值导向，高校责无旁贷。高校要以润物无声的方式温润心灵、陶冶人生，坚持不懈培育和弘扬社会主义核心价值观，培养又红又专、德才兼备、全面发展的中国特色社会主义合格建设者和可靠接班人。

发出中国声音，提升国际学术话语权。当今时代，世界主要国家普遍把加强对外传播、人文交流作为增强国家文化软实力的重要手段。面对世界范围内各种思想文化交流交融交锋的新形势，加快建设社会主义文化强国、增强文化软实力、提高我国在国际上的话语权，高校责无旁贷。高校要紧紧围绕国际社会普遍关注的重大问题，运用国际上能够广泛接受的表述方式，研究阐释当代中国价值观念，努力做到既体现中国立场、中国气派，又把握国外受众思维习惯，讲好中国故事，贡献中国方案、中国智慧，展示中华文化独特魅力和国家形象。

二、准确把握高校哲学社会科学面临的形势和任务

高校学科齐全，人才荟萃，智力密集。党的十八大以来，高校承担各类哲学社会科学研究项目134万多项，出版著作约11万部，发表论文131万篇，提交各类咨政报告4.3万篇，高校哲学社会科学的整体实力和服务经济社会发展能力显著增强。

高校哲学社会科学工作中还存在着许多亟待解决的问题。比如，马克思主义在一些学科中“失语”、教材中“失踪”、论坛上“失声”；哲学社会科学学科体系、学术体系、话语体系建设水平总体不高，学术原创能力还不强；训练培养教育体系不健全，学术评价体系不够科学，管理体制和运行机制不够完善；人才队伍整体素质亟待提高，学风方面还存在学术浮夸、学术不端、学术腐败现象；等等。我们要将《关于加快构建中国特色哲学社会科学的意见》作为新形势下高校开展马克思主义理论建设、做好哲学社会科学工作的路线图与指南针，围绕立足中国、借鉴国外，挖掘历史、把握当代，关怀人类、面向未来的要求，着力实施以育人育才为中心的哲学社会科学整体发展战略，深入实施高校哲学社会科学繁荣计划，加快构建有中国特色、中国风格、中国气派的高校哲学社会科学学科体系、学术体系、话语体系。

加快构建中国特色哲学社会科学，对高校社科战线来说，就要扎实推进三个方面的重点任务。一是深入学习贯彻习近平总书记系列重要讲

话精神和治国理政新理念新思想新战略。高校社科战线要重点学习习近平总书记在哲学社会科学工作座谈会、全国高校思想政治工作会议上的重要讲话，将之作为重大政治任务，力争走在全国前列，坚定不移、集中优势力量，深入开展学习、研究和宣传，推出一批理论创新成果，为党的十九大胜利召开营造良好的思想舆论环境。二是着力提高哲学社会科学创新能力。高校社科战线要把提升创新能力和研究质量放在首位，坚持问题导向，融通各种资源，不断推进知识创新、理论创新、方法创新，争当建设高等教育强国和推动创新驱动发展战略的排头兵。三是全面深化哲学社会科学综合改革。高校社科战线要把改革作为推进工作的动力，更加明确本领域具有“四梁八柱”性质的改革任务，更加注重改革的系统性、整体性、协调性。要深入研究改革深层次的体制机制问题，着力改进研究体制、育人体制、管理体制和投入保障机制，抓住改革关键节点和症结所在，稳步推进综合改革，重点突破专项改革。

三、多措并举加快构建中国特色哲学社会科学

充分发挥高校学科和人才优势，加快构建中国特色哲学社会科学，树导向、抓关键、厚基础、促改革，采取切实行动，扎实推进各方面的重点工作。

树导向：把高校建设成学习、研究和宣传马克思主义的坚强阵地。一是加强马克思主义基础理论研究。深入推进马克思主义理论研究和建设工程，加强高校中国特色社会主义理论体系研究中心建设，重点建好一批高校马克思主义学院，为学习、研究、宣传马克思主义提供有力的平台支撑和组织保障。二是深化党的十八大以来党的理论创新成果研究阐释。组织高校中国特色社会主义理论研究中心、重点研究基地、高端智库、项目团队，围绕研究阐释党的理论创新成果，重点开展党中央重大决策部署和重大实践成果的专题研究。三是扎实开展马克思主义理论教育。推动高校师生系统学习马克思主义基本原理，全面学习中国特色

社会主义理论体系，特别是重点学习习近平总书记系列重要讲话精神和治国理政新理念新思想新战略。努力办好高校思想政治理论课，启动“高校思想政治理论课教学质量年”专项工作，全面实施“高校思想政治理论课建设体系创新计划”。自觉把马克思主义基本原理和贯穿其中的立场、观点、方法以及党的理论创新成果充分体现在学科建设、教材编写、课堂教学、课题研究、学术交流、成果评价等各个环节。

抓关键：构建一个全方位、全领域、全要素的哲学社会科学体系。一是加强马克思主义学科建设。推动形成以马克思主义理论一级学科为龙头、其他学科领域马克思主义相关学科为支撑的学科体系。提升马克思主义理论学科的引领力渗透力，把马克思主义立场观点方法贯穿各学科各专业之中，努力把马克思主义理论学科建设成为哲学社会科学的优势学科。二是完善哲学社会科学学科体系。按照突出优势、拓展领域、补齐短板、完善体系的要求，制订高校学科专业建设发展规划，统筹抓好基础学科、应用学科、新兴学科、交叉学科、冷门学科的建设。三是着力抓好教材体系建设。以提升教材的思想性、科学性、民族性、时代性、系统性为重点，加强对教材建设的统筹指导和系统规划，形成适应中国特色社会主义发展要求、立足国际学术前沿、门类齐全、学段衔接的教材体系。加快推进马克思主义理论研究和建设工程重点教材编写与统一使用工作，扎实开展教材所涉课程任课教师培训。

厚基础：构筑学生、学术、学科一体的综合发展体系。一是以学生为根本，创新人才培养机制。深化教育教学改革，建立健全符合国情的哲学社会科学人才培养质量标准体系，提升人才培养质量，增强学生的社会责任感、创新精神和实践能力。深入实施新闻传播人才、法律人才等系列卓越人才培养计划。二是以学术为基础，建立科教融合新机制。推进科研组织形式和管理方式创新，加快中国特色新型高校智库建设，重点建设一批协同创新中心和重点研究基地。促进科研和教学深度融合，把马克思主义中国化最新成果和学术前沿成果及时充实到教材中，体现到课堂上，融入教学实践各环节。三是以学科为支撑，强化学科育人功能。充分发挥哲学社会科学育人功能，做到学科课程、教学环节、教育人群三个“全覆盖”，教育引导学生正确认识世界和中国发展大势、中国特色和国际比较、时代责任和历史使命、远大抱负和脚踏实地。

促改革：构建既能把握方向又能激发科研活力的体制机制。一是保障抓党建。切实加强政治领导和工作指导，一手抓繁荣发展、一手抓引导管理。要把推动高校哲学社会科学发展与建设高等教育强国、加快推进教育现代化结合起来，与建设世界一流大学和一流学科结合起来，强化责任担当，确保取得实效。二是改革抓体制。统筹管理好人才、阵地、研究规划、研究项目、资金分配、评价评奖活动，处理好投入和效益、数量和质量、规模和结构的关系，优化科研布局，合理配置资源，形成既能把握正确方向又能激发科研活力的体制机制。三是人才抓梯队。统筹实施好各类人才计划，构建种类齐全、梯队衔接的哲学社会科学人才体系，培养造就一批有深厚马克思主义理论素养、学贯中西的思想家和理论家，一批理论功底扎实、勇于开拓创新的学科带头人，一批年富力强、锐意进取的中青年学术骨干。四是监督抓学风。坚持不懈培育优良校风和学风，加强高校学术委员会和学风委员会的建设，按照软约束和硬措施结合的要求，完善教育监督惩处机制，构筑行之有效的学风建设长效机制和工作体系，使高校哲学社会科学工作做到治理有方、管理到位、风清气正。

以使命担当谱写教育改革发展新篇章*

习近平总书记对黄大年同志先进事迹作出的重要指示，是对广大党员、干部、知识分子的巨大鼓舞和鞭策，饱含对教育科技工作者的重托与期待，对于紧密地团结在以习近平同志为核心的党中央周围，凝聚起实现中华民族伟大复兴中国梦的强大力量具有十分重要的意义。黄大年同志是教育系统涌现出来的杰出榜样，广大教育工作者要在学习贯彻习近平总书记重要指示和弘扬黄大年精神上作出表率、干出实绩，奋力谱写教育改革发展新篇章。

深刻理解习近平总书记重要指示内涵。一是要有对国家民族的责任和担当。黄大年同志始终以祖国需要为最高追求，毅然放弃国外优越的科研生活条件回到祖国，为深地资源探测和国防安全建设作出突出贡献，承担起一名教育科研工作者为祖国富强、民族振兴贡献力量的责任和担当。这种责任和担当，正是习近平总书记多次强调的知识分子“国家至上、民族至上、人民至上”的家国情怀。二是坚守教书育人的本分。无论有多少头衔和职务，黄大年同志都不忘自己首先是教师，始终以“为祖国培养人才”为己任，恪尽教书育人本分。教书育人是习近平总书记时刻不忘的对教师的叮嘱，他在多个场合指出，教师要时刻铭记教书育人的使命，以人格魅力引导学生心灵，以学术造诣开启学生的智慧之门。三是守住知识分子的精神家园。黄大年同志把所有的热诚和才华奉献给祖国，把生命最绚丽的部分献给他钟情的教育科研事业，用实

---

*《求是》2017年第14期。

际行动践行了习近平总书记提出的“好老师要有‘捧着一颗心来、不带半根草去’的奉献精神，自觉坚守精神家园、坚守人格底线”要求。

深入领会黄大年精神。黄大年精神植根于中国特色社会主义事业的沃土和人民群众的丰富实践，是时代的见证，是爱国精神、时代精神、科学精神的集中体现和升华。我们要认真学习贯彻习近平总书记重要指示精神，把黄大年精神学习好、发扬好、实践好。一是涵养心有大我、至诚报国的爱国情怀。为将所学应用于中国特色社会主义建设，黄大年同志积极响应祖国号召。他刻苦钻研，带领团队突破国外禁运和技术封锁，取得一系列重大成果，填补多项国内技术空白。我们要学习黄大年同志热爱祖国、至诚报国的高尚情操，学习他不懈追赶国际前沿科技的可贵担当。要以他为榜样，脚踏祖国大地、胸怀人民期盼，服务国家需求、勇挑历史重担，办好有中国特色、世界水平的现代教育。二是弘扬教书育人、敢为人先的敬业精神。黄大年同志主动担任本科层次“李四光实验班”班主任，甘守三尺讲台、争做“四有”教师，鼓励学生将个人价值与国家前途命运紧密联系在一起，培养了一批“出得去、回得来”的人才。我们要学习黄大年同志为国家培养、凝聚人才的高尚风范，学习他爱才惜才、为师为范的执着坚守。要以他为榜样，牢记使命、忠于职责，做学生健康成长的引路人，培养实现中华民族伟大复兴中国梦的主力军。三是培育淡泊名利、甘于奉献的高尚情操。为尽快缩小与国外差距，黄大年同志忘我工作，生病住院期间还在病房中与团队师生研究项目。别人建议他参评院士时，他说“这不是我的追求，我只想做更多事”。他的心中是“振兴中华，乃吾辈之责”的豪情，是“青春无悔、中年无怨、老年无憾”的洒脱。我们要学习黄大年同志忘我拼搏、无怨无悔的奉献精神，学习他兢兢业业、心无旁骛的人生态度。要以他为榜样，怀着对教育事业的忠诚与热爱，立足本职、踏实勤勉，勇于创新创造、大胆施展才华，干出不平凡的业绩。

努力做到“四个结合”。贯彻习近平总书记重要指示，弘扬黄大年精神，贵在融会贯通、持之以恒、务求实效。广大教育工作者要以黄大年同志为榜样，为加快推进教育现代化、培养社会主义建设者和接班人贡献智慧和力量。一是与学习贯彻习近平总书记对教育工作的系列重要论述结合起来，将对黄大年同志先进事迹的重要指示作为习近平总书记对教育工作重要论述的组成部分，结合起来学、作为整体悟，打通前后，融会贯通。二是与学习贯彻习近平总书记对李保国同志先进事迹的重要批示结合起来，深刻体会他们身上共同闪耀的精神之光，深刻认识广大教育工作者肩负的使命和责任，大力宣传弘扬教师典型先进事迹，让教育的天空群星灿烂，让优良的师德师风始终引领社会风尚。三是与推进“两学一做”学习教育常态化制度化结合起来，通过报告会、专题学习、组织生活、座谈交流等多种方式，坚持学做结合，学在日常、做在平时，用黄大年同志感人事迹和崇高精神引领党员干部教师做合格党员、当时代先锋，彰显共产党人本色。四是与干事创业的思想实际和工作实际结合起来，通过开展向黄大年同志学习活动，动员广大教育工作者对照标杆查找在使命、责任和精神等方面存在的差距，不断改造主观世界，激发奋斗热情，以更加昂扬的精神状态和务实的工作作风投身教育改革发展的具体实践，全力推动我国由教育大国向教育强国迈进。

心有大我，至诚报国*

黄大年把个人梦想融入实现中华民族伟大复兴中国梦的壮阔篇章之中，用毕生努力实现了爱国之情、强国之志、报国之行的统一。认真学习、深刻领会、全面贯彻习近平总书记对黄大年先进事迹重要指示，精心部署、扎实推进向黄大年学习的活动，是当前教育系统一项重要的政治任务。要充分发挥典型示范作用，大力培养和造就黄大年式优秀教师，建设一支党和人民满意的高素质专业化创新型教师队伍，为国家繁荣、民族振兴、教育发展奠定坚实基础。

宣传教书育人典型。作为一名共产党员，黄大年信念坚定、一心向党、忠于人民；作为一名海外留学人才，黄大年以身许国、痴心爱国、无怨无悔；作为一位教育工作者，黄大年教书育人、立德树人、无私奉献。在我们身边，还有不少像黄大年这样的优秀典型。在贯彻习近平总书记重要指示、开展向黄大年学习活动中，要分层次、有系统地挖掘和宣传一批教书育人的先进模范，在教育战线形成学先进、赶先进、当先进的浓厚氛围，向全社会充分展示新时期广大教师和教育工作者的良好精神风貌，唱响教育改革发展的主旋律。

培育黄大年式团队。黄大年具有很高的学术造诣和创新性学术思想。作为带头人，他凝聚和引领400多名高校和科研院所的优秀科技人员，不懈追赶国际前沿科技，突破国外严格禁运和技术封锁，填补多项国内技术空白。他率领的团队以服务国家重大战略和经济社会发展需求

---

*《人民日报》2017年7月18日第17版。

为目标，不仅取得一系列重大成果，而且培养出一大批青年英才。在贯彻习近平总书记重要指示、开展向黄大年学习活动中，要培育一批“全国高校黄大年式优秀教师团队”，坚持精神鼓励、典型宣传与发展支持相结合，进一步激发人才创新创造活力，更好地支撑创新驱动发展战略、服务经济社会发展。

全面加强教师工作。黄大年取得的非凡成就，离不开个人的辛勤努力，更是各级组织关心培养的结果。教师是培养人才的人才，是教育事业的第一资源。在贯彻习近平总书记重要指示、开展向黄大年学习活动中，要从战略高度认识教师工作的极端重要性，把坚持党的领导、加强党的建设贯穿教师队伍建设各环节，尊重教育规律和教师成长发展规律，以品学兼优、素质能力提升为核心，以体制机制改革为动力，以提高地位待遇为支撑，不断推进教师队伍治理体系和治理能力现代化，形成优秀人才争相从教、教师人人尽展其才、“四有”好教师不断涌现的良好局面。

伟大时代需要弘扬黄大年精神*

以浓厚的家国情怀和强烈的社会责任感，自觉把个人梦想融入实现中国梦的壮阔篇章，为我国教育和科技事业作出了突出贡献，这是吉林大学教授黄大年同志浓墨重彩的一生。习近平总书记日前对黄大年同志先进事迹作出重要指示，强调要以黄大年同志为榜样，学习他的爱国情怀、敬业精神和高尚情操。总书记的重要指示，具有深刻的时代内涵和重大的时代意义，是我们进一步做好教育工作的行动指南。

当前，我国正处于全面建成小康社会的决胜阶段，处于实现“两个一百年”奋斗目标、实现中华民族伟大复兴中国梦的伟大时代。伟大时代需要弘扬伟大的精神。我们要积极响应习近平总书记的号召，深刻理解、大力弘扬黄大年精神，从自己做起，从本职岗位做起，学有方向、做有楷模、赶有标杆，自觉为人民服务、为人民造福，努力作出无愧于时代的业绩。

一、心有大我、至诚报国的爱国情怀是黄大年精神的本质特征

爱国主义是中华民族绵延发展、赓续传承的精神品格。“振兴中华，乃我辈之责”“国家在召唤我们，我应该回去”，在黄大年心中，国家至上、民族至上、人民至上是不变信条，祖国需要是最高需要，服务国家是最好归宿。大力弘扬黄大年精神，就是要把准思想方向，摆正价值航标，心有大我、胸怀祖国、以身许国，让小我融入大我，让生命为祖

* 《光明日报》2017年8月12日第6版。

国而澎湃，把为祖国富强、民族振兴、人民幸福贡献力量作为毕生追求，“修身、齐家、治国、平天下”。广大教师和科技工作者要把爱国作为职业道德之根本、必修之大德，“苟利国家生死以，岂因祸福避趋之”，自觉崇德养德、重德厚德，始终听党话跟党走，坚定中国特色社会主义道路自信、理论自信、制度自信、文化自信，真正做到虔诚而执着、至信而深厚、刻骨而铭心。广大留学归国人员要继承和发扬留学报国的光荣传统，进一步了解党情、国情、民情、社情，树立正确的历史观、民族观、国家观、文化观，自觉做爱国主义的坚守者和传播者，把个人成功的果实结在爱国主义这棵常青树上。广大学生要树立“为中华之崛起而读书”的远大志向，把报国为民化作学习的不竭动力，勤于学习，敏于求知，掌握真才实学，努力在为祖国和人民奉献的过程中实现自己的人生价值。

二、教书育人、敢为人先的敬业精神是黄大年精神的集中体现

敬事而信、敬业乐群，敬业是中国人民的传统美德。黄大年教书育人、为国育才，潜心科研、敢为人先，不知疲倦地求索，充满激情地登攀，成了人们心目中的“拼命黄郎”，培养出了一大批一流的莘莘学子，获得了一系列一流的科研成果。大力弘扬黄大年精神，就是要把岗位看作实现人生价值的哨位，把事业当成报效祖国的战场，爱岗敬业，搏击中流，“捧着一颗心来，不带半根草去”。广大教师要时刻铭记立德树人的根本使命，甘守三尺讲台，甘当人梯，甘当铺路石，把全部精力和满腔热情献给教育事业，努力做学生锤炼品格、学习知识、创新思维、奉献祖国的引路人。要增强创新意识，把握创新特点，遵循创新规律，投身创新实践，得风气之先、开风气之先、敢为天下先，敢于当先锋，敢于走前人没有走过的路，敢于挑战最前沿的科学问题，力争有所突破、有所发展、有所建树，抢占科技高地，勇攀科技高峰，努力为创新型国家建设贡献智慧和力量。

三、淡泊名利、甘于奉献的高尚情操是黄大年精神的厚重底色

人生有底色，不同的底色往往能决定人生发展的不同路径。如何看待名利，是否甘于奉献，这就像是一把无形的尺子，衡量着底色的厚度，标志着境界的高度。“如果祖国需要，我必全力以赴”“常思奋不顾身，而殉国家之急”，黄大年不计名利、躬身前行，夙夜在公、无私付出，把自己的一生奉献给了祖国，把生命最绚丽的部分奉献给了教育和科技事业。大力弘扬黄大年精神，就是要淡泊名利、一心为公，担当道义、甘于奉献。广大教师要带头践行社会主义核心价值观，树立高尚的道德情操和精神追求，不为名驱、不为利诱，辛勤耕耘、默默奉献，学为人师、行为世范，传道解惑、化育英才，坚持教书与育人相统一、言传与身教相统一，既当好经师、学术之师，以学术造诣开启学生智慧之门；更当好人师、品行之师，以人格魅力引导学生道德成长。要涵养定力、克服浮躁，淡泊明志、宁静致远，远离急功近利、追名逐利，沉得下心、静得下气，耐得住寂寞、坐得住冷板凳，心无旁骛、静心研究，写大文章、做大学问，努力为培养具有社会责任感、创新精神和实践能力的优秀人才作出新贡献。

四、把爱国之情、报国之志融入伟大事业是黄大年精神的实践要求

要有爱国之情、报国之志，更要想国家所想、急人民所急，践强国之行。黄大年以优异的研究成果填补了多项国内技术空白，为深地资源探测和国防安全建设作出了突出贡献。他把自己的梦想汇入了人民实现中国梦的壮阔奋斗之中，把自己的名字写在了中华民族伟大复兴的光辉史册之上。大力弘扬黄大年精神，就是要将个人命运与国家、民族相连，把爱国之情、报国之志与复兴之业相融，融入祖国改革发展的伟大事业之中、融入人民创造历史的伟大奋斗之中，做中国梦的追梦者和筑梦者。广大教师要切实承担起党和人民赋予的神圣使命，全面贯彻党的教育方针，增强中国特色社会主义教育自信，做有理想信念、有道德情

操、有扎实学识、有仁爱之心的好老师。要脚踏祖国大地，胸怀人民期盼，紧扣时代发展，面向世界科技前沿、面向经济主战场、面向国家重大需求，只争朝夕、深入探究，把论文写在祖国的大地上，把科技成果应用在实现现代化的伟大事业中，努力在把我国建成世界人才强国、科技强国、制造强国的历程中发挥更大作用。

榜样的力量是无穷的。黄大年精神以强大的穿透力、凝聚力、感染力，照亮了我们每个人的初心。弘扬黄大年精神不是一阵风工程，不是雨过地皮湿，而要作为一项重要的政治任务落实落细、扎实推进，以知促行、以行促知、知行合一，真真正正做到心中有信仰，脚下有力量。各地教育部门、各级各类学校要把认真贯彻习近平总书记重要指示广泛开展向黄大年同志学习活动，与深入学习习近平总书记系列重要讲话精神、推进“两学一做”学习教育常态化制度化结合起来，用黄大年同志的感人事迹和崇高精神引领广大党员做合格党员、当时代先锋，彰显共产党人的本色；与加强和改进高校思想政治工作、培育和践行社会主义核心价值观结合起来，围绕社会主义高校的办学目标和立德树人的根本任务，把社会主义核心价值观渗透到教育教学活动中、体现在育人育才过程中，全面推进教书育人、实践育人、科研育人、管理育人、服务育人；与激发人才创新创造活力、服务国家经济社会发展结合起来，最大限度地激发广大教育、科技工作者的奋斗激情，鼓励他们锐意创造、大胆创新，积极投身服务国家现代化发展的洪流之中，全力推动我国由教育大国向教育强国迈进。

五年来学生资助工作成效显著*

党的十八大以来，以习近平同志为核心的党中央，始终坚持以人民为中心的发展思想，高度重视教育公平，高度重视家庭经济困难学生上学问题。中央经济工作会议曾指出，“要让贫困家庭的孩子都能接受公平的有质量的教育，不要让孩子输在起跑线上”。习近平总书记强调，要“健全家庭困难学生资助体系”。五年砥砺奋进，学生资助取得重大进展，确保“不让一个学生因家庭经济困难而失学”，为家庭经济困难学生实现人生梦想提供了强有力的保障。

一、学生资助政策体系空前完善

党的十八大以来，教育、财政等有关部门认真贯彻落实中央决策部署，坚定不移持续推进我国学生资助政策体系建设，在原有政策的基础上，五年间又相继出台了6项新的资助政策，完善了11项原有资助政策。

在高等教育阶段，设立研究生国家助学金，设立研究生学业奖学金，完善研究生“三助”岗位津贴；出台高校学生应征入伍服义务兵役国家资助办法；将国家助学贷款标准从6 000元提高到本专科生8 000元、研究生1.2万元，并相应提高基层就业和应征入伍服兵役贷款代偿标准；延长国家助学贷款还款期限、放宽财政贴息范围；出台直接招收为士官的高校学生国家资助政策；将预科生和科研院所、党校、行政学

*《人民日报》2017年9月29日第17版。

院、会计学院等培养单位研究生全面纳入高等教育学生资助政策体系覆盖范围；将中央高校博士研究生国家助学金标准由每年1.2万元提高到1.5万元，地方高校博士研究生国家助学金标准由每年不低于1万元提高到每年不低于1.3万元。

在高中教育阶段，扩大中职免学费覆盖范围，将民族地区中职学生全部纳入免学费范围；将中等职业学校和普通高中国家助学金标准由年生均1 500元提高到2 000元；出台普通高中建档立卡等家庭经济困难学生免学杂费政策。

在义务教育阶段，为义务教育农村学生免费配发汉语字典；出台全面实行城乡义务教育“两免一补”政策；将营养膳食补助标准从每人每天3元提高到4元；扩大农村义务教育学生营养改善计划实施范围，实现国家扶贫开发重点县全覆盖。

经过五年来的努力，我国家庭经济困难学生资助政策体系的完善程度前所未有，实现了“三个全覆盖”，即从学前教育到研究生教育所有学段全覆盖，公办民办学校全覆盖，家庭经济困难学生全覆盖，特别是在高等教育阶段，实现了家庭经济困难学生入学前、入学时和入学后“三不愁”。

二、学生资助资金投入快速增加

党的十八大以来，随着学生资助政策体系的不断完善，逐步形成了以财政投入为主，学校和社会资金为重要补充的“三位一体”资助格局，资助经费投入快速增加，资助规模不断扩大，实现了“应助尽助”，为家庭经济困难学生顺利入学、完成学业奠定了坚实基础。

五年来，我国学生资助金额累计近7 000亿元（不含义务教育阶段“两免”和营养膳食补助），年均增幅10.66%。年资助金额从2012年的1 126.08亿元，增长至2016年的1 688.76亿元，增长了49.97%。其中：财政投入累计达4 781亿元，年均增幅7.69%，占资助资金总额的68.48%；

学校和社会投入累计达到1 251.97亿元，占资助资金总额的17.93%；国家助学贷款累计发放948.93亿元，占资助资金总额的13.59%。

五年间，数以千万计的家庭经济困难学生在国家学生资助政策的帮助下，顺利入学、完成学业。全国累计资助学前教育、义务教育、普通高中、中职教育、高等教育等各教育阶段学生（幼儿）4.25亿人次（不含义务教育阶段“两免”和营养膳食补助）。资助学生（幼儿）从2012年的8 413.84万人次，增长至2016年的9 126.14万人次，增长了8.47%。

国家对家庭经济困难学生经济保障水平的快速提升，切实减轻了经济困难家庭的经济负担，增强了人民群众的获得感。

三、学生资助内涵不断丰富

党的十八大以来，我国学生资助工作围绕立德树人根本任务，更新理念，拓展功能，创新方式，走出了一条中国特色的学生资助之路。

在资助理念上，实现了从保障型资助向发展型资助的重大拓展，以社会主义核心价值观为引领，培育受助学生的思想品德、创新精神、实践能力和人文素养，促进学生全面发展。

在政策功能上，形成了助困、奖优和引导相结合的政策架构。国家助学金、国家助学贷款、困难补助等立足解决经济困难；国家奖学金、国家励志奖学金、学业奖学金和校内奖学金等侧重奖励优秀；基层就业、应征入伍国家资助和师范生免费教育政策强化就业引导。各项资助政策互为补充，共成体系，形成了功能多元的政策体系。

在资助方式上，既强化精准，又注重保护受助学生尊严。对于建档立卡学生、低保家庭学生、农村特困救助供养学生、孤残学生、烈士子女等特殊困难群体，均按最高标准进行资助。对其他家庭经济困难学生，通过大数据分析、个别访谈等方式了解甄别，按照家庭经济困难程度给予资助。在资助过程中，各地各校积极探索实施隐性资助，努力保护学生个人及家庭的隐私，保护学生的尊严。

四、学生资助对经济社会发展贡献突出

党的十八大以来，我国学生资助事业取得的长足进展，促进了经济和社会事业发展。

促进了教育公平实现质的飞跃。我国学生资助政策体系的不断完善和投入力度的不断加大，使教育公平这一崇高理念落地生根，成为实实在在的社会现实。家庭经济困难学生不再因学费问题失去上学机会，充分享有了公平的教育机会。在校家庭经济困难学生不再为生活费用发愁，不再因经济问题辍学或流失，可以踏踏实实地安心学习，可以像其他同学一样顺利地完成学业。

保障了教育事业健康快速发展。学生资助的深入开展，有力地促进了我国各教育阶段入学率和巩固率的提高。五年间，学前教育毛入园率从2012年的64.5%，提高到2016年的77.4%；义务教育巩固率从2012年的91.8%，提高到2016年的93.4%；高中阶段毛入学率从2012年的85%，提高到2016年的87.5%；高等教育毛入学率从2012年的30%，提高到2016年的42.7%。

提升了人力资源开发水平。学生资助保障力度的不断加大，较大幅度提高了各教育阶段家庭经济困难学生（儿童）的物质生活水平，明显改善了家庭经济困难学生（儿童）的营养结构，有效地增强了家庭经济困难学生（儿童）的身体素质。我国学生资助政策的引导，促进了中等职业教育的发展和高中阶段教育结构的调整，促进了中初级技能型人才的培养；增强了我国高等教育阶段艰苦专业、急需专业和师范专业的吸引力，引导数十万名优秀师范生投身农村基础教育；改善了我国基层干部队伍的素质结构，赴基层就业大学生人数超过28万人；为我国实现强军目标输送了一大批优质兵员，应征入伍大学生达43万人。

加快了脱贫攻坚步伐。我国学生资助政策体系的不断完善和投入力度的不断加大，有效防止了低收入和经济困难家庭因子女上学费用致贫和返贫现象。对于贫困家庭来说，学生资助政策不仅解除了子女上学费

用负担，减轻了他们脱贫的压力，而且帮助他们的子女通过接受教育，提高了科技文化素质，掌握了一技之长，增强了自我发展能力，改变了个人及其家庭的命运，促进了家庭稳定脱贫和高质量脱贫，阻断了贫困代际传递。

五、努力开创学生资助工作新局面

与社会保障一样，学生资助是一项长期的工作。从我国的国情来看，学生资助工作还任重而道远。站在新的历史起点上，面对新的形势和任务，我国学生资助工作在进一步完善政策体系和加大投入力度的基础上，还需要继续努力。

在规范管理上下功夫。学生资助政策多元、学段多元、对象多元，迫切需要进一步法治化、规范化。要规范学生资助管理制度，规范各级监管责任，规范学生资助程序，规范资金管理，规范信息管理，规范机构队伍建设，不断提高学生资助管理水平。

在精准资助上下功夫。全面推进精准资助机制建设，综合运用大数据分析，探索建立量化评估指标体系，对受助对象进行科学评估和准确认定。根据不同地区经济社会发展水平确定资助标准，根据不同对象的受助需求进行精准帮扶。改进和完善资助资金发放机制和发放办法。实现资助对象精准、资助标准精准和资金发放时间精准，切实把好事办好、实事办实。

在资助育人上下功夫。以立德树人为根本任务，全面构建资助育人机制，完善资助育人工作的有效载体、职责分工、经费保障等，实现资助育人工作的常态化、制度化、规范化。针对不同群体、不同需求，创造条件提供多样化、个性化的资助育人平台和模式。紧紧围绕“培育和践行社会主义核心价值观”这一核心，强化创新精神和实践能力“两项能力”，加强励志教育、诚信教育和社会责任感教育“三项教育”，促进家庭经济困难学生更好地成长成才，帮助他们共同享有人生出彩的机会，共同享有梦想成真的机会，共同享有同祖国和时代一起成长与进步的机会。

学习习近平总书记关于教育的重要论述的体会*

党的十八大以来，党的教育理论进入了一个丰收期，教育事业发展进入了一个加速期。正是教育理论的创新，指导和推动了教育事业的快速发展。习近平总书记在推进治国理政进程中，把教育工作摆在突出位置，系统回答了一系列方向性、全局性、战略性重大问题，发表了许多富有创见的新理念新思想新观点，构成了科学完整的教育理论体系。习近平总书记关于教育的重要论述是中国特色社会主义教育理论发展的最新成果，标志着我们党对教育规律的认识达到了新高度。

学习习近平总书记关于教育的重要论述，体会最深的有以下几点。

一、教育的历史定位

总书记给教育的定位，有几个关键词：一是途径。传承文明和知识、促进人类进步、创造美好生活，教育是根本途径、重要途径。二是基石。提高人民素质、促进人的全面发展、推动民族振兴和社会进步，教育是基石。三是决定。从人类社会发展的角度讲，教育决定着人类的今天和未来；从国家发展的角度讲，教育是对中华民族伟大复兴具有决定性意义的事业。四是依靠。“两个一百年”目标的实现、中华民族伟大复兴中国梦的实现，从根本上讲靠人才、靠教育。

总书记的这些重要论述，深刻揭示了教育的本质功能，丰富和发展了我们党关于教育优先发展的论述，为新时期教育改革发展提供了理论指导。

---

* 教育部网站，2017年9月29日。

二、教育的根本任务

总书记多次讲，教育最根本的任务就是要完成好、履行好立德树人的职责，培养造就中国特色社会主义事业建设者和接班人。立德树人就是要坚持以人为本、德育为先，始终坚持正确政治方向，培育和践行社会主义核心价值观，引导学生扣好人生的第一粒扣子。他寄语广大学生，要坚定理想信念、实现全面发展，把自己的人生追求同国家发展进步、人民伟大实践紧密结合起来。总书记对立德树人和教育培养目标的重要论述，着眼全局、把握关键、立意深远，鲜明揭示了我国教育的社会主义性质，进一步回答了新形势下教育培养什么人、怎样培养人、为谁培养人这个重大问题。

三、中国教育的本质

总书记指出，人民对美好生活的向往，就是我们的奋斗目标。落实到教育上，他强调，要努力让每个孩子享有受教育的机会，努力让13亿人民享有更好更公平的教育。我理解，这主要是说明，中国发展教育一定要树立和落实以人民为中心的发展思想，发展教育就是要为人民服务，让每一个适龄儿童都有人生出彩的机会，有实现抱负和梦想的机会。总书记特别关注贫困地区的教育发展，关注教育公平。他强调，我们再穷也不能穷孩子，再穷也不能穷教育。扶贫先扶智，在脱贫攻坚战中，在决战全面小康中，教育是阻断贫困代际传递的根本途径。我们称为“挖断穷根”。总书记的这些论述，着眼于保障和改善民生、维护公平正义，充分体现了我们党全心全意为人民服务的根本宗旨，体现出深刻的为民情怀，彰显了人民至上的价值取向。

四、中国的教育怎么办

总书记讲，我们要扎根中国、融通中外、立足时代、面向未来，办中国特色的社会主义教育。总书记强调，高等教育要为人民服务，为中国共产党治国理政服务，为巩固和发展中国特色社会主义制度服务，为改革开放和社会主义现代化建设服务。总书记的这些重要论述，既是对中国教育人的殷切期望，也是基于对中外教育发展历史规律的深刻把握，独特的历史、文化和国情，决定了我国必须走适合自己的教育发展道路，这是实现教育科学发展的内在要求。

五、党的领导是办好中国教育的最根本保证

中国特色社会主义最本质的特征就是坚持中国共产党的领导，办好中国的事情，关键在党。各级各类学校都要加强党的领导，在党的旗帜下推进教育事业的发展，离开了这一点，就会走偏方向。总书记的这些重要论述，为全面提升教育系统党的建设科学化水平、把党对教育的领导落实到办学治校全过程、牢牢坚持社会主义办学方向，提供了强大思想武器。教育事业这些年能健康快速发展，根本原因也在于加强了党的领导。

六、重视教师在教育发展中的决定性作用

总书记指出，教师是人类历史上最古老的职业之一，太阳底下最崇高的职业就是教师。要重视教师队伍建设，关心教师的健康成长，关心教师的待遇地位，倡导全社会尊师重教。一个人一生遇到一个好老师，这是一个人的幸运；一个学校拥有一些好老师，这是这个学校的光荣；一个民族拥有源源不断的好老师，这是这个民族发展的根本依靠、未来依托。总书记对好老师的标准强调了四句话：一是要有理想信念。这个理想信念指的就是中国特色社会主义向心力。二是要有道德情操。尊师重教，核心是师德师风。没有师德，难以重教，难以尊师。三是要有扎实学识。为学生传授真知、解疑释惑，满足学生学习需求，自己要有真

本领。四是要有仁爱之心。教育是最有爱心的事业，没有爱心别当老师，没有爱心别搞教育。

总书记的这些重要论述，充分体现了党中央对广大教师的亲切关怀和殷切期望，是新时期进一步加强教师队伍建设的重要遵循。

坚定不移办好中国特色社会主义教育*

党的十九大高举中国特色社会主义伟大旗帜，把习近平新时代中国特色社会主义思想写入党章，确立为党必须长期坚持的指导思想，明确了新时代中国共产党的历史使命，开启了全面建设社会主义现代化国家新征程。习近平总书记所作的报告，站在历史和时代的高度，深刻回答了新时代坚持和发展中国特色社会主义的一系列重大理论和实践问题，是一篇光辉的马克思主义纲领性文献。

教育系统将深入学习宣传贯彻党的十九大精神，自觉用习近平新时代中国特色社会主义思想武装头脑、指导实践、推动工作，全面贯彻党的教育方针，落实立德树人根本任务，加快建设教育强国，办好中国特色社会主义教育。教育部党组研究决定，启动实施“写好教育奋进之笔行动”，把习近平新时代中国特色社会主义思想转化为优先发展教育事业的生动实践。

一是实施“十九大精神学习研究宣传全覆盖”行动，切实把教育系统领导干部和师生员工的思想行动统一到习近平新时代中国特色社会主义思想上来。开展“百千万”宣讲对谈，遴选一百位哲学社会科学知名专家组建教育系统学习贯彻十九大精神宣讲团，组织撰写一千篇十九大精神学习阐释重点文章，打造一万个十九大精神学习示范课堂，做到班班通、人人懂。组织“高精尖”专项研究，依托高校设立习近平新时代中国特色社会主义思想研究基地，组织“十九大精神研究”“习近平新

---

*《光明日报》2017年11月13日第6版。

时代中国特色社会主义思想研究”等重大课题攻关。教育部直属机关开展“百名书记讲党课”“千名党员承诺践诺评诺”“习近平教育重要论述万人大学习”等活动。

二是实施“习近平教育重要论述‘五进’”行动，确保习近平新时代中国特色社会主义思想在教育领域落地生根。推进习近平教育重要论述进学术，会同有关部门公开出版发行教育重要论述著作。推进习近平教育重要论述进学科，支持高校在教育学、马克思主义理论等一级学科中设立习近平教育重要论述研究方向，招收相关方向研究生。推进习近平教育重要论述进课程，编写《习近平总书记教育重要论述讲义》，鼓励有条件的高校面向本、专科生开设关于习近平教育重要论述公共选修课，在教育学研究生中试点开设关于习近平教育重要论述专题研究课程。推进习近平教育重要论述进培训，举办关于习近平教育重要论述高级研修班。推进习近平教育重要论述进读本，分类组织编写关于习近平教育重要论述学习辅导读本。

三是实施“基层党建质量年”行动，全面加强党对教育工作的领导。启动实施教育系统党建“对标争先”计划，按照中央统一部署，在教育系统推进“两学一做”学习教育常态化制度化，认真开展“不忘初心、牢记使命”主题教育。在以“四个合格”为目标加强教育部直属机关党建的基础上，把2018年作为教育系统基层党建质量年。全面实施高校思想政治工作质量提升工程，重点构建十大质量提升体系，启动“三全育人”综合改革试点，办好高校马克思主义学院，牢牢掌握高校意识形态工作领导权。

四是实施“教育改革攻坚战”行动，啃下教育改革发展“硬骨头”，不断完善中国特色社会主义教育制度体系，为实现中华民族伟大复兴打牢人才根基。打好提升高校人才培养质量攻坚战，推动高等教育内涵式发展，发布本科专业类人才培养质量国家标准，实施《中共教育部党组关于加强高校课堂教学建设提高教学质量的指导意见》，深化高校创新创业教育改革，推进高校毕业生多渠道就业创业。打好促进教育公平攻坚战，推动城乡义务教育一体化发展，高度重视农村义务教育，加大对少数民族和民族地区教育支持力度，办好特殊教育、网络教育，普及高中阶段教育，努力让每个孩子都能享有公平而有质量的教育。打好深化教育体制机制改革攻坚战，加强普通高中育人方式改革，积极稳妥推进高考改革，支持和规范社会力量兴办教育，完善职业教育和培训体系，深化产教融合、校企合作，办好继续教育，加快推动学习型社会建设，大力提高国民素质。

五是实施“答好人民关切题”行动，积极回应人民群众的关注、关心和关切，为老百姓送出实实在在的教育“红包”，为解决新时代我国社会主要矛盾发挥基础作用。深入实施学前教育行动计划，办好公办乡镇中心幼儿园，鼓励社会力量办幼儿园，解决“入园难”“入园贵”等问题。启动实施中小学生社会培训规范计划，会同有关部门严格中小学社会培训机构办学资质审查，加强对无证无照社会培训机构的整治。全面实施教育精准扶贫计划，加快实现建档立卡贫困人口教育基本公共服务全覆盖，健全学生资助制度，实施好重点高校招收农村和贫困地区学生专项计划，为阻断贫困的代际传递夯实根基。

六是实施“加快教育现代化”行动，坚定不移走中国特色社会主义教育发展道路，为把我国建设成为富强民主文明和谐美丽的社会主义现代化强国提供有力支撑。完善教育现代化顶层设计，研制发布中国教育现代化中长期规划。召开教育现代化部署大会，对优先发展教育事业、加快教育现代化、建设教育强国作出部署，以教育现代化推动社会主义现代化强国建设，为社会主义现代化新征程夯实基础。

总之，教育系统将更加紧密地团结在以习近平同志为核心的党中央周围，高举中国特色社会主义伟大旗帜，认真学习贯彻习近平新时代中国特色社会主义思想，坚定不移走中国特色社会主义教育发展道路，办好人民满意的教育，培养德智体美全面发展的社会主义建设者和接班人，为决胜全面建成小康社会、夺取新时代中国特色社会主义伟大胜利、实现中华民族伟大复兴的中国梦、实现人民对美好生活的向往作出新的更大贡献!

把握教育历史定位，办好人民满意的教育*

党的十九大开启了加快教育现代化、建设教育强国的历史新征程。教育战线要深入学习、全面贯彻十九大精神，把握教育历史定位，明确教育根本任务，理解教育本质要求，突出教育中国特色，推动优先发展教育事业，办好人民满意的教育，为决胜全面建成小康社会，夺取新时代中国特色社会主义伟大胜利、实现中华民族伟大复兴的中国梦提供有力人才支撑。教育战线要重点在“七个字”上下功夫、做文章。

一是“新”。全面学习、深入研究习近平新时代中国特色社会主义思想特别是习近平关于教育的重要论述，用新论述武装全体教育工作者，指导今后教育事业的改革发展。对照新论述找到目前工作中存在的差距、问题和薄弱环节，提高契合度，用新奋斗、新措施、新成效书写新时代中国特色社会主义教育史。

二是“变”。全面梳理教育事业发展新变化，提炼进入新时代的主要标志，特别是对照“全方位、开创性”“深层次、根本性”的标准，找准突出问题。深入研究社会主要矛盾新变化在教育工作中的表现形态，从供给侧、需求侧和思想认识三个层面进行分析，找到解决措施。准确把握决胜全面建成小康社会、全面建设社会主义现代化国家对教育提出的新要求，统筹建设教育强国的方向和任务。认真分析教育本身历史使命发生的新变化，以此确定今后工作的重点领域和关键环节。

三是“正”。要坚持中国特色社会主义办学方向，全面落实党的教

---

*《基础教育参考》2017年第24期。

育方针，为人民服务，为中国共产党治国理政服务，为巩固和发展中国特色社会主义制度服务，为改革开放和社会主义现代化建设服务。在党的旗帜下，按党的主张、意志和使命，办中国特色社会主义教育，办人民满意的教育，办世界一流的现代教育。

四是“公”。要坚持以人民为中心的发展思想，以更大的力度、更实的举措，在新的层次上、更高水平上，把教育公平推上新台阶，不断增强人民群众的获得感、幸福感。

五是“好”。要全面提高教育质量，实现内涵发展。尽全战线之力，为决胜全面建成小康社会、建设社会主义现代化强国培养更多人才，积累更多人力资本，提供更强人力支撑。

六是“强”。要按照党的十九大提出的“两个阶段”奋斗目标，超前规划、超前实现由教育大国迈向教育强国。重点是根据十九大新部署新要求修改完善《中国教育现代化2030》，做好顶层设计。要全面加强教师队伍建设，使工作母机强起来。

七是“严”。要全面加强党的领导，加强党的全面领导，坚持全面从严治党。把政治建设摆在首位，把思想建设作为根基，加强基层组织建设，切实提高教育战线党建质量和水平，为推进教育现代化、建设教育强国提供根本保证。

优先发展教育事业*

百年大计，教育为本。习近平总书记所作的党的十九大报告围绕“优先发展教育事业”作出新的全面部署，明确提出：“建设教育强国是中华民族伟大复兴的基础工程，必须把教育事业放在优先位置，深化教育改革，加快教育现代化，办好人民满意的教育。”这为我们在中国特色社会主义新时代不断推进教育改革发展、大力提高国民素质指明了方向。

一、党的十八大以来教育改革发展取得显著成就

党的十八大以来，以习近平同志为核心的党中央高度重视教育事业，坚持把教育摆在优先发展战略地位，对教育工作作出一系列重大决策部署，扎实实施教育惠民举措，人民群众获得感明显增强，促使教育为社会主义现代化建设提供有力的人力支持和知识贡献。

教育事业全面发展，教育公平状况不断改善，中西部和农村教育明显加强。近五年来，根据党中央的总体要求，公共财政优先保障教育，国家财政性教育经费占国内生产总值的比例始终保持在4%以上，为教育事业全面发展奠定了基础。2016年，我国学前三年毛入园率为77.4%，小学净入学率为99.9%，初中阶段毛入学率为104%。九年义务教育巩固率为93.4%，高中阶段毛入学率为87.5%，高等教育毛入学率为42.7%。从国际可比数据看，我国教育普及程度超过中高收入国家平

---

*《人民日报》2018年1月8日第7版。

均水平。在加强中西部教育方面，重点改善贫困地区义务教育薄弱学校基本办学条件，实施中西部高等教育振兴计划。覆盖各级各类教育的家庭经济困难学生资助体系形成，2016年受助学生超过9 000万人次，农村义务教育学生营养改善计划每年惠及3 600万贫困地区学生。残疾人受教育机会不断扩大，进城务工人员随迁子女就学保障和农村留守儿童关爱服务体系进一步完善，促进教育公平取得实实在在的成效。

教育改革开放持续推进，关键领域改革取得重要进展，依法治教开辟新的局面。近五年来，根据党中央的总体要求，以拓宽终身学习通道为最终目标，深化考试招生制度改革纳入全面深化改革的关键领域，31个省（自治区、直辖市）落实本地区改革实施方案。依法治教全面推进，教育法、高等教育法、民办教育促进法一揽子法律修订完成。完善以章程为统领的学校内部治理结构，深化“放管服”改革，累计取消15项教育行政审批，依法加强督导体系建设，构建政府、学校、社会新型关系有了新进展。同时，我国已形成全方位、多层次、宽领域的教育对外开放格局，2016年205个国家和地区的40多万人次来华留学，我国成为亚洲最大、全球第三的留学目的国。中外合作办学项目、孔子学院建设顺利开展，我国同不同国家（地区）及国际组织的教育合作交流关系不断巩固，实施共建“一带一路”教育行动，我国教育国际影响力和竞争力日益增强。

教育质量和水平显著提高，教师队伍建设不断加强，教育更好适应现代化建设需要。近五年来，根据党中央的总体要求，教育系统把提高质量作为生命线。基础教育人才培养模式改革正在深化，着眼于培养学生的创新精神和实践能力。促使现代职业教育体系支撑“中国制造”走向“中国智造”，深化高校创新创业教育改革，培养大批高质量的各类人才。推进普通本科高校向应用型高校转变，提升服务区域发展能力，鼓励高校深度参与创新型国家建设。同时，更加重视教师队伍建设，健全大中小学师德体系，制定乡村教师队伍建设专门政策，建立乡村教师荣誉制度，中小学设置正高级职称，有效调动了教师长期从教、终身从教的积极性。总体上看，党的十八大以来，在以习近平同志为核心的党中央正确领导下，在各级政府、教育系统和社会各界共同努力下，我国教育取得举世瞩目的成就，中国特色社会主义教育事业焕发出强大的生机活力。

二、新时代优先发展教育事业具有重要战略意义

习近平总书记指出："教育是提高人民综合素质、促进人的全面发展的重要途径，是民族振兴、社会进步的重要基石，是对中华民族伟大复兴具有决定性意义的事业。"我们必须从我国社会主义初级阶段基本国情出发，在中国特色社会主义进入新时代的新的历史方位上，从实现"两个一百年"奋斗目标的历史高度，加深对新时代优先发展教育事业重要战略意义的认识。

决胜全面建成小康社会，必须优先发展教育，办好人民满意的教育。从现在到2020年是全面建成小康社会决胜期。党的十九大报告在我们党新世纪以来一系列重大部署的基础上，立足世情国情，紧扣我国社会主要矛盾变化，对决胜全面建成小康社会提出新的总体要求。而全面小康能否得到人民认可、经得起历史检验，一个重要方面要看教育的体系结构、教师素质、质量水平、制度建设能否得到新的提升，更好适应亿万学习者的多样化需求。为此，必须始终坚持教育优先发展战略地位，不断提高人民群众满意度。

开启全面建设社会主义现代化国家新征程，必须优先发展教育，加快教育现代化。教育发展周期长，要适应社会主义现代化建设多方面要求，必须提前准备。改革开放以来，我们党相继在国家层面实施科教兴国、人才强国、可持续发展等战略，适度超前部署教育现代化，用教育现代化支撑国家现代化，正在形成长效机制。面对科技进步日新月异、国际竞争日趋激烈的新形势，习近平总书记深刻指出："当今世界的综

合国力竞争，说到底是人才竞争，人才越来越成为推动经济社会发展的战略性资源，教育的基础性、先导性、全局性地位和作用更加突显。”党的十九大报告吹响了全面建设社会主义现代化国家的新号角。在从2020年到21世纪中叶两个阶段的时间表中，还要继续优先部署教育现代化工作，努力提高全民族素质，为全面建设富强民主文明和谐美丽的社会主义现代化强国夯实人力资源基础。

实现中华民族伟大复兴的中国梦，必须优先发展教育，将建设教育强国作为基础工程。习近平总书记指出：“‘两个一百年’奋斗目标的实现、中华民族伟大复兴中国梦的实现，归根到底靠人才、靠教育。源源不断的人才资源是我国在激烈的国际竞争中的重要潜在力量和后发优势。”党的十九大报告在坚持统筹推进“五位一体”总体布局和协调推进“四个全面”战略布局的进程中，特别强调建设教育强国是中华民族伟大复兴的基础工程，对优先发展教育、促使教育全面服务于实现中华民族伟大复兴中国梦的大局提出了根本要求，必将成为党和国家宏观决策的重要遵循。

三、把握好深入落实优先发展教育事业的重点任务

党的十九大报告在阐释新时代坚持和发展中国特色社会主义的基本方略时，强调坚持以人民为中心，坚持在发展中保障和改善民生，在幼有所育、学有所教持续取得新进展方面提出更高要求，对优先发展教育事业相关重点任务进行新的重大部署。

全面贯彻党的教育方针，落实立德树人根本任务，发展素质教育。立德树人是教育的根本任务。党的十九大报告提出，“要全面贯彻党的教育方针，落实立德树人根本任务，发展素质教育，推进教育公平，培养德智体美全面发展的社会主义建设者和接班人”。这是我们党改革开放以来始终坚持党的领导、牢牢把握社会主义办学方向的总体要求，需要我们结合新时代的新要求，全面系统、创造性地落到实处。立德树

人，就要坚持社会主义核心价值观导向，深入开展理想信念教育、爱国主义教育、中华优秀传统文化教育和革命传统教育，加强法治教育、国防教育和可持续发展教育，促使学生将其内化为精神追求、外化为行动自觉。立德树人，就要把握好素质教育时代特征，重点抓好大中小学教材建设和教学改革；强化学校体育工作，帮助学生养成自觉科学锻炼良好习惯；全面推进艺术教育，提升学生审美素养；促进教育与生产劳动和社会实践紧密结合，提高勤工俭学、志愿服务、实习实践活动的成效，以知促行、以行促知，学以致用。

坚持以人民为中心，持续推进教育公平，补齐民生短板。教育公平是社会公平的重要基础。党的十九大报告指出，“必须多谋民生之利、多解民生之忧，在发展中补齐民生短板、促进社会公平正义”，并对促进教育公平作出重要部署。保基本、补短板、促公平，重中之重是推动城乡义务教育一体化发展，高度重视农村义务教育。这是缩小城乡义务教育差距的标本兼治之策，也是促进城镇基本公共服务与农村共享的关键环节，将充分彰显教育权利和机会公平。这项工作重点从县域做起，逐步向有条件的市域扩展。在此基础上，抓住人民最关心最直接最现实的利益问题，不断满足人民过上美好生活的需要，办好学前教育，扩大普惠性学前教育资源，基本普及学前三年教育，提高保育教育质量；办好特殊教育，为家庭经济困难残疾学生提供免费高中阶段教育，更好保障残疾人基本教育权利；普及高中阶段教育，巩固提高中等职业教育发展水平，促进普通高中多样化发展，不断提高新增劳动力平均受教育年限。为此，财政经费将依法向困难地区和困难群体倾斜，动员全社会形成合力，健全学生资助制度，实现家庭经济困难学生资助全覆盖，努力让每个孩子都能享有公平而有质量的教育。

以新发展理念统筹各级各类教育事业发展，深化教育领域综合改革，加快建设学习型社会。教育改革发展永远在路上。在教育现代化长征途中，根据党的十九大的部署，必须以新发展理念为统领，以深化改革为动力，不断谱写新篇章。一要完善职业教育和培训体系，深化产教融合、校企合作，加快一流大学和一流学科建设，实现高等教育内涵式发展。这些举措既有政策连续性，又有与时俱进创新性，着眼于职业教育与高等教育融合协调发展，共同优化创新型、复合型、应用型和技术技能型人才培养机制，增强各类人才服务国家和区域经济社会发展、参与国际竞争的能力。二要办好网络教育、继续教育。我国将探索“弯道超车”，打造符合国情实际的网络化、数字化、个性化、终身化教育体系，促进优质资源共建共享，以教育信息化带动教育现代化。这些举措充分彰显教育与学习贯穿人们一生的必要性和可行性。三要加强师德师风建设，培养高素质教师队伍，倡导全社会尊师重教，同时继续支持和规范社会力量兴办教育。总之，我国将通过多种途径和方式，使绝大多数新增劳动力接受高中阶段教育、更多接受高等教育，进而办好继续教育，加快建设学习型社会，大力提高国民素质。展望未来，在“两个一百年”奋斗目标一步步变为现实的同时，一个人人愿学、时时可学、处处能学，学有所成、学有所用、学有所乐的学习型社会必将一步步建成。

进一步加强学生资助工作*

学生资助是一项重要的保民生、暖民心工程，事关脱贫攻坚，事关社会公平。在过去的一年里，各级教育、财政等部门和各级各类学校，在习近平新时代中国特色社会主义思想指引下，坚持以人民为中心的发展思想，加强学生资助规范管理，全面推进精准资助和资助育人，促进学生资助工作取得了新的成就，确保了“不让一个学生因家庭经济困难而失学”。

党的十九大报告强调要“健全学生资助制度”，为学生资助工作进一步指明了方向，提出了更新更高的要求。2018年是贯彻落实党的十九大精神的开局之年，是决胜全面建成小康社会、实施“十三五”规划承上启下的关键一年，是教育系统实施“奋进之笔”的进取之年。在新的一年里，必须进一步提高思想认识，加大工作力度，狠抓政策落实，努力开创学生资助工作新局面。

一、把学生资助工作摆在更加重要的位置

习近平总书记指出，保障贫困地区办学经费，健全家庭困难学生资助体系。要推进教育精准脱贫，重点帮助贫困人口子女接受教育，阻断贫困代际传递，让每一个孩子都对自己有信心、对未来有希望。站在新的历史起点上，我们必须进一步深入学习领会总书记重要指示精神，深刻认识新时代做好学生资助工作的重要意义。

---

*《人民日报》2018年3月1日第13版。

做好学生资助工作是建设人力资源强国的迫切需要。建设人力资源强国，是实施人才强国战略和实现中华民族伟大复兴的重要基础，前提是要提高全体国民的身体素质、科技文化素质、创新精神和创新能力。这都与学生资助密切相关。如果没有国家学生资助政策，家庭经济困难学生就有可能吃不饱或吃不好，就会影响其身体正常发育和成长；如果没有国家学生资助政策，家庭经济困难学生就可能失去接受学校教育的机会，无法提升自己的科技文化素养，创新精神和创新能力也就无从谈起。

做好学生资助工作是全面建成小康社会的必然要求。党的十九大报告提出，到2020年全面建成小康社会必须打赢脱贫攻坚战。学生资助既是脱贫攻坚的重要内容，也是脱贫攻坚的重要措施。现有贫困人口贫困程度深，自我发展能力弱，要通过学生资助解决他们子女的上学费用问题，帮助这些家庭摆脱贫困；而对于刚刚跨过贫困线的低收入人群，他们脱贫的基础还很不牢固，要通过学生资助，帮助他们避免因学致贫、因学返贫。同时，要通过学生资助帮助贫困家庭子女接受教育、提高科技文化素质、掌握一技之长、提高自我发展能力，帮助他们实现稳定脱贫、高质量脱贫。

做好学生资助工作是加快教育现代化的重要基础。党的十九大提出要加快教育现代化。现代化的教育要有现代化的教育思想、教育理念、教学内容、教学方法等，也要有科学合理的教育结构，以及较高的入学率和巩固率。目前，我国家庭经济困难学生比例较高，要通过学生资助，解决这部分学生很可能出现的辍学、失学问题，进一步提高入学率和巩固率。要发挥学生资助政策的引导作用，增强中等职业教育的吸引力，提高高等师范教育质量，促进农、林、地、矿、油等艰苦行业专业的发展，进而优化教育结构。

我们要把思想和认识统一到党的十九大精神和习近平总书记重要指示上来，充分认识到学生资助工作是一项重要的长期的工作，是2018

年教育“奋进之笔”的一项重要内容，要清醒看到个别地方还存在不精准、不规范的问题，进一步增强做好学生资助工作的使命感、责任感、紧迫感，在政策制定、资金安排、管理力量配置等方面，突出学生资助、保障学生资助。

二、全面推进学生资助精准化

习近平总书记多次强调要精准扶贫，党的十九大报告明确指出要“坚持精准扶贫、精准脱贫”。精准不仅是扶贫工作的基本要求，也是学生资助工作的基本要求。精准资助，就是要做到资助对象精准、资助标准精准、资金发放精准。

资助对象精准，就是要确保家庭经济困难学生应助尽助。要通过系统比对、调查走访、大数据分析、同学评议等手段，建立和完善家庭经济困难学生识别认定机制。要实现学籍系统、资助系统与扶贫、民政、残联等部门数据库的有效对接。资助名额要向民族院校、农林水地矿油核等学科专业倾斜，向家庭经济困难学生较多的地区和学校倾斜。资助比例要根据家庭经济困难学生分布情况分地分校分班确定，杜绝一刀切的懒政行为。

资助标准精准，就是要确保资助标准与家庭经济困难学生的受助需求相适应。要根据当地经济社会发展水平、城市居民最低生活保障标准，根据所在城市物价水平、学校收费水平、学生家庭经济能力等因素，确定家庭经济困难学生的资助标准。要根据不同学生的受助需求实行分档资助，不能搞平均主义，更不能搞轮流坐庄。要加大对建档立卡家庭经济困难学生、农村低保家庭学生、农村特困救助供养学生、孤残学生、烈士子女以及家庭遭遇自然灾害或突发事件等特殊群体的资助力度。

资金发放精准，就是要在学生最需要资助的时候，将资助资金及时足额发放到学生手中，充分发挥资助资金的使用效益，增强家庭经济困难学生及其家庭的获得感。要积极探索改进资金拨付和发放机制，充分利用现代支付方式和支付手段，解决助学金发放不及时的问题，努力把好事办好、实事办实。

三、切实发挥学生资助育人功效

立德树人是教育工作的根本任务，也是学生资助工作的根本任务。学生资助的最终目的在于帮助家庭经济困难学生成长成才，使他们共同享有人生出彩的机会，共同享有梦想成真的机会，共同享有同祖国和时代一起成长和进步的机会。学生资助必须坚持育人导向，将育人作为资助工作的出发点和落脚点，构建物质帮助、道德浸润、能力拓展、精神激励有效融合的长效机制，形成“解困—育人—成才—回馈”的良性循环。

资助育人是立德树人工作的重要组成部分。各地各校要形成全员参与、各部门配合、各个教育教学环节统筹协调的资助育人机制。要在育人的各个环节、各个方面给予家庭经济困难学生更多的关注和倾斜，给予他们生活和学习上更多的关心和帮助，为他们的兴趣培养、能力提升、视野开阔创造更多的机会和条件。

要把社会主义核心价值观融入资助育人全过程。在奖学金评选发放环节，培养学生争先创优的奋斗精神；在国家助学金申请发放环节，深入开展励志教育和感恩教育；在国家助学贷款办理过程中，深入开展诚信教育和金融常识教育；在勤工助学活动开展环节，着力培养学生的劳动意识和自强自立精神；在基层就业、应征入伍学费补偿贷款代偿等工作环节中，培育学生树立正确的成才观、就业观和价值观。

四、努力提升学生资助科学化水平

学生资助工作是一项系统性强、复杂程度高的工作，涉及政策头绪多，地区之间、学校之间、院系之间、班级之间情况各异，学生家庭经济状况更是千差万别。要实现精准资助和资助育人的目标，就必须在加强法治化建设、加强规范管理的基础上，全面提升学生资助工作的科学化水平。

要进一步提高资助队伍的执行力。各地各校要在现有机构设置及编制范围内统筹调剂，确保在机构设置、人员配备方面适应和满足学生资助工作需要。要加强对资助工作人员政策理论、业务技能培训，提高资助工作人员的政策理论水平和执行力。要完善学生资助工作规章制度，做到有章可循、权责明确。

要不断创新资助工作方式方法。随着经济社会发展，家庭经济困难学生的数量、分布、结构以及资助需求等因素都在不断变化，这就要求我们在对象认定、资金分配、资助标准等方面建立动态调整机制。要加强调查研究，认真全面了解各方意见建议，做到“心中有数”。要加强学生资助信息化建设，实现与相关部门互联互通。要重视学生资助宣传工作，上下联动、整体推进，努力做到资助政策家喻户晓；要建立舆情应急机制，及时应对和处置突发事件。要加强资助理论研究，推动理论创新，用先进理论指导工作实践。

要进一步加大学生资助工作监管力度。资助工作涉及面广、资金量大，群众关注度高，容不得一丝一毫的偏差。要通过加强监管，确保把各项政策精准地落在实处，确保不出现任何形式的跑、冒、滴、漏，确保把学生资助这项民生工程做成民心工程。要建立定期专项检查制度和专项审计制度，推进学生资助工作公开透明，接受群众和师生监督，坚决防止和严肃查处任何违纪违规行为。

努力谱写教育战线中国特色哲学社会科学繁荣发展新篇章*

中国特色社会主义进入了新时代，这是我国发展新的历史方位。在新时代的征程上，哲学社会科学应在理论贡献、思想引领和实践创新上发挥更大作用。党的十八大以来，以习近平同志为核心的党中央高度重视哲学社会科学工作，发表系列重要讲话，作出系列重要部署，为加快构建中国特色哲学社会科学提供了根本遵循、指明了前进方向。谱写好中国特色哲学社会科学的宏伟篇章，是新时代教育战线的历史使命和责任担当。

2018年是改革开放40周年，教育战线哲学社会科学工作要以学习宣传贯彻习近平新时代中国特色社会主义思想和党的十九大精神为主题主线，呈现时代特点、中国气派，着眼“六个好”，努力推动教育战线哲学社会科学繁荣发展，为党的理论创新服务。

一是举好旗。举旗定向事关重大，旗帜就是方向，就是力量。举好旗，就是高举习近平新时代中国特色社会主义思想伟大旗帜。按照党的十九大的决策部署，教育战线哲学社会科学工作肩负双重历史任务：一是要把教育战线哲学社会科学工作纳入党的思想理论建设大格局，在习近平新时代中国特色社会主义思想指引下，扎实推进中国特色哲学社会科学工作。二是要立足于世界社会主义运动史、中国共产党历史、改革开放史尤其是党的十八大以来我们党治国理政的丰富实践和宝贵经

---

*《光明日报》2018年5月14日第6版。

验，研究阐释好习近平新时代中国特色社会主义思想。学习研究习近平新时代中国特色社会主义思想，要进行经验的总结、理性的思考、学理的梳理、理论的说明、方法论的提炼，推动教育战线哲学社会科学工作迈上新台阶。举好旗，就是要树牢"四个意识"，坚定"四个自信"，始终做到同以习近平同志为核心的党中央保持高度一致，坚决维护习近平总书记在党中央、全党的核心地位，坚决维护党中央权威和集中统一领导。

二是开好局。党的十九大开启了决胜全面建成小康社会、全面建设社会主义现代化国家、实现"两个一百年"奋斗目标、实现中华民族伟大复兴的新征程。学习贯彻党的十九大精神，迫切需要哲学社会科学展现新作为。站在新的历史起点上，我们要抓住历史发展大势，找准新时代哲学社会科学研究的突破口、聚焦点、主旋律，为新时代中国特色社会主义提供新的思想资源和理论支撑。

开好局，就是要努力把握理论和实践的互动规律。其一，行动的秘密在于理论优先。社会越发展，文明越进步，对于理论的需求就越迫切。当前我们党和国家事业正处在千载难逢的伟大社会变革之中，迫切需要我们廓清迷雾，明确方向，武装头脑，推动发展。列宁说过，没有革命的理论就不会有革命的运动。历史和实践证明，缺乏科学理论指导的盲目行动，难免会陷入"盲人骑瞎马，夜半临深池"的尴尬境地。其二，理论的秘密在于实践第一。实践是理论的源泉，是检验真理的唯一标准，党的理论创新成果源自鲜活的社会实践。改革开放40年的伟大实践，党的十八大以来党中央治国理政的丰富经验，以及开启社会主义现代化强国新征程的现实需求，给理论创造、学术繁荣、话语创新提供强大动力和广阔空间，需要我们哲学社会科学工作者勇立潮头，不辱使命，拿出足以解释实践、规划发展的具有中国特色、中国风格、中国气派的精品力作。理论的生命力在于创新，话语体系创新是理论创新的重要一环。话语的贫乏反映的恰恰是头脑的贫困、思想的贫困。1847年马克思在《哲学的贫困》中就曾鲜明指出过这一问题，这也是今天中国哲学社会科学界面临并且亟待解决的问题之一。只有将理论与实践高度结合，将哲学社会科学繁荣发展置于新时代中国特色社会主义新鲜实践的基础上，才能真正开好局，进而取得新成就实现新作为。

三是破好题。坚持问题导向是党的十八大以来理论和实践发展的鲜明特色。习近平总书记强调指出，只有聆听时代的声音，回应时代的呼唤，认真研究解决重大而紧迫的问题，才能真正把握住历史脉络、找到发展规律，推动理论创新。

教育战线哲学社会科学坚持问题导向，一要选好题，二要破好题，要精心设计，按照问题导向和目标导向相结合的原则，来回答党和国家事业发展对哲学社会科学提出的新课题。破题的灵魂是理论联系实际。习近平总书记指出，在新时代的征程上，全党同志一定要弘扬理论联系实际的学风，紧密联系党和国家事业发生的历史性变革，紧密联系中国特色社会主义进入新时代的新实际，紧密联系我国社会主要矛盾的重大变化，紧密联系“两个一百年”奋斗目标和各项任务，自觉运用理论指导实践，不断提高新时代坚持和发展中国特色社会主义的能力。从某种意义上讲，教育战线哲学社会科学工作是新形势下学习贯彻党的十九大精神的一次“赶考”。我们必须把工作落实到研究新时代中国特色社会主义重大课题上来，落实到提出解决问题的正确思路和有效办法上来，落实到深刻总结历史经验特别是党的十八大以来我国教育改革发展的历史经验上来。哲学社会科学工作者必须守土尽责，切实回答好时代提出的重大理论及现实问题，拿出经得起实践检验的质量过硬的理论成果，为发展新时代中国特色社会主义作出更大贡献。

四是答好卷。答好卷就是要以习近平新时代中国特色社会主义思想为指导，紧盯急需破解的重大理论和现实问题，把理论、方法、政策措施有机结合起来，最终攻破难题，交上满意答卷。

习近平总书记指出，坚持以马克思主义为指导，最终要落实到怎么用上来。教育战线要深入研究提炼习近平新时代中国特色社会主义思想所蕴含的方法论，形成教育战线哲学社会科学研究的独特方法，丰富党的创新理论宝库。研究方法应该对症下药、切实可行，力避陈词滥调、人云亦云、千篇一律，勇于推动形成体现中国特色和优势的话语体系。我们要把对历史经验的总结上升到理论高度，进行理性的思考，作出科学概括、提炼和升华。要运用辩证思维深化理论研究，从事物的本质与内在联系出发，在理论与实践结合、矛盾对立统一中洞察和把握事物发展的规律。

五是定好位。找准定位关乎事业发展格局和成败。新时代新征程新使命，教育战线哲学社会科学工作要更好发挥作用，必须明确定位。第一，从定性角度分析。为党的理论建设服务、为哲学社会科学出力，教育战线担负义不容辞的责任。要明确身份定位、阵地归属和主攻方向。要按照习近平总书记的要求，坚持立足中国、借鉴国外，挖掘历史、把握当代，关怀人类、面向未来的思路，在指导思想、学科体系、学术体系、话语体系等方面充分体现中国特色、中国风格、中国气派。第二，从定量角度分析。我国哲学社会科学工作者百分之八十奋斗在教育战线，我们必须有雄心壮志，充分利用好高校的优质学术资源、雄厚学术力量和庞大研究队伍，为中国哲学社会科学发展贡献更多的优秀理论成果。第三，从内容的定位看。教育战线哲学社会科学工作者，既要服务于全党理论工作大局，加强对习近平新时代中国特色社会主义思想的研究阐释，也要服务于教育事业发展自身，利用先进理论进行自我剖析、自我革新，研究解决当前教育事业所面临的问题，为教育事业改革发展争取强有力的支持，推出更多用习近平新时代中国特色社会主义思想指导教育改革发展的成果。因此，我们要把教育战线哲学社会科学工作放在党的理论工作大局中看待，放在我国哲学社会科学发展的历史进程中看待，放在“五位一体”总体布局和“四个全面”战略布局的要求中看待。

六是育好人。是否拥有一支高素质的哲学社会科学工作队伍，直接决定一个国家哲学社会科学发展水平，直接决定一个国家的文化软实力。教育战线哲学社会科学工作要把精力更多放在育人上，放在队伍建设上，这是一个重大战略，功在当代、利在千秋。

当前，我国哲学社会科学整体发展态势良好，但也存在大师少、精品少等问题。我们要有强烈的使命感和忧患意识，以习近平新时代中国特色社会主义思想为指导，加强顶层设计，把精力更多放在队伍建设上。

要根据党的要求和国家发展需要培养新时代的哲学社会科学家，借鉴我们党培养干部的选人、用人、育人、管人机制，按照哲学社会科学发展规律，形成科学的机制和办法。在哲学社会科学人才培养上，我们党是有宝贵历史经验的。20世纪20年代后，我们党内产生了一批马克思主义理论家，在马克思主义指引下，历史学科得到改造，经济学科得到成长，马克思主义经典理论得到系统解读和广泛宣传，这一批学者在中华人民共和国成立之后撑起了哲学社会科学工作的天空。我们党无论在革命年代，还是在和平年代，一直注重利用高等学府培养哲学社会科学人才，积累了党培养哲学社会科学人才的宝贵经验，体现了加强和改善党对哲学社会科学工作领导的重要性。

育好人就是要选好人、管好人、用好人。管好人要以习近平新时代中国特色社会主义思想为指导，重点是统筹管理好现有的教学、科研人才队伍。选好人、用好人，关键是瞄准高校哲学社会科学的领导岗位、关键岗位、课题负责人等，要让决定权管理权掌握在真正的马克思主义者手里。要有阵地意识，将研究课题交到政治立场坚定、学风优良、能力过硬的专家学者手中。要充分发挥哲学社会科学育人功能，构筑学生、学术、学科一体的综合发展体系，实施哲学社会科学人才工程，为哲学社会科学领域高端人才创造良好学术生态环境，着力发现、培养、集聚一批具有深厚马克思主义理论素养、学贯中西的思想家和理论家，一批理论功底扎实、勇于开拓创新的学科带头人，一批年富力强、锐意进取的中青年学术骨干，构建种类齐全、梯队衔接的哲学社会科学人才体系。要从青年抓起，要创造条件，提供土壤，因势利导，下大力气培养扶植高校青年哲学社会科学人才。人们常说“大学者，大师之谓也”，这句话有道理，但还可以引申为“大学者，产生大师之谓也”。“产生”这两个字至为关键，大学不能只是一味引进甚至哄抢大师，而必须去精心培育、耐心孵化大师，这是育好人的题中之义。

站在新时代的历史方位上，教育战线哲学社会科学天地广阔，大有可为，必须不畏艰辛、不辱使命，响应时代号召，写好“奋进之笔”，谱写新时代中国特色哲学社会科学事业绚丽篇章。

培养社会主义建设者和接班人*

党的十八大以来，习近平总书记高度重视教育工作，提出了一系列富有创见的新理念新思想新观点，系统回答了教育工作一系列方向性、全局性、战略性重大问题，形成了科学系统的教育重要论述。今年5月2日，习近平总书记在北京大学师生座谈会上发表重要讲话，再次强调我国社会主义教育就是要培养社会主义建设者和接班人，为做好新时代教育工作进一步指明了方向、提供了重要遵循。教育系统要深入学习领会、认真贯彻落实，努力培养德智体美全面发展的社会主义建设者和接班人。

一、培养社会主义建设者和接班人必须提高政治站位

思想是行动的先导。认识到位，行动才能到位。培养社会主义建设者和接班人，是党和国家赋予教育战线的重大任务，是党的教育方针的明确要求，是教育工作的根本任务。

青少年一代的价值取向决定未来整个社会的价值取向，决定中华民族长久竞争力，关系到中国特色社会主义事业是否后继有人。教育要培养的是社会主义建设者和接班人，而不是旁观者，更不是反对派和掘墓人。要深刻认识到，没有什么比培养建设者和接班人更重要，也没有什么比这个方面出问题更危险。教育工作要理直气壮地讲政治，引导广大青少年坚定跟党走，牢固树立“四个意识”，坚定“四个自信”，做

*《党建研究》2018年第7期。

到“两个维护”。千千万万青少年将全程参与“两个一百年”奋斗目标的历史进程，是实现中华民族伟大复兴的重要生力军和中坚力量。要深刻认识到，青少年的精神状态和综合素质，将直接影响中华民族伟大复兴的进程。要教育引导广大青少年把个人理想和国家民族的前途命运紧密联系在一起，坚定信念、增长才干，肩负起民族复兴的时代重任。立德树人的成效是检验学校一切工作的根本标准。要深刻认识到，培养社会主义建设者和接班人对教育工作提出新的更高要求。要切实扭转重教书轻育人、重智育轻德育、重科研轻教学的现象，更加自觉地把培养社会主义建设者和接班人作为教育工作的纲和魂，作为落实党的教育方针根本要求，作为各级各类学校的共同使命，切实增强政治自觉、思想自觉、行动自觉。

二、培养社会主义建设者和接班人必须扎根中国大地

中国的事情必须根据中国的特点、中国的实际办，这是解决中国所有问题的正确道路。培养社会主义建设者和接班人，必须立足我国国情，走中国特色社会主义教育发展道路。

坚持马克思主义指导地位。马克思主义是我们立党立国的根本指导思想。教育系统要牢牢巩固马克思主义的指导地位，抓好马克思主义基本理论教育，广泛开展中国特色社会主义理论体系学习教育，让学生深刻感悟马克思主义的真理力量。加大力度建设好马克思主义学院和马克思主义理论学科，深入实施马克思主义理论研究和建设工程，充分反映马克思主义中国化最新成果。扎实做好习近平新时代中国特色社会主义思想和党的十九大精神进学术、进学科、进课程、进培训、进读本“五进”工作，切实把广大干部师生的思想和行动统一到党中央决策部署上来。

加强和改进思想政治工作。高校思想政治工作只能加强不能削弱，只能前进不能停滞，只能积极作为不能被动应付。要深入贯彻落实全国高校思想政治工作会议精神，实施高校思想政治工作质量提升工程，坚持全员育人、全过程育人、全方位育人。办好思想政治理论课，形成循序渐进、由浅入深的大中小学课程体系。落实意识形态工作责任制，牢牢把握意识形态工作领导权、主导权、话语权。

传承和弘扬中华优秀传统文化。中华优秀传统文化对当前教育改革发展具有重要借鉴意义。要深入挖掘和阐发中华优秀传统文化中讲仁爱、重民本、守诚信、崇正义、尚和合、求大同的时代价值，使之转化为青少年学生价值观教育的丰富营养。要深入开发我国优秀传统教育思想，结合时代要求进行创造性转化和创新性发展，为解决当前教育面临的问题提供参考。要发扬重视家庭、家教、家风的优良传统，充分发挥家庭教育的作用，推动家校密切合作，形成育人合力。

三、培养社会主义建设者和接班人必须把握时代要求

一个时代有一个时代的主题，一代人有一代人的使命。要按照习近平总书记关于青年要“爱国、励志、求真、力行”的要求，培养担当中华民族复兴大任的时代新人。

把握好理想信念这一核心要求。一个人如果没有理想信念，就会精神上缺“钙”。要深入开展理想信念教育，深化中国特色社会主义和中国梦宣传教育，加强党史、国史、改革开放史、社会主义发展史教育，引导广大青少年正确认识世界和中国发展大势，牢固树立共产主义远大理想和中国特色社会主义共同理想。要构建以社会主义核心价值观为引领的大中小幼一体化德育体系，使核心价值观教育层层深入、有机衔接，引导青少年做社会主义核心价值观的坚定信仰者、积极传播者、模范践行者。

把握好家国情怀这一不竭动力。爱国是一个人立德之源、立功之本。要加强爱国主义、集体主义、社会主义教育，引导青少年从小树立和坚持正确的历史观、民族观、国家观、文化观。要加强和改进学校美

育，教育学生树立正确的审美观念，陶冶高尚的道德情操，培育深厚的民族情感。要开展形式多样的教育活动，利用我国改革发展的伟大成就、重大历史事件纪念活动、爱国主义教育基地、国家公祭仪式等增强青少年学生的爱国意识和爱国情感。要深入实施“中华优秀传统文化教育体系创新计划”“中华优秀传统文化进校园”等活动，强化学生的国家认同，增强民族自豪感和自信心，增强做中国人的骨气和底气。

把握好过硬本领这一基本前提。青少年既要有爱国之志，也要有报国之才。要适应国家需求和时代需要，在增强学生基础知识和基本技能的同时，强化认知能力、合作能力、职业能力等核心能力培养。要把创新教育贯穿人才培养全过程，营造尊重创新、注重创新的良好氛围，培养学生创新意识和创新思维，提升创新能力。要加强实践教育，丰富活动内容和形式，广泛开展社区志愿服务、勤工俭学、研学旅行等，让学生拓宽视野、丰富知识、实操实练，在实践中学到真学问、增长真才干。

把握好顽强奋斗这一精神状态。中华民族伟大复兴，绝不是轻轻松松、敲锣打鼓就能实现的，必须准备付出更为艰巨、更为艰苦的努力。要加强劳动教育，落实相关课程，组织好校内校外劳动，培养学生锲而不舍、自强不息的奋斗精神，不贪图安逸、不惧怕困难，用勤劳和汗水开创美好人生。要加强和改进体育教育，让广大青少年在运动中体验乐趣、锻炼强健体魄、感受集体力量、锤炼意志品质。

四、培养社会主义建设者和接班人必须提升育人能力

培养社会主义建设者和接班人，育人能力和水平是基础。要遵循教书育人规律和学生成长规律，不断完善教育体系，健全人才培养体制，提升办学要素水平，努力让每个孩子都能享有公平而有质量的教育。

完善教育体系。创新学前教育普惠健康发展的体制机制，进一步提升普及普惠水平。高度重视农村义务教育，推进义务教育均衡发展，努

力办好家门口的学校。加大高中阶段教育普及攻坚力度，鼓励普通高中多样化特色化发展。完善职业教育和培训体系，深化产教融合、校企合作，持续提升职业教育质量。推动高等教育内涵式发展，加快一流大学和一流学科建设。加大对家庭经济困难学生、残疾学生、随迁子女、留守儿童帮扶力度，给予他们更多关心关爱，努力让他们接受良好的教育，共享人生出彩的机会。

健全人才培养体制。把立德树人作为学校教育的中心环节，贯穿到学校建设和管理的各领域、各方面、各环节，确保一切工作都服从和服务于学生的成长成才。完善大中小学课程体系，根据学生发展素养体系明确各学段、各学科育人目标和任务，依次递进、有序过渡，充分体现育人规律和人才培养规律。系统推进教材建设，坚持传承经典、紧跟前沿，遵循规律、贴近实际，提升教材思想性、科学性、趣味性和实践性。规范教材引进管理，把好教材政治关思想关。主动适应国家和区域经济社会发展需要，培养一大批高素质创新型人才。充分发挥考试招生制度改革引领作用，推进基础教育和高等教育改革，突出综合素质和能力考查，引导发展素质教育，促进学生全面发展。

改善育人条件。加大教育经费投入力度，调整优化投入结构，继续向最贫困地区、最困难群体、最薄弱领域、最关键环节倾斜。加快推进学校标准化建设，努力让每个孩子都能在窗明几净的教室里听课，都能用上现代化的教学仪器设备，都能在平坦宽阔的操场上奔跑。加快教育信息化建设，让边远贫困地区的孩子也能享受到最优质的教育资源、听优秀教师讲课。推进信息技术和教育教学深度融合，对教师教学过程和学生学习进程进行精准化评估和诊断，实现差异化地教、个性化地学。

深化教师队伍建设改革。教师队伍素质直接决定学校办学能力和水平。要按照习近平总书记关于“四有”“四个引路人”“四个相统一”的要求，建设一支政治素质过硬、业务能力精湛、育人水平高超的高素质教师队伍。把师德师风作为评价教师队伍素质的第一标准，全面实施师德师风建设工程，引导教师抓好自我修养，以德立身、以德立学、以德施教。实施教师教育振兴行动计划，健全中国特色教师教育体系，不断提升教师综合素质、专业化水平和创新能力。全面加强乡村教师队伍建设，深入实施乡村教师支持计划，关心乡村教师生活和成长，使乡村教师下得去、留得住、教得好。大幅提高教师政治地位、社会地位和福利待遇，使教师成为最受社会尊重、最令人羡慕的职业。

五、培养社会主义建设者和接班人必须加强党的领导

中国特色社会主义最本质的特征是中国共产党领导，中国特色社会主义制度的最大优势是中国共产党领导。培养社会主义建设者和接班人，必须坚持党对教育工作的领导，把我们的特色和优势有效转化为培养社会主义建设者和接班人的能力。

要把党的政治建设摆在首位，教育引导广大干部师生坚决维护习近平总书记党中央的核心、全党的核心地位，坚决维护党中央权威和集中统一领导，自觉在思想上政治上行动上同以习近平同志为核心的党中央保持高度一致。牢牢掌握党对教育工作的领导权，坚持党管办学方向、管改革发展、管干部、管人才，使教育成为坚持党的领导的坚强阵地。全面加强教育系统党的建设，实施好基层党建质量提升攻坚行动，坚持和完善党委领导下的校长负责制，加强中小学、民办学校、中外合作办学党建工作，确保党的组织和党的工作全覆盖。持之以恒正风肃纪，巩固拓展落实中央八项规定精神成果，深化政治巡视，深入推进反腐败斗争，营造风清气正的良好政治生态和育人环境。

讲好用好思政课教材，扎实推进党的理论创新成果进头脑*

党的十九大以来，教育部把推进习近平新时代中国特色社会主义思想进教材、进课堂、进头脑工作，作为教育系统的头等大事，与中宣部共同启动了马克思主义理论研究和建设工程重点教材修订工作。目前，进教材工作取得重大进展，高校思想政治理论课四种新教材已经出版并投入使用，新修订的其他马工程重点教材也将在今年秋季进入课堂。近期，教育部、中宣部举办了全国高校思想政治理论课四种新教材使用培训，有7万多名思政课教师参加培训，共同研究、推动、落实习近平新时代中国特色社会主义思想教学工作，“三进”工作实现由编教材向进课堂的重大转移。这是一项具有重大现实意义和深远历史意义的工作。

一、深刻认识习近平新时代中国特色社会主义思想“三进”的内涵

改革开放以来，党的理论创新每前进一步，进教材、进课堂、进头脑的任务就要跟进一步。“进教材”就是把党的理论创新成果充分体现在教材中，实现理论体系向教材体系的转化。“进课堂”就是把任课教师的知识体系、方法论体系和教材内容体系有机耦合，实现教材体系向教学体系的转化。“进头脑”就是帮助大学生把课堂学到的知识体系转化为价值体系。

---

*《光明日报》2018年7月24日第13版。

推进“三进”，要坚持“一条红线”，占领“三个主战场”，实现“两个重大转移”。“一条红线”就是党的理论创新成果。“三个主战场”，第一个主战场是教材编写，就是组织专家深入学习党的理论创新成果，按照理论创新的逻辑、实践创新的逻辑、学科发展的规范、学理阐述的要求编写教材，做到符合政治要求、符合规律要求、符合学习范式要求、符合质量要求。第二个主战场是课堂教学，就是把教材转化为具体的教案，转化为学生可接受的教学体系、知识体系。第三个主战场是进学生头脑，就是把理论体系、教材体系、教学体系转化为学生的价值体系，这是“三进”目的所在。“两个重大转移”，第一个转移是从进教材到进课堂，要处理好任课教师和教材的关系，完成教材体系向教学体系的转化，实现进课堂的任务。第二个转移是从进课堂到进头脑，要处理好任课教师和学生的关系，完成教学体系向知识体系、价值体系的转化，实现进头脑的目标。

“三进”，进教材是基础，进课堂是核心，进头脑是目的。实现“三进”，重点是教材搞建设，课堂讲学理，头脑起风暴。教材搞建设，就是教材重在建设。教材建设是一个系统工程，有破有立，重点在立、在建设，修订就是破立统一的过程。课堂讲学理，就是在课堂上结合每门课程具体内容，从不同学科、不同专业角度，讲清楚党的理论创新成果的历史渊源、内在逻辑、科学内涵和独特价值。课堂可以是有形的，也可以是无形的；可以是开放的，也可以是封闭的，核心任务是要从学科上、学术上讲清楚。头脑起风暴，就是通过教学引发学生深度思考，引发学生浓厚兴趣，在学生头脑里掀起一场价值风暴，发生化学反应，坚定对中国特色社会主义的信心和信念，增强“四个自信”。“三进”工作符合思想发展的规律，符合理论发展的规律，符合教育的规律。

二、准确把握推进习近平新时代中国特色社会主义思想“三进”工作的重要任务

当前，做好“三进”工作，实现从第二战场到第三战场的重大转移，要从五个方面确保进入，做到“五个相统一”。

一是从时间上确保进入，做到过程和阶段相统一。“三进”在时间上要做到及时，第一时间学起来，这是确保进入的前提。“三进”是一个时间过程，要循序渐进、由浅入深、不断深入。这个过程分不同的阶段，由学习党的理论创新成果到进教材，由进教材到进课堂，再到进头脑。还要充分考虑认识的不同阶段，不同的年级、不同的学段有不同的认识。要结合“三进”不同阶段、不同学段的不同认识，把习近平新时代中国特色社会主义思想融入各门课程教材编写和讲授之中，实现党的理论创新成果学科化、学理化，这既是过程也是阶段。推进“三进”，就是要在时间上持续不断地坚持下去，咬定青山不放松，持续不断地深入学习、编修教材、讲好课程、武装头脑。

二是在空间上确保进入，做到范围和状态相统一。课堂是一个阵地，也是一个枢纽，是高校思想政治教育的空间存在和实现形式。推进习近平新时代中国特色社会主义思想“三进”，就是要占领、珍惜、用好课堂主阵地。要充分利用哲学社会科学、理工农医等所有课程，挖掘蕴含其中的思想政治教育资源，发挥各门课程的育人功能，实现全覆盖、无死角、无遗漏。所有任课教师都要以饱满的精神状态全身心投入教学，站好讲台，用好教材，讲好每一堂课，做学生健康成长的引路人，以理服人，让理论所到之处阳光普照。

三是在方法上确保进入，做到作用和效果相统一。编修教材和课堂讲授，都要深刻理解和准确把握贯穿习近平新时代中国特色社会主义思想的辩证法和方法论体系，这是最大的方法。同时，针对不同授课对象和具体问题，要创新教学方法，建立独特的教学方法体系，把教材和教学联系起来，把理论和实践统一在课堂。不同方法有不同的作用，要根

据不同课程和学科专业学生的特点，运用多种方式方法，发挥综合作用，产生良好的课堂效果，逐步完成进头脑的任务。广大教师要从话语体系突破，靠感情连接，运用学生喜闻乐见的语言，使教材内容真正活起来。

四是在工作上确保进入，做到使命和责任相统一。效果好不好，关键看工作。当前，教育战线的中心工作是把“三进”作为重大的政治任务，摆在重要位置常抓不懈，与我们正在做的事情紧密结合，真正融入各项工作之中。思想政治理论课四种修订教材坚持有机融入的思路，把习近平新时代中国特色社会主义思想充分体现到四门课程内容之中。教材编好后，关键在教师。广大教师肩负着完成“三进”的光荣历史使命。实现这个历史使命要有责任，责任要体现在工作中，体现在用好新教材、讲好每堂课上。

五是在思想上确保进入，做到感情和行动相统一。“三进”要先进入广大干部和教师的思想中。只有进入思想、进入精神，才能完整准确科学地进入教材、进入课堂、进入头脑。各级领导干部在思想上要高度重视，从立德树人根本任务的高度理解、筹划、安排，政治上加强领导，教学上加强指导，思想上加强引导，质量上加强督导。广大干部和教师要对习近平新时代中国特色社会主义思想、对党的理论创新成果怀有深厚的感情，要把这种深厚的感情落实到行动上，落实到“三进”的具体工作中，履行好所肩负的历史重任。知行合一、重在行动；“三进”工作重在行动、要在效果。

推进“三进”工作，核心是解决立德树人，解决培养什么人、怎样培养人、为谁培养人这个根本问题。广大任课教师要认真学习贯彻习近平新时代中国特色社会主义思想，掌握核心要义，用好高校思想政治理论课新教材，讲好课程，讲出质量，讲出水平，讲出各自的风采，不断用党的理论创新成果武装大学生，培养担当民族复兴大任的时代新人。

认真学习贯彻全国教育大会精神，开启加快教育现代化、建设教育强国新征程*

9月10日至11日，党中央在北京召开全国教育大会，这是在中国特色社会主义进入新时代、全面建成小康社会进入决胜阶段的大背景下，党中央召开的第一次全国教育大会。习近平总书记在大会上的重要讲话，充分体现了以习近平同志为核心的党中央对教育工作的高度重视，凸显了教育在党和国家事业中的基础性、先导性、全局性地位，对动员全党全社会加快推进教育现代化、建设教育强国、办好人民满意的教育具有重大现实意义和深远历史影响，是我国教育史上一个新的里程碑。教育系统要认真学习宣传贯彻习近平总书记重要讲话精神和大会要求，切实增强责任感、使命感，努力开创新时代教育改革发展新局面。

加强思想理论武装，深入学习领会习近平总书记关于教育的重要论述。党的十八大以来，习近平总书记多次深入大中小学和幼儿园考察并同师生座谈，多次主持会议审议教育重大议题，就教育改革发展作出一系列重要讲话、指示批示和贺信回信，提出了一系列新理念新思想新观点。总书记在全国教育大会重要讲话中深刻回答了我国教育改革发展的重大理论和实践问题，形成了系统科学的新时代中国特色社会主义教育理论体系，把我们党对教育工作的规律性认识提升到新的高度，为做好教育工作提供了根本遵循和行动指南。全面学习贯彻全国教育大会精神，首要任务就是认真学习领会、全面准确把握习近平总书记关于教育

---

*《光明日报》2018年9月25日第2版。

的重要论述。要深刻理解和把握“九个坚持”，即坚持党对教育事业的全面领导，坚持把立德树人作为根本任务，坚持优先发展教育事业，坚持社会主义办学方向，坚持扎根中国大地办教育，坚持以人民为中心发展教育，坚持深化教育改革创新，坚持把服务中华民族伟大复兴作为教育的重要使命，坚持把教师队伍建设作为基础工作，切实增强办好新时代教育的思想自觉和行动自觉。要形成体系学。把学习贯彻总书记在全国教育大会上的重要讲话与在全国高校思想政治工作会议上的重要讲话、在北京大学师生座谈会上的重要讲话等结合学、打通学、融会学，深刻理解习近平总书记关于教育的重要论述的科学内涵和精髓要义，进一步增强“四个意识”，坚定“四个自信”，做到“两个维护”。要带着问题学。坚持问题导向，抓住工作关键，聚焦中央关心、百姓关切、社会关注的教育热点难点问题，组织广大干部师生结合工作岗位和思想实际，深入学习研讨，确保讲话精神往心里走、往实里走。要掌握方法学。通过学习总书记重要讲话，着力掌握贯穿其中的坚定信仰信念、鲜明人民立场、强烈历史担当、求真务实作风、勇于创新精神和科学方法论，全面增强学习本领、政治领导本领、改革创新本领、科学发展本领、依法执政本领、群众工作本领、狠抓落实本领、驾驭风险本领。

落实教育优先发展战略，加快建设教育强国。教育是国之大计、党之大计，是民族振兴、社会进步的重要基石，是功在当代、利在千秋的德政工程，对提高人民综合素质、促进人的全面发展、增强中华民族创新创造活力、实现中华民族伟大复兴具有决定性意义。党的十八大以来，以习近平同志为核心的党中央坚持“教育第一”，不断加大投资于人的力度。党的十九大再次强调必须把教育事业放在优先位置，充分体现了我们党对时代发展新态势和经济社会发展新形势的精准把握。在这次大会上，总书记深刻指出，坚持把优先发展教育事业作为推动党和国家各项事业发展的重要先手棋，不断使教育同党和国家事业发展要求相适应、同人民群众期待相契合、同我国综合国力和国际地位相匹配。今天，我们比历史上任何时期都更接近实现中华民族伟大复兴的目标，必须通过优先发展教育，把人口中蕴藏的智慧资源挖掘出来，转化为巨大的人才资源优势。要推动各地各部门落实优先发展教育的责任，在组织领导、发展规划、资源保障上把教育事业摆在优先发展地位，做到经济社会发展规划优先安排教育发展、财政资金投入优先保障教育投入、公共资源配置优先满足教育和人力资源开发需要。

落实立德树人根本任务，培养德智体美劳全面发展的社会主义建设者和接班人。我们办的是社会主义教育，培养的是社会主义建设者和接班人。习近平总书记在北京大学师生座谈会上十次强调要培养社会主义建设者和接班人。在这次大会上，总书记深刻指出，培养什么人，是教育的首要问题。我国是中国共产党领导的社会主义国家，这就决定了我们的教育必须把培养社会主义建设者和接班人作为根本任务，培养一代又一代拥护中国共产党领导和我国社会主义制度、立志为中国特色社会主义奋斗终身的有用人才。这是教育工作的根本任务，也是教育现代化的方向目标。培养社会主义建设者和接班人，必须全面贯彻党的教育方针，坚持马克思主义指导地位，坚持社会主义办学方向。要实施新时代立德树人工程，深入推动习近平新时代中国特色社会主义思想进教材、进课堂、进头脑，构建德智体美劳全面培养的教育体系和更高水平的人才培养体系，健全家庭、学校、政府、社会协同育人机制，形成全员育人、全过程育人、全方位育人的格局。要着力在坚定理想信念、厚植爱国主义情怀、加强品德修养、增长知识见识、培养奋斗精神、增强综合素质上下功夫，培养担当民族复兴大任的时代新人。要树立健康第一的教育理念，开齐开足体育课，帮助学生在体育锻炼中享受乐趣、增强体质、健全人格、锤炼意志。要全面加强和改进学校美育，坚持以美育人、以文化人，提高学生审美和人文素养。要在学生中弘扬劳动精神，教育引导学生崇尚劳动、尊重劳动，懂得劳动最光荣、劳动最崇高、劳动最伟大、劳动最美丽的道理，长大后能够辛勤劳动、诚实劳动、创造性劳动。

把教师队伍建设作为最重要的基础工作，建设一支宏大的高素质专业化教师队伍。教师是教育发展的第一资源。习近平总书记高度重视教师队伍建设，提出了“四有”好老师、“四个引路人”、“四个相统一”等一系列要求，为教师队伍建设指明了方向。在这次大会上，总书记深刻指出，教师是人类灵魂的工程师，是人类文明的传承者，承载着传播知识、传播思想、传播真理，塑造灵魂、塑造生命、塑造新人的时代重任。要把全面加强教师队伍建设作为一项重大政治任务和根本性民生工程，建设一支政治素质过硬、业务能力精湛、育人水平高超的高素质教师队伍。要把师德师风作为评价教师队伍素质的第一标准，健全师德师风建设长效机制。实施教师教育振兴行动计划，提高教师专业素质能力。教育投入更多向教师倾斜，不断提高教师待遇，确保教师工资待遇落实到位。大力弘扬尊师重教的社会风尚，努力提高教师政治地位、社会地位、职业地位，让广大教师安心从教、热心从教。对教师队伍中存在的问题，要坚决依法依纪予以严惩。

坚持把改革作为根本动力，以改革激发教育事业发展的生机活力。改革是决定当代中国命运的关键一招，是教育发展的强大动力。党的十八大以来，教育领域综合改革全面深入推进，已从“立柱架梁”进入到“内部装修”阶段。在这次大会上，总书记深刻指出，要克服唯分数、唯升学、唯文凭、唯论文、唯帽子的顽瘴痼疾，从根本上解决教育评价指挥棒问题。要深化办学体制和教育管理改革，充分激发教育事业发展生机活力。这些重要论述，贯穿着强烈的改革创新精神，明确了教育改革的重要领域和关键环节。要以高质量发展为根本要求，深化教育领域综合改革。系统深化育人方式、办学模式、管理体制、保障机制改革，着力形成充满活力、富有效率、更加开放、有利于高质量发展的教育体制机制。坚决克服“五唯”顽瘴痼疾，切实扭转不科学的教育评价导向。调整优化高校区域布局、学科结构、专业设置，加快一流大学和一流学科建设，强化职业教育产教融合、校企合作，提升教育服务经济社会发展能力。扩大教育对外开放，开展高水平合作办学，提升我国教育世界影响力。

毫不动摇加强党对教育工作的全面领导，坚定不移走中国特色社会主义教育发展道路。中国特色社会主义最本质的特征是中国共产党领导，中国特色社会主义制度的最大优势是中国共产党领导。今年，中央成立了教育工作领导小组，进一步加强对教育工作的领导，进一步加强学校思想政治工作、意识形态工作，进一步加强教育重大理论和实践问题的统筹和决策。在这次大会上，习近平总书记强调指出，加强党对教育工作的全面领导，是办好教育的根本保证。教育部门和各级各类学校党组织要坚定不移维护党中央权威和集中统一领导，自觉在政治立场、政治方向、政治原则、政治道路上同党中央保持高度一致。各级党委要把教育改革发展纳入议事日程，党政主要负责同志要熟悉教育、关心教育、研究教育。各级教育部门党组织要切实履行好管党治党主体责任，加强各级各类学校党的领导和党的建设工作，保证党的路线方针政策不折不扣得到贯彻执行。各级各类学校党组织要把抓好党建工作作为办学治校基本功，把党的教育方针全面贯彻到学校工作各方面。充分发挥基层党组织作用，使基层党组织成为师生最贴心、最信赖的组织依靠，成为学校教书育人的坚强战斗堡垒。加强学校思想政治工作，牢牢把握意识形态工作领导权，维护政治安全和校园稳定。深入推进全面从严治党和反腐败斗争，加强党员日常教育管理，持之以恒落实中央八项规定精神，营造风清气正的良好政治生态。

习近平总书记关于教育的重要论述为新时代教育事业描绘了蓝图、指明了方向。教育部门要切实抓好学习贯彻落实，履行好职责义务，迅速行动、主动担当，确保党中央决策部署落地生根、取得实效。要坚持“新、高、实、深”的工作要求。着力做到“新”，跳出传统工作套路，从内容、形式、载体、方法、手段等方面，对贯彻落实工作进行改进和创新；着力做到“高”，着眼党和国家事业发展全局，高度负责尽责，体现教育系统特点，提高学习宣传贯彻的质量和水平；着力做到“实”，紧扣习近平总书记重要讲话和大会精神，紧扣人民群众关切，紧扣教育改革发展面临的主要矛盾和矛盾的主要方面，针对不同对象采取具体的、适宜的、分类指导的方式，确保大会精神落下去、出效果；着力做到“深”，加强理论概括、学理支撑和经验集成，不断推动学习宣传贯彻大会精神升华到规律层面，转化为加快教育现代化的强大动力。要把握“转时态、转语态、转状态、转心态”的工作方法。要“转时态”，一切工作都要进入十九大后的时间频道，进入全国教育大会后的工作节奏，以当前工作为中心，坚持当前和长远相衔接、重点和全面相结合，持之以恒，久久为功，分阶段逐步深化大会精神贯彻落实工作；要“转语态”，加强话语方式创新，坚持党言党语、民言民语、学言学语并举，坚持理论深度、实践力度、情感温度并重，更多运用生动鲜活的宣传方式，用大会精神统一思想、凝聚力量；要“转状态”，以奋进的状态、改革的办法、创新的思路，把学习宣传贯彻大会精神同推进实施教育“奋进之笔”结合起来，种好“责任田”；要“转心态”，把“四个自信”转化为办好中国教育的自信，敢于负责、勇于担当、善于作为，推动学习宣传贯彻大会精神不断往深里走、往实里走。要建立“五张清单”施工图。建立问题清单，围绕中央关心、百姓关切、社会关注的问题，列出近一两年乃至今后一个时期要解决的重点问题，找准切入点、突破口，集中力量、倾斜资源进行攻关；建立课题清单，围绕习近平总书记关于教育的重要论述，组织力量进行研究阐释；建立政策清单，对标中央的新精神新要求，系统梳理和诊断现有的规章制度和政策文件，认真做好废、改、立、释各项工作；建立任务清单，抓紧制定加快教育现代化的任务分工，明确各项工作进度安排、时间节点；建立责任清单，坚持政治任务和岗位职责相结合、一般要求和特殊规定相结合，把各级教育部门和学校学习宣传贯彻的责任明确下来，加强督查督办。

全国教育大会的召开标志着中国教育进入了现代化建设新阶段，开启了加快教育现代化的新征程。教育系统要牢牢抓住这次全国教育大会的历史新机遇，坚持以习近平新时代中国特色社会主义思想统领教育工作，强化责任担当，着力攻坚克难，加快推进教育现代化，建设教育强国，办好人民满意的教育，为实现中华民族伟大复兴的中国梦提供有力支撑。

优先发展儿童教育，阻断贫困代际传递*

我国是一个发展中的人口大国，贫困地区儿童占全国儿童总数的1/5。帮助这些孩子健康成长、顺利成才，是政府的责任，也是我国一贯的政策主张。习近平总书记强调指出，授人以鱼，不如授人以渔。要采取一系列措施，让贫困地区每一个孩子都能接受良好教育，让他们同其他孩子站在同一条起跑线上，向着美好生活奋力奔跑。党中央、国务院始终坚持以人民为中心的发展思想，把每一个儿童都作为国家的宝贵财富，牢固树立投资儿童就是投资未来的理念，努力打赢教育脱贫攻坚战，通过发展教育让每个孩子都能拥有人生出彩的机会。

一、贫困儿童教育工作成效明显

秉持这一宗旨和理念，我国先后制定并实施了一系列政策措施，贫困儿童教育工作成效明显，也得到了联合国儿童基金会等国际组织的肯定。一是加大资源倾斜力度，大力改善贫困地区办学条件。启动实施我国义务教育学校建设史上财政投资最大的单项工程，全面改善近22万所农村学校基本办学条件，中央财政累计投入专项资金1 620亿元，带动地方投入3 000多亿元，832个贫困县已提前完成建设任务。连续实施三期学前教育行动计划，重点支持中西部农村地区、贫困地区提高入园率，2017年全国学前三年毛入园率达79.6%，更多贫困地区儿童有了接受学前教育的机会。二是优先加强贫困地区教师队伍建设，全面提升

*《光明日报》2018年11月30日第16版。

教师整体素质。实施乡村教师支持计划，努力造就一支素质优良、甘于奉献、扎根农村的教师队伍。面向中西部地区实施教师特设岗位计划，2012年以来累计招聘35.5万名教师，覆盖中西部3万多所农村学校，为贫困地区输送高素质教师。全国28个省份实施地方师范生公费教育政策，每年吸引4.1万名高校毕业生到农村中小学任教。三是实施大规模营养干预计划，努力改善贫困地区学生营养状况。专门制定《国家贫困地区儿童发展规划（2014—2020年）》，对儿童健康、营养和教育进行全过程保障与干预。实施农村义务教育学生营养改善计划，覆盖全国1 596个县、14万所农村学校、3 700多万学生，学生营养健康状况显著改善，身体素质明显提升。四是重点关注家庭贫困学生，实现资助政策全覆盖。学前教育资助家庭经济困难儿童、孤儿和残疾儿童，义务教育免杂费、免书本费、补助生活费，普通高中免除家庭经济困难学生学杂费，中等职业教育免除所有农村学生、城市涉农专业和家庭经济困难学生学费，在此基础上，设立高中阶段国家助学金、高等教育国家奖助学金和助学贷款，构建了覆盖全学段的资助政策体系，解除家庭贫困学生后顾之忧。五是大幅提高贫困地区学生入学机会，拓宽成长成才空间。实施重点高校招收农村和贫困地区学生专项计划，年度招生规模从1万人逐年增至现在的10.38万人，年均增长57%，初步形成了保障农村和贫困地区学生上重点高校的长效机制。

同时，也要看到，我国幅员辽阔，东中西部、城市和农村差距还比较大，虽然政府和社会付出了很多努力，很多贫困地区儿童教育发展水平仍然低于全国平均水平，农村教育还存在很多薄弱环节。给每一个处境不利的儿童更多的关心关爱，让他们都能享有公平而有质量的教育，还面临很多困难和挑战。

二、继续把贫困儿童教育工作摆在优先发展位置

“人生百年，立于幼学。”儿童是家庭幸福所系、国家希望所在。要

继续把贫困儿童教育工作摆在优先发展的位置，继续加大城乡教育资源均衡配置力度，加快建立健全全民覆盖、普惠共享、城乡一体的基本公共教育服务体系，通过发展教育阻断贫困代际传递，促进社会公平正义。

一是继续坚持兜住底线，保障每一个贫困地区儿童都有学上。不断提高各级各类教育普及程度，给贫困地区儿童提供更便利、更多样、更高层次的教育机会。重点发展农村学前教育，完善乡村学前教育公共服务网络，努力实现幼有所育。大力促进城乡义务教育均衡发展，科学布局学校，完善控辍保学机制，让学生不因上学路途远、家庭贫困等而失学。二是继续坚持保住基本，办好贫困地区每一所学校。加强学校基础设施建设，配齐配足仪器设备、图书、文体设施等，让贫困地区儿童和城市的孩子享有同等学习环境。大力改善贫困地区学校生活设施，让这些孩子们不仅学得好，还要住得好、吃得好。继续加强乡村教师队伍建设，加快培养小学“全科教师”和初中一专多能教师，化解贫困地区小规模学校师资不足的问题，提高教育教学水平。三是继续坚持提高质量，扩大贫困地区优质教育资源覆盖面。发挥优质学校的辐射带动作用，通过组建教育集团、委托管理、对口帮扶等形式，支持带动农村薄弱学校。加大教师交流力度，鼓励优秀校长和教师到贫困地区薄弱学校任职任教。加快推进教育信息化建设，把城市里最好的课程送到贫困地区学校的每一间教室、每一个孩子。四是继续坚持关注困境儿童，为人人成才创造良好条件。继续实施好特殊教育行动计划，通过送教上门、随班就读、医教结合等方式，保障残疾儿童少年接受义务教育。国家城镇化进程加快，一些农村的孩子因为种种原因没能和父母生活在一起，对这些留在农村的儿童，要加大对他们学习、健康、心理等支持和保护，给他们更多情感上的关心和关爱。

我国将继续与世界各国在反贫困和儿童早期发展上携手合作、共同努力，为儿童的健康成长创造更好条件，为他们的终身发展创造良好开端。

狠抓落实，实现教育发展新跨越*

全国教育大会召开之后，今年全国教育工作的关键词就是两个字“落实”，要通过狠抓落实，为教育新发展新跨越开好局、起好步、奠好基。

“落实”两字，说起容易做起难。怎样抓好落实？要从六个方面着手。

用高政治站位抓落实。“教育是国之大计、党之大计”，这是习近平总书记和党中央对教育地位作用的全新判断，也是贯穿今年工作的一条总纲。把握住了“两个大计”，我们才能坚定为党育人、为国育才的初心和使命，才能站稳人民立场，解决好人民群众关切的问题。

用务实的作风抓落实。我们前期已经制定了贯彻落实全国教育大会精神的问题清单、课题清单、政策清单、任务清单、责任清单，现在开始就要做好任务承接和分解，建立台账，挂号推进，确保任务一个一个落地。

用奋进的状态抓落实。我们实施“奋进之笔”的主要考虑，是要对准教育事业发展中的“深”“难”问题进行改革攻坚。比如深化高考改革攻坚行动，一些地方高中教学资源、师资配备等还不完备，要抓紧查漏补缺；比如培养产业生力军改革攻坚行动，主要任务是职业教育体系改革，中央高度重视，要打出改革“组合拳”。

用学习的自觉抓落实。老办法不管用，新办法不会用，归根结底还

---

*《人民日报》2019年1月31日第5版。

是学习不够。学习习近平新时代中国特色社会主义思想是“必修课”，必须走心、走深、走实，把马克思主义的立场、观点、方法学到手，成为看家本领。要学用结合，把所学所思与推进工作结合起来；要吐故纳新，把握信息技术发展新趋势；要积久成习，下足平常功夫。

用研判的习惯抓落实。古人说“多算胜，少算不胜”，“算”就是研判。“研”要在“周密”上下功夫，“研”出质量，用辩证的方法和观点找到事物的主要矛盾和矛盾的主要方面，看大局、看大势、看方向。“判”要在“精准”上下功夫，“判”出水平，判出形势变化、力量对比、矛盾转换、阶段特征、性质程度、趋势方向。

用法治的精神抓落实。当前，教育发展面临体制机制障碍的清理、顽瘴痼疾的破除，保障受教育权益，让人民群众感受到公平、正义，亟待法治从根本上厘清关系、划定边界、保障到位。我们要强化法治思维，完善教育法律体系，推进依法行政、依法治校。用法治的方式抓落实，就掌握了抓落实的主动权。

我们要以时不我待的紧迫感、舍我其谁的使命感，真抓实干、开拓创新，奋勇向前、攻坚克难，为加快推进教育现代化、建设教育强国、办好人民满意的教育而努力奋斗。

用习近平新时代中国特色社会主义思想铸魂育人*

——深入学习贯彻习近平新时代中国特色社会主义思想

习近平总书记在学校思想政治理论课教师座谈会上的重要讲话，深刻回答了学校思政课建设一系列重大理论和实践问题，为我们在新时代贯彻党的教育方针、办好学校思政课、努力培养担当民族复兴大任的时代新人、培养德智体美劳全面发展的社会主义建设者和接班人提供了根本遵循。教育系统要坚持用习近平新时代中国特色社会主义思想铸魂育人，以“三巡六创优”为抓手，全力办好新时代学校思政课。

“三巡”是指教育部即将开展的优秀思政课示范巡讲、思政课建设优秀成果巡礼、思政课建设巡察三项工作，是在教育战线深入学习宣传贯彻习近平新时代中国特色社会主义思想的创新模式。

优秀思政课示范巡讲。“巡讲”就是以参加学校思想政治理论课教师座谈会的各地区、各学段、各年龄段一线优秀教师为主体，组建百人巡讲团，将其优秀课程送到全国各地巡讲，在巡讲中深化对习近平总书记重要讲话精神特别是六个方面素养、“八个统一”的理论解读，展示思政课教师队伍的整体形象。

思政课建设优秀成果巡礼。“巡礼”就是把党的十八大以来特别是全国高校思想政治工作会议召开以来各地各学校加强和改进思政课建设的优秀成果展示出来，将巡回展览、网上展览、理论研讨等多种形式结

---

*《人民日报》2019年4月23日第9版。

合起来，把好经验好做法“送上门”开展横向交流，督促各地各学校把自己摆进去，对标对表、找准差距、改进工作，推动思政课改革创新。

思政课建设巡察。“巡察”就是抽调教育系统骨干力量组成巡察组，分赴各地检查、调研思政课建设情况，与地方和学校负责同志一起研究解决思政课建设面临的问题，进一步加强面对面指导，压实主体责任，形成强大合力。

“六创优”是全国高校思想政治工作会议召开以来教育部党组抓思政课建设的工作思路和经验总结。两年多的实践表明，这个工作思路符合中央精神，取得了显著成效，要继续坚持和完善。

思路创优。习近平总书记强调，思想政治理论课是落实立德树人根本任务的关键课程。要从“关键”的角度来创优思路，明确思政课的本质属性。思政课的对象是“人”，是在人的头脑中搞建设、在人的成长过程中搞建设。思政课的关键是“思”，缺少思想魅力就缺少课程感染力，立德树人关键在于用习近平新时代中国特色社会主义思想铸魂育人。思政课的重点是“政”，讲政治是具体的，思政课要牢牢把握坚持和发展中国特色社会主义这一改革开放以来党的全部理论和实践的主题。思政课的载体是“课”，思想加政治等于思政课，要实现二者有机融合，在融合中实现理论与实践的结合，最终通过课程体现出来。

师资创优。习近平总书记强调，办好思想政治理论课关键在教师，关键在发挥教师的积极性、主动性、创造性。师资创优，要从“关键在教师”的角度来看待。习近平总书记提出思政课教师六个方面素养。要瞄准这六个方面素养建队伍，综合研判思政课教师队伍建设中存在的问题和薄弱环节，拿出切实有效措施，努力使教师个人素质和教学团队素质符合要求。要紧紧抓住提高教学能力这个“牛鼻子”，通过“三集三提”着力提升思政课教师“内功”。首先，坚持集中研讨提问题。通过多种形式把思政课教师集中起来，集体研讨确定问题，把教学难题找准，增强教学针对性。其次，坚持集中培训提素质。组织思政课教师定期开展集中培训，学习党的理论创新成果，交流先进经验。最后，坚持集中备课提质量。建立集体备课制度，对党的十八大以来理论创新、实践创新、制度创新成果和教学重点难点问题等进行深入研究，充分利用信息技术手段扩大集体备课覆盖面和实效性。

教材创优。思政课教材是所有教材中最具历史使命的，必须注重其思想含量、政治含量、学术含量。要抓好经典教材建设。思政课以马克思主义经典著作为根基，高校要特别重视大学生对经典著作的学习。要抓好主体教材建设，大中小学思政课教材要实现循序渐进、螺旋上升的一体化建设；抓好马克思主义理论研究和建设工程教材建设，推动思想体系向教材体系转化。此外，还要抓好专业教材建设，提炼挖掘各门课程中的思政教育元素，形成“思政课程+课程思政”大格局；抓好案例教材建设，建设思政课案例库、备课资料库，使思政课教学逐步增大实证含量，运用现代信息技术建设思政课集中备课的“中央厨房”，让每位教师都有自己的备课“小助手”；抓好特色教材建设，各地各学校要充分用好其独特的教育资源，如将红船精神、西迁精神编入地方教材、校本教材，就能收到较好效果；抓好领导报告教材建设，领导干部到学校讲思政课可以帮助学生了解国情、基层和群众。

教法创优。习近平总书记强调，推动思想政治理论课改革创新，要不断增强思政课的思想性、理论性和亲和力、针对性。思政课是辩证唯物主义和历史唯物主义在课程教学中的逻辑展开，每位思政课教师都要掌握辩证唯物主义和历史唯物主义精髓，运用丰富的思想资源和实践案例，形成自己的教学风格、话语体系、语言表达。教法创优要达到的境界，就是把思政课讲得“有虚有实”，把理论和实践结合起来，不是纯粹讲理论，而是有实践支撑；也不是纯粹讲实践，而是有理论指导。把思政课讲得“有棱有角”，在课堂上有原则、讲政治，有风格、敢斗争，善于用真理力量引导学生。把思政课讲得“有情有意”，牢牢抓住青少年学生思想特点，通过增强情感联系，为他们扣好人生“第一粒扣子”。把思政课讲得“有滋有味”，课堂教学要做到“配方”先进、“工艺”精湛、“包装”时尚，给学生提供香味形俱佳的精神大餐，让他们愿意吃、喜欢吃。把思政课讲得“有己有人”，教师把自己摆进课中，把课讲成自己精神、信仰、人格的写照，照亮学生心灵世界，解决学生思想问题。

机制创优。习近平总书记强调，思政课建设要建立党委统一领导、党政齐抓共管、有关部门各负其责、全社会协同配合的工作格局。机制创优的核心是创新评价体系，进而带动思政课建设各环节各方面机制创新。当前，要深入学习贯彻中共中央、国务院《关于加强和改进新形势下高校思想政治工作的意见》，把各项重点任务落实到位。在此基础上，着力统筹好部内外、校内外、院内外、课内外的各类教育资源、教师资源、实践资源、宣传资源，推动“四个结合”：一是推动理论和实践相结合，为学生构筑起“同心圆”，让他们感受到马克思主义中国化最新成果来自实践，能够指导新时代中国特色社会主义伟大实践。二是推动育德和育心相结合，为学生构筑起“承重墙”，让他们健康成长成才，将来走向社会能够经得起各种考验。三是推动课内和课外相结合，把思政小课堂与社会大课堂结合起来，为学生构筑起思想成长的“立交桥”。四是推动线上和线下相结合，运用好信息化手段，为学生构筑起思想政治理论素养提升的“快车道”。

环境创优。思政课改革创新需要各方面创造良好的学术环境和政治生态，让思政课教师能够潜心育人，让优秀教师有志于长期从事思政课工作。这是打造思政课“金课”的必要条件。只有学校党委书记、校长对思政课的认识提高了，教师、学生才会重视思政课。学校党委书记和校长要扛起政治责任，把思政课建设摆在更加突出的地位，多带真情实感、多谋实招硬招、多投真金白银、多解真困实难，带头走进课堂听课讲课，带头推动思政课建设，带头联系思政课教师，推动形成全党全社会努力办好思政课、教师认真讲好思政课、学生积极学好思政课的良好氛围。

教育系统深入学习贯彻落实习近平总书记在学校思想政治理论课教师座谈会上的重要讲话精神，要在“实”字上狠下功夫，把学习这一重要讲话精神的认识体会转化为提高思政课质量和水平的实际举措和扎实成效，更好发挥思政课作为立德树人关键课程的不可替代作用，用习近平新时代中国特色社会主义思想铸魂育人，引导广大学生树牢“四个意识”，坚定“四个自信”，坚决做到“两个维护”，从而培养一代又一代拥护中国共产党和我国社会主义制度、立志为中国特色社会主义事业奋斗终身的有用之才。

做好新时代学校美育工作*

党中央、国务院高度重视学校美育工作。学习贯彻习近平总书记关于学校美育工作重要指示精神，坚决落实、谋划部署新时代学校美育工作的改革发展，是教育系统各单位的重要工作。

一、提高政治站位，全面贯彻落实习近平总书记系列重要指示精神

一个国家、一个民族不能没有灵魂。习近平总书记高度重视文化、文艺和学校美育工作。2014年，习近平总书记在文艺工作座谈会上发表重要讲话，深刻阐述了文艺和文艺工作的地位作用和重大使命，创造性地回答了事关文艺繁荣发展的一系列带有根本性、方向性的重大问题。2018年，习近平总书记给中央美术学院八位老教授回信，对学校美育作出重要指示。在全国教育大会上，习近平总书记强调要全面加强和改进学校美育。今年全国两会期间，习近平总书记在看望文艺界社科界委员时，对文化文艺工作提出新的明确要求。近期，习近平总书记亲自主持召开学校思想政治理论课教师座谈会并发表重要讲话，强调要用新时代中国特色社会主义思想铸魂育人，贯彻新时代党的教育方针，落实立德树人根本任务。这些重要指示，是做好新时代学校美育工作的根本指南，指明了前进方向，提供了根本遵循。我们要学深悟透、融会贯通，切实把思想和行动统一到习近平总书记的重要指示精神上来，进一步增强做好学校美育工作的责任感使命感紧迫感。

*《光明日报》2019年5月7日第15版。

（一）深刻认识学校美育的战略地位

文化文艺工作属于培根铸魂的工作，在党和国家工作全局中具有十分重要的地位。没有文化的繁荣兴盛，就没有中华民族伟大复兴，要用文艺振奋民族精神。这就要求我们，要从提升全体国民素质、汇聚民族共识、凝聚伟大复兴最深厚力量的高度，重视和加强学校美育。

（二）深刻认识学校美育的指导思想

学校美育要弘扬中华美育精神，传承和弘扬中华优秀传统文化，把社会主义核心价值观融入教育各个方面，贯穿人才培养全过程。这就要求我们，要从增强文化自觉和文化自信的高度，重视和加强学校美育。

（三）深刻认识学校美育的育人价值

美是纯洁道德、丰富精神的重要源泉，对塑造美好心灵具有重要作用。学校美育要以美育人、以文化人，全面提高学生的审美和人文素养。这就要求我们，要从落实立德树人根本任务、促进人的全面发展的高度，重视和加强学校美育。

（四）深刻认识学校美育的方法路径

要扎根时代生活，遵循美育特点，全面加强和改进学校美育，配齐配好美育教师。这就要求我们，要从深化教育改革、加快推进教育现代化的高度，重视和加强学校美育。

二、认真回顾总结，准确把握学校美育工作新形势

党的十八大以来，特别是2015年国办印发了关于全面加强和改进学校美育工作的文件，学校美育工作加速推进，实现了跨越式发展，取得了历史性成就。

（一）唱响了立德树人的“主旋律”

将社会主义核心价值观融入美育课堂教学、课外活动、校园文化建设全过程，大力传承和弘扬中华优秀传统文化。高雅艺术进校园、学生艺术展演、“传承的力量”等一系列品牌活动影响力不断扩大，育人效果持续增强。

（二）鸣响了改革发展的“主题曲”

美育政策制度体系更加完善。课程开课率持续提高，绝大多数省份义务教育阶段美育课程总量达到国家规定。

（三）奏响了协同育人的“交响乐”

创新了部省联动工作机制，签署了美育改革发展备忘录，构建了“师生家校社”五位一体的发展格局，建立了学生艺术素质测评、学校自评和省级教育行政部门年度报告等多元立体的评价机制，学校美育发展内生动力不断增强。

（四）吹响了改善条件的“集结号”

义务教育阶段美育教师增加了17.23万人，年均增幅3.5%。器材达标率提高近40%，年均提高9%。资源保障条件不断改善，持续向好。

同时，我们也要清醒认识到，与中央的要求相比，与人民群众的期待相比，学校美育工作仍有不小差距，还不能完全满足广大学生的发展要求，还不能完全适应加快推进教育现代化的要求。五育当中，“弱于体美”仍是客观现实，对学校美育还存在着认识不够、重视不够、基础薄弱、激励不到位等突出问题。对此，我们要认真研究，用改革的办法切实加以解决。

三、落实重点任务，推动新时代学校美育工作再上新台阶

全面加强和改进新时代学校美育工作，要以习近平新时代中国特色社会主义思想为指导，贯彻落实习近平总书记系列重要指示精神，贯彻落实全国教育大会精神，以高质量发展为导向，以改革创新为动力，以完善政策制度为保障，以提高学生审美和人文素养为主题，聚焦“教会、勤练、常赛”，在更新观念上“移风易俗”，在改善条件上“改天换地”，在凝聚力量上“众志成城”，努力取得学校美育工作新突破。

（一）明确导向，形成发展合力

新时代新征程，我们要围绕学习贯彻习近平总书记关于学校美育"纯洁道德、丰富精神"的新价值、"提高学生审美和人文素养"的新目标，推动关于学校美育工作观念大转变。教育系统要行动起来，广泛动员、深入宣传，进一步提高全党全社会对学校美育地位、功能、价值的认识，拿出重视、关心、支持美育的真招实招。

强化保障，筑牢发展根基。"人财物时空"是保障学校美育的五大条件。今年，教育部将制订实施学校体育美育师资和场地器材建设三年行动计划，明确刚性要求。各地各校要着力在师资队伍建设、课程课时安排、场地器材配备等方面拿出破解问题的切实举措，舍得花"真金白银"，有效加强薄弱环节。同时，要积极利用社会资源，完善共建共享机制，让收藏在馆所里的文物、陈列在大地上的文化艺术遗产成为学校美育的丰厚资源。

（二）狠抓落实，夯实制度保障

研制印发新时代学校体育美育改革文件已列入中央深改委2019年工作要点，是今年必须完成的硬任务，要加快推进，确保按时完成。最近印发的高校美育文件，明确了政策制度要求，规划了改革发展路径，是指导和推动新时代高校美育改革发展的重要指南，要学习好、贯彻好。目前，教育部与所有省份都签署了美育改革发展备忘录。事实证明，效果是好的。各地要按照备忘录要求，一项一项抓落实，一件一件出成效。今年，教育部要开展落实美育备忘录"回头看"，各地要对照台账，认真梳理，做好相应准备工作。

（三）健全机制，完善评价体系

要用好评价指挥棒，建立科学规范的评价体系，激发"师生家校社"五大主体的积极性、创造性。要全面深入实施中小学生艺术素质测评制度，将测评结果纳入学生综合素质档案，作为初中毕业、普通高中和中等职业学校录取依据。要认真总结地方将艺术科目纳入中考的经验做法。把美育工作及效果纳入高校人才培养评估指标体系。加强对地方和学校开展美育工作的督导，强化结果应用。要把学校美育工作纳入各级政府、教育部门政绩考核和学校负责人业绩考核，把美育工作从“软要求”变成“硬指标”。

做好新时代学校美育工作，责任重大、使命光荣。让我们紧密团结在以习近平同志为核心的党中央周围，真抓实干，攻坚克难，全面开创学校美育工作新局面，培养德智体美劳全面发展的社会主义建设者和接班人，为加快教育现代化、建设教育强国、办好人民满意的教育作出新的更大贡献。

带头做深入学习贯彻习近平新时代中国特色社会主义思想的表率*

中央近日印发《关于加强和改进中央和国家机关党的建设的意见》，对推动新时代中央和国家机关全面从严治党向纵深发展作出全面部署。教育是国之大计、党之大计，承担着培养德智体美劳全面发展的社会主义建设者和接班人的重要使命。教育部要认真贯彻《关于加强和改进中央和国家机关党的建设的意见》精神，把深入学习贯彻习近平新时代中国特色社会主义思想作为首要政治任务，推动教育系统干部师生切实做到学、思、用贯通，知、信、行统一。

一、抓机关：走在前、作表率

推动教育系统学懂弄通做实习近平新时代中国特色社会主义思想，教育部直属机关必须先学一步、学深一层、学出成效，坚持做到用“四个意识”导航、用“四个自信”强基、用“两个维护”铸魂，为教育战线作出示范。

（一）发挥部党组“领头雁”作用

坚持全面系统学，深入学习《习近平谈治国理政》第一卷、第二卷，及时跟进学习习近平总书记系列重要论述。重点学习习近平总书记关于教育的重要论述，特别是在全国教育大会、全国高校思想政治工作会议、学校思想政治理论课教师座谈会上重要讲话精神，努力学出绝对

*《旗帜》2019年第5期。

忠诚，学出坚定自信，学出使命担当，学出能力水平。坚持联系实际学，在抓深化、抓消化、抓转化上狠下功夫，在谋划思路、制定措施、深化改革、破解难题上取得实效。坚持创新方式学，采用“4+N”学习模式，每季度至少安排一次集中学习研讨；突出联学特点，继续开展部党组与直属高校、地方教育部门联学，完善中央重要文件“部党组成员自学—主持分片区联学、带头导学—理论中心组集中学”方式；落实调研制度，部党组成员深入基层、深入群众、深入实际，扎实开展调查研究，深化学习效果。

（二）发挥党组织“主阵地”作用

按照党中央统一部署，以学习贯彻习近平新时代中国特色社会主义思想为主要内容，扎实开展“不忘初心、牢记使命”主题教育。坚持“常态抓、抓常态”，深入推进“两学一做”学习教育常态化、制度化。以党支部为基本单位，以“三会一课”为载体，开展体系式学习、融合式讨论、案例式讲学、项目式研究、针对性解读、操作性指导，推动学用新思想走向深入。

（三）发挥年轻干部“生力军”作用

实施青年理论学习提升工程，组建习近平新时代中国特色社会主义思想年轻干部理论学习小组。充分发挥教育系统学科和人才等资源优势，建立年轻干部学习教育师资库。每名司局级干部至少联系一名年轻干部，司局主要负责同志定期为年轻干部上党课。依托直属机关党校主阵地，分批次对年轻干部进行培训。探索“互联网+”学习机制，加强与各级各类学校和地方教育部门联学联建。探索建立“学分银行”，将学习情况纳入干部考核管理，积极选树先进典型。

二、抓战线：固根本、育新人

教育系统拥有51万多所学校、2.7亿在校学生、1 600多万名教师。教育系统学习贯彻习近平新时代中国特色社会主义思想，要紧紧围绕立德树人这一根本任务，推动学习贯彻往深里走、往实里走、往心里走。

（一）进学术

抓好教育系统习近平新时代中国特色社会主义思想研究中心（院）等机构建设，组织开展原创性研究，持续发表高质量研究成果。继续组织开展重大和专项课题研究，推进系统化学理化学科化研究阐释。推进新型智库建设，为中央决策部署提供咨询。

（二）进学科

深入推进马克思主义理论研究和建设工程，重点建好一批高校马克思主义学院，为学习、研究、宣传新思想提供有力的平台支撑和组织保障。支持高校在马克思主义理论等一级学科中设立习近平新时代中国特色社会主义思想研究方向，组建研究团队。

（三）进课程

研制习近平新时代中国特色社会主义思想进课程教材指导纲要，编写习近平总书记关于教育的重要论述讲义，推进义务教育道德与法治、语文、历史统编教材使用全覆盖。有序推动全国重点马克思主义学院所在高校全面开设专门课程，鼓励有条件的高校开设相关选修课。着力打造万个“名师示范课堂”，深入开展“千万师生同上一堂课”活动。

（四）进培训

制定实施全国教育系统干部培训规划，把习近平新时代中国特色社会主义思想作为必修内容，纳入各级各类研修培训。深入开展义务教育阶段三科统编教材国家级示范培训、省级地市级骨干培训和县级全员培训。深入开展思政课教师专题培训。

（五）进读本

组织编写《习近平总书记关于教育的重要论述摘编》，着力深化对全国教育大会、全国高校思想政治工作会议、学校思想政治理论课教师座谈会精神的研究阐释。用好《习近平新时代中国特色社会主义思想三十讲》课件。

（六）进头脑

组建由高校党委书记和校长、院士等组成的“习近平总书记重要讲话精神讲师团”，推动全国高校师生学习全覆盖。会同中组部、中宣部等推动地方党政机关和国有企业领导上讲台。组织优秀辅导员理论讲师团、大学生骨干理论宣讲团，常态化开展“校园巡讲、网络巡礼”。举办专门的主题阅读活动。

三、抓带动：重贯通、求实效

创新机制载体和方式方法，以机关带战线，以覆盖促贯通，以融合求实效。

（一）“以上率下”示范带动

习近平总书记重要讲话、重要指示、重要回信和党中央关于教育的决策部署作出后，部党组第一时间学习研讨，第一时间研究贯彻落实举措，第一时间对教育战线作出部署安排，部党组成员带头发表学习贯彻文章，带头深入基层开展政策宣讲和调查研究。持续开展直属机关“百名书记讲党课”“司局长宣讲对谈”“司局长笔谈”，深入推动直属机关司局级干部面向战线开展政策阐释，推动思想传递到教育系统的“神经末梢”。

（二）“五张清单”条块带动

围绕学习贯彻习近平总书记在全国教育大会上重要讲话精神，建立“五张清单”，深入推进落实。建立问题清单，列出近一两年乃至今后一个时期要解决的重点问题。建立课题清单，明确本地本校贯彻的思路举措。建立政策清单，对标中央新精神新要求，做好现有规章制度和政策文件“废、改、立、释”工作。建立任务清单，推动制定本地本校任务分工。建立责任清单，压实落实责任，加强督查督办。

（三）“三巡六创”精准带动

深入推动习近平总书记在学校思想政治理论课教师座谈会上重要讲

话精神贯彻落实，开展以优秀思政课示范课巡讲、思政课建设优秀成果巡礼和思政课建设巡察为主要内容的“三巡”活动；抓好思政课思路创优、师资创优、教材创优、教法创优、机制创优、环境创优，在教育战线推广形成学习宣传贯彻习近平总书记重要讲话精神的创新模式。

（四）“奋进之笔”整体带动

2018年，教育部围绕贯彻落实习近平新时代中国特色社会主义思想和中央重大决策部署奋力实施“奋进之笔”，推进落实教育部层面11项“攻坚行动”、直属机关层面195项“争先计划”，取得了积极成效。今年，教育部继续实施“奋进之笔”，在直属机关层面实施“司长风采项目”“处长奋进纪实档案”，在地方和直属高校层面实施“厅长突破项目”“高校书记校长履职亮点项目”，切实推动学习贯彻习近平新时代中国特色社会主义思想取得实效。

在《深入学习习近平关于教育的重要论述》出版座谈会上的讲话*

在全国上下深入学习宣传贯彻习近平新时代中国特色社会主义思想，全国教育系统深入学习贯彻习近平总书记在全国教育大会、学校思想政治理论课教师座谈会、纪念五四运动100周年大会上的重要讲话精神，全党深入开展“不忘初心、牢记使命”主题教育之际，《深入学习习近平关于教育的重要论述》一书出版，意义重大，影响深远。

一、要真学真用

党的十八大以来，习近平总书记多次深入大中小学和幼儿园考察并同师生座谈，多次主持会议审议教育重大议题，多次发贺信写回信，就教育改革发展发表一系列重要讲话，作出一系列指示批示，对教育工作提出一系列富有创见的新理念新思想新观点，系统回答了一系列方向性、全局性、战略性重大问题。这标志着我们党对教育发展规律的认识达到了新高度，为新时代中国特色社会主义教育指明了前进方向，提供了根本遵循。

习近平总书记关于教育的重要论述指明了方向指明了道路。习近平总书记强调，我国是中国共产党领导下的社会主义国家，这就决定了我们的教育必须把培养社会主义建设者和接班人作为根本任务，绝不能培养社会主义破坏者和掘墓人。习近平总书记提出“四个服务”，即必须坚

*《中国教育报》2019年6月13日。

持教育为人民服务、为中国共产党治国理政服务、为巩固和发展中国特色社会主义制度服务、为改革开放和社会主义现代化建设服务。这是教育工作的根本任务和方向目标。教育系统广大干部师生要牢固树立“四个意识”，坚定“四个自信”，坚决做到“两个维护”，不断提升思想政治素质，自觉在政治立场、政治方向、政治原则、政治道路上同党中央保持高度一致。要加强各级各类学校党的领导和党的建设工作，保证党的路线方针政策不折不扣得到贯彻执行。要把抓好党建工作作为办学治校“基本功”，把党的教育方针全面贯彻到学校工作各方面。

习近平总书记关于教育的重要论述揭示了本质揭示了规律。理论是实践的先导。习近平总书记关于教育的重要论述深刻指出了教育的根本作用、根本目标、根本任务、根本保证等本质特征，是中国特色社会主义教育理论的最新成果，深化了我们对教育发展规律的认识，开辟了马克思主义教育理论和实践发展的新境界。习近平总书记关于教育的重要论述，着眼历史和未来的统一，既有对中华优秀历史文化传统的继承，也有对新时代教育发展方向和前进路径的深刻把握；着眼中国与世界的统一，既强调扎根中国走适合自己的教育发展道路，又强调兼容并蓄吸收世界上先进的办学治校经验；着眼个人价值和社会价值的统一，既强调要通过教育实现个人成长成才全面发展，又强调要培养担当民族复兴大任的时代新人。我们要把习近平总书记关于教育的重要论述放在党和国家事业全局中来认识和体会，全面准确理解基本观点和精神实质，深刻领会思想精髓和核心要义。

习近平总书记关于教育的重要论述给出了要求给出了方法。党的十八大以来，在以习近平同志为核心的党中央高度重视和坚强领导下，我国教育事业取得历史性成就、发生历史性变革。但也要清醒看到，在已经开启的教育新征程上，还有很多问题要正视要研究，很多挑战要面对要应对，很多难题要攻坚要巩固成果。解决不平衡不充分问题不能有丝毫懈怠，实现高质量发展还要付出巨大努力，让人民满意还任重道远。习近平总书记关于教育的重要论述对优先发展教育、加强劳动教育、创新思政课、破除“五唯”、以人民为中心发展教育、教育脱贫攻坚、加强教师队伍建设等作出了深刻阐释，这些是我们做好教育工作的根本要求，也是遵循教育规律、破解发展难题、推动教育改革发展的总依据、总遵循、总方针。我们要紧密联系工作实际，强化问题导向和实践导向，瞄准中央关心、社会关注、群众关切的热点难点问题，攻坚克难、狠抓落实，把习近平总书记关于教育的重要论述落下去、落到位。

二、要学深学透

习近平总书记关于教育的重要论述思想深邃、内涵丰富，对做好教育工作具有很强的理论和实践指导性，参悟透、领会准、运用好习近平总书记关于教育的重要论述，关键是要掌握全面、把握重点、理解难点，自觉做到“五个深刻领会”。

要深刻领会习近平总书记关于教育地位作用和目标的重要论述。党的十八大以来，以习近平同志为核心的党中央坚持“教育第一”，不断加大投资于人的力度，努力让每个孩子享有受教育的机会，努力让13亿人民享有更好更公平的教育，获得发展自身、奉献社会、造福人民的能力。关于教育的地位作用，习近平总书记强调，教育是国之大计、党之大计，是民族振兴、社会进步的重要基石，是功在当代、利在千秋的德政工程，对提高人民综合素质、促进人的全面发展、增强中华民族创新创造活力、实现中华民族伟大复兴具有决定性意义。关于教育的目标，习近平总书记指出，要推进教育现代化、建设教育强国、办好人民满意的教育。发挥好教育“国之大计、党之大计”的作用，实现教育的宏伟目标，要求我们自觉做到“三个更”，即以更高远的历史站位、更宽广的国际视野、更深邃的战略眼光超前布局教育；要求我们努力实现“三个相”，不断使教育同党和国家事业发展要求相适应、同人民群众期待相契合、同我国综合国力和国际地位相匹配；要求我们切实落实“三个优先”，推动各地各部门落实优先发展教育的责任，在组织领导、发展规划、资源保障上把教育事业摆在优先发展地位，做到经济社会发展规划优先安排教育发展、财政资金投入优先保障教育投入、公共资源配置优先满足教育和人力资源开发需要。

要深刻领会习近平总书记关于立德树人这一根本任务的重要论述。培养什么人，是教育的首要问题。习近平总书记反复强调，我们办的是社会主义教育，必须培养一代又一代拥护中国共产党领导和我国社会主义制度、立志为中国特色社会主义事业奋斗终身的有用人才。这是教育工作的根本任务，也是教育现代化的方向目标。要实施新时代立德树人工程，深入推动习近平新时代中国特色社会主义思想进教材进课堂进头脑，构建德智体美劳全面培养的教育体系和更高水平的人才培养体系。要着力在坚定理想信念、厚植爱国主义情怀、加强品德修养、增长知识见识、培养奋斗精神、增强综合素质上下功夫，培养担当民族复兴大任的时代新人。要树立健康第一的教育理念，开齐开足体育课，帮助学生在体育锻炼中享受乐趣、增强体质、健全人格、锤炼意志。要全面加强和改进学校美育，坚持以美育人、以文化人，提高学生审美和人文素养。要在学生中弘扬劳动精神，教育引导学生崇尚劳动、尊重劳动，懂得劳动最光荣、劳动最崇高、劳动最伟大、劳动最美丽的道理，长大后能够辛勤劳动、诚实劳动、创造性劳动。

要深刻领会习近平总书记关于教师队伍建设的重要论述。习近平总书记高度重视教师队伍建设，提出了“四有”好老师、“四个引路人”、“四个相统一”、“六个要”等一系列要求，为教师队伍建设指明了方向。习近平总书记强调，教师承载着传播知识、传播思想、传播真理，塑造灵魂、塑造生命、塑造新人的时代重任，政治要强、情怀要深、思维要新、视野要广、自律要严、人格要正。我们要把全面加强教师队伍建设作为一项重大政治任务和根本性民生工程，建设一支政治素质过硬、业务能力精湛、育人水平高超的高素质教师队伍。把师德师风作为评价教师队伍素质的第一标准，健全师德师风建设长效机制。实施教师教育振兴行动计划，提高教师专业素质能力。教育投入要更多向教师倾斜，不断提高教师待遇，确保教师工资待遇落实到位。大力弘扬尊师重教的社会风尚，努力提高教师政治地位、社会地位、职业地位，让广大教师安心从教、热心从教。

要深刻领会习近平总书记关于教育改革的重要论述。党的十八大以来，教育领域综合改革全面深入推进，已从“立柱架梁”进入到“内部装修”阶段。在全国教育大会上，习近平总书记深刻指出，要破“五唯”，坚决克服唯分数、唯升学、唯文凭、唯论文、唯帽子的顽瘴痼疾，坚决破除制约教育事业发展的体制机制障碍，充分激发教育事业发展生机活力。这些重要论述，贯穿着强烈的改革创新精神，明确了教育改革的重要领域和关键环节。我们要以高质量发展为根本要求，深化教育领域综合改革，系统深化育人方式、办学模式、管理体制、保障机制改革，着力形成充满活力、富有效率、更加开放、有利于高质量发展的教育体制机制。坚决克服“五唯”顽瘴痼疾，切实扭转不科学的教育评价导向。调整优化高校区域布局、学科结构、专业设置，加快一流大学和一流学科建设，强化职业教育产教融合、校企合作，提升教育服务经济社会发展能力。扩大教育对外开放，开展高水平合作办学，提升我国教育世界影响力。

要深刻领会习近平总书记关于党对教育工作全面领导的重要论述。中国特色社会主义最本质的特征是中国共产党领导，中国特色社会主义制度的最大优势是中国共产党领导。习近平总书记强调指出，加强党对教育工作的全面领导，是办好教育的根本保证。2018年，中央成立了教育工作领导小组，进一步加强对教育工作的领导，进一步加强学校思想政治工作、意识形态工作，进一步加强教育重大理论和实践问题的统筹和决策。我们要坚持党管办学方向、管改革发展、管干部、管人才，把党的领导贯彻到教育工作各方面各环节。

三、要会学善学

学习好宣传好落实好习近平总书记关于教育的重要论述，是教育战线的大事，是我们的重大政治任务。任务越重要越要好好研究、好好学，这里也有个学习的方式方法问题，要有科学的态度、科学的机制、科学的办法，按照学懂、弄通、做实、融入的总要求，提高政治站位、提升理论自觉、树立问题导向，坚持真学、真信、真用，推动学习向深里走、向实里走、向心里走。

要融入思想学。深入学习习近平总书记关于教育的重要论述，要自觉做到“三个融入”，把学习贯彻融入思想理念和行动中，融入研究制定出台的教育相关法律、法规、政策中，融入实际业务工作中，切实增强办好新时代中国特色社会主义教育的思想自觉和行动自觉，取得实实在在的成效。

要形成体系学。坚持把学习贯彻习近平总书记在全国教育大会上的重要讲话与在学校思想政治理论课教师座谈会上的重要讲话、在全国高校思想政治工作会议上的重要讲话、在北京大学师生座谈会上的重要讲话等结合学、打通学、融会学，深刻理解科学内涵和精髓要义，深刻感悟马克思主义真理力量。

要带着问题学。学习是要解决问题的，要改造脱离实际的学习，防止形式主义的学习。要坚持问题导向，抓住工作关键。聚焦中央关心、百姓关切、社会关注的教育热点难点问题，结合工作岗位和思想实际，把所学所思与解决难题、推进工作紧密结合起来，避免“学”“用”两张皮。

要提升本领学。要通过学习着力掌握贯穿其中的坚定的信仰信念、鲜明的人民立场、强烈的历史担当、求真务实的作风、勇于创新的精神和科学方法论。学会和掌握战略思维、创新思维、辩证思维、法治思维、底线思维，全面增强学习本领、政治领导本领、改革创新本领、科学发展本领、依法执政本领、群众工作本领、狠抓落实本领、驾驭风险本领，不断推动学习习近平总书记关于教育的重要论述升华到规律层面，转化为加快教育现代化的强大动力。

习近平总书记关于教育的重要论述，为新时代我国教育事业描绘了蓝图、指明了方向。目前，教育部直属机关“不忘初心、牢记使命”主题教育已经启动，直属高校主题教育也将第二批启动。用习近平新时代中国特色社会主义思想武装头脑、推动工作是主题教育的核心。教育战线要把《深入学习习近平关于教育的重要论述》作为“不忘初心、牢记使命”主题教育的重要参考书，结合教育工作实际、教育事业发展面临的主要问题、教育事业发展的主要矛盾，读原著、读经典，系统学习习近平新时代中国特色社会主义思想和习近平总书记关于教育的重要论述。我们要以《深入学习习近平关于教育的重要论述》出版为契机，在前期学习基础上，再深入一些、再扎实一些、再系统一些，把学习的成果转化为奋进的动力，加快推进教育现代化，建设教育强国，努力办好人民满意的教育，以优异成绩庆祝中华人民共和国成立70周年！

深化理论武装，提高学习教育针对性和实效性*

习近平总书记在中央和国家机关党的建设工作会议上的重要讲话中强调，中央和国家机关必须走在理论学习的前列，在学懂弄通做实上当好示范。教育部直属机关首先是政治机关，必须认真学习贯彻习近平总书记重要讲话精神，持续深化理论武装，抓机关带战线，以理论上的清醒保证政治上的坚定、思想上的统一和行动上的自觉。

学习状态上强化自觉主动。习近平总书记指出，中央和国家机关任重事繁，必须强化学习自觉，增强学习内生动力；铢积寸累，日就月将，才能水到渠成、融会贯通。我们要从“要我学”转为“我要学”，从“被动学”转为“主动学”。以学习加强政治建设。坚持把加强理论学习作为党的政治建设的重要内容、作为衡量党的政治建设成效的重要标尺，开展“导航·强基·铸魂”攻坚行动，教育引导党员干部增强“四个意识”，坚定“四个自信”，做到“两个维护”，增强对习近平新时代中国特色社会主义思想的政治认同、思想认同、情感认同。以学习强化初心使命。在“不忘初心、牢记使命”主题教育中，始终把读原著、学原文、悟原理作为主题教育的基础，把教育报国作为最鲜明的特色、最明确的指向，围绕“教育报国守初心，走好新的长征路”“立德树人担使命，发展更加公平更有质量的教育”“落实全面从严治党要求，建强基层党组织”三个专题，开展一系列学习活动，坚定机关干部教育强国、教育报国的信念。以学习建设“奋进文化”。发挥文化润物无声

---

*《求是》2019年第23期。

的作用，推进“书写奋进之笔”“建设奋进之部”“培育奋进文化”三部曲，让“奋进”成为教育系统独特精神标识，推动广大党员干部“不待扬鞭自奋蹄”，形成人人学习、时时学习、处处学习的浓厚氛围。

学习节奏上强化及时跟进。习近平总书记指出，党中央作出新的决策部署、出台新的文件，都要第一时间学习领会，线上线下同步学习，做到学习跟进、认识跟进、行动跟进。第一时间学。健全学习贯彻工作快速反应机制，习近平总书记重要讲话、重要指示、重要回信和党中央关于教育的决策部署作出后，部党组第一时间学习研讨、研究贯彻落实举措。通过党组会、部长办公会、年中推进会、工作调度会等方式，及时对学习作出部署，明确学习重点、学习要求、学习方法等。分层分类学。对领导干部这一“关键少数”，强化部党组理论学习中心组“领头雁”作用，每季度至少安排1次集中学习研讨，开展部党组成员主持直属机关分片区联学和部党组与直属高校、地方教育部门联学，发挥领学促学作用。对党支部这一基本单位，落实“三会一课”制度，完善理论学习“觉悟”机制、解决问题“体检”机制、学习教育成效考评机制等。对年轻干部这一重点群体，抓实年轻干部理论学习工程，发挥年轻干部理论学习小组作用，安排司局级领导干部做“导师”，做好日常联系指导。创新方式学。广泛开展体系式学习、融合式讨论、案例式讲学、项目式研究、针对性解读。开辟“周末理论大讲堂”，利用学习强国、网络学院、移动端机关网院、两微一端等渠道，构建线上线下学习联动机制，确保学习资源及时更新、学习要求及时传达。探索建立“学分银行”，将学习情况纳入干部考核管理，选树学习先进典型。

学习方式上强化联系实际。习近平总书记指出，要弘扬理论联系实际学风，紧密联系思想和工作实际，把研究解决问题作为学习的着眼点，决不能坐而论道、凌空蹈虚。联系实际学，要做到历史和现实、理论和实践、主观和客观、观点和方法、立场和价值相统一，解决“两张皮”问题，学出责任担当和能力水平。开展清单式学习。围绕落实习近平新时代中国特色社会主义思想和全国教育大会精神，制定“问题、课题、政策、任务、责任”五张清单，引导党员干部对照清单开展学习，解决学习大而空、学用脱节问题。组织编写《习近平总书记教育重要论述讲义》等，提出必读书目要求。组织党员干部深入学习研讨，结合岗位实际谈认识谈体会，增强干事创业本领。开展结合式学习。紧密结合“不忘初心、牢记使命”主题教育，结合庆祝新中国成立70周年宣传教育，结合党的十八大以来重大改革落实情况，结合制度执行中存在的短板弱项，坚持问题导向，提高学习的针对性实效性。开展转化式学习。全力做好学习转化这篇大文章，运用学习成果指导教育改革发展各项工作。着力推进“四个转化”，即由传达了多少向执行了多少转化，由研究了多少向决策了多少转化，由部署了多少向落实了多少转化，由督导了多少向追究了多少转化，以实实在在的工作成效检验学习的效果，以人民群众的教育获得感、满意度作为评判学习成果的标准。

学习效果上强化笃信笃行。习近平总书记指出，要学而信，从渐悟走向顿悟，掌握马克思主义立场观点方法，学出坚定信仰、学出使命担当；要学而行，学以致用、身体力行，把学习成果落实到干好本职工作、推动事业发展上。教育系统有51万多所学校、2.7亿在校学生、1 600多万名教师，是思想政治教育的主阵地，是马克思主义学习研究的重要渠道，是意识形态工作的重要阵地。笃信笃行学，对教育系统具有特殊而重要的意义。加强理想信念教育。持续推进习近平新时代中国特色社会主义思想进学术、进学科、进课程、进培训、进读本。开展党的十九大精神“百千万宣讲对谈”活动，举办宣讲会700多场，组织撰写学习阐释党的十九大精神千篇“重点文章”，打造万个“名师示范课堂”，编写《习近平新时代中国特色社会主义思想三十讲》课件，开展“学用新思想千万师生同上一堂课”活动，筑牢青少年学生思想根基、打好人生底色。加强爱国主义教育。深入学习贯彻《新时代爱国主义教育实施纲要》，加强党史、新中国史、改革开放史教育。今年以来，2 000多所高校开展“青春为祖国歌唱”“青春告白祖国”等活动，网络拉歌视频播放超过45亿次，千万大学生积极向党和祖国真情告白，北京高校9万余名师生参与新中国成立70周年庆祝活动，为国之大典贡献力量。深化学理研究阐释。发挥教育系统学科、专业和学术研究优势，做好习近平新时代中国特色社会主义思想研究中心（院）建设工作，组织开展重大专项课题研究，提高智库建设水平，推出系列高质量研究成果，提供深厚学理支撑。通过一系列学习教育，教育系统干部师生“四个意识”“四个自信”不断增强，维护习近平总书记党中央的核心、全党的核心地位，维护党中央权威和集中统一领导的自觉性坚定性不断增强。

理论是行动的先导，政治上的坚定、党性上的坚定源自理论上的坚定。我们要通过持续深化理论武装，强化党性修养、思想滋养、精神培养，纯正灵魂的底色；通过持续深化理论武装，建设好践行“两个维护”的第一方阵；通过持续深化理论武装，落实好立德树人根本任务，培养德智体美劳全面发展的社会主义建设者和接班人，加快推进教育现代化、建设教育强国、办好人民满意的教育。

加强顶层设计，创新工作思路，扎实推动直属机关党的建设高质量发展*

教育是国之大计、党之大计。教育部党组深入学习贯彻习近平新时代中国特色社会主义思想特别是习近平总书记关于教育的重要论述、习近平总书记在中央和国家机关党的建设工作会议上的重要讲话精神，以党的政治建设为统领，提出“顶层对标、底部抬高、一线规则、落实为要”的总思路，扎实推动直属机关党的建设高质量发展。

一、“顶层对标”强统领

加强直属机关党的建设，必须把对标中央精神作为工作的首要前提，切实增强政治机关建设的思想自觉和行动自觉。教育部党组始终坚持以习近平总书记关于机关党建重要论述为遵循，以“三个表率”“让党中央放心、让人民群众满意的模范机关”为标尺，以培养德智体美劳全面发展的社会主义建设者和接班人为使命，着力强化“两个维护”的行动和效果。一是政治对标。把习近平总书记重要指示批示作为政治要件，第一时间作出批办要求，列入党组会、部长专题办公会、工作调度会等第一议题。印发建立健全有关体制机制的实施方案，形成工作台账、专人盯办，会议传达、研究部署，调研督查、现场核查的工作闭环，确保件件有着落、事事有回音。以中央和国家机关党的政治建设重点督查为契机，全面总结梳理，切实抓好整改。二是思想对标。发

* 《旗帜》2020年第5期。

挥部党组“领头雁”作用，2019年围绕学习贯彻总书记关于加强机关党建和教育的重要论述，采取“个人自学+分片区导学+集中研学”模式，与分管单位、直属高校开展联学4次，实现“以上率下、条块结合、整体联动”。举办学习贯彻党的十九届四中全会精神集中轮训班，覆盖机关处级以上干部和直属单位领导班子成员。组建368个年轻干部理论学习小组，配备423名导师，覆盖4 000余名青年党员，全年开展学习活动1 800余场。抓机关带战线，持续推进习近平新时代中国特色社会主义思想进学术、进学科、进课程、进培训、进读本、进头脑。三是行动对标。坚持“教育报国守初心、立德树人担使命”，扎实开展“不忘初心、牢记使命”主题教育。出台《全面提升教育部直属机关党的建设质量实施要点》，推动习近平总书记7月9日重要讲话和中共中央《关于加强和改进中央和国家机关党的建设的意见》精神落地见效。印发《贯彻落实〈中共中央关于加强党的政治建设的意见〉重点任务分工方案》，深入40所重点高校开展专项约谈、专项巡察、专项评估。深入学习贯彻总书记在全国教育大会、全国高校思想政治工作会议、学校思想政治理论课教师座谈会上的重要讲话精神，对照工作台账，逐项抓好落实。坚守意识形态主阵地，为党中央办大事、庆喜事努力履职尽责，确保教育系统安全稳定。

二、“底部抬高”强基础

基础不牢，地动山摇。我们聚焦解决“灯下黑”问题，强基础、补短板，让组织体系的经脉气血畅通起来。主要做法是，融入主题教育，开展直属机关党支部全面整顿。组建10个工作组，采取“谈”“评”“查”“问”“诊”“督”的工作方法，召开座谈会100余场，开展访谈1 100余人次，“五子并举”推动342个在职党员党支部进行全面整顿。“晒单子”，结合学习教育、调查研究，通过自己找、工作组点、群众提、集体议等方式，排出问题“单子”1 013条；“开方子”，结合检视问题，推动各单位对照问题清单，制订整改“方子”1 542条；“动刀子”，梳理重点整治事项近100条，采取“外科手术”或“微创手术”式的方式纠偏校正；“养身子”，结合整改落实，推动83个党组织完成换届、新设103个党小组，推动制定97项制度；“迈步子”，确定66个先进党支部、20个后进党支部，推动“后进赶先进、中间争先进、先进更前进”。

三、“一线规则”强作风

无论是“顶层对标”，还是“底部抬高”，主战场都在一线。为此，部党组提出要通过实施“一线规则”，弘扬新风正气，优化政治生态。一是部党组成员和司局级干部示范带头。主题教育期间，深入31个省（自治区、直辖市）和新疆生产建设兵团，通过召开座谈会、个别访谈、实地指导等方式，广泛开展调研，形成调研报告245份。部党组成员、司局长深入滇西和“三区三州”等地，扎实推进教育脱贫攻坚。强化调研成果运用，注重把调研成果转化为推进教育改革发展的政策措施。二是印发实施《关于在直属系统建立一线规则的意见》。明确每年一线工作时间，部党组成员到基层抓好坚持党的建设、教育发展、教育改革、意识形态、全面从严治党“五个必问”。三是集中整治形式主义、官僚主义，切实为基层“减负”，2019年印发规范性文件较上一年度减少34.5%，三类、四类会议实际召开数为全年定额总数的72.3%。

四、“落实为要”强效果

说一千道一万，落实最重要。一是强化领导抓落实。部党组认真履行全面从严治党主体责任，重要会议、重要文件、重要部署中，党建工作均列为重要内容，每周调度会与业务工作一起调度，年中工作推进会与业务工作一道盘点，年底听取一次专题汇报。整合原党建领导机构，成立教育部党的建设和全面从严治党工作领导小组，坚持和加强党的全面领导。部党组坚持每半年与驻部纪检监察组专题会商制度，针对发现的突出问题制订方案并扎实推进落实工作。二是压实责任抓落实。制定《教育部直属机关基层党组织书记抓党建工作述职评议考核办法》，坚持定性与定量相结合，由部党组成员、党建工作联络员、各单位党务同行、本单位干部群众4类主体进行多角度综合考核，压紧基层党组织书记第一责任人职责。按照这个办法，对60位党组织书记进行述职评议考核。三是建强队伍抓落实。推动9家设党委的单位党政“一把手”一肩挑，跟进配备常务副书记；为11个设党总支的直属单位各增设1个中层正职领导职数，专门用于配备党总支专职副书记。把专兼职党务工作经历纳入干部履历，以“小切口”推动兼职党务干部队伍建设“大突破”。

下一步，教育部党组将持之以恒深入学习贯彻习近平总书记在中央和国家机关党的建设工作会议上的重要讲话精神，进一步突出党的政治建设的统领地位，深入推进教育部直属机关党的建设高质量发展，以党的建设新成效，为建设教育强国、加快推进教育现代化、办好人民满意的教育提供坚强保证。

大力提升青少年宪法法治教育质量*

在不久前召开的中央全面依法治国工作会议上，习近平总书记强调，普法工作要在针对性和实效性上下功夫，特别是要加强青少年法治教育。青少年是法治中国建设的未来和希望，学校是开展青少年法治教育的重要阵地。近年来，教育系统坚持以习近平法治思想为指导，持之以恒加强青少年宪法法治教育，取得了明显成效。

教育部会同司法部发布实施《青少年法治教育大纲》，推动法治教育纳入国民教育体系。通过持续开展“宪法晨读”和全国学生“学宪法讲宪法”活动，国家宪法日教育在教育系统已成为传统、形成品牌，实现了各省（自治区、直辖市）包括香港、澳门特别行政区全覆盖，大中小学各学段全参与。加强教师法治培训，教师队伍的法治素养和教学能力普遍提高。各地建设一批青少年法治教育实践基地，成为体验式、参与式法治实践教育场所。

下一步，我们将深入学习贯彻习近平法治思想，着力在提高针对性和实效性上下功夫，不断在提升青少年宪法法治教育质量上取得新进展。聚焦关键环节，坚持坚定正确的政治方向，将宪法法治教育与社会主义核心价值观教育、与“四史”教育紧密结合，引导学生自觉增强“四个自信”，培育爱国情怀、社会责任感、创新精神和实践能力。抓好人才培养，创新法学人才培养机制，推动法学院校改革发展，深化法学专业类教学改革，不断提升法学研究水平；实施卓越法治人才教育培

* 在深入学习宣传贯彻习近平法治思想、完善以宪法为核心的中国特色社会主义法律体系座谈会上的发言要点，《光明日报》2020年12月5日第10版。

养计划2.0，强化实践教学环节；完善协同育人，深化高校与法律实务部门开展人员互聘的“双千计划”，将优质法治教育资源引入高校；加大涉外法学教育力度，配合司法部拟订涉外法律方向研究生培养方案，完善招生和经费保障机制，着力培养一批通晓国际规则的高素质涉外法治人才。营造良好环境，坚持立改废释并举，完善教育法律体系；健全教育领域依法行政的实施与监督机制，切实把制度优势转化为治理效能；推进各级各类学校依法治校办学，引导青少年在日常学习过程中，深化对宪法法治精神的理解和认同。

从历史中汲取智慧和力量*

习近平总书记指出："历史是最好的老师，它忠实记录下每一个国家走过的足迹，也给每一个国家未来的发展提供启示。"党的十八大以来，习近平总书记就学习党史、新中国史、改革开放史、社会主义发展史作出重要论述、提出明确要求。党的十九届五中全会《中共中央关于制定国民经济和社会发展第十四个五年规划和二〇三五年远景目标的建议》强调，"加强党史、新中国史、改革开放史、社会主义发展史教育"。这是以习近平同志为核心的党中央基于历史和现实、着眼全局和长远作出的重大部署，对于我们开启新征程、创造新奇迹、夺取新胜利具有重要意义。

一、重视历史教育是我们党的优良传统

我们党从诞生之日起，就高度重视历史教育。从新民主主义革命时期到社会主义革命和建设时期，从改革开放和社会主义现代化建设新时期到中国特色社会主义新时代，重视历史教育特别是党史教育是我们党领导中国革命、建设、改革不断取得胜利的重要原因。

我们党一直有着重视历史教育特别是党史教育的思想自觉。在抗战时期，毛泽东同志就撰写了《〈共产党人〉发刊词》《中国革命和中国共产党》《如何研究中共党史》等文章，对党的历史进行总结。毛泽东同志指出："如果不把党的历史搞清楚，不把党在历史上所走的路搞清楚，

*《人民日报》2021年2月19日第9版。

便不能把事情办得更好。”党的十一届三中全会之后，邓小平同志指出：“每个党、每个国家都有自己的历史，只有采取客观的实事求是的态度来分析和总结，才有好处。”党的十八大以来，以习近平同志为核心的党中央高度重视历史教育。习近平总书记指出：“学习党史、国史，是坚持和发展中国特色社会主义、把党和国家各项事业继续推向前进的必修课。这门功课不仅必修，而且必须修好。”

为了加强历史教育特别是党史教育，我们党采取一系列有效举措。在延安整风时期，毛泽东同志主持编写《六大以前》《六大以来》《两条路线》等重要学习资料，推动党史教育在党内系统化、理论化、常态化。新中国成立后，党内历史教育不断发展，学习群体逐步向党外扩展，内容进一步丰富。1951年《中国共产党的三十年》正式出版，标志着包括党史教育在内的历史教育由党内推向全国，由干部教育逐步推向国民教育和社会教育等领域，党史教育进一步规范化、系统化、普及化。相关科学研究和人才培养工作机制日益完善，成立专门的党史研究机构，设立“中共党史”专业。《从鸦片战争到五四运动》《中国共产党的七十年》《中国共产党历史》等权威著作产生了巨大影响。党的十八大以来，以习近平同志为核心的党中央高度重视历史研究和历史教育在全局工作中不可或缺的重要地位和作用，采取一系列有效举措加强历史研究和历史教育，取得显著效果。

重视历史教育对于加强党的建设、推动党的事业发展发挥了重要作用。纵观我们党百年风雨历程，每逢重大历史转折，我们党总是善于从历史中总结经验、寻找启迪，历史教育成为加强党的建设、推动党的事业发展的制胜法宝。延安整风是以总结党的历史开启的，毛泽东同志亲自主持起草《关于若干历史问题的决议》，全面正确地总结了建党以来党的历史及其基本经验教训，对于统一全党思想、完成新民主主义革命发挥了重要作用。党的十一届三中全会之后，邓小平同志高度重视对党的历史经验的总结，亲自主持起草《关于建国以来党的若干历史问题的决议》，强调“总结过去是为了引导大家团结一致向前看”，为把党和国家工作中心转移到经济建设上来作了思想动员。党的十八大以来，我们党团结带领全国各族人民进行具有许多新的历史特点的伟大斗争，以习近平同志为核心的党中央把学习党史、国史作为坚持和发展中国特色社会主义、把党和国家各项事业继续推向前进的必修课。习近平总书记关于学习党史、新中国史、改革开放史、社会主义发展史的重要论述，科学回答了为什么学、学什么、怎样学等重大问题，为我们从历史中汲取智慧和力量提供了根本遵循，为坚持和发展中国特色社会主义凝聚起强大精神力量。

二、夺取新时代中国特色社会主义新胜利的重大部署

党的十九届五中全会对加强党史、新中国史、改革开放史、社会主义发展史教育提出新要求，体现了以习近平同志为核心的党中央深邃的历史思维、深远的历史眼光、深厚的历史情怀。加强党史、新中国史、改革开放史、社会主义发展史教育，是夺取新时代中国特色社会主义新胜利的重大部署。

不忘初心、牢记使命的内在要求。习近平总书记强调：“中国共产党人依靠学习走到今天，也必然要依靠学习走向未来。”新时代，加强理论武装工作，确保党员、干部不忘初心、牢记使命，就要把学习贯彻习近平新时代中国特色社会主义思想同学习党史、新中国史、改革开放史、社会主义发展史结合起来。通过学习党史、新中国史、改革开放史、社会主义发展史，能使我们清楚地看到党的初心使命如何在历史起点上凝萃、如何在历史进程中升华、如何在历史丰碑上镌刻；能让我们无论走得多远都不忘记来时的路，深刻认识红色政权来之不易、新中国来之不易、中国特色社会主义来之不易，更好践行初心使命。

从党的百年历程中汲取智慧和力量的内在要求。2021年是中国共产党百年华诞。从建党的开天辟地，到新中国成立的改天换地，到改革开放的翻天覆地，再到党的十八大以来党和国家事业取得历史性成就、发生历史性变革，波澜壮阔的百年历程记录了我们党在内忧外患中诞生、在磨难挫折中成长、在攻坚克难中壮大的光辉历程。深入学习党史、新中国史、改革开放史、社会主义发展史，我们才能深刻理解党因何而生、红色政权从哪里来、新中国怎样建立、中国特色社会主义如何发展，从而不断深化对共产党执政规律、社会主义建设规律、人类社会发展规律的认识，不断从历史中汲取智慧和力量。

为实现第二个百年奋斗目标凝神聚力的内在要求。党的十九届五中全会深入分析我国发展环境面临的深刻复杂变化，强调当前和今后一个时期，我国发展仍然处于重要战略机遇期，但机遇和挑战都有新的发展变化。面对前所未有的机遇和挑战，我们必须保持战略定力，发扬斗争精神，树立底线思维，向着中华民族伟大复兴的宏伟目标奋勇前进。加强党史、新中国史、改革开放史、社会主义发展史教育，可以让人深刻感悟到，我们之所以能够创造经济快速发展奇迹和社会长期稳定奇迹，靠的是有党始终作为中国人民最可靠、最坚强的主心骨，离不开党和人民在各个历史时期奋斗中形成的伟大精神。要通过党史、新中国史、改革开放史、社会主义发展史教育，把党带领人民创造的伟大精神发扬光大，激励全党全国各族人民锚定第二个百年奋斗目标，奋力夺取全面建设社会主义现代化国家新的伟大胜利。

三、建设高质量教育体系的基础工程

青少年是祖国的未来、民族的希望，是党史、新中国史、改革开放史、社会主义发展史教育的重点群体。深入贯彻落实习近平总书记关于学习党史、新中国史、改革开放史、社会主义发展史的重要论述，就要全面贯彻党的教育方针，引导广大青少年学生读懂历史这部最好的教科书，从中源源不断汲取思想养分，努力成长为担当民族复兴大任的时代新人。

加强党史、新中国史、改革开放史、社会主义发展史教育，要突出主题，引导广大青少年学生认真学习我们党领导人民在革命、建设、改革中取得的辉煌成就、积累的宝贵经验，重点学习不同时期涌现出的人民英雄和先进模范，牢固树立人民群众是真正英雄的唯物史观，弘扬革命精神，培育和践行社会主义核心价值观；引导广大青少年学生认真学习党领导人民推进中华民族伟大复兴的光辉历程，特别是党的十八大以来党和国家事业取得的历史性成就、发生的历史性变革，使青年一代更加坚定实现中华民族伟大复兴中国梦的信心和决心。

加强党史、新中国史、改革开放史、社会主义发展史教育，要注重结合现实，引导广大青少年学生在今昔对比中充分体会到如今的好日子不是从天上掉下来的，中国特色社会主义是干出来的，改革开放是奋斗出来的。青年一代要始终坚定马克思主义信仰，坚守共产主义远大理想和中国特色社会主义共同理想，坚信有习近平同志作为党中央的核心、全党的核心领航掌舵，有全党全国各族人民团结一心、顽强奋斗，我们就一定能够战胜前进道路上的各种艰难险阻，一定能够在新时代把中国特色社会主义更加有力地推向前进。

教育部把加强党史、新中国史、改革开放史、社会主义发展史学习教育全面融入国民教育体系，开展了一系列工作。一是进课程教材主渠道。中小学语文、历史、道德与法治（思想政治）三科和高校思政课统编教材均已全面落实要求，组织编写了一套准确性、思想性、针对性、可读性强的大学生读本。二是进思政工作主阵地。将党史、新中国史、改革开放史、社会主义发展史作为重要内容纳入“开学第一课”等品牌教育活动。三是进网络空间主平台。通过国家中小学网络云平台等新媒体，创新教育方式。四是进研学实践大课堂。组织青少年学生瞻仰革命遗址，参观博物馆、纪念馆等，学习革命英烈事迹，感悟伟大历史成就，知史爱党、知史爱国、知史爱社会主义，更加坚定实现中华民族伟大复兴的信心和决心。在中国共产党成立100周年之际，教育系统要把加强党史、新中国史、改革开放史、社会主义发展史教育作为贯彻落实党的十九届五中全会精神的重要抓手，引导广大青少年学生深刻认识中国共产党为什么能、马克思主义为什么行、中国特色社会主义为什么好，在全面建设社会主义现代化国家、实现第二个百年奋斗目标的新征程中放飞青春梦想。

办好新时代职业教育，服务技能型社会建设*

全国职业教育大会是在中国共产党成立100周年和“十四五”开局之年召开的一次重要会议，体现了以习近平同志为核心的党中央对职业教育的高度重视，树立了我国职业教育发展史上的又一个重要里程碑。习近平总书记的重要指示，为新阶段职业教育改革发展指明了前进方向、提供了根本遵循。学习贯彻习近平总书记重要指示和全国职业教育大会精神，是当前和今后一个时期职业教育战线的重要政治任务。

一、深刻领会习近平总书记重要指示和大会精神

职业教育是培养高素质技术技能人才、能工巧匠、大国工匠的基础性工程，是促进经济社会发展和提高国家竞争力的重要支撑，要进一步解放思想、提高站位，着眼于国内国际两个大局，从立足新发展阶段、贯彻新发展理念、融入新发展格局的高度深化对职业教育的认识。

深刻认识“前途广阔、大有可为”的战略地位。这是习近平总书记从党和国家工作全局的高度，深刻阐明了发展职业教育的重大意义。无论是应对百年未有之大变局，还是实现中华民族伟大复兴梦，都必须把加快发展现代职业教育摆在更加突出的战略位置，对职业教育高看一眼、厚爱一分。

深刻认识“不同类型、同等重要”的基本定位。这既是我国教育理念的一次重大变革，也是党和国家把握教育发展规律、职业教育办学规律、人的全面发展规律作出的一个重大判断。要在思想上破除“重普轻

*《光明日报》2021年5月1日第7版。

职”的传统观念，在行动上把职业教育和普通教育区分开来，特别是要把科学和技术、知识和技能区分开来，践行类型教育新理念。

深刻认识建设技能型社会的深远意义。全国职业教育大会创造性提出了建设技能型社会的理念和战略。我们要高举“技能型社会”这面旗帜，加快构建面向全体人民、贯穿全生命周期、服务全产业链的职业教育体系，加快建设国家重视技能、社会崇尚技能、人人学习技能、人人拥有技能的技能型社会，让技术技能“长入”经济、“汇入”生活、“融入”文化、“渗入”人心、“进入”议程。

二、加快构建现代职业教育体系

“打造纵向贯通、横向融通的现代职业教育体系”，是全国职业教育大会提出的主要任务。落实这一任务，一方面，要树立系统观念，处理好普职关系、产教关系、校企关系、师生关系、中外关系；另一方面，要聚焦现阶段重点难点，加大制度创新和供给。

构建现代职业教育体系基础在中职。解决不好中职的基础性问题，高质量的职业教育体系就无从谈起。要总体保持职普比大体相当的战略定位不动摇，加强省级统筹和分类指导，使中职学校与普通高中办学投入、培养质量、学生收益大体相当，通过职普协调均衡发展，进而实现职普规模大体相当。要完善一体化职业学校体系，改善中职学校办学条件，打造一批优质中职学校和专业，巩固中职的基础地位；推进专科高职提质培优，实施好“双高计划”，巩固专科高职的主体地位；坚持高标准、高起点，严把质量关，稳步发展职业本科教育，发挥好引领作用。同时，要推动各层次职业教育在专业设置、培养目标、课程体系、培养过程上有效衔接贯通，可把高职阶段的一些内容下移到中职，给中职教育增值赋能；中职学校要发挥区位优势，拓展办学功能，提高办学质量，为高职教育打好基础。

增强职业教育适应性支撑在产业。产教融合是职业教育的本质特征，也是基本路径。基于产业链来谋划发展职业教育，才能让职业教育内生于经济社会，形成教育链、人才链与产业链、创新链共生共荣的生态系统。在时间上，要在服务国家战略、维护国家安全和发展利益面临的重大课题中找准位置、发挥作用，紧盯“最后一公里”，为攻克关键核心技术“卡脖子”问题作出贡献。在空间上，要加快推进职业教育创新发展高地建设，着力推进职业教育区域化、区域职业教育产业化、产业职业教育集群化，走与当地产业需求对接的路子。

培养高素质人才依托在企业。校企合作是职业院校办学的基本模式。要通过引企入校、引校入企，把学校办成企业的培训基地，把企业办成学校的实践基地，把企业需求及时、有效地转化为学校育人的标准和方案。一方面，要针对校企合作层次低、表面化等问题，创新“金融+财政+土地+信用”的组合式激励政策，解决好多主体办学当中办学性质、产权归属等政策瓶颈，让企业愿意干，让学校放心干；另一方面，要发展中国特色现代学徒制，让学校像企业、教室像车间、课堂像工段、教师像师傅、学生像学徒、教案像图纸、作业像产品，让校企合作成果反哺教学，让学生在合作中学到真本事。

优化职业教育结构动力在市场。习近平总书记提出“不求最大、但求最优、但求适应社会需要”，就是要求我们拆掉职业教育和市场之间的“隔墙”，面向社会办学。在专业布局上，要推行产业规划和人才需求发布制度，动态调整专业目录，通过差异化投入和政策项目引导等方式，鼓励学校更多开设符合市场需求的紧缺专业。在层次结构上，要瞄准技术变革和产业升级方向，及时调整人才培养规格，建设高水平、高层次技术技能人才培养体系。

实现可持续发展生命在就业。职业教育是为就业服务的。研究表明，职业教育招生数占比每提高1个百分点，第二、第三产业吸纳就业的比重上升约0.5个百分点。要继续把发展职业教育作为缓解就业结构性矛盾的关键一招，解决好“技工荒”、大学生结构性就业难、高技能人才供不应求等结构性就业矛盾问题。同时，通过技能型社会建设，提高技能人才待遇水平，加快从“好就业”转向“就好业”，让广大青年主动选择接受职业教育。

加大人力资本投入资源在社会。没有行业企业参与办不好职业教育。要加快由“办”职业教育向“管”职业教育转变，形成政府统筹管理、行业企业积极举办、社会深度参与的多元办学格局。一方面，要创新政策措施“四两拨千斤”，支持国有企业办职业教育不动摇，支持民办职业教育不动摇，支持行业办学不动摇。只要符合国家标准的，都应予以承认并纳入职业教育体系；另一方面，要提高职业教育开放水平，有序吸引境外高水平职业院校来华合作办学，探索“中文+职业技能”的国际化发展模式，支持职业院校伴随中国企业走出去，打造具有国际竞争力的中国特色职业教育。

改变职业教育形象关键在自己。能否下好职业教育“一盘大棋”，最终要看能否打好办学质量的“翻身仗”。要坚持德技并修、育训结合，统筹推进专业设置、人才培养方案、课程教材、课堂教学和实习实训等环节改革，切实提高质量。要用好培养、引进、选育三大主渠道，加快“双师型”教师队伍建设。还要用好评价“指挥棒”，建立一套符合类型特点的评价体系，为学生接受高等职业教育提供适合的入学方式，引导职业院校积极培育各自的特色和核心竞争力。

保证职业教育办学方向根本在党建。要以“把方向、揽全局、抓思想、建队伍、促党建”为总要求，把党的建设和思想政治工作优势转化为发展优势。一方面，要坚持和完善党委领导下的校长负责制，发挥好院系、师生基层党组织的战斗堡垒作用，把党的教育方针全面贯彻到学校工作各方面、人才培养全过程；另一方面，要落实立德树人根本任务，探索符合职业教育特点的思想政治工作体系和方法，把德育融入课堂教学、技能培养、实习实训等各环节，促进思政课程与课程思政有机衔接，提高思想政治教育的实效性。

三、汇聚职业教育大改革大发展的强大合力

职业教育改革发展的蓝图已经绘就。我们既要抬头看路，进一步放大格局、扩大视野，还要埋头拉车，干实事、解难事、谋大事、创新事、长本事，确保党中央、国务院决策部署落地见效、开花结果。

长远谋划，服务发展大局。要锚定2035年总体实现教育现代化、建成教育强国的奋斗目标，主动面向全局、应对变局、服务格局，加快谋划开局、优化布局、实现新局。要瞄准“十四五”建设高质量职业教育体系的工作目标，编制一个科学有效的发展规划，做到有体系的构建、有质量的公平、有差异的均衡、有特色的标准、有重点的改革、有竞争的合作，一茬接着一茬干，积小成为大成。

改革创新，狠抓工作落实。要加大制度创新提升治理效能，剖析“问题清单”和“任务清单”，创新制度供给模式，引导激励全社会共同关心支持职业教育。要建立狠抓落实新机制，制定“责任清单”和“标准清单”，做到指挥到位、责任到位、督导到位、行动到位、效果到位、研判到位。

强化宣传，营造良好环境。要提高政治站位，准确解读和传递国家发展职业教育的政策导向和重大举措，让广大干部师生视野更宽、使命更强。要开展立体化宣传，发掘一批技能成才的典型事迹，打造一批职业教育宣传新平台，办好一批宣传展示品牌活动，在全社会弘扬劳动光荣、技能宝贵、创造伟大的时代风尚。

全国职业教育大会开启了我国职业教育事业的新征程。我们坚信，在以习近平同志为核心的党中央坚强领导下，在新发展理念科学指引下，通过全党全社会共同努力，一定能把习近平总书记对职业教育“大有可为”的殷切期盼转化为职业教育“大有作为”的具体行动，为全面建设社会主义现代化国家、实现中华民族伟大复兴的中国梦提供有力人才和技能支撑。

推动高校“两学一做”学习教育深入开展*

各高校对“两学一做”学习教育高度重视，真学、真做、真改，形成了一系列富有共性的有益经验。

一是学在前面，学深一点。各高校党委以中心组学习为主要形式，采取多种形式改进学习方法，带动基层学习，服务社会学习，发挥了表率作用。

二是走向基层，抓在实处。党委负责同志深入基层，把学习教育与教育改革发展各项任务紧密结合起来，以学习成果推动工作落实，以工作成效检验学习成果。

三是改在前面，严字当头。将“两学一做”学习教育与历次集中教育活动有效衔接，学习动员和问题整改同步推进，边学边改、真查真改、立行立改、成效明显。

部分高校在“两学一做”学习教育中还存在着分类指导不够、工作特色不明显、结合实际不紧密等薄弱环节，要坚持问题意识、问题导向，按照“四个合格”的要求，以从严从实的作风推动学习教育不断取得新进展。

一是用心学。要创新载体，研究措施，结合思想实际、工作实际、岗位实际，学习领会习近平总书记系列重要讲话、党章党规的精神实质和重大意义，真正把自己摆进去。

二是用心做。要在学的基础上，努力做到全面从严治党合格、贯彻

---

* 2016年10月18日，北京。

落实党中央治国理政新理念新思想新战略合格、党员的行为和作风合格、改革发展稳定的各项工作合格。

三是用心改。要认真研判、着力解决教育改革发展各项工作中存在的问题。要以思想政治建设和领导班子建设为重点，把从严治党的压力层层传导下去、责任层层衔接下去、任务层层延伸下去。要以学习教育为契机，着力解决党员队伍和基层党建工作中的突出问题，以教师党支部、学生党支部建设为重点，推动党的基层组织建设全面进步、全面过硬。

“不忘初心、牢记使命”主题教育要品“五味”*

我们党始终坚持把马克思主义基本原理同中国实际和时代特征相结合，不断推进马克思主义中国化时代化大众化，不断发展马克思主义，最新成果就是习近平新时代中国特色社会主义思想。我们要进一步学习、贯彻、落实习近平新时代中国特色社会主义思想这一当代中国马克思主义、21世纪马克思主义，坚持好、发展好中国特色社会主义，在新的历史条件下把党和国家各项事业，特别是教育事业继续推向前进。

“不忘初心、牢记使命”主题教育要非常鲜明地突出教育特点，也就是紧紧围绕贯彻落实习近平总书记关于教育的重要论述和全国教育大会精神，围绕加快推进教育现代化、建设教育强国、办好人民满意的教育。要研究教育发展“三个比较”，与旧中国比、与国外比、与我们自己比。教育工作者要有教育报国的情怀，要在学习教育过程中，把事实弄清楚，把正确观念树立起来。从这个意义上讲，这次主题教育更多采用“实证法”而不是“规范法”，更多在“是什么”“怎么办”上下功夫。

关于“不忘初心、牢记使命”主题教育，要准确认识、准确把握、扎实推进，取得实实在在的成效。在学习教育、调查研究、检视问题、整改落实这四个方面都要进一步发力。这次主题教育的名称是“不忘初心、牢记使命”主题教育，要把“主题”和“教育”两个概念弄清楚。

---

* 2019年5月、6月、7月，北京。

就“主题”来说，归根结底是要深入学习贯彻习近平新时代中国特色社会主义思想，要全面系统学、深入思考学、联系实际学，尤其是要学习《习近平关于“不忘初心、牢记使命”重要论述选编》《习近平新时代中国特色社会主义思想学习纲要》和习近平总书记关于教育的重要论述。简而言之，就是要解决好理论武装的问题。解决好这个问题的政治表现就是从根本上解决好“两个维护”的问题。习近平总书记讲过，“只有理论上清醒才能有政治上清醒，只有理论上坚定才能有政治上坚定”。

就“教育”来说，这次主题教育不是权宜之计，不是运动，不是形式，而是战略考量，是当代中国马克思主义、21世纪马克思主义的集中教育，是通过学习来自我教育、相互教育。

总之，学习教育是根本、调查研究是途径、检视问题是关键、整改落实是目的，只有把学习教育这个根本抓好了，后面的工作才能做好。教育报国是教育人的初心，教育报国正当其时；立德树人是根本任务，是我们为中华民族伟大复兴所承担的使命；党的领导是灵魂，是我们的最大优势和根本保证，必须全面加强。要突出问题导向，不仅针对学习教育、调查研究、检视问题、整改落实这四个方面，还涉及组织领导、宣传报道，要落实到位，推动主题教育真正取得效果。

开展“不忘初心、牢记使命”主题教育时要品“五味”。

一是坚信真理的“甜”。要把党的初心、党的使命铭刻于心，把“教育报国”的初心和使命记在心里、扛在肩上，以更高的思想起点、不竭的精神动力办好人民满意的教育。

二是铭记筚路蓝缕的“酸”。要牢记我们从哪里来、要到哪里去，善于从我们党的历史中汲取力量和滋养，更好地砥砺前行。

三是不惧奋斗的“苦”。要发扬艰苦奋斗的精神，积极主动把培养担当民族复兴大任时代新人的重大使命担起来，把“教育报国”的情怀落实到立德树人的具体行动上。

四是坚持认真的“辣”。要认真找问题，找出真问题，奋进有为抓落实，以真抓实干、开拓创新、奋勇向前的精神状态继续攻坚克难。

五是善用调味的“咸”。要牢牢把握“学懂、弄通、做实”这个关键，警惕形式主义和学用“两张皮”，推动“不忘初心、牢记使命”主题教育往深里走、往实里走、往心里走，转化为源源不断的精神动力，成为我们的思想自觉和行动自觉。

“四史”学习教育要突出四个主题*

学习党史、新中国史、改革开放史、社会主义发展史，是党中央部署的一项重要学习教育。教育系统如何开展“四史”学习教育？“四史”学习教育不能简单地作为一个活动来展开，不能一般化地学，要作为学校思想政治工作、思想政治理论课的重要内容，与直属机关党的政治建设结合起来，长期坚持下去。在教育系统开展“四史”学习教育，要突出不同主题、各有侧重。

学习党史可以突出“英雄”主题。一个有未来的政党、一个有活力的社会，不能没有英雄气概、英雄情结。我们党的历史上涌现了无数英雄，他们的事迹和精神是最好的教科书，在各个历史阶段选一些英雄就能把党史串起来。

学习新中国史可以突出“复兴”主题。新中国的成立，彻底改变了近代以后100多年中国积贫积弱、受人欺凌的悲惨命运，中华民族走上了实现伟大复兴的壮阔道路。从这个意义讲，新中国史就是我国加速走向复兴的历史。

学习改革开放史可以突出“创新”主题。创新是改革开放的生命。经过40多年的艰辛探索，我们党靠创新开辟了中国特色社会主义道路，开辟了马克思主义发展新境界，在新时代继续把改革开放推向前进仍然要靠创新。

学习社会主义发展史可以突出“信念”主题。社会主义从空想到科

---

* 2020年8月25日，北京。

学、从理论到实践、从一国到多国，在一次次磨难和淬炼中接受检验，就像一条汹涌澎湃的大河，蜿蜒曲折却始终奔腾向前。树立共产主义远大理想和中国特色社会主义共同理想，就要讲信念、讲信心。

总体来说，每一个“史”的学习教育突出一个主题，把英雄、复兴、创新、信念与“四个自信”衔接起来了，这样更适合教育系统特点，能够更好地引导广大师生学起来。

抓好“领导、指导、引导”，做到“干实事、解难事、谋大事、创新事、长本事”*

关于党史学习教育，要结合教育的管理体制，重点抓好“领导、指导、引导”三个层次工作。

一是领导，要切实加强对直属机关党史学习教育的组织领导，按照工作方案，压实各级党组织的领导责任，所有支部都要整体提高，人人都要学习进步，确保在直属机关高质量地完成党史学习教育任务，达到预期目标。

二是指导，要按照中央总体部署和部党组要求，切实履行好主管部门的指导责任，指导中管高校和部属高校开展好党史学习教育，无论是规定动作还是自选动作，都要高质量完成好。

三是引导，要引导地方教育部门加强对各级各类学校党史学习教育工作的整体设计、整体推进，引导不同年龄段学生都受到教育。同时从主管部门的角度提出要求，及时推送经验、及时提供学习服务，切实抓出效果。

在学习教育的内容和载体设计上，教育系统要在五个方面下功夫。

一是学党史、干实事，就是要把学习党史和了解党的历史、加强党的建设、巩固深化“不忘初心、牢记使命”主题教育成果等方面结合起来干实事。

二是学党史、解难事，所谓难事，就是习近平总书记指出的群众反映强烈的突出问题和打着教育旗号侵害群众利益的行为。“双减”和“五项管理”就是要解决这类问题。学党史、解难事，就是要把这些方

* 2021年3月，北京。

面纳入进来，把地方动员起来，在这个框架里面抓，通过扎扎实实的工作，取得实实在在的进展。

三是学党史、谋大事，就是要在“两个一百年”历史交汇期，谋划好开局起步的工作，比如“十四五”、乡村振兴、教育强国、教育现代化、“卡脖子”问题，谋大事就是要干这些事。

四是学党史、创新事，就是要按照总书记要求，全面深化教育综合改革，以教育评价改革为牵引，建设高质量教育体系、基本公共教育服务体系、教育综合评价体系。

五是学党史、长本事，就是要围绕增强“四个意识”、坚定“四个自信”、做到“两个维护”，不断提高政治判断力、政治领悟力、政治执行力，真正确保做到提高素质、增长本事。

重点要在解决怎么学、怎么学好的问题上下功夫。学习的质量和水平、收获和效果，主要是看怎么学、怎么学好这个问题解决得怎么样，学习和工作结合、理论和实践结合都是在解决这个问题的过程中进行的。怎么学、怎么学好，教育战线要从自己的特点和优势出发抓好学习，要引导师生深刻认识一些我们党百年来成为世界第一大党、第一大执政党的基本问题，同时需要注意我们的学习要和其他系统党员的学习有所不同，必须体现教育特色，要与我们完成立德树人根本任务结合起来，甚至从某种意义上讲，要把党史学习教育作为我们完成立德树人根本任务的一个重要内容、重要方面。从教书育人的角度讲，重点要弄清楚我们党的百年历程、宝贵经验、伟大精神、伟大成就、理论成果、伟大贡献等基本问题，从教育战线的特点出发说出个所以然来，一定要把这次学习教育真正办成教育战线的学习教育，特殊地学、有质量地学。所有的学习特别是对历史经验的学习，都是立足当前、面向未来的，都是为了解决当前的问题、开辟未来的道路，党史学习教育也是这样。这次学习我们强调要干实事、解难事、谋大事、创新事、长本事，就是出于这方面考虑提出的，也是符合教育系统特点的。

弄清三个问题，答好三张试卷*

教育战线的共产党员，党的领导干部，在党史学习教育中，怎样引向深入，取得更大成绩？概括起来就是两句话：第一句话，通过党史学习教育，弄清三个问题；第二句话，答好三张试卷。

弄清三个问题，就是：中国共产党为什么能，马克思主义为什么行，中国特色社会主义为什么好。要通过党史学习教育，把这三个问题弄清楚。

第一个问题，中国共产党为什么能？要抓住“选择”这个关键词，在历史的选择中弄清楚这个问题。就是说，要从历史作出的选择来看这个问题。辛亥革命前后，中国有了现代政党，最多的时候300多个政党。有的政党在当时声势很大、发展很快、影响很广，而我们党成立的时候，仅50多个人，但现在已经有9 000多万名党员了，更重要的是，我们党领导人民完成了救亡图存的使命，建立了新中国，实现了人民当家作主，这样一个人类历史、中华民族历史上完全新兴的政体、制度，这是真正的开天辟地。中国共产党不断发展壮大，变成了执政党。1921年成立的中国共产党，实际上是内外两个变量创造出的一个结果。外部变量是十月革命给我们送来的马克思主义。我们党成立之前，马克思主义已经在中国开始传播，示范样板就是十月革命。内生变量，一是工人阶级作为独立政治力量登上了中国历史的舞台，二是五四运动创造了思想条件。五四运动是中国历史上的社会革命，为中国共产

* 2021年4月21日，北京。

党的成立准备了思想条件和干部基础。两个变量的结果，就是工人阶级通过共产党来领导中国革命，历史就是这样选择了中国共产党，人民就是这样选择了中国共产党。中国共产党领导中国人民经过28年浴血奋战，愈挫愈奋，英勇奋斗，最终创立了中华人民共和国，一步步走到今天。所以搞清中国共产党为什么能，要在历史的选择中去感悟。我们党由小到大、由弱到强、愈挫愈奋。我们要为我们的党感到自豪，感到光荣。

第二个问题，就是在思想和理论的比较中，弄清楚马克思主义为什么行。这里的关键词是“比较”。辛亥革命之后，几乎当时所有的思想流派都在中国实验过。辛亥革命之前，我们看世界，是一种非常肤浅的看，非常简单的学，学坚船利炮学器物，后来学思想、学制度。那时候无政府主义非常吸引人，很多知识分子都是无政府主义者。总之，西方的那些主要的思想都试过了，没有解决我们救亡图存的问题。只有新兴的马克思列宁主义教给我们解决社会问题所急需的立场、观点、方法。所以，我们党建立之初，就把马克思列宁主义的指导思想写在党的旗帜上。此后，我们党把马克思主义普遍真理与中国实际相结合，走农村包围城市、武装夺取政权的道路，建立了新中国，解决了救亡图存问题。马克思主义的中国化就是大众化、时代化。所以马克思主义为什么行，就是在中国革命实践的运用中证明的，就是在各种思想的比较中证明的。我们党选择了马克思主义，马克思主义选择了我们党，实现了几次理论的飞跃，有了中国的、21世纪的马克思主义。中国化马克思主义是来自实践的，是用中国语言表述的，是解决中国革命改革发展问题急需的。

第三个问题，就是在实践的检验中，弄清楚中国特色社会主义为什么好。这里的关键词是“检验”。从百年历史大跨度中，我们党一直非常重视道路的选择、道路的坚持、道路的开拓。新民主主义革命时期，经过大革命长达7年的探索，在流血牺牲中找到了一条路，即农村包围城市、工农武装割据、武装夺取政权。新中国成立之后，就怎样建设社会主义，我们党进行了长期的探索，最终形成中国特色社会主义道路。总之，在理论和实践的探索中，有两个选择是决定性的，就是农村包围城市、武装夺取政权和中国特色社会主义道路。这两个选择不简单，是走过一些弯路，解决了很多突出问题，历尽艰辛才找到的。谁领导我们走过来的？就是中国共产党。最后能找到这样正确的道路，太难得了。这个道路和局面，来之不易。所以，在实践的检验中，才能搞清楚中国特色社会主义为什么好。在建设中国特色社会主义的奋斗中，我们创造了经济快速发展的奇迹，长期保持稳定的奇迹。

第二句话，答好三张试卷。

第一张试卷，就是在“两个一百年”的交汇期，在建设社会主义现代化国家的新征程中，我们肩负怎样的历史使命？这里面既包括任务、手段，也包括可能面临的风险和挑战。学党史，要从党史中学习我们怎样战胜困难、走过艰难险阻的历史经验和教训，把握规律性的东西，以便把党的十九大和十九届五中全会精神学习好。不忘初心、牢记使命，把这个问卷答好，心里要有一本账。

第二张试卷，就是建设教育强国，加快教育现代化，我们要实现什么样的奋斗目标？要把习近平总书记关于教育的重要论述学习好，深刻理解总书记对教育的要求。总书记对下一步怎么办，要求得非常清楚。我们要进行单元式学习，五个单元，深刻理解，要用行动回答。试卷答题要答在教育现代化的征程中。

第三张试卷，作为一个百年大党的党员，长期执政党的成员，怎样做一个合格的共产党员？也就是怎样做新时代的共产党员。苏共蜕变说明，他们不知道，面对时代考验，什么样的党才是合格的，这是一个历史之问。

学习党史，就要把这三张答卷答好。一是从百年未有之大变局、中华民族伟大复兴全局这个层面答，二是从教育战线的具体奋斗目标这个层面答，三是从作为共产党员怎么样保持纯洁性先进性、做新时代合格共产党员这个层面答。从三个层面，把三张试卷答好，党史学习就一定能取得好的成果。

回首百年征程，践行初心使命*

习近平总书记指出，历史是前人的实践和智慧之书，重视历史、研究历史、借鉴历史，可以给人类带来很多了解昨天、把握今天、开创明天的智慧。党史学习教育是我们这个百年大党在庆祝自己百岁生日的特殊年份，开展的一次十分重要的集中教育活动，也是为迈入第二个一百年作准备、打基础、统一思想、凝聚共识的一次教育活动，意义重大、影响深远。

一、深刻把握历史进程，从百年党史中感悟思想伟力

学党史，要全面系统、贯通体系，打通历史与现实，把学历史和学理论统一起来，在史论结合上下功夫。史论结合是我国史学传统的一大特点，《左传》的“君子曰”，《史记》的“太史公曰”，《资治通鉴》的“臣光曰”等，都是史论结合的代表。今天这个结合点就是马克思主义中国化怎样指引中国革命、建设和改革不断走向新的胜利。习近平总书记指出：“我们党的历史，就是一部不断推进马克思主义中国化的历史，就是一部不断推进理论创新、进行理论创造的历史。”回望党的百年历程，马克思主义中国化贯穿始终，是我们党一条深刻、根本的历史经验。

百年党史，是检验马克思主义科学性和真理性的历史。马克思主义是我们立党立国的根本指导思想。1919年，李大钊在《我的马克思

* 在教育部“七一”表彰大会暨党组书记专题党课上的讲话，2021年6月25日，北京。

主义观》中赞颂马克思主义为“世界改造原动的学说”。1921年，毛泽东在新民学会长沙会员新年大会上谈到赞成用俄国式的革命道路，认为这是“诸路皆走不通了新发明的一条路”，这一发言收入《毛泽东文集》第一卷，作为全书开篇之作。在这一个月前给蔡和森、萧子升等的长信中，毛泽东用“山穷水尽诸路皆走不通”概括了近代以来仁人志士探索民族复兴之路苦涩的心路历程：300多个政党登台表演，各种主义和思潮（包括改良主义、自由主义、社会达尔文主义、无政府主义、实用主义、民粹主义、工团主义等）都尝试过，但都“败下阵来，宣告破产了”，最后只有马克思主义提供了解决当时中国问题的方法，给苦苦探寻救亡图存出路的中国人民指明了前进方向、提供了全新选择。“自从中国人学会了马克思列宁主义以后，中国人在精神上就由被动转入主动”，从此以后，“中国改换了方向”，社会主义的火种在东方点燃，使中国这个古老的东方大国创造了人类历史上前所未有的发展奇迹。实践是检验真理的唯一标准。学党史，要在这样一场“伟大历史之约、郑重历史之诺”的背后，深刻认识中国共产党是历史的选择、人民的选择，深刻认识历史和人民选择马克思主义是完全正确的、中国共产党把马克思主义写在自己的旗帜上是完全正确的，始终将马克思主义作为共产党人理想信念的灵魂，赓续社会主义的基因血脉。

百年党史，是贯彻马克思主义人民性和实践性的历史。实践性是马克思主义理论区别于其他理论的显著特征。习近平总书记指出，马克思主义博大精深，归根到底就是一句话，为人类求解放，它不是书斋里的学问，而是为了改变人民历史命运而创立的。我们党自成立之日起，就把为中国人民谋幸福、为中华民族谋复兴作为始终坚守的初心使命，这是党战胜一切困难和风险的根本保证。一代代共产党人为了人民的利益和福祉，把青春和生命、鲜血和汗水，倾注在这片可爱的土地上。江山就是人民，人民就是江山，共产党打江山、守江山，守的是人民的心。学党史，要坚持全心全意为人民服务的根本宗旨，把人民放在最高位置，与群众有福同享、有难同当，历经沧桑而初心不改、饱经风霜而本色依旧，始终铭记让人民生活幸福是“国之大者”，始终保持同人民群众的血肉联系。

百年党史，是彰显马克思主义开放性和时代性的历史。“马克思的整个世界观不是教义，而是方法。”1938年10月，毛泽东同志在六届六中全会上作了题为《论新阶段》的政治报告，首次提出“马克思主义中国化”的命题。一百年来，我们党始终坚持马克思主义基本原理同中国具体实际相结合。党的十八大以来，以习近平同志为主要代表的中国共产党人，从理论和实践结合上系统回答了新时代坚持和发展什么样的中国特色社会主义、怎样坚持和发展中国特色社会主义这个重大时代课题，创立了习近平新时代中国特色社会主义思想，开辟了马克思主义发展新境界，使科学社会主义在当代中国释放出强大真理光芒。学党史，要深刻领会马克思主义永葆青春的“密码”，用马克思主义观察时代、解读时代、引领时代，将推动马克思主义不断发展作为共产党人的神圣职责。坚持不懈用新时代党的创新理论武装头脑、指导实践、推动工作，将习近平新时代中国特色社会主义思想刻在脑海、扎根心田、融入血脉，不断增强忠诚核心、维护核心、看齐核心的政治自觉和行动自觉。

百年党史，也是教育事业坚持马克思主义指导地位的历史。马克思和恩格斯虽然没有直接写过教育方面的专著，但他们总是把教育作为无产阶级革命的一项重要内容，常常论及教育的许多问题，从而形成了科学的马克思主义教育学说。一百年来，我们党始终注重运用马克思主义思考和分析中国教育问题，在真理与价值、理想与现实、普遍与特殊、变与不变的辩证统一中，不断丰富和发展马克思主义教育理论。特别是党的十八大以来，习近平总书记围绕培养什么人、怎样培养人、为谁培养人这个根本问题，就教育改革发展提出了一系列新理念新思想新战略，形成习近平总书记关于教育的重要论述，这是马克思主义基本原理同中国教育实际相结合的最新成果，谱写了马克思主义教育思想新的时代篇章。纵观我们党领导和发展教育的百年历史，我体会有这样几个特点贯穿始终。

一是对教育性质的求索贯穿始终。教育具有阶级性和历史性，这是马克思主义教育理论的核心主张。毛泽东指出，“教育必须为无产阶级政治服务”。建党初期，我们党发展教育主要是为了思想政治宣传、提高工农群众文化水平和革命觉悟、培养政治军事干部。1938年，毛泽东提出，“伟大的抗战必须有伟大的抗战教育运动与之相配合”。之后，以“民族的、科学的、大众的”为核心思想的新民主主义教育论，高度凝练和阐明了新民主主义革命时期党对教育性质的基本认识。1978年，邓小平在全国教育工作会议开幕式上提出，“我们的学校是为社会主义建设培养人才的地方”，1983年又提出“教育要面向现代化，面向世界，面向未来”，教育逐步实现由“必须为无产阶级政治服务”向“为社会主义建设服务”的转变。进入新时代，习近平总书记深刻指出，教育是国之大计、党之大计，要牢记为党育人、为国育才使命，落实立德树人根本任务，坚持教育为人民服务、为中国共产党治国理政服务、为巩固和发展中国特色社会主义制度服务、为改革开放和社会主义现代化建设服务。总书记的重要论述着眼于社会主义教育的本质要求，回答了我国教育举什么旗、走什么路、育什么人的根本问题，指明了新时代建设教育强国必须牢牢把握的前进方向。

二是对“教劳结合”的坚持贯穿始终。劳动创造了人本身，劳动是人类的本质活动。马克思曾说：“生产劳动同智育和体育相结合，它不仅是提高社会生产的一种方法，而且是造就全面发展的人的唯一方法。”我们党深刻认识到教育与生产劳动结合的必然性，高度重视劳动教育。早在1934年苏维埃文化教育总方针中，就有“使教育与劳动联系起来”。毛泽东认为，“教育与劳动结合的原则是不可移易的”。1958年，毛泽东在《工作方法六十条（草案）》中提出：“农村里的中小学，都要同当地的农业合作社订立合同，参加农、副业生产劳动。农村学生还应当利用假期、假日或者课余时间回到本村参加生产。”1958年党的教育方针“两个必须”之一就是“教育必须与生产劳动相结合”。2002年，党的十六大报告提出，教育要“与生产劳动和社会实践相结合”，增加“社会实践”的表述。习近平总书记在全国教育大会上明确提出，将劳动教育纳入培养社会主义建设者和接班人的总体要求之中，确立“四个最”的劳动价值观，赋予了劳动教育更加丰富的内涵，是对马克思主义劳动观的重大发展。不久前，刚修订的教育法正式将“劳”纳入教育方针，从“德智体”到“德智体美”，再到“德智体美劳”，马克思主义关于人的全面发展的思想内涵不断深化，实现路径日渐清晰。

三是对“为人民服务”的追求贯穿始终。马克思指出，教育是“人类发展的正常条件”和每个公民的“真正利益”。我们党始终秉承教育为人民服务，党的二大、三大文件都提出要制定保障工农和妇女权益的法律，实行教育普及和义务教育。1934年苏维埃文化教育的总方针申明，“在于使广大中国民众都成为享受文明幸福的人”。新中国成立70多年来，从1949年12月第一次全国教育工作会议提出“教育为人民服务，首先为工农兵服务”“学校必须向工农开门”，到1982年宪法正式确定“国家发展社会主义的教育事业，提高全国人民的科学文化水平”，再到21世纪以来提出以人为本、办好人民满意的教育，把促进公平作为国家基本教育政策，“教育为人民服务”始终是我们党坚持并为之不懈奋斗的根本教育主张。习近平总书记强调，要不断促进教育发展成果更多更公平惠及全体人民，努力让每个孩子享有受教育的机会，获得发展自身、奉献社会、造福人民的能力。这充分体现出我们党办教育是为了人的发展、为了人民发展的基本价值取向，深刻彰显了以人民为中心发展教育的根本立场，是我们党的性质和宗旨在教育工作中的具体体现。

回首百年，在马克思主义的指引下，党领导我国教育事业扎根中国大地、回应时代需求、回答人民之问，形成鲜明的实践特色、理论特色、民族特色、时代特色，在理论和实践的反复探索中形成了中国特色社会主义教育发展道路。这是一项前无古人的开创性事业，没有陈规惯例可循、没有现成经验可用，就是靠着一步步披荆斩棘、栉风沐雨，硬是走出了一条在落后的人口大国发展教育、推进教育现代化的新路子。在这个过程中，我们党探索形成了一系列重大理论成果，积累了宝贵经验，来之不易、历久弥新。各个历史阶段的思想和经验一脉相承，总书记将其概括升华为“九个坚持”。学党史，我们要深入学习党的教育理论特别是习近平总书记关于教育的重要论述，领会蕴含其中的理论内涵、时代内涵和实践内涵，增强教育报国强国的使命担当。

二、全面把握历史贡献，从百年党史中增强“四个自信”

一百年来，我们党为国家、为人民、为民族、为世界作出了彪炳史册的业绩。我们常说，新中国成立70多年来，党领导人民创造了世所罕见的“两大奇迹”——经济快速发展和社会长期稳定。我曾从长期执政、长期发展、长期稳定、长期自我革命四个方面总结了党百年来取得的伟大成就。当前，中国愈发自信、从容、坚定地站在世界舞台上，国际影响力、感召力、塑造力进一步提升。学党史，要好好总结党的世界级贡献，深刻理解这些贡献在中华人民共和国发展史、中华民族发展史和世界社会主义发展史、人类文明进步史上的重大意义。

对人类政治文明的巨大贡献。回首百年，我们党从50多人一步步走过来，到今天拥有9 100多万名党员，这个历程没有一个政党能和我们相比，没有一个政治组织能和我们相比。自成立之日起，我们党就走上了一条具有中国特色的政治文明创新之路，比如以“全心全意为人民服务”为宗旨、人民民主是一种“全过程民主”等，都与西方的所谓“清谈俱乐部”“部分利益党”截然不同，超越了基于西方历史经验的政党范畴，有学者认为开创了一种“新的文明样态”。曾经一度，西方政治文明风靡世界，被奉为“典范”，20世纪80年代末90年代初，弗朗西斯·福山甚至抛出“历史终结论”，宣称“自由民主制度也许是人类意识形态发展的终点和人类最后一种统治形式”。然而“一些发展中国家照搬西方政治制度和政党制度模式，结果如何呢？很多国家陷入政治动荡、社会动乱，人民流离失所”。从拉丁美洲“中等收入陷阱”、亚洲金融风暴到中东、北非等地“颜色革命”；从2011年爆发“占领华尔街”运动，到2020年美国警察暴力执法致黑人死亡而引发的抗议浪潮，都深刻表明西方国家四处兜售的所谓“普世价值”是欺世盗名的“美丽说辞”，形形色色“民主”光谱下不过是“金钱民主”，宣告了新自由主义的彻底破产，有力打破了各国对西方政治文明模式的盲目崇拜和路径依赖。反观中国，风景这边独好，“东升西降”的趋势更加显著，正如习近平总书记指出的：“我们完全有信心、有能力把我国社会主义民主政治的优势和特点充分发挥出来，为人类政治文明进步作出充满中国智慧的贡献！”

对世界经济增长的巨大贡献。新中国成立初期面对的是“一穷二白”的艰难处境，而70多年来，我国经济以世界罕见的速度增长：改革开放以来，国内生产总值年均实际增长9%以上，远高于世界经济3%左右的年均增速；我们用几十年时间走完了发达国家几百年走过的工业化历程，是目前全世界唯一拥有联合国产业分类中所列全部工业门类的国家；2020年在世界经济陷入“至暗时刻”之际，我国为全球经济注入“强心剂”；脱贫攻坚战取得全面胜利，谱写了人类反贫困历史新篇章。据统计，2006年以来，我国对世界经济增长的贡献率连续14年全球排名第一，未来5—10年预计仍有望保持在25%—30%。从传统计划经济体制到前无古人的社会主义市场经济体制，我们一步步在实践中破解“‘看不见的手’和‘看得见的手’如何更好结合”这道经济学的世界性难题。这些成就，被西方观察家誉为“这个时代最激动人心的事件”，有专家认为“中国谜一般地突破西方想象力的边界”，应当对中国成就进行“新一轮的发现”。

对全球治理的巨大贡献。“中国共产党是为中国人民谋幸福的政党，也是为人类进步事业而奋斗的政党。”1953年，周恩来提出和平共处五项原则，成为规范国际关系的重要准则，开创了世界外交史上的奇迹，时至今天仍然适用。1974年，毛泽东提出划分“三个世界”理论，超越社会制度和意识形态的传统观念，在世界树立了我国作为一个大国的良好形象。2013年3月23日，习近平总书记在俄罗斯莫斯科国际关系学院首次向世界提出“人类命运共同体”重大倡议，之后不断发展、丰富、创新，多次被写入联合国决议，成为中国引领时代潮流和人类文明进步方向的鲜明旗帜。共建“一带一路”倡议及其核心理念被纳入联合国、二十国集团、亚太经合组织、上合组织等重要国际机制成果文件，进入国际话语体系，成为世界级的关键词。

特别是，回想百年前，中国人民和无数仁人志士苦苦寻求中国现代化之路，但在半殖民地半封建社会的条件下，中国现代化没有也不可能取得成功。如今，我国正坚定不移推进中国式现代化、建设社会主义现代化，这是人口规模巨大、全体人民共同富裕、物质文明和精神文明相协调、人与自然和谐共生、走和平发展道路的现代化。相比人类现代化进程中实现现代化的国家总人口不超过10亿，我们党把14亿多人民组织起来、动员起来，整体迈入现代化社会，将彻底改写现代化的世界版图，打破传统的现代化发展逻辑，为发展中国家实现现代化拓展全新途径、提供全新选择，这是人类历史上一件有深远影响的大事。

在这气壮山河、震古烁今的凯歌里，教育是其中的华彩乐章。一百年来，我们党在团结带领人民从站起来、富起来到强起来的奋斗历程中，始终高度重视教育，推动教育取得巨大成就。

一是保障人民受教育权利。20世纪30年代，中国民众识字率仅为20%。根据1930年中华平民教育促进总会的调查数据，以河北定县为例，男子识字率是31%，女子识字率是17%。新中国成立之初，5.4亿人口中80%以上是文盲，全国接受高等教育的在校人数只有11.7万人。改革开放以来，我国用20多年时间走完了发达国家上百年的义务教育普及之路，用十几年时间实现了高等教育从大众化向普及化的快速发展。一个巨型人口大国，用短短几十年的时间甩掉了世界头号“文盲大国”帽子，教育点亮了亿万人民渴求文化知识、享有精神文明的双眼，是20世纪中国教育史上具有标志性意义的成就。当前各级教育普及程度均达到或超过中高收入国家平均水平，具有大学文化程度的人口达2.2亿人，占总人口的15.5%；每10万人中具有大学文化程度的达1.5万人。中华民族千百年来“学有所教”“有教无类”的教育理想正在成为现实。

二是为革命、建设和改革培养输送大批高素质人才。抗日战争时期，我们党在硝烟战火之中创办了抗日军政大学、陕北公学、延安女子学院、鲁迅艺术学院等一批高校，为中国革命造就了一大批能堪重任的“民族脊梁”。新中国成立之初，我国高校数量及毕业生规模都比较小，经过几代教育工作者的不懈奋斗，今年普通高校毕业生已达909万人，全体人民的思想道德素质和科学文化素质全面提升，劳动年龄人口平均受教育年限达10.8年，新增劳动力平均受教育年限达13.8年，我国实现了从人口大国向人力资源大国的历史性转变，正在向人力资源强国迈进。教育为知识创新、技术创新、产品创新，为提高全社会技能水平作出了重要贡献。正如习近平总书记指出的：“我国教育是能够培养出大师来的，我们要有这个自信！”

三是教育世界影响力显著提升。改革开放之初，国家作出扩大出国留学生规模的决定，释放出走向世界的强烈信号。当前，我国成为全球最大的留学生生源地国，亚洲最大的留学目的地国。中文国际地位不断攀升，2021年起正式成为联合国世界旅游组织官方语言。高校在全球的排名位次整体大幅前移，产出一批具有国际影响力的标志性成果。我国教育事业的发展经验，为发展中国家乃至发达国家提供了中国智慧、中国经验、中国方案。

这一系列世所罕见的发展奇迹，让我们深刻认识到“中国之治”与“西方之乱”的鲜明对比，深刻感受到中国特色社会主义制度的显著优势。社会主义没有辜负中国，中国没有辜负社会主义！习近平总书记豪迈地宣示：“当今世界，要说哪个政党、哪个国家、哪个民族能够自信的话，那中国共产党、中华人民共和国、中华民族是最有理由自信的！”这个自信就是中国特色社会主义道路自信、理论自信、制度自信、文化自信。党的领导是中国特色社会主义最本质的特征，是“中国之治”的奥秘所在。正是在党的坚强领导下，才取得举世瞩目的发展成就，民族复兴展现出越来越光明的前景。回望来时路，我们要更加坚定“四个自信”，毫不动摇地把党的领导这个最本质特征坚持好、这个最大优势发挥好，不断书写新时代中国特色社会主义壮丽篇章。

三、准确把握历史大势，从百年党史中笃定前进步伐

“虽有智慧，不如乘势。”了解历史才能看得远，理解历史才能走得远。只有把握历史大势，顺势而为，奋发有为，才能实现中华民族伟大复兴的中国梦。尤其是我们现在所处的，是一个船到中流浪更急、人到半山路更陡的时候，是一个愈进愈难、愈进愈险而又不进则退、非进不可的时候。习近平总书记反复强调“大历史观”，学党史，要学好用好大历史观，善于从纵深处、广阔处观察历史，注重历史的结构性变动和长期发展趋势，掌握历史发展规律、抓住历史变革时机、顺应历史前进潮流，更好地从前路中找到未来的方向。

历史大势要立足长时段，在历史长河中把握。历史、现实、未来是相通的。正如习近平总书记所说：“我们对于时间的理解，不是以十年、百年为计，而是以百年、千年为计。”只有在整个人类发展的历史长河中，才能透视出历史运动的本质和时代发展的方向。

中华文化源远流长，尊师重教传统深厚。回溯历史进程，从孔子设杏坛办私学至今，中国教育发生了诸多革命性变化，在不同历史时期呈现出不同的鲜明特征，我作了些思考，在这里简要点个题。一是由官而民。夏商周开设官学，后来孔子设杏坛讲学，成为兴办私学成就最著者，赢得“万世师表”的美誉，为教育发展开了新局。二是由一而多。孔子领私人讲学风气之先，由此诸子蜂起、百家争鸣。三是由纷而统。汉武帝实行“罢黜百家，尊崇儒术”，形成群士归宗、攻读儒经的风尚。教育在社会政治和经济生活中的地位空前提高，以儒家价值观为主流意识形态的中华民族心理初步形成，中国教育从意识形态角度呈现出全国上下统一的格局。四是由杂而专，从驳杂到专一。隋朝起开科取士，唐承隋制全面实行科举制，成为教育领域重要的制度创新，今天的高考也有科举制的影子，对朝鲜、越南、日本和欧洲的文官制度都有影响。五是由旧而新。近代以来，传统“旧”教育向现代“新”教育转型。洋务运动，近代西学东渐不断发展。经过辛亥革命的洗礼，在新文化运动的推动下，请来了“德先生”和“赛先生”。我们党成立后，中国教育史上第一次出现了无产阶级自己的教育，中国新民主主义教育从此开端。六是由私而公。新中国成立后，教育事业从过去掌握在少数人手里，转变为掌握在占人口绝大多数的劳动人民手里，人民教育事业的基本性质得到确立。党在摸索中建立起公有制基础上的社会主义教育制度和教育体系，建设社会主义教育事业。七是由内而外。打开国门、走向世界、广泛开展国际教育合作，是我国教育事业发展极为重要的一步。40多年来，我国教育在改革开放过程中大踏步走向世界，日益走近世界舞台中央。今天这一历史进程还在持续和深化。八是由大而强。当前我国教育总体发展水平跃居世界中上行列，教育面貌正在发生格局性变化。党的十九届五中全会确定了到2035年建成教育强国的奋斗目标，我们要做的就是从教育大国向教育强国坚实迈进。

1949年，德国哲学家雅斯贝斯在《历史的起源与目标》一书中曾提出，公元前800年到公元前200年是人类文明的“轴心时代”，各种文明都在这一期间奠基。但只有中华文明绵延不绝、经久不衰，成为世界上唯一没有中断、发展至今的文明。中华民族是“历史的民族”，当代中国是历史中国的延续和发展。“推古验今，所以不惑。”回溯教育史，我们深刻认识到，我们走中国特色社会主义教育道路不是偶然的，是由我国历史传承和文化传统决定的。要从中华文化扎实之根脉、醇厚之沉淀中，领会党领导教育百年发展的精神道统，树立扎根中国大地办教育的坚强信心。

历史大势要立足大视角，在全球风云中把握。我们党自诞生之日起，就在风云激荡的中外变局中一路走来。早在延安时期，毛泽东就倡导采用“全面的历史的方法”来研究党史，即“古今中外法”，“所谓‘古今’就是历史的发展，所谓‘中外’就是中国和外国，就是己方和彼方”。习近平总书记也强调，“正确处理中国和世界的关系，是事关党的事业成败的重大问题”。当今世界风云变幻，国际形势错综复杂，世界百年未有之大变局进入加速演变期，更要求我们在广阔的视野中把握历史大势。

教育领域是意识形态斗争的前沿阵地，我们必须深刻认识到，无论是意识形态还是制度、文明的竞争，实质都是人心之争。西方国家对我们的价值渗透、西化分化从来没有停止过，“项庄舞剑，意在沛公”，他们的真实目的就是和我们争夺阵地、争夺人心、争夺青少年，最终推翻中国共产党领导和社会主义制度，这个争夺我们不能输。我们党在百年奋斗中积累了丰富经验，这些经验都是具有中国特色的、具有时代特征的、具有创新精神的，穿越厚重的历史岁月，给我们提供了最宝贵、最独特的富矿和思想矿产。要善于用这些思想资源教育引导学生，筑牢听党话、跟党走的思想根基。

历史大势要立足新方位，在时代大潮中把握。“一切历史都是当代史”，时代不同，对历史的关注和解读也就不同，这也是历史常说常新的魅力所在。我们党在不同历史时期，总是正确认识所处的历史方位和发展阶段，提出富有感召力的奋斗目标，团结带领人民为之奋斗。2020年8月，在经济社会领域专家座谈会上，习近平总书记作出我国将进入新发展阶段的战略判断。在党的十九届五中全会上，总书记又对新发展阶段作出深入阐述，这为准确把握我国发展新的历史方位和实践要求提供了时代坐标。

“教育兴则国家兴，教育强则国家强。”教育是功在当代、利在千秋的德政工程，对提高人民综合素质、促进人的全面发展、增强中华民族创新创造活力、实现中华民族伟大复兴具有决定性意义。立足新发展阶段，也就是全面建设社会主义现代化国家、向第二个百年奋斗目标进军的阶段，教育面临着“六个局”：一是全局，全局是目标。教育总的目标就是到2035年建成教育强国、实现教育现代化。二是变局，变局是环境。我们正处在世界百年未有之大变局，这是当前教育发展所处的最大环境。三是格局，格局是战略。新发展格局是今后指导教育发展的总体战略。四是开局，开局是起点。就是起好步，开好局。五是布局，布局是配置。也就是教育资源如何配置，要更加突出有质量的公平。六是破局，破局是动力。要紧盯解决突出问题，推动改革和发展深度融合、高效联动。

每个时代都有每个时代的使命。习近平总书记指出，当今世界的竞争说到底是人才竞争、教育竞争。人才的培养靠教育，有一流的教育，才有一流的人才，才能建设一流国家。教育从实质上说是生产未来，人民群众把孩子的未来交给我们，党中央把祖国的未来交给我们，要我们培养出德智体美劳全面发展的现代化建设者和接班人，这就是未来。每位教育人都要进一步增强“四个意识”、坚定“四个自信”、做到“两个维护”，着力提高政治判断力、政治领悟力、政治执行力，始终做政治上的明白人。要接好历史的接力棒，肩负起为党育人、为国育才的历史使命，自觉把教育看作新发展格局中的优先要素和内生变量，增强中国教育的核心竞争力，加快建设高质量教育体系，建设教育强国，为实现第二个百年奋斗目标和中华民族伟大复兴的中国梦作出新的更大贡献。

懂之、通之、信之、用之、行之、护之：谈理论学习要求*

认真总结组织开展理论学习教育的经验，注意把握好以下六点要求。

一要学以懂之。就是要在把握精神实质和核心要义上下功夫，不能只停留在字面上、文件上。只有真正弄懂了、把握了才能贯彻落实好。“学而时习之，不亦说乎？”要不断地学习、不断地温习才能学懂，学懂是第一位的。

二要学以通之。就是要在融入习近平新时代中国特色社会主义思想和习近平总书记关于教育的重要论述中学，在党史学习教育的总体格局和总体安排中学，打通了学。学以通之不是零敲碎打，不是碎片式、应景式的学习，而是作为科学的思想体系、作为21世纪中国化的马克思主义来学。不能零敲碎打，例如，部署要求什么就学什么，为学习而学习；工作中要讲话了、要写材料了或者其他需要用到了，就临时找来看一看、补一补，也就是通常所说的“临时抱佛脚”。

三要学以信之。就是要着眼于把握贯穿其中的马克思主义立场、观点、方法，用以指导世界观的改造、价值观的塑造、人生观的孕育以及教育观的提升。要作为信仰，把自己的认识主动融入思想体系中，让习近平新时代中国特色社会主义思想融入自己的血脉。信仰非常重要，学习没有效果主要是因为没有真信。懂了通了就能增信，不懂不通就会疑惑、就会不信。

---

* 2021年4月8日，北京。

四要学以用之。就是要学有所得、学有所悟，学以致用、知行合一。学习就是为了用，这既包括促进自己的修养，又包括指导自己的工作，换句话说，就是用以指导自己参与客观世界和主观世界的改造，真正做到用出效果。

五要学以行之。就是践行，要做习近平新时代中国特色社会主义思想的践行者，要把它作为自己信仰的世界观、价值观、人生观，作为自己的政治追求、人生目标、工作指南，自觉践行，入脑入心，真正做到内化于心、外化于行。

六要学以护之。要懂它、通它、信它、用它、行它，更要维护它。真理和谬误总是相伴随而存在的，当我们相信一个真理的时候，谬误的东西就会出现在我们生活工作的环境和生态中。护之就是要有斗争精神，要像爱护自己的眼睛和生命一样，爱护我们党的基本理论，这就是真正做到“两个维护”。

今后，我们所有学习都要按这样的质量标准来把握，这需要一个过程，不可能一蹴而就，但是我们要自觉地这样去要求。

接受监督，履行监督职责：谈党内监督*

接受监督、履行监督职责，是我们深入学习党的十八届六中全会精神的重要内容。结合自己怎么样接受监督、行使监督权利，我围绕党内监督谈几点看法。

一、学习是党内监督的思想条件

从我个人来说，通过学习，我对党内监督有了更加深刻的认识。

第一，党内监督是马克思主义政党的基本特征。我们这个党，是马克思主义政党，和西方的政党不一样。他们叫“登记党”，有共同的政治追求，但是没有统一的党的目标和纲领。他们是利益联结起来的，我们是理想信念凝聚起来的。所以，在监督这个问题上，马克思主义政党和其他政党不一样，历来是重视监督的。在1848年《共产党宣言》问世时，共产主义者同盟的章程就规定，对同盟会员的行为，特别是对那些受过处分的、脱离了党的，要加以监视。这是在马克思主义政党中最早的关于监督的记载，用的词是“监视”。1864年，第一国际时期，虽然马克思主义诞生了，也在传播，但是各个国家的共产党，特别是第一国际成员的思想高度不统一，还有一些零星的阴谋诡计、秘密活动，所以它的章程就规定：由于一些原因，一些国际纠纷，党与党之间主张不同的，需要第一国际进行干预。就要行使干预权。这是在马克思主义政党的条例中第一次这么讲，用的词是“干预”。干预就是监督，是一种

---

* 2016年11月25日，北京。

行为约束。从监视到干预，已经含有执行的意思了。1917年十月革命刚刚结束后，布尔什维克党就成立了中央检查委员会，规定中央检查委员会在党中央的领导下开展工作。但是，这种机构设置没有解决对党的最高领导、对中央委员会怎样进行监督的问题。因为它是党中央的一个内设机构。到1922年，苏联设立了中央监察委员会。中央监察委员会是和中央委员会平行的单位。它由党的代表大会选举产生，并对党的代表大会负责。为了把监察委员会对党的监督体制落实到政府里面去，政府里面成立了检察院，检察院和监察委员会合署办公，在党内进行监督。这个时期是苏共党内监督最好的时期。这是马克思主义政党历史上最重要的一次关于党内监督的制度设计。斯大林时期，这种制度被削弱。1939年，苏共十八大决定，党的纪律检查委员会在党中央领导下并且按照党中央的指令开展工作，又把监察委员会当作党中央的内设机构。从1939年开始，苏联共产党的纪律检查工作形成了一种"双重领导体制"。斯大林犯那么多错误，和党内监察制度设计倒退、党内监督弱化关系极大。

新中国成立后，中央设立了中央纪律检查委员会。1955年，党的全国代表会议决定成立中央监察委员会，代替中央纪律检查委员会。苏联设立了监察委员会之后制定了《监察委员会条例》。借鉴苏联的办法，我们党也想制定这样的条例。党的八大正式在党的最高章程——党章里面明确规定建立中央监察委员会，建立监察机关。1962年9月，八届十中全会时，中央决定加强和改进党的监察工作。但是到1966年底，党的所有监察机构都停摆，1969年撤销了中央监察委员会。党的九大、十大，在党章中彻底删除了关于党的纪律检查工作的规定。党的十一大新修改的党章恢复了关于设立纪律检查委员会的规定，决定要建立各级纪律检查机关。十一届三中全会选举产生了中央纪律检查委员会。这是改革开放之后，我们纪律检查工作的拨乱反正。1980年2月，十一届五中全会通过了《关于党内政治生活的若干准则》。这是我们党历史上关于党内监督的一次重大的拨乱反正，是对我们党内发生的践踏民主、不尊重党员监督权利、不重视党内监督工作的一次总结。所以，《关于党内政治生活的若干准则》的历史意义非常重大。从这个时候，我们党就形成了目前这样一个监察机构。党的十五大，党章扩展了党内监督的内容，把党内监督作为反腐败斗争的一个重要力量，然后一步一步发展到现在。党的十八大以来，全面从严治党对党的纪律检查体制进行几项重大改革，一直到十八届六中全会。六中全会前作的《中国共产党廉洁自律准则》《中国共产党纪律处分条例》，再加上六中全会上制定的《关于新形势下党内政治生活的若干准则》和修订的《中国共产党党内监督条例》，这样我们党形成了完整的组织体系和制度规范体系。所以说，监督是我们马克思主义政党的基本特征。从一开始，共产党就高度重视党内监督，这是由马克思主义政党性质决定的。

第二，党内监督是我们党执政能力的重要组成部分。监督要有监督能力，监督能力非常重要。监督能力既包括行使监督权利的能力，也包括履行监督义务的能力和接受监督的能力。监督能力是我们党执政能力的重要组成部分。没有监督能力就没有执政能力，没有监督能力就没有执行力。执行力是监督出来的，党的各项方针政策的贯彻离开监督是不可想象的。所以，执政活动同时就是监督执政者的活动、执政者接受监督的活动。

第三，党内监督是共产党人改造客观世界和主观世界的基本规范、基本途径。在一个组织内，党员通过党内生活的严格锻炼，改造主观世界，改造客观世界。而这个过程是在党内监督下进行的，所以党内监督非常重要。这是我的一个基本看法。

所以，学习是党内监督的思想条件。我们要深刻理解十八届六中全会精神，重要的是接受监督、履行监督职责，要深入学习我们党关于监督的历史发展过程，学习我们党关于党内监督的一系列文献，尤其是习近平总书记关于全面从严治党的重要论述。要结合之前颁布的党内法规，学习好十八届六中全会精神。

二、公开是党内监督的前提条件

没有公开就没有监督。无论是对行为的监督，还是对言论的监督，公开都非常重要。对我们马克思主义政党来说，能公开的一定要公开，不能公开的为特例，公开是常态。为了推进监督、改善监督、接受监督，从我个人开始，要稳步推进党务公开、政务公开。我们自己要坦坦荡荡做人，明明白白做事。推行党务公开、政务公开跟我们保守党的秘密是两个概念，是不矛盾的。

三、民主是监督的基础条件

没有民主就没有监督。在我们党的历史上，凡是党内监督遭到削弱、干扰甚至取消的时期，都是党内民主遭到践踏的时期。民主是党的生命，没有民主就没有我们这个党。作为部党组书记，作为第一责任人，我要带头发扬民主作风。我们不仅要发扬民主作风，更要贯彻民主集中制原则，民主集中制原则内含着监督的内容。我自己、我们党组成员在贯彻民主集中制、发扬党内民主方面，要为部里做好表率，这样监督才能做得更好。

四、平等是监督的基本条件

在一个党内、一个组织内，没有平等就没有监督。这里讲的平等主要是指在党内法规面前、党的纪律面前，没有特殊党员，人人都是平等的。反过来说，纪律是一把尺子，对于每个人都是平等的。作为党组书记，作为第一责任人，我带头把自己作为党组中平等的一员，作为我们教育战线、部机关里平等的工作人员。只有平等了，才能放下身段，和大家平等对话，接受大家的意见和监督。

五、权利是监督的根本条件

没有权利就没有监督。每一个共产党人在党内的身份和职责都具有双重性。一方面，我们要行使党内监督的权利，履行党内监督的义务；另一方面，我们有接受监督的义务。这是相辅相成的。党员是党内监督的主体，党员权利是行使党内监督的主要手段。我们每一名领导干部，特别是我，作为第一责任人，要尊重每一名党员的权利，尊重我们部里每一位同志的权利，同时履行好自己的权利。履行权利就是落实责任，就是负起责任来，负起主体责任、第一责任、监督责任。

六、法治是监督的合法性条件

没有法治也就是没有监督，特别是健康的监督。我这里所说的法治是依规治党的党内法规，也可以说党内法规是党内监督的合法性条件。党内监督要以党内法规为依据开展监督。监督不是随心所欲的，是有规矩可循的。这些规矩就是全面从严治党的一系列党内规定。要以这个来规范自己的言行，同时依据这个监督别人。为此，我们需要把党内法规特别是党内纪律学深悟透。比如十八届六中全会修订的《中国共产党党内监督条例》，是讲监督工作本身，它的依据是纪律处分条例。《中国共产党纪律处分条例》讲的六种纪律，我们每个人都要弄清楚。政治纪律是管灵魂和理想信念的，是管政治方向和政治立场、政治观点的。灵魂和生命是联系在一起的。如果你不遵守政治纪律，你就不是共产党员。组织纪律是管身份的。在党的组织内工作生活，要执行组织的纪律。是共产党员就得遵守。比如毛主席说的四大纪律，下级服从上级、全党服从中央等。1938年毛主席在六届六中全会说过，“除了上述四项最重要的纪律外，还须制定一种较详细的党内法规”。他那时讲的党内法规就是组织纪律。廉洁纪律是管品行的。共产党人，做人的品行和做党员的品行结合在一起就是我们修养的基本内容。廉洁纪律对什么该做什么不该做，高压线、红线都划清楚了。群众纪律是管宗旨的。看你作为共产党员是不是在践行全心全意为人民服务的宗旨，是不是能够模范地处理好和群众的血肉关系。工作纪律是管责任的。担任党的一个方面工作，在某岗位为党尽义务，我们都承担着某方面的责任。生活纪律是管形象的。看你的形象在群众中间怎么样。有一些老百姓能干的，但是党员不能干，所以，要靠生活纪律把你和群众分离开来，靠群众纪律把你和群众结合起来。这是辩证法。大家都要这样认真做。

建立党悟机制，全面提升机关党的建设水平*

机关党建工作必务于实、必作于细、必入于心、必成于严。务于实，就是要加强思想政治建设，把坚定理想信念作为开展党内政治生活的首要任务；要围绕中心、服务大局，自觉把机关党建工作放在全局工作中来思考和部署，把机关党建工作主动融入业务工作之中；要创新工作理念、思路和载体，以新理念引领直属机关党的建设。作于细，就是要树立质量建党观念，将质量理念贯穿党建工作全过程各方面；要狠抓基层组织建设，从细微处入手，从支部和党小组抓起，从党员的行为和作风抓起；要以制度为保证，善于把实践中的好经验、好做法固定下来，上升为制度机制。入于心，就是要提振党员干部精气神，推动他们积极投身教育改革发展的实践；要坚持解决思想问题和实际问题相结合，切实为干部职工排忧解难，多办实事好事；要坚持以人为本，注重分类指导，有针对性地开展思想政治工作。成于严，就是要从群众意见最多的领域和环节抓起，要严格监督执纪问责，要认真落实从严治党的主体责任。

教育部机关党的工作，根据党的十八大以来，党中央推进党的建设新的伟大工程提出的一系列理念、思想、战略、措施，需要注意以下五个方面。

---

* 在中国共产党教育部直属机关第七次代表大会上的讲话，2017年1月17日，北京。

一、政治忠诚

党是一个政治集团。作为一个政治集团，首要的就是组织、成员要忠诚。具体来说，就是要做到三点。

一是对党的信仰忠诚。加入了党，就要对党的信仰忠诚。我们的信仰是马克思主义，是共产主义理想。我们党的最高纲领就是实现共产主义，现阶段的纲领是建设中国特色社会主义。这就是理想信念，也是习近平总书记多次强调的精神上的“钙”。不忠诚于党的信仰，信念就容易出问题，关键时候就会“掉链子”。

二是对党的组织忠诚。我们每一个共产党员都在一个党的组织中工作生活，要对党的组织忠诚。这是列宁主义建党原则的核心内容之一。我们在列宁主义原则上进一步中国化、时代化、民族化，创建了自己的党建学说、原则和理论，要求每一个共产党人都要过组织生活，要经过组织生活的锻炼。这就是“两学一做”学习教育中强调“三会一课”的重要原因。

三是对党的路线方针政策忠诚。党的基本路线是“一个中心、两个基本点”。在整个社会主义初级阶段都是这个路线，没有别的路线能解决中国的问题。但是在实际工作中，有些人拿起一条忘记另一条，经常出现这样那样的偏向。十八届六中全会通过的《关于新形势下党内政治生活的若干准则》提出了“三个毫不动摇”——必须毫不动摇坚持以经济建设为中心、必须毫不动摇坚持四项基本原则、必须毫不动摇坚持改革开放，针对性非常强。“三个毫不动摇”是社会主义初级阶段我们党的生命线，必须长期坚持。在各个方面，我们党还形成了一系列路线方针政策。凡是中央集体决定、党的组织集体决定的，都是党的路线方针政策的组成部分和具体化。对这些我们都应当忠诚。

忠诚于党的信仰，忠诚于党的组织，忠诚于党的路线方针政策，加起来就叫作政治忠诚。新的历史时期怎样更好地保持政治忠诚，归结起来就是牢固树立“四个意识”。“四个意识”从本质上讲，就是政治忠诚问题。政治意识是对一个党、一个政治集团的信念认同。大局意识是对一个党、一个政治集团工作的历史方位、阶段性任务，即路线方针政策的认同，这在不同的发展阶段，有不同的内涵。核心意识是认同党的核心是党中央，党中央的核心是习近平同志。这是一种责任，天大的责任。看齐意识就是要时不时地和党中央对表，与“北京时间”对表，要在党说党话，说“北京话”。政治意识、大局意识、核心意识、看齐意识，“四个意识”是一个有机统一体，形成了一个逻辑链。这是一个整体，都要增强。把政治忠诚摆在首位，切实增强“四个意识”，做到这一点，我们将无往而不胜。

二、政治文化

加强党内政治文化建设，是习近平总书记在十八届六中全会第二次讲话中提出来的，最近又多次强调。在十八届纪委第七次全会上，总书记对这个概念进一步作了重申。政治文化，对我们党的建设、对党的事业发展具有基础性、广泛性、根本性、久远性的作用。总书记讲政治文化，是抓住了我们党的建设的核心、关键点。

我们党从建党到现在，一路走来，在政治文化方面形成了许多具有中国特色、时代特点和我们党创造性特征的成果。一是将马克思主义基本原理与中国革命建设改革的实践相结合。这是政治文化建设的一大原则。马克思主义的立场观点方法与中国革命建设改革实践的结合，就是我们理论发展的道路。二是把马克思主义基本原理同中华优秀传统文化相结合。在我们党的文献中，有很多这样的内容，包括实事求是。中华优秀传统文化中的很多内容，都是通过融入马克思主义基本原理，被赋予了新的内涵、新的特征，有了新的生命力，从而成了指引我们的新理论。三是把马克思主义基本原理同时代特征相结合。关于改革开放的一系列理论就是这样产生的。

对“政治文化”这个概念，我们需要认真研究，它既不同于我们传统意义上讲的中华优秀传统文化、革命文化、社会主义先进文化，又和这些文化有密切关系。它是一个新的范畴、新的理论概念，和我们党的建设关系极为密切。我们在推进机关党的建设过程中，自觉地研究政治文化建设，用政治文化来武装我们，使我们的党员有所遵循、有所敬畏。

三、政治生态

“政治生态”也是习近平总书记提出的一个概念，是在党的群众路线教育实践活动中提出来的。这个概念，借用生态学的研究方法、评判标准来看我们党内生活的环境、条件和氛围。总书记提出“政治生态”这个概念后，立刻得到全党的高度赞同。

我们党在政治生态方面存在的问题，通过党的群众路线教育实践活动、“三严三实”专题教育、“两学一做”学习教育，大家都认识到了。经过党的十八大以来的努力，风清气朗的政治生态正在我们党内形成。“雾霾”少了，但时而还会出现。所以，营造良好的政治生态任重道远、人人有责。我们共产党人一定要把政治生态的营造放在重要位置上，一定要下功夫营造良好的政治生态，让我们这样一个神圣的殿堂风清气朗起来。营造风清气朗的环境，需要很好地设计载体、把握规律、突出重点。把这三件事做好，基层党的建设就能加强，政治生态就能营造好。

四、政治立场

我们共产党人始终面临着一个考验，就是怎样全心全意为人民服务、践行党的宗旨，也就是把自己往哪儿放、往哪儿摆。这就是政治立场。人民立场就是我们共产党人的政治立场。其实，每个人在社会上生活，都有自己的政治立场，在某个时点上有他的政治立场，在某个时段上有他的政治立场，在某个时期更有他的政治立场。

党的十八大以来，习近平总书记提出以人民为中心的发展思想。以人民为中心，就是我们的政治立场。我们能不能站稳这个立场，处理好和人民群众的关系，是在新的历史条件下，对每一位共产党人的考验。这个考验随着时间的推移，不断变换着内容，常考常新。我们要随时回答这个问题，始终坚持人民立场办教育，始终践行全心全意为人民服务的宗旨。人民是“天”，我们一定要牢牢记住。

五、政治觉悟

我们党讲的政治觉悟，是指学习马克思主义、忠诚于我们的信仰、坚持人民立场所达到的水平和程度。我今天在这里讲政治觉悟，是说我们一定要坚持马克思主义的主导地位，坚持终身学习马克思主义、学习中国特色社会主义，从中汲取思想资源、精神养料，使我们对中国特色社会主义规律性的认识能够不断地升华。这不仅是一个做人的问题，还是一个做合格共产党员的问题。

我们必须建立学习的觉悟机制。觉和悟要结合起来，有觉有悟才能和自己的思想实际结合、和工作实际结合，才能触及灵魂，才能得到精神上的升华、思想上的提高。这些提高、升华的成果就是政治觉悟。我们今天面临的形势比以往任何时候都复杂，面临的诱惑比以往任何时候都多。在一个信息爆炸的时代，建设一个马克思主义执政党，各种干扰、杂音、噪音、挑战是历史上任何时期都无法比拟的，这需要超强的政治定力、战略定力。没有这样的定力，我们应付不了复杂局面。定力从觉悟中来。在学习、修炼、实践中提高觉悟，坚信真理，坚信实践是检验真理的唯一标准，把自己锤炼成一个真正的共产党人，这就是觉悟的最高境界。

在任何形式的学习中，我们都要密切联系实际，以马克思主义的立场、观点、方法来学习中央要求我们学习的文件。特别是要注意马克思主义的立场、观点、方法，如辩证唯物主义、历史唯物主义等，不然我们会上一些假马克思主义的当。总之，要在政治学习方面，结合教育系统的实际，探索把觉悟机制建立起来。

开好民主生活会，落实好整改措施*

开民主生活会是一种制度安排，目的是总结过去，查找问题，开展批评和自我批评，制定整改措施。关键是整改，落实好整改措施。每开一次都能促进工作，都能促进党的建设，都能促进事业发展，这是我们党的政治优势，别的党比不了。大家要记住自己的承诺，珍惜自己的承诺，兑现自己的承诺。承诺一定要落实。对于落实，我有几点要求。

一是以改革的精神整改。就是要把整改措施的落实放在全面深化改革的具体进程中，结合工作实际，结合个人的思想实际，去攻关，去治病。

二是以奋进的姿态整改。今年是教育战线贯彻落实党的十九大精神，写好“奋进之笔”开局之年。大家要把民主生活会查摆出来的问题的解决作为自己的“奋进之笔”，按照承诺整改好。

三是以务实的态度来整改。对照检查的这些问题，大家要列个清单，整改的承诺要具体化。由组织来监督，自己去实施，年底交账，务求实效。

四是以从严的要求来整改。这次整改要在以前历次民主生活会基础上有所前进。前进在从严上，就是要落实全面从严治党的要求。按照全面从严治党的要求，高标准地进行整改。严于律己，严格出精神，严格出效果。

---

* 2018年1月25日，北京。

五是以公开的方式整改。就是要按照有关规定，将民主生活会的情况在一定范围予以通报，把查摆的问题、整改的措施予以通报，将整改的进展、最后的效果予以公开，让群众来监督，靠制度来推进。

顶层对标、底部抬高、一线规则、落实为要，抓实抓好机关党的建设*

教育部直属机关要深入学习贯彻习近平总书记重要讲话精神，抓实抓好机关党的建设，进一步推进主题教育走向深入。

一是顶层对标。要对标我们和“三个表率”的距离，对标我们和“建设让党中央放心、让人民群众满意的模范机关”的距离，从根本上克服“学习了就是领会了、开会了就是贯彻了、发文了就是落实了、会说了就是提高了”的倾向。要以主题教育为关键点和着力点，从为中国人民谋幸福、为中华民族谋复兴的高度，更加深刻地理解习近平新时代中国特色社会主义思想，特别是习近平总书记关于新时代党的建设、关于教育的重要论述的核心要义。

二是底部抬高。要着力提高党的基层组织建设的质量和水平，全面整顿直属机关党支部，更加深刻地理解新时代人民群众对教育的新期待，自觉走出自以为是天然正确、天然权威、天然可靠的认识误区，在直属机关基层党组织中营造“后进赶先进、中间争先进、先进更前进”的良好氛围，更好地把中央精神和人民群众需求结合起来。

三是一线规则。要以一线规则为载体，切实加强直属机关党的建设，引导各级党员干部深入一线、坚守一线、支持一线，从教育是国之大计、党之大计的高度出发，把准一线脉搏，把握教育规律，按教育规律办事，从根本上杜绝“形在心不在、心在神不在、人在思不在”的现

---

* 2019年7月30日，北京。

象，真正让一线规则成为我们出台教育政策、指导一线工作的准绳。

四是落实为要。要把抓落实摆在加强直属机关党的建设中更加突出的位置，坚持抓落实就是坚持问题导向、目标导向，在抓落实中认识问题、解决问题，更加深刻地认识岗位责任，主动应对风险，层层落实责任，把落实作为加强直属机关党的建设的第一要务来抓。

全面提升教育系统党的建设，推动全面从严治党向纵深发展*

全面提升教育系统党的建设，推动全面从严治党向纵深发展，要重点做好五件事。

第一，研究实施"百年行动"方案。可以包括三项具体行动。一是"学习行动"。100年，是世界政党史上的奇迹。我们党把马克思主义普遍原理与中国革命、建设和改革的实际相结合，产生了中国化的马克思主义，产生了21世纪的马克思主义。我们要围绕建党百年开展一次大学习，系统、深入学习党的创新理论，特别是要用习近平新时代中国特色社会主义思想武装头脑、指导实践、推动工作。二是"诊断行动"。"诊断行动"，说白了，就是"看病"。要在大学习的基础上，结合党的十八大以来教育系统党的建设和全面从严治党的实践，结合教育实际，结合个人的思想实际，开展一次综合诊断。主要是对照党章、对照习近平新时代中国特色社会主义思想，查找问题、查找差距、查找薄弱环节。怎么开展诊断，要深入研究。三是"建设行动"。在认真总结教育系统党建工作成就的基础上，结合新时代新任务新要求，规划好今后一个时期教育系统党建工作，明确抓什么、怎么抓。既要有路线图，又要有时间表；既要有施工图，又要有责任状。"学习行动""诊断行动""建设行动"共同支撑"百年行动"，使之成为2020年教育系统党的建设和全面从严治党工作总的抓手、鲜亮品牌。

---

* 2020年3月12日，北京。

第二，针对薄弱环节推进“三化”。一是党的政治建设制度化。党的十九大报告明确提出，要坚持以党的政治建设为统领。这两年，我们在加强党的政治建设方面作了很多探索，印发了《关于加强直属机关建设的实施意见》《贯彻落实〈中共中央关于加强党的政治建设的意见〉重点任务分工方案》，接受了中央和国家机关党的政治建设重点督查。我们还围绕这一主题开展了深入的调查研究。下一步，要着力在党的政治建设制度化方面下功夫。我们很多党内制度都和政治建设有关，但目前专门围绕政治建设建立的制度还不够多，我们要作这方面的探索。要对标对表习近平总书记关于党的政治建设重要指示批示和《中共中央关于加强党的政治建设的意见》，聚焦贯彻落实习近平总书记关于教育的重要论述，深入总结教育系统党建工作实践，进一步建立健全加强教育系统党的政治建设的制度体系。制度不在多，而在管用，要加强研究探索，形成制度成果，按制度来抓政治建设。二是“两个维护”具体化。“两个维护”是我们党最大的政治规矩、最高的政治纪律，党的建设的方方面面都要体现“两个维护”。“两个维护”具体化，就是要具体到坚决贯彻党中央决策部署的行动上，具体到履职尽责、做好本职工作的实效上，具体到教育系统干部师生的日常言行上。在“两个维护”具体化上，教育系统要认真研究探索，好好抓一抓。三是全面从严治党责任化。这些年，教育系统全面从严治党抓得是紧的，但也存在一些问题。全面从严治党必须不断深化，解决问题的出路就是责任化。从第一责任人责任、主体责任、监督责任、“一岗双责”抓起，把责任链条牢牢建立起来。

第三，持之以恒正风肃纪反腐。党的十八大以来，我们经过多次党内集中教育，取得了积极成效。但“四风”问题仍然不同程度存在，特别是形式主义、官僚主义会改头换面地表现出来。我们要在这方面下点功夫。总的要求是“三清”。一是存量清楚。党的十八大之前存量有多少，党的十九大之前存量有多少，我们要把这些弄清楚，并加以分析研判，紧盯老问题，关注新动向，切实弄清还有哪些问题没有得到有效处理。二是增量清零。教育系统各级党组织都要担负起增量清零的责任，加强监督，持续释放越往后执纪越严的强烈信号，坚持把纪律挺在前面，对顶风违纪行为露头就打，零容忍遏制增量，一体推进不敢腐、不能腐、不想腐。三是生态清明。要研究制定直属机关和直属高校政治生态清明的具体标准，如领导班子团结没有重大问题、意识形态阵地没有重大险情、校园安全没有重大事件、全面从严治党没有重大失职等，加强教育引导和检查考核，努力营造风清气正的教育政治生态。

第四，着力抓好三项具体工作。一是抓权力制衡。机关司局、直属单位和直属高校要在权力制衡体系建设上取得新进展，重要岗位、重要事项、重要资源都要体现出权力制衡的要求，坚决消除权力寻租空间。二是抓综合治理。严格落实《中共教育部党组关于加强落实工作的意见》《关于在直属系统建立一线规则的意见》，聚焦形式主义开展综合治理，确保取得新成效。三是抓基层建设。基层党支部不强起来，全面从严治党就会悬在空中。要巩固深化直属机关党支部全面整顿、直属单位“四项整顿”成果，不断加强教育系统基层党组织建设，推动实现“后进赶先进、中间争先进、先进更前进”。

第五，系统总结新冠疫情防控中的党建工作。3月10日，习近平总书记专门赴武汉考察疫情防控工作。经过艰苦努力，我国已呈现疫情防控形势持续向好、生产生活秩序加快恢复的态势。现在到了对疫情防控中教育系统党的建设作出总结安排的时候，要抓紧谋划启动此项工作。直属机关、直属高校直接参与疫情防控工作，面对这场大考，教育战线经受住了考验，特别是在线教育和全面停课两项重大考验，这些都是党建活生生的素材，要好好总结。要通过深入总结，看一看党旗是不是高高飘扬在教育系统疫情防控斗争第一线，是不是每一名党员都经受住了考验。要总结好经验好做法，梳理差距不足，不断提升教育系统党的建设质量。

最后要强调的是，教育部党的建设和全面从严治党工作领导小组作为部党组抓全面从严治党的议事协调机构，要加强对教育系统党的建设工作的指导，定期听取工作汇报，及时研究解决重大问题。领导小组成员单位要结合职责定位，积极发挥作用，形成工作合力。对教育战线的全面从严治党，主导责任在地方党委，主体责任在学校党组织，教育部要担负好主管责任。对直属机关的全面从严治党，直属机关党委负主导责任，要通过抓实党组织书记述职评议考核，强化考核结果运用，进一步压紧基层党组织全面从严治党的主体责任，推动各项任务落地生根、取得实效。

把高校建设成为坚持党的领导的坚强阵地*

我国高校是党领导下的高校、是中国特色社会主义高校，肩负着为党育人、为国育才的重大职责使命，高校党的建设在整个党的建设中具有特殊地位和作用。加强党对高校的全面领导，加强和改进高校党的建设，是办好中国特色社会主义大学的根本保证。要坚持以习近平新时代中国特色社会主义思想为指导，深入贯彻新时代党的建设总要求，加强党对高校的全面领导，使高校成为坚持党的领导的坚强阵地。

始终把政治建设摆在首位，坚决做到“两个维护”。政治建设是党的根本性建设，决定党的建设方向和效果。要持续推动习近平新时代中国特色社会主义思想进学术、进学科、进课程、进培训、进读本，注重学习的深化、内容的消化、实践的转化，引导高校干部师生始终同党中央保持高度一致。全面贯彻党的教育方针，在培养社会主义建设者和接班人上站稳立场、把牢方向。

不断提高高校党建质量，确保党的领导在高校全面发挥作用。党的领导在高校能不能有效实现，取决于高校党的组织体系健不健全、党的建设抓得好不好。要健全高校党委领导下的校长负责制，强化党委领导作用，切实履行管党治党、办学治校主体责任。加快构建学校党委、院系党组织、基层党支部、党员“四位一体”的组织体系，形成党的领导纵到底、横到边、全覆盖的工作格局。实施高校党组织“对标争先”建设计划，要重在建设、重在规范、重在引领，以提升组织力为重点，突

* 2017年、2018年、2019年，北京。

出政治功能，把全面从严治党各项要求落实到高校党建工作中，注意做好在高级知识分子和大学生中发展党员等工作，推动高校党委、院（系）党组织、基层党支部全面进步、全面过硬，做好示范高校、标杆院系和样板支部的创建工作，使高校成为坚持党的领导的坚强阵地。实施高校教师党支部书记“双带头人”培育工程，提升党支部建设标准化、规范化水平，加强和规范培养选拔、教育培训、管理监督、激励保障工作，把符合条件的学术带头人培养选拔为教师党支部书记，把有条件的教师党支部书记培养成为学术带头人，充分发挥教师党支部战斗堡垒作用。

创新发展高校思想政治工作，团结凝聚广大师生听党话跟党走。要适应当代大学生新变化新特点，因事而化、因时而进、因势而新，不断增强思想政治工作时代感和吸引力。深入实施高校思想政治工作质量提升工程，推动全员、全过程、全方位育人综合改革，建设好“三全育人”综合改革试点院（系），把思想政治工作体系贯通学科体系、教学体系、教材体系、管理体系，形成一体化育人格局。落实政治学习、培训轮训、实践锻炼等工作制度，提升教师思想政治素质。

坚持从严治校从严治教，营造风清气正的良好校园生态。要压实高校党委主体责任，做好新形势下党内政治生活若干准则贯彻落实工作，严明政治纪律和政治规矩。坚持正确选人用人导向，对政治不合格的“一票否决”。持续加强作风建设，推动中央八项规定精神落地生根。深化运用监督执纪“四种形态”，持续深化政治巡视，让巡视巡察严起来。推进高校纪检监察体制改革，深入推进反腐败斗争，大力整治师生身边的不正之风和“微腐败”问题，培育良好校风学风，让高校治理有方、管理到位、风清气正。

高校学生党建工作是高校党的建设的重要组成部分和基础工程。研究制定高校学生党建工作标准，推进高校学生党建工作科学化、制度化、规范化，对于推动全面从严治党要求向高校基层延伸、落实“四个合格”目标要求、解决学生党建工作存在的突出问题具有重要意义。

一要注重以党章为根本依据。党章是党的根本大法，是全党必须遵循的总规矩，高校学生党建工作标准的内容、程序及各项要求都应是党章的具体化。二要认真贯彻全国高校思想政治工作会议和中共中央、国务院印发的《关于加强和改进新形势下高校思想政治工作的意见》精神。探索完善学生党支部设置形式、配齐建强思想政治工作队伍和党务工作队伍等各项规定都要以此文件为依据，在其基础上结合实际延伸拓展，防止层层加码。三要突出高校学生特色。学生党建工作标准必须围绕学生、面向学生来明确，要加强学生党支部特别是研究生党支部建设，充分发挥党支部组织教育管理党员和宣传引导凝聚学生的主体作用，充分发挥学生党员在日常学习、生活、工作中的先锋模范作用和关键时刻、重大活动中的骨干带头作用。四要坚持思想建党和制度治党紧密结合。当前高校学生党建工作的主要问题是质量，质量的核心在于信仰、信念。要坚持问题导向，把制定实施标准作为抓质量的关键，有针对性地强化从严治党、强化政治纪律，让学生党建工作抓在日常、严在经常。

继续把教育系统党风廉政建设引向深入*

全面从严治党，是以习近平同志为核心的党中央抓党的建设的鲜明主题。党的十八大以来，教育系统深入学习贯彻习近平总书记系列重要讲话精神和治国理政新理念新思想新战略，认真贯彻落实中央决策部署，牢牢抓住主体责任这个牛鼻子，牢牢抓住理想信念这个总开关，牢牢抓住作风建设这个关键环节，牢牢抓住纪律和规矩这个根本标尺，牢牢抓住惩治这个撒手锏，把全面从严治党贯彻到教育改革发展各方面，教育系统党风政风明显改善，反腐败斗争压倒性态势已经形成。

教育系统党风廉政建设和反腐败形势依然严峻复杂，我们必须旗帜鲜明讲政治，发扬自我革命精神，保持战略定力，继续把教育系统党风廉政建设和反腐败工作引向深入，坚定不移推进全面从严治党，以优异成绩迎接党的十九大胜利召开。

一是强化责任担当，坚定不移推进《关于新形势下党内政治生活的若干准则》和《中国共产党党内监督条例》在教育系统落地生根。要坚持党的领导，抓好思想教育，严格党的组织生活，健全党内监督体系，以思想到位促落实，以行动对标促落实，不折不扣执行《关于新形势下党内政治生活的若干准则》和《中国共产党党内监督条例》。

二是坚持标本兼治，坚定不移营造风清气正的教育系统政治生态。要坚持治标不松劲，扎紧约束权力的制度篱笆，加强党内政治文化建

---

* 2017年3月1日，北京。

设，从惩治和威慑、制约和监督、教育和引导等方面综合发力，不断净化教育系统政治生态。

三是把握正确导向，坚定不移做好教育系统选人用人工作。要坚持党管干部原则，坚持好干部标准，坚持选人用人程序，严惩选人用人不正之风，选好配强领导干部和领导班子。

做志存高远、奋发有为的共产党员*

共产党人的使命和责任、权利和义务，共产党人的条件，在我们的党章中有明确的规定和解读。我们每一位党员，在申请入党时都对照党章规定的条件，解剖过自己，改造过自己，向着一个共产党人的目标迈进。从我们成为预备党员，完成预备期的考察，成为正式党员的过程中，都思考过党章为什么对我们提出这样的条件，思考过党员究竟应当成为什么样的人。我认为，作为一个中国共产党党员，是非常幸福和光荣的。当今中国，在老百姓的心里，在无数共产党员改造客观世界和主观世界的进程中，他们践行的党员理念、展现的党员形象应该是什么样的，我觉得至少有以下几个方面。

第一，共产党人是有信仰的人。共产党人最重要的特征和最本质的规定是有信仰，这个信仰就是我们为实现共产主义而奋斗的理想。为共产主义而奋斗作为共产党人最高理想，在当今中国的表现就是建设中国特色社会主义的信念。信念是共产党人的信仰在一定历史阶段的具体化，也就是说，实现共产主义理想在现阶段就具体化为建设中国特色社会主义信念。共产党人就是具有这样信仰的人。习近平总书记在党的十八大以来一直强调，崇高理想和坚定信念是共产党人的“钙”，缺乏信念就是缺“钙”，是不是一个纯粹的、坚定的共产党人，就看有没有坚定的信仰和信念。从历史上看，做人不难，做有信仰的人很难。我们要做有信仰的人，让自己身上的“钙”不流失，“骨”坚硬一点，“钙”

---

* 2017年7月13日，北京。

丰富一点，要时时反思，时时警醒，不受任何思潮的影响。坚定理想信仰，做一个有理想信仰的人。

第二，共产党人是有追求的人。这里讲的有追求的人，是说不仅要坚定共产主义理想信念，还要为建设中国特色社会主义，干好我们的事业，做好我们的本职工作。共产党人要有所追求，要把自己的人生目标和事业设计纳入中国特色社会主义建设宏伟蓝图与奋斗进程中。习近平总书记对黄大年同志先进事迹的重要指示提到两个“融入”——融入祖国改革发展的伟大事业之中，融入人民创造历史的伟大奋斗之中。有了这个追求，在工作中就会兢兢业业、踏踏实实，就会担负起自己的责任。没有这样的追求，我们就不会对工作认真负责，肩膀就软，腰杆子不硬。在这个问题上，我们的主要问题是把工作仅仅当作谋生的方式，没有作为一种追求，没有把追求和理想信念统一起来。追求是痛苦的过程，但这个痛苦带来的是事业发展的甜蜜，是一种为事业献身、为人民服务的幸福感。

第三，共产党人是有原则的人。这与我们共产党人的世界观是紧密联系的，我们的立场是人民的立场，我们的观点是历史唯物主义、辩证唯物主义观点，这种立场和观点决定了我们的方法。历史的方法、辩证的方法、系统的方法、普遍联系的方法，都统一于解放思想、实事求是、与时俱进的党的思想路线中。这些都构成了我们共产党人的原则，我们待人接物、做官做事做学问都要有原则，原则是不可触动的。当社会上出现与我们共产党人相悖原则的时候，坚定的共产党人、真正的共产党人，就会发声亮剑，没有原则就会随声附和、装聋作哑。元概念和元规范是不可再分的，所谓原则，决定起点，勇往直前，只能贯彻落实，否则就会变味。但原则性和灵活性，与一切从实际出发是密不可分的，这里面有高度的艺术性，我们要领会原则性和灵活性的关系，真正做一个有原则的人。没有原则，不讲原则，就不是共产党人。

第四，共产党人是有底线的人。两个先锋队和一个核心是我们党的基本规定，我们党是工人阶级的先锋队，是中国人民和中华民族的先锋队，两个先锋队对我们共产党的要求是先进性和纯洁性。我们来自人民群众，是人民群众中的先进分子，是工人阶级的先进分子。我们的底线，从法律来说就是法律法规，任何人都不能触碰，作为一个公民，必须遵守法律，但仅仅有此还不足以构成共产党人的特点。另一个底线是社会公认的优秀道德伦理，这个底线通俗讲就是做好人和老实人，不做奸人和坏人，这些也还构不成合格的共产党人。我们最终的底线是党的纪律，具体规定我们的行为方式、约束条件、政治立场。要遵纪守法、遵守伦理道德，遵守党的纪律，违反了底线就要受到惩戒。现在我们有9 000多万名党员，管这样巨型的党非常难，做一个真正的党员也很难，所以坚守底线非常重要。

第五，共产党人是有担当的人。我们的理想是根据人类发展规律、依据马克思科学社会主义原理提出来的，这样的理想高于人类社会其他所有理想。实现这样的理想，需要无数代人的艰苦奋斗，每一代共产党人都要努力，我们在特定岗位的工作就是为这个理想而奋斗。在这个过程中，会遇到重重困难，面对困难和挑战，共产党人的基本素质就是奋斗，每一个共产党人都要有战斗精神。基层党组织要成为战斗堡垒，共产党人要发挥先锋模范作用，其创造力和凝聚力是要敢于担当。现在面临的问题就是，个别共产党员没有担当，个别领导干部不敢担当。维护党的团结形象，巩固党的执政地位，许多方面很多人不敢担当。

第六，共产党人是有境界的人。以上概括起来就是做有境界的共产党人，脱离低级趣味，始终和人民群众在一起，心中始终烧着一把火，始终不竭为事业奋斗。在前进的道路上，要有那么一种精神和激情，把困难当磨刀石，一往无前，塑造自己的人格，做一个真正的共产党人。

“两学一做”就是要使我们成为一个真正的共产党人，年复一年，日复一日，回头再看，就发现自己站在泰山顶上。要通过积累和激励两大机制，积累修养，激励自己，使自己成为这样的共产党人。

“五问”教育战线共产党员的信念与初心*

在我们党欢度97周岁生日的时候，我们来到威县开展党日活动，感受威县打脱贫攻坚战所取得的丰硕成果，感受教育部帮扶干部在脱贫攻坚第一线的风貌，同时从历史中汲取营养，在冀南党史馆接受革命传统教育。

一个人过生日，一是回顾一年来自己的得意之处是什么，一年来自己的所作所为创造了哪些价值。一年又一年，这些积累下来的价值就构成了我们每个人的财富。二是展望未来，许愿在新的一年怎样不虚度日月。一个人是这样，一个组织是这样，我们党更是这样。在党的生日来临的时候，我们每个党组织、每个共产党员应当问一些什么问题？

第一，面临什么样的历史形势？

要问一问，我们党一路风尘仆仆走来，走到今天，党和人民的事业面临什么样的形势？这一点非常重要，需要我们认真思考。回顾党的历史，从1921年走到今天，这97年有一些基本的东西，就是我们这个党善于应对挑战、战胜困难。97年，多少次生死攸关的难关，我们都走过来了。我们一步一步走过来，很不容易，积累了丰富的财富。我们善于应对挑战，不仅是外部世界的挑战，更有我们党内生的挑战。

今天我们党的事业，正处于近代以来最好的历史发展时期，同时又处于世界百年不遇的重大变局之中。在这样一种形势之下，机遇与挑战

* 2018年7月2日，河北。

并存，机遇大于挑战，但挑战更加严峻。在历史性变化面前，我们一定要保持清醒。我们不能妄自菲薄，但更不能让胜利冲昏头脑，忘记了我们肩负的历史使命。今天保持清醒头脑尤其重要，一定要客观地认识党的事业所处的历史形势。

第二，处于什么样的历史方位?

要搞清楚当前和今后一个时期全党共同奋斗的目标和历史方位。这个历史方位就是历史交汇期，就是第一个百年和第二个百年的交汇期。这个交汇期能不能优质高效地交接，把我们党的事业推向前进，核心是打好三大攻坚战。

一是防范风险的攻坚战。防范金融风险就是要让经济发展的血液健康流畅起来。教育系统在这方面面临的挑战更加严峻，不能发生全局性问题，不能犯颠覆性错误。

二是污染防治攻坚战。说到底，这是和我们自己作战，要改变自己的生活、生产、行为方式。污染防治实际上是欲望防治。

三是脱贫攻坚战。这是具有标志性意义的，我们只有打赢了脱贫攻坚战，才是优质高效地实现了第一个百年奋斗目标。

这几年来，我们和威县结成对子帮扶，成就很大。这样一个历史方位就是我们规划、衡量、落实各项任务的宏观框架和时空条件。在党的生日之际，我们要弄清楚，今天和今后一个阶段我们党处于什么历史方位，要记住历史方位和三大攻坚战，记住教育人的历史担当。

第三，能给党交上怎样的答卷?

我们不能给党交白卷、做假账。在历史交汇期，作为一级党组织和一名党员，我们为党的事业尽了哪些力、做得怎么样？威县脱贫攻坚取得的几个“十倍”是很不容易的。这是威县党组织作出的回答。有位老师对自己两年教师生涯作了总结，从最初的“这难道就是我的人生？”到爱上这里的孩子、学校和教育，这样的感情转折历程是他作出的回应。

我们每个党员、干部在党的生日时都要作出回应，过去一年，我们为党的事业做得怎样？今后我们要怎样做？

第四，对照党章、党纪、党规做得怎么样？

党的十八大以来，我们党领导全党和全国人民进行伟大的社会革命和自我革命，两个革命都取得了历史性成就。社会革命方面发生的历史性变化，大家都已感受到。自我革命以全面从严治党为代表的党的建设，是十八大以来我们党治国理政最鲜明的特色。党的十八大以来的历史进程证明，党章、党纪、党规非常重要。在这样一个日子里，我们需要自问，对照党章、党纪、党规，我们做得怎么样？改造客观世界的同时改造主观世界，不是抽象的哲学概念，而是历史的、具体的。

实际上就是说，每个党员不仅要在组织上入党、思想上入党，在新的历史条件下，还要解决制度上入党和行动上入党。制度上入党就是说一定要按党的规矩来约束自己的行为，行动上入党就是要增强“四个意识”，坚定“四个自信”，做到“两个维护”，与党中央保持高度一致。入党誓词，背下来很容易，但是要真正做到很不容易。

第五，人民需要我们做些什么？

这是一个核心问题。党的十八大以来，习近平总书记提出以人民为中心的发展思想。人民要我们做些什么，这是最重要的问题。脱贫攻坚、摆脱贫困，实现世世代代梦寐以求的历史性转变，就是当前历史条件下人民要我们做的最重要的事情。对教育来说，老百姓要我们解决他们在教育事业发展过程中面临的公平问题、质量问题、各种烦心事和麻烦事，如大班额、入园难、入园贵、负担重、优质教育资源稀缺等。反过来，我们的教师也有很多烦心事、难心事。我们倡导尊师重教，要创造属于我们这个时代尊师重教的氛围和环境。得人心者可能得天下，失人心者一定失天下，但民心是在一定历史条件下变动的，我们要做的是倾听民心、尊重民心、引导民心，把民心凝聚起来推动党的事业。我们要好好问一问，人民真正需要什么?

做一个共产党员是很难的，做一个真正的共产党员更加难，但是这是值得追求、值得坚守的，因为我们这样做了，你会感到，你周围的环境变化了，周围人们的眼睛亮了，老百姓会用一种连他们自己都感到惊奇的目光看着你。用这“五问”不断提醒自己，就会不断有新的收获。

践行新时代党的组织路线*

习近平总书记在全国组织工作会议上的重要讲话，紧紧围绕新时代党的组织路线为党的政治路线服务，统揽伟大斗争、伟大工程、伟大事业、伟大梦想，深刻总结了党的十八大以来党的建设和组织工作取得的实践成果、理论成果，深刻阐述了新时代党的组织路线的科学内涵、实践要求，深刻指明了新时代党的建设和组织工作的方向目标、重大任务。讲话高瞻远瞩、视野宏大、内涵丰富、思想深刻，是指引新时代党的建设和组织工作的纲领性文献。教育系统一定要认真学习领会、坚决贯彻落实，坚持和加强党对教育工作的全面领导，推进新时代教育系统党的建设和组织工作高质量发展。

要深入学习贯彻习近平新时代中国特色社会主义思想和党的十九大精神，贯彻落实习近平总书记关于党的建设和组织工作重要思想，坚决维护习近平总书记党中央的核心、全党的核心地位，坚决维护党中央权威和集中统一领导，践行新时代党的组织路线，落实新时代党的建设总要求，不断提高教育系统党的建设和组织工作质量，为加快推进教育现代化、建设教育强国、办好人民满意的教育提供坚强组织保证。

一要突出学懂弄通做实，把“用习近平新时代中国特色社会主义思想武装头脑”的重要要求落到实处。推动学习习近平新时代中国特色社会主义思想不断往深里走、往实里走、往心里走，进教材、进课堂、进头脑，作为干部教育培训的重中之重，精心组织开展“不忘初心、牢记

---

* 2018年7月12日，北京。

使命”主题教育。

二要突出“两个维护”，把“坚持把党的政治建设摆在首位”的重要要求落到实处。严明政治纪律和政治规矩，严肃党内政治生活，发展积极健康的党内政治文化，把旗帜鲜明讲政治的要求全面融入教育系统各项工作。

三要突出政治功能和组织力，把“以组织体系建设为重点”的重要要求落到实处。推进直属机关党的政治建设，完善大中小学党的领导体制和工作机制，坚持思想建党和制度治党同向发力，全面实施高校党组织“对标争先”建设计划、新时代高校党建示范创建和质量创优，让党的旗帜在教育系统每一个基层阵地上高高飘扬起来。

四要突出德才兼备、以德为先、任人唯贤，把“着力培养忠诚干净担当的高素质干部”的重要要求落到实处。贯彻新时期好干部标准，落实党管干部原则，强化党组织领导和把关作用，把政治标准放在第一位，完善素质培养体系、知事识人体系、选拔任用体系、从严管理体系、正向激励体系，全面提高直属系统干部队伍建设和干部工作质量。

五要突出激发人才创新创造活力，把“着力集聚爱国奉献的各方面优秀人才”的重要要求落到实处。完善教育系统人才工作机制和政策体系，深入实施“长江学者奖励计划”等重大人才工程，加强政治引领和政治吸纳，全面提升教师队伍思想政治素质，抢占教育人才工作的政治制高点、道德制高点、法治制高点、战略制高点和学术制高点。

六要突出长远发展战略需要，把“做好年轻干部工作”的重要要求落到实处。创新工作理念，组织开展优秀年轻干部专题调研，制定关于直属高校、直属机关优秀年轻干部队伍建设的指导意见，适应新时代要求大力发现培养选拔优秀年轻干部。

“搭把手、加把劲”，齐心协力推进滇西脱贫工作*

要深入学习领会习近平总书记关于扶贫开发的重要讲话精神，全面贯彻落实党中央、国务院脱贫攻坚决策部署，扎扎实实推进滇西脱贫各项工作，确保滇西脱贫攻坚再战再捷。

打赢脱贫攻坚这场硬仗，加强领导是根本，精准把握是要义，增加投入是保障，各方参与是合力，群众参与是基础。我们要进一步从这五个方面深刻把握，切实把思想和行动统一到习近平总书记关于扶贫开发的重要讲话精神上来，统一到中央脱贫攻坚决策部署上来，提高认识，坚定信心，确保滇西脱贫攻坚再战再捷。

部际联系会议成员单位、教育部和云南省要坚持问题导向，落实各自责任，加强沟通衔接，凝聚各方力量，合力推进滇西脱贫各项工作。

一是各部门要“搭把手、加把劲”，齐心协力推进滇西脱贫攻坚。希望各成员单位发挥各自优势，密切协作，进一步加大政策和项目向滇西倾斜力度，着力增强滇西片区发展能力；保持现有政策稳定，结合当地实际抓好落实；充分调动本系统内资源，继续加强与云南省有关方面的沟通衔接，切实提高脱贫攻坚的针对性、可持续性。

二是教育部要“铺好路、架好桥”，扎实做好定点联系滇西工作。要进一步加强联系会议牵头单位的统筹协调职能，搭建好云南省与各部门之间的沟通对接平台。开展滇西建档立卡学龄人口数据统计分析，切实发挥教育在脱贫攻坚中的特殊作用。继续组织整个教育系统力量参与

---

* 在滇西脱贫攻坚部际联系会议上的讲话要点，2017年、2018年，昆明。

滇西脱贫攻坚，深化滇西人力资源开发扶贫示范区建设。

三是云南省要“推好车、走好路”，承担好滇西脱贫攻坚的主体责任。希望云南省把脱贫攻坚作为头号工程不放松，坚持精准扶贫，把握好扶贫攻坚正确方向，加大工作力度，加强基层组织力量，做好组织群众、发动群众的工作，激发他们摆脱贫困奔小康的内生动力。

按照党中央要求，抓好滇西脱贫攻坚，一要牢记这是习近平总书记的殷切嘱托。要用习近平总书记关于扶贫工作的重要论述统领帮扶工作全过程、各方面，学习领会其精神实质和核心要义，转化为帮扶的实际行动、显著效果。二要牢记这是滇西人民的翘首期待。各单位要履行职能，践行以人民为中心的发展思想，决战决胜脱贫攻坚，使滇西人民摆脱世世代代贫困状况，实现对美好生活的期待。三要牢记这是各单位肩负的神圣使命。要按照分工负好职责，尽最大可能使帮扶工作效果最大化，提升滇西人民脱贫攻坚获得感。四要牢记这是我们必须迈过的重大关口。脱贫攻坚战在三大攻坚战中具有标志性意义、基础性作用，是决胜全面建成小康社会“一个都不能少”的坚强保障。现在摆在我们面前的都是“硬骨头”，艰难险阻很多，但没有退路，必须攻下。

种好责任田、试验田、标杆田、丰产田、良心田，打赢脱贫攻坚战*

习近平总书记对教育脱贫很重视，在中央经济工作会议上讲三大攻坚战时提出2019年要实施教育脱贫攻坚行动计划；讲民生问题时对教育提出三个任务，即增加学前教育扶贫，解决好农村贫困入学儿童问题、学龄前儿童的健康成长问题，发展职业教育。把总书记讲的这两个重要精神结合起来，我们打教育脱贫攻坚战的主攻方向就是“五个一批”中的一个“一批”和“两不愁三保障”中的一个“保障”。围绕总书记给我们提出的任务，我们要从两个方向努力。

一、提高政治站位

时刻认识到打赢脱贫攻坚战对全面建成小康社会，实现“两个一百年”奋斗目标的顺利衔接具有重大意义。要从这几个角度提高政治站位。

（一）种好政治的“责任田”

把脱贫攻坚、乡村振兴战略看作今后的重大政治责任，这是我们对人民的政治承诺。定点扶贫是我们学习践行总书记扶贫重要论述的具体实践和具体行动，是我们的责任田。为了种好责任田，中央作了全面部署。中央专项巡视组到河北省青龙满族自治县进行延伸调研，对教育部的脱贫攻坚和定点扶贫给予肯定，也指出了存在的问题，其中一个很重

---

* 在2018年定点扶贫工作推进会上的讲话，2018年12月27日，河北。

要的问题就是要提高政治站位。

（二）种好改革的“试验田”

要把参与脱贫攻坚看作我们推进教育改革、摸索教学改革经验的一个过程，是一个改革的过程。要在脱贫攻坚中摸索出教育各阶段，义务教育、高中教育、职业教育甚至高等教育发展的路子，甚至探索出教育各阶段体制机制改革的路子。在扶贫过程中遇到的一些困难，在乡村振兴中遇到的一些瓶颈，如何用改革的办法去破解，这件事我们要好好研究。

（三）种好党性修养的“标杆田”

脱贫攻坚是教育战线的干部进行党性修养的难得的历史机遇。不仅是参与脱贫攻坚的干部，也是全体同志进行党性修养的难得的机遇。所以我们要在定点扶贫的帮扶点，在扶贫过程中，磨炼自己的党性，检验自己的党性修养，检验自己改造主观世界的成效，把它作为党性修养的标杆田。做好这件事能净化自己的灵魂，能受到严格的磨炼和锻炼，各级党组织都要对脱贫攻坚和乡村振兴赋予这样的意义。

（四）种好干部锻炼成长的“丰产田”

我跟挂职锻炼的干部进行了简短的沟通。我到教育部工作之后，也到这些地方去看过，包括西藏、新疆和青海。我深深地体会到，脱贫攻坚是我们锻炼干部的一个重要途径，选配干部参与脱贫攻坚是我们培养干部的一个重要方法。干部只有接受磨炼才会成长起来。我们一些有责任心、工作做得很出色的干部，相当一部分都是在基层挂过职的，他们理解基层、理解群众，所以能够把自己的本领能力、把自己本单位的工作和基层实际紧密结合起来。

（五）种好为民服务的“良心田”

我们共产党员就是要为中国老百姓服务，为父老乡亲服务。脱贫攻坚战就是要完成老百姓世世代代梦寐以求的夙愿，就是要摆脱贫困。总书记、党中央对我们教育的要求，就是阻断贫困代际传递的链条。所以，这是一个良心田。在中国文化中，“良心”两个字分量很重，教育系统要在帮扶点、在脱贫攻坚战中尽我们所能，动动脑筋，种好良心田。

二、下一步怎么做

（一）党的领导挺起主心骨

脱贫攻坚和乡村振兴战略，是我们党在新时代、在农村实施的前无古人的伟大创造，在当今世界上是无与伦比的，是我们党所领导的伟大事业的重要一步。所以，党的领导挺起主心骨是我们夺取脱贫攻坚决定性胜利、推动乡村进步的根本保障。不能脱离党的建设去搞特殊脱贫，不能脱离党的领导去搞特殊脱贫。党在脱贫攻坚中的领导作用要充分发挥，充分挺起主心骨。老百姓看什么？看党的领导。

（二）各级干部当好主攻手

脱贫攻坚是我们全党共同的工作。党中央亲自部署，各级党委政府具体实施，五级书记冲在前面，各级干部当好主攻手，攻坚克难，带领群众致富。乡村振兴也是这样。教育部要继续选派优秀干部参与到帮扶点工作中来，和帮扶点的干部一道打好脱贫攻坚战。主攻手是谁？就是冲在最前面，敢抱着炸药包往上冲，敢堵枪眼的人。党的十八大以来，我们考察干部、评价干部讲得最多的一条就是：敢担当。

（三）发动好群众主力军

脱贫攻坚、乡村振兴，群众是主力军。脱贫攻坚是关系群众的事情，必须掌握群众，做好新时代的群众工作，做好新时代脱贫攻坚主战场的群众工作，让他们成为主力军，这是决定攻坚战能否全胜的基础。这是我们在脱贫攻坚中的一个体会。

（四）产业唱响主旋律

无论是脱贫攻坚还是乡村振兴，产业是很重要的，它是支柱，是我们脱贫攻坚工作和乡村振兴工作的主体性结构。没有产业，一切都不行，巩固成果也好，持续发展也好，基本的工作都是靠产业来进行。所以，我们要把产业发展好。原来讲产业、企业、创业、就业“四业”扶贫之路，就是要产业和企业优势能够发挥、能够结合，资源能够开发。

（五）教育筑牢主阵地

脱贫攻坚的主阵地，乡村振兴的主阵地，阻断贫困代际传递的主阵地，最终解决问题还是靠教育。所以，我们要始终把教育放在优先发展的位置上，推进乡村振兴，最重要的是做好教育，要全力支持。教育是改变世界历史的重大变量。教育筑牢主阵地，才能巩固成果，才能可持续发展。

教育脱贫攻坚战，要严肃对待、严密部署、严谨推进、严格考核、严防反弹*

教育脱贫攻坚战越往后越要注意做到五个“严”。

一要严肃对待。这是一个态度问题。习近平总书记强调：“这是一场硬仗，越到最后越要紧绷这根弦，不能停顿、不能大意、不能放松。”要作为检验“两个维护”的试金石来看待，作为重要的政治承诺来看待，放在总攻的位置来落实，决不能掉以轻心，容不得半点马虎。

二要严密部署。要精准，“贵在精准，重在精准，成败之举在于精准”。要围绕义务教育有保障的基本目标、重点环节、重点地区来部署，切实做到精准扶贫、精准脱贫。

三要严谨推进。工作一定要严谨，环节与环节之间要紧密衔接，要坚持效果导向，盯着效果，一个山头一个山头攻，一个问题一个问题解决，严防形式主义、官僚主义，严防有松口气、歇歇脚的想法。

四要严格考核。每一个分项目、每一个子目标，都要严格考核，坚决杜绝数字脱贫、虚假脱贫，确保经得起历史和人民的检验。

五要严防反弹。控辍保学取得了突破性进展，但稳定住、巩固好还不是一件容易的事情。要巩固控辍保学成果，在机制上下功夫，使控辍保学这个问题历史性地得到解决。

要把思想和行动统一到习近平总书记的重要讲话精神上来，统一到

---

* 2020年3月，北京。

党中央决策部署上来，进一步增强政治责任感和历史使命感，全面压实攻坚责任，坚持精准方略，加快补齐短板弱项，打响打好打赢教育脱贫攻坚的总攻战，确保取得全面胜利。

要在领会“战略”中深化认识。脱贫攻坚在全面建成小康社会各项目标中分量最重、最为关键，事关全局，必须如期打赢。义务教育有保障是“两不愁三保障”的底线目标之一，影响着脱贫攻坚的成效和全面小康的成色，是具有特殊意义的政治任务，必须坚持不懈抓好教育脱贫攻坚各项政策、责任、任务落实。

要在掌握“战情”中坚定决心。经过艰苦卓绝努力，教育脱贫攻坚取得重要阶段性进展，但收官之年遭遇疫情影响，各项工作任务更重、要求更高，要坚定再接再厉的决心、攻坚克难的决心、整改提高的决心，坚决打赢教育脱贫攻坚战。

要在用好“战术”中强化合力。进一步加强中央统筹，做好统筹谋划和整体推进，强化督促指导和效果监管；进一步落实省负总责，统筹使用各类资源，加大对未摘帽县支持帮扶力度；进一步推动市县抓落实，确保教育脱贫攻坚特别是义务教育有保障，各项政策措施落地生根。

要在找准“战场”中发起总攻。牢牢把握52个未摘帽贫困县是主战场、“三区三州”是决战地，按照攻坚目标要精准、规律把握要精准、保障举措要精准要求，统筹考虑疫情形势影响，持续推进控辍保学专项行动，坚决实现义务教育有保障。

要在巩固“战果”中显现成效。把防止反弹摆在更加重要的位置，始终保持攻坚态势，通过狠抓问题整改再见成效，加大工作力度扩大成效，强化工作机制巩固成效。

要在强化“战队”中压实责任。全面加强党对教育脱贫攻坚工作的领导，全面落实思想上严肃对待、工作上严密部署、落实上严谨推进、成效上严格考核、机制上严防反弹的“五严”要求，切实履职尽责、不辱使命。

要完善总攻机制。这个机制就是以落实为重点的机制，上上下下必须把工作抓得很紧很紧，让各项任务落实下去。要健全总攻的组织形式，就是各方面工作要统筹谋划、整体推进，坚决反对形式主义、官僚主义，切实形成强大工作合力。要聚焦总攻的主战场，就是以52个未摘帽贫困县为主战场攻坚克难完成任务，同时对正在进行退出检查的179个县和宣布摘帽的601个县保持工作力度不减。

关于如何总攻，要把握三个重点。

一是聚焦。所有的精力投入和资源配置，都要聚焦主战场、聚焦总目标。

二是精准。落实习近平总书记关于精准扶贫、精准脱贫的重要论述，围绕目标任务把精准具体化。实事求是地说，对精准，大家讲得多，但怎么才算精准、怎么做到精准，研究得少一些。比如，义务教育有保障怎么才算精准？怎么做到精准？义务教育有保障所包含的子系统，把哪几个方面做到了就算精准？“发展教育脱贫一批”做到哪些就算精准？当然，所有工作最后要落实在精准脱贫上。

三是统筹。一方面，统筹52个未摘帽贫困县教育脱贫攻坚工作。对未摘帽贫困县教育脱贫攻坚工作开展全覆盖式调研指导。需要强调的是，任务是统一的，“工具包”是统一的，换句话说，战斗要求是一样的，给大家配备的“军火库”是一样的，就看你怎么打仗，无论如何要把山头攻下来。另一方面，统筹教育部与地方、高校和地方的关系。之前是我们先去听意见，了解你缺什么、要我们做什么，这次要调整为我们要你做什么，特别是已经出台的政策落实得怎么样、落实政策有什么难度，比如控辍保学，该地方做的做了没有，要坚决打通政策落实“最后一公里”。在此基础上，该帮的要帮一帮，还需什么政策可以研究。这是激发动力的统筹，不是吊高胃口的统筹，在收官之年一定要注意区别开来。还有，统筹各种扶贫方式，包括定点联系、定点扶贫、定点帮扶、东西部扶贫协作、专项扶贫等。各种扶贫方式之间要统筹好，要围绕义务教育有保障和“发展教育脱贫一批”来做，不要顾此失彼。此外，还要统筹与脱贫攻坚有关的教育项目，包括义务教育均衡发展、学生营养改善计划、重点高校招生专项计划等，这些项目都涉及脱贫攻坚，有的涉及资金投入。

有保障目标任务全面完成，实现建档立卡贫困学生除身体原因不具备学习条件外，贫困家庭义务教育阶段适龄儿童、少年不失学辍学，保障有学上、上得起学，历史性解决控辍保学问题。贫困地区教育总体发展水平显著提升，九年义务教育巩固率达到93%。发展教育脱贫一批的成效更加显著，阻断贫困代际传递的作用更加有效，教育扶贫工作长效机制更加完善。

二、关于提高总攻的认识

2020年突如其来的新冠疫情使脱贫攻坚面临新的挑战，最突出的问题是劳动力转移和农民收入。劳动力不转移出来，农民收入就增加不了，而务工收入又占到农民收入的大部分。就教育扶贫来说，就业压力连带而来的是控辍保学压力。因此，在疫情带来的挑战面前，怎么完成脱贫攻坚任务是一项大考，总攻的战斗将十分艰巨。习近平总书记专门讲了“两个确保”，即“确保如期完成脱贫攻坚目标任务，确保全面建成小康社会”，向全世界、向人民群众做了承诺，我们要进一步提高对总攻的认识。

一是历史担当。我们正处于全面建成小康社会和开启第二个百年奋斗目标的历史交汇期，打赢脱贫攻坚战，意味着中华民族千百年来存在的绝对贫困问题，将在2020年这一具有特殊意义的年份终结。我们已经走到这一步，这个承诺必须兑现，历史到了这一刻，控辍保学问题要历史性地解决，在此基础上巩固发展教育脱贫一批成果，继续向教育现代化迈进。

二是使命担当。使命担当就是决战决胜脱贫攻坚、全面建成小康社会，教育战线肩负光荣的历史使命，我们是一支生力军，不能拖后腿、不能欠账、不能变换目标，必须完成任务。

三是责任担当。这是我们对党和人民承担的责任，每一位同志都是脱贫攻坚的参与者、推动者、组织者，将来还是见证者，要从各自的职责角度担当责任，打好总攻之战，每一位同志都要“亮剑”。

四是政治担当，要把脱贫攻坚作为践行“两个维护”的具体实践，作为践行初心使命的具体实践，作为我们当前最大的政治任务，把总攻打好。大家要振奋精神、认清使命、担当责任，完成好各自的工作。

三、关于总攻要注意的问题

在总攻过程中，要按照巡视组反馈的意见，落实好各项整改举措，逐项挂图作战，逐条对账销号，必须高度重视四个问题。

一是千万不能懈怠，不能认为控辍保学已取得突破性进展，就可以松口气了，绝不能有这种松劲的情绪，一定要消除精神懈怠的危险。

二是防止形式主义，核心是不扰民、不欺民。不扰民就是不搞那些花里胡哨的东西，不给基层增加负担，不干扰老百姓。不欺民就是不要欺骗百姓，每一项工作都要实实在在的，脱贫攻坚各项指标都要经得起历史的检验、经得起群众的监督，不要搞数字脱贫、虚假脱贫、报表脱贫。

三是要警惕在脱贫攻坚中有可能出现的“黑天鹅”“灰犀牛”等潜在问题，越往后出现的问题就越具体，都是老百姓非常关心的、容易引起舆论旋涡的。

四是注意贪腐现象，要高度关注在资源配置、工作推进、政策执行过程中容易出现的设租寻租问题，高度关注“吃拿卡要”、截留、挪用等贪腐现象，一定要干干净净脱贫、坦坦荡荡进小康。各单位务必做到警觉性再提高、自觉性再增强、要求再严格。

四、关于总攻的政策措施

在总攻战推进过程中，要结合52个县的具体实际，有针对性地解决问题。

控辍保学要突出一个“实”字。针对义务教育控辍保学易反复、巩固难等问题，深入研究分析深层次原因，动态掌握建档立卡贫困学生应上未上、中途辍学、反复辍学等类型底数，聚焦外出打工、入寺入庙、早婚早育等辍学难点，坚持“一类一策”“一县一策”，真正使控辍保学问题得到历史性解决，坚决避免数字控辍、虚假控辍。

职业教育要突出一个“强”字。强在技能上，突出就业导向，让学习的孩子有一技之长、能就业。针对贫困地区职业学校办学条件差、吸引力不足等问题，更大力度实施职业教育东西协作行动计划，重点支持每个地市原则上至少建设好一所中等职业学校，对于未设中等职业学校的贫困县，因地制宜地通过新建中等职业学校、就近异地就读、普教开设职教班等多种措施，广泛开展职业教育和技能培训，帮助建档立卡贫困人口就业脱贫。

师资队伍建设要突出一个“补”字。针对基层反映强烈的教师缺额多、结构性短缺等问题，加强城乡交流轮岗，充分利用国培计划、特岗计划、公费师范生等方式加快教师培养、培训周期和补充进度，启动新一轮“三区”人才支持计划教师专项计划，扩大实施银龄讲学计划，推动乡村教师生活补助政策提标扩面，发挥人工智能等新技术的助推作用，尽可能做到能补尽补。

资助政策要突出一个“准”字。加强学生资助工作与建档立卡贫困家庭适龄人口的数据比对工作，做到应纳尽纳，应助尽助。加大学生资助政策宣传力度，精准落实家庭经济困难学生生活补助政策，实施好农村义务教育学生营养改善计划，切实保障家庭经济困难学生的基本学习生活需求。督促指导地方进一步做好学生资助工作，确保资助资金足额及时到位。

“推普脱贫”突出一个“用”字。聚焦推广国家通用语言针对性不够强等问题，优化完善普通话学习资源，突出学习资源的实用性，帮助贫困人口通过学习普通话延伸交往半径，帮助他们“走出去”，获得更多机会。与职业教育和技能培训相衔接，调动青壮年农牧民学习普通话的积极性和主动性。提高少数民族教师、农村教师国家通用语言文字教育教学水平和应用能力，加强贫困地区学前儿童普通话教育，组织开展“推普助力脱贫攻坚”大学生社会实践活动。

滇西片区要突出一个“牵”字。教育部是滇西片区的牵头单位，要落实好相关会议精神，发挥好桥梁纽带作用，加强与成员单位和云南省的沟通联系，聚焦滇西片区脱贫攻坚短板弱项，协调相关部门形成合力，帮助解决突出问题。

定点帮扶要突出一个“稳”字。要稳住脱贫政策，巩固成果，不要出现反复，重在防贫防返贫。重点督促直属高校特别是新增的20所和去年考核靠后的高校，落实好责任书确定的规定动作和各学校的自选动作，切实承担好帮扶责任。

在目前工作基础上，要深入理解领会“阻断贫困代际传递”是党中央交给教育战线的根本任务，继续奋力写好这篇历史性文章。

一要牢记“一个根本遵循”。习近平总书记关于扶贫工作、教育工作的重要论述是我们工作的根本遵循，要总结中国特色社会主义教育制度的巨大优势、各级党委政府的强大执行力、人民群众的主体作用以及社会各界支持教育脱贫攻坚创造的有效做法，这是我们今后阻断贫困代际传递的重要精神财富。

二要写好“三篇文章”。要在脱贫攻坚和乡村振兴相衔接的历史逻辑中，寻找阻断贫困代际传递的实践逻辑和制度逻辑。要“厚基础”，在现在已经达到的水平上，继续夯实教育现代化、教育强国的发展基础；要“高质量”，建立高质量发展的教育体系，促进教育整体进入高质量发展阶段；要“一体化”，重视农村义务教育，实现城乡教育一体化发展。

三要聚焦“四个重点”。要“优质均衡”，促进义务教育由基本均衡向优质均衡迈进；要“职教提质”，提高职业教育地位和质量，下功夫把职业教育这盘大棋下好；要“推普赋能”，充分发挥国家通用语言文字在提高人员基本素质、促进职业技能提升、增强就业能力等方面的重要作用；要“优化布局”，推动优质教育资源共享，为今后乡村振兴提供良好基础。

五、关于总攻力量的分布

在力量分布上要注意重点，具体“战法”是分割包围、协同作战、聚而歼之，在总攻的过程中把力量搭配好。

一是“吃掉一块”。紧紧盯住52个县总攻主战场，狠抓各项工作落实，切实产出较真碰硬督、凝心聚力战的成果，确保完成教育脱贫攻坚任务。

二是“把住一块”。紧紧盯住已脱贫摘帽和正在进行退出检查的780个贫困县，保持工作力度不减，保持攻坚态势不变，对脱贫不稳定的要冲上去、扶一把、助一把。

三是“盯紧一块”。在已脱贫的人口中，还有200万左右存在返贫的风险，他们脱贫的基础非常薄弱，稍有“风吹草动”就会返贫，也是防止控辍保学出现反复的重点。在边缘户中，还有300万左右的人口存在致贫的风险，也是影响脱贫攻坚质量和成色的重要因素。这500万左右的人口，就是我们要盯紧的部分，在总攻中作为重点。同时，要早做准备、早做研究、早做预案，应对好脱贫与返贫反复拉锯的状态。

四是“巩固一块”。要巩固控辍保学工作成果，严防反复，重点是入寺入庙、打工务农等类型的劝返学生。要巩固已有教育脱贫攻坚成果，保持政策总体稳定，落实“四个不摘”要求，已经脱贫摘帽的县和我们的对口帮扶县，要做好巩固提高工作。

最后，希望大家分头行动，打响各自的战役，确保总攻之战能够大获全胜。

从教育的角度深刻认识脱贫攻坚*

脱贫攻坚是一场伟大的社会革命，具有重大的历史意义。

一是深刻认识习近平总书记提出的中国特色反贫困理论。该理论就是“七个坚持”，具体包括坚持党的领导、人民至上、制度优势、精准扶贫、内生动力、社会互助、作风和精神。这七个方面是高度概括的，要从中理解我们党理论创新的独特道路、独特表述、独特形成过程、独特结构，弄清楚这里面的核心要义是什么。

二是深刻认识习近平总书记概括的脱贫攻坚精神。在我们党的精神谱系中，脱贫攻坚精神的特点是什么，承载着什么样的思想力量、文化力量、实践力量、制度力量，这种精神给我们落实立德树人根本任务提供了什么样的思想资源、精神财富、独特方法。

三是深刻认识习近平总书记总结的脱贫攻坚历程。我们党从成立之初，初心使命的重要内容就是要摆脱贫困，让中国人民富起来，现在我们完成了。我们要深刻认识到，在长达百年的奋斗过程中，中国共产党为什么能，这十几年世界脱贫任务的70%为什么是由中国担起来的，为什么在2020年这个特殊时间节点完成了脱贫攻坚战略任务，这其中教育起到了什么样的历史作用，作出了什么样的贡献。

四是深刻认识收官之后怎么巩固，怎么拓展，与乡村振兴相衔接。可以预见的是，越往后教育的作用越……这个过程中，我们要认识到教育需要作出的贡献、需要担负什么，能不能阻断贫困

* 2021年2月、3月，

代际传递，能不能巩固住脱贫攻坚成果。总书记在讲话中指出，教育是脱贫致富的根本之策，这是我们的历史使命。在中华民族站起来、富起来、强起来的历史进程中，在决胜脱贫攻坚战收官之后完成第二步战略目标的历史进程中，教育已经被推上了决定历史进程的关键位置。

教育系统为脱贫攻坚作出了贡献。无论是“两不愁三保障”中的“义务教育有保障”还是“发展教育脱贫一批”，教育系统都作出了贡献，长期存在的辍学问题得到历史性解决。关于学习习近平总书记重要讲话精神，有几件事要做好。一是作为学校教育教学的重要内容，在教材建设、课程建设等方面要很好地研究落实。二是充分运用脱贫攻坚战中涌现出的先进典型和感人事迹，与庆祝建党100周年结合起来，加强学校思想政治工作。三是教育系统每一位扶贫干部、第一书记都有他们自己的故事，要用好这些资源，讲好教育脱贫攻坚故事。四是对教育脱贫攻坚进行总结，同时对服务全面推进乡村振兴进行动员，把二者接续起来，在接续中巩固拓展，继续做好我们的工作。

倍加珍惜教育脱贫攻坚战成果，全面推进乡村振兴*

习近平总书记在全国脱贫攻坚总结表彰大会上对巩固拓展脱贫攻坚成果同乡村振兴有效衔接作了部署，对怎么巩固、怎么拓展、怎么衔接提出明确要求，给我们指明了前进方向，提供了根本遵循。目前，脱贫攻坚转入全面实施乡村振兴战略阶段，可谓“转段”，我们面临两大任务，一是巩固拓展教育脱贫攻坚成果，二是有效衔接乡村振兴教育工作目标任务。

一、高度重视、倍加珍惜教育脱贫攻坚战取得的伟大成绩

党的十八大以来，教育系统深入学习贯彻习近平总书记关于教育和扶贫工作的重要论述，上下同心、尽锐出战，取得几个方面突出成果，值得我们全体教育人振奋和珍惜。

一是取得最具政治意义的成果。习近平总书记提出的以“七个坚持”为主要内容的中国特色反贫困理论，在决战决胜教育脱贫攻坚战中显示出巨大威力。教育系统各参战单位自觉用中国特色反贫困理论武装头脑、指导实践、推动工作，确保教育脱贫攻坚战不偏离党中央总体部署，不偏离帮扶对象的期待和实际。这是我们最鲜明的特征，也是最具政治意义的成果。

二是取得最具历史意义的成果。完成义务教育控辍保学历史任务，长期以来困扰我们的控辍保学问题得到历史性解决，画上了圆满句号。

---

* 2021年3月22日，北京。

20多万建档立卡辍学学生实现动态清零，创造了中国教育史和世界教育史上的奇迹，这是教育系统创造的历史伟绩，是具有非凡历史意义、可以载入史册的成果。

三是取得最具战略意义的成果。如期完成“发展教育脱贫一批”历史任务，涉及教育的阶段性目标和任务全面实现，没有辜负党中央的重托，没有辜负人民群众的期望。农村地区教育面貌发生根本性变化，这为全面推进乡村振兴打下了坚实人力人才资源基础，提供了战略支撑。特别是高等教育资源向贫困地区倾斜、将职业教育作为教育扶贫重点、全面改变基础教育面貌三件大事意义深远，对今后乡村振兴意义重大。

四是取得最具创新意义的成果。把教育的优势与群众期待、当地实际相结合，探索出教育支持地方发展、教育实现自身发展的有效路径，形成一批成功经验。其中，我们高度重视各项政策措施的系统配套和落实，形成一整套符合教育脱贫攻坚实际的政策体系和“工具包”，把精力放在狠抓落实上，确保教育脱贫攻坚战不断取得阶段性成果，直至取得最后胜利。这些经验和路径对坚持和发展中国特色社会主义教育事业、对全面实施乡村振兴战略提供了有力支撑，要继续贯彻下去。

五是取得最具教育意义的成果。我们的队伍经受了考验，一大批干部、教师、学生深入贫困地区一线开展形式多样的帮扶工作，扶贫者自身也受到了教育。可以说，通过扶贫工作，教育工作者的精神境界、实践能力各方面都得到了提升，拉近了和人民群众的感情，我们的干部队伍成长起来了，广大学生也成长起来了，这非常难能可贵。

二、在巩固拓展教育脱贫攻坚成果基础上全面推进乡村振兴

根据党中央要求，脱贫攻坚目标任务完成后，对脱贫县设立五年过渡期。我们要把握目标任务，找准方向、做好规划、制定蓝图、抓住重点、创新机制，把握好以下几点。

一要“举好旗”。中国特色反贫困理论是我国脱贫攻坚的理论结

晶，是马克思主义反贫困理论中国化最新成果，是当代世界反贫困理论最前沿、最鲜活的规律性认识。要把深入学习中国特色反贫困理论和习近平总书记关于教育的重要论述结合起来，扎实推动共同富裕，更加重视教育公平，推动乡村振兴迈出实质性步伐。

二要“谋好篇”。当前我们正处在“两个一百年”奋斗目标历史交汇的关键节点，教育最重要的历史任务是建设高质量教育体系。实践表明，越是向前发展，教育的作用越是突出。衡量高质量发展，要看教育能不能阻断贫困代际传递。换句话说，振兴乡村主要看人力资本状况，主要靠人力资本阻断贫困代际传递。要围绕高质量发展谋好篇，一方面，巩固拓展成果要突出质量导向；另一方面，走高质量振兴乡村教育的道路，核心是把阻断贫困代际传递的历史任务扛起来。

三要“绘好图”。要把有效衔接的蓝图绘好，纳入教育事业“十四五”规划，作为下一个五年的重要工作内容。要对脱贫攻坚成果进行科学分类，该巩固的巩固、该优化的优化、该调整的调整、该加把劲的加把劲。特别要注意控辍保学不能出现群体性反复、规模性反复、区域性反复，要推动控辍保学从动态清零向常态清零转变。同时，农村地区、欠发达地区基础教育发展均衡要升级，向优质均衡迈进。要区分巩固拓展成果和乡村振兴的重点，分别绘好施工图。过去打赢脱贫攻坚战的工作重点是832个国家级扶贫开发工作重点县，特别是2020年主攻的52个未摘帽贫困县。现在推进乡村振兴的工作重点是面向全国，工作的范围、内容、重点都有所变化。要围绕优质均衡绘制蓝图，对全国进行总体设计。

四要“开好局”。要开好政策延续的局。该延续的政策都延续下去，但不是原样照搬，而是根据巩固拓展成果的需要加以完善，处理好政策体系更新换代的问题。要开好成果稳定的局。紧紧盯住、尽量避免一些成果在不同年度之间发生波动，一有异动就马上采取措施，确保脱贫攻坚的成色。要开好工作创新的局。由脱贫攻坚转向乡村振兴，是工作重心的战略转移，要做到“换挡不掉挡、转段不断线”。在教育“十四五”规划中确定乡村教育振兴、教育振兴乡村的重点任务和主攻目标，围绕教育要干什么、能干什么、能干到什么程度展开研究，不要四面出击、全面发动攻势，而是突出重点，主攻主要矛盾和矛盾的主要方面，特别要在人力资本培育上下功夫。

五要“起好步”。按照中央要求，安排好五年过渡期第一年的工作，制订好年度工作计划。今年的目标，就巩固拓展成果来说，要做到绝对稳定；就乡村振兴来说，要做到首战必胜，把第一步迈好。总之，要把工作纳入抓落实新体制中，扎扎实实做好安排、抓好落实，把首战之年任务高质量完成好。

六要“聚好焦”。在工作重心转移的过程中，要科学把握工作机理、客观规律、主要问题等，找准主要突破口，确定突破方向，一旦确定下来就不再在焦点、焦距上调来调去。要按照实事求是的思想路线，认真研究现在面临的客观对象，凝练切实可行的认识成果。各单位要在聚好焦的基础上，明确推进工作的总体思路，确保不断打胜仗、不断向前进。

全面部署，总体统筹，抓好疫情防控，抓好教育改革发展*

生命重于泰山，疫情就是命令，防控就是责任。教育部和教育系统疫情防控工作要坚决贯彻落实习近平总书记系列重要讲话精神和系列指示批示精神，增强“四个意识”、坚定“四个自信”、做到“两个维护”，深刻认识做好疫情防控的重要性和紧迫性，全面动员，全面部署，全面加强工作，把广大师生生命安全和身体健康放在第一位，制订周密方案，加强统筹调度，及时解决问题，做到守土有责、守土尽责，采取切实有效措施，坚定不移把党中央各项决策部署落到实处。

一

新冠疫情暴发以来，教育部党组认真贯彻习近平总书记关于坚决打赢疫情防控阻击战的系列重要指示批示精神，深入落实中央应对疫情工作领导小组决策部署，快速研究、迅速行动，开展了大量工作，取得了积极成效。全教育战线付出了极大努力，形成了合作抗击疫情、全力保障人民生命安全的良好局面。

当前，疫情防控正处在关键阶段，学生返校、考试、就业等问题将给教育系统疫情防控工作带来严峻挑战。下一步，要按照坚定信心、同舟共济、科学防治、精准施策的要求，继续保持良好的精神状态，把疫情防控落实工作抓实抓细。一是明确工作目标。要结合教育战线实际，严防扩散、严防暴发。依靠科学防控和严格管理，紧盯输入和输出两方面，防止疫情在学校暴发蔓延，确保一方净土、确保生命安全。二是设

---

* 2020年1月至4月，北京。

立基本防线。要针对疫情暴发地区、疫情多发地区、外地返校人员及校园里的校门、楼门等设立防线，落实内防扩散、外防输入要求。三是打好总体战。每个地方是一个战区，每所高校是一个战场，每个单位是一个阵地。教育系统领导干部、学校书记和校长，必须坚守岗位、靠前指挥，真正把责任担起来，把战斗组织好。要转变方式、选好打法，充分依靠和发挥广大师生力量打赢这场阻击战。四是统筹各项工作。要按照教育工作会议部署安排，在做好疫情防控的同时统筹抓好教育改革发展稳定各项工作，按计划推进教育脱贫攻坚等重点任务，做到两手抓、两手硬。五是加强宣传引导。要充分报道教育战线落实中央部署要求的措施成效、大力宣传涌现出的感人事迹，全面展现广大师生干部团结一心、奋力战“疫”的精神风貌。六是锻炼考察干部。要把此次抗击疫情作为考验、锻炼、培养干部和检验基层支部党建成果的重要契机，切实加强直属机关思想政治工作。七是巩固“反四风”成果。要进一步改进工作作风，防止形式主义、官僚主义回潮，不断增强疫情防控工作的针对性、实效性、操作性。八是做好应急预案。要做好应对更加困难局面和突发状况的准备，制定应急预案，确保各项工作万无一失。

二

战时状态要有非常举措，要把问题想得更严重一些，应对措施更坚决一些，一切要想在前面、做在前面，一切都要做细做实，坚决防止疫情在校园蔓延。一是严防死守。要切实强化阵地意识，严格管控学校校门，未经学校批准，学生一律不准返校，校外无关人员一律不准进校门，师生进入校门一律核验身份和检测体温，对发烧咳嗽者一律实行医学隔离观察，不服从管理者一律严肃处理。校园划区划片管理，学生公寓封闭管理。二是紧盯到人。采取“人盯人”措施，全面摸清、准确掌握学生所在地区、健康状况等信息。主动联系每一位学生，随时沟通情况。高校要设置独立隔离区，严防疫情在校园扩散。三是稳住人心。要加强学生思想引导、心理疏导和学习生活指导，坚定广大学子打赢疫情防控阻击战的信心和决心。教育引导师生党员在防控疫情工作中走在前、干在先、做表率。四是停课不停教不停学。要做好疫情防控期间高校在线教学组织与管理。统筹整合国家、地方和学校相关教学资源，开通国家网络云课堂，供开学后各地学校组织中小学生开展网上学习。教学过程中要注意青少年身心健康，把握好教学内容的适量和教学时长的适当。五是加紧科研攻关。要发挥教育系统优势，支持高校加快研究疫情防控的关键科技问题，尽快把研究成果应用到疫情防控中。六是加强舆论引导。要及时宣传党中央、国务院决策部署和教育系统落实进展，加大相关政策举措解读，生动讲述教育防疫抗疫一线的感人事迹。七是层层压实责任。教育系统各级党组织和广大党员干部特别是领导干部要守土有责、守土担责、守土尽责，把投身防控疫情第一线作为守初心、担使命的试金石和磨刀石。

三

要从六个方面进一步提高教育系统疫情防控工作质量。一是精准“防”。要精准到县、精准到校、精准到人、精准到事，分区域分情况分类施策。二是严格“控”。各地各校都要网格化、地毯式摸排管理，措施做到全面覆盖。三是有效“导”。要做好心理辅导，加强学生思想政治教育，纾解情绪、减少焦虑。要加强新闻舆论工作，权威发布、及时回应、正面引导。四是及时“调”。要根据疫情形势发展，在既定工作主题、目标、任务不变的前提下，及时调整政策措施和任务要求，做到两手抓、两不误，两促进、两胜利。五是科学“判”。要随时研判疫情形势、疫情源头、传播渠道、工作条件、社会反应、队伍状态，每天随时调度，打好主动仗。六是务实“管”。要着眼于效果，着眼于解决问题，确保措施到位、工作到位、责任到位。

第五，紧盯稳定。一要继续高度关注意识形态领域，切实维护政治安全和校园稳定。二要尽可能缓解疫情防控带来的焦虑。要打好“组合拳”，及时掌握师生思想动态，有针对性地加强思想政治工作、改进思政课。三要做好开学之后的维护稳定工作。四要及时摸排化解疫情防控措施可能引发的矛盾纠纷。要完善矛盾纠纷源头预防、排查预警、多元化解机制，及时化解苗头性、趋势性问题。

七

从现在起，我们要保持强烈的后疫情意识，也就是后疫情时期教育怎么办。

第一句话，疫情终会过去，世界已不一样。这次疫情是百年未遇的，是世界百年未有之大变局中的一个新因素，带来了一系列新挑战新变化。疫情终会过去，但现在我们已经感觉到世界不一样了，比如单边主义、保护主义、逆全球化不断有新的表现，大国博弈更为复杂，这些都会带来战略格局的调整。

第二句话，美国还是美国，形象已不一样。

第三句话，中国还是中国，趋势已不一样。我们已经取得了两个阶段性重大胜利：一是全国本土疫情传播已基本阻断，疫情防控阶段性成效进一步巩固；二是复工复产复学取得重要进展，经济社会运行秩序加快恢复。

第四句话，教育还是教育，格局已不一样。对这次疫情给教育改革发展带来的历史契机，要牢牢抓住，同时要结合实际认真回答好一些新问题。比如，在人与自然的关系上，各学段要从教材抓起，深化生态文明教育；在人与人的关系上，要赋予团结互助、自律自护等以新的时代特征，有针对性地加强教育；在国与国的关系上，要深化新时代爱国主义教育。此外，对在线教育、教育信息化，要顺应时势把工作做好，研究后疫情时期如何推动内需、推动教育消费、推动教育更大发展，以及运用信息化手段推进教育教学方式改革。

总结经验，提炼精神，展示教育风貌*

对疫情防控斗争，我们“不获全胜决不轻言成功”，但总结工作可以着手准备。这里面涉及两个层次。一个层次是，教育系统在这次疫情防控中所做的工作，以及这次疫情对教育改革发展带来的挑战和机遇，带来的格局性重大变化，提出的新任务新要求。要着手研究这件事。另一个层次是，教育系统人才济济，理应肩负起为党和国家总结疫情防控工作经验提供服务的职责。要组织一些力量开始梳理、提炼，从国家层面研究这次疫情防控斗争的经验。这件事意义非常重大，从某种程度上讲，是对党的执政能力、国家治理体系和治理能力现代化的研究，要充分发挥教育系统优势，做好工作。

要好好研究抗疫精神是一种什么样的精神，与我们党治国理政的关系，与社会主义核心价值观的关系，与中华优秀传统文化的关系，与现代科学技术的关系，等等。要把抗疫精神作为加强和改进思想政治工作的重要内容，做好常态化疫情防控和后疫情时期思想政治工作，同时要为党和国家提炼抗疫精神提供服务，为在全教育战线开展抗疫精神宣传教育做好准备。思政课、思想政治工作都要在这方面下功夫，抓出特色来。

在抗击疫情斗争中，各学段学生表现得都很好，“90后”“95后”展示了他们的脊梁、肩膀和力量，要很好地总结这一代学生在抗击疫情斗争中表现出的意志品质和时代特征。这个总结要同近年来改进思政

---

* 2020年5月11日，北京。

课、加强思想政治工作、加强社会主义核心价值观教育、加强爱国主义教育等结合起来，从中看出这一代学生的风貌，显示出他们成长的轨迹。这件事非常有意义，要从教育系统的角度来做，给当代青年特别是“90后”“95后”画一幅素描、画一幅群像。习近平总书记强调，我国社会主义教育就是要培养社会主义建设者和接班人，我们的教育绝不能培养社会主义破坏者和掘墓人。要更好地把握年轻人特点，看一看这些年格局意义上的变化，看一看我们解决好培养什么人、怎样培养人、为谁培养人这一根本问题取得的成绩、积累的经验，以便全面落实立德树人根本任务，进一步做好教育工作。

抓疫情、社情、舆情、教情、心情“五情联治”，做好疫情防控*

当前我国本土疫情呈零星散发和局部聚集性疫情交织叠加态势，防控形势严峻复杂。要高度重视，万万不可掉以轻心。总体要求是疫情防控不容有失。要结合教育系统实际，按照疫情、社情、舆情、教情、心情“五情联治”的思路来抓。

一是疫情。要按照国务院联防联控机制要求，总结运用疫情防控的成功经验，针对新情况，及时调度、加强指导，特别是在操作性指南上多下功夫，立足“四早”来抓。一条基本经验是分阶段出台指南，全国按指南来办，现在看来这个做法是成功的。

二是社情。一年来疫情防控的社会环境发生了新变化，老百姓的态度、行为也有了一些变化。就教育系统疫情防控环境来说，关键是主体责任在地方，要紧紧依靠地方政府。要把握住两句话，即教育依靠地方、防疫由地方负主体责任，学生依靠家长、家长要管好学生。

三是舆情。舆论是最敏感的，这一段的突出特点是各方面特别关注涉及学生的疫情。学校是人群大规模聚集的地方，一旦发生疫情，不好控制。对舆情的治理要高度关注。

四是教情。主要讲的是教育教学的事情。去年疫情发生时，学生基本都放假离校了。今年与去年不同，在疫情多点散发的情况下放寒假，学生流动起来，高校留校学生的规模又大于往年，这就带来了新问

---

* 2021年1月4日，北京。

题。与此相关的还有，新学期什么时候开学、要不要延迟，线上教学要不要提前做好准备，这些都有不确定性。要认真落实国务院联防联控机制会议部署，指导各地调整寒假放假和春季开学时间，做到提早放假、错峰返校，同时做好对节假日留校学生的管理服务，避免简单化、“一刀切”。

五是心情。最重要的是学生心理发生了变化，不像原先那么紧张了，有的不在乎，对一些管理措施有意见甚至有怨言，类似这样的事情都要好好把握。

我们要重视教育系统特质，系统考虑，做好“五情联治”的工作，把疫情防控作为头等大事来抓。

依法治教，营造风清气正的教育发展氛围*

党的十九届二中全会审议通过《中共中央关于修改宪法部分内容的建议》，把党的十九大确定的重大理论观点和重大方针政策特别是习近平新时代中国特色社会主义思想载入国家根本大法，体现了党和国家事业发展的新成就新经验新要求，体现了全党全国各族人民共同意愿，为新时代坚持和发展中国特色社会主义、实现“两个一百年”奋斗目标和中华民族伟大复兴的中国梦提供有力宪法保障，具有重大现实意义和深远历史意义。

习近平总书记在十九届二中全会上发表的重要讲话，深刻论述了宪法在治国理政中的重要地位和作用，高度评价了全面依法治国取得的成就，对全面贯彻实施宪法提出了明确要求，为新时代推进全面依法治国指明了方向、提供了根本遵循。教育系统要努力提高政治站位，深化对宪法修改重要性和必要性的认识，深入开展尊崇宪法、学习宪法、遵守宪法、运用宪法的宣传教育活动，把思想和行动统一到党中央精神上来。

习近平总书记在十九届中央纪委二次全会上的重要讲话，站在新时代党和国家工作全局高度，突出强调了党的十九大关于全面从严治党的重大部署和要求，明确了当前和今后一段时期的总体要求和主要任务，为推进新时代全面从严治党指明了方向，提供了遵循。教育系统要以高度的政治自觉，认真学习、深刻领会核心精神要义，推动全面从严治党

---

* 2018年1月26日，北京。

向纵深发展，在党风廉政建设和反腐败工作中展示新作为、展现新气象。

一是把党的政治建设摆在首位，从净化政治生态入手，下大力气推动教育系统党的政治建设具体化、全覆盖。

二是落实中央八项规定精神，保持战略定力，坚决防止“四风”回潮，始终用好惩处这一手，保持正风肃纪的强大震慑。

三是全面加强纪律建设，强化纪律教育，严肃纪律执行，完善纪律规章，使铁的纪律转化为教育系统党员干部的日常习惯和自觉遵循。

四是严防严惩腐败问题，加强对权力运行的制约和监督，从源头上减权限权、规范用权、遏制腐败。

五是落实全面从严治党主体责任，咬住“责任”二字，抓住“问责”要害，自觉接受监督，推动管党治党责任全面覆盖、层层传导。

依法治教、依宪治教*

教育战线要立足自身在推进现代化、实现中华民族伟大复兴基础工程的战略定位，立足立德树人的根本任务，认清肩负的历史责任、历史使命，切实提高对宪法修改重大意义的认识，切实提高党员干部法治思维和依法办事能力，形成运用法治思维和法治方式的行动自觉。

一是尊崇宪法的意识要在教育战线率先升华。要善于运用法治思维和法治方式思考问题、推进工作，逐渐养成依法决策、依法办事的习惯。

二是学习宪法的热潮要在教育战线率先掀起。要加强组织领导，把学宪法纳入重要议事日程，通过“三会一课”等多种形式，组织党员干部深入学习，确保学习全覆盖、见实效。

三是研究宪法的成果要在教育战线率先践行。要发挥好教育系统专家学者作用，加强宪法理论研究，体现我国宪法的时代特色和实践特色，并在教学中积极运用研究成果。

四是遵守宪法的行为要在教育战线率先养成。要着眼立德树人这一根本任务，构建完善的中国特色社会主义法学理论体系、学科体系、课程体系，加强法治人才培养。

五是维护宪法的责任要在教育战线率先落实。要把推进依法行政、依法治教和推进法治教育工作，作为衡量教育系统各级领导班子和领导干部实绩的重要内容，着力健全抓落实的良好机制。

六是运用宪法的效果要在教育战线率先显现。善于运用法治思维和

---

* 2018年3月30日，北京。

法治方式深化改革、促进发展，在实施重大改革举措的过程中，抓紧做好教育法律法规的“废”“改”“立”“释”，切实做到立法和改革决策紧密衔接、重大改革于法有据。

党务公开是贯彻落实党的十九大精神的重要举措，也是发扬党内民主、发展社会主义民主政治的必然要求，教育系统各级党组织要进一步深入学习，推进各级党组织的党务公开工作，确保中央精神不折不扣落到实处。

一是全面实施。没有规定动作和自选动作之分，确保实现全覆盖。

二是规范实施。确保实施的主体、内容、程序、注意事项严格遵从条例，杜绝随意性。

三是辩证实施。辩证处理好常态和例外、程序化和非程序化、公开和保密的关系，把握住党内民主是党内政治生活的生命线，正确政治方向是党务公开必须坚持的红线，保守党内秘密是必须坚持的底线。

四是务实实施。从党务工作实践需求和党员需要出发，严格依据相关制度规定进行党务公开。

巡视工作与党的形象*

巡视工作实际上就是要维护我们党的形象、塑造我们党的形象，这是我们巡视工作的意义所在。“形象”这个词是一个比较准确的、书面化的表述，老百姓把它叫“样子”。这个“样子”实际上就是形象。

从事巡视工作的每个同志，都是党的形象的维护者、党的肌体健康的保护者，任务非常光荣。党从成立之日起，就是一个高度重视自己形象的党，这个形象是和我们的纲领、我们的宗旨，我们每一个历史阶段所肩负的任务密切相关、紧密联系在一起的。任何时候我们都强调，党员要发挥先锋模范作用，党组织要发挥战斗堡垒作用。这两个作用是党章讲的，是对“样子”的一种精准描述、规定。真正讲到共产党的形象，讲样子，是毛泽东提出来的。1939年，我们党办了《共产党人》这个刊物，就是用来表征共产党人的形象。毛主席撰写的《〈共产党人〉发刊词》，提出党的建设是一个“伟大的工程”这个论断，就是要把党建设好，建立起一个好的样子、树立起一个好的形象。毛主席在这里有一大段话讲到样子问题，我们共产党现在从过去狭小的圈子跳出来，成了一个全国范围的大党，有一个全国范围的大党的样子了。也是在这篇文献里，毛主席说，要把我们这个党建设成为一个“全国范围的、广大群众性的、思想上政治上组织上完全巩固的布尔什维克化的中国共产党”。这就是毛主席给我们画的党的样子。党的十九大报告有一句话，要把我们党建设成为“始终走在时代前列、人民衷心拥护、勇于自我革

* 2018年4月11日，北京。

命、经得起各种风浪考验、朝气蓬勃的马克思主义执政党”。大家把这两段话做个比较，这是在不同历史阶段，对我们党的形象和样子的不同表述，体现了我们在不同历史阶段党的历史使命。

新时代的巡视，我们要打造新时代党的新形象，就是要有新气象、新作为。我们党在新时代要有什么样的样子？我们巡视工作要在哪些方面着力？

第一，是革命党的样子。改革开放之后，对于把我们党建成什么样的党，我们党究竟是什么样子的问题，我们有过多种探讨和表述，这是一个自然的历史过程，是认识发展的历史辩证过程。

经过这40年的实践，我们深刻地认识到，我们党是一个能领导人民进行伟大社会革命的党，更是一个在推进社会革命的过程中勇于进行自我革命的党。我们所从事的事业是前无古人的，没有一点革命精神，这样的事业是不能取得成功的。所以党的十九大之后，习近平总书记讲两个革命的理论：社会革命、自我革命。巡视工作就是我们党推进自我革命的利器、有力武器。所以我们每一个从事巡视工作的同志，都是在为推进社会革命和自我革命而努力奋斗。我想这就是巡视工作和党的形象的第一个含义。

革命党的样子就要求我们在巡视工作中，要有一点革命精神，这个非常重要。革命精神是要有理想信念的，没有理想信念就不会有革命，要有一种奉献精神，要有一种历史使命感，要有一种责任感。我们在巡视工作中，要把这些充分担当起来。一句话，我们都是革命者，我们为伟大社会革命和伟大自我革命而开展党的巡视工作。

当然就巡视的内容来说，我们要认真地去巡视、去诊断。看看我们党的各级组织，特别是领导班子、党政一把手，有没有革命精神。

第二，是执政党的样子。我们现在不是一般的革命党，而是取得了执政地位，已经执政近70年，还将长期执政下去的马克思主义执政党。这样一个执政党，和现在世界上其他执政党有着本质的不同。我们所从事的执政实践和其他执政党的实践有着本质的不同。我们代表人民执好政，作为革命党执好政，用革命精神去执政，我们所遇到的艰难险阻、挑战风险都是前所未有的，因为这样的执政是前无古人的。这就更需要我们把握执政规律，研究三大规律，按规律办事。这里的核心，是要把我们党建设好。我们最大的优势就是党的领导。我们的巡视工作，就执政党的角度讲，就是要按照为人民执好政、长期执政的要求，维护党的领导、坚持党的领导的要求，进行政治巡视，它不是一般的巡视。

按照党的十九大精神，巡视工作者、巡视机构要维护习近平总书记党中央的核心、全党的核心地位，维护党中央权威和集中统一领导。在巡视中，我们首先需要看一看被巡视对象这一点有没有做到，“四个意识”有没有增强。这个就叫作“执政党的样子”。我们要从马克思主义执政党的角度来推进巡视工作，看看我们各级组织的主要负责人是不是合格，看看在具体的执政活动中是不是做到了坚持和发展中国特色社会主义一以贯之，是不是做到了坚持党的领导、加强党的领导、改善党的领导一以贯之，是不是做到了问题导向、应对风险、忧患意识一以贯之。在具体的巡视过程中，会形成各种各样的博弈。巡视和被巡视的关系，具体表现形式都是多种多样的。

第三，是先锋队的样子。党章讲得很清楚，我们党是两个先锋队，既是工人阶级的先锋队，也是中国人民和中华民族的先锋队。在进入新时代的大背景下，要看看我们巡视的党组织，是不是有先锋队的样子，有没有这样的形象。进入新时代，看先锋队的样子，就看全面建成小康社会这个攻坚战做得怎么样，也要结合我们教育战线的实际，和我们肩负的任务来看决胜全面小康，看第二个百年，中华民族伟大复兴，教育现代化、建设教育强国、办好人民满意的教育做得怎么样，看党的十九大精神、习近平新时代中国特色社会主义思想的学习宣传解读贯彻得怎么样。就是说，先锋队这个样子是中国人民作出的结论、历史作出的评价。结论和评价从来都是一种重托、一种期待。所以共产党的样子，就叫作先锋队的样子。先锋队是要冲锋陷阵的，是要走在前面的，是要带领人民共同前进的。所以巡视工作要抓住“先锋队”这个关键词，两个“先锋队”是我们讲的第三个样子。

第四，是世界第一大党的样子。我们现在是世界最大的执政党、最大的政党。9 000多万名党员、几百万个党组织，从中央委员会到行政村和城市社区，我们有着健全的党的组织系统。这样规模的党是人类历史上没有过的，这样规模的执政党有着很大的优势，也有很大的风险。邓小平同志说，“集中力量办大事”，能办成别人干不了的大事。当我们犯了错误的时候，也是全局性的。党的十八大以来，习近平总书记多次强调，我们决不能犯颠覆性的错误。这种体制犯不起颠覆性的错误，每一个零件、每一块组成部分，都应当是健康的，特别是在关键环节和关键节点上。这就是我们抓各级党组织、抓关键少数的原因所在。

我们经过这40年的艰苦探索，形成了一条中国特色社会主义道路。这是我们自己走出来的，我们边探讨、边修路、边前进。我们的事业每前进一步，都是在无人区推进。所以我们现在在全球治理、世界规则的制定上，努力增加中国话语的分量。经过40年的努力，我们所做的事有一些已经融入世界文明的总体格局中。但是涉及意识形态、价值观，涉及制度层面，斗争是激烈的。所以我们党展现在当今世界的形象，需要我们全党认真思考，巡视工作更要思考这个事。共产党的形象是任何时候都不能动摇的。过去流行个词叫“接轨”，接轨是选择性接轨，在意识形态方面、政治体制方面，党的领导、中国特色社会主义是不能丢的。中国共产党政治清明廉洁的形象，永远需要我们去不断地树立、不断地维护。巡视工作要这样来考虑问题，要有世界眼光。

第五，是领导核心的样子。20世纪50年代初，毛主席第一次提出这个问题，就是讲我们党要成为各项事业的领导核心。毛主席说，领导我们事业的核心力量是中国共产党，指导我们思想的理论基础是马克思列宁主义。从那以后我们一直强调党的核心领导作用。这就是领导核心的样子。党的十八届六中全会明确习近平总书记党中央的核心、全党的核心地位，这是中国共产党作为中国社会主义事业领导核心的总代表、总代言人，所以中央要求我们要增强“四个意识”，全面从严治党、全面加强党的建设、加强党的全面建设，三者一个都不能缺。我们党始终是把各级组织作为坚强战斗堡垒来建设的。巡视就是要看一看我们各级党组织是不是已经成为坚强战斗堡垒。党的十九大之后中央强调，新修正的党章和宪法都强调，“党政军民学，东西南北中，党是领导一切的”。所以领导核心作用、战斗堡垒作用、先锋模范作用这三大作用对我们治党治国至关重要。推进党的建设新的伟大工程，这三大作用很核心。所以战斗堡垒的作用，我们巡视的时候在这一方面也得下功夫。

第六，是主心骨的样子。“主心骨”就是你时刻都不离开人民，人民在你心中具有至高无上的地位，你在人民心中有着至高无上的价值。这个价值是共产主义、我们党的理想、我们党的主张、我们党的最高纲领和最低纲领的辩证统一。中国人讲主心骨就是有什么事都找你讨个主意，要你解疑释惑，要你分析、判断、指指路子、出出点子，领着他们往前走，这叫主心骨。我们长期执政了，干得不错，大家看得很明白。但是有一点，我们是共产党，共产党是一个政治集团、政治组织，共产党执政的规律不同于其他政党执政的规律，所以我们怎么样联系群众、组织群众、发动群众，怎么样贯彻党的群众路线，永远需要我们去探索。这篇文章没有完结的时候，因为人民群众是一茬又一茬的，我们的事业是一个阶段又一个阶段的，我们党的队伍是一代又一代的。我们要不断探索怎样成为人民的主心骨。所以巡视工作要把贯彻党的群众路线作为重点。政治组织、政治集团的活动特点和行政机关不一样，和社会组织不一样，因为它是党的活动，所以我们党组织的领导人一方面要执政，另一方面要成为群众的主心骨。我们基层的党支部书记、共产党员，应当成为新时代下群众的主心骨。主心骨的样子很重要。

做巡视工作，就是要促进我们党革命党的样子、执政党的样子、先锋队的样子、世界第一大党的样子、领导核心的样子、主心骨的样子的建设和改善，而这几个方面综合起来就是实实在在的政治巡视。政治是具体的、历史的，我们不要把它变成一串概念，而要把它变成可试可感可抓的具体事项，就是这六个“样子”。

这些综合起来，就是新时代共产党的样子，中国特色社会主义进入新时代，共产党的样子就向这六个方面去努力。做好了，我们巡视工作就为党的建设新的伟大工程尽了力，就为“四个伟大”尽了力，我们就能逐步达到党的十九大报告确定的“把党建设成为始终走在时代前列、人民衷心拥护、勇于自我革命、经得起各种风浪考验、朝气蓬勃的马克思主义执政党”的目标。让我们共同为这样一个目标而努力，这个目标达到了，教育系统所承担的加快教育现代化、建设教育强国、办好人民满意教育的任务就能完成好，否则我们交不了卷，给党交不了卷，给人民交不了卷，给我们自己也交不了卷。大家要把这一轮巡视工作高质量地完成好，这是一个光荣的使命。

推动教育系统巡视工作高质量发展*

巡视是全面从严治党的重要战略性制度安排，是推动改革发展的重要举措。

党的十八大以来，以习近平同志为核心的党中央高度重视巡视工作，把巡视纳入“四个全面”战略布局，作为全面从严治党的重要抓手，对巡视制度进行了革命性改造，创造性地提出了政治巡视。政治巡视本质是政治监督，必须沿着正确的政治方向来开展，把准政治定位、坚守政治原则、站稳政治立场，坚决做到“讲政治”。

第一，开展政治巡视，必须以“一心向党”的忠诚践行“两个维护”。

习近平总书记在十九届中央纪委五次全会上指出，全面从严治党首先要从政治上看，不断提高政治判断力、政治领悟力、政治执行力。政治上的绝对忠诚是最重要的政治品格，只有政治上绝对忠诚，才能听党话、跟党走，才能信赖核心、忠诚核心、维护核心、拥戴核心。回顾建党百年光辉历程，在重大历史关头和经受重大考验时，最值得信赖的就是坚强的领导核心，这是“主心骨”。特别是经过新冠疫情大考，中国之治和西方之乱的鲜明对比，让我们更加感受到了习近平总书记领航掌舵的核心作用和砥柱中流的责任担当。实践充分证明，核心太重要，有党有依靠。“两个维护”是新时代巡视工作的“纲”和“魂”，开展教育巡视要切实把“两个维护”融入血脉、见诸行动，提高“政治三

---

* 2021年4月7日，北京。

力”。督促被巡视党组织贯彻落实好党的理论路线方针政策和党中央重大决策部署，坚决防止和纠正一切偏离“两个维护”的错误言行，以实际行动诠释对党的一心一意、绝对忠诚。

第二，开展政治巡视，必须以“一切为民”的情怀坚守正确价值取向。

民之所盼，政之所向。习近平总书记强调，江山就是人民，人民就是江山，人心向背关系党的生死存亡。这些年，我们坚持办好人民满意的教育，抓控辍保学、推优质均衡、战脱贫攻坚、促“五项管理”，都是从群众最关心的问题抓起，体现了以人民为中心的教育思想和价值追求。通过中央巡视整改、部内巡视、高校巡察工作，解决了一大批干部师生群众的操心事、烦心事、揪心事，干部师生对党更加信任，这也正是巡视的价值所在。要真正把巡视建成密切联系干部师生的纽带，努力让教育更有“质感”、发展更有“温度”，这一价值取向须臾不可偏离，什么时候都不能丢。

第三，开展政治巡视，必须以“一往无前”的担当推动改革促进发展。

党中央强调，发现问题是巡视工作的生命线，推动解决问题是巡视工作的落脚点。发现问题、形成震慑的生命线不能丢，推动改革、促进发展的目标不能变。巡视必须站在教育事业发展全局的高度，站在推进教育治理体系和治理能力现代化的高度，围绕“建设高质量教育体系”的新部署新要求，以一往无前的决心和意志，深化教育评价体系改革、高考改革、管理方式改革等，坚决破除制约教育事业发展的体制机制障碍。

第四，开展政治巡视，必须以“一尘不染”的境界推进全面从严治党。

习近平总书记强调，党的十八大以来，尽管党风廉政建设和反腐败斗争取得了历史性成就，但形势依然严峻复杂。党风廉政建设永远在路上，反腐败斗争永远在路上。我们党自诞生之日起，清正廉洁就成为中国共产党人始终坚持的政治操守，这是我们党战无不胜、攻无不克的制胜法宝，也是我们党在推进社会主义现代化建设的生动实践中不能动摇的基本遵循。当前教育系统管党治党还存在一些薄弱环节，全面从严治党“两个责任”有待进一步压紧压实，一些制度方面的漏洞还没有堵塞。巡视作为全面从严治党的利器，要磨砺锋芒，以系统施治、标本兼治的理念，刮骨疗毒、正本清源，不断净化教育系统政治生态，做到“一尘不染冰常莹”。

今年是实施“十四五”规划、开启全面建设社会主义现代化国家新征程的第一年，所有工作都要围绕开好局、起好步来展开。巡视工作要保障开局、起步，重点关注以下六个方面。

第一，重点关注习近平总书记重要指示批示和党中央重大决策部署落实情况。

总书记对教育工作先后作出一系列重要指示批示。“十三五”时期党中央、国务院或中办、国办印发的教育领域文件有46份，这充分体现了党中央对教育工作的高度重视，要重点关注学习贯彻习近平总书记关于教育的重要讲话、指示批示和贺信回信寄语精神情况以及46份文件贯彻落实情况，这是重中之重。不仅要看传达学习了没有，更要看系统研究谋划、结合实际抓落实做得怎么样。

第二，重点关注服务国家重大战略情况。

重点看是否立足新发展阶段、贯彻新发展理念，自觉融入新发展格局；是否巩固拓展教育脱贫攻坚成果，做好同乡村振兴有效衔接；是否大力推进“双一流”建设，加强基础研究，瞄准关键核心技术特别是“卡脖子”问题，加快技术攻关等。

第三，重点关注教师思想政治工作情况。

全国高校思想政治工作会议以来，思政工作常抓不懈，特别是学生思政工作，取得明显成效。但目前来看，教师思政工作还存在一些短板弱项。上一轮巡视发现了教师政治意识、引进与评聘管理、师德师风等多个方面的问题。部党组多次专题研究，提出一系列明确要求和具体举措。要看被巡视党组织有没有把部党组的要求落实下去，有没有抓好整改。本轮巡视还将派出教师思政工作专项检查组，要做好衔接，形成合力。

第四，重点关注意识形态领域相关情况。

要盯住课堂、讲座、论坛、研讨会、网络、学生社团等意识形态主阵地，特别是新问题、新情况、新表象。要关注防范化解重大风险情况，一些错误思潮以及各种“低级红”“高级黑”和“灰犀牛”“黑天鹅”安全隐患等。

第五，重点关注人民群众“急难愁盼”问题解决情况。

部党组下大气力解决党中央关心、群众关切、社会关注的教育问题，取得显著成效。但一些“老大难”问题尚未从根本上解决。要看招生就业情况，特别是特殊类型招生、拓宽高校毕业生就业渠道等。要看深化教育评价改革、“破五唯”、困难学生资助政策落实情况。涉及广大群众切身利益的事，不能放松丝毫。

第六，重点关注廉政风险和纠治形式主义、官僚主义情况。

近年来，教育系统全面从严治党持续推进，但仍有一些高校发生了腐败案件，教训深刻。本轮巡视要继续把“严”的主基调坚持下去，一严到底。要看高校是否存在利用学校资源和影响力，举办企业管理研修班等非学历教育项目违规牟取利益的情况；是否存在利用优质基础教育资源与校外单位违规合作办学获利的情况；是否存在对校办企业、附属医院管理监督不到位，存在违规对外投资、违规与民营企业合作以及围标串标等情况。这些非主业领域存在的廉政风险，直接影响教育声誉，对教育科研主业造成一定冲击，巡视必须盯紧这些问题。此外，还要关注纠治形式主义、官僚主义情况，看是否还存在特权思想、损害干部师生群众利益的不正之风和“微腐败”等，是否搞“包装式”“洒水式”“一刀切式”落实，是否注重源头治理、切实为基层“减负”等问题。

提升教育信访工作质量、效率和公信力*

以习近平同志为核心的党中央高度重视信访工作。党的十八大以来，习近平总书记从推进国家治理体系和治理能力现代化、夯实党执政的群众基础的高度，就加强和改进信访工作提出了一系列新理念新思想新战略，为做好新时代信访工作提供了根本遵循。党的十八届三中全会提出改革信访工作制度，党的十八届四中全会强调把信访纳入法治化轨道。教育系统认真贯彻落实党中央、国务院决策部署，坚持把信访工作作为送上门来的群众工作，打造阳光信访、法治信访、责任信访，加强信访基础业务规范化建设，及时协调解决群众合理合法诉求，教育信访工作取得了明显成效，为营造有利于教育改革发展的良好教育生态作出了贡献。

要深入学习贯彻习近平总书记关于信访工作重要批示精神，进一步提高思想认识、抓好工作落实，提升教育信访工作质量、效率和公信力。

一要深刻认识教育信访工作政治性很强。信访工作是我国独有的，是中国特色社会主义民主政治制度的有益补充，是直接为人民群众排忧解难的制度安排。做好信访工作既涉及人民民主又涉及人民监督，事关巩固党的执政基础，事关坚持和完善中国特色社会主义民主政治制度，事关维护群众切身利益。部党组成员和各司局、各直属单位要切实担负起做好职责范围内信访工作的政治责任，将其作为政治任务、政治活动来抓。

---

* 2019年3月6日，北京。

二要深刻认识教育信访工作群众性很强。信访工作是党和政府以特殊形态密切联系群众的桥梁和纽带，是送上门来的群众工作，体现了人民群众对党和政府的信任。要从办好人民满意的教育的高度出发，把做好信访工作作为践行以人民为中心的发展思想的具体实践，想群众之所想、急群众之所急、解群众之所困，妥善解决关乎群众切身利益的具体问题，切实把信访工作做到群众心坎上。

三要深刻认识教育信访工作政策性很强。群众来访大多与具体政策相关联，既为制定政策提供了参考，又为执行政策、落实政策提供了“判例”。要按政策办事，依法依规协调处理群众诉求，多做解释说服的工作，决不能让那种大闹大解决、小闹小解决、不闹不解决现象蔓延开来。要提高政策水平，及时改进工作、完善政策，从源头上预防和减少信访问题。

四要深刻认识教育信访工作复杂性很强。教育需求多元多样多变多攀比，教育信访问题有的是历史遗留下来的，有的是改革过程中新出现的，往往是合理诉求中有不合理因素、不合理诉求中有合理因素。要处理好解决群众合理诉求与维护正常信访秩序的关系，尤其要及时研判、大力化解信访突出问题，避免小问题拖成大问题、一般性问题演变成信访突出问题。既要高度警惕“黑天鹅”事件，也要防范“灰犀牛”事件。

五要深刻认识教育信访工作有效性很强。信访工作的核心是解决问题，解决问题要靠落实责任来保证。要按照控制总量、消化存量、遏制增量的总目标，综合运用法律、政策、经济、行政等多种手段和教育、调节、疏导等多种办法，切实解决群众反映的合理诉求。要按照“谁主管、谁负责”的原则，进一步落实业务部门源头预防和解决问题的责任。

意识形态工作是全天候、全方位、全过程的*

意识形态工作是全天候、全方位、全过程的。我们要集中精力办好自己的事，扎实做好意识形态工作。

教育是特殊的宣传，宣传是独特的教育。

教育系统特别是高校不仅是意识形态斗争的前沿，也是意识形态工作的后院。要做到因势而谋、应势而动、顺势而为。

做好意识形态工作，加强思想政治工作，改善提高思政课的质量和水平，积极营造氛围，积极创造环境。这是我们教育战线义不容辞的责任。为此，要在已有工作基础上进一步排摸风险和问题。

第一，外部风险大于内部风险，但是内部风险具有根本性。内部风险，主要是看意识形态工作责任制有没有真正落实，阵地意识是不是牢靠，各方面的政策措施有没有落实到位。内部风险特别重要。

第二，局部风险大于微观风险，但是微观风险具有基础性。在关键时点，局部风险大于微观风险。但是从根本上讲，我们还是要在基础上下功夫。

第三，热点问题大于难点问题，但是难点问题具有全局性。热点问题有突发性、燃点低，容易形成舆论旋涡，对意识形态工作容易形成大的冲击。难点问题主要是涉及制度的、民生的，就是我们现在正在努力解决的问题。意识形态问题不要仅仅看作观念形态的东西，它还是和热点问题、难点问题紧密结合在一起的。从某种意义上讲，热点问题、难

* 2020年、2021年，北京。

点问题本身就是意识形态问题。解决的办法就是做好六个字的文章，一是“落实”，二是“责任”，三是“担当”。

加强和改进教育新闻舆论工作*

党的十八大以来，以习近平同志为核心的党中央高度重视党的新闻舆论工作，把党的新闻舆论工作作为治国理政、定国安邦的大事。习近平总书记关于宣传思想工作、新闻舆论工作的系列重要讲话和重要论述，深刻阐述了新闻舆论工作的重要意义和必须坚持的正确政治方向、基本工作遵循，是教育新闻舆论工作的行动纲领。教育新闻舆论工作是教育工作的重要组成部分，事关贯彻落实党的教育方针，事关坚持中国特色社会主义教育道路，事关顺利推进教育改革发展和维护稳定，具有不可替代的关键作用。要站在政治和全局的高度，进一步加强和改进教育新闻舆论工作。

部党组历来高度重视教育新闻舆论工作，通过采取一系列措施，不断推进新闻舆论工作创新发展。教育新闻舆论工作总体是好的，成效是显著的，突出体现在：一是小机构办大事。新闻办这个小机构承担了新闻发布、典型宣传、舆情监测、舆论引导、政务新媒体建设等大量繁重的宣传工作，能够有序有效完成各项任务，十分不易。二是小队伍打硬仗。教育系统舆情热点多，社会关注度高，应对引导责任重大。在人员很少的情况下，妥善应对一系列重大突发舆情，在多重复杂的舆论环境下尽最大努力确保了舆论平稳。三是小支点撬大平台。新闻办自身机构虽小，但善于调动各种资源，借助各类平台，特别是保持同中央主流媒体和新媒体的密切联系和顺畅沟通，营造了支持教育发展的良好氛围。

---

* 2017年2月23日，北京。

四是小阵地谋大格局。新闻舆论工作紧紧依靠党组成员打总体战，依靠部内司局和直属单位打阵地战，动员教育战线力量打运动战，努力构建上下联动、同频共振的宣传工作大格局。在教育系统的共同努力下，新闻舆论工作持续向上向好。

在新形势下，加强和改进教育新闻舆论工作，必须坚持正确政治方向、坚持为民服务、坚持统筹协调、坚持改革创新，下更大决心，采取更有力举措，提供更切实保障，推动教育舆论环境不断优化。

一是党组要担当政治责任。明确部党组对教育部新闻舆论工作负政治责任，部党组成员对各自分管领域的新闻舆论工作负直接责任，要经常进行专门研究，确保每一项成绩和进展能够有效宣传出去，每一个问题和风险能够及时预判应对，每一项政策和举措能够通过媒体听取意见和反馈。

二是各司局要负起主体责任。要明确一把手是本单位新闻舆论工作的第一责任人。对于本司局职能范围内主动宣传、舆情应对、资源调配，各司局要统筹谋划，切实负起主体责任，并加强与新闻办的沟通配合。

三是尽快做实新闻宣传机构。宣传机构不实、力量短缺是新闻宣传工作当前最大的短板。要切实加强新闻宣传机构建设，加强对机关行政编制的优化，尽快充实加强新闻办工作力量。要建强、做实新闻宣传中心，人员配置要能满足工作需要。要接续办好新闻宣传实训班。

四是提供充足物质保障。要科学编制新闻宣传工作预算，合理确定设备设施购置更新计划，为新闻舆论工作提供充分的经费支持和技术保障。

五是建立和用好各类宣传渠道。要通过共建、合作、联盟等方式，进一步密切与中宣部、中央网信办等部门的联系，最大限度地借力中央主流媒体、都市媒体和新媒体，充分发挥好教育媒体的重要作用，发展更多教育舆论工作的“同道人”，建立重大突发舆情处置的“直通车”，构建更加系统有力的新闻宣传“合作体”。

六是整合新闻宣传力量和资源。要提升部机关新闻宣传工作队伍的专业化水平，增强教育系统干部的媒介素养。要充分借助专业研究机构、高校新闻传播院系等力量，广泛联系专家学者，共同做好教育舆论工作。

七是加强教育新闻舆论工作规律研究。摸清教育新闻宣传特点，把握教育热点舆情应对引导规律，在此基础上完善相应的工作制度，不断提高专业化、科学化水平。

教育宣传工作要唱响主旋律、打好主动仗*

教育宣传工作作了一些新的尝试，有三个很重要的特点。一是同思政工作紧密结合，教育宣传工作成了思政工作的重要组成部分。二是同中心工作紧密结合，真正体现了围绕中心、服务大局。三是发挥教育的优势和特色，在具有时代特色的载体上下功夫。特别是从“青春为祖国歌唱”网络拉歌活动，到“青春告白祖国”活动，作为一堂思政大课，实践证明效果非常好。有些要作为基本的东西固定下来，有的要研究怎么转型，“万变不离其宗”，根本是唱响主旋律、打好主动仗。

我们对教育系统庆祝新中国成立70周年活动，要有整体的、长时段的总结，包括庆祝活动的组织实施、具体工作、效果反映等。要把70年大庆形成的“势”运用好、转化好、巩固发展好。要充分发挥英雄模范的作用。新时代先进人物进校园活动要往大里做、往实里做，特别是要向于漪、卫兴华、高铭暄、李保国等国家勋章和国家荣誉称号获得者学习致敬，引导广大师生向英雄模范那样坚守、像英雄模范那样奋斗。习近平总书记讲，“伟大出自平凡，平凡造就伟大”。我们要想办法挖掘宝贵财富，以多种形式宣传教育系统先进人物的事迹，并将此转化为立德树人、教书育人的丰富资源。

对于一些重大事项，比如教育脱贫攻坚、重要领域和关键环节的教育改革、教育发展重点任务等，要分若干个方面，作一些概括，向社会交账，让人民群众知道。现在是“人人都有麦克风”的自媒体时代，新

---

* 2019年10月、12月，北京。

闻传播日益呈现人人传播、多向传播、海量传播的特征。在这种情况下，我们要做好主动宣传、正确引导。三年多来，我们坚持打主动仗，注意把自己做的工作讲出去，教育新闻舆论工作做得是好的。我们要对重大事项进行一些总结梳理，在教育新闻舆论工作方面作出整体安排。

扎实有序庆祝改革开放40周年*

今年是改革开放40周年。隆重庆祝改革开放40周年，是党和国家政治生活中的一件大事。教育系统要按照党中央统一部署，把庆祝改革开放40周年作为贯穿全年的重大任务，与学习宣传贯彻习近平新时代中国特色社会主义思想和党的十九大精神结合起来，与深化中国特色社会主义和中国梦宣传教育结合起来，与实施教育“奋进之笔”结合起来，更好地统一思想意志、凝聚奋进力量。

庆祝改革开放40周年活动，社会关注度、舆论敏感度高，政治性、政策性很强。要坚持正确政治方向，突出思想内涵，精心组织安排，确保庆祝活动有序有效。

一要把定位搞清楚。改革开放是决定当代中国命运的关键一招，是坚持和发展中国特色社会主义的必由之路。改革开放40周年是党和人民事业在不断深化改革中波浪式向前推进的一个节点，不是过去时，所以不是纪念；不是未来时，所以不是迎接；而是现在时，所以称为庆祝。庆祝既是总结，又是誓师，要总结改革开放的历程、成就和经验、规律，按照我们党确定的改革目标和方向，统筹推进党的十八大以来部署的改革举措和党的十九大部署的改革任务，推动全面深化改革在新起点上实现新突破，不断推进我国社会主义制度自我完善和发展。教育系统要按照这个定位来把握好庆祝活动。

二要把形势搞清楚。我国改革进入攻坚期和深水区，破除各方面体

* 2018年2月8日，北京。

制机制弊端、调整深层次利益格局的任务十分艰巨。要紧密结合教育改革，找准深化教育改革的突破口和着力点，更加注重改革的系统性、整体性、协同性，不断将改革推深做实。要有充分的斗争精神和工作准备，严格落实意识形态工作责任制，以高度的政治责任感加强风险点排查，制定处置预案，管好阵地、管好队伍。

三要把内容搞清楚。抓学习，在学懂弄通做实习近平总书记全面深化改革重要思想上下功夫，宣传习近平总书记在推进新时代改革开放中的决定性作用，宣传新时代改革开放的重大意义、目标任务和战略举措，把广大干部师生的注意力引导到学习贯彻全面深化改革一系列决策部署上来。抓成就，充分展示改革开放的光辉进程、伟大成就和宝贵经验，特别是党的十八大以来的历史性成就、历史性变革，深刻揭示中国特色社会主义制度的优越性，进一步坚定广大干部师生的道路自信、理论自信、制度自信、文化自信。抓实践，充分展示改革开放是当代中国发展进步的伟大实践，是在我们党的领导下、以人民为主体的伟大革命，改革开放只有进行时没有完成时，把广大干部师生的注意力引导到我们正在做的事情和将要做的事情上来。抓成果，充分展示改革开放实现了中华民族从站起来到富起来的伟大飞跃，也只有改革开放才能实现中华民族从富起来到强起来的伟大飞跃，坚持“两点论”，教育引导广大干部师生正确认识改革开放不可能让所有人在同一时点上同等受益，要聚焦深化改革、聚焦改革攻坚，逐步扩大改革受益面，让改革成果更多更公平地惠及全体人民。抓活动，有意识地把广大干部师生组织起来、发动起来，精心设计和组织开展群众性庆祝活动，最大限度地凝聚力量、凝聚人心。

四要把原则搞清楚。把握学习型导向、实践型要求，把庆祝活动寓于日常工作之中，寓于深化教育改革的具体实践之中，不要搞花里胡哨的东西。要严格做好规定动作，审慎安排自选动作，多做少说不抢跑。

让勤俭节约在教育系统蔚然成风*

习近平总书记高度重视厉行节约、反对浪费，多次强调要坚决制止餐饮浪费行为，切实培养节约习惯，在全社会营造浪费可耻、节约为荣的氛围。我们要率先贯彻落实，在短时间内扭转校园餐饮浪费现象，让勤俭节约在教育系统蔚然成风。要从加强宣传教育、建立长效机制两方面入手，制定实施更有力的举措，把这项工作抓出成效。要联合妇联、共青团、消费者协会等部门和单位，对教育系统特别是学校存在的餐饮浪费现象进行综合整治，形成工作合力。具体抓的时候，要注意把握好两点。

一要体现教育系统特点，与有关部门一起研究，分别设计载体。比如，会同妇联组建勤俭节约教育的“妈妈大军”，会同共青团教育引导青少年学生和共青团员在制止餐饮浪费行为中发挥主力军和生力军作用，会同消费者协会就形成餐饮文明新风尚进行监督。

二要服从落实立德树人根本任务需要，突出思想性、针对性和操作性。勤俭节约是创业之本。凡创业者，离开节俭是不可能成功的。毛主席在革命战争年代讲过“节省每一个铜板为着战争和革命事业”，在新中国成立后讲过“执行厉行节约、反对浪费这样一个勤俭建国的方针”“勤俭办一切事业”。勤俭节约是守成之根。创业难、守成也很难，节俭是守成的根本。关于这一点，古今中外的历史教训有很多，正所谓“历览前贤国与家，成由勤俭破由奢”。勤俭节约是育人之要。“俭以养

* 2020年8月17日，北京。

德”，我们中国人教育下一代，很重要的一条要求是节俭。“谁知盘中餐，粒粒皆辛苦。”中华民族是一个节俭的民族，中华文化中有很多关于节俭的内容。曾经有一段时间，有人认为勤俭节约过时了，大讲“曼德维尔之蜜蜂的寓言”，现在看，这种想法和做法都是不对的。从某种意义上讲，弘扬勤俭节约的好风尚是民族复兴、文化复兴的重要内容。这件事，要集中精力好好抓一抓，抓出特色来。要首先打好歼灭战、速决战，然后建立长效机制，渐进式做好工作。

着眼国之大者，厉行勤俭节约*

习近平总书记多次强调，对国之大者要心中有数。“大者”关乎全局、关乎长远、关乎根本，而“国之大者”事关方向方位、事关关键要害。民以食为天，粮食问题是天大的事。教育战线要未雨绸缪，从国之大者的高度，从粮食问题的极端重要性出发，深刻认识“厉行勤俭节约，反对餐饮浪费”的重要意义。

一是为人之大德。人类的进化发展和粮食作物是紧密联系在一起的，粮食的发现是人类社会发展的重要标志。受自然和社会双重风险影响，粮食生产“粒粒皆辛苦”，这要求我们从人类自身发展历程出发，深刻认识大力传承和弘扬“节约”这个美德的重要性。

二是世界之大道。人类社会的发展成果得益于节约和积累，减少消费或把可用于消费的部分用于生产，从而造就了今天的人类文明，这要求我们从人类社会发展的思想高度出发，深刻认识对粮食资源的高效利用和有效配置的重要性。

三是治国之大政。长期以来，依靠改革开放和科技进步，我们才在中国这个14亿多人口的大国实现了今天的粮食生产规模，这要求我们从治国理政的重大需求出发，深刻认识粮食安全的重要性。

四是家庭之大事。以粮食为代表的食物，是家庭赖以生存和发展的最根本要素，这要求我们从家庭组织发展要素出发，深刻认识粮食供给和粮食消费的重要性。

---

* 2020年10月20日，北京。

五是今日之大考。当粮食增产遭遇边际递减效应制约，短期内扩大土地面积、培育新品种存在难度，这要求我们从“两个一百年”奋斗目标交汇的时代定位出发，深刻认识粮食增产任务面临的艰巨性。

六是未来之大关。粮食短缺是全球性问题，也是未来人类社会必须共同面对的一道大关，这要求我们从人类命运共同体的高度出发，在科技革命的推动下，深刻认识人类共同推动解决粮食短缺问题的重要性。

教育战线要深入落实习近平总书记的要求，切实肩负神圣使命，从反对餐饮浪费做起，将厉行勤俭节约、反对铺张浪费真正落到实处。要从家庭做起突出“传”，将厉行勤俭节约形成传统代代相传，让家庭成为培育精神、传承文化的第一站。要从娃娃做起突出“抓”，推动家校合作，抓住孩子成长的关键期，让他们懂得厉行勤俭节约这一为人之大道。要从领导做起突出“范”，以上率下，通过示范引领发挥引导作用。要从学校做起突出“严”，严格管理，在各级各类学校杜绝各种浪费行为。要从自己做起突出“愿”，明确自身的责任和使命，形成厉行勤俭节约的自觉行动。要从今天做起突出“紧”，强化厉行勤俭节约的紧迫感，现在开始养成习惯，形成自己标志性的风格。

加强优良家风建设，勇担教育报国使命*

重家教、育家风，历来是中华民族优秀传统文化重要的基础性内容。党的十八大以来，习近平总书记在不同场合多次谈到要重视家庭建设，注重家庭、注重家教、注重家风。我们要深刻认识到，得家庭者得人心，有家教者有传人，重家风者重传统，善治家者善报国。要扎根人民、扎根民族、扎根传统，建有根基之家、有灵魂之家、有故事之家、有旗帜之家、有风景之家。

教育系统共产党员要带头建设文明家庭、开展科学家教、传承优良家风，切实扛起教育报国、教育强国的使命担当，以优异的成绩迎接建党100周年。

一是学铸魂，忠诚为核。要始终坚定信念，把牢忠诚之魂，经常自我检视，增强斗争精神，始终牢记“为党育人、为国育才”的初心。

二是学立志，人民为本。要立志以民族复兴、国家强盛为己任，以身许党许国，听党和人民的话，为百姓做实事、为国家做大事、为抗疫作贡献。

三是学做人，谦和为道。要谦虚谨慎、胸怀坦荡、公道正派，敢于坚持原则、揭露错误，把主要心思和精力放在办好人民满意的教育事业上来。

四是学干事，担当为先。要切实增强责任担当之勇，增强统筹兼顾之谋和组织实施之能，在新的历史起点上跑好“接力赛”，以奋斗者的

---

* 2020年7月1日，北京。

姿态在办好人民满意的教育中留下印记。

五是学为政，清廉为范。要严于律己，勤于检视自己，防微杜渐，讲规矩守纪律，让规矩意识成为清正廉洁的金刚不坏之身。

六是学齐家，勤俭为要。继续发扬艰苦奋斗、勤俭节约精神，坚持实事求是、讲求实效，不搞“形象工程”“政绩工程”，确保教育经费的每一分钱都用在刀刃上、紧要处。

做好人事工作，把握好“阳光、公正、科学、安全、质量、快乐”十二个字*

如何做好人事工作，人事部门如何加强建设，我谈六方面的要求。

一要建设阳光人事。做人事工作，最高境界是没有异议。阳光人事，核心要义就是公开，公开的面要越来越大，公开的内容要越来越广。公开要成为干部选用程序的关键环节。公开了，各种猜测就失效了，跑风漏气就没有了，人事工作者自身的各种制约、包袱和担忧就少了。当然，有一些还需要保密，需要在条件具备的时候才可以放到阳光下去。但是，总的方向是建设阳光人事。

二要建设公正人事。组织系统是为党的事业配备人力资本的，所以有政治要求。一个单位的政治生态好不好，在很大程度上取决于选人用人是否公正。在政治要求以外，在坚持政治条件、政治原则、政治方向的前提下，要尽最大可能做到公正。人事工作的所有程序、所有条件都要围绕公正来设计。公正了，导向就正确。做到公正很不容易，没有绝对的公正，都是在特定历史阶段、特定条件下、特定环境中、特定要求下的公正，要灵活把握。要给不同的人以不同的措施、不同的待遇、不同的定位。人事工作只有努力做到公正，或者向公正的目标迈进，这样拥护的人才会越来越多。人事工作的影响力是建立在公正的基础上的，这是一条规律。

三要建设科学人事。就是要研究把握我们党人事工作的规律，把握

---

* 2017年、2020年，北京。

教育战线人才成长的规律，把握人事工作发展的规律，在这三方面基础上开展人事工作。前两个规律是关于工作对象的，后一个规律是关于我们自身的。概括起来就是，在把握三个规律的基础上提高人事工作的科学化水平。这里有三个关键环节。第一，要辩证把握选人用人条件。不是机械地、抽象地把握，是放在特定环境、特定历史条件下把握，把选人用人条件具体化。如果我们不是在历史的、具体的、特定的环境下，与特定阶段和特定任务相结合来把握，那么我们将无人可用。这是科学人事的前提。第二，要履行必要的工作程序。在用人问题上，程序特别重要。它既是公正人事的核心部分，又是科学人事的重要要素。科学人事要靠程序来保证，要靠程序公正保证用人公正，靠程序科学保证用人科学。从某种意义上讲，程序还是经验的制度化体现，在选人用人方面一个环节都不能少。第三，要加强制度建设。科学人事要有制度来保证。广义上，程序和制度是一回事，这里讲的是狭义的选人用人制度。改革开放以来，我们党在这方面进行了很多探索。党的十八大以来，习近平总书记从选人用人条件、好干部的标准等开始，提了很多制度方面的要求。中组部多次讲到的反对“四唯”，都涉及一些很重要的制度建设，是纠正多种偏向的制度把握。组织怎么选人、党管干部怎么落实、选人用人的民主怎么进一步发扬，都要靠加强制度建设来科学把握，千万不要走偏。

建设科学人事还要深入研究在信息化条件下怎么样提高人事工作的水平，思考如何把大数据运用在人事工作中。如果我们能把大数据运用到人事工作上，那不得了。在传统中国，建立在农业文明基础上的选人用人办法，包括曾国藩的《冰鉴》、诸葛亮的“相人八法”等，主要是“相人”，看这个人是不是堂堂正正。“相人”不光是看面相，还包括看行为。建立在工业文明基础上的选人用人，主要看业绩，因为业绩是能力的体现。信息社会还要看内心。怎样看到人的内心里面去，怎么综合把握？就是靠大数据。每一个人，单一的行为表现是离散的、无规律可循的，但一旦把它积累起来，过了一定的临界点，规律性就出来了，他内心的东西就表现出来了。

四要建设安全人事。什么是安全人事？第一点，一定要为部党组、为党组织选择合用的人才，选准选好事业发展需要的各类人才。把人选准是安全人事的第一要义。把人选错的事，叫“带病提拔”。所以，要把好干部标准落实好，把德才兼备的用人方针落实好，这是第一要义，是人事最大的安全。第二点，是我们的自身安全。就是要严于律己，不该去的地方不去，不该看的东西不看，不该伸的手不伸，不该要的东西不要，不该接触的人不接触。要把人事工作中的廉政建设、各项纪律牢记在心。第三点，是信息的安全。我们要建设阳光人事，但绝不意味着可以不要保密工作。要保守人事工作机密，执行好人事工作各项纪律。

五要建设质量人事。质量是人事工作的安身立命之本。人事工作质量体现在方方面面，体现在选人用人的质量上，体现在党的建设质量上，还体现在日常工作的运转中，体现在人事工作队伍的建设上。人事工作的基本环节、基本制度、基本程序和干部的基本情况这“四个基本”，是提高人事工作质量的保证。从事人事工作的人要把“四个基本”牢记在心、烂熟于心，要自己去练。要把人事工作当作一门学问来看，当作一门“人学”认真地去探讨。如果钻进去，就会发现这门学问博大精深、其乐无穷。

六要建设快乐人事。干人事工作，自己不要背包袱，用不着整天谨小慎微。“运用之妙，存乎一心”，要着眼于把握规律，着眼于掌握基本情况，着眼于按制度、条件、程序办事，把它作为一项事业，快乐地工作。自己要快乐，乐于发现优秀干部、优秀苗子，乐于给党推荐优秀干部、配置好人力资源，甚至乐于当人梯，让各类人才尽快成长。在自己快乐的同时，让各类干部、各类人才快乐；在各类干部、各类人才的快乐中让自己享受更大的快乐。这就是事业发展的快乐，是自我实现的快乐。

人事部门的领导干部，要做到以下几点。

一要做政治上的明白人。所谓政治上的明白人，最重要的表现，就是按党章的要求、党纪党规的要求，特别是组织人事工作的方针政策约束自己，践行好新时代党的组织路线和习近平总书记关于组织工作的重要指示精神，核心是做到“两个维护”。

二要做业务上的能干人。人事工作是为党配置人力资源的，是光荣的事业。人事工作的对象是人，要学会把握规律、掌握方法、培育特色，特别是学会做好信息化条件下的人事工作。要掌握活的情况、活的思想，适应工作需要。关键时刻要能冲得上去，能解决复杂问题。

三要做工作上的责任人。每个干部都在特定岗位上工作，负责某个环节、某个方面。要履职尽责、敢于担当、敢于负责，把该自己担当的责任担当起来。不仅要在数量上尽责，也要在质量上尽责，更要在政治上尽责。现在我们有的干部，是否尽责要看气候、看脸色、看语气，这是非常庸俗的表现。

四要做作风上的实在人。人事干部是党的思想路线的践行者、“实事求是”的践行者。要实在，说老实话、办老实事、做老实人。要诚实待人、诚实办事，一就是一、二就是二，绝不弄虚作假。跟干部沟通时，讲究说话技巧、工作方法，这些是对的，但首先要诚实，否则尽来些语焉不详、闪烁其词，干部就会反感。

五要做生活中的干净人。人事岗位是最容易受污染的岗位，各种歪风邪气最容易往人事部门吹。要洁身自好，加强党风廉政建设，严格要求自己，不要被污染。要高风亮节，干净做事，坦荡为人。

六要做干部们的娘家人。“娘家人”在中文语境里是有特殊意义的。人事部门是干部之家，要让干部有什么想法、有什么困难就能想到来找人事部门，就愿意找人事部门，到了人事部门感到亲切，有归属感，真正有“娘家人”的感觉。

坚持正确人才观，抓好人才工作六件事*

教育系统从本质上讲就是一个人才工作系统。教育能成为一个部门，成为社会的一个领域，就是从育才开始的。过去从官学到私学，都是为了育才，科举更是直接为人才服务的，以专业为主要特点的现代教育更是这样。所以，教育部本质上是一个人才工作部门，我们的人才工作和其他部门的人才工作有相同之处，也有不同之处。其他部门人才工作是用才的工作，我们是育才和用才相结合的工作。我们既是人才的生产者、供给者，也是人才的消费者、需求者，这是教育部门人才工作的特点。

一、关于人才观的问题

从大人才观角度讲，我们整个教育事业的改革和发展，都是育才，所以我们的目标是培养合格的社会主义建设者和可靠接班人。立德树人、人民满意的教育、优质公平的教育，从本质上讲，就是培养合格的社会主义建设者和可靠的接班人。我们培养的人才，就是合格建设者和可靠接班人，这就是教育部门人才生产的基本标准。教育部门人才使用的基本标准是使用那些可以培养合格建设者和可靠接班人的人，不能培养合格建设者和可靠接班人，他就不是人才，本事再大都不是人才。这就属于我们所讲的人才观和指导思想的问题。从这个角度讲，我们教育部门讲的人才，可以从以下四方面理解。

一是稀有即人才。不稀有不是人才，人才是稀有的，这一点我们

* 2017年6月8日，北京。

要认清楚。正因为稀有，所以我们要加强培养、加强引进、加强使用，人尽其才，提高人才使用效益。所以才有人才的合理流动，合理流动就是人尽其才，让人才到最适合的地方去。

二是有用即人才。能够为我所用的就是人才，不能够为我所用的只是潜在的人才。物的使用使物体现出使用价值，人的使用使人成为人才。没有使用他就只是潜在意义上的人才。人才的使用是有选择性的，有的人本事很大，但是他不为我所用，不适合我所用，他就只是可能性的人才。这里就有一个政治标准的问题，我们的政治标准讲的就是这个。本事越大，“德”这一条解决不了，危害就越大。所以人才的使用是有两重性的。我们讲政治标准，就是要发挥人才使用的正面作用。有一些正面作用，是发自他们内心和天性的一些东西。比如相对论提出来后，促进了原子科学的发展和核科学的发展，为此爱因斯坦的内心感到惶恐不安，这就是政治标准，他内心是有政治标准的。还有我们党讲的我们的执政标准，不讲这个是不行的。

三是专业即人才。现代意义上的人才就是专业的人才。我们所讲的通才、全才，在现代条件下是不存在的。人的精力是有限的，一天只有24小时，用来读书，就不能睡觉，用来做题，就不能看书，就是这样一个道理，是有边界限制的。知识越积累，越发现需要掌握的基础的东西越多。只有厚积薄发，才能去创新，才会产生新的突破。这些基础的东西不掌握，就突破不了。专业十分重要，在专的基础上综合交叉、开拓新的领域，才能产生新的专业。我们这30年，一些横断学科、综合学科、交叉学科现在都已经成为专业。比如说算法，算法本来是一个交叉学科，现在已经成为一个专业了，甚至好多事都可以看作算法。所以说专业即人才，离开了专业讲人才是不可能的，在教育领域尤其是这样。否则只能说你的知识面稍微宽一些，知道的比别人多一些，或者你的方法适应性更强一些。

四是结构即人才。人才是人这个特定模型中某一结构层面上的表现。过去我们讲自然人、社会人，抽象的人、具体的人。马克思讲人，是在社会历史意义上讲的，他说的不是抽象的人。在科技高度发达的今天，可以进一步讲：人，必定是人这个模式特定层次上的人，结构层次上的人。小学校长、中学校长也是人才，他们是那个结构上的人才，用我们教育的语言讲，就是义务教育学段的人才。我们评价人才也是这样，这个学家、那个学家是纵向结构分工的，这是由分工体系造就的。

从这些方面考虑教育系统的人才工作，就可以明白：第一，因为稀有，必须选优。第二，因为专业，必须要搞学科，做学科建设。学术带头人，就是学科的带头人。第三，因为有用，必须考虑政治标准。不考虑政治标准，不是健全的人才观。第四，因为结构，必须考虑人才的各个层面。

二、抓好人才工作

一是育才。这里说的育才包括我们对学生的培养，为国家培育人才，主要还是指现有人才的培养，也就是狭义的育才，不是指广义的。狭义的育才要纳入人才工作领导小组的范围，这既包括专业方面的培训，也包括政治方面的培训，就是专业培训和政治培训二者并举，这是我们社会主义人才工作的特点。

二是选才。选才涉及几个方面。第一，选才的条件。既要讲业务条件，也要讲政治条件。要突出教育的特点，我们是选专业领域的人才，要讲政治条件，但不要去选政治家。政治条件是什么？最低标准要爱国，一定要把这个把握好。第二，选才的程序，涉及机制。按什么程序，其中包括载体。要定规矩，要有规矩。第三，选才的来源。从哪里来？要有一个筛选的过程，不能“饥不择食”，不能“萝卜”“白菜”捡进筐里的都是“菜”，起码应该是“净菜”，选干净的。

三是引才。选了之后要引，引才和来源有关，和专业有关，和人才工作的主体有关，要把这个关系处理好。来源就是从哪儿引，这在不同时期是不一样的。现在的形势，竞争就是人才的竞争，我们的眼界要放宽一点。有没有正确的人才观，境界的高低就分出来了。引才属于人才流动的范畴。基本方针就是鼓励支持合理流动、健康流动，反对恶性竞争、不合理流动。两句话都要讲，鼓励聚天下英才而用之。

四是用才。引来了不是为好看，不是为装潢门面，而是要用，用到合适的地方去，用出效果来。用才是我们工作的重点，是人才工作的重点。一定要把现有人才的作用充分发挥出来，调动他们的积极性。现在科技管理体制改革方面的各项内容，都是为了调动他们的积极性，发挥他们的作用。

五是爱才。爱才主要涉及政策和环境。一定要给他们提供好的服务、创造好的环境。我们党的知识分子工作经常讲的政策都属于爱才的范畴。

六是储才。对于人才工作要多看几步，要先行。不仅要引进已经成才的人才、已经有影响力的人才，还要注意那些有发展潜力的人才、潜在的人才、未来的人才，建立人才发展的梯队，这也是我们人才工作需要注意的。

当然，我们还要重才、惜才、护才。领导干部心中要有这根弦，要重才。要惜才，有一技之长的，都要惜之如命，都要让他发挥作用。要护才，有才是因为某一个方面突出，突出意味着结构失衡，某些方面可能就需要我们去原谅、谅解，需要我们护着点。护才之心很重要，这不仅是一个胸襟的问题，还是一个世界观的问题。

加强新时代优秀干部培养*

进一步激励直属系统广大干部新时代、新担当、新作为，要大力加强干部思想教育，引导和促进广大干部切实增强政治担当、历史担当、责任担当；落实好干部标准，树立重实干、重实绩的用人导向，全面历史辩证地考察干部，大力选拔在推进教育改革发展稳定中敢于负责、勇于担当、善于作为、实绩突出的干部；完善干部考核评价机制，改进考核方式方法，充分发挥考核对干部的激励鞭策作用；全面落实习近平总书记关于“三个区分开来”的重要要求，旗帜鲜明地为敢于担当的干部撑腰鼓劲；从严管理监督干部，强化能力培训和实践锻炼，同时把关心关爱干部的各项措施落到实处，凝聚形成加快推进教育现代化的强大合力。

发现培养选拔优秀年轻干部是加强领导班子和干部队伍建设的一项基础性工程，是关系党的事业后继有人和国家长治久安的重大战略任务。做好新时代直属机关、直属高校优秀年轻干部发现培养选拔工作，要以习近平新时代中国特色社会主义思想为指导，坚持党管干部原则，贯彻新时代党的组织路线，落实好干部标准，按照拓宽来源、优化结构、改进方式、提高质量的要求，以政治建设为统领，以大力发现培养为基础，以强化实践锻炼为重点，以确保选准用好为根本，以从严管理监督为保障，健全完善选育管用环环相扣又统筹推进的全链条机制，形成优秀年轻干部不断涌现的生动局面，激励广大年轻干部担当新使命、

* 2018年12月7日，北京。

展现新作为，写好教育“奋进之笔”。在工作过程中，要分别筹划、梯次推进“70后”的使用、“80后”的提高、“90后”的培养、“00后”的补充，为加快推进教育现代化提供充足干部储备和人才保证，源源不断地为党和国家事业发展输送干部。

提高干部教育培训的政治含量、价值含量、科学含量、信息含量、感情含量*

干部教育培训是干部队伍建设的先导性、基础性、战略性工程，在进行伟大斗争、建设伟大工程、推进伟大事业、实现伟大梦想中具有不可替代的重要地位和作用。与加快推进教育现代化、建设教育强国、办好人民满意的教育的历史使命相比，教育系统干部队伍的政治素养和专业化能力还不够适应，迫切需要来一个大学习，切实加强和改进教育系统干部教育培训，不断提高党的执政能力和领导水平，不断提高教育系统广大干部的政治能力和综合素质。

一要提高政治含量。以习近平新时代中国特色社会主义思想为中心内容，把政治建设摆在首位，教育引导广大干部提高政治觉悟、政治能力，核心是提高对党忠诚度，以实际行动践行“两个维护”。

二要提高价值含量。加强理想信念教育，深入开展社会主义核心价值观教育，教育引导党员干部坚定共产主义远大理想和中国特色社会主义共同理想，不断提升精神境界。

三要提高科学含量。精准开展专业知识、科技前沿知识等方面的专业化能力培训和知识培训，教育引导广大干部自觉坚持和运用辩证唯物主义和历史唯物主义世界观、方法论分析解决问题，进一步提升专业精神。

四要提高信息含量。顺应人类社会从农业文明、工业文明走进信息

---

* 2019年2月19日，北京。

化时代，开展互联网、大数据、云计算、人工智能等新知识新技能学习培训，教育引导广大干部增强教育服务创新发展的能力，勇于走在时代前列。

五要提高感情含量。加强党的宗旨和作风教育，引导广大干部深入贯彻以人民为中心的发展思想，始终保持党同人民群众的血肉联系。

牢固树立责任感，施展能力和抱负*

经过严格的选拔，大家走上了司局级领导岗位，就要担负起教育改革发展工作一个方面的责任了。一纸任命书，是对大家过去工作的肯定和综合素质、领导能力的评价，也是党组给各位同志赋予的神圣职责。经过层层筛选，走完各种程序，走上新的领导岗位，大家要有两个契约的思想，牢固树立责任感。一个是和党组签订的契约，另一个是和群众签订的契约，目标就是让“组织放心，群众满意”。现在要签订第三个契约，就是在新的岗位上与所在的团队一起担负起党组赋予的职责，施展能力和抱负，与大家一起团结奋斗、合作共事，创造业绩，在干事创业中让同事服气。希望大家把两个契约记在心上，以自己的实际行动签订第三个契约，向党组、向群众交出一份满意的答卷。借此机会，我想结合自己的经历和工作学习体会，与大家交流一下走上新的领导岗位应该注意的事项，与大家共勉。

第一，关于讲政治。党的干部无论在哪儿工作，走上哪个层级的岗位，都要把讲政治放在首位。我们首先是党的工作者，每个岗位都是执政的前哨阵地，都要履行好执政兴国的神圣职责。过去相当长一段时间，政治工作和业务工作是分割的“两张皮”，存在政治意识淡薄、政治工作弱化的问题。这个问题是必须要克服的，首先要解决好这个问题。我们讲的政治是马克思主义政治，是中国特色社会主义政治，是人民的政治，不是政客政治、投机政治、帮派政治、个人政治。领导干部

* 在新任职副司长见面会上的讲话，2017年3月9日，北京。

要始终树立正确的政治观，时刻牢记我们肩负的政治使命。心里要有一根政治的弦，这根弦要绷得紧而又紧。

第二，关于学习。走上新的领导岗位，并不意味着领导能力水平一下子就相应提高了。任命书不是毕业证，领导干部学习永远在路上，要把它作为第一使命、第一要务。人需要不断学习、完善自我，才有动力，才能跟上时代，才能胜任今天的工作。“彼得原理”的概念大家可能听说过，讲的是一个人总要发展，如果不学习，学习的内在冲动弱化，人的生理就会退化，能力也会退化，最终会发展到能力为零的状态，那样你在相应岗位上，能力与使命不对称，就无法履职。要想打破这一规律，就是要学习、学习、再学习，不断提升自我、发展自我。学习是担当使命的根本途径，是适应新岗位、新环境、新使命的根本途径。

到了新的岗位，不光向书本学，还要向团队学，向领导学，向群众学，向实践学。向书本学，书一辈子读不完，最重要的是读好经典之书。一要读经典的书，经典的书一辈子读不完，不仅是马列经典原著，还包括人类文明发展史的经典、教育工作的理论经典。经典的书读起来最大的特点就是困难，像爬山；读流行作品等于划船赏花。理论功底主要是靠读经典奠定的。二要读专业的书，不读难以把握专业规律。三要读群众这本书，这是与民族文化紧密联系的。我们既是领导也是群众中的一员，要体验式地读，把握群众的期待，了解群众心态，才能赢得人心，才能知道中国的老百姓想要什么。这是本“无字天书”，读懂很难。四要读懂基层这本书，教育部干的是指挥部的工作，要领导某一方面的改革发展，不懂基层就提不出有针对性、可操作的措施，不能动员。如果仅仅“生产概念”，说些绝对正确、实际无用的话，有什么好处？要克服官僚主义、形式主义。五要读懂国情这本书。这也是本“无字天书”，内容博大精深，核心是要理解我们的民族、我们的历史、我们的国家，以及我们所处的社会主义初级阶段，这是最大的国情。办一切事都要从国情出发，从国家民族的实际需要出发，这是保证工作质量的核心所在。这就是说，我们每个人心里要有一个储存库，储存这五本“书”，并形成我们学习的体会、成果，让它成为我们心里的智库。

第三，关于修养。修养是缓慢的、渐进的过程，与教育同功同效，是慢变量、慢见效。修养的过程是艰难的矫正过程，是痛苦的过程。走上领导岗位后一定要加强自身的修养。修养是分层分类的，重点是为官之德。人生有限，修养无限，在有限的生命过程中进行修养，最好的境界是修养过程与生命过程合一，修养生活化，生活修养化，官德就是这样“炼”出来的。中国文化最讲“格物致知，正心诚意”，“修身，齐家，治国，平天下”。最高境界是“慎独”。“三人行必有我师”，两个人就“天知地知、你知我知”了，一个人就更要慎独、慎微，从我做起，从小事做起。“格物”是观察客观世界，“正心”是内心修养，是认识的方法，从内部做文章。“格物致知”是理性的，认识客观世界，改造客观世界；“齐家，治国，平天下”是实践的方法。曹操的“唯才是举”是适应了乱世的需要，不适应我们的事业。做不做官只是个身份，修养是影响人一生一世的。这就是说，每个人心里要有一面镜子，不断照照自己。

第四，关于责任。所有的岗位都是一种责任，都是责任的载体，在特定岗位工作的领导干部是岗位责任的人格化。履职尽责是干部的天职，政客政治、投机政治、帮派政治这些政治都是履职过程中不负责任的表现。在履职过程中，能不能尽职尽责，敢不敢担当，这是根本标准。说得再好，没有实绩也等于零。希望大家成为实干家，在岗位上，要有可以向组织和群众交账的东西，敢于担当，负起责任。敢于担当，有三层意思：一是有能力，能作为，有信心把事情做好；二是有责任心，在平时工作中能尽职尽责；三是面对非程序化决策、随机现象、突发问题甚至面临责任风险时，敢于负责，敢于下决心去拍板，去行动。在现代社会化分工下，履职是分工协作的，要研究履职方法，形成好的体系，形成有自身风格特点的方法不容易，大家要研究这个事。这就是说，心里要有一把钥匙，有你自己风格的、能解决问题的方法论，熟能生巧，关键在如何锤炼，如何运用，正所谓“运用之妙，存乎一心”。

第五，关于团结。新的岗位、新的环境，任务变了，工作的体制机制没有变。体制上是部门分工、岗位设置，成为领导班子中的一员，团结是做好领导工作的基础，是做一名好的领导干部的基本功。我说的团结不是庸俗的“你好我好大家好”，团结不是没有原则的，而是共同目标基础上的团结，是围绕部门任务而努力工作的团结，是在批评与自我批评基础上的团结，是相互理解、相互帮助、互相提高、共同发展的团结。第一层次团结说明岗位存在的必要性，第二层次是讲团结的性质，第三层次是说明一个部门的团队文化，前面的三个层次加起来才是风清气正的健康生态，才是同心圆。团结是非常重要的，在这样的生态下才会感觉神清气爽，不愿离开。这个氛围是逐步营造出来的。每个人都要适应环境，在适应中改造环境，而不是被同化。这就是说，心中要有一个原则，以改造求团结，则团结存；以同化求团结，则团结亡。改造就是为建设健康生态尽一份力、尽一份责。

第六，关于廉洁。虽然目前我们党已经取得了反腐败斗争的压倒性胜利，但作为执政党，历史性解决腐败这个问题路还很长，任重道远。要把廉洁自律作为维持生命、维护健康最重要的任务、最重要的内容，这非常重要。我们要自觉落实中央要求，严格遵守“六项纪律”，接受各种监督，组织监督、群众监督、系统外的监督，最重要的是自我监督，加强自律，这就是修养。这就是说，每个人心里要有一杆秤，称称自己几斤几两，衡量一下什么可干、什么不可干。

直属高校领导干部要讲政治、重学习、敢担当、沉下去、求实效、守清廉*

对直属高校新任职领导人员提出六点要求。

一要讲政治，做理想信念的坚守者。胸中要有“一座山”，始终坚定政治信仰；肩上要有“一面旗”，始终坚持正确的办学政治方向；案头要有“一把尺”，始终贯彻党委领导下的校长负责制；手中要有“一把剑”，始终锤炼过硬的政治本领，把讲政治的要求落实落细到全部工作中去。

二要重学习，做理论武装的引领者。要把学习作为第一使命、第一要务，强读强记、学深学透、多思多想、真学真用，注重学习的强化、理解的深化、内容的消化、实践的转化，在学懂弄通的基础上，把学习成果转化为教育报国的内生动力，转化为推动学校发展的实招硬招。

三要敢担当，做奋进文化的塑造者。全身心投入管理是奋进的前提，全方位维护团结是奋进的基础，全过程攻坚克难是奋进的核心，全天候确保稳定是奋进的保障，高校领导人员要一马当先、勇立潮头，把奋进文化贯穿于办学治校、育人育才的全过程、各环节。

四要沉下去，做“一线规则”的践行者。要始终做到“人在一线”“思在一线”“心在一线”“干在一线”，在一线找真问题、想真办法、讲真感情、练真本领，把实现好、维护好、发展好师生的根本利益作为一切工作的出发点和落脚点。

---

* 与直属高校新任职领导人员进行集体谈话时的讲话要点，2019年8月27日，北京。

五要求实效，做狠抓落实的行动者。落实，是检验一个共产党人党性修养的重要体现，是衡量新时代高素质干部队伍标准的重要尺度，是促进治理水平和治理能力现代化提升的重要内容。要有“落”的能力、“实”的本领、“狠”的状态、“抓”的举措，创造性地把重大决策部署和基本要求转化为推动改革、促进发展、维护稳定的成效。

六要守清廉，做纪律规矩的捍卫者。要把规矩立起来，把作风严起来，把监督硬起来，把家风管起来，让守规守矩之弦时时绷紧，遵纪守法之劲刻刻铆足，真正用规矩意识撑起我们的脊梁。

挂职干部要做好建设者、创造者、学习者、宣传者、修炼者、贡献者六种角色*

刚才听了10位同志的发言，很受感动。我们面对面地感受了同志们在滇西的丰富实践，感受到了大家在滇西所尝到的酸甜苦辣。我觉得对我们这次来的同志是一次教育，是一堂活生生的思想政治课。

今天我主要谈谈听了大家发言后所受的教育，以及我对定点帮扶挂职干部实践和人生经历的感悟。我们的挂职干部具备多种身份、多种特质、多种人格。

第一，每一位挂职干部都是建设者。中国的脱贫攻坚战，是一项伟大的建设事业，重在建设。我们到这儿来挂职，担负着部党组的重托，通过我们的工作，满足滇西人民的期待，不仅仅是参与，更重要是建设，我们到这里来工作，是要建功立业，干几件有滋有味的事情。我们是帮助当地搞建设的。我们每一个同志发挥所长，结合当地实际，都为滇西的脱贫攻坚做了大量工作。有做教育扶贫的、产业扶贫的、科技扶贫的，还有做健康扶贫的，通过自身的努力、多方筹集资源，为滇西的脱贫攻坚添砖加瓦，这都是建设。所以，我感到每一位挂职干部都是建设者。建设是伟大的行为、伟大的事业，我们每一位挂职干部要为自己一生有这样一个挂职经历、参与脱贫攻坚建设事业感到自豪。

第二，每一位挂职干部都是创造者。挂职干部原来工作的单位，与滇西相隔几千里，甚至几万里，山高水长，原来工作的性质也与扶贫性

* 在滇西挂职干部见面会上的讲话，2017年3月29日，大理。

质极不相同，工作、生活的环境差异很大。挂职时间又比较短，只有一年时间，有些同志挂了两年、三年、四年，有的是项目本身离不开，有的是当地要求留下来，有的是自己请求留下来。但是按照规定的要求，只有一年时间，时间很短，来了就要熟悉情况、进入角色、适应工作。所以同志们跑步进入岗位，用最短的时间高效率地熟悉情况，千方百计在有限的时间内使扶贫工作效益最大化，创造出很多业绩。我想至少是三类。一是创造了业绩。每一位同志都有一张沉甸甸的成绩单，刚才发言的同志，如数家珍般说了自己干的事，干得怎么样，效果是什么，这既是报账也是交卷，创造了业绩与成绩单。二是创造了经验。既创造了自己从事帮扶工作的经验，也创造了后继者继续推进帮扶工作的经验，为帮扶工作积累了经验。三是创造了生活。在人生中，在滇西创造了自己一段丰富、独特的生活，五味杂陈、乐在其中。所以，我们每一位同志都是创造者，正因为是创造者，所以大家的感觉非常好、非常丰富，对这个地方、这片热土和这里的人民产生了深厚的感情，由陌生到依恋到不舍，这是质的变化，所以才有“一年滇西行、一生云南情”这样富有诗意的话。

第三，每一位挂职干部都是学习者。教育系统的干部，到滇西这个地方来，带着丰富的教育资源，怀揣着振兴当地教育的情怀。但是我相信，我们每一位挂职干部，在挂职地开展帮扶工作、推进当地教育发展的同时，也学到了丰富的知识，把自己变成了一个学习者。对教育扶贫来说，我们是教育工作的推动者，也是一个教育者，但同时我们又是学习者。我们在这个地方了解了国情，更加深刻地认识到了社会主义初级阶段这个最大的国情，这是我们办一切事情的根本依据，是我们打好脱贫攻坚战的根本依据。在滇西这样一个独特的地方，加深了我们对当代中国国情的认识。我们的眼里将不再仅仅是北京、上海、广州、深圳这些地区，在我们的眼里、心里，也有了滇西这类欠发达地方。我们知道了“直过民族”是怎样一步步跨越几千年的，现在又是怎样和我们一道走在中国特色社会主义道路上的。这就是学习，这就是国情。我们学习了群众这部“无字天书”。我们学会了怎样和群众打交道，怎样去认识群众、发动群众、组织群众，怎样点燃他们心中脱贫致富的热情、激发内在的动力，这就是认识群众。在学习读群众这部“无字天书”的过程中，同志们听懂了方言，爱上了走山路，爱上了吃当地的土菜，和群众有了共同语言。我们党就是这么走出来的，才有了今天的新中国。同志们，你们今天所做的一切，就是在重新走我们党走过的路。群众这部“无字天书”，读懂了，无往而不至。我们还读懂了基层这部“无字天书”，学习了在基层应该怎么工作，中国的基层政权是如何运转的，中国的文化在基层是怎么体现的，这些年新建立的一些文化在基层是怎么样结合的，这些年的变化老百姓是怎么看的。我们更深入地体验了基层干部的辛苦，学到了他们的那种有着丰厚实践依托的智慧。我相信在这一点上大家都很有收获。我们的基层干部，非常辛苦，又很有智慧。所以，我们都是学习者。从这个角度上讲，每批挂职干部，就教育部来说，实际上是在滇西办了一所干部培训学院，无形的、没有围墙的干部培训学院。挂职帮扶的过程，就是我们干部锻炼成长的过程。滇西是磨刀石，我们每一位干部就是宝刀宝剑，宝剑锋从磨砺出。

第四，每一位挂职干部都是宣传者。来滇西宣传党的方针政策，特别是关于打赢脱贫攻坚战的对策，如“两不愁三保障”，怎样精准化，怎样入户，怎样建档立卡，宣传我们每一位干部所代表的单位，展示我们教育人的形象。更重要的是，宣传脱贫攻坚，参与脱贫攻坚的收获成果，宣传当地的优势、当地的文化、当地人民群众的新期待，以及脱贫攻坚战工作的进展。所以我们每一个同志都是宣传者，这种工作就把上下左右沟通起来了。宣传动员发动群众，对于打赢脱贫攻坚战具有重要意义，对于我们每一位干部的成长也有重要意义。

第五，每一位挂职干部都是修炼者。参与脱贫攻坚、定点帮扶工作的实践和经历，就是我们每一位挂职干部在滇西这个地方修炼自身的过程。这使我们的灵魂得到一种洗礼，使我们的心灵得到一种历练、修炼。“格物致知，正心诚意。”“格物致知”，就是参与实践，通过观察、通过实践、通过亲自操作，来把握扶贫工作的规律，这是一个规律性的认识。“正心诚意”，就是从内心深处爱上这里，爱上这里的人民。修炼自己，使自己的思想、认识得到一种升华，精神世界得到一种升华。内外兼修，就是我们干部成长的过程，在这个地方自觉地改造客观世界、改造主观世界。经过这样一场历练，我们每一位同志回去之后基本素质都会发生质的变化，底色更浓艳、胸怀更广阔。

第六，每一位挂职干部都是贡献者。同志们舍小家为大家，舍小利顾大局，离开繁华城市，来到滇西边疆。不管时间多长，不管做了多少事，这个行动本身就是贡献。为了这个贡献，大家都付出程度不同的成本，特别是家庭的成本。所以同志们不约而同地讲，深深感到、唯一感到愧疚的就是对不起家里人，这就是和平时期我们从事一项伟大事业所付出的成本。从另一个角度讲，它又是一种收获，在这样一种两地分离的状况中，在熬煎和痛苦中，经过一段岁月，为家庭酿造了一瓶岁月的美酒，是舍小家为大家、舍小利顾大局，是对社会的贡献。

挂职干部，有的要回去，有的还要留下来，不管是回去还是留下来，这六种角色希望大家牢牢记住。推而广之，不仅是在滇西，在任何地方、在人生的每一个阶段、在工作的每一个岗位，我们都应当成为这六种人。

履行职责、践行使命，做好教育援藏*

援藏干部、支教的教师忠实地履行了自己来到世界屋脊的职责，践行了自己的理想，落实了党中央和派出单位的期待和重托。

西藏各个市地、各个县区情况不同，差异性很大。但是广大西藏人民享受教育的权益是一致的，他们想享受公平教育、优质教育的心愿是一致的，这就为教育援藏工作提出了新的更高的要求。教育援藏工作包括两大部分：一是对口帮扶，包括干部挂职在内；二是教育援藏，就是支教。就这两大部分，概括讲就是要处理好五个关系。

第一个是“送经”与“取经”的关系。大家来西藏挂职、帮扶、支教，肩负着党中央的重托，带着原单位、自己多年积累下来的经验、模式、方法、资源，这叫“送经”。“送经”的目的是要让西藏的教育实现超越式发展。这是一种非均衡战略，发挥我们的制度优势，把内地成功的、卓有成效的、符合教育规律的做法以及西藏缺乏的教育资源带进来，和当地的教育需求实现高度耦合，结合在一起。在这个结合的过程中，推动西藏教育实现超常规发展。我们是来“送经”的，送的是教育之经，它的基础是已经成功的实践，是对规律的高度把握。同时，我们又是来“取经”的。西藏广大干部群众，在这一块土地上建设中国特色社会主义，兴边富民，巩固边疆，他们在实践中探索了无比丰富的经验和做法。一代又一代来西藏支援的内地干部、职工在西藏创造了不凡的业绩，这些创造非常丰富，值得我们每一个援藏干部学习，包括我们支

* 在教育系统援藏干部座谈会上的讲话，2017年7月16日，拉萨。

教的老师们学习。所以，我们这个行动是“送经”与“取经”辩证统一的行动。经过这样一个辩证统一的过程，我相信每一个支教、援藏的同志都能够学到很多新的东西，知识结构将发生变化，方法论体系将得到改造，甚至价值体系会得到丰富和完善。

第二个是教学和求学的关系。西藏基础教育薄弱，发展现代基础教育是要下一番苦功夫的。要从转变观念、转变生产方式开始。转变观念、转变生产方式的结果就是生活方式的再造，只有在这个基础上才有现代基础教育。目前分散办学，教学点众多，陈旧的教学方式让基础教育的教学质量长期停留在识字阶段，构不成知识体系，更不要说方法论体系了。这种状况决定了大家来的主要任务是教学，要把内地教学模式、教学方法、教学资源、教学经验移植嫁接。这是一个移植的过程，这是一个嫁接的过程，在西藏的基础教育领域完成一场质量革命。这个任务是非常艰巨的，在座的支教老师们要好好教，施行适应性改造。同时，在适应当地教育环境的过程中，每一个同志实际上又是求学者。每一个同志在这学的知识、经验，是以前在内地在原单位接触不到的，很多是“无字天书”。在这来学基层的情况、藏族基本情况、基层群众基本情况、西藏的基本区情和教情，是在学习的过程中开展教学，完成我们的支教任务。大家所从事的是教学与求学相结合的一项工作。从某种意义上讲，求学的质量和水平决定了教学的质量和水平。所以，同志们要处理好教学和求学的关系。只有这样，才能在规定时间内完成各项任务，回去的时候才有一种创造感、收获感。相应地，当地的老百姓、学生才会有一种获得感，这个地方的教育才有收益面。

第三个是成长和成熟的关系。无论是对口帮扶还是组团式支教，都不是一个简单的增长过程，而是一个复杂的成长过程，是促进西藏教育依据自身发展规律成长壮大的过程。在这个过程中，我们要让它的体制机制成熟起来、师资队伍成熟起来、特殊的教育体系和方法成熟起来，当然，每一个支教的同志，在这个过程中也要更加成熟起来。所以，成长和成熟对于西藏教育、对每一个支教者具有双重意义。共同成长、共同成熟，应当成为衡量我们支教工作是否成功的标志之一。大家在设计、推进工作的时候要考虑是不是推进了成长，在推进成长中自己是不是得到了成长。当大家要离开的时候，或者某一个项目验收的时候，都要看一看该项目是否成熟了。成熟的标志是看和自治区经济社会发展的基本情况、基本需求结合了没有，以及结合的程度。当然，也要看看自己是不是成熟了。说得更高一点，这就叫改造客观世界和改造主观世界的统一，希望同志们处理好这个关系。

第四个是支援和受援的关系。要抱着一个正确的态度来西藏履行职责。大家既肩负着党中央的重托，又是派出单位在西藏的形象大使，更是自己形象的塑造者，以什么样的态度来工作，树立什么样的形象，至关重要。支教的这几年，就是在西藏创作一个故事，离开西藏的时候要成为一个有故事的人。支援态度很重要，不要单纯地认为就是来支援的，支援也是受援，这里面“运用之妙，存乎一心”。许多派驻单位干部告诉我，在受援地区、受援单位发现了新的学科方向，发现了解决专业问题的契机，这都是支援和受援的辩证法，需要我们辩证地处理它。这里面更多的是大家和西藏受援单位的关系，它不是短期的，是长期的；不是阶段性的，而是历史性的。“一日西藏行，终生西藏情”，就帮扶单位来说也是这样的，处理好这个关系是援助工作健康发展一个重要的环节。

第五个是完成和完善的关系。我们工作的目标，当然是完成肩负的重任，回去给派出单位交一份满意的答卷；和西藏的同志们一道，给自治区党委、政府，给西藏人民交一份满意的答卷，这叫完成任务。但是，更重要的是通过这样一段特殊的经历，完善我们的人格，完善我们的精神境界。这样工作一段时间，同志们就会知道，自己得到了完善，这是一种灵魂方面的巨变。大家在援藏的过程中，给自己提一点更高的要求。我们干任何工作，都应当这样，这就叫境界。

在实践中锻炼成长，推动扶贫和援派工作再上新台阶*

直属高校、直属单位结合自身资源和贫困地区实际，充分发挥学科、人才等优势，与当地密切配合，选派精兵强将，开展教育扶贫、产业扶贫等工作，为定点县脱贫攻坚付出了积极努力。要推动扶贫和援派工作再上新台阶，坚决打赢打好脱贫攻坚战。

一是认识要在行动中提高。脱贫攻坚拒绝清谈，杜绝学习、认识“两张皮”，要做到知行合一、把握规律，行动再行动、提高再提高。

二是资源要在突破中整合。高校要发挥在经验、知识、专业等方面的优势，和受援地密切配合，找准主攻方向，确定突破口，靶向治疗、配置资源，共同发力促进脱贫攻坚。

三是责任要在落实中强化。脱贫攻坚责任的落实是领导行为，不能挂空挡，要在落实中用执行力传递压力，在传递压力中强化责任，确保工作取得实效。

四是工作要在决战中奋进。要拿出奋进的精神状态和实际举措，按照新时代新气象新作为要求，写好脱贫攻坚、定点帮扶工作“奋进之笔”。

五是干部要在帮扶中成长。要做好干部选派规划，实施“墩苗工程”，选派能打仗、有发展潜力的优秀年轻干部去脱贫攻坚主战场、基层一线锻炼。加强关心指导，将援派挂职工作作为培养锻炼干部的重要途径，促进干部在帮扶过程中学习成长。

---

* 在2018年教育部直属系统扶贫暨援派工作推进会上的讲话要点，2018年6月6日，昆明。

六是规划要在聚焦中完善。要进一步聚焦关键环节、深度贫困对象，斩断贫困代际传递的链条。要有带动千家万户脱贫的产业、走进千家万户的产品、致富千家万户的技能、覆盖千家万户的服务、惠及千家万户的政策。

七是人才要在联系千家万户中锻炼。脱贫攻坚要坚持走群众路线，从群众中来，到群众中去，把群众的小事当作自己的大事，从群众关心的事情做起，从让群众满意的事情做起，带领千家万户不断创造美好生活。

认真谋划，做好新时代教育援藏工作*

教育援藏工作意义特殊、责任重大、使命光荣。习近平总书记强调，全面建成小康社会，一个民族都不能少。各民族团结携手，共同迈进全面小康，体现了中华民族优良传统，体现了中国特色社会主义制度的显著优势。

一、回顾历史，充分肯定教育援藏成绩和经验

党中央、国务院历来高度重视西藏教育工作。1951年创办昌都小学，后来西藏又陆续创建了拉萨小学、拉萨中学和民族学院等一大批学校，内地选派教师进藏工作，现代意义上的西藏教育正式开启。改革开放后，中央先后召开六次西藏工作座谈会，对教育援藏作出部署，加强内地西藏人才培养，支持西藏逐步建立起较为完备的现代教育体系。党的十八大以来，以习近平同志为核心的党中央高度重视西藏工作，强调“治国必治边，治边先稳藏”，“改变藏区面貌，根本要靠教育”。2018年10月，西藏民族大学建校60周年之际，习近平总书记发来贺信，要求紧紧围绕培养什么样的人、怎么培养人、为谁培养人这一根本问题，培育和弘扬社会主义核心价值观，提高教育教学水平，贯彻党的民族政策和宗教政策，加强民族团结进步教育，传承中华优秀传统文化，自觉维护民族团结，全面推进学校各项工作，努力培养德智体美劳全面发展的社会主义建设者和接班人，为推动西藏经济社会发展，为实现“两个

---

* 在教育对口支援西藏工作视频会上的讲话，2020年6月12日，北京。

一百年”奋斗目标、实现中华民族伟大复兴的中国梦作出新的更大贡献。2020年2月，习近平总书记在亲自指挥、亲自部署抗击新冠疫情的关键时刻，不忘正在北京大学首钢医院实习的西藏大学医学院学生，在藏历新年到来之际给学生们回信，勉励他们珍惜学习时光，练就过硬本领，毕业后到人民最需要的地方去。习近平总书记系列重要指示批示、贺信回信，充分体现了党中央对西藏各族师生的关心关怀，为教育援藏工作指明了方向。

经过几十年的不懈探索，教育援藏已建立起行之有效的制度机制。管理体制上，形成了中央统筹、部门协调、援受双方具体实施的工作格局；运行机制上，形成了基于西藏教育特点、覆盖义务教育到高等教育全领域的援助模式；工作重心上，推动西藏教育从保障机会公平向实现教育内涵式发展转变。西藏74个县（区）中，有62个已实现义务教育基本均衡发展，国家统编三科教材将实现中小学全覆盖，控辍保学实现清零。学前教育毛入园率达到84.4%，高中阶段毛入学率达到86.6%。现代职业教育体系不断完善，高等教育理工农医类专业占比超过2/3，服务经济社会发展能力显著提升。各族师生交往交流交融不断深入，“三个离不开”和“五个认同”思想基础更加牢固，中华民族共同体意识明显增强。

实践充分证明，中央关于支援西藏的方针政策是完全正确的，符合西藏实际和各族群众根本利益。教育援藏已经成为西藏教育发展的重要支撑，为培养社会主义建设者和接班人、促进西藏社会稳定和国家长治久安，发挥了重要作用，积累了宝贵经验，可以概括为“五个坚持”。

一要坚持顶层谋划高位推进。中央从治边稳藏的战略高度，加强顶层设计，抓好谋篇布局，作出重大部署。支援省市与西藏精准对接，统筹推进；派出单位主要领导带队赴藏考察调研、督促指导、给予援藏干部教师人文关怀。

二要坚持发挥优势多方支援。发挥社会主义集中力量办大事的显著优势，全国一盘棋，架起连心桥，画好同心圆，凝聚形成强大建藏合力。四面八方共同帮助一个地区，只有在中国，只有在中国共产党的领导下，才能办得到、才能办得好。

三要坚持借助外力增强内力。中央关心支持、全国对口支援的制度优势，同西藏教育系统全体干部师生自力更生艰苦奋斗紧密结合，以“缺氧不缺精神”“人一之我十之”的豪迈之气，自加压力、强筋壮骨，培养造就的一批又一批专门人才，已经成为神圣国土的守护者、幸福家园的建设者。

四要坚持与时俱进改革创新。面对西藏教育落后和人才匮乏的情况，从帮助新建学校、选派教师进藏支教，到创造性地在内地举办西藏班，实施教育人才“组团式”援藏、职业院校对口帮扶、高校“团队式”支援，教育援藏工作坚持创新发展，不断深化拓展新领域。

五要坚持绵绵用力久久为功。对口支援省市和单位始终胸怀全局、牢记使命，认真落实中央有关决策部署，以钉钉子精神狠抓落实，“一张蓝图绘到底，一茬接着一茬干”，努力推动西藏教育与全国同步发展。

这些经验弥足珍贵，我们要倍加珍惜、不断完善。

二、把握当下，准确研判教育援藏形势任务

教育援藏工作取得了显著成绩，推动党的教育方针得到有效落实，各级各类教育快速发展，人才培养质量不断提高，西藏各族群众教育获得感幸福感安全感不断增强。但与全国平均水平相比，西藏教育还有一定差距，必须保持清醒、正视问题，创造条件、迎难而上。

从全国教育形势看，我们置身的是中华民族伟大复兴的战略全局和世界百年未有之大变局这“两个大局”，服务的是为党育人和为国育才这“两个大计”，面对的是公平和质量这“两大主题”，这是谋划新时代教育工作的大逻辑、大背景、大格局，决定了教育的历史方位、时代要求和世界坐标。西藏工作面临着特殊矛盾，要求我们必须提高政治站

位，将西藏教育放在全国教育大局中来谋划来部署，放在教育现代化全局中来思考来推进。

从西藏发展现状看，西藏是特殊的边疆民族地区，是全国自然条件最恶劣、生存难度最大、贫困现象最严重的地区，这里经济发展长期落后，社会开放程度不高，这些因素导致西藏教育整体发展水平还不高，还不能很好适应经济社会发展对人才的需求，还不能满足高原各族群众对高质量教育的迫切要求。特别是农牧区学前教育普及程度不高，高海拔边境地区学校的办学条件较为薄弱，义务教育均衡发展质量不够“硬核”，少数地方和基层学校党建思政工作存在薄弱环节。

从教育援藏情况看，援助工作一定程度上存在“多头管理”“各自为政”情况，统筹协调、推动工作形成合力还有待加强。一些省份和单位面对西藏教育发展需求聚焦不够、帮扶不准；一些单位援助工作存在形式主义，“喊喊号子、做做样子”；少数单位满足于“推一推、动一动”，缺乏真正沉下心来干事业的勇气和毅力。西藏很多地方工作生活条件艰苦，有的同志进藏后不能很好适应，一定程度影响自身作用发挥。这些困难和问题，要认真分析研究，积极加以解决。

三、面向未来，系统谋划新时代教育援藏工作

教育援藏工作是一项长期的政治任务，必须坚持以习近平新时代中国特色社会主义思想为指导，牢牢把握依法治藏、富民兴藏、长期建藏、凝聚人心、夯实基础的重要原则，弘扬“老西藏精神”和“‘两路’精神”，进一步在深化、拓展和创新上下功夫，重点处理好四对关系。

一是内因与外因的关系。内因是根本，外因是条件，外因必须通过内因起作用。这是事物发展的一般规律，也是教育援藏必须要把握好的基本原则。要将精力主要放在增强西藏教育自身发展的内生动力上，既要看重教育硬件援助，也要看重教育理念方法帮扶，还要注重提升教育治理能力。

二是量变与质变的关系。量变是前提和必要准备，质变是必然结果，教育援藏积累的是量变，最终要使西藏教育发生质的飞跃，必须更新思想观念，注重经验积累，加大工作力度，推动援藏工作重心转到专注内涵发展上来。

三是完成与完善的关系。完成是静态结果，完善是动态过程，结果很重要，但过程更见站位、更见态度、更见作风。援助单位要坚持讲政治、讲大局、讲奉献，把教育援藏作为净化灵魂、增长才干、提升境界、完善自我的途径，要克服困难加油干。

四是“送经”与“取经”的关系。教育援藏送的是多年积累的经验、方法和资源，这叫“送经”，目的是起到一定的推动作用。同时，我们也是来向西藏各族干部群众“取经”的，他们守护国家安全和生态安全屏障，默默耕耘、无私奉献，探索出许多经过实践检验的好做法，许多还是“原生态的”，需要我们尊重和保护，更需要我们学习和掌握。

四、需要注意的几个问题

（一）加强党对教育工作的全面领导，提升西藏教育治理体系和治理能力现代化水平

要以党的政治建设为统领，全面加强党对教育工作的领导，配优建强教育系统各级党组织。坚持和完善高校党委领导下的校长负责制，健全学校各项议事决策制度，切实发挥各级党组织把方向、管大局、作决策、抓班子、带队伍、抓落实的领导作用。要帮助受援学校完善教学科研组织，更好发挥作用。要深化“放管服”改革，注重调动和发挥基层的积极性主动性创造性。

（二）加强师生思想政治教育，铸牢中华民族共同体意识

思想政治工作是学校各项工作的生命线，西藏和内地办班学校要切实履行好主体责任。要深入推进习近平新时代中国特色社会主义思想进

教材、进课堂、进头脑。内地办班省市要加强与西藏在学校思想政治教育方面的沟通协作，强化马克思主义“五观”“两论”教育，加强爱国主义、民族团结和反分裂斗争教育，牢牢占领课堂教学主阵地。要加强意识形态领域、学生社团、校园网络和自媒体等管理，防范错误思潮和错误观点传播渗透。要创新教育方式方法，多探索一些学生喜闻乐见的形式，变“漫灌”为“滴灌”，将理想信念教育、社会主义核心价值观教育从课堂延伸到课外，不断增强感染力和实效性。要善于发掘援藏干部教师教书育人的感人事迹，讲好新时代“我的援藏故事”，也要注重总结内地西藏班35年的心路历程，传承好“我在内地有个家”，教育引导各族学生感恩党和人民的关爱，感受祖国大家庭的温暖，真正懂得“三个离不开”的历史逻辑、理论逻辑和实践逻辑，切实增强“五个认同”。

（三）立足长期建藏，认真谋划教育援藏“十四五”规划

西藏工作的特殊性，要求我们审时度势，善于从政治和大局上观察考虑问题、在危机和变局中防范化解风险，教育援藏要算大账、算政治账。有关省份和单位要对援藏工作进行回顾总结，对标对表“回头看”，突出问题导向、目标导向和效果导向，立足西藏实际谋划“十四五”对口支援工作。学前教育要立足“扩”，扩大农牧区普惠性教育资源供给；义务教育强调“质”，努力提高区内学校教育教学质量；职业教育瞄准“技”，以就业为导向让来自贫困家庭的学生掌握一技之长；高等教育着眼“调”，重点服务国家战略和西藏产业发展，调整优化学科专业结构；教师队伍突出“强”，发挥“组团式”教育人才作用，帮助西藏打造一大批带不走的骨干队伍。要加强调查研究，践行“一线规则”，全面掌握西藏教育发展中的实际困难，主动对接商讨，尽快研究提出援助项目和相关政策。加强各类发展规划间统筹衔接，提高工作匹配度。进一步完善考核管理，推进“十四五”期间各项任务落实。

（四）完善精准帮扶工作机制，助力教育脱贫攻坚

教育部相关司局要加强与兄弟部委沟通协作，部内教育援藏工作要加强统筹，进一步完善相关工作机制，及时掌握援藏工作进展，加强督促指导。受援单位要选派精兵强将，统筹考虑需求、精准对接，避免支援项目简单重复。“团队式”对口支援高校组长单位，要履职尽责、牵头抓总，进一步发挥统筹协调作用。要完善部省合建西藏大学工作机制，构建部省协同和团队协同工作推进机制。围绕生态学一流学科和国家生态安全等特色领域，力争重点建设一个国家级科研平台，打造一批优秀教学科研团队。要高度重视毕业生就业工作，积极创造条件引导少数民族学生在内地就业创业。

2019年底西藏实现了全部贫困县脱贫摘帽，这是历史性成就。要全面巩固教育脱贫攻坚成果，持续抓好控辍保学、贫困家庭学生资助、推普脱贫帮扶和乡村教师队伍建设，提前谋划教育支持乡村振兴战略，发挥优质教育资源辐射带动作用，为建设美丽新西藏夯实基础。

（五）深化援助模式改革，提升西藏教育自我发展能力

要进一步深化“组团式”教育人才援藏，充分发挥传帮带作用，严格落实三年一周期的轮换制度，进一步解决好援藏教师的工作和生活困难。援藏干部教师要更加用心、用情、用力，与当地干部师生深度融合，“一次西藏行，终生西藏情”，工作结束离开西藏了，也要关心西藏支持西藏。要发挥人才的引领作用，以集团化办学、委托代管、结对帮扶等形式，让“组团式”教育人才援藏的成果惠及更多基层学校。

内地西藏班是西藏人才培养的重要补充，是社会主义制度优势的生动体现，已经形成了良好的品牌效应。教育部等四部委印发了内地西藏班教育发展五年规划，提出了今后一段时期的办班目标及任务，内地办班省市和西藏教育部门要抓好贯彻落实。要优化完善内地办学布局结构规模，探索内地西藏中学开放办学，推行各民族学生混班混学混餐，推进区内异地初中班试点，提升办学规范化科学化水平。要完善区内外教

育合作机制，统筹区内外课程教学及考试招生制度改革，发挥内地西藏班的引领带动作用，促进区内教育加快发展。

社会主义是干出来的，幸福是奋斗出来的。我们要更加紧密地团结在以习近平同志为核心的党中央周围，坚持以习近平新时代中国特色社会主义思想为指导，增强“四个意识”、坚定“四个自信”、做到“两个维护”，不忘教育报国初心、牢记立德树人使命，坚持稳中求进工作总基调，团结奋进，狠抓落实，再创佳绩，推动新时代教育援藏工作再上新的台阶，为办好人民满意的教育、全面建成小康社会作出新的贡献，以实际行动迎接建党100周年。